LE GUIDE VERT

Danemark Suède

Danemark

Suède

Covid-19

Attention, les horaires et les modalités d'accueil des sites touristiques sont susceptibles de changer en fonction de l'évolution de la crise sanitaire. De nombreux musées et monuments imposent désormais la réservation en ligne. Vérifiez les conditions de visite afin d'éviter toute déconvenue.

DÉCOUPAGE GÉOGRAPHIQUE DU GUIDE SUR LA CARTE CI-CONTRE

L'équipe du Guide Vert Michelin, de gauche à droite :
Camille Bouvet, Denis Rasse, Natacha Brumard, Amaury de Valroger, Lucie Fontaine, Philippe Orain, Florence Dyan, Catherine Guégan, Hervé Dubois, Fiona Lale, Hélène Payelle, Marie-Pierre Renier, Éric Boucher, Véronique Aissani, Marie Simonet, Carole Diascorn, Jérôme Lévêque, Marion Capéra, Pascal Grougon, Dominique Auclair.

Édito

Redonner du sens au voyage en prenant son temps et dans un plus grand respect de l'environnement, voilà ce à quoi devraient ressembler nos déplacements d'aujourd'hui.

Alors, ralentissons le pas pour nous imprégner en profondeur de la richesse des lieux que nous traversons et des gens que nous rencontrons. Laissons-nous surprendre et réapprenons à nous étonner de tout ce qui se trouve sous nos yeux, en ville ou à la campagne, sur un chemin de traverse, loin de chez nous ou juste au bout de la rue.

Le Danemark et la Suède sont des destinations magnifiques, riches de milliers de sites naturels, villages, églises, châteaux... sans oublier les femmes et les hommes qui font vivre ces patrimoines et leurs traditions d'exception. Autant de lieux incontournables ou insolites, connus ou confidentiels, que l'équipe du Guide Vert Michelin a cherchés et dénichés pour vous au cours de ses innombrables tournées sur le terrain.

Cette nouvelle édition du Guide Vert Michelin a été entièrement mise à jour. En complément des sites étoilés ★★★, nos auteurs ont également souhaité partager avec vous leurs itinéraires, leurs infos pratiques, leurs plus belles expériences de slow tourisme ainsi que leurs coups de cœur pour des adresses qui s'engagent dans une démarche écoresponsable, signalées au fil des pages par le symbole 🍃.

À votre tour de faire le plein de beau, de bon et de rencontres. Et vos meilleurs moments de voyage seront peut-être publiés dans la prochaine édition !
#coupsdecoeurGuideVertMichelin

Bon voyage en Suède et au Danemark !

Philippe Orain,
Directeur du Guide Vert Michelin

Sommaire

Retrouvez nos carnets d'adresses à la fin de chaque chapitre

COMPRENDRE LE DANEMARK ET LA SUÈDE

scanrail/Getty Images Plus

N.-J. Norenlind/age fotostock

ORGANISER SON VOYAGE

K. Yamashita/PanStock/age fotostock

Nos incontournables
au Danemark

★★★

Musée des Bateaux vikings

Pour mieux connaître ce peuple de navigateurs légendaires, grâce aux cinq épaves retrouvées au fond du fjord de Roskilde. **Voir p. 88.**

De Agostini/G. Dagli Orti/age fotostock

W. Bibikow/age fotostock

★★

Jelling

Le berceau du Danemark ! C'est ici qu'au 10e s., le roi viking Harald à la Dent bleue a fondé la dynastie toujours au pouvoir aujourd'hui.
Voir p. 178.

fotoVoyager/Getty Images Plus

★★★

Copenhague

Royale mais pas snob, la capitale danoise cultive son art de vivre au bord de ses canaux : promenades à vélo, gastronomie nordique, festivals et design, bienvenue au royaume du *hygge*, le bien-être à la danoise ! **Voir p. 34.**

★★★

Château de Frederiksborg

Plongée au cœur de la Renaissance danoise, avec cette superbe résidence royale et son parc romantique posé sur trois îlots. **Voir p. 82.**

alxpin/Getty Images Plus

Wesam Taleb/Getty Images Plus

★★★

La « Vieille Ville » d'Aarhus

Pleine de vitalité, la capitale du Jutland sait aussi veiller sur son histoire, la preuve avec son extraordinaire musée de plein air. Un mémorable voyage dans le temps ! **Voir p. 136.**

Nos incontournables en Suède

Biederbick&Rumpf/Westend61 RM/age fotostock

★★★

La Dalécarlie

Ici, vous avez rendez-vous avec un concentré de Suède éternelle, celle des costumes colorés et des arbres de mai, des villages aux maisons rouges et des lacs aux eaux pures, avec les forêts sombres pour toile de fond. **Voir p. 274.**

★★★

Stockholm

Posée sur quatorze îles entre la mer Baltique et le lac Mälaren, la capitale suédoise a réussi le délicat mariage entre grandeur patrimoniale et richesse naturelle. Au fil de l'eau... **Voir p. 196.**

★★★

Aurore boréale

D'octobre à février, ces fascinants phénomènes lumineux et colorés aux reflets nacrés et irisés zèbrent les nuits de la Laponie suédoise. Pour vivre un rêve éveillé... **Voir p. 439.**

Moonshot11/Getty Images Plus

221A/Getty Images Plus

★★★

Cathédrale de Lund

L'art roman suédois dans toute sa splendeur ! L'édifice du 12e s. est le joyau de cette petite ville étudiante sacrément attachante. **Voir p. 308.**

Remus Kotsell/Getty Images Plus

Reimphoto/Getty Images Plus

★★

Île de Tjörn

Avec sa lumière pure, ses maisons blanches et ses eaux riches en harengs, voilà le paradis des pêcheurs et des artistes peintres. **Voir p. 386.**

Nos coups de cœur

Le pont de l'Øresund par le cabinet d'architecte Arup.
Scharvik/Getty Images Plus

TOP 5
Chez les Vikings

1. Musée d'Histoire (Stockholm, Suède, p. 221)
2. Musée national (Copenhague, Danemark, p. 49)
3. Musée des Bateaux vikings, (Roskilde, Danemark, p. 88)
4. Musée de Moesgård (Aarhus, Suède, p. 142)
5. Ales Stenar (Suède, p. 320)

Site mégalithique de Ales Stenar.
PhotoMartin/Getty Image Plus

❤ **Faire « fika »,** la sacro-sainte pause café suédoise. La recette ? Une boisson chaude, une part de gâteau et surtout quelques bons amis. Savoir prendre le temps, c'est peut-être l'un des grands secrets de l'art de vivre à la suédoise. Sachez enfin que « fika » est le verlan de « café » en suédois ! **Voir p. 514.**

❤ **(Re)lire les aventures de Kurt Wallander à Ystad,** petite ville médiévale et portuaire où se déroulent les intrigues sanglantes du héros désabusé et dépressif de l'écrivain suédois Henning Mankell. Une plongée dans le meilleur du polar scandinave, sur les bords de la Baltique. **Voir p. 326.**

❤ **S'émerveiller devant le pont de l'Øresund,** époustouflant et majestueux, qui relie le Danemark à la Suède. Pont, autoroute, ligne de chemin de fer, il est tout ça à la fois ! Un trait d'union de 16 km, emprunté quotidiennement par plus de 70 000 personnes. Une sacrée réussite ! **Voir p. 303.**

❤ **Se régaler de harengs fumés** et de fruits de mer, au fil des petits villages de pêcheurs de l'île danoise de Bornholm, également réputée pour ses drôles d'églises rondes et blanches du 12e s. **Voir p. 110.**

Smørrebrød.
Ch. Goupi/age fotostock

Nos coups de cœur

Dans le quartier de Christianshavn.
E. Boucher/Michelin

❤ **Filer à vélo dans les ruelles de Copenhague,** le long des canaux et des ponts réservés aux cyclistes, à la recherche des tavernes traditionnelles de *smørrebrød*, ces fameuses tartines garnies à la base de la gastronomie danoise. **Voir p. 61.**

L'Ice Hotel à Jukkasjärvi.
Clickalps SRLs/age fotostock

❤ **Dormir dans un igloo,** dans l'incroyable Ice Hotel de Jukkasjärvi, en Laponie suédoise. L'immense édifice de 5 000 tonnes de glace est reconstruit chaque année. Vous remettrez bien une peau de renne ? **Voir p. 442.**

❤ **Allumer sa lanterne à Gammelstad,** le temps d'une visite nocturne de cette « ville-église » fondée au 15e s., aujourd'hui la mieux conservée de Suède. **Voir p. 422.**

❤ **Se piquer des fleurs dans les cheveux,** danser en ronde autour d'un mât avant d'avaler du hareng mariné et un petit verre de schnaps : la recette d'un Midsommar réussi, fin juin, l'une des fêtes les plus importantes de Scandinavie, qui célèbre l'arrivée de l'été. **Voir p. 455.**

Le village de pêcheurs de Fjällbacka.
U. Gnoth/age fotostock

À vélo sur l'île d'Öland.
Birgittas/Getty Images Plus

TOP 5
Itinéraires cyclables

1. **Ölandsleden** (Île d'Öland, Suède, p. 344)
2. **Copenhague** (Danemark, p. 56 et 61)
3. **Canal de la Göta** (Sjötorp, Suède, p. 374 et 381)
4. **La route des fjords** (Roskilde, Danemark, p. 94)
5. **Kattegattleden** (Helsingborg à Göteborg, Suède, p. 512)

❤ **Croquer un cœur en pain d'épice,** la douce spécialité de Christiansfeld, dans le sud du Jutland suédois. Cette colonie protestante modèle construite en 1773 par l'église morave est aujourd'hui admirablement préservée et classée au Patrimoine mondial de l'Unesco. **Voir p. 181.**

❤ **Voguer d'une île à l'autre** dans l'archipel de Göteborg. Dans ce paradis naturel interdit aux voitures, les criques, avec maisonnettes au bord de l'eau, sont quasi désertes. **Voir p. 372.**

❤ **Tracer sa route jusqu'à Fjällbacka,** l'ancien village de pêcheurs du Bohuslän, la côte de granit rose suédoise, aujourd'hui une station balnéaire huppée, le fief des *beautiful people*. Hier l'actrice Ingrid Bergman, aujourd'hui l'écrivaine Camilla Läckberg. **Voir p. 390.**

Nos coups de cœur

Au bord d'un lac en Dalécarlie.
D. Richardt/Panther Media/age fotostock

❤ **Vivre le retour à la nature suédois** en Dalécarlie, en séjournant dans l'une de ces petites maisons de bois rouges au bord d'un lac étincelant ourlé de sombres forêts, un paysage de carte postale qui fait le charme du cœur culturel de Suède. **Voir p. 274.**

❤ **Suer au sauna,** avant de sauter dans la Baltique, depuis le ponton de l'un des plus beaux saunas de Suède : un établissement traditionnel sur pilotis posé sur la mer, à Malmö. Au fait, il est naturiste ! Alors, jour mixte ou pas ? On vous laisse voir ça. **Voir p. 306.**

Parc dans le quartier Södermalm à Stockholm.
P. E. Forsberg/age fotostock

TOP 5 Design

1. Musée national (Stockholm, Suède, p. 212)
2. Musée du Design danois (Copenhague, Danemark, p. 44)
3. BLOX - Centre d'architecture danoise (Copenhague, Danemark, p. 49)
4. Maison de Carl Larsson (Sundborn, Suède, p. 278)
5. Musée Röhss du Design et des Arts appliqués (Göteborg, Suède, p. 364)

BLOX, le Centre d'architecture danoise à Copenhague par le cabinet d'architecture OMA et Ellen van Loon.
olli0815/Getty Images Plus

❤ **Réviser l'histoire des Arts déco** au château de Gripsholm, au bord du lac Mälaren. L'enfilade des pièces abrite une importante collection de meubles gustaviens, ce fameux style né au 18e s., du rococo à la suédoise, c'est-à-dire épuré, avec des matériaux plus simples et moins chers, accessibles à tous. Bref, l'ancêtre du style scandinave actuel. **Voir p. 249.**

❤ **Dîner branché sur Södermalm.** Quartier bobo de Stockholm par excellence, l'« île du sud », est bordée de bars et de restaurants sympathiques. Le centre de la place Nytorget est occupé par un parc et des jeux, la garantie d'une convivialité toute scandinave. **Voir p. 223 et 240.**

❤ **Tester le « hygge »** (prononcez « houga »), le fameux bien-être à la danoise, très à la mode en ce moment. Savoir profiter de plaisirs simples et gratuits, la lumière d'une bougie, un feu de cheminée, l'odeur du gâteau dans la maison... Une belle leçon de bonheur ! Cela expliquerait-il que les Danois soient le 2e peuple le plus heureux du monde ? **Voir p. 455.**

Château de Gripsholm.
G. Idoux/Michelin

Nos coups de cœur

Hôtel de ville d'Aarhus.

❤ **Pénétrer l'unique tertre funéraire de Scandinavie** ouvert à la visite. Celui d'un roi viking enterré dans son bateau-cercueil de 21 m de long, avec ses chiens et ses chevaux, au bord du fjord de l'adorable village de Ladby, au nord de la Fionie, l'une des principales îles du Danemark. **Voir p. 123.**

❤ **Voter pour le fonctionnalisme danois** à l'hôtel de ville d'Aarhus, une perle de l'architecture, construit en 1941 en mariant le béton, le marbre et l'acajou. Une union osée pour l'époque, signée Erik Møller et Arne Jacobsen, la grande figure du design scandinave. **Voir p. 139.**

❤ **Mettre le cap plein nord à Grenen,** la pointe septentrionale du Danemark, où se rencontrent deux bras de mer, l'un de la Baltique, l'autre de la mer du Nord, dans un impressionnant combat de vagues. En toile de fond, des dunes de sable et des ciels changeants, qui ont inspiré bien des peintres danois installés dans la région.
Voir p. 160.

❤ **S'immerger dans l'art en pleine nature,** au musée Louisiana d'Art moderne, près de Copenhague. L'écrin architectural fait corps avec la nature (si ce n'est l'inverse). Sur les cimaises, un best of des géants de l'art du 20e s.
Voir p. 59.

Plage de Marielyst.
Gestur Gislason/Getty Images Plus

TOP 5
Plages

1. **Sudersand** (Gotland, Suède, p. 350)
2. **Böda Sand** (Île d'Öland, Suède, p. 341)
3. **Hornbæk** (Danemark, p. 78)
4. **Île de Møn** (Danemark, p. 104)
5. **Marielyst** (Danemark, p. 106)

The Calder Terrace, the mobile « Little Janey-Waney », 1964-1976, signée Alexander Calder, musée Louisiana d'Art moderne.
De Simone Lorenzo/AGF/age fotostock/© 2023 Calder Foundation, New York/ADAGP, Paris

Et vous, quels sont vos plus beaux souvenirs de voyage ?

Partagez-les nous sur Instagram ! Vous serez peut-être sélectionnés pour une publication dans une prochaine édition en mentionnant le # : **#coupsdecoeurGuideVertMichelin**

Nos itinéraires

6 jours

Copenhague et le nord du Sjælland

En bref : 170 km pour découvrir la capitale, la Riviera danoise et les châteaux.

W. Bibikow/age fotostock

Copenhague — J1 à J3

Voir le programme en 3 jours (**p. 35**).

Elseneur — J4

Matinée le long de la Riviera danoise (Ordrupgård, Rungsted, Nivå) pour rejoindre Elseneur (à 45 km de la capitale) et visiter le célèbre château de Kronborg l'après-midi (**p. 74**).

Frederiksborg — J5

Cap sur le château de Frederiksborg, autre joyau du patrimoine danois (**p. 82**) ; ensuite, bouffée de nature dans le fjord de Roskilde.

Roskilde — J6

Visite du musée des Bateaux vikings (**p. 88**) et canoë sur l'Isefjord. Retour à Copenhague.

Conseil : ce parcours peut se faire en train et bus.

Le château de Frederiksborg à Hillerød.
fotoember/Getty Image Plus

14 jours

Le meilleur du Danemark

En bref : 1 200 km pour le best of du pays.

perreten/Getty Images Plus

Copenhague et le nord du Sjælland J1 à 6

Voir le circuit ci-contre. De Roskilde, gagner Ringsted et son église St-Benoît (**p. 102**).

Île de Møn J7

Facile d'accès car reliée par un pont. Balades à vélo, baignade et visite des falaises de craie (**p. 104**).

Odense J8

Journée à Odense (**p. 116**), sur les traces du célèbre conteur Hans Christian Andersen.

Ribe ou l'île de Rømø J9

Cap sur le Jutland, avec deux options au choix : le Jutland historique à Ribe (cathédrale et vieille ville, **p. 170**) ; ou le Jutland des îles, sur celle de Rømø, que l'on rejoint après la visite du Centre de la mer des Wadden (**p. 172-173**).

Legoland/Jelling J10

Lego ou viking ? Billund est le berceau du Lego (avec Legoland et la Lego House, **p. 184**) ; Jelling, la capitale royale originelle du Danemark (**p. 178**). À vous de voir.

Aarhus J11

Visite de la « Vieille Ville », de l'hôtel de ville et du musée des Beaux-Arts ARoS (**p. 136**). L'après-midi, baignade (bains portuaires ou plages).

Baie d'Aarhus - Moesgård J12

Après le musée de Moesgård (**p. 142**), à Højbjerg, circuit dans la baie d'Aarhus. Route vers Aalborg et nuit sur place (**p. 149**).

Aalborg et Skagen J13 à 14

Promenade et visite du musée d'Art moderne Kunsten (**p. 152**). Le lendemain, cap vers Skagen, le village des peintres (**p. 158**) et Grenen, la pointe nord du Danemark (**p. 160**).

Conseil : ce circuit intense peut être allégé au profit de pauses nature (randonnée à vélo à Ribe, balade naturaliste à Rømø, randonnée pédestre à Moesgård)...

Nos itinéraires

21 jours

Le Danemark d'île en fjord

En bref : 1 600 km au fil des îles et des villes.

D. Richardt/Panther Media/age fotostock

Copenhague et le nord du Sjælland — J1 à 6

Voir le circuit proposé **p. 18**, puis, de Roskilde (**p. 86**), route pour l'île de Møn (**p. 104**). Soirée et nuit sur place.

Île de Møn — J7

Balades à vélo, baignades et visite des célèbres falaises de craie (**p. 105**).

Maisons anciennes à Ribe.
M. Runkel/DanitaDelimont.com/age fotostock

Île de Falster — J8

Accès par la route. Pour profiter de la douceur du climat et des belles plages de la côte est (**p. 106**).

Île Ærø — J9 à 10

Route puis séjour sur cette île, l'une des plus jolies du pays (**p. 132**). Détente, vélo et pêche au crabe.

Îles de Fionie — J11 à 12

Détente à Langelang (**p. 131**) puis Tåsinge (**p. 131**), sa voisine plus petite.

Fåborg — J13

Matinée dans le vieux centre (**p. 129**), puis traversée en ferry de Bøjden à Fynshav, en Jutland. Visite du château de Sønderborg (**p. 187**). Nuit à Sønderborg.

Île de Rømø — J14

Direction l'ouest pour l'ambiance agréable de Tønder et une étape sur l'île de Rømø, en mer des Wadden (**p. 173**).

Ribe — J15

Cap au nord, pour prendre le temps de vivre à Ribe, visite de la cathédrale et de la vieille ville (**p. 170**). Nuit sur place.

Fjord de Ringkøbing — J16

Depuis Ribe, suivre le pittoresque circuit autour du fjord en faisant une pause à Ringkøbing (**p. 174**). Poursuivre jusqu'à Skagen et nuit sur place (**p. 158**).

Skagen — J17 à 18

Randonnée nature dans les dunes de Grenen (**p. 160**). Puis circuit du Kattegat (Råbjerg, Tuen, Sæby). Soirées et nuits à Skagen.

Aarhus - Moesgård — J19

Visite de la jeune et dynamique capitale du Jutland, sans manquer son musée des Beaux-Arts et sa « Vieille Ville » (**p. 136**) ou le musée de Moesgård (**p. 142**) à Højbjerg. Nuit à Aarhus.

Jelling — J20

Pour clore le parcours en beauté, dans le village où est né le Danemark au 10e s. (**p. 178**). Après-midi nature au bord du lac Fårup et nuit sur place.

Copenhague — J21

Retour à Copenhague.

Den Gamle By, le musée de la ville en plein air à Aarhus.
Ch. Goupi/age fotostock

Nos itinéraires

8 jours

Stockholm et la Dalécarlie

En bref : 650 km au cœur des traditions suédoises.

Arndt Sven-Erik/ArTerra Picture Library/age fotostock

Stockholm J1 à 4

Voir le programme proposé **p. 196**, en ajoutant une journée dans l'archipel.

Falun J5

En route vers la Dalécarlie, Falun (**p. 275**) se trouve à 225 km au nord-ouest de Stockholm. Visite de la mine de cuivre qui a assuré la prospérité de la Suède du 17e au 20e s., puis du musée de la Dalécarlie, pour découvrir les traditions. Nuit sur place.

Stockholm.
Rhoberazzi/Getty Images Plus

Lac Siljan J6 à 7

Deux jours pour faire le tour de ce grand lac au cœur de la Dalécarlie, au fil des villages les plus traditionnels (**p. 280**). Nuits dans une cabane en bord du lac.

Stockholm J8

Sur le chemin du retour vers Stockholm (3h30 de route), étape à Sundborn, pour visiter la maison du peintre le plus célèbre de Suède, Carl Larsson (1853-1919) et sa femme Karin, considéré par beaucoup comme le berceau du style scandinave (**p. 278**).

Conseil : visitez la Dalécarlie au moment de la St-Jean : les fêtes folkloriques de Midsommar battent leur plein, donnant un aperçu de la Suède traditionnelle. Attention, pensez à réserver votre hébergement !

8 jours

Göteborg et le Bohuslän

En bref : 400 km sur la côte ouest.

nick1803/Getty Images Plus

Göteborg J1 à 2

Promenade dans la vieille ville puis découverte du musée des Beaux-Arts ou du musée Röhss du Design, Le lendemain, ville maritime (**p. 360**).

L'archipel J3

Le joyau de Göteborg (**p. 372**). Vous êtes plutôt culture, baignade, randonnée ? Choisissez votre île en fonction de vos goûts. Retour pour la nuit à Göteborg.

Île de Marstrand J4

En route, visite de la forteresse de Bohus (**p. 384**) ; après-midi farniente dans la capitale de l'île (**p. 386**), célèbre station balnéaire. Nuit sur place.

Île de Tjörn J5

Direction Tjörn (**p. 386**) pour ses adorables villages colorés et son musée nordique de l'Aquarelle. Route jusqu'à Uddevalla (60 km).

Uddevalla J6

Le matin, visite du musée du Bohuslän (**p. 384**), l'après-midi, excursion en kayak. Route vers Fjällbacka (60 km).

Fjällbacka J7

Cet ancien port de pêche aux harengs est aujourd'hui une station balnéaire prisée (**p. 390**). Ne manquez pas les gravures rupestres de Tanum, à 15 km au nord (**p. 390**).

Göteborg J8

Retour direct à Göteborg (1h30, 130 km), ou en faisant un crochet de 55 km pour visiter la ville thermale de Lysekil (**p. 388**).

Nos itinéraires

14 jours

De Stockholm à Göteborg

En bref : 1 000 km, la Suède d'est en ouest.

Marcus Lindström/Getty Images Plus

Stockholm — J1 à 4

Voir le programme proposé **p. 196** en ajoutant une journée dans l'archipel.

Falun — J5

Première étape en Dalécarlie, cœur d'une Suède traditionnelle et pleine de charme. À voir : la mine de cuivre et le musée de la Dalécarlie (**p. 275**).

Lac Siljan — J6 à 7

Tour du plus grand lac de Dalécarlie et de ses villages (**p. 280**). Nuits dans une cabane en bord de l'eau.

Le Värmland — J8

Paisible région au nord du lac Vänern, le Värmland (**p. 291**) offre une étape sur la longue route vers le Bohuslän (env. 430 km). Nuit possible à Karlstad ou Arvika.

Fjällbacka — J9

Arrivée sur la côte du Bohuslän, découverte des gravures rupestres de Tanum (**p. 390**) et de Fjällbacka, ancien port de pêche reconverti en station balnéaire huppée (**p. 390**).

Uddevalla — J10

Visite du musée du Bohuslän (**p. 384**) et excursion en kayak.

Tjörn et Marstrand — J11

Deux îles ravissantes pour goûter à la pureté des lumières du bord de mer, au charme des ports de pêche et à la qualité des fruits de mer (**p. 386**).

Göteborg — J12 à 14

Découverte de la forteresse de Bohus (**p. 384**) et arrivée à Göteborg (**p. 360**). Visite de la vieille ville, des musées, du port et de la façade maritime, entrecoupée de haltes chaleureuses dans les nombreux cafés, bars et restaurants, et d'une journée dans l'archipel (**p. 372**).

14 jours

De Stockholm à Malmö

En bref : 1 100 km, la côte sud de la Suède.

Rolf_52/Getty Images Plus

Stockholm — J1 à 4

Voir le programme proposé **p. 196** en ajoutant une journée dans l'archipel.

Île de Gotland — J5 à 6

Matin, route (45mn) jusqu'à Nynäshamn puis ferry pour Gotland (env. 4h). Visite de Visby, la « capitale » **(p. 347)**. Le lendemain, tour de l'île à vélo.

Château de Kalmar — J7

Matin, retour sur le continent. Après-midi, visite du château **(p. 330)**. Nuit sur place.

Autour d'Ystad — J8 à 9

Suivre la côte de l'Österlen **(p. 320)**, avec après-midi farniente sur la plage de Nybrostrand. Soirée et nuit dans la jolie ville médiévale d'Ystad, où partir le lendemain sur les traces de l'inspecteur Wallander **(p. 326)**.

Lund — J10

Visite de la ville et de sa cathédrale **(p. 307)** puis soirée et nuit sur place.

Malmö - Copenhague — J11 à 12

La 3e ville de Suède **(p. 298)** est en pleine effervescence depuis l'ouverture du pont de l'Øresund **(p. 303)**, qui relie Copenhague : une invitation à passer une journée dans la capitale danoise **(p. 34)** ? Option plus calme, une journée sauna et plage à Malmö.

Autour de Båstad — J13

Circuit de la péninsule de Bjäre **(p. 314)** et bain suédois en fin de journée à Båstad.

Tylösand — J14

Farniente sur la magnifique plage de Tylösand **(p. 398)**. Nuit à Halmstad.

Conseil : si vous rentrez à Stockholm par la route (6h30, 615 km), faites étape à Gränna, charmant village de la côte orientale du lac Vättern (p. 402).

Nos spots en famille

Tryqve Finkelsen/Getty Images Plus

Aire de jeux Plikta à Göteborg.

Tout au long du guide, ce symbole vous aidera à repérer les sites ou activités qui intéresseront les enfants.

▸ Histoire viking à Copenhague (Danemark). Le Musée national a pensé aux plus jeunes, qui ont leur « mini musée ». Un bateau, des tuniques, des armes en bois, des répliques d'objets et de pierres runiques les attendent. De quoi découvrir, en jouant, ce que le musée appelle « la préhistoire scandinave ». Mais dit comme ça, ça paraît moins rigolo, non ? **Voir p. 49.**

Les enfants doivent être accompagnés d'au moins un adulte.

▸ Le Moyen Âge à Sundby (Danemark). Les Scandinaves adorent faire (re) vivre l'histoire. La preuve au Centre médiéval de Sundby, où des acteurs costumés animent un village médiéval danois. Avec tirs de catapulte, banquets et tournois de chevaliers ! **Voir p. 108.**

Ouvert de mai à septembre.

Sur la plage d'Erikshale, île Æro.
Ch. Bock/Look/age fotostock

▸ Une médiathèque modèle à Aarhus (Danemark). Un toboggan géant, des jeux vidéos, du ping-pong, des livres à gogo, des coussins confortables pour les lire devant des baies vitrées donnant sur le port… Les enfants ne peuvent qu'aimer Dokk1, la médiathèque super high-tech d'Aarhus. **Voir p. 140.**

Accès gratuit.

▸ Plongée onirique dans les contes d'Andersen à Odense (Danemark). Équipé d'un casque, guidé par une musique cristalline et des jeux de lumières, on s'offre une visite pleine de poésie à la rencontre de *La Princesse au petit pois* et de *La Petite Fille aux allumettes*. Le nouveau musée dédié au célèbre conteur danois est une réussite ! **Voir p. 120.**

Costumes et ateliers attendent les enfants dans l'espace Ville Vau.

▸ Voyager dans le temps à Stockholm (Suède). « Skansen », ce sont 150 bâtiments anciens (du 14e au 20e s.), issus des quatre coins de Suède et remontés avec soin dans ce vaste parc. Une promenade dans le passé, de la Laponie à Stockholm en passant par le Jutland avec personnages en costumes d'époque. En route ! **Voir p. 217.**

▶ Un terrain de jeux modèle à Göteborg (Suède). On a beaucoup à apprendre des Scandinaves, notamment de leurs terrains de jeux publics, tels que Plikta, à Göteborg, sur le thème de la mer, avec même une baleine géante. **Voir p. 370.**

▶ Une cathédrale à Strängnäs (Suède). Les Suédois ont même pensé au coin enfants dans les églises. Celui de la cathédrale de Strängnäs est modèle du genre, avec mini costumes, autel et orgue. Les enfants, drapés en évêque, râlent à l'heure de repartir. De quoi vous laisser le temps d'admirer encore un peu les fresques du 15e s. ! **Voir p. 249.**

▶ La mine de cuivre de Falun (Suède). Mettre une cape et un casque orange, pour descendre, à pied, à plus de 50 m de profondeur, au cœur des galeries obscures de ce qui fut, jusqu'au 19e s., la plus vaste mine de cuivre au monde... Un impressionnant voyage dans les entrailles de la terre qui rappelle le dur labeur de milliers d'hommes, et dont petits (et grands) se souviendront longtemps. **Voir p. 276.**

▶ La plage à Malmö (Suède). Se baigner dans la mer, en Suède, vraiment ? Mais oui, en été, la Baltique, peu profonde, se réchauffe – un peu – au soleil. À Malmö, comme souvent en Suède, les plages sont bien équipées et surveillées. Le farniente à la scandinave ! **Voir p. 303.**

Beaucoup de lacs disposent aussi de plages équipées, surveillées et adaptées aux familles.

▶ Un paradis Lego à Billund (Danemark). Le leader mondial du jouet a désormais son temple, la Lego House, dédiée à la célébrissime brique en plastique. Effets spéciaux, sculptures monumentales, jeux rigolos... On a vu des familles entières penchées sur les briques, pour résoudre ensemble des petits défis stimulants. De superbes moments partagés ! **Voir p. 184.**

À ne pas confondre avec le parc d'attractions Legoland, juste à côté.

▶ Bain de sciences à Stockholm (Suède). Ne manquez pas le musée national de la Science et de la Technologie, pour de fabuleux moments autour d'ateliers-jeux ludiques conçus pour la famille. Les sciences, la logique, les maths, illustrés par des terrains de jeux, des expériences, des jeux vidéos... Apprendre en s'amusant, ici c'est possible ! **Voir p. 222.**

Vous avez vécu une super expérience en famille ?

Partagez-la nous sur Instagram ! Vous serez peut-être sélectionnés pour une publication dans une prochaine édition en mentionnant le # : **#enfamilleGuideVertMichelin**

Lego® House à Billund.
A. Brusini/hemis.fr

Copenhague.
Alphotographic/Getty Images Plus

DÉCOUVRIR LE DANEMARK

Falaise de Stevns Klint.
Denja1/Getty Images Plus

1

Sjælland

CARTE MICHELIN NATIONAL N° 749

SJÆLLAND
0 20 km
0 12 mi
KRONBORG ★★★ Vaut le voyage
Arken ★★ Vaut le détour
Ørslev ★ Vaut la visite
Næstved Intéressant
A
B
C
1
2
JUTLAND
AARHUS
SUÈDE
HELSINGBORG
MALMÖ
Landskrona
KATTEGAT
ØRESUND
STOREBÆLT
Samsø Bælt
Samsø
Sejerø
Sejerø Bugt
Sjællands Odde
Kalundborg Fjord
Kalundborg
Viskinge
Ubby
Bregninge
Jyderup
Tissø
Åmose Å
Tuse
Tveje Merløse
Holbæk
Brønde
Orø
Isefjord
Hammer Bakke
Skibby
Gershøj
Selsø
Lejre
Forsøgscenter
Ledreborg
Roskilde
Roskilde Fjord
Jægerspris
Presqu'île de Hornsherred
Rørvig
Hundested
Kulhuse
Solager
Tisvildeleje
Arresø
Frederikssund
Skævinge
FREDERIKSBORG
Fredensborg
Nødebo
Gribskov
Hillerød
Esrum Sø
Rågeleje
Gilbjerg Hoved
Munkerup
Gilleleje
Hornbæk
Ålsgårde
Hellebæk
Elseneur
KRONBORG
Flynderupgård Museum
Espergærde
LOUISIANA MUSEUM
Nivå
Nivågård
Ven
Karen Blixen Museet
Jægersborg Dyrehave
Lyngby
Frilandsmuseet
Hellerup
Ordrupgård
COPENHAGUE
Arken
Amager
Amager Strandpark
Den Blå Planet
Øresundsbron
Dragør
Saltholm
E 4
E 6
E 20
E 20-E 47-E 55
6
14
16
19
21
22
23
53
57
152
155
207
219
225
237

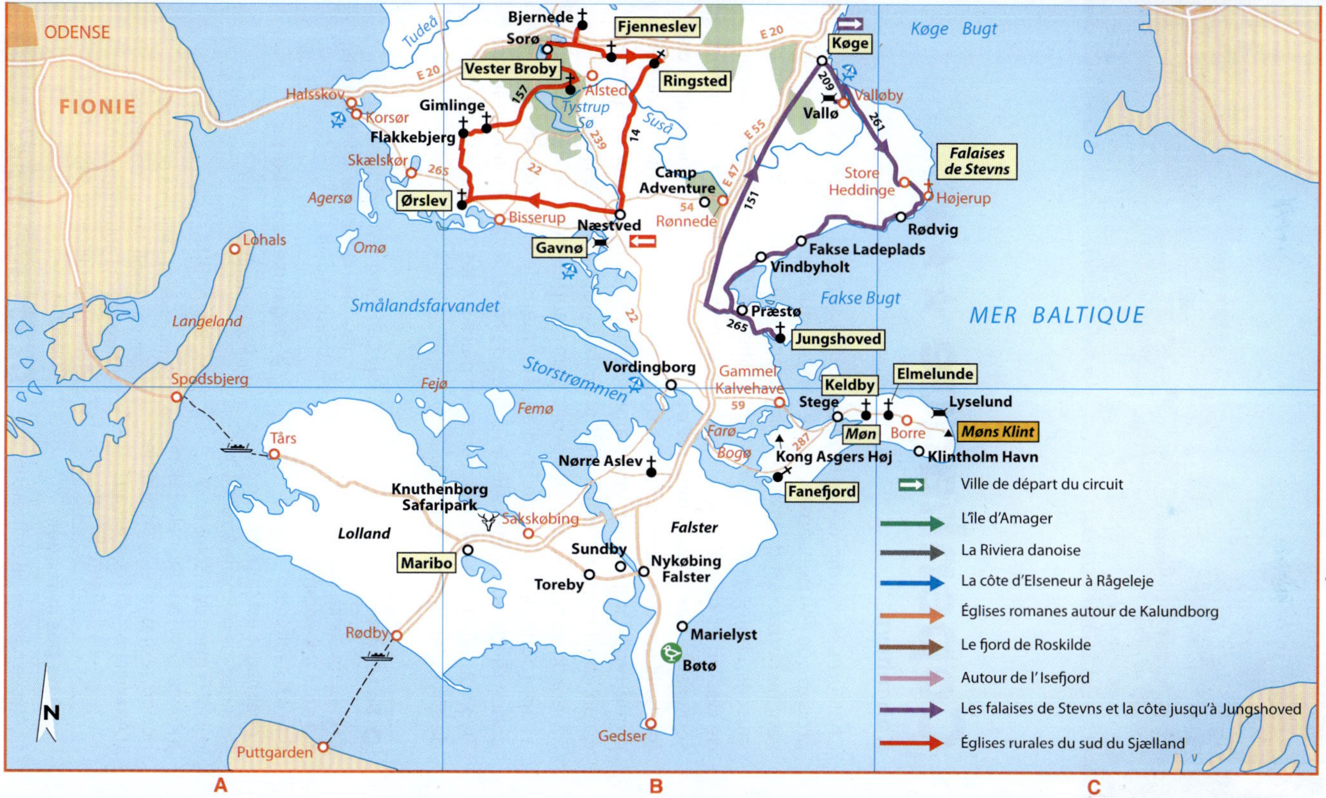

ODENSE
FIONIE
Bjernede
Sorø
Fjenneslev
Vester Broby
Ringsted
Alsted
Tystrup Sø
Susa
Gimlinge
Flakkebjerg
Halsskov
Korsør
Skælskør
Ørslev
Bisserup
Næstved
Gavnø
Camp Adventure
Rønnede
Agersø
Omø
Lohals
Langeland
Smålandsfarvandet
Spodsbjerg
Fejø
Femø
Storstrømmen
Vordingborg
Køge
Køge Bugt
Vallø
Valløby
Falaises de Stevns
Store Heddinge
Højerup
Rødvig
Fakse Ladeplads
Vindbyholt
Fakse Bugt
Præstø
Jungshoved
MER BALTIQUE
Gammel Kalvehave
Keldby
Elmelunde
Stege
Lyselund
Møn
Borre
Møns Klint
Farø
Bogø
Kong Asgers Høj
Klintholm Havn
Fanefjord
Tårs
Nørre Aslev
Knuthenborg Safaripark
Sakskøbing
Lolland
Falster
Maribo
Sundby
Nykøbing Falster
Toreby
Marielyst
Bøtø
Rødby
Gedser
Puttgarden
N
A
B
C
3
4
Ville de départ du circuit
L'île d'Amager
La Riviera danoise
La côte d'Elseneur à Rågeleje
Églises romanes autour de Kalundborg
Le fjord de Roskilde
Autour de l'Isefjord
Les falaises de Stevns et la côte jusqu'à Jungshoved
Églises rurales du sud du Sjælland

Copenhague ★★★

København

Chaleureuse, harmonieuse mais tranquille, la cité de la « Petite Sirène » prouve que l'on peut être capitale – royale qui plus est –, tout en préservant un certain art de vivre. Facile à découvrir à pied et à vélo, riche en musées, châteaux, palais, expérimentations architecturales, boutiques de design et restaurants créatifs, la cité se révèle particulièrement séduisante aux beaux jours : les parcs et les jardins résonnent alors de festivals en tous genres, tandis qu'on se presse sur les quais pour un pique-nique improvisé, une baignade dans les bassins aménagés et qu'un court trajet en train suffit pour rejoindre les belles plages de la Riviera danoise. Mais l'hiver dévoile bien d'autres charmes, notamment à l'approche des fêtes de fin d'année, quand le tout Copenhague se donne rendez-vous dans les marchés de Noël, les allées illuminées de Tivoli ou aux terrasses des cafés, un plaid sur les genoux et une tasse de chocolat chaud à la main.

Se repérer

CARTE C2 (P. 32-33) - PLAN P. 36-37, PLAN DES TRANSPORTS P. 72-73.

644 431 habitants

Copenhague est traversé par la longue rue piétonne Strøget reliant la place de l'Hôtel-de-Ville à Kongens Nytorv. Au-delà, le long du port se dresse l'élégant quartier d'Amalienborg qui conduit au Kastellet et à *La Petite Sirène*.

À ne pas manquer

Le Musée national, le château de Rosenborg, le musée national des Beaux-Arts, la glyptothèque Ny Carlsberg, Nyhavn, le musée Louisiana à Humlebæk, une balade en bateau ou à vélo.

Organiser son temps

Voir le tableau ci-contre.

En famille

Le musée pour enfants du Musée national, Tivoli, le parc balnéaire d'Amager et l'aquarium Den Blå Planet, une descente à ski sur Copenhill.

Carnet pratique p. 60

Nos adresses p. 62

Le canal et l'extension de la Bibliothèque royale, surnommée le Diamant noir et conçue par le cabinet d'architectes Schmidt Hammer Lassen.
B. Gardel/hemis.fr

★★ Au cœur de la ville

BC2-3

Circuit 1 tracé en vert sur le plan p. 36-37 - compter 2h.
Une découverte de l'ambiance chaleureuse de la capitale danoise à travers les vieux quartiers du centre.

1

Rådhuspladsen (PLACE DE L'HÔTEL-DE-VILLE) B3

M *Rådhuspladsen.* Bordée de hauts immeubles et encadrée par deux avenues (H. C. Andersens Boulevard et Vester Voldgade), recevant le flux de circulation provenant de l'est par la gare centrale et Vesterbrogade, cette vaste place rectangulaire très animée dispose d'un îlot piétonnier central accueillant à toute heure du jour une foule de badauds.
Parmi les bâtiments entourant la place, on remarque particulièrement l'**hôtel Palace**, avec sa spectaculaire façade ornée de tourelles et de clochetons, et l'hôtel de ville, surmonté de son beffroi, qui dominent le lieu.
Sur la gauche de la façade de l'hôtel de ville se dresse une statue de bronze représentant **deux joueurs de trompette** (Lurblæseren) ; à sa droite se trouve la **fontaine du Dragon,** exécutée en 1923 par Skovgaard et Bindesbøll. Une **statue de Hans Christian Andersen**, représenté assis, un livre à la main, se dissimule sous les

Copenhague en 3 jours	
JOUR 1	Dans le quartier de Rosenborg, visitez le château et le musée national des Beaux-Arts, fleurons du patrimoine de la ville ; ensuite, rejoignez l'emblématique Nyhavn. L'après-midi, embarquez pour une balade en bateau. De retour à quai, dirigez-vous vers la place de l'Hôtel-de-Ville, promenez-vous dans Strøget, au gré de ses vitrines et terrasses accueillantes, et côtoyez l'ambiance estudiantine du Quartier latin.
JOUR 2	Rendez-vous sur l'île du Château pour découvrir les riches collections de la glyptothèque Ny Carlsberg et du Musée national. L'après-midi, remontez vers le nord et goûtez à la vie royale dans le palais d'Amalienborg. Allez ensuite saluer la *Petite Sirène.*
JOUR 3	Direction la Riviera danoise où vous attendent le musée d'Art moderne Louisiana et son parc, ainsi que le musée Karen Blixen. De retour à Copenhague, flânez dans le quartier de Christianshavn ou détendez-vous dans le parc de Tivoli.

A
LYNGBY
B
KØBENHAVN
0
200 m
Nørrebros Runddel
Jægersborggade
Nørrebrogade
Assistens Kirkegård
Kapelvej
Møllegade
Guldbergsgade
Nørre Allé
Elmegade
Fælledvej
Tagensvej
Blegdamsvej
Ryesgade
Sortedams Sø
Fredensbro
Læssøesgade
Sankt Hans Gade
Sølvgade
Sortedam Dossering
Øster Søgade
Øster Farimagsgade
Griffenfeldsgade
Stengade
Baggesensgade
NØRREBRO
Dronning Louises Bro
Botanisk Have
Blågårds Plads
Blågårdsgade
Korsgade
Wesselsgade
Rantzausgade
Åboulevard
Peblinge Sø
Frederiksborggade
Vendersgade
Gothersgade
Linnésgade
Nørre Voldgade
Nørreport
Rømersgade
Israels Plads
Kultorvet
Fiolstræde
Nørregade
Worsaaesvej
Thorupsgade
Nørre Søgade
Nansensgade
Nørre Farimagsgade
H.C. Ørsteds Vej
Forum
Rosenørns Alle
ØRSTEDSPARKEN
LATINERKVARTERET
Københavns Universitet
Sankt Petri Kirke
Julius Thomsens Plads
Vodroffsvej
Svineryggen
Sankt Jørgens Sø
Søgade
H. C. Andersens Blvd.
Vor Frue Plads
Vor Frue Kirke
Sankt Peders Str.
Forchhammersvej
Danasvej
Danas Plads
Niels Ebbesens Vej
Kampmannsgade
Nyropsgade
Vester Farimagsgade
Hammerichsgade
Studiestræde
Gammeltorv
Caritasbrønden
Strøget
Nytorv
H. C. Andersen Eventyrhuset
Palace Hotel
Rådhuspladsen
Strædet
Lurblæserne
Dragespringvandet
NATIONAL-MUSEET
H. C. Andersen
Rådhus
Vesterport
Sankt Knuds Vej
Forhåbningsholms Allé
FREDERIKSBERG
Vester
Ved Vesterport
Gammel Kongevej
Københavns Museum
Tivoli
Frederiksberg Allé
Værnedamsvej
VESTERBRO
Reventlowsgade
H. C.
FREDERIKSBERG PARK
ZOO
VISIT CARLSBERG
Vesterbrogade
Istedgade
Tietgensgade
NY CARLSBERG GLYPTOTEK
Oehlenschlægersgade
Valdemarsgade
Absalonsgade
Eskildsgade
Gasværksvej
Viktoriagade
Københavns Hovedbanegård
Bernstorffsgade
Hambrosgade
Halmtorvet
Øksnehallen
Kalvebod
KØDBYEN
ARKEN
1
2
3

ORDRUPGÅRD
C
D
1
2
3
Dag Hammarskjölds Allé
Kristianiagade
Indiakaj
Langelinievej
Langelinie
Øster Søgade
Øster Farimagsgade
Østerport
Folke Bernadottes Allé
Den Lille Havfrue
LANGELINIE-PAVILIONEN
Kastellet
LANGELINIE PARK
Stockholmsgade
Den Hirschsprungske Samling
Øster Voldgade
Gefion-springvandet
Store Kongensgade
Grønningen
NYBODER
Parkmuseerne
Sankt Albans Kirke
STATENS MUSEUM FOR KUNST
Gernersgade
Churchill Park
ROSENBORG
Rigensgade
Kronprinsessegade
Esplanaden
Sølvgade
Klerkegade
Fredericiagade
Designmuseum Danmark
ROSENBORG SLOT
Bredgade
Amaliegade
Adelgade
Borgergade
Marmorkirken
Amalienborg Slotsplads
Kongens Have
Marmorkirken (Frederiks Kirke)
NORDHAVNEN
Davids Samling
Dronningens Tværgade
Landgreven
Amalienborg Slot
Amalien-haven
Filmhuset
Gothersgade
Toldbodgade
Kvæsthusbroen
Operaen
Trinitatis Kirke
Baron Boltens Gård
ØSTERGADE
Thotts Palæ
Sankt Annæ Plads
Rundetårn
Pistolstræde
Hôtel d'Angleterre
Kongens Nytorv
Kvæsthusgade
Købmagergade
Bernikows Gade
Charlottenborg
Gråbrødretorv
Kongens Nytorv
NYHAVN
Helligaands-kirken
Illum
Strøget
Papirøen
Herluf Trolles Gade
Amagertorv
Storkes-pringvandet
Højbro Plads
Sankt Nikolaj Kirke
Bremerholm
Magasin du Nord
Niels Juels Gade
Det Kongelige Teater
Inderhavnsbroen
Gammel Strand
Absalon
Holmens Kanal
Nordatlantens Brygge
Thorvaldsens Museum
Christiansborgs Slotskirke
Holmens Kirke
Havnegade
Strandgade
INDERHAVNEN
Børsen
Børsgade
Christiansborg Slot
Folketing
Prinsessegade
Marmor-broen
SLOTSHOLMEN
Knippelsbro
Strandgade
Overgaden Oven Vandet
CHRISTIANSHAVN
CHRISTIANIA
Dansk Jødisk Museum
Brygge
Ny Kongensgade
Torvegade
Badsmandsstræde
Pusher Street
Det Kongelige Bibliotek (Sorte Diamant)
Christians
Vester Voldgade
BLOX
Overgaden Neden Vandet
Vor Frelsers Kirke
Cirkelbroen
Wildersgade
Christianshavn
Andersens Blvd.
Lille Langebro
Dronningensgade
Prinsessegade
LØVENS BASTION
Langebrogade
Langebro
N
Brygge
KALVEBOD BASTION
ENHJØRNINGENS BASTION
PANTERENS BASTION
ELEFANTENS BASTION
Torvegade
SYDHAVNEN
STADSGRAVEN
Vermlandsgade
ISLANDS BRYGGE
ØRESUNDSBRON

1

SE RESTAURER					
A Hereford Beefstouw	1	Les Trois Cochons	19	Wake Up Hotel	4
Aamanns Etablissement	2	Broens Gadekøkken	21	Nimb	5
Cafe Glyptoteket	3	No.2	22	Hotel Bethel	6
Cofoco	4	The Union Kitchen	23	Danhostel Copenhagen City	7
Selma	5	Radio	24	Generator Hostel	8
Amadeus	7	Spiseloppen Christiania	26	Radisson Blu Royal Hotel	9
Pluto	8	Cap Horn	29	Hebron	10
AOC	9	Damindra	30	Hotel SP34	11
Seaside Toldboden	10	Tight	32	25hours Indre By	12
Husmanns Vinstue	12	Torvehallerne	34	Ibsens	14
Krogs	14	**SE LOGER**		Kong Arthur	17
Orangeriet	15	Babette Guldsmeden	1	Scandic Webers	20
Le Pavé	16	Admiral	2	YMCA Interpoint	23
Gemyse	18	Axel Guldsmeden	3	Sleep in Heaven	25
				Hotel Sct. Thomas	30

frondaisons qui agrémentent le boulevard du même nom, à la droite du bâtiment.
Hôtel de ville (Rådhus) - *✆ 33 66 33 66 - ♿ - visite guidée : lun.-vend. à 13h, sam. à 10h - visite guidée de la tour : lun.-vend. à 11h et 14h, sam. à 12h - 60 DKK (hôtel de ville) ; 40 DKK (tour).* L'édifice de brique rouge, quelque peu massif, fut achevé en 1905 d'après les plans de Martin Nyrop qui s'inspira de l'architecture danoise médiévale et du style Renaissance de l'Italie du Nord. Du haut de la tour, on jouit d'une large **vue★** sur la ville et le port. Au rez-de-chaussée, une salle est consacrée à l'**horloge astronomique★**, réalisée par Jens Olsen (1872-1945) et dont le mécanisme donne l'heure sidérale ainsi que l'heure solaire partout dans le monde. Elle indique la trajectoire des planètes autour du Soleil et calcule les éclipses du Soleil et de la Lune avec une précision diabolique de l'ordre d'une demi-seconde tous les 300 ans !
Aux alentours, plusieurs attractions payantes sont distrayantes mais d'un intérêt limité, comme le Monde merveilleux de H. C. Andersen, vraiment vieillot.
Prendre la rue piétonne (Frederiksberggade) sur la gauche de l'hôtel Palace.

★ Strøget B3-C2

Prononcez « stroyeute » ! Cette longue voie reliant Rådhuspladsen à la Nouvelle Place royale (Kongens Nytorv), à travers le vieux Copenhague, est constituée d'une succession de rues et de places où se côtoient magasins et établissements de restauration. Animée à toute heure du jour par des musiciens et artistes ambulants, envahie par les terrasses de café, elle regorge de galeries marchandes, qui se dérobent parfois dans des passages, et de souvenirs de l'histoire de la cité.
★ **Gammeltorv et Nytorv** – Ce vaste espace rectangulaire que traverse Strøget est en fait constitué de deux places situées de part et d'autre de la rue : sur votre gauche, **Gammeltorv★** (Ancienne Place), la plus vieille place de marché de la ville, dont le centre est occupé par la **fontaine Caritas** du 17e s. Sur la droite s'étend **Nytorv** (Nouvelle Place), dans un coin de laquelle se cache l'ancien hôtel de ville reconverti aujourd'hui en tribunal.
Poursuivre sur Strøget, qui prend le nom de Nygade, puis de Vimmelskaftet.
★★ **Gråbrødretorv** (Place des Frères-Gris) – Dans Vimmelskaftet, suivre à gauche la Klosterstræde, l'une des plus anciennes rues de la ville. Avec son platane et ses façades colorées à l'ancienne, cette place pavée du vieux Copenhague est charmante et les terrasses prises d'assaut au premier rayon de soleil. Plusieurs fois détruite (incendie en 1728, bombardement en 1807), la place a été reconstruite aux 18e et 19e s. Même la massive fontaine moderne en granit (1971) ne parvient pas à troubler la belle sérénité de l'ensemble.

Amagertorv (Place d'Amager) – Au carrefour avec Købmagergade, Strøget s'élargit pour former cette place, ornée d'une fontaine du 19e s., la **Storkespringvand** (fontaine aux Cigognes). Sur la gauche, **l'église du St-Esprit** (Helligåndskirke) est bâtie au milieu d'un paisible jardin offrant un contraste frappant avec l'animation de la rue. L'ensemble faisait partie d'un monastère médiéval maintenant disparu et l'église fut reconstruite après l'incendie de 1728.
Maison du St-Esprit (Helligåndshuset) – *Au coin de Klostergade - ouvert lors de ventes de charité ou d'expositions.* Cet ancien hospice édifié en 1296, seul édifice médiéval encore intact de la capitale, possède une belle salle voûtée.
Après l'église, vous découvrirez un ensemble de belles demeures de brique aux façades à pignon, édifiées au 17e s. et abritant aujourd'hui le Royal Copenhagen, magasin de la fabrique royale de porcelaine *(voir p. 67)*.
Højbro Plads – *Sur la droite.* Ouverte sur le canal entourant l'**île du Château** (Slotsholmen), centre historique de la cité, cette place animée par nombre de bateleurs et de terrasses sert d'écrin à la statue équestre de l'évêque **Absalon** qui semble toujours veiller sur sa forteresse.
Prendre, sur la gauche de Strøget, Købmagergade.

Købmagergade C2

1

Aussi vivante que Strøget et bordée de magasins, cette large rue piétonne s'engage vers le cœur du quartier universitaire.
★ **La Tour ronde (Rundetårn)** – *Købmagergade 52A - ✆ 33 73 03 73 - www.rundetaarn.dk - avr.-sept. : 10h-20h ; oct.-mars : 10h-18h ; mar.-merc. 10h-21h - fermé 1er janv. et 24-25 déc. - 40 DKK (5-15 ans 10 DKK).* Haute de 35 m, cette tour, à laquelle Andersen fait allusion dans *Le Briquet*, fut construite en 1642 sur l'ordre de Christian IV pour servir d'observatoire. Une étonnante rampe en spirale, inégalement pavée, que le tsar Pierre le Grand – si l'on en croit la légende – escalada à cheval lors de sa visite en 1716, suivi de la tsarine dans un carrosse tiré par six chevaux, et un escalier *(31 marches)* permettent d'accéder au sommet. On y découvre une **vue panoramique**★★ sur la ville avec sa forêt de flèches.
Église de la Trinité (Trinitatis Kirke) – *Pilestræde 67 - ✆ 33 37 65 40 - www.trinitatiskirke.dk - 9h30-16h30, dim. 9h30-12h.* Conçu par **Christian IV** comme lieu de culte universitaire, l'édifice fut achevé par son successeur en 1656. À l'intérieur *(accès par Landemærket)*, on peut voir un retable sculpté et un buffet d'orgues baroque, ainsi qu'une horloge rococo.

★ Le Quartier latin (LATINERKVARTERET) B2

Très animé par sa population d'étudiants, le Quartier latin de Copenhague est délimité au sud par Strøget et au nord par Gothersgade, large avenue séparant Rosenborg et la « ville neuve » de la vieille ville. Dans ce quartier plein de charme, en grande partie piéton, les rues étroites sont bordées de librairies, de petits restaurants, de cafés et de boutiques occupant souvent le sous-sol des maisons du 18e s. alignées en rangs serrés.
Prendre l'étroite Store Kanikestræde sur la gauche des arcades de brique qui font face à la Tour ronde et poursuivre jusqu'à la place Notre-Dame (Vor Frue Plads).
Vor Frue Plads (Place Notre-Dame) – C'est ici que s'élève l'**église Notre-Dame** (Vor Frue Kirke), cathédrale néoclassique construite en 1829 sur les plans de C. F. Hansen. C'est la troisième à occuper ce site, car l'édifice gothique d'origine fut détruit lors de l'incendie de 1728 et la deuxième cathédrale sévèrement endommagée par les obus anglais en 1807. L'intérieur est orné de sculptures de Bertel Thorvaldsen *(voir aussi p. 47)*.

Les mutations de Copenhague

Un port de marchands

Le nom même de København, qui signifie « port des marchands », rappelle la vieille tradition locale de négoce, établie pratiquement dès la fondation de la ville par l'évêque **Absalon** *(voir encadré p. 88)*, en 1167. Le destin de Copenhague est scellé lorsque l'ambitieux évêque de Roskilde décide de faire construire un château sur l'île de Slotsholmen, là où se dresse aujourd'hui le château de Christiansborg. La ville prospère rapidement sous le contrôle des évêques de Roskilde mais, au 15e s., elle est rattachée à la Couronne. **Éric de Poméranie** en fait la capitale du royaume unifié de Danemark, Norvège et Suède. Outre son rôle de centre commercial et administratif, Copenhague devient creuset culturel suite à la fondation de l'université en 1476. Cependant, la Réforme provoque au 16e s. une période d'incertitudes et de troubles.

De la richesse à la ruine

Au cours du règne de **Christian IV** (1588-1648), Copenhague se développe et connaît son âge d'or. Avec une ambition sans limite, le roi se lance dans une série de réalisations architecturales qui dotent la cité de ses plus beaux monuments, ainsi que du château de Rosenborg, de la Bourse et du quartier de **Christianshavn**, auquel il donne son nom.
Cette période faste est suivie d'une succession de catastrophes : après une tentative d'invasion suédoise, la ville est frappée par une **épidémie** de peste bubonique en 1711 et perd le tiers de sa population. En 1728, un gigantesque **incendie** détruit une grande partie du centre, puis un second, à la fin du siècle, la ravage à nouveau. Toutefois, c'est entre ces deux épisodes funestes qu'un élégant quartier, entre Kongens Nytorv et Amalienborg, voit le jour. La dernière des calamités est le **bombardement** de Copenhague en 1807 par la flotte anglaise, qui ne tient aucun compte de la neutralité du Danemark.

Aujourd'hui et demain

La ville, moderne et spacieuse, prend son aspect actuel au milieu du 19e s. après la destruction des fortifications que remplacent parcs et lacs. Plus récemment, une partie de la vieille ville est aménagée en quartier piétonnier. Sillonnée par un grand nombre de **cyclistes**, animée et réputée pour ses distractions de tous ordres, la ville continue de faire preuve d'un dynamisme exceptionnel. La construction du spectaculaire pont de l'Øresund, entre Malmö et l'île d'Amager, sur laquelle se trouve l'aéroport international, a placé la capitale danoise au centre d'une des régions les plus prospères d'Europe, peuplée de 3 millions d'habitants. En pleine effervescence, la ville double la capacité de son aéroport international, met en place un métro entièrement automatisé et prévoyait même de construire à l'ouest d'Amager, une nouvelle ville baptisée **Ørestad**, restée toutefois un simple quartier de Copenhague. Dans le même temps, plusieurs projets opèrent la reconversion des quartiers portuaires : ainsi **Holmen** et **Refshaleøen**, au nord-est de Christianhavn *(voir encadré p. 53)*, et **Nordhavn**, nouveau laboratoire de l'architecture durable au nord du centre-ville. L'ancien quartier des abattoirs, **Kødbyen**, à l'ouest de la gare centrale, a lui connu une impressionnante métamorphose placée sous le signe de la gastronomie et de la culture, tandis que la friche **Carlsberg** s'apprête à accueillir tout un quartier de logements et bureaux. Des réhabilitations ambitieuses, qui ont valu à Copenhague d'être nommée Capitale mondiale de l'architecture en 2023 par l'Unesco.

Précédés par les bustes d'éminents universitaires, les pompeux bâtiments de l'**université** occupent le côté droit de la place sur laquelle donne la façade du bâtiment principal, construit en même temps que la cathédrale. Le bâtiment réservé aux étudiants, situé le long de Nørregade, fut édifié un siècle plus tôt.
Sur le côté opposé de Nørregade, au coin de Sankt Pedersstræde, se dresse l'**église St-Pierre** (Sankt Petri Kirke), austère église également incendiée et bombardée, ce qui ne l'a pas empêchée de conserver son haut clocher du 16e s. et son jardin.
Prendre Krystalgade, puis à droite Købmagergade jusqu'à Strøget.

Østergade C2

Il s'agit de la dernière partie de Strøget, là où se concentrent les grands magasins, tel le célèbre **Illum**, une sorte de Printemps à la danoise, doté en sus d'un incroyable rayon design. Juste en face, sur la droite, une ruelle conduit à la petite place. Au dernier étage, vous trouverez plusieurs restaurants et des cafés avec terrasse.
Église St-Nicolas (Sankt Nikolaj Kirke) – *Nikolaj Plads 10 - ☏ 24 22 71 27 - www.nikolajkunsthal.kk.dk - mar.-vend. 11h-18h, w.-end 11h-17h - fermé lun. - 90 DKK (3-17 ans 30 DKK), gratuit merc.* Elle est dotée d'une impressionnante tour carrée du 16e s. soutenue par six arcs-boutants. L'édifice abrite aujourd'hui un centre d'art contemporain.
Plus loin sur la gauche s'ouvrent quelques passages, enfilades de cours aux maisons rénovées avec goût et aujourd'hui investies par des restaurants, cafés et boutiques de mode haut de gamme : c'est le cas de **Bernikows Gården** et surtout de **Pistolstræde** à laquelle on accède par un porche au n° 24.
Quelques mètres suffisent alors pour déboucher sur Kongens Nytorv.

1

★★ La ville du 18e siècle CD1-2

Circuit 2 tracé en vert sur le plan p. 36-37 – compter 3h.
Cette « nouvelle ville », qui se développa en bord de mer à la fin du 17e s. et tout au long du 18e s., est aujourd'hui le quartier élégant de Copenhague. Autour du palais d'Amalienborg, résidence officielle de la souveraine, elle offre la perspective de ses larges avenues et concentre hôtels, ambassades et commerces luxueux.

★ Kongens Nytorv (NOUVELLE PLACE ROYALE) C2

M *Kongens Nytorv.* La réalisation de cette magnifique place fut la première opération d'urbanisme liée à la construction de la nouvelle ville, que le surpeuplement de Copenhague rendait nécessaire. Achevée en 1688, elle reçut en son centre une statue équestre de Christian V. La plupart des édifices bâtis alors ont maintenant disparu, mais l'harmonie architecturale recherchée a été respectée.
Sur le côté gauche de la place, le **Magasin du Nord**, grand magasin le plus couru de Copenhague, précède l'**Hôtel d'Angleterre**, le palace historique (1755) de la capitale danoise. À l'angle de Gothersgade et de Store Kongensgade se dresse une galerie commerçante, **Baron Boltens Gård**, familièrement appelée Boltens. Plus loin, au coin de Bredgade, on peut admirer l'un des premiers édifices construits sur la place, **Thotts Palæ** (vers 1685), qui appartint à l'un des héros nationaux, l'amiral **Niels Juel**. L'immeuble est actuellement occupé par l'ambassade de France.
Théâtre royal (Kongelige Teater) – *Sur la droite après Niels Juels Gade.* Cet imposant bâtiment en pierre de taille a été construit en 1870. Au programme, danse, théâtre et art lyrique.
Charlottenborg – *Nyhavn 2 - ☏ 33 74 46 39 - www.kunsthalcharlottenborg.dk - mar.-vend. 12h-20h, w.-end 11h-17h - 90 DKK (-16 ans gratuit), gratuit merc. apr. 17h.* Ce palais baroque édifié en 1670 et situé sur la rive sud de Nyhavn abrite l'Académie

royale des arts et le **musée d'Art contemporain** *(mêmes conditions de visite que le palais)* qui présente des expositions temporaires, et d'où l'on découvre de belles **vues★** sur le quai de Nyhavn.

★★★ Nyhavn (NOUVEAU PORT) D2

Ce bassin, aujourd'hui l'un des sites les plus connus de Copenhague, fut creusé à la fin du 17e s. pour permettre l'accès des navires à Kongens Nytorv. L'essor rapide du commerce entraîna la construction d'entrepôts et d'étroites demeures à pignon. Mais la présence de marins de toutes nationalités eut bientôt pour effet de voir aménager les rez-de-chaussée en tavernes... Les rixes fréquentes contribuèrent à la mauvaise réputation de Nyhavn, mais de respectables citoyens continuèrent néanmoins d'y demeurer, à l'instar de Hans Christian Andersen, qui habita successivement aux nos 20, 67 puis 18.

De nos jours, les bars à matelots sont devenus des restaurants très touristiques, débordant sur les quais devant des façades égayées de couleurs vives, tandis que, sur le canal, les navires de commerce d'autrefois ont cédé la place à de superbes voiliers. Sur le quai nord, ensoleillé et piéton, l'animation atteint son paroxysme l'après-midi, lorsque les terrasses sont bondées, quelle que soit la température (des plaids disposés sur les chaises permettent aux plus frileux de sacrifier à la tradition de consommer dehors), et que les bars à bière parviennent à peine à satisfaire la demande.

À l'extrémité du bassin, du côté de la place Royale, une ancre monumentale, que l'on pourrait croire échouée à la suite d'une tempête, commémore le souvenir des marins danois morts durant la Seconde Guerre mondiale. Non loin se trouve l'**embarcadère** d'où partent les excursions le long des canaux et autour du port. Au bout du quai sud, le **Inderhavnsbroen**, pont réservé aux piétons et aux vélos, permet de rejoindre le quai de l'Atlantique Nord.

Après une halte rafraîchissante à l'une des terrasses, s'engager dans Amaliegade.

★★ Amalienborg Slotsplads (PLACE DU PALAIS D'AMALIENBORG) D2

La place, le palais et l'église de marbre, un peu plus loin, furent conçus en 1749 par Frédéric V pour former le cœur d'un nouveau quartier auquel il envisageait de donner le nom de Frederiksstaden. **Nicolai Eigtved** dessina les plans de quatre édifices identiques (que quatre personnalités éminentes se virent vivement incitées à financer de leurs deniers), disposés autour d'une place octogonale, ainsi que ceux de l'église.

En 1768, la statue équestre de Frédéric V, réalisée par le sculpteur français Jacques François Joseph Saly (1717-1776), fut installée au centre de la place.

★★ Palais d'Amalienborg (AMALIENBORG SLOT) D2

Christian VIII's Palæ - ✆ 33 15 32 86 - www.kongernessamling.dk - de fin janv. à fin oct. : 10h-17h ; de fin oct. à fin déc. : tlj sf lun. 10h-16h - 125 DKK (-18 ans gratuit).

☺ Lorsque la reine réside au palais, la cérémonie de la **relève de la garde**, qui a lieu tous les jours à midi, attire une foule de touristes.

Le palais devint la résidence officielle de la famille royale après la destruction de Christiansborg dans un incendie. La visite permet de découvrir le bureau du roi **Christian IX**, l'élégant salon de son épouse, la reine Louise, le bureau de Frédéric VIII avec son mobilier d'origine, et celui de Christian X, ainsi qu'une collection de costumes et de joyaux.

Jardin d'Amélie (Amalienhaven) – Derrière le palais, au-delà de Toldbodgade, le quai a été aménagé en jardin donnant sur ce qui fut autrefois le port. De l'autre côté du canal se dresse l'**Opéra★★** *(voir encadré p. 53)*.

Nyhavn.
scanrail/Getty Images Plus

1

En suivant le quai, vous longerez les anciens entrepôts, restaurés avec goût, et souvent reconvertis en appartements.
Poursuivre le long du quai et traverser Esplanaden jusqu'au parc Churchill.

★ Parc Churchill (CHURCHILL PARK) D1

Les habitants de Copenhague sont nombreux à faire leur footing ou à flâner dans ce vaste parc situé au nord d'Amalienborg, où se dresse l'ancienne citadelle.
★ **Citadelle (Kastellet)** – Entourée par des douves bordées de roseaux et de saules pleureurs, cette caserne du début du 18e s. comprend plusieurs rangées de bâtiments de brique rouge le long d'une rue pavée s'achevant à chaque extrémité par une porte fortifiée.
En suivant toujours la rive, on parvient devant l'imposante **fontaine Gefion**, surmontée d'une sculpture de bronze représentant une femme menant avec fougue deux paires de bœufs. Sur la gauche s'élève **Sankt Albans Kirke**, église anglicane. Derrière la fontaine, une passerelle en fer forgé permet de s'enfoncer dans le parc.
★★ **La Petite Sirène (Den Lille Havfrue)** – Plus loin, sur le front de mer, on aperçoit le véritable symbole de la ville de Copenhague, *La Petite Sirène*. Cette silhouette énigmatique assise sur un rocher au bord de l'eau, le regard perdu au loin vers l'entrée du vaste port, paraît très étrangère au cadre industriel environnant, laissé hors champ par les photographies de promotion touristique. Pour autant, elle séduit la plupart des visiteurs, hormis les allergiques à la foule et aux selfies. Œuvre d'**Edvard Eriksen**, la statue de bronze qui honore à la fois Andersen et l'attachement des Danois à la mer fut offerte à la ville de Copenhague en 1913 par Carl Jacobsen, fils du fondateur des brasseries Carlsberg.
En continuant le long des quais, vous parviendrez à **Langeliniekaj**, où sont amarrés des paquebots. Le quai est bordé d'arcades abritant boutiques et cafés ; au-dessus, une allée piétonne offre de belles vues de l'Øresund.
Revenir sur vos pas en traversant le parc, sortir sur Esplanaden, puis tourner à gauche dans Bredgade.

Bredgade D2

Jalonnée d'élégants magasins d'antiquités, de galeries d'art et de restaurants, Bredgade est l'artère principale du quartier d'Amalienborg.

★★ **Musée du Design danois (Designmuseum Danmark)** D2 – *Bredgade 68 - 33 18 56 56 - designmuseum.dk - tlj sf lun. 10h-18h (jeu. 20h) - fermé 1er-2 janv., 24-26 et 31 déc. - 130 DKK (-18 ans gratuit).* Installé dans l'ancien hôpital Frederik, de style rococo, le musée a rouvert ses portes en juin 2022 après deux ans de rénovation. Un must dans son genre qui s'adresse aussi bien aux néophytes qu'aux férus de design scandinave. Exposées par roulement, les collections conjuguent le design au passé, au présent et au futur, mettant l'accent sur ses apports en matière de développement durable, de santé et d'identité, et valorisant les icônes du design danois. Pas moins de huit expositions temporaires thématiques étaient ainsi présentées à la réouverture du musée, certaines courant jusqu'en 2025 (*Les Merveilles, Les Arts de la table, L'Argenterie danoise, La Puissance des motifs*, etc.). Profitez du très agréable café avec une belle terrasse sous les arbres.

Nyboder C1 – Nyboder est un charmant **carré de ruelles pavées** aux maisonnettes jaune safran, construites entre 1631 et 1641 par le roi Christian IV pour les familles des marins de la Marine royale danoise, alors en plein développement. Aujourd'hui, habiter le quartier est très couru. La couleur des façades est même devenue une référence locale, et tous les Danois connaissent le « jaune Nyboder ». Dans l'une des plus anciennes maisons du quartier, un attachant petit **musée** raconte son histoire *(Nyboders Mindestuer – Sankt Pauls Gade 24 - nybodersmindestuer.dk - dim. 11h-14h - 20 DKK).*

★ **Église de marbre (Marmorkirken)** D2 – *Au bout de Frederiksgade qui part de la place d'Amalienborg - marmorkirken.dk - 10h-17h, vend. 12h-17h, dim. 12h30-17h - gratuit - pas de visite lors des messes et concerts.* Nommée en réalité St-Frédéric (Frederiks Kirke), elle ne fut achevée qu'à la fin du 19e s. Son énorme dôme est l'un des points de repère de la ville.

★★ Autour du château de Rosenborg C1-2

Circuit 3 tracé en vert sur le plan p. 36-37 – compter 1h sans les visites.

Outre le château et le parc de Rosenborg, le quartier abrite cinq autres musées (collection David, musée des Travailleurs, musée national des Beaux-Arts, collection Hirschsprung et musée d'Histoire naturelle) ainsi que deux parcs (Jardin botanique et Østre Anlæg). L'ensemble est regroupé dans une entité appelée **Parkmuseerne**, avec un site Internet commun (parkmuseerne.dk/en), et même un billet groupé (245 DKK, faites vos calculs !).

Gothersgade C2

M *Kongens Nystorv.* Partant de Kongens Nystorv *(voir p. 41)*, Gothersgade est une large avenue délimitant au nord la vieille ville et conduisant aux lacs creusés à l'emplacement des anciennes fortifications. Sur la droite de cette avenue s'étend un vaste parc dans lequel se dresse le château royal de Rosenborg.

Maison du Cinéma (Filmhuset) C2 – *Gothersgade 55 - 33 74 34 00 - www.dfi.dk.* Installée dans un vaste bâtiment Art déco, la cinémathèque danoise diffuse une soixantaine de films par mois, beaucoup en langue anglaise ou sous-titrés en anglais. Le bâtiment abrite également une salle d'exposition, des archives, un agréable restaurant, un café, une librairie et une boutique de DVD.

Rebrousser chemin le long du parc et prendre à gauche Kronprinsessegade.
★★ **Collection David (Davids Samling)** C2 – *Kronprinsessegade 30 (accès par le porche) - ✆ 33 73 49 49 - www.davidmus.dk - tlj sf lun. 10h-17h, merc. 10h-21h - gratuit.* Cette collection est située dans l'une des belles maisons du 19e s. donnant sur le parc. Elle appartenait jadis à un avocat, C. L. David, qui, en 1945, en fit une institution publique. Elle abrite une fabuleuse **collection d'art islamique** couvrant 12 siècles d'histoire, du 7e au milieu du 19e s. On y découvre aussi tableaux, vaisselle et mobilier français du 18e s., du mobilier anglais ainsi que céramique et pièces d'argenterie scandinaves.

Jardin royal (KONGENS HAVE) C1-2

7h-17h (jusqu'à 23h selon la saison). Ce havre de paix, dont les rhododendrons en fleur resplendissent au printemps, a été aménagé en 1606 par Christian IV. Se sentant un peu à l'étroit dans la ville, il avait en effet décidé de faire édifier un pavillon, devenu peu à peu le château de Rosenborg. C'est aujourd'hui un vaste parc, soigneusement entretenu, paradis des enfants qui se pressent aux représentations du théâtre de marionnettes.
Gagner l'allée centrale, les douves séparant le jardin du château de Rosenborg, prendre à droite pour sortir sur Georg Brandes Plads, puis s'engager en face.

1

★★★ Musée national des Beaux-Arts (STATENS MUSEUM FOR KUNST) C1

Sølvgade 48-50 - ✆ 33 74 84 94 - www.smk.dk - ♿ - tlj sf lun. 10h-18h, merc. 10h-20h - fermé 1er janv., 24-25 et 31 déc. - 120 DKK (-18 ans gratuit).
Édifié à la fin du 19e s. selon les plans de **Vilhelm Dahlerup**, l'intérieur fut par la suite modernisé afin d'y privilégier l'espace et la lumière. En 1998, les collections grandissant, un nouveau bâtiment donnant sur le jardin fut construit.
Section d'art européen (1300-1800) – *1er étage.* Elle comprend des toiles de l'école italienne du 14e au 18e s. et de l'école française du 17e et du 18e s., mais c'est la collection de **peintures flamandes et hollandaises**★★★ du 15e au 18e s. qui est la plus remarquable, avec, entre autres, des œuvres de Bruegel, Rembrandt, Hals, Rubens, Ruisdael, Memling, etc.
Section d'art danois et nordique (1750-1900) – *1er étage.* L'art danois est ici à l'honneur, avec, pour le 18e s., des portraits et paysages de **Jens Juel** ainsi que des toiles mythologiques d'**Abildgaard**. L'âge d'or du 19e s. est largement représenté (œuvres d'Eckersberg, Købke, Bendz, Lundbye, Sonne et Bissen), mais l'attention des visiteurs est également attirée par les peintres de la seconde moitié du 19e s. (école de Skagen, Theodor Philipsen et l'impressionnisme, les peintres fioniens) et par deux époques moins connues telles que le début du 19e s. et le symbolisme (œuvres de Ejnar Nielsen, Zahrtmann, Skovgaard, Ring, Munch, **Hammershøi** et Willumsen).
Section d'art français (1900-1930) – *1er étage.* Cette petite section rassemble une importante collection de toiles de **Matisse** *(Zulma, Intérieur au violon, Odalisque, Poisson rouge)*, des œuvres de Derain, Dufy, Léger, Picasso, **Modigliani** *(Alice)*, Rouault *(Le Pont)* ou encore Soutine *(La Bohémienne)*
Section d'art danois et international à partir de 1900 – *Nouvelle aile.* Une galerie coiffée d'une verrière sert de trait d'union entre l'ancien bâtiment et le nouveau dessiné par Anna Maria Indrio et Mads Møller, où sont exposées sur deux niveaux les collections d'art des 20e et 21e s. Des passerelles relient les deux édifices. On y découvre des œuvres d'**Edvard Munch** *(Un hiver à Nordstrand)*, Jens Søndergaard, **Richard Mortensen** *(Double Espace)*, Victor Vasarely ou **Per Kirkeby** *(Peinture romantique)*. Le surréalisme est bien représenté par Richard Mortensen *(Vision)*, Max Ernst et **Erik Olson** *(Paysage aérodynamique)* ; puis le mouvement CoBrA,

avec des œuvres d'**Asger Jorn** *(Printemps, Saxnäs)* et de Carl-Henning Pedersen *(Château rouge, Reykjavik)*.Plusieurs salles sont également consacrées à l'art contemporain, danois ou étranger.

Le café du musée est particulièrement agréable, avec ses volumes design et ses baies vitrées ouvrant sur le parc.

Contourner le parc et prendre à droite Stockholmsgade.

★ Collection Hirschsprung (DEN HIRSCHSPRUNGSKE SAMLING) C1

Stockholmsgade 20 - ✆ 35 42 03 36 - www.hirschsprung.dk - ♿ - merc.-dim. 11h-16h (dern. jeu. du mois 20h) - fermé 1er janv., 23-26 et 31 déc. - 95 DKK (-18 ans gratuit).

Cette collection fut offerte au Danemark par **Heinrich Hirschsprung** (1836-1908), propriétaire d'une manufacture de tabac. Logée dans un édifice néoclassique inauguré en 1911, elle est consacrée à l'art danois du 19e s. : peintures, sculptures, aquarelles et dessins. Dans la plupart des salles, du mobilier provenant des demeures des artistes renforce l'intensité des œuvres.

Revenir à G. Brandes Plads et prendre Øster Voldgade le long du parc de Rosenborg.

★★★ Château de Rosenborg (ROSENBORG SLOT) C2

Øster Voldgade 4A - ✆ 33 15 32 86 - www.kongernessamling.dk - juil.-sept. : 10h-17h ; mai-juin et vac. scol. : 10h-16h ; reste de l'année : tlj sf lun. 11h-16h - fermé 1er janv., 23-25 et 31 déc. - 125 DKK, étudiants 80 DKK (-17 ans gratuit).

Épargné par les incendies et les bombardements, le château de Rosenborg garde son aspect extérieur de 1633, bien qu'il ait perdu une partie des douves qui l'entouraient à l'origine. Inspiré par l'architecture de la Renaissance hollandaise, il est construit en brique rouge décorée de tuffeau.

Du pavillon d'été à la résidence royale – Les idées de modeste pavillon d'été que nourrissait Christian IV en 1606 ne résistèrent pas longtemps à sa frénésie de bâtisseur puisque, en 1615, le bâtiment avait doublé de dimension. Au cours de la décennie suivante, on vit s'édifier un troisième étage, puis on ajouta la grande tour et, enfin, deux autres tours plus petites. C'est ainsi que le petit pavillon des origines devint la résidence royale... à laquelle le roi attribua le nom de Rosenborg (« palais des roses ») en hommage à sa seconde épouse, Kirsten Munk, dont le blason s'ornait de trois roses. Le souverain s'enorgueillissait d'avoir introduit dans sa demeure les techniques les plus avancées de son temps : une salle de bains avec eau courante et un mécanisme permettant d'actionner le pont-levis depuis le salon d'hiver. Mais, dès 1710, le palais cessa d'être résidence royale, Frédéric IV le jugeant trop petit !

Les collections – Toiles, tapisseries, mobilier rare, argenterie et porcelaine furent rassemblés ici par les successeurs de Christian IV. En 1833, les collections furent disposées par ordre chronologique et le château ouvert au public. Vous y découvrirez le **bureau de Christian IV**, pratiquement inchangé, le salon d'hiver, orné de tableaux incorporés aux panneaux muraux, la salle de marbre, de style baroque, la chambre du roi, tendue de tapisseries flamandes et, au dernier étage, la grande salle au splendide **plafond en stuc datant du 18e s.**, où trois lions d'argent montent la garde autour du trône. Dans les sous-sols, le trésor expose les **joyaux de la Couronne** et les insignes de la royauté.

★ Jardin botanique (BOTANISK HAVE) B1-2

Entrée à l'angle d'Øster Voldgade et de Gothersgade - ✆ 22 83 65 97 - snm.ku.dk - avr.-sept. : 8h30-18h ; reste de l'année : 8h30-16h - gratuit. Palm House (serres) avr.-sept. : tlj sf lun. 10h-17h ; oct.-mars : tlj sf lun. 10h-15h30 - 60 DKK (3-17 ans 40 DKK).

Le château de Rosenborg.
CrazyD/Getty Images Plus

Ce superbe jardin fut planté vers 1870 sur un terrain libéré par la démolition des fortifications. Parsemé de grandes serres où s'épanouissent palmiers, cactus et orchidées, ombragé d'arbres vénérables, doté d'un lac artificiel et d'un jardin alpin, il appartient au musée national d'Histoire naturelle (Statens Naturhistoriske Museum) ; dans le jardin, vous pourrez visiter le **musée géologique** (belle collection de roches, fossiles ainsi qu'un fragment de pierre lunaire ; explications majoritairement en danois).
Rejoindre par Gothersgade la rive des lacs aménagés sur les anciennes fortifications ou bien regagner Amagertorv par Nørre Voldgade, puis à gauche, par Købmagergade, après la station du métro et du train S.

★★ De l'île du Château à Tivoli BC3

Circuit 4 tracé en vert sur le plan p. 36-37 – compter 1h. Quitter Amagertorv par Højbro Plads et franchir le pont sur le canal pour accéder à l'île du château. Prendre immédiatement à gauche.

★★ Île du Château (SLOTSHOLMEN) C3

★★ **Musée Thorvaldsen (Thorvaldsens Museum)** – M *Gammel Strand - Bertel Thorvaldsens Plads 2 - ☎ 21 68 75 68 - www.thorvaldsensmuseum.dk - tlj sf lun. 10h-17h - fermé 1er janv., 24-25 et 31 déc. - 90 DKK (gratuit -18 ans et le merc.).*
Ce musée fut édifié à la mémoire du sculpteur danois **Bertel Thorvaldsen** (1770-1844). Construit dans un style délibérément néoclassique, voire franchement pompéien, il abrite l'importante collection de sculptures d'un artiste très prolifique, où l'on reconnaîtra quelques personnalités de son temps : Metternich et Napoléon voisinent avec sir Walter Scott... et les douze apôtres. La collection personnelle de Bertel Thorvaldsen comprend nombre de tableaux composant un intéressant panorama de l'art de son temps.
Revenir en arrière et prendre à droite devant la chapelle palatine.

Chapelle palatine (Christiansborgs Slotskirke) – Vestige du château antérieur, elle présente une façade à la colonnade rigoureusement néoclassique.

★ **Château de Christiansborg (Christiansborg Slot)** – *Prins Jørgens gård 1 - ☏ 33 92 64 92 - www.kongeligeslotte.dk - horaires et tarifs variables selon les sites du château (voir ci-après) - j. de fermeture pour cérémonies officielles à consulter sur le site Internet - billet combiné 160 DKK (-18 ans gratuit).* Cinquième château construit sur le même site depuis 1167, Christiansborg abrite aujourd'hui le **Folketing** (Parlement), les bureaux du Premier ministre, la Cour suprême et les salons de réception royaux. Un premier palais moderne fut édifié au 18e s. en style baroque, mais fut ravagé par un incendie en 1794. Reconstruit en style néoclassique, il fut à nouveau détruit par les flammes moins d'un siècle plus tard. Terminé en 1928, le palais actuel, dont la façade aux ailes concaves est précédée de la statue équestre de Frédéric VII (1808-1863), ne servit jamais de résidence royale. On y visite aujourd'hui les **Écuries royales**★★ *(août-déc. : 13h30-16h ; reste de l'année : se rens. - 60 DKK)* et leurs carrosses de parade, les **ruines du premier palais** *(10h-17h - fermé lun. janv.-mai - 60 DKK)*, les **cuisines royales**★ *(10h-17h - fermé lun. janv.-mai - 60 DKK)* et la **chapelle palatine** *(entrée par l'aile ouest, à côté du Parlement - juil. : 10h-17h ; août-juin : dim. 10h-17h - gratuit)* avec sa façade néogothique. Dans les beaux **salons royaux de réception** *(10h-17h - fermé lun. janv.-mai - 95/125 DKK selon la saison),* on découvre la vaisselle « Flora Danica » (17e s.), la bibliothèque et son ascenseur caché ; la table de la salle à manger, fabriquée à partir d'escaliers détruits par l'incendie de 1884. Dans le Grand Hall, onze tapisseries contemporaines réalisées par la manufacture française des Gobelins en 1990 retracent l'histoire du pays à grand renfort de couleurs vives. La **tour** *(Tårnet - ☏ 33 37 32 21 - taarnet.dk - mar.-sam. 11h-21h, dim. 11h-17h30 - gratuit)* offre quant à elle une vue inédite sur les toits de la capitale danoise. Prévoyez une demi-journée pour la visite des différents sites.

☺ Popularisées depuis le succès de la **série télévisée danoise Borgen**, des visites guidées en anglais du **Parlement** sont organisées *(☏ 33 37 55 00 - www.thedanishparliament.dk - ♿ - visite guidée gratuite en anglais sam., 45mn, se rens. pour l'horaire - réserv. sur le site Internet ou sur place à partir de 10h).* Les sites payants du château sont gratuits pour les moins de 18 ans.

★ **Église de la Marine (Holmens Kirke)** – De l'autre côté du canal enjambé par l'Holmens Bro (pont de l'Île), cette église Renaissance abrite un magnifique retable et une belle chaire. C'est ici que fut célébré en 1967 le mariage de la reine Margrethe II avec Henri de Laborde de Montpezat.

Continuer dans Slotsholmsgade.

★ **Bourse (Børsen)** – *Ne se visite pas.* Construit en 1619 sur les ordres de Christian IV, cet édifice est caractéristique du style de la Renaissance hollandaise. Sa flèche élancée, autour de laquelle s'enroulent les queues de quatre dragons, est un point de repère familier dans le ciel de Copenhague.

Sans franchir le pont qui conduit à Christianshavn et Christiania, prendre sur la droite Christians Brygge.

★ **Bibliothèque royale (Det Kongelige Bibliotek)** – *☏ 33 47 47 47 - www.kb.dk - tlj sf dim. 8h-21h (juil.-août : 8h-19h), sam. 9h-19h - expositions : tlj sf dim. 10h-19h, sam. 10h-18h - gratuit.* Les Danois ont surnommé la bibliothèque le **Diamant noir** (Sorte Diamant). Cette annexe de la bibliothèque royale fondée en 1653 par le roi Frédéric III et ouverte au public en 1793 se dresse au bord du canal, telle une illustration éblouissante de l'architecture et du design à la danoise. L'extérieur est en granit noir brillant et en verre. À l'étage sont exposés, dans une mise en scène un peu iconoclaste, quelques-uns des manuscrits précieux de la bibliothèque. Il

en va ainsi des manuscrits et éditions originales d'œuvres d'écrivains célèbres tels que H. C. Andersen, Søren Kierkegaard et Karen Blixen, ainsi que des partitions manuscrites de Carl Nielsen. Au rez-de-chaussée, une boutique propose un grand choix de livres et de disques.
Les amateurs d'architecture feront un léger détour (350 m) en traversant le canal le long de Christiansbrigge.
BLOX – *Bryghuspladsen 10 - ☎ 32 57 19 30 - dac.dk - ♿ - 10h-18h, jeu. 10h-21h - 115 DKK (- 18 ans gratuit).* Tel un pixel géant en verre, l'édifice (2018) a été dessiné par le cabinet d'architecture OMA et Ellen van Loon. Il héberge le **Centre d'architecture danoise** (Dansk Arkitektur Center). Outre des expositions prisées, il abrite une installation artistique spectaculaire – un toboggan de 40 m de long sur quatre étages qui fait la joie des enfants –, des bureaux et un café-restaurant avec une agréable terrasse.
Côté canal, jetez un œil à la très belle silhouette de **Lille Langebro★**, nouveau pont (2019), imaginé par les agences WilkinsonEyre, Buro Happold et Urban Agency. Réservé aux piétons et cyclistes, il relie le quartier à celui de Christianhavn.
Revenir vers la Bibliothèque royale.
Musée juif danois (Dansk Jødisk Museum) – *Proviantpassagen 6 - ☎ 33 11 22 18 - jewmus.dk - ♿ - juin-août et vac. scol. : tlj sf lun. 10h-17h (jeu. 19h) ; sept.-mai : merc.-dim. 11h-17h (jeu. 19h) - fermé 23 déc.-2 janv. - 100 DKK (-18 ans gratuit).* Ce petit musée (2004) retrace l'incroyable sauvetage des juifs danois en 1943 mais aussi la longue histoire des juifs au Danemark, depuis que le roi Christian IV invita en 1622 les premiers d'entre eux à s'installer comme marchands.
★ **Pont de marbre (Marmorbroen)** – Ce pont de style rococo aux arches élégantes franchit Frederiksholms Kanal et assure l'accès à la vaste cour de Christiansborg. Dessiné par l'architecte **Nicolai Eigtved** (1701-1754), il fut construit en même temps que le premier palais.
Dans le prolongement du pont, prendre Ny Vestergade.

1

★★★ Musée national (NATIONALMUSEET) BC3

Ny Vestergade 10 - ☎ 33 13 44 11 - natmus.dk - ♿ - juin-sept. : 10h-18h ; oct.-mai : tlj sf lun. 10h-17h - fermé 24-25 et 31 déc. - 110 DKK (-18 ans gratuit).
Il s'est agrandi plusieurs fois depuis sa fondation au début du 19e s. Les derniers travaux en date l'ont doté d'un bâtiment moderne et spacieux avec un hall grandiose. Ses départements se répartissent sur trois étages, tandis qu'un espace est affecté à un **musée pour enfants**.
Au rez-de-chaussée, la **préhistoire danoise★★★**, de 13 000 av. J.-C. au 10e s. de notre ère, constitue le joyau du musée. Vous y verrez de nombreux objets en bronze et en or, comme le char solaire, retrouvé près de Trundholm (12e s. av. J.-C.). La collection de pierres runiques du 10e s. provenant de l'île de Lolland et du Jutland est remarquable, de même que les objets de la période viking.
Au 1er étage, le **Moyen Âge** et la **Renaissance** sont représentés par du mobilier, des tapisseries et des objets religieux ; parmi les plus beaux, un autel en or du 12e s. provenant d'Aarhus *(voir p. 136)*, des retables en bois peint, des vases sacrés des 15e et 16e s., des cornes à boire et des tapisseries. La **collection royale de monnaies et de médailles**, très riche en pièces grecques et romaines, présente des spécimens de différents pays.
Le 2e étage déploie la **collection ethnographique**, parmi les plus riches du monde : ne pas manquer la section consacrée aux Inuits du Groenland, du Canada et de l'Alaska. **Histoires du Danemark (1660-2000)** évoque l'évolution de la vie quotidienne et quelques salles sont réservées à des jouets anciens.

Au 3e étage, les **antiquités** font revivre les civilisations égyptienne (momies), étrusque, grecque et romaine.

En sortant du musée, prendre Vester Voldgade à droite puis Stormgade, à gauche.

Musée de Copenhague (KØBENHAVNS MUSEUM) B3

Stormgade 18 - ✆ 21 76 43 66 - www.cphmuseum.kk.dk - ♿ - tlj 9h-18h (jeu. 21h) -90 DKK (-18 ans gratuit), gratuit merc.

L'histoire de la capitale danoise en trente minutes ! C'est la promesse de cet intéressant petit musée, installé depuis 2020 dans un beau bâtiment (plafonds peints, vitraux). La muséographie, moderne et interactive, invite à explorer toutes les facettes de la vie à Copenhague au fil des siècles (voir notamment l'immense maquette de 6 sur 4 m).

Poursuivre sur Stormgade puis tourner à droite sur H. C. Andersen Boulevard.

★★★ Glyptothèque Ny Carlsberg (NY CARLSBERG GLYPTOTEK) B3

Dantes Plads 7 - ✆ 33 41 81 41 - www.glyptoteket.com - ♿ - tlj sf lun. 10h-17h (jeu. 21h) - fermé 1er janv., 24-26 déc. - 125 DKK (gratuit -18 ans et le mar.).

L'importante collection d'œuvres d'art fondée en 1882 par le brasseur Carl Jacobsen est exposée dans un édifice conçu par Vilhelm Dahlerup et inauguré en 1897. Un bâtiment, ajouté en 1906 par Hack Kampmann, est relié au premier par un monumental **jardin d'hiver** orné de palmiers et dont le bassin central est décoré d'une sculpture allégorique de **Kai Nielsen**. Des bancs et un café permettent aux visiteurs de s'attarder dans ce havre de paix baignant dans une atmosphère tropicale absolument inattendue sous ces latitudes. En 1996, une troisième aile a été construite par **Henning Larsen** pour abriter les expositions temporaires, surmontée d'un toit-terrasse, d'où l'on découvre une superbe **vue** sur les flèches de la ville à la couleur verte caractéristique (café-lounge ouvert à la belle saison). Si le temps presse, nous vous conseillons de démarrer votre visite au deuxième étage du bâtiment principal, pour ne pas manquer l'incroyable **collection d'art français★★★** (de 1800 à 1925). De David à Manet, en passant par Delacroix, Corot, Toulouse-Lautrec, Courbet, vous y verrez notamment les impressionnistes avec Monet *(Pyramides de Port-Coton, Belle-Île-en-Mer)*, Cézanne *(Quatre Baigneuses, Autoportrait au chapeau melon)*, Renoir *(Jeunes Filles)*, Pissarro et Degas, dont on admire plusieurs toiles et un ensemble de bronzes rarissime. La superbe collection de peinture postimpressionniste compte en particulier des tableaux de Bonnard *(La Salle à manger)* et des œuvres lumineuses de **Gauguin** illustrant tous les aspects de son art : sculptures sur bois, céramiques de sa jeunesse, paysages bretons et tableaux peints en Martinique et à Tahiti *(Tahitienne à la fleur)*. Au premier étage du bâtiment principal, la **collection d'art danois** (de 1780 à 1930) présente des œuvres de Christoffer Wilhelm Eckersberg (1783-1853), J.-C. Dahl (1788-1857), Christian Købke (1810-1848) ou encore **Vilhelm Hammershøi** (1864-1916), qui donnent à voir des scènes et des portraits d'époque, des paysages danois aux couleurs sourdes et à la lumière sous-jacente, distillant une mélancolie toute scandinave. Autre point fort du musée, les **galeries de sculpture danoise et française★★★**, qui encadrent le bâtiment principal et le jardin d'hiver, mettent l'accent sur les œuvres de Rodin et de Carpeaux, mais aussi de Paul Dubois, H. W. Bissen et J. A. Jerichau. L'aile Kampmann abrite quant à elle une splendide **collection d'antiquités★★★**. Elle couvre la Mésopotamie (exceptionnels bas-reliefs de la porte d'Ishtar de Babylone), l'Égypte (salle des momies et des sarcophages), la Grèce (sculptures en marbre, terres cuites, bronzes et vases) et l'Italie (sculptures et vases étrusques). Sachez d'ailleurs que la section étrusque est la plus importante d'Europe du Nord.

Farniente sur les quais dans le quartier de Christianshavn.
E. Boucher/Michelin

1

Remonter le boulevard Andersen vers l'hôtel de ville. Sur la place de l'Hôtel-de-Ville, prendre vers la gauche Vesterbrogade en direction de la gare centrale.

★★ Tivoli B3

Vesterbrogade 3 - ✆ 33 15 10 01 - www.tivoligardens.com - ♿ - de mi-avr. à mi-sept., de mi-oct. à déb. nov. (Halloween) et de mi-nov. à déb. janv. (Noël) : 11h-23h, vend.-sam. 11h-0h - fermé le reste de l'année - 145/155 DKK selon le jour de la sem. (3-7 ans 65 DKK, gratuit -3 ans), attractions en sus.

Ce parc d'attractions est l'un des plus anciens du monde et l'un des lieux les plus visités de Copenhague, attirant chaque année plus de quatre millions de personnes ! Entre les attractions ingénieuses, les jardins suspendus qui brillent chaque soir de mille feux, les bâtiments au style exotique, les innombrables restaurants et cafés et l'agrément des arrangements floraux, on succombe au charme un peu suranné de ce décor de conte de fées imaginé par Georg Carstensen en 1843. Celui-ci aurait convaincu le roi Christian VIII de le laisser construire Tivoli en affirmant : « Quand les gens s'amusent, ils ne pensent pas à la politique. »

Tivoli est aussi un lieu de spectacles, où se succèdent concerts en plein air (avec des grands noms de la scène musicale internationale), feux d'artifice sur le lac, festival d'été (une cinquantaine de dates mariant opéra, orchestres symphoniques, concerts de rock, etc.) et marché de Noël (parmi les plus réputés du Danemark).

Christianshavn

D3

M *Christianshavn.* Bâtie sur les ordres de Christian IV, cette ville fortifiée est traversée par un long canal creusé au 17e s. en son milieu afin de faciliter son accès au port. Son aspect d'origine a été presque totalement préservé et le quartier propose d'agréables promenades le long du canal bordé de maisons du 18e s. restaurées. Longtemps, seul le pont **Knippelsbro** a relié Slotsholmen à Christianshavn. Petite révolution au début du 21e s. : deux autres ponts, réservés aux piétons et cyclistes, ont poussé à quelques centaines de mètres. Le premier, **Cirkelbroen★** (2015) a été imaginé par l'artiste danois Ólafur Elíasson, avec des plateformes circulaires couronnées de mâts; le second, **Lille Langebro★** (2019) déroule une gracieuse courbure d'acier *(voir aussi p. 49)*.

Église Notre-Sauveur (VOR FRELSERS KIRKE)

Skt. Annæ Gade 29 - ☏ 41 66 63 57 - www.vorfrelserskirke.dk - 9h-20h - fermé de mi-déc. à fin fév. - 65 DKK (-14 ans 20 DKK) - réserv. fortement recommandée.
L'église baroque la plus célèbre de la ville doit sa réputation à sa flèche : les amateurs d'émotions fortes et de vues à couper le souffle peuvent grimper l'escalier *(150 marches)* qui s'enroule à l'extérieur !
Construite en chêne et non en pierre, la flèche ondule légèrement lorsque la météo est au vent. Les âmes sensibles au vertige feront alors bien de s'abstenir ! La flèche ferme d'ailleurs en cas de vent, pluie ou neige trop intenses.

Quai de l'Atlantique Nord (NORDATLANTENS BRYGGE) D2-3

Strangade 91 (des bateaux-bus s'y arrêtent) - ☏ 32 83 37 00 - www.nordatlantens.dk - 10h-17h, w.-end 12h-17h - 40 DKK (-12 ans gratuit).
Dédié aux cultures de l'Atlantique Nord, ce centre culturel est installé dans l'ancien comptoir commercial du Groenland, des îles Féroé et de l'Islande. Depuis sa restauration (2003), le bâtiment du 18e s. accueille les représentations du Groenland et des îles Féroé ainsi que l'ambassade d'Islande. Par ailleurs, plusieurs organisations liées à ces îles (dont leurs offices de tourisme) y ont leurs bureaux. Des expositions d'artistes de l'Atlantique Nord y sont organisées, tandis que le hall accueille une petite boutique et un café.
Désormais relié à Nyhavn par le **Inderhavnsbroen** *(voir p. 42)*, le quai de l'Atlantique Nord est devenu un lieu de passage et de sortie fréquenté, en particulier en fin de journée. Un petit marché de « cuisine de rue » fait face au pont, le **Broens Gadekøkken** *(voir « Restauration » p. 65)*, et plusieurs bonnes tables ont ouvert.

★ Christiania D3

Visite guidée en anglais : en été tlj à 13h et 15h; reste de l'année le w.-end à 15h - 1h30 - RV devant l'entrée principale de Christiania - 40 DKK.
Si vous préférez éviter le Green Light District *(voir ci-après)*, il est possible de pénétrer dans Christiania soit en empruntant le chemin au bord du lac dans le prolongement de Sankt Annæ Gade, soit en remontant par Refshalevej.
Étonnamment, le quartier de Christiania, forteresse alternative, autogérée et écologiste, est la deuxième « attraction touristique » la plus visitée de Copenhague – un million de visiteurs arpentent chaque année ce squat géant –, dont des habitants de Copenhague venus simplement se détendre. Cela met en évidence le paradoxe de ce lieu régulièrement menacé par les autorités et sommé de rentrer dans le rang. Certains Christianites le reconnaissent eux-mêmes, leur quartier de 22 ha est une sorte de musée hippie.
La principale entrée, sur Prinsessegade, débouche sur **Pusherstreet**, avec ses quelques étals, ses peintures murales et ses petites boutiques qui vendent des souvenirs siglés des trois points jaunes alignés sur fond rouge, le drapeau du quartier. Plus loin se tient le très controversé **Green Light District**, un marché de cannabis en plein air où une succession de stands proposent marijuana et haschich sous de multiples formes (les drogues dures sont toutefois bannies). Ghetto un peu glauque de marginaux et de drogués pour les uns, Christiania fait

Copenhague branché du nord au sud

Au sud de Christianshavn, **Islands Brygge** (le « quai de l'Islande », C3) permet une jolie promenade le long du canal. Aux beaux jours, une foule s'y presse pour profiter du soleil et pique-niquer sur les pelouses, se baigner ou faire du bateau. *Accès :* Ⓜ *Islands Brygge.*

Au nord-est de Christianshavn, en direction de **Holmen**, ancien fief de la Marine royale, c'est le nouveau visage de Copenhague qui se dessine : les résidences ultra-modernes de **Papirøen** sont sorties de terre, tandis que se termine l'aménagement du parc de l'**Opéra★★** (Operahaus, D2), impressionnant bâtiment de 14 étages dessiné par Henning Larsen (2005). Plus au nord encore, le quartier de **Refshaleøen** (HORS PLAN PAR D1)poursuit sa mue. Ancienne zone industrielle du port de Copenhague, il aligne entrepôts, chantiers navals, bassins, conteneurs... au sein desquels se nichent désormais quelques pépites de la ville : restaurants prisés, cafés, lieux de concerts, mais surtout l'espace de *street food* estival **Reffen** *(voir « Se restaurer », p. 65)* et le centre d'art **Copenhagen Contemporary★** *(Refshalevej 173A - ☎ 29 89 80 87 - copenhagencontemporary.org - merc.-dim. 11h-18h, jeu. 21h - 120 DKK, -17 ans gratuit).* Dans les gigantesques halles d'une ancienne usine de soudure de bateaux, ce dernier accueille des expositions temporaires d'envergure : monumentales installations vidéos, performances sensorielles et lumineuses, etc.

Accès : bus 9A ou bateaux-bus 991-992.

1

figure pour les autres de joyeux repaire libertaire débordant de créativité et de fantaisie. Il est vrai qu'au-delà le visiteur découvre un espace vert paisible parcouru de boutiques, d'ateliers, de bars, d'îlots habités qui s'étend vers la gauche le long d'un canal. Celui-ci est traversé par un petit pont qui mène vers l'autre berge, moins peuplée mais tout aussi surprenante. Tous ces miniquartiers, avec leurs bicoques rafistolées, leurs baraques de chantier des origines ou leurs maisons d'architecte écolo font de Christiania un quartier à apprécier dans le détail, à découvrir au fil des sentiers, en évitant les vélos et les célèbres triporteurs, seuls moyens de transport tolérés.

Depuis de nombreuses années, la communauté christianite est en conflit avec les autorités pour maintenir son existence. En 2012, les 800 habitants sont parvenus à racheter à l'État une grande partie de leur quartier, dont ils sont désormais propriétaires *via* une fondation commune.

★ Nørrebro A1

Ⓜ *Nørrebros Runddel.* Vivant et coloré, prisé des voyageurs à la recherche d'adresses branchées, cet ancien quartier du nord-ouest de Copenhague a longtemps souffert d'une réputation tumultueuse. Selon un phénomène bien connu des grandes villes, il s'est gentrifié au fil des années tout en conservant un parfum alternatif et bigarré. Le quartier rassemble désormais d'innombrables boutiques, restaurants, microbrasseries et bars dans l'air du temps, notamment autour de la rue **Elmegade**. Le poumon vert du quartier, **Assistens Kirkegård★**, est un cimetière verdoyant où reposent notamment Hans Christian Andersen et Søren Kierkegaard. Un peu plus à l'ouest, la charmante rue **Jægersborggade** regorge d'adresses branchées, cantines bio, boutiques de créateurs, commerces gourmands et artisans.

Vesterbro

AB3

Ⓜ *København H.* L'ancien quartier des Halles, à l'ouest de la gare centrale, a longtemps été une zone industrieuse, voire mal famée. L'endroit est aujourd'hui réhabilité, à commencer par **Øksnehallen** : cet ancien marché au bétail est maintenant dédié à la culture avec lieux d'expositions, salles de danse et théâtre.

Kødbyen (MEATPACKING DISTRICT/QUARTIER DES ABATTOIRS) HORS PLAN

Flæsketorvet 68. Les gourmets – et les noctambules – ne manqueront pas le **quartier des anciens abattoirs**, situé entre Halmtorvet et Ingerslavsgade, autour de Flæsketorvet. Les anciens hangars des années 1930 ont été réhabilités pour accueillir bars, galeries, clubs, cafés et restaurants *(voir « Restauration » p. 66).*

Frederiksberg

HORS PLAN

Ⓜ *Frederiksberg Allé ou Frederiksberg.* Ne vous étonnez pas si l'on vous parle de la « ville de Frederiksberg ». Géographiquement dans Copenhague, elle est bien une ville dans la ville, avec son propre gouvernement. Cela remonte à 1901, quand la fusion de petites communes a laissé Frederiksberg enclavée dans Copenhague. On accède facilement à ce faubourg cossu, par Vesterbrogade, puis par Frederiksberg Allé, conduisant directement à **Frederiksberg Have**, un magnifique – et immense – jardin public de 31 hectares ! Il y fait bon, l'été, assister à des concerts, pique-niquer, jouer en famille ou simplement paresser à l'ombre d'arbres majestueux.

Zoo HORS PLAN

Roskildevej 32 - ☏ 72 20 02 00 - www.zoo.dk - horaires très variables, consulter le site - 209 DKK (3-11 ans 119 DKK).

Installé dans Frederiksberg Have, il abrite plus de 3 000 animaux d'Europe du Nord et du reste de la planète. À ne pas manquer : la maison des Éléphants, dessinée par Norman Foster, le bâtiment du Cercle arctique, peuplé d'ours polaires, et le parc des pandas géants, conçu en 2019 par l'agence BIG. Du haut de la tour du zoo (1905), la vue porte, par temps clair, jusqu'aux falaises de Stevns, à 40 km de là.

Pour profiter au mieux de votre visite, consultez sur le site Internet du zoo le programme des animations et les horaires de repas des animaux.

Carlsberg Byen (QUARTIER CARLSBERG) HORS PLAN

Accès : S-Tog Carlsberg - www.carlsbergbyen.dk

En attendant la réouverture de **Visit Carlsberg**★ *(Gamle Carlsberg Vej 11 - ☏ 33 27 10 20 - www.visitcarlsberg.dk - fermé jusqu'à l'été 2023 minimum)*, le musée du célèbre brasseur, qui, en 2008, a délocalisé sa production dans le Jutland, les fans d'architecture pousseront jusqu'à cette ancienne friche industrielle pour y observer un exemple de rénovation urbaine réussie : entamée en 2012, la construction d'un ensemble de résidences et de bureaux devrait être achevée en 2024. Bien desservi (par une station de S-Tog à son nom), plein de cachet (avec les bâtiments historiques de 1847 et les cheminées en brique) et aux portes d'un beau poumon vert (parcs de Søndermarken et Frederiksberg Have), le quartier Carlsberg a tout pour devenir l'une des prochaines adresses les plus courues de la capitale danoise, avec hôtels, bars et restaurants branchés. On peut d'ores et déjà en avoir un bon aperçu autour de Bryggernes Plads et de Ny Carlsberg Vej, que surmonte la remarquable **Porte aux éléphants** (1901).

La Porte des éléphants dans le quartier Carlsberg.
O. Foerstner/Zoonar.com/age fotostock

À proximité

CARTE P. 32-33

Lyngby C2

À 17 km au nord. De la gare centrale, accès par le S-Tog (20mn).
La petite ville occupe un agréable site boisé, agrémenté de lacs ; c'est tout naturellement un point de départ idéal pour découvrir les paysages attrayants et variés du nord du Sjælland. Les trois lacs les plus proches de la ville sont reliés par une rivière, la Mølle, sur les rives de laquelle s'élevaient autrefois moulins, fonderies de cuivre et usines textiles. Certains ont été restaurés, tels le moulin à eau près de Lyngby Hovedgade et l'usine textile de Brede au nord de Lyngby.
★ **Frilandsmuseet** – *Kongevejen 100 - ✆ 41 20 64 55 - www.natmus.dk/museerne/frilandsmuseet/ - ♿ - tlj sf lun. 10h-16h (tlj en juil.) - 105/115 DKK selon la saison (-18 ans gratuit).* Ce musée de plein air présente la vie rurale aux 18e et 19e s. Sur un terrain de 35 ha, une centaine de bâtiments provenant du Sjælland, du Jutland et de la Fionie, mais aussi de Suède et des îles Féroé, ont été remontés avec le souci de reconstituer autant que possible leur environnement d'origine.

★★ Arken - musée d'Art moderne C2

À 17 km à l'ouest par la route 151. À Ishøj, prendre à gauche vers Strandparken. En S-Tog jusqu'à Ishøj (25mn) puis bus 128. Skovvej 100-2635 - ✆ 43 54 02 22 - www.arken.dk - ♿ - juin-août : tlj sf lun. 11h-17h (jeu. 21h, dim. 19h) ; reste de l'année : merc.-dim. 11h-17h (jeu. 21h) - 140 DKK (-17 ans gratuit).
Les formes anguleuses et la masse blanche du musée évoquent la silhouette d'un bateau. L'architecture du bâtiment, inauguré en 1996, joue un rôle primordial dans l'expérience du visiteur. Son auteur **Søren Robert Lund** est resté fidèle à l'inspiration nautique dans l'aménagement intérieur, avec ses passerelles de métal, ses portes agrémentées de boulons et une nef centrale incurvée, appelée « axe de l'art » et principal espace d'exposition ; il y a également trois autres salles, un auditorium et un café aux murs de verre regardant la mer. La vue englobe quelques

cheminées d'usines et des groupes d'éoliennes. Les expositions temporaires accueillent des œuvres d'art contemporain danois, nordique et international provenant des 26 musées d'art du pays. La petite collection permanente s'agrandit sans cesse, car le musée achète les œuvres les plus récentes (surtout de la peinture danoise). Les dernières acquisitions sont montrées dans le foyer, au printemps.

★ L'île d'Amager

CARTE P. 32-33 (C2)

Circuit tracé en vert sur la carte p. 32-33.

Porte d'entrée du Danemark avec l'aéroport de Kastrup et le pont de l'Øresund vers la Suède, cette île du sud de Copenhague offre de belles échappées au grand air, accessible en voiture, en transports en commun ou, mieux, à vélo (demander la brochure des circuits *On 2 Wheels* à l'office du tourisme de Copenhague, *voir p. 61*).

Quitter le centre de Copenhague par Amager Strandvej, vers le sud-est. Ce boulevard suit le tracé du métro aérien.

Parc balnéaire d'Amager (AMAGER STRANDPARK)

À 7 km au sud-est - M Øresund puis 300 m à pied - www.kk.dk/amagerstrandpark.

Les eaux peu profondes offrent des spots de baignade adaptés aux enfants et se réchauffent rapidement sous le soleil, pouvant atteindre jusqu'à 22 ou 23 °C au plus fort de l'été (mais oui !).

Copenhague, version station balnéaire ! L'été, il suffit d'une vingtaine de minutes en métro pour passer de la ville à la plage (de sable) d'Amager, aménagées depuis 1934. Très fréquenté aux beaux jours, on y trouve des aires de pique-nique, cafés et glaciers, terrains de sports, activités nautiques et... vue sur les avions à l'atterrissage et au décollage de l'aéroport tout proche !

Poursuivre sur Amager Strandvej durant 3 km vers le sud.

Kastrup

★ **Den Blå Planet** – *Jacob Fortlingsvej 1 - M Kastrup puis 600 m à pied - ✆ 44 22 22 44 - denblaaplanet.dk - 10h-17h (lun. 21h) - 185/195 DKK selon saison (3-11 ans 100/105 DKK, gratuit -3 ans).*

L'architecture extérieure de cet aquarium géant, le plus grand d'Europe du Nord, en forme de spirale de nautile ou de tourbillon, est très réussie. « La Planète Bleue » affiche en outre de belles mensurations : 15 000 m² de superficie, 7 millions de litres d'eau sur 70 bassins, plus de 20 000 animaux, parmi lesquels requins, otaries, raies mantas, oiseaux marins des îles Féroé...

L'été, prévoyez un pique-nique, à déguster sur les tables des terrasses installées à l'arrière de l'aquarium, face aux eaux du détroit de l'Øresund. Vous pouvez aussi vous restaurer au café de l'aquarium qui profite du même panorama.

Poursuivre sur Amager Strandvej jusqu'à Kastrup Digevej, à 3 km, jusqu'à passer sous le pont pour profiter du point de vue.

★★ Pont de l'Øresund (ØRESUNDSBRON)

M *Kastrup puis 15mn à pied le long de Kastrup Digevej.* Voir **Malmö**, p. 303.

Suivre Kystenvejen vers le sud, pendant 7 km.

★ Dragør

Bus 81N ou 350S depuis le centre de Copenhague, env. 40mn.

Un havre de paix ! Située sur les rives de l'Øresund, à l'extrémité méridionale de l'île d'Amager, près de l'aéroport de Kastrup, cette ville côtière a su conserver sa

tranquillité et sa tradition maritime héritée du Moyen Âge. De nombreuses maisons, désormais classées, ont été conservées le long des ruelles pavées entourant le port ; la plupart sont peintes en jaune, certaines ont un toit de chaume, d'autres sont couvertes de tuiles rouges. Prospère port de commerce du hareng, Dragør est toujours lié à la pêche et assure un service régulier de ferry avec la Suède.
Musée de Dragør – *Strandlinien 4 - ☏ 30 10 88 66 - www.museumamager.dk - de fin mai à déb. août : mar.-dim. 12h-16h ; de déb.août à sept. : merc.-dim. 12h-16h ; reste de l'année : se rens. - 50 DKK (gratuit -18 ans).* Installé dans l'un des plus anciens bâtiments de Dragør (1753), ce musée relate l'histoire maritime de la ville à l'aide d'écrans interactifs, de reconstitutions d'intérieurs de maisons de marins, skippers et pêcheurs, et de belles marines, œuvres de peintres locaux.

★★ La Riviera danoise

CARTE P. 32-33 (C2)

Circuit tracé en gris sur la carte p. 32-33. De Copenhague à Elseneur par la route côtière (Strandvejen) 152 ou par le S-Tog au départ de la gare centrale (arrêts dans la plupart des localités du trajet).
Sa beauté naturelle, les demeures et manoirs se nichant dans la végétation et la richesse de ses musées rendent la côte nord-est du Sjælland très attrayante.
Quitter Copenhague par la route 152, traverser Hellerup.
La route longe l'**Øresund** dont on peut admirer les couleurs changeantes, virant du bleu au vert émeraude ou au blanc argenté lorsque le soleil frappe, ou encore au gris foncé comme l'étain quand une tempête se lève et que la côte suédoise disparaît sous l'amoncellement des nuages. La route est bordée de belles villas disséminées parmi les arbres, dont de magnifiques hêtres. Parfois, une trouée permet d'apercevoir un petit port dans cet endroit où l'homme et la nature semblent avoir œuvré en harmonie. De-ci de-là apparaît une petite plage dotée d'une jetée permettant aux plus courageux d'aller piquer une tête.
Après le port de plaisance de Charlottenlund, prendre à gauche vers Ordrup.

★★ Ordrupgård

Vilvordevej 110 - ☏ 39 64 11 83 - ordrupgaard.dk - ♿ - mar. et jeu. 13h-17h, merc. 13h-19h, vend.-dim. 11h-17h - fermé 1er janv., 24-26 et 31 déc. - 130 DKK (gratuit -18 ans) - parc : tlj 8h-18h, gratuit.
Attention pépite ! Abritée du regard par de vieux hêtres, cette magnifique demeure fut construite en 1918 par l'homme d'affaires Vilhelm Hansen pour installer son exceptionnelle collection d'art français et danois des 19e et 20e s. En 2005, l'architecte Zaha Hadid (1950-2016), conçut une extension en verre et pierre, où se tiennent aujourd'hui la boutique du musée et un spectaculaire café-restaurant. Puis, en 2021, une nouvelle aile souterraine a été imaginée par l'agence norvégienne Snøhetta afin de valoriser la collection française.
Collection française – Constituée en moins de trois ans (de 1916 à 1918), la collection Hansen (Corot, Delacroix, Manet, Degas, Monet, Pissarro, Renoir, Gauguin, etc.) a donc trouvé un nouvel écrin à sa mesure, à 14 m sous-terre, magnifié par une muséographie et un éclairage entièrement repensés. Somptueux !
Collection danoise – Elle compte des œuvres de la plupart des artistes danois importants du 19e s. : Christen Købke, Johan Thomas Lundbye, Vilhelm Hammershøi, le peintre fionien Johannes Larsen, Theodor Philipsen, la famille Skovgaard, L. A. Ring et Peter Hansen, ami de Vilhelm Hansen.
Maison de Finn Juhl (Finn Juhls Hus) – *juin-août : mar et jeu. 13h-17h, merc. 13h-19h, vend. 11h-17h ; hors saison : w.-end 11h-17h - visite incluse dans le billet*

d'entrée. Au cœur du parc ponctué d'œuvres d'art contemporain, on visite la maison de l'architecte et designer danois Finn Juhl (1912-1989). Construite par ses soins en 1942, elle offre un condensé de ses créations, laissant admirer son style souple et organique, où le bois était utilisé jusqu'aux limites techniques du matériau.
Revenir à la route 152 et poursuivre vers Klampenborg.

Jægersborg

Jægersborg Dyrehave *(sur la gauche de la route)* fut un terrain de chasse entourant **Eremitageslottet**, pavillon de chasse royal construit en 1736. La chasse à courre n'est plus qu'un souvenir, mais les cerfs continuent à paître sur ces prairies, devenues l'un des lieux de détente favoris des Copenhaguois qui aiment y pratiquer la marche, l'équitation, le golf ou même le ski, car le terrain, vallonné, se prête aux sports d'hiver. En été, les visiteurs peuvent savourer les plaisirs d'un pique-nique ou s'attabler dans l'un des restaurants du parc.
Sur Klampenborgvej, vos enfants, eux, seront ravis de trouver le plus ancien parc d'attractions du Danemark, **Dyrehavsbakken**, aussi surnommé « Bakken », dont les origines remonteraient à une foire du 16e s. Moins célèbre que les jardins de Tivoli, ce lieu est néanmoins un classique d'été pour les familles copenhaguoises, réputé pour son cadre forestier et sa centaine de manèges, dont des montagnes russes quasi centenaires *(www.bakken.dk – de fin mars à fin août : se rens. pour les horaires - gratuit - manèges payants).*
Faire demi-tour pour rejoindre la route 152.

Rungsted

Situé sur les rives de l'Øresund et doté d'un beau port de plaisance, ce charmant village est aujourd'hui surtout connu pour abriter la maison de la romancière **Karen Blixen** (1885-1962), qui y vécut une partie de son enfance puis à son retour d'Afrique en 1931 jusqu'à sa mort.
★ **Karen Blixen Museet** – *Rungsted Strandvej 111 (sur la gauche de la route, avant le port) - ✆ 45 57 10 57 - karen-blixen.dk - ♿ rdc seult - mar.-vend. 11h-20h, w.-end 11h-17h - fermé 1er janv., lun. de Pâques, lun. de Pentecôte, 24-26 et 31 déc. - 100 DKK (-18 ans gratuit).* Ce musée occupe la maison natale de Karen Blixen (1885-1962), dont le roman autobiographique *La Ferme africaine* connut une notoriété mondiale après son adaptation à l'écran en 1985 avec Robert Redford et Meryl Streep *(Out of Africa).* Après une évocation de la vie et de l'œuvre de l'auteure à travers des photographies, des éditions de ses livres et des objets personnels comme sa vieille machine à écrire Corona, la visite des appartements permet de découvrir meubles, souvenirs d'Afrique, huiles et dessins qui montrent qu'elle avait un beau coup de crayon… et une sacrée personnalité !
L'agréable café-pâtisserie Madam Carlsen déploie aux beaux jours ses tables derrière la maison, dans un jardin fleuri agrémenté d'un lac que franchit un petit pont de bois. Prenez le temps de vous promener sous les vénérables frondaisons de ce parc classé **réserve ornithologique**.
Continuer en direction d'Elseneur et après environ 3 km, prendre sur la gauche la route de Nivå.

★ Nivå

Charmant village résidentiel aux maisons à pans de bois et au toit de chaume nichées dans une nature verdoyante.
★ **Collection de peintures de Nivågård (Nivågård Malerisamling)** – *Gammel Strandvej 2 (sur la droite de la route à l'entrée du village) - ✆ 49 14 10 17 - www.nivaagaard.dk - ♿ - mar.-vend. 11h-20h, w.-end 11h-17h - fermé 1er janv., 24-25 et*

31 déc. - 90 DKK (-18 ans gratuit). Cette belle collection, rassemblée par un propriétaire terrien enrichi dans la culture du maïs, Johannes Hage, et présentée dans un bâtiment moderne de brique placé devant le manoir familial, fait la part belle aux maîtres hollandais et flamands (Van Ostade, Van Goyen, David Teniers, Jan Steen) et italiens (Bellini, Titien, Lorenzo Lotto, Anna Maria Anguissola). Remarquez également l'unique tableau français, une *Fuite en Égypte*, de Claude Gellée, dit le Lorrain.
Revenir à la route 152. Après 6 km, suivre la signalisation « Louisiana » à droite de la route et se garer sous les arbres.

★★★ Musée Louisiana d'Art moderne, à Humlebæk

(LOUISIANA MUSEUM FOR MODERNE KUNST)

En train, 35mn depuis la gare centrale de Copenhague, arrêt Humlebæk (puis 10mn à pied, bien fléché depuis la gare) - ✆ 49 19 07 19 - www.louisiana.dk - ♿ - mar.-vend. 11h-22h, w.-end 11h-18h - fermé 1er janv., 24-25 et 31 déc. - 145 DKK (-18 ans gratuit).
Pendant votre visite, des animateurs pourront initier vos enfants au dessin.
Idyllique ! Fondé en 1958 par Knud W. Jensen pour abriter sa collection personnelle, ce musée s'alanguit sous les frondaisons d'un parc, avec en toile de fond l'immense étendue marine de l'Øresund, sur laquelle se détachent les sculptures monumentales de **Arp**, **Calder**, **Ernst**, **Dubuffet** ou **Henry Moore**.
Les bâtiments qui abritent les collections tirent chacun le meilleur parti du cadre naturel qui est, pour ainsi dire, incorporé à l'architecture. Le verre est largement utilisé pour faire la liaison entre les bâtiments, d'inspiration architecturale japonaise, et leur environnement.
Exposés par roulement, tous les grands noms de l'art du 20e s. sont ici représentés par des œuvres majeures, dressant un panorama complet des tendances de l'art moderne : Picasso et Matisse côtoient des sculptures de Germaine Richier ; les sculptures d'**Alberto Giacometti** sont magnifiées par des salles que d'immenses panneaux de verre ouvrent largement sur le lac de Humlebæk. La part belle est faite à l'abstraction (Richard Mortensen) et au pop art (Andy Warhol, Roy Liechtenstein). Ce sera peut-être l'occasion de découvrir les peintures d'un artiste danois, **Per Kirkeby**, représenté par une série de paysages qu'il faut prendre le temps d'observer, de près, puis de loin lorsque les taches de couleur se muent en paysages dotés d'une étonnante profondeur.
Le musée organise régulièrement des expositions temporaires de grande qualité, et le lieu est également ouvert à d'autres formes d'expression artistique : cinéma, théâtre, musique et ballet. Le café dominant la mer déploie aux beaux jours ses tables dans le parc. À la boutique-librairie, outre les livres d'art, vous trouverez nombre d'objets représentatifs du design danois.
Reprendre la route 152.

Espergærde

Cette station balnéaire au charme fin de siècle, aux portes d'Elseneur, présente de belles villas disséminées dans des jardins dominant l'Øresund.
Prendre à gauche Agnetevej à la signalisation « Flynderupgård Museum ».
Flynderupgård Museum – *Agnetevej 9 - ✆ 49 28 19 00 - mar.-dim. 11h-15h - 60 DKK (-18 ans gratuit).* Agréable manoir (18e s.) abritant des collections sur la vie d'autrefois : reconstitution de boutiques anciennes, outils, etc. La section sur la pêche et la rude vie des pêcheurs est particulièrement intéressante et émouvante. Par beau temps, promenez-vous dans le vaste parc parsemé de sculptures.

1

Carnet pratique

S'informer

Copenhagen Visitor Service – B3 - *Vesterbrogade 4 (près de la gare centrale) - ℘ 70 22 24 42 - www.visitcopenhagen.com.*

Copenhagen Card

Valable de 1 à 5 jours, ce pass touristique permet l'accès illimité au réseau de transports (accès aéroport compris), de visiter 89 musées, sites et attractions à Copenhague et dans ses environs, et de faire des promenades en bateau sur les canaux ou en train touristique.

Le pass s'achète en ligne sur **copenhagencard.com** et doit être chargé et activé sur votre smartphone à l'aide de l'application dédiée. Un adulte muni d'une Copenhagen Card peut commander gratuitement deux cartes enfants de -12 ans.

Tarifs – 24h (439 DKK, enf. 12-15 ans 239 DKK), 48h (649/349 DKK), 72h (799/429 DKK), 96h (929/499 DKK), 120h (1049/559 DKK).

Arriver/partir

En avion

Copenhagen Airports A/S – *℘ 32 31 32 31 - www.cph.dk.* À 7 km au sud-est de Copenhague (à Kastrup, sur l'île d'Amager).

Point info – *Terminal 3 - ℘ 32 31 24 47 - tlj.* Brochures gratuites, plans de la ville, cartes de téléphone, location de taxis et réservation d'hôtels.

Danske Bank – *À côté du point info - tlj.* Guichets automatiques et bureau de change. Le taux est le même que dans les banques de Copenhague. Certains bureaux de change du centre-ville proposent un taux plus intéressant.

Location de voiture – Les loueurs sont regroupés sur Lufthavnsboulevarden *(navette gratuite tlj).*

Rejoindre le centre-ville depuis l'aéroport

En métro – Le plus commode et le plus rapide pour rejoindre le centre-ville (env. 15mn jusqu'aux stations Kongens Nytorv et Nørreport) ou les quartiers de Nørrebro, Vesterbro, Østerbro et Frederiksberg. Les billets s'achètent aux distributeurs automatiques, directement sur la plateforme de la station Lufthavnen (ligne M2), située au bout du terminal 3. Fréquence : ttes les 4-6mn. Tarif : 36 DKK.

En train – Le meilleur choix si vous allez dans les environs de la gare centrale (København K ; env. 14mn, départs ttes les 10mn). Les billets s'achètent aux distributeurs de la gare (env. 36 DKK/pers.) ou au bureau de la compagnie des chemins de fer danois DSB. D'autres trains desservent Elseneur et Malmö, en Suède (env. 30mn).

En bus – Arrêt à la sortie du terminal 3. Même prix mais trajet plus long (40mn), pour rejoindre le centre (bus 5A). Plus intéressant pour les liaisons entre les villes (Aalborg, Aarhus, etc.). Départ toutes les 15mn. Comptez 36 DKK.

En taxi – Station à la sortie du terminal 3. Comptez 250/350 DKK et 25mn jusqu'au centre-ville.

Aller en Suède

Pont-tunnel de l'Øresund – *Voir p. 303.*

Se déplacer

Le centre-ville est en grande partie piétonnier. Copenhague est aussi une ville idéale à découvrir à vélo.

Transports en commun

PLAN P. 72-73

Les transports sont gratuits pour les moins de 12 ans. Pour les adultes, une bonne option consiste à se procurer la Copenhagen

Card *(voir ci-contre)*, qui inclut l'utilisation illimitée des transports. La ville possède un bon réseau de métros, bus et trains, qui circulent 24h/24. Le **métro**, 4 lignes : M1, M2, M3 (ligne circulaire desservant 17 stations) et M4 (inaugurée en 2020 et dont le prolongement sud est prévu pour 2024). Le **S-Tog**, équivalent de notre RER, compte 7 lignes. Les **bus** sont moins pratiques pour les non-résidents. Les billets sont valables sur ces trois modes de transport. Chaque ticket, dont le prix dépend du nombre de zones (24 à 36 DKK), donne droit à un trajet d'une heure. Il peut être économique d'acheter un **City pass** sur les zones 1 à 4 valable 24/48/72h (80/150/200 DKK, moitié prix pour les -16 ans).

À vélo

Jusque dans les années 1960, Copenhague était comme toutes les autres villes d'Europe : embouteillée ! Depuis, une politique visionnaire et volontariste a tout changé : l'ensemble de la voirie a été repensé, adapté et sécurisé pour les deux-roues. Désormais, plus de la moitié des habitants se déplacent à vélo. Pourquoi pas vous ?

Beaucoup d'hôtels proposent la **location de vélos** à leurs clients.

Plus d'info sur **www.visitcopenhagen.com/biking**, avec nombreuses propositions de circuits (brochures *On 2 Wheels* à télécharger ou à récupérer auprès de l'office de tourisme).

Bycyklen (vélos municipaux) – Copenhague a son parc de vélos en libre-service : plus de 2500 bicyclettes haut de gamme, avec assistance électrique et GPS ! 0,67 DKK/mn pour 120mn prépayées (tarif dégressif selon le nb de minutes que vous prépayez). Tout se gère à partir de l'application Bycyklen Copenhagen Bike Share.

Baisikeli – *Ingerslevsgade 103 - ☎ 26 70 02 29 - baisikeli.dk - location d'avr. à sept. - 10h-18h (dim. 16h) - à partir de 50 DKK/6h.* Plusieurs niveaux d'équipements pour tous les budgets.

Sögreni – *Sankt Peders Stræde 30A - ☎ 33 12 78 79 - www.sogreni.com - lun.-sam. 10h-18h- 150 DKK/24h.* Élu meilleur designer danois en 2002, Søren Sögreni est un fou de beaux vélos, qu'il bichonne et fabrique à la pièce. Sa boutique est le paradis de la petite reine : il y vend des cycles, les répare et en loue.

Personnes à mobité réduite

Copenhague est bien équipée pour les personnes handicapées. La ville est plate et on y circule aisément. Voirie (feux de signalisation sonores, larges trottoirs) et transports sont aménagés. La plupart des sites touristiques sont dotés d'accès pour les fauteuils roulants (indiqués dans ce guide par le pictogramme ♿). Cependant, dans le centre-ville, de nombreux commerces, cafés et restaurants ne sont pas de plain-pied mais en demi-niveau : il y a donc quelques marches à monter ou à descendre pour y accéder.

www.visitcopenhagen.com, rubriques « Planning / Accessible Copenhagen ».

Agenda

L'été, les parcs et jardins de Copenhague s'animent d'un nombre impressionnant de concerts et petits festivals...

Anniversaire de la reine – 16 avr. La souveraine salue la foule du balcon d'Amalienborg tandis que les troupes défilent.

Copenhagen Beer Week – *www.cphbw.dk.* Mi-mai. Pour célébrer le renouveau de la bière et des micro-brasseries danoises.

Distortion – *www.cphdistortion.dk.* Fin mai-déb. juin. Grandes

1

soirées musicales dans les bars et discothèques de la ville.
Carnaval – *cphcarnival.dk/en.* W.-end de la Pentecôte. Défilés dans le centre historique et concerts à Fælledparken.
Festival de jazz – *www.jazz.dk.* Déb. juil. Le plus grand du genre en Europe du Nord. Une version plus modeste a lieu fin janv.-déb. fév.
Kulturhavn – *www.kulturhavn.dk.* Déb. août. Festival culturel autour des canaux de la ville et les quais d'Islands Brygge.
O/Day Fest – *www.o-dayfest.dk.* 3 j. déb. août. Concerts à Refshaleøen.
Golden Days – *www.goldendays.dk.* Sept. Festival culturel et historique.
Festival de blues – *www.copenhagenbluesfestival.dk.* Fin sept.-déb. oct. Le meilleur du blues international dans diverses salles de concerts de la ville.
Nuit de la culture – *www.kulturnatten.dk.* Mi-oct. Musées, théâtres, galeries, bibliothèques ouvrent leurs portes toute la nuit.
Marché de Noël de Tivoli – Inauguré en 1994, il est devenu une tradition. Tout au long du mois de décembre, une foule importante vient y faire ses courses ; les enfants rencontrent le Père Noël et font du patin à glace sur le lac de Tivoli ; de nombreux restaurants servent le traditionnel repas de Noël à la danoise.
Nouvel An – Bien que le réveillon soit une affaire privée, comme en France, des milliers de personnes se rassemblent devant l'hôtel de ville pour le compte à rebours.

Nos adresses

VOIR PLAN P. 36-37.

Restauration

Que vous souhaitiez manger sur le pouce ou vous attabler confortablement, il est aisé de déjeuner à tous les prix. Pensez aussi aux restaurants des musées *(voir « Petite pause » p. 66)*, souvent d'un excellent rapport qualité-prix. Pour dîner, en revanche, il faudra bourse délier, mais Copenhague se montre à la hauteur de son statut de capitale gourmande : de nombreux restaurants créatifs ont vu le jour, dont le plus célèbre reste à ce jour noma *(voir p. 65)*.

Centre historique

Budget moyen

(32) **Tight** – C2 - *Hyskenstræde 10 - ✆ 26 69 39 99 - www.tight-cph.dk - mar.-jeu. 17h-23h, vend.-sam. 17h-1h - plats 169/274 DKK.* Une adresse cosy et un service souriant pour une cuisine copieuse : soupe de poisson, moules sauce poulette, escalope de porc panée, morue en papillote, confit de canard et délicieux burgers.

(12) **Husmanns Vinstue** – B2 - *Larsbjørnsstræde 2 - ✆ 33 11 58 86 - husmannsvinstue.dk - 11h30-18h, sam. 12h-17h - fermé dim. - plats 76/165 DKK - menus 365/525 DKK.* Restaurant logé dans une cave qui porte bien ses 120 ans, spécialiste des petits plats danois à manger sur le pouce et des brunchs aux saveurs de la Baltique.

(16) **Le Pavé** – C2 - *Gråbrødretorv 14 - ✆ 33 13 47 45 - www.lepave.dk - 11h-16h - plats 128/225 DKK - menu 345 DKK.* Un restaurant français ? Certes, mais aussi l'une des meilleures adresses de cette fameuse place qui abonde en bars et restaurants. Cuisine savoureuse et bon rapport qualité-prix. La terrasse permet de contempler les maisons colorées alentour.

Pour se faire plaisir

(14) **Krogs** – C2 - *Gammel Strand 38 - ✆ 33 15 89 15 - www.krogs.dk -*

11h-0h - menu 495 DKK - plats 135/315 DKK. Depuis son ouverture en 1910, cet établissement se distingue par la qualité de son poisson. Si la clientèle se compose aujourd'hui essentiellement d'hommes d'affaires, de touristes américains et japonais, la cuisine est restée excellente et le service impeccable.

Autour de la gare centrale

Premier prix

3 **Cafe Glyptoteket** – B3 - *Dantes Plads 7 - ✆ 33 41 81 41 - www.glyptoteket.dk - 10h-16h30, jeu. 15h-19h30 - fermé lun.* Attention, il faut s'acquitter du droit d'entrée au musée pour accéder au café *(sf mar.)*. Idéal en hiver pour se téléporter sous les tropiques, le café de la glyptothèque Ny Carlsberg niche sous une magnifique serre exotique. Un lieu hors du temps, où l'on passerait volontiers des heures avec un bon livre. Mieux vaut réserver pour un déjeuner, un brunch *(dim. 10h-15h)* ou un dîner *(jeu. soir)*.

Budget moyen

18 **Gemyse** – B3 - *Bernstorffsgade 5 - ✆ 88 70 00 00 - www.nimb.dk - accessible aux horaires d'ouverture des jardins de Tivoli et en s'acquitant du droit d'entrée (voir p. 51) - menu déj. 295 DKK, à la carte à partir de 300 DKK.* Situé au sein des jardins de Tivoli, sous une superbe verrière, ce restaurant végétarien propose de délicieuses petites assiettes créatives, joliment présentées et misant sur les légumes 100 % bio. L'établissement possède sa propre serre ainsi qu'un potager surélevé.

Pour se faire plaisir

1 **A Hereford Beefstouw** – B3 - *Vesterbrogade 3 - (2 entrées, dont l'une payante par les jardins de Tivoli en saison) - ✆ 33 12 74 41 - www.ahb.dk - 12h-23h - plats 135/450 DKK - menus 345/575 DKK.* Proche de Tivoli, cette succursale fait partie d'une chaîne spécialisée dans la dégustation de viandes. Cadre moderne et impeccable, cuisine de qualité, ce qui explique l'affluence.

La ville du 18e s.

Budget moyen

23 **The Union Kitchen** – D2 - *Store Straræde 21 - ✆ 33 14 54 88 - www.theunionkitchen.dk - lun.-merc. 7h30-23h, jeu.-vend. 7h30-0h, sam. 8h-0h, dim. 8h-17h - plats 75/110 DKK - menus 245/289 DKK.* Dans une rue calme non loin de l'agitation de Nyhavn, cette jolie cuisine s'organise autour d'un grand bar, de tables en bois et de petites banquettes. Le brunch y est généreux, de même que les boulettes dont la composition change chaque jour. Le soir, les plats de la carte sont à partager, ce qui ajoute à la convivialité.

29 **Cap Horn** – D2 - *Nyhavn 21 - ✆ 33 12 85 04 - www.caphorn.dk - merc.-sam. 11h30-23h, dim. 11h30-17h - plats 105/295 DKK - menus 375/440 DKK.* Une réputation solidement établie et une cuisine plus raffinée que dans les autres restaurants du port, trop touristiques, justifient une halte dans cet établissement au décor accueillant, avec sa belle cheminée en hiver. Cuisine de saison, avec notamment un buffet de *smørrebrød* à midi ou des plats plus consistants de poissons, langoustines ou viandes grillées.

8 **Pluto** – C2 - *Borgergade 16 - ✆ 33 16 00 16 - www.restaurantpluto.dk - tlj à partir de 17h30 - plats 125/225 DKK.* Dans cette salle au décor volontairement inachevé, on s'assoit à des tables en bois, au comptoir métallique ou à la grande table d'hôtes en marbre. Le menu, séduisant, est composé d'une multitude de petites assiettes : la cuisine est rustique, sans chichis et savoureuse.

❼ **Amadeus** - C2 - *Store Kongensgade 62 - ✆ 35 11 16 30 - ✆ 53 76 97 31 - www.cafe-amadeus.dk - mar.-sam. 11h45-16h (horaires variables, se rens.) - plats 85/175 DKK - menu déj 255 DKK.* Restaurant et salon de thé plein de caractère, doté d'une charmante cour et, bien sûr, de l'inévitable table de sandwichs danois. À deux pas du théâtre (menu spécial théâtre).

❿ **Seaside Toldboden** - D1 - *Nordre Toldbod 18-24 - ✆ 33 93 07 60 - seasidecph.dk - 11h-17h, merc.-jeu. 11h-0h, vend.-sam. 11h-2h - fermé lun.* À quelques minutes à pied de la Petite Sirène, ce vaste établissement au bord du canal dispose de sept comptoirs gastronomiques aux influences du monde entier et de plusieurs bars. Très belle vue sur la ville, dont on profite sur la terrasse aux beaux jours avec tables et transats. Soirées DJ le w.-end.

Pour se faire plaisir

30 **Damindra** - D2 - *Vandkunsten 6 - ✆ 33 12 33 75 - damindra.dk - 11h-15h, 17h-22h - fermé dim.-lun. - plats 175/220 DKK - menu dîner 480 DKK - bento box 285 DKK.* L'entrée, discrète, ne laisse pas deviner le joli intérieur Art déco de cette table japonaise. Tempuras de crevettes et d'huîtres au wasabi, rouleaux de printemps au citron et gingembre, tartare de saint-jacques, magnifiques assortiments de sushis et grand choix de sakés et de cocktails. Tout est absolument frais, délicieux et d'un excellent rapport qualité-prix.

Une folie

❾ **AOC** - D2 - *Dronningens Tværgade 2 - ✆ 33 11 11 45 - restaurantaoc.dk - merc.-sam. 18h30-1h - menus 1200/2 500 DKK.* Dans les caves voûtées d'un palais du 17e s., ce restaurant tout habillé de blanc élabore de splendides menus dégustation de 7 ou 10 plats (5 en semaine), associés à des vins judicieusement choisis. Nouvelle cuisine nordique sublimée par la qualité des ingrédients locaux et le génie du chef étoilé Søren Selin.

Autour du château de Rosenborg

Premier prix

34 **Torvehallerne** - B2 - *Frederiksborggade 21 - ✆ 70 10 60 70 - torvehallernekbh.dk - 10h-19h, w.-end. 10h-18h.* À la sortie du métro Nørreport, ce charmant marché couvert accueille sous ses deux halles une vingtaine de stands de restauration, avec quelques tables en plein air aux beaux jours. Il y en a pour tous les goûts : wraps, salades, pizzas, pâtes, *smørrebrød*, mini-fondues, sushis, sandwichs, etc.

Budget moyen

❺ **Selma** - B2 - *Rømersgade 20 - ✆ 93 10 72 03 - www.selma copenhagen.dk - 11h30-16h, 18h30-23h - fermé lun. et dim. midis, et mar. - plats 155/230 DKK.* Cet établissement chaleureux est tenu par une équipe jeune et sympathique. Spécialités de *smørrebrød* originaux, à base de seigle et de produits de saison (raifort, pomme, cresson par exemple). Belle sélection de bières artisanales et propositions végétariennes.

Pour se faire plaisir

❷ **Aamanns Etablissement** - C1 - *Øster Farimagsgade 12 - ✆ 20 80 52 02 - aamanns.dk - épicerie : 11h-20h ; rest. : 12h-17h - fermé lun. - menus 450/580 DKK.* Mieux vaut réserver pour tester l'une des adresses les plus cotées de *smørrebrød* ! Réinventées par le jeune chef Adam Aamann, les célèbres tartines danoises se déclinent ici au gré des saisons, exaltant les saveurs des produits locaux et bio. Quelques tables pour déjeuner sur place ou possibilité de commander pour emporter.

15 **Orangeriet** – C2 - *Kronprinsessegade 13 - ✆ 33 11 13 07 - www.restaurant-orangeriet.dk - 11h30-15h, jeu.-vend. 11h30-15h, 18h-23h, sam. 18h-23h, dim. 12h-16h - menus 445/665 DDK.* Donnant sur le Kongens Have, cette ancienne orangerie possède une jolie véranda aux tons clairs ainsi que quelques tables à l'extérieur. Un choix intéressant de *smørrebrød* est proposé le midi ainsi qu'un menu du jour. Le soir, face au soleil couchant, les bougies s'allument sur les tables et la carte se fait plus élaborée.

De Christianshavn à Refshaleøen

Premier prix

21 **Broens Gadekøkken** – D2 - *Strandgade 95 - ✆ 33 93 07 60 - broensgadekoekken.dk - food stalls : 10h-20h ; bars : 12h-21h.* Au pied du Inderhavnsbroen, ce marché de *street food* propose une dizaine de stands dans d'anciens conteneurs. Et il y en a pour tous les goûts.

Copenhagen Street Food Reffen – HORS PLAN - *Refshalevej 167A - reffen.dk - food stalls : 11h30-21h30 - fermé oct.-mars.* Esprit *street food* et *foodtruck* pour cet espace gourmand d'un nouveau genre, installé sur 6 000 m^2 au milieu des conteneurs de la zone portuaire. Un endroit branché et alternatif, où l'on se régale de cuisines du monde entier, à déguster en été sur les transats au bord de l'eau, accompagné d'une bonne bière artisanale ou d'un cocktail. Dédié à l'innovation, à la créativité et à la durabilité, le lieu s'anime de marchés, concerts, soirées thématiques, expos, conférences, performances et ateliers en tout genre. Résolument dans l'air du temps !

Budget moyen

26 **Spiseloppen Christiania** – D3 - *Baadsmandsstræde 43 - ✆ 32 57 95 58 - www.spiseloppen.dk - mar.-sam. 17h-23h - plats 65/155 DKK - menus 265/310 DKK.* Le restaurant favori des Christianites et des visiteurs du quartier. Menu varié et différent chaque jour. Surprises permanentes, avec plusieurs plats de viande et au moins un menu poisson et un végétarien.

Pour se faire plaisir

22 **No. 2** – C3 - *Nicolai Eigtveds Gade 32 - ✆ 33 11 11 68 - www.nummer2.dk - 12h-14h, 17h30-1h, sam. 17h30-22h - fermé dim. - plats 165/250 DKK - menus 575/800 DDK.* Ce restaurant sobre et chic a élu domicile le long d'un quai de Christianhavn. Au menu, de savoureux produits danois de qualité. On vous conseille notamment les fromages et les jambons affinés.

Une folie

noma – HORS PLAN - *Refshalevej 96 - ✆ 32 96 32 97 - www.noma.dk - mar.-sam. 17h-23h - fermeture temporaire, réouv. été 2023 - menus 3 000/3 500 DKK.* Une oasis urbaine installée au bord de l'eau, sur un ancien site de la Marine : le noma, l'un des restaurants les plus connus du monde, est étroitement lié à la nature. À partir d'une approche réfléchie et holistique, le chef René Redzepi utilise des ingrédients bio de saison dans des préparations créatives et complexes, aux saveurs naturelles exaltées. Sachez que la fermeture définitive du restaurant est annoncée pour fin 2024.

Vers Islands Brygge

Une folie

Alouette – HORS PLAN - *Sturlasgade 14 – ✆ 31 67 66 06 - restaurantalouette.dk - jeu.-sam., dîner seult - menu 995 DKK.* Des couloirs couverts de graffitis et un monte-charge mènent à ce restaurant lumineux et moderne. « Delicious first », telle est la philosophie du chef, qui travaille

1

en étroite collaboration avec les fournisseurs. Le respect de la nature et des ingrédients garantit une cuisine de haute volée.

Vesterbro et Frederiksberg

Budget moyen

4 **Cofoco** – A3 - *Abel Cathrines Gade 7 - ✆ 33 13 60 60 - cofoco.dk - tlj sf dim. 17h30-0h - plats 100/245 DKK - menus 330/420 DKK.* Construit en soubassement, ce restaurant abrite à l'entrée une grande table que se partagent les clients (également quelques tables séparées). Les plats sont savoureux, et le menu dégustation très bon marché pour un restaurant de cette tenue.

24 **Radio** – A2 - *Julius Thomsens Gade 12 - ✆ 25 10 27 33 - restaurantradio.dk - 17h-0h - fermé dim.-lun. - plats 75/99 DKK - menus 395/485 DKK.* Près du Forum, un restaurant intime, urbain et écolo, d'une qualité rare. Légumes et fruits bio, poisson, volaille : tous les produits sont soigneusement sélectionnés auprès de fournisseurs locaux ou issus des jardins que le restaurant possède près de la ville. Deux des trois chefs fondateurs ont fait leurs classes au noma *(voir p. 65)*.

19 **Les Trois Cochons** – A3 - *Værnedamsvej 10 - ✆ 33 31 70 55 - cofoco.dk - 7h30-15h, 17h30-0h, w.-end 9h-15h, 17h30-0h - menu 360 DKK - plats 170/295 DKK.* Autre adresse emblématique du réveil gastronomique de Copenhague ! Installé dans une ancienne boucherie et sobrement décoré dans le style scandinave, ce lieu est tenu par une jeune équipe qui propose une cuisine française du terroir, comme le coq au vin. Des saveurs à un tarif très raisonnable.

Pour se faire plaisir

Kødbyens Fiskebar – HORS PLAN - *Flæsketorvet 100 - ✆ 32 15 56 56 - www.fiskebaren.dk - 11h30-0h, vend.-sam. 11h30-1h - plats 195/445 DKK.* Dans le quartier des anciens abattoirs, dans un entrepôt brut de décoffrage, le chef Anders Selmer – formé au noma – a créé ce bar à huîtres et à poissons. Ici, tout est issu de la pêche durable : couteaux au fenouil, flétan aux topinambours, sans oublier le fameux *fish and chips* maison... Un régal !

Hansens Gamle Familiehave – HORS PLAN - *Pile Allé 10-12 - ✆ 36 30 92 57 - www.hansenshave.dk - mai-sept. : 11h-21h30 ; reste de l'année se rens. - menus 389/449 DKK - plats 169/289 DKK.* Guinguette familiale au pied du château dans le quartier de Frederiksberg. Cuisine danoise avec de multiples recettes de harengs marinés.

Bjørnekælderen – HORS PLAN - *Frederiksberg Allé 55 - ✆ 47 77 47 47 - bjoernekaelderen.dk - merc.-sam. 11h30-14h30, 17h30-21h30 - menu smørrebrød 475 DKK.* Dans cette « cave aux ours », ouverte depuis plus de 130 ans, les références aux créatures à fourrure sont légion. *Smørrebrød* au déjeuner ou plats plus consistants le soir, toutes les assiettes sont savoureuses et soigneusement travaillées.

Une folie

Formel B – HORS PLAN - *Vesterbrogade 182 - ✆ 33 25 10 66 - formelb.dk - 17h30-0h - fermé dim. - plats 175/300 DKK - menus 950/1200 DKK - réserv. indispensable.* Langoustines aux légumes danois, turbot à la queue de veau braisée... Surprenantes, élaborées et modernes, les propositions gourmandes arrivent ici sous la forme de petits plats (4 par pers.), à déguster dans un intérieur en marbre et acier. Très minimaliste chic.

Petite pause

Le concept du café à la française – un établissement où l'on ne fait que boire – n'existe pas au Danemark. Les adresses qui suivent proposent des cartes de restauration légère, avec sandwichs et salades, à toute heure. C'est aussi le cas des agréables **cafétérias de musées**, à ne pas négliger pour une pause : la plus champêtre est celle du château de Rosenborg ; la plus exotique, celle de la glyptothèque Ny Carlsberg installée dans une palmeraie (sous serre, bien entendu !) ; les plus branchées, celles du Diamant noir et du Centre d'architecture danoise, avec vue sur les quais.

La Banchina – HORS PLAN - *Refshalevej 141A - ✆ 31 26 65 61 - www.labanchina.dk - café : 8h-22h aux beaux jours (hors saison se rens.).* Caractéristique des nouvelles adresses de Refshaleøen, cette petite baraque bleue très populaire est posée au bord de l'eau. Quelques tables, des bancs, un ponton : on y vient un peu à toute heure pour un café, un verre, un petit plat à picorer... et même un plongeon dans l'eau ou un sauna.

Bevar's – B1 - *Ravnsborggade 10B - ✆ 50 59 09 93 - www.bevars.dk - lun. 9h-23h, mar.-merc. 9h-0h, jeu. 9h-1h30, vend. 9h-2h30, sam. 10h-2h30, dim. 10h-22h.* Simple, chaleureux et bien dans l'ambiance de Nørrebro... On adore ce petit établissement sans prétention qui sert de la limonade maison, de bonnes salades et de délicieux gâteaux.

Den Franske Bogcafé – B2 - *Fiolstræde 16 - ✆ 33 16 39 72 - www.denfranskebogcafe.dk - tlj sf dim. 11h-18h.* Créé par une Française, ce café charmant fait également office de librairie spécialisée en ouvrages de langue française. À la carte : café, cappuccino, chocolat, boissons fraîches et croissants.

Mikkeller Bar – A3 - *Viktoriagade 8 - ✆ 33 31 04 15 - www.mikkeller.dk - dim.-lun. 14h-22h, mar.-merc. 14h-23h, jeu. 14h-0h, vend.-sam. 14h-2h.* Ce célèbre bar du quartier de Vesterbro sert les bières de sa propre microbrasserie, dans un décor design un peu radical. La bière, version avant-garde.

Mamma che Gelato (La Fiorita) – B2 - *Nansensgade 62 - ✆ 33 33 96 60 - tlj sf lun. 13h-20h, vend. 13h-21h.* De véritables glaces italiennes, excellentes et bien crémeuses. À emporter ou à déguster sur place. Portions généreuses.

Paludan Bogcafé – B2 - *Fiolstræde 10 - en face de la Bibliothèque royale - ✆ 33 15 06 75 - www.paludan-cafe.dk - 9h-22h, vend. 9h-23h, sam. 10h-23h, dim. 10h-22h.* Repaire d'étudiants, ce café littéraire stylé fait aussi librairie et salon de lecture. Ambiance feutrée et belle terrasse en été.

Rondo – A1 - *Sjællandsgade 7 - ✆ 55 55 09 90 - www.rondo.ooo - mar.-vend. 7h30-18h - w.-end 8h-16h - fermé lun.* À Nørrebro, Rondo est connu pour ses *snegle* (pains briochés roulés en forme d'escargots), *foccacia*, tartes et quiches. Le propriétaire possède aussi le bar à vin populaire, Gaarden og Gaden, juste à côté.

Shopping

Strøget, la principale rue commerçante, est piétonne. On y trouve deux grands magasins : **Magasin du Nord** et **Illum**.

Design danois

Sur Amagertorv, le design danois prédomine avec l'argenterie de Georg Jensen, la délicate porcelaine, le cristal et les antiquités de Royal Copenhagen, et le design moderne au Bolighus du magasin Illum.

Royal Copenhagen – HORS PLAN - *Amagertorv 6 - ✆ 33 13 71 81 - www.royalcopenhagen.com - 10h-19h, sam. 10h-18h, dim. 11h-16h.* Magasin d'usine de la célèbre fabrique de porcelaine.

1

Illums Bolighus – C2 - *Amagertorv 10 - ✆ 33 14 19 41 - www.illumsbolighus.com - 10h-18h, vend. 10h-19h, dim. 11h-18h.* Une référence pour les Danois. On y trouve de tout, du tapis de bain au canapé XXL, en passant par la vaisselle et les gadgets. Avec ses petits objets, le rez-de-chaussée est une mine de cadeaux.

Mode danoise

Samsøe & Samsøe – C2 - *Købmagergade 48 - ✆ 35 28 50 00 - www.samsoe.com - 10h-19h, dim. 11h-18h.*

Wood Wood – C2 - *Grønnegade 1 - ✆ 35 35 62 64 - www.woodwood.dk - 10h-18h, sam. 10h-17h, dim. 12h-16h.*

Marchés aux puces

Nørrebro – Dans ce marché de bric et de broc sur Nørrebrogade, les chineurs trouveront la pièce coup de cœur. *Mai-oct. : sam. 9h-17h.*

Østerbro – Très sympathique et facile d'accès, à côté de la gare de Svanemølle. *Mai-sept. : dim. 9h-16h.*

Frederiksberg – Derrière la mairie de Frederiksberg, ce marché aux puces est l'un des plus fréquentés de la ville. *De mi-mai à mi-oct. : sam. 9h-15h.*

En soirée

Jazzhus Montmartre – C2 - *Store Regnegade 19A - ✆ 31 72 34 94 - www.jazzhusmontmartre.dk - rest. ouv. jeu.-sam. 18h-23h, concerts selon programmation.* Un excellent club de jazz en plein centre-ville, qui a accueilli tous les grands maîtres du genre.

Amager Bio – HORS PLAN - *Øresundsvej 6 - ✆ 32 86 08 80 - www.amagerbio.dk.* Dans un ancien cinéma, cette grande salle ne programme pas moins de 125 concerts par an, du rock à la variété en passant par le jazz, l'électro, le classique, etc.

Culture Box – C2 - *Kronprinsessegade 54A - ✆ 33 32 50 50 - culture-box.com - vend.-sam. 22h-8h.* Cette discothèque à l'allure d'un squat destroy fait figure de temple de l'électro à Copenhague. Les plus grands DJ's européens sont passés dans cet établissement à l'ambiance effervescente. Du pur underground scandinave...

Loppen – D3 - *Sydområdet 4B - ✆ 32 57 84 22 - loppen.dk - 20h30-2h, vend.-sam. 21h-2h.* Ce restaurant-bar et galerie d'art de Christiania se mue après 21h en salle de concerts alternatifs : rock indie, punk, metal, reggae, hip-hop et jazz.

Mojo Blues Bar – C3 - *Longangstræde 21C - ✆ 33 11 64 53 - www.mojo.dk - 20h-5h.* Bar affichant une large programmation de concerts tous les jours, avec souvent une deuxième partie discothèque à partir de 1h ou 2h.

Rust – A1 - *Guldbergsgade 8 - ✆ 35 24 52 00 - www.rust.dk - club : vend.-sam. 23h-4h - tarifs selon concerts, club 100 DKK après minuit.* Une des adresses branchées de Nørrebro, à la fois salle de concerts (électro, hip-hop, rock indie) et boîte de nuit sur trois étages. Entrée réservée aux plus de 20 ans.

Spectacles

L'amateur de spectacles a le choix entre le Théâtre royal (danse, théâtre et art lyrique), la compagnie permanente Royal Danish Ballet, la troupe du Baron Boltens Gård et, en dehors du centre, le **Koncerthuset** *(voir ci-après).*

Billets délivrés pour le jour même au **kiosque** situé à l'angle de Fiolstræde et Nørre Voldgade *(lun.-vend. 12h-19h, sam. 13h).*

Ticketmaster – *www.ticketmaster.dk.*

Koncerthuset – HORS PLAN - *Ørestads bd 13 - ✆ 35 20 62 62 - drkoncerthuset.dk - 3 km au sud* *du centre (100 m au nord du métro DR Byen Universitetet, ligne M1).* Conçu par l'architecte français Jean Nouvel, cet immense cube bleu accueille aussi bien des concerts classiques que du jazz, de la pop ou du rock. Sur les quatre côtés de l'ouvrage, on peut projeter les spectacles joués à l'intérieur.

Activités

Visites guidées

À pied – *www.guides.dk.* L'association des guides de tourisme organise des visites de la ville en plusieurs langues.

En bateau – *☏ 32 96 30 00 - www.stromma.dk - durée 1h - dép. tte l'année, ttes les 40 mn env., plus fréquents aux beaux jours - sur réserv. - embarcadères : Ved Stranden et Nyhavn - 109 DKK (6-15 ans 55 DKK), gratuit pour les détenteurs de la Copenhagen Card (voir p. 60) depuis l'embarcadère de Ved Stranden uniquement.* S'ils sont moins romantiques – et bien moins nombreux – que ceux d'Amsterdam, les canaux de la capitale danoise restent une invitation agréable à la promenade.

À vélo – Nombreuses propositions sur le site de l'office de tourisme : www.visitcopenhagen.com.

Chez l'habitant (Meet the Danes) – *☏ 23 28 43 47 - meetthedanes.com.* Cette association organise des dîners chez des familles danoises. 682 DKK/pers. le dîner.

Baignade

Plusieurs zones de baignade ont été aménagées le long du canal principal de Copenhague, à commencer par **Islands Brygge Havnebadet** *(Islands Brygge 14, au sud de Christianshavn - svoemkbh.kk.dk - juin-sept. : 24h/24, surveillé de 11h à 19h - 45 DKK, -7 ans 25 DKK)*, disposant de cinq bassins et de plongeoirs. Liste des autres zones et mesure de la qualité des eaux sur **kbh.badevand.dk**.

À 30mn de la capitale (en métro ou voiture), **le parc balnéaire d'Amager** offre 7 km de plages de sable et un large éventail d'activités sportives : natation, équitation, golf, tennis, location de bateaux et de bicyclettes, planche à voile, etc. *(voir aussi p. 56).*

Ski sur herbe

Copenhill – HORS PLAN – *Vindmøllevej 6 - 10mn à vélo du centre-ville ou M Christianshavn St., puis bus 37, arrêt Amagerværket - ☏ 31 32 78 08 - www.copenhill.dk - 12h-20h, sam. 10h-20h, dim. 10h-18h - à partir de 300 DKK l'heure de ski avec location de matériel.* Étonnante construction imaginée par l'agence d'architecture BIG, Copenhill est une usine de valorisation des déchets, produisant de l'énergie, transformée en montagne urbaine pour associer développement durable et loisirs. Ski, snowboard, luge, escalade et randonnée se pratiquent sur cette longue piste verte qui dévale de 85 m de haut, avec, en prime, vue sur la mer !

Hébergement

Premier prix

25 **Sleep in Heaven** – A1-2 – *Struensegade 7 - ☏ 41 44 42 36 - www.sleepinheaven.com - lit en dortoirs 135/180 DKK ; ch. 450 DKK.* Un peu excentrée, dans le quartier de Nørrebro, une auberge de jeunesse à l'ambiance joyeuse (parfois bruyante), appréciée des jeunes voyageurs. Location de vélos et café-bar avec terrasse en plein air.

23 **YMCA Interpoint** – A3 – *Valdemarsgade 15 - ☏ 33 31 15 74 - www.ymca-interpoint.dk - de mi-juil. à déb. sept. - lit en dortoir 190 DKK - linge de lit 40 DKK, serviette de toilette 15 DKK.* Auberge de jeunesse installée dans une grande maison en brique.

1

Budget moyen

4 Wake Up Hotel – C2 - *Borgergade 9 - ✆ 44 80 00 90 - www.wakeupcopenhagen.com - P 500 DKK/j. - ♿ - 770 ch. 850/1600 DKK - ☕ 90 DKK.* Un bon plan malgré son côté « usine à dormir » : ce gigantesque hôtel est en effet très bien situé, et plus on réserve à l'avance, moins c'est cher. Les prestations sont aussi séduisantes à ce prix, avec écran plat, mobilier design et matelas confortables. Notre conseil : prendre son petit-déjeuner dans un café du quartier, plutôt que dans la salle impersonnelle. L'établissement dispose de deux autres adresses, plus excentrées, notamment près de la gare centrale *(voir site Internet).*

8 Generator Hostel – C2 - *Adelgade 5-7 - ✆ 78 77 54 00 - staygenerator.com - - ♿- 175 ch. 1 245/1884 DKK - ☕ 75 DKK - ✕.* L'exemple type de l'auberge de jeunesse nouvelle génération, soigneusement décorée, très centrale, lumineuse et bien tenue. Vous aurez le choix entre des dortoirs de 6 à 8 lits (certains réservés aux filles) ou des chambres doubles, avec sanitaires privés. Bar, laverie, terrasse extérieure.

30 Hotel Sct. Thomas – A3 - *Frederiksberg Allé 7 - ✆ 33 21 64 64 - www.hotelsctthomas.dk - P 200 DKK/j. - 60 ch. 693/1217 DKK ☕.* Avec ses tarifs raisonnables, ce petit hôtel familial affiche souvent complet. Les chambres sont basiques mais bien tenues. Une bonne affaire, malgré les salles de bains plutôt étriquées. Location de vélos.

7 Danhostel Copenhagen City – C3 - *H. C. Andersens Bd 50 - ✆ 33 11 85 85 - danhostelcopenhagencity.dk - P 190 DKK/j. - ♿- 192 ch. 650/1695 DKK - ☕ 75 DKK - ✕.* Cette société, très bien implantée au Danemark, garantit des dortoirs bien tenus, des salles de bains propres et de nombreuses facilités. En plus, vous trouverez différentes chambres à des prix attractifs. Un bon plan pour ne pas payer trop cher, mais mieux vaut réserver à l'avance.

6 Hotel Bethel – D2 - *Nyhavn 22 - ✆ 33 13 03 70 - www.hotel-bethel.dk - ♿ - 42 ch. 1345/1545 DKK ☕.* Fort bien situé, au bord du célèbre canal de Nyhavn, l'hôtel occupe un bâtiment contigu à une église. Le cadre est sobre, voire austère, mais les chambres sont propres et confortables. Certaines jouissent d'une vue exceptionnelle, les autres sont au calme côté cour. Thé et café en libre-service toute la journée.

10 Hebron – A3 - *Helgolandsgade 4 - ✆ 33 31 69 06 - www.hebron.dk - P payant - 99 ch. 1495/2 295 DKK ☕.* La chaîne Best Western est aux commandes de l'un des plus anciens hôtels de la ville (1899) : derrière la façade victorienne, les chambres sont impeccablement modernes.

1 Babette Guldsmeden – D1 - *Bredgade 78 - ✆ 33 14 15 00 - guldsmedenhotels.com - P 225 DKK/j. - 98 ch. 1 195/1 895 DKK - ☕ 225 DKK.* Esprit développement durable pour cet hôtel campé dans un bâtiment rénové face au parc de la Citadelle. La décoration chaleureuse, les petits déjeuners copieux, les vélos en location, le service attentif et le Spa sur le toit en font l'une de nos adresses préférées dans sa catégorie.

17 Kong Arthur – B2 - *Nørre Søgade 11 - ✆ 33 11 12 12 - www.arthurhotels.dk - P payant - 155 ch. 1025/2 190 DKK - ✕.* Encadrant une cour intérieure, quatre bâtiments de 1882 composent cet hôtel de bon confort, situé sur une avenue résidentielle proche des lacs et du Jardin botanique.

14 Ibsens – B2 - *Vendersgade 23 - ✆ 33 13 19 13 - ✆ 33 45 77 44 - www.arthurhotels.dk - P payant - 118 ch. 1067/1832 DKK - ☕ 200 DKK - ✕.*

Hôtel de standing, où flotte un agréable parfum bohème. Chaque chambre a son identité, dans un esprit fin de siècle, et l'ensemble est très lumineux. Accueil à la hauteur du cadre.

Pour se faire plaisir

11 **Hotel SP34** – B2 - *Sankt Peders Stræde 34 - ✆ 33 13 30 00 - www.brochner-hotels.dk - P payant - ♿ - 118 ch. 1 573/5 849 DKK - ☕ 199 DKK - ✕.* Idéalement situé dans le Quartier latin, cet hôtel de charme mérite ses quatre étoiles : chambres élégantes, terrasse panoramique, deux restaurants, bar-lounge, salle de fitness... Du haut de gamme. Mention spéciale pour le petit déjeuner bio.

20 **Scandic Webers** – B3 - *Vesterbrogade 11 B - ✆ 33 31 14 32 - www.scandichotels.com - P payant - ♿ - 152 ch. 1 706/2 695 DKK.* Cet hôtel se distingue des autres établissements du quartier de la gare par son charme. Chambres de caractère, chacune dans son style. Le prix varie en fonction de la taille et de l'orientation de la chambre et de la saison.

2 **Admiral** – D2 - *Toldbodgade 24-28 - près de Nyhavn - ✆ 33 74 14 14 - admiralhotel.dk - P 175 DKK/24h - 366 ch. 1 325/2 770 DKK - ☕ 195 DKK - ✕.* Cet imposant bâtiment historique est bâti en bordure de rivière. La décoration intérieure de style marin mélange l'ancien et le moderne. Chambres soignées, mais parfois étroites, comme les salles de bains. Celles qui donnent sur la rivière sont plus chères.

3 **Axel Guldsmeden** – B3 - *Colbjørnsengade 14 - ✆ 33 31 32 66 - 212 ch. 1 095/2 795 DKK - ☕ 225 DKK.* Charmant établissement d'une chaîne d'hôtels écolos dans le quartier de Vesterbro, non loin de la gare centrale. La décoration est un mélange de design nordique (meubles, briques, etc.) et d'influence balinaise (tissus, lits à baldaquin, moustiquaires, etc.).

Une folie

12 **25hours Indre By** – C2 - *Pilestræde 65 - ✆ 70 77 07 07 - www.25hours-hotels.com - ♿ - 243 ch. à partir de 2 150 DKK.* L'un des derniers nés de la filiale de luxe du groupe Accor. Installé dans l'ancienne faculté de droit (qui fut aussi une fabrique de porcelaine), l'hôtel joue la carte vintage modernisée, avec mobilier et déco au diapason. Les plus grandes chambres occupent les anciennes salles de classes, dotées d'immenses fenêtres avec vue panoramique et spectaculaire sur la rue. Copieux buffet de petit déjeuner. Une réussite.

5 **Nimb** – B3 - *Bernstorffsgade 5 - ✆ 88 70 00 00 - www.nimb.dk - P payant - ♿ - 17 ch. 3 200/8 400 DKK ☕ - ✕.* Derrière une façade d'inspiration mauresque (1909) se niche l'un des boutiques-hôtels les plus réputés de Copenhague, aux portes de Tivoli. Les tarifs sont à la hauteur du service, luxueux. Les vélos blancs de l'hôtel, d'une élégance folle avec leur selle en cuir camel, sont proposés à la location. L'été, panier pique-nique spécial *smørrebrød* (sur commande).

9 **Radisson Blu Royal Hotel** – B3 - *Hammerichsgade 1 - ✆ 33 42 60 00 - www.radissonblu.com - P ♿ - 261 ch. 1 874/4 490 DKK ☕ - ✕.* Face à la gare centrale, cette tour de 1960 ne paie pas forcément de mine mais elle abrite pourtant le seul hôtel conçu par Arne Jacobsen, le père du design danois. Iconiques, les chaises Swan et Egg ont été dessinées pour l'hôtel, avant de connaître un succès international. Seule chambre restée intacte depuis sa création, la suite 606 attire les nostalgiques du monde entier. Salle de fitness et Spa. Café gratuit.

1

B
Buddinge
Bx
Kildebakke
Vangede
H
Malmparken
C
Skovlunde
Herlev
Husum
M1 Vanløse - Vestamager
M2 Vanløse - Lufthavnen
M3 Cityringen
M4 København H. - Orientkaj
A Hillerød - Solrød Strand
B Farum - Høje Taastrup
Bx Buddinge - Høje Taastrup
C Klampenborg - Frederikssund
E Holte - Køge
F Ny Ellebjerg - Hellerup
H Østerport - Ballerup
Islev
Nør
Fuglebakken
M1
M2
Vanløse
Grøndal
Jyllingevej
Lindevang
Flintholm
Fasanvej
KB Hallen
Peter Bangs Vej
Ålholm
Langgade
Bx
Brøndbyøster
Hvidovre
Danshøj
Glostrup
Rødovre
Valby
B
Vigerslev Allé
F
Ny Ellebjerg
Åmarken
Friheden
E
Avedøre
Køge Bugt
A
Vallensbæk
Brøndby Strand

PLAN DES TRANSPORTS DE COPENHAGUE
A
E
C
F
H
M1
M2
M3
M4
ØRESUND
Bernstorffsvej
Dyssegård
Hellerup
Emdrup
Ryparken
Svanemøllen
Orientkaj
Poul Henningsens Plads
Bispebjerg
Skjolds Plads
Nordhavn
Trianglen
Nørrebros Runddel
Nuuks Plads
Østerport
Marmorkirken
Aksel Møllers Have
Forum
Nørreport
Frederiksberg
Kongens Nytorv
Gammel Strand
Vesterport
Frederiksberg Allé
Rådhuspladsen
Christianshavn
Enghave Plads
København H.
Amagerbro
Islands Brygge
Lergravsparken
Øresund
Carlsberg
Dybbølsbro
Amager Strand
DR Byen Universitetet
Sydhavn
Sjælør
Sundby
Femøren
Bella Center
Kastrup
Ørestad
Lufthavnen
Vestamager

Elseneur ★ et le château de Kronborg ★★★

Helsingør

« To be or not to be ? » : le passage le plus connu de la littérature anglaise passe par Elseneur, ou plutôt son château, puisque Shakespeare en a fait la résidence de son célèbre « Hamlet ». Par-delà sa renommée littéraire, cette petite cité commerçante se révèle propice à la flânerie, avec ses ruelles bordées de charmantes maisons à colombages. Son port actif bourdonne du trafic des ferries effectuant la navette avec Helsingborg, en Suède, dont elle n'est séparée que par un détroit de 4 km.

Le château de Kronborg.
Danita Delimont Agency/age fotostock

Se repérer

CARTE C2 (P. 32-33) - PLAN P. 77.
63 000 habitants
Elseneur est à 45 km au nord de Copenhague par la riviera danoise.

Organiser son temps

Comptez une journée complète pour visiter le château et une balade dans la ville.

En famille

Le musée danois de la Marine et le musée danois de la Technique.

Carnet pratique p. 80

Nos adresses p. 80

Le Sjælland, l'île capitale

C'est la plus grande île du Danemark. D'une superficie d'environ 7 000 km² (l'équivalent du Morbihan), le Sjælland abrite près de la moitié de la population danoise, dont une grande partie vit à Copenhague. Ses côtes dessinent de larges baies, réputées pour leurs dunes et leurs plages de sable, en particulier au nord de l'île, où les villages de pêcheurs attirent les citadins au moindre rayon de soleil. Favorisée par la douceur du climat et la qualité des terres, l'agriculture s'y est épanouie (céréales, betteraves, racines fourragères), tout comme l'élevage et la pêche, qui constitue encore l'une des plus importantes ressources de l'économie nationale.
en.destinationsjaelland.dk

★★★ Château de Kronborg (KRONBORGS SLOT) PLAN P. 77 (B1)

49 21 30 78 - www.kongeligeslotte.dk - ♿ - mai-oct. : 10h-17h ; nov.-avr. : mar.-dim. 11h-16h - fermé 1er janv., 24-25 et 31 déc. - 125 DKK (gratuit -18 ans).
Facilement accessible en train depuis Copenhague (50mn puis 15mn de marche).
Posé sur une péninsule lancée dans l'Øresund, voici le plus célèbre château du Danemark. Non seulement il a été choisi par Shakespeare comme décor d'Hamlet, mais il symbolise aussi la puissance maritime danoise, personnifiée par le mythique **Ogier le Danois** (Holger Danske) qui, dit-on, hante les souterrains où il serait enterré. Sa masse impressionnante, soulignée de tours imposantes et couverte d'un toit de cuivre vert surmonté d'élégantes flèches déchirant le ciel, continue à défier la mer comme elle l'a fait durant des siècles.
En 1574, Frédéric II engagea deux architectes hollandais, Hans Van Paeschen et Antonius Van Opberger, pour reconstruire et agrandir Krogen, la forteresse du roi **Éric de Poméranie** *(voir encadré p. 78)*, à laquelle on donna en 1577 le nom de Kronborg. Après l'incendie qui ravagea le château en 1629, **Christian IV** le fit restaurer et lui rendit sa splendeur. À la fin du 17e s., Christian V fit fortifier le château du côté opposé à la mer. En 2000, l'édifice a été classé au Patrimoine mondial de l'Unesco.
Extérieur – Des corniches soulignent l'encadrement des fenêtres et une balustrade ouvragée garnit la partie supérieure de la façade recouverte de grès. Entouré de douves profondes, le château est accessible par trois ponts de bois et une porte du 16e s., Mørkeport, qui donne sur la cour principale. Avant d'entrer dans le château, faites le tour des douves pour gagner le front de mer et admirer la vue sur le détroit et la côte suédoise.
Intérieur – Le château comprend de nombreuses salles, pour la plupart ouvertes au public. Les plus intéressantes sont la **chapelle**, dont la magnifique décoration Renaissance a été épargnée par l'incendie de 1629, les **chambres du roi et de la reine**, aux plafonds ornés de peintures à la demande de Christian IV, et la **salle de bal**, de 62 m de long, remarquable avec son sol de marbre en damier mais qui a malheureusement perdu son plafond à caissons peint. Dans le petit salon sont exposées sept des quatorze **tapisseries** représentant les rois danois qui nous sont parvenues. Il y en avait à l'origine quarante toutes tissées à Elseneur pour Frédéric II en 1581-1582 sous la direction de l'Anversois Hans Knieper.
Dans les **casemates**, que l'on atteint en passant par les cuisines, vous découvrirez une statue d'Ogier le Danois qui, selon la légende, se dressera et lèvera une armée de jeunes gens et de vieillards pour sauver son pays si jamais celui-ci est confronté à un danger imminent.

1

Hamlet, prince de Danemark

Ce serait sur la terrasse du château qu'Hamlet vit le fantôme de son père enveloppé d'un manteau de brume épaisse. Dans le texte, l'endroit est désigné comme « une terrasse devant le château » : on comprend que Shakespeare ne se soit pas montré plus précis, puisqu'il est établi qu'il ne mit jamais les pieds à Elseneur ; il fonda son récit sur la légende du prince Amled, qui aurait régné pendant 65 ans à partir de 3507 av. J.-C. **William Shakespeare** présenta pour la première fois son chef-d'œuvre en 1600.

★ Port culturel de Kronborg (KULTURHAVN KRONBORG)

PLAN P. CI-CONTRE (AB1)

Signe des temps, Kronborg a tourné la page de son activité industrielle. Face au château, les anciens chantiers navals – parmi les plus importants du Danemark – connaissent une nouvelle vie, transformés en pôle culturel et muséal depuis 2013.

Centre culturel (Kulturværftet) – *✆ 49 28 37 47 - www.kuto.dk - lun. et vend. 10h-18h, mar.-merc. 10h-19h, jeu. 10h-20h, sam. 10h-16h, dim. 11h-16h ; musée : jeu.-dim. 11h-15h - gratuit.* Les bâtiments industriels en brique ont été convertis en un centre culturel flanqué d'une spectaculaire façade de verre et d'acier aux excroissances à multifacettes. Vaste de 13 000 m², il abrite une bibliothèque, des espaces de jeux, des salles de concerts et de conférences, un restaurant et un petit musée retraçant l'histoire des chantiers maritimes d'Elseneur.

Musée danois de la Marine (Museet for Søfart) – *✆ 49 21 06 85 - www.mfs.dk - ♿ - juil.-août : 11h-18h ; sept.-juin : mar.-dim. : 11h-17h ; fermé 1er janv., 24-25 et 31 déc. - 125 DKK (-18 ans gratuit).* À côté du centre culturel, ce musée aux lignes spectaculaires a été conçu par la fameuse agence danoise Bjarke Ingels Group (BIG, 2013), qui a imaginé un espace en forme de coque de navire, mais creusé sous le niveau de la mer ! Il évoque, à travers une muséographie interactive et moderne, l'histoire maritime du pays, des drakkars jusqu'aux chantiers navals, en passant par l'épopée de la Compagnie danoise des Indes orientales.

Au bout du quai trône un petit triton sur son rocher : il s'agit de **Han** (« lui » en danois), le pendant masculin de la *Petite Sirène* de Copenhague. Cet éphèbe au regard mélancolique et dans le plus simple appareil, sculpté dans un acier inoxydable, poli et miroitant, est l'œuvre du facétieux duo d'artistes scandinaves **Elmgreen & Dragset**. Prenez le temps de bien l'observer : grâce à un système hydraulique caché à l'intérieur, la statue ferme les yeux pendant une fraction de seconde toutes les trente minutes.

★ La vieille ville d'Elseneur

PLAN P. CI-CONTRE

Circuit tracé en vert sur le plan p. ci-contre.
Depuis la gare, suivre Bramstræde, puis prendre à droite Stengade jusqu'à la cathédrale.

Elseneur a conservé de nombreuses maisons anciennes à colombage, celles qu'habitaient les marchands aisés et les armateurs à proximité du port, tandis que les artisans et les marins vivaient à la périphérie. La vieille ville est en grande partie piétonne ; vous pourrez vous promener agréablement le long de la rue principale, **Stengade**, et des rues perpendiculaires, **Sankt Anna Gade**, **Strandgade** (pharmacie du 16e s. au no 77) et **Bjergegade**.

SE RESTAURER

Café Olai. 1
Bistro Francophile. 3
La Dolce Vita. 5
Rådmand Davids Hus. 9

SE LOGER

Hotel Skandia. 1

Cathédrale Saint-Olaf (SANKT OLAI KIRKE) A2

✆ 49 21 04 43 - ♿ - mai-août : 10h-16h ; reste de l'année : 10h-14h.

Construite en brique entre 1200 et 1560, d'allure assez massive, elle dresse ses pignons à redans au croisement de Sankt Anna Gade et de Sankt Olai Gade. Remarquez le retable et les fonts baptismaux.

Poursuivre dans Skt. Anna Gade.

Musée municipal (BYMUSEUM) A2

Skt. Anna Gade 36 - ✆ 49 28 18 00 - mar.-vend. et dim. 12h-16h, sam. 10h-14h - 55 DKK (-18 ans gratuit).

Installé dans l'ancien hôpital fondé en 1520 par les moines du monastère voisin, ce musée abrite une belle collection de poupées anciennes, une imprimerie et une maquette du premier château, réalisée en 1801.

Monastère des Carmes (KARMELITERKLOSTER) A2

✆ 49 21 17 74 - www.sctmariae.dk - mar.-dim. 10h-15h ; hiver : mar.-dim. 10h-14h - 20 DKK (enf. 5 DKK).

Adjacent à **Sankt Maria Kirke**, dans laquelle le compositeur allemand **Dietrich Buxtehude** (1637-1707) tint les orgues de 1660 à 1668, le **monastère des Carmes** fut construit au début du 15e s. Vous pourrez visiter le **cloître** et les jardins, d'où l'on aperçoit le château de Kronborg.

Musée danois de la Technique (DANMARKS TEKNISKE MUSEUM) HORS PLAN

Fabriksvej 25 - ✆ 49 22 26 11 - tekniskmuseum.dk - ♿ - mar.-dim. 10h-17h ; hiver : mar.-dim. 10h-16h ; vac. scol. : 10h-17h - fermé 1er janv., 24-25 et 31 déc. - 110 DKK (-18 ans gratuit).

Il illustre le développement des sciences, des techniques et de l'industrie à travers les âges : exposition de machines, automobiles, avions, etc.

★★ La côte d'Elseneur à Rågeleje CARTE P. 32-33

Circuit tracé en bleu sur la carte p. 32-33 - 35 km par la route 237.

Cette côte magnifique offre de belles plages, des dunes battues par les vents, des villages de pêcheurs aux couleurs vives et des stations balnéaires animées. Au départ d'Elseneur, la route longe littéralement la plage. Sur le côté gauche, à flanc de coteau, de belles maisons, superbement restaurées et entretenues, parfois à toit de chaume, et de véritables petits manoirs se cachent parmi les arbres, bénéficiant d'une admirable vue sur le large. La route traverse de beaux villages, comme **Hellebæk** et **Ålsgårde** qui ont troqué leur vocation primitive, la pêche, pour celle, plus lucrative, d'un tourisme résidentiel assez cossu.

Hornbæk C1

C'est l'un des plus anciens villages de pêcheurs du nord du Sjælland, où voir quelques maisons traditionnelles. Dans l'église du 18e s. sont suspendues des maquettes de bateaux. Mais Hornbæk est avant tout la station balnéaire la plus

Un péage sur la Baltique

Dès qu'il devint roi du Danemark, de Norvège et de Suède, **Éric de Poméranie** décida de tirer parti de la position stratégique d'Elseneur à l'entrée de l'Øresund, bras de mer reliant la mer du Nord et la Baltique. En 1427, il imposa un péage aux navires empruntant cette voie et construisit une forteresse afin de le faire respecter. Grâce à cette manne, Elseneur prospéra rapidement, attira de nombreux négociants étrangers et menaça même de supplanter Copenhague ! Cet essor dura jusqu'en 1857, date de l'abolition du péage. Cependant, les constructions navales, le tourisme et le trafic maritime entre le Danemark et la Suède ont permis à Elseneur de conserver son animation.

Søren Kierkegaard (1813-1855)

Il étudia la philosophie et la théologie à l'université de Copenhague, sa ville natale. Profondément marqué par son éducation religieuse, la personnalité de son père et les échecs de sa vie personnelle, il suivit dans sa vie l'itinéraire qu'il décrivit dans ses œuvres. On peut y définir trois étapes : le *stade esthétique*, où l'on ne vit que dans l'instant, le *stade éthique*, où, se conformant aux devoirs sociaux, on découvre l'alternative du bien et du mal et le *stade religieux*, caractérisé par la conscience de la faute totale de l'individu devant Dieu. S'opposant au système hégélien, Kierkegaard fait de l'angoisse l'expérience fondamentale de l'homme, qui se sent irréductible à tout système. Peu connue de son temps, la pensée de Kierkegaard eut une influence significative sur les philosophes de l'existence, Heidegger et Sartre.

fréquentée de la région, grâce à sa superbe **plage★**, longue étendue de sable ourlée de dunes couvertes d'herbes folles. Légèrement en retrait, les bois sont parsemés de villas souvent luxueuses. Très animé, le port, où bateaux de pêche et flottille de plaisance se mêlent, dispose d'une sympathique poissonnerie qui fait aussi restaurant, poussant le sens du service jusqu'à vendre également des bouteilles de vin blanc *(www.fiskehusethornbaek.dk)*.

Munkerup C1

Encore un petit village aux maisons restaurées. Quelques centaines de mètres plus loin, un chemin à droite rejoint le **phare de Nakkehoved** (Nakkehoved Fyr) reconverti en restaurant *(www.fyrkroen.dk)*. On découvre alors que les plages ont cédé la place à des falaises quelque peu escarpées au pied desquelles se nichent de petites criques de galets. Un sentier des douaniers permet de gagner Gilleleje à pied.

★ Gilleleje C1

Peter Fjelstrups Vej 12 - 49 21 13 33 - www.visitnordsjaelland.dk.

Ce village de pêcheurs est devenu le plus important port du Sjælland et les ventes à la criée sont un spectacle que les lève-tôt se doivent de ne pas manquer. Le port a conservé sa simplicité et abrite de nombreux bateaux. De belles chaumières, soigneusement restaurées, contribuent au charme de l'endroit.

À l'ouest du village, un chemin conduit au sommet d'une colline surplombant la mer, nommée **Gilbjerg Hoved**. Le philosophe **Søren Kierkegaard** *(voir encadré ci-dessus)* s'y rendait souvent pour contempler l'admirable **vue★★** sur la région aquatique de Kattegat (avec plusieurs détroits au sud et une vaste baie au nord), et la côte suédoise.

Au-delà de Gilleleje, la route 237, tout en suivant la côte d'assez près (des sentiers permettent de gagner la plage d'Udsholt), s'enfonce dans un sous-bois émaillé de chalets et de campings.

À **Rågeleje** (B1), on pourra obliquer à l'intérieur des terres en direction de Helsinge pour gagner Hillerød et le château de Frederiksborg *(voir p. 82)*.

Carnet pratique

S'informer

Office de tourisme - PLAN A2 (P. 77) - *Stengade 72 - Elseneur - ✆ 49 21 13 33 - www.visitnordsjaelland.dk.*

Arriver/partir

En train

Elseneur est à environ 30mn de la gare centrale de Copenhague par le train S-Tog (ttes les 20mn).
Au-delà, une autre ligne mène jusqu'à Gilleleje.

En ferry

Se rendre en Suède – Il ne faut que 25mn pour franchir le détroit et atteindre Helsingborg, et il serait dommage de se priver de la vue sur Elseneur. Compter environ 60 DKK l'AR pour un piéton (enf. 40 DKK).
Se renseigner pour les traversées avec une voiture auprès des compagnies :
Sundbusserne – *www.sundbusserne.dk.*
Scandlines – *www.scandlines.dk.*

Nos adresses

Restauration

Premier prix

Plusieurs cafétérias de la vieille ville proposent une restauration légère à prix plus doux que les restaurants traditionnels.

9 **Rådmand Davids Hus** – A2 - *Strandgade 70 - ✆ 49 26 10 43 - www.raadmanddavidshus.dk - 10h-17h - fermé dim. - plats 59/98 DKK.* Une minuscule maison basse de 1694 sert de cadre à ce restaurant au décor fleuri et coloré, rendez-vous d'habitués. Sandwichs danois et *smørrebrød* copieux.

Budget moyen

1 **Café Olai** – A2 - *Skt. Olai Gade 19 - ✆ 49 20 16 07 - www.cafeolai.dk - 11h-22h, sam. 10h30-22h - fermé dim. - plats 139/229 DKK. Smørrebrød* et grillades dans un cadre confortable.

3 **Bistro Francophile** – AB2 - *Stengade 81 - ✆ 40 46 87 67 - francophile.dk - jeu.-sam. 17h-22h - plats 190/235 DKK.* Salle confortable, avec une jolie vue sur le port. Les plats sont inscrits sur le tableau noir : moules marinières, soupe à l'oignon, coq au vin, tarte tatin et crème brûlée... Le menu 3 plats est une bonne option.

5 **La Dolce Vita** – A2 - *Kongensgade 6 - ✆ 49 21 18 80/ 28 18 14 61 - www.la-dolcevita.dk - 12h-14h30, 17h-22h - fermé dim. - menu 699 DKK.* Une maison à l'atmosphère raffinée, que prolonge une terrasse dans la cour en été. Cuisine italienne d'excellente facture et service impeccable.

À Gilleleje

Budget moyen

Adamsen's Fisk – *Havnen 1 - ✆ 48 30 09 27 - www.adamsensfisk.dk - 8h-17h30, vend. 8h-18h, w.-end 8h-16h - menus 145/269 DKK.* Pour déguster une poignée de crevettes ou quelques harengs marinés : une guinguette sans prétention posée sur le port. Une brasserie et un restaurant plus huppé, à proximité, satisferont les gros appétits.

Shopping

Autour de **Munkerup**, de nombreuses boutiques vendent des objets en osier.
À **Hornbæk**, sur le port, la boutique **Skibshandel** vend pulls marins et vareuses. Très mode... et très cher !

Activités

Baignades

Superbes plages de sable et de galets entre Elseneur (à hauteur de l'hôtel Marienlyst – *voir « Hébergement »*) et Ålsgarde. Mais attention : l'eau peut être un peu fraîche !

Randonnées

Belles balades en perspective sur le sentier des douaniers tracé sur la falaise entre le phare de Nakkehoved Østre et Gilleleje.

Hébergement

Budget moyen

(1) **Hotel Skandia** – A2 - *Bramstræde 1 - ✆ 49 21 09 02 - www.hotelskandia.dk* - P ♿ - *40 ch. 905/985 DKK* ☕ - ✕. Cet hôtel familial est situé en plein centre, à 2mn à pied de la gare et du terminal des ferries et à 10mn du château de Kronborg. Les chambres ne sont pas de prime jeunesse, mais elles sont propres et confortables. Le matin, un copieux petit déjeuner est servi.

Une folie

Marienlyst Hotel & Casino – HORS PLAN - *Ndr. Strandvej 2 - par la route 237 vers Gilleleje, et à droite au passage à niveau - ✆ 49 21 40 00 - www.marienlyst.dk* - P 🏊 *300 DKK/j.* - ♿ - *110 ch. à partir de 2 476 DKK* ☕ - ✕. Face à la mer, un établissement luxueux aux vastes chambres dont on préférera celles qui donnent sur le large. Piscine « tropicale », casino et golf : bref, tout pour passer un week-end VIP !

Sur la côte nord

☺ Possibilités de location de villas, chaumières et chalets à Hornbæk et Gilleleje où, en outre, la formule du Bed & Breakfast se développe *(rens. dans les offices de tourisme)*.

1

Le musée danois de la Marine par le cabinet d'architecte BIG.
Luca Santiago & BIG/Bjarke Ingels Group

Château de Frederiksborg ★★★

Frederiksborg Slot

Dominant la petite ville d'Hillerød (51 528 habitants), ce superbe château Renaissance de brique rouge servit de résidence royale durant cent ans. Ceint d'un parc romantique et posté sur trois îlots au milieu du lac Slotssø, il attire chaque année une foule de visiteurs.

Se repérer

CARTE C2 (P. 32-33) – Le château se dresse au nord d'Hillerød, à 35 km de Copenhague et 23 km d'Elseneur.

Organiser son temps

Comptez 2h de visite et, s'il fait beau, 1h de balade dans le parc.

Carnet pratique p. 85

Nos adresses p. 85

Visiter le château

48 26 04 39 - www.dnm.dk - ♿ - avr.-oct. : 10h-17h ; nov.-mars : 11h-15h - 90 DKK (6-15 ans 25 DKK).

Accès recommandé par la porte de la ville, située sur l'île méridionale.

Construit en brique rouge soulignée de décorations en grès et agrémenté d'élégants pignons, le château du roi Christian IV (1577-1648) est un bel exemple d'architecture de la Renaissance hollandaise, alors que les édifices datant du règne de son père, Frédéric II (1534-1588), ont une allure presque médiévale.

Extérieur

À l'extrémité des bâtiments de Frédéric II, de part et d'autre de l'étroite Strædet, se dressent deux tours rondes surmontées de dômes, qui datent de 1562. Le pont en forme de S conduit à l'imposante **tour à barbacanes** précédant le grandiose château de Christian IV, réputé cultivé et raffiné. Au centre de la cour est érigée la **fontaine de Neptune**, qui, lors de l'occupation de Frederiksborg par les Suédois en 1659, fut dépouillée de ses statues de bronze réalisées par Adrian de Vries (1623) ;

Naissance d'un joyau

En 1560, Frédéric II acheta le manoir d'**Hillerød** qui s'élevait sur l'île la plus septentrionale, l'agrandit et le baptisa de son nom, Frederiksborg. Son fils, Christian IV, décida de construire un château totalement neuf, mais le projet était si ambitieux que les travaux durèrent plus de vingt ans (1599-1622) : c'est de cette période que datent le bâtiment principal, avec ses trois ailes enserrant la cour, et la haute tour à barbacanes située sur l'île centrale. On décida alors de conserver les constructions qui se trouvaient sur l'île méridionale et, comme elles n'étaient pas dans l'alignement du nouveau château, on construisit un pont en forme de S pour les relier.

Château de Frederiksborg.
Photolibrary/age fotostock

des copies sont venues les remplacer en 1888. Au-delà de la fontaine, un splendide portail surmonté d'un fronton sculpté marque l'entrée de la cour intérieure délimitée par les trois ailes de l'édifice principal : au nord, l'**aile du Roi** et sa belle galerie de marbre à deux étages, à l'ouest, l'**aile de la Chapelle** flanquée d'une large tour, et, à l'est, l'**aile de la Princesse**. Quatre tourelles abritant chacune un escalier à vis relient les trois étages du château. L'entrée principale du musée se trouve dans l'aile du Roi.

Intérieur

Au rez-de-chaussée, l'aile de la Princesse abrite des expositions temporaires. Entièrement restaurée après l'incendie de 1859, la **Rose**, ou **salle des Chevaliers**, présente un plafond voûté soutenu par des colonnes de marbre et orné de subtiles décorations en stuc.

Au premier étage, une loggia ouverte, située au même niveau que la galerie courant autour de l'édifice, donne accès à la superbe **chapelle palatine**, abondamment décorée. Des décorations en stuc peint et doré recouvrent la voûte de la nef. Le retable et la chaire, ornés d'or, d'argent et d'ébène, sont dus à Jacob Mores, de Hambourg ; à l'extrémité de la galerie surmontant l'autel se trouve l'orgue, réalisé en 1610 par Compenius, célèbre facteur d'orgue originaire de Brunswick. Plusieurs rangées de blasons superposés garnissent les murs. Un pont couvert, dit le **« passage privé »**, à la décoration rococo, donne accès à la **salle des Audiences**, que surmonte une coupole baroque. On parcourt les enfilades de pièces meublées et décorées de portraits royaux.

Au-dessus de la chapelle, le **grand salon** fut reconstruit après l'incendie d'après des croquis réalisés quelque temps auparavant : on peut y admirer le plafond de bois sculpté et peint, la cheminée de marbre noir, les tapisseries et la galerie des musiciens. Dans une pièce à l'angle du salon est exposé un globe céleste astronomique (17e s.).

Musée

Sur les conseils de J. C. Jacobsen (propriétaire de la brasserie Carlsberg, *voir p. 54*), le château de Frederiksborg devint en 1878 un **musée national d'Histoire danoise**, département autonome de la Fondation Carlsberg. Ouvert au public en 1882, il abrite du mobilier et des objets présentant un intérêt historique, des portraits et des tableaux. Les salles des premier et deuxième étages des ailes du

Le symbole de la monarchie absolue

Pendant 100 ans, Frederiksborg servit de résidence royale et les monarques qui se succédèrent sur le trône du Danemark furent sacrés dans la chapelle du château jusqu'à l'abolition de la monarchie absolue. Les jardins à la française furent dessinés au début du 18e s. Plus tard, la famille royale utilisa de préférence le château de Fredensborg *(voir ci-dessous)*, moins grandiose. Frederiksborg fut peu à peu transformé en musée royal abritant une collection de portraits historiques rassemblés par Frédéric VI. En 1859, un incendie ravagea le château, qui put pourtant être rapidement restauré grâce à la participation financière de la nation danoise et en particulier de J. C. Jacobsen, propriétaire de la brasserie Carlsberg.

Roi et de la Princesse abritent les collections, classées par ordre chronologique. La collection moderne, à l'étage supérieur, se compose de portraits (photos, dessins, peintures, voire caricatures) de personnalités du 20e s., le tout constituant un véritable panthéon des gloires danoises : parlementaires et hommes politiques y côtoient explorateurs, musiciens, artistes, écrivains et cinéastes, ainsi que la famille royale : on regardera avec amusement les photos représentant le roi Christian X (1870-1947) lors de sa promenade matinale à cheval dans les rues de Copenhague entouré d'une horde de cyclistes se rendant au travail...

À proximité

CARTE P. 32-33

★ Fredensborg C2

À 9 km au nord-est (en direction d'Elseneur/Helsingør).

Palais – *Slottet 1 - www.kongeligeslotte.dk - ✆ 33 40 31 87 - juil. seult : visite guidée en anglais (1h30) à 13h45 et 14h45 - 100 DKK (-6 ans gratuit).* De style baroque, il fut construit au 18e s. sur la rive orientale du vaste **lac Esrum** par Frédéric IV, qui lui donna le nom de « château de la paix » pour célébrer la fin de la guerre avec la Suède. Inauguré en 1722, il ne fut terminé que cinquante ans plus tard.

Œuvre de Johan Cornelius Krieger, la partie centrale, la plus ancienne, cerne une cour octogonale ; de célèbres architectes, tels **Nicolai Eigtved** (1701-1754), Laurids de Thurah et **Nicolas-Henri Jardin** (1728-1802), participèrent à la construction des autres bâtiments. Le tout forme un ensemble harmonieux d'un blanc lumineux, recouvert de toits de cuivre vert. La famille royale y réside au printemps et à l'automne. À l'**intérieur**, on remarquera le vestibule central, surmonté d'une vaste coupole, le jardin d'hiver rococo et la chapelle baroque.

Parc – *Ouvert tte l'année.* Redessiné vers 1760 par **Nicolas-Henri Jardin**, qui sut tirer profit de la beauté du site, ce parc est traversé d'allées conduisant jusqu'aux rives du lac Esrum. Il est parsemé – plus particulièrement dans le **jardin de Marbre (Marmorhaven)**, jardins privés de la famille royale – de statues, parmi lesquelles une série de paysans norvégiens ou des îles Féroé. Près du lac se dressent deux pavillons édifiés en 1765-1766. L'orangerie, inaugurée en 1995, fut dessinée par l'étude d'architecture Søren D. Schmidt, d'après des plans de Nicolas-Henri Jardin.

Forêt de Gribskov C1-2

Accès par la route 227, en direction de Gilleleje.

Cette forêt s'étend au nord d'Hillerød, sur la rive occidentale du lac Esrum, et offre de nombreuses possibilités de promenades parmi les hêtres et les conifères. La plupart des chemins ont été créés par le roi Christian V vers 1670 et 1680 pour la chasse à courre. Des pierres sculptées guident les promeneurs. La route, qui longe le lac, traverse le village de **Nødebo**, où l'on peut voir une intéressante église médiévale.

Skævinge B2

À 10 km au sud-ouest vers Frederikssund, puis à gauche par une petite route de campagne.

Les murs de l'**église** sont recouverts de fresques du 16e s. illustrant des scènes de la Bible. Mais le plus surprenant est d'y découvrir une peinture du héros national, **Ogier le Danois** (Holger Danske), qui, selon la légende, hanterait les souterrains du château d'Elseneur.

Carnet pratique

S'informer

Office du tourisme – *Frederiksværksgade 2 - Hillerød - ✆ 49 21 13 33 - www.visitnordsjaelland.com.*

Arriver/partir en train

Hillerød est à 45mn de Copenhague et 1h30 de Malmö (en Suède, changement à Hellrup). Train pour rejoindre Gilleleje sur la côte (30mn).

Nos adresses

Restauration

À Holte

Une folie

Søllerød Kro – *Søllerødvej 35 - ✆ 45 80 25 05 - www.soelleroed-kro.dk - merc.-dim. 12h-17h, 18h-1h (sf dim. soir) ; déc. : tlj 12h-17h, 18h-23h (sf dim. soir) - menus 1395/1995 DKK.*
Auberge gastronomique de caractère dotée d'une jolie terrasse dans la cour intérieure et d'un toit de chaume du 17e s. Élégant décor de style danois. Cuisine française d'inspiration légèrement danoise, privilégiant les produits d'exception. Une expérience de haute volée !

Hébergement

À Hillerød

Premier prix

Danhostel – *Lejrskolevej 4 - ✆ 48 26 19 86 - www.danhostel.dk - P - 45 ch. 665/785 DKK - ☕ 95 DKK.* Une auberge de jeunesse à l'extérieur du centre, dans un magnifique cadre verdoyant.

Pour se faire plaisir

Hotel Hillerød – *Milnersvej 41 - accès par la route de Roskilde, puis à gauche - ✆ 48 24 08 00 - www.hotelhillerod.dk - P ♿ - 113 ch. 1430/2 495 DKK ☕ - ✕.*
Cet hôtel sans grand caractère offre néanmoins un bon niveau de confort et présente l'avantage d'être bien situé pour qui souhaite visiter le château.

Roskilde ★★

Au fond d'un fjord long et étroit se love l'ancienne capitale du Danemark. Derrière son aspect paisible de bourgade de province, Roskilde reste une importante cité commerçante et un centre culturel doté d'une université. En juillet s'y tient le plus grand festival européen de rock : créé en 1971, il attire des milliers de visiteurs de toute l'Europe !

Se repérer

CARTE B2 (P. 32-33)
88 889 habitants
À 35 km à l'ouest de Copenhague.

À ne pas manquer

La cathédrale et le musée des Bateaux vikings.

Organiser son temps

Comptez une demi-journée.

En famille

Le musée des Bateaux vikings, une balade en bateau sur le fjord, le musée sur l'histoire locale d'Holbæck et le centre de recherche de Lejre.

Carnet pratique p. 94

Nos adresses p. 94

★★★ Cathédrale (DOMKIRKE)

46 35 16 24 - www.roskildedomkirke.dk - sept.-mai : 10h-17h, dim. 13h-16h ; juin-août : 10h-18h, dim. 13h-16h - accès aux tombeaux royaux, aux chapelles royales, au musée et à la galerie : 60 DKK (-17 ans gratuit).

Bâtie de brique rouge et surmontée de tours jumelles, la cathédrale, inscrite sur la liste du Patrimoine mondial de l'Unesco, est le symbole du passé glorieux de Roskilde. Elle se dresse au centre de la ville, près de la place du marché. Elle est à la fois de style roman et gothique primitif car les travaux, commencés en 1170 par Absalon *(voir encadré p. 88)*, ne furent terminés qu'au 13e s. Les deux tours furent érigées au 14e s. et surmontées par la suite de flèches élancées recouvertes de cuivre vert. L'entrée se situe au sud.

À l'**intérieur**, les voûtes blanchies à la chaux accroissent l'impression d'espace et d'élévation ; la nef, flanquée de deux bas-côtés, est prolongée par une large abside. L'absence de croisée est compensée par un grand nombre de chapelles latérales, souvent très vastes et ornementées.

Les **stalles** gothiques richement sculptées sont décorées de scènes de l'Ancien et du Nouveau Testament, et le magnifique **retable** doré fut sculpté au 16e s. à Anvers. Derrière le grand autel se trouve le **sarcophage** de marbre blanc de la **reine Margrethe Ire**, premier monarque à être enterré ici. Son exemple fut suivi par 38 reines et rois, dont les tombeaux se situent pour la plupart dans les chapelles. L'une des plus remarquables est la **chapelle de Christian IV**, sur le flanc nord, fermée par une élégante grille de fer forgé et décorée de peintures murales illustrant la vie du roi ; sa statue en bronze est due à Thorvaldsen.

Sur le flanc sud, dans la **chapelle de Christian Ier** (15e s.), une colonne porte des marques indiquant la taille de plusieurs rois. Du même côté, la **chapelle de Frédéric V** surmontée d'une coupole diffère des autres par sa taille et sa luminosité.

Musée des Bateaux vikings.
Christian Alsing/www.copenhagenmediacenter.com

1

Place du Marché (STÆNDERTORVET)

C'est l'âme et le cœur de la ville, lieu où convergent les deux rues piétonnes commerçantes, Skomakergade et Algade. Construit en brique, le massif **hôtel de ville** (Rådhus) néogothique surveille un marché animé chaque mercredi et samedi (8h-15h). Sur la gauche de la cathédrale, dans Sankt Ols Gade, le **musée de Roskilde** évoque l'archéologie, l'histoire et la vie quotidienne de la ville *(✆ 46 31 65 00 - www.roskildemuseum.dk - mar.-dim. 10h-16h - fermé 24 déc.-1er janv. - 60 DKK, -17 ans gratuit).*

Au fond de la place, une large porte cochère marque l'entrée du **palais de Roskilde**, édifié en 1736 par le roi Christian VI.

On peut se rendre à pied jusqu'au fjord de Roskilde, depuis le chevet de la cathédrale, en traversant un parc : la promenade (15mn) en pente douce est agréable, mais songez qu'il faudra remonter...

Le triste destin d'une princesse danoise

Fille du roi Christian IX, la princesse **Dagmar** (1847-1928) épousa le futur tsar de Russie Alexandre III, se convertit à la religion orthodoxe et prit le nom de Marie Fedorovna alors qu'elle n'avait que 19 ans. La jeune impératrice mit au monde cinq enfants, dont celui qui allait devenir Nicolas II, et, dit-on, influença fortement son époux dans son rapprochement avec la France. La fin de sa vie fut très sombre : deux de ses fils, le tsar et son jeune frère Michel, et ses cinq petits-enfants périrent fusillés par les bolcheviks en 1918. Elle-même avait été surprise par la Révolution d'octobre à Yalta. Les révolutionnaires la laissèrent quitter la Russie et c'est ainsi qu'elle fut enterrée dans la cathédrale de Roskilde. En 2006, soit 87 ans après son départ en exil, ses restes furent rapatriés en Russie, dans la cathédrale St-Pierre-et-St-Paul de St-Pétersbourg. Elle y repose désormais auprès de son époux, comme elle le souhaitait.

Un glorieux passé

Après avoir unifié le Danemark et la Norvège, **Harald à la Dent bleue** choisit vers 980 Roskilde comme capitale de son nouveau royaume et fit probablement construire une église de bois, la première à occuper le site où s'élève aujourd'hui la cathédrale. L'importance de Roskilde à l'époque viking est confirmée par les efforts accomplis pour la protéger des invasions. L'influence religieuse de la ville s'accrut rapidement et, dès 1020, elle devint le siège d'un évêché. Pendant plus de 300 ans, il fut occupé par des ecclésiastiques puissants et influents. Le plus célèbre d'entre eux fut **Absalon** (vers 1128-1201), passé à l'histoire comme fondateur de Copenhague. Il fut aussi un fameux guerrier (comme l'atteste la statue qui le représente à Copenhague) et un homme politique : ministre des rois Valdemar Ier et Canut (Knud) VI, il se fit une spécialité de la chasse aux pirates et se lança dans la conquête du Mecklembourg et de l'Estonie. Roskilde perdit de son importance sur le plan politique en 1417, lorsqu'**Éric de Poméranie** choisit Copenhague comme capitale. Les monarques danois continuèrent cependant à être inhumés dans la cathédrale de Roskilde, comme l'avait été la reine Margrethe Ire, même après la Réforme (1536) qui mit fin à la prospérité de la ville : les couvents et les monastères ainsi que la plupart des églises furent démolis, et Roskilde déclina rapidement. La ville ne connut de renouveau économique qu'au 19e s., lorsqu'elle fut reliée à Copenhague par chemin de fer.

★★★ Musée des Bateaux vikings (VIKINGESKIBSHALLEN)

Vindeboder 12 - ✆ 46 30 02 00 - www.vikingeskibsmuseet.dk - de déb. mai à mi-oct. : 10h-17h ; reste de l'année : 10h-16h - fermé 24-25 et 31 déc. - 125/160 DKK selon la saison (-18 ans gratuit).

Durant la saison navigable (mai-sept.), des sorties sont proposées sur le fjord de Roskilde à bord des bateaux scandinaves traditionnels exposés dans le musée. La sortie dure 50mn environ et chacun participe à la manœuvre - 110 DKK en plus du billet d'entrée.

Logé dans un édifice moderne au bord du fjord, ce musée fut fondé pour abriter les épaves de cinq navires vikings découverts en 1962 au fond du fjord, à 20 km au nord de Roskilde. Ils avaient été coulés vers l'an 1000 pour protéger la ville des incursions de pirates, probablement norvégiens. Un film de 15mn explique comment ces épaves furent remontées puis traitées et enfin reconstituées morceau par morceau.

Largement ouvert sur le fjord par une baie vitrée, le musée est construit sur plusieurs niveaux sans cloisonnement, ce qui offre des vues différentes sur les bateaux : un navire marchand de 16,5 m de longueur servant au commerce avec les pays lointains ; un autre, plus petit, utilisé pour naviguer sur la Baltique et le long des rivières ; un bateau de pêche (le plus court de tous) ; un vaisseau de guerre ; et un autre, impressionnant, utilisé pour les raids le long des côtes d'Europe occidentale. Le musée comprend également une exposition sur la société viking.

À la fin de la visite, un petit stand permet à toute la famille de revêtir des habits vikings, pour une amusante photo souvenir !

Conçu comme une sorte de conservatoire des techniques ancestrales de construction marine, le **chantier naval** du musée permet de voir la fabrication de bateaux vikings ou la restauration de modèles anciens, adressés par d'autres musées. En été, des ateliers sont organisés : les visiteurs peuvent s'essayer aux anciennes techniques (menuiserie, corderie, fabrication des voiles...). Autre activité proposée : la navigation sur la réplique d'un bateau viking, avec maniement en cadence des rames. Dans l'atelier archéologique, on traite des fragments d'épaves retrouvées dans le port durant la construction de l'île artificielle qui abrite le musée.

Église Saint-Georges (SANKT JØRGENSBJERG KIRKE)

✆ 46 34 14 66 - www.sjk.dk - horaires : se rens. Près du musée, sur une colline dominant le fjord, elle se dresse au centre de ce qui était au Moyen Âge un village de pêcheurs. La nef et le chœur datent du début du 12e s. tandis que la tour et le porche sont de style gothique tardif.

À proximité

CARTE P. 32-33

Lejre B2

À 8 km au sud-ouest.

Centre de recherche de Lejre (Sagnlandet Lejre) – *✆ 46 48 08 78 - www.sagnlandet.dk - été : 10h-17h - fermé lun. de mai à fin juin et de mi-août à fin sept. ; reste de l'année : se rens. - 185 DKK (3-11 ans 125 DKK).* Installé depuis 1964 dans un parc vallonné de 45 ha agrémenté de lacs et d'étangs, ce centre d'archéologie immersive permet d'expérimenter au plus près les conditions de vie du passé. Un village vieux de 2000 ans (âge du fer) a été reconstitué, ainsi qu'une immense **halle royale viking★**, la plus grande du pays (600 m^2). Des animaux domestiques ou semi-sauvages se promènent en liberté ou, comme les sangliers, sont retenus dans des enclos. On peut couper du bois, cuisiner sur des « barbecues » préhistoriques ou ramer dans des canoës faits de troncs d'arbres évidés.

★ **Château de Ledreborg (Ledreborg Slot)** – *✆ 46 48 00 38 - www.ledreborgslot.dk - mai-sept. : visite guidée en groupe et sur RV uniquement.* Près du centre de recherche, ce château, construit aux 17e et 18e s. et peint en jaune vif, est un bel exemple d'architecture baroque danoise. Le corps principal est flanqué de deux ailes identiques formant une vaste cour dans laquelle on pénètre par une porte monumentale surmontée d'un campanile de cuivre vert. Habité par la même famille depuis 1739, le château possède toujours son mobilier d'origine.

Descendant en terrasses vers un étang, le jardin est entouré d'un **parc** boisé.

Églises romanes autour de Kalundborg

CARTE P. 32-33

Circuit tracé en orange sur la carte p. 32-33 - 40 km au départ de Kalundborg.

Kalundborg A2

À 46 km de Roskilde.

Sur la côte occidentale du Sjælland, Kalundborg occupe la rive nord du fjord éponyme, encadré de deux presqu'îles. Ce port actif doit son développement aux échanges maritimes entre le Sjælland et le Jutland. C'est aujourd'hui une ville industrielle, en liaison permanente par ferry avec Aarhus (même si l'ouverture du pont lancé sur la mer entre le Sjælland et le Jutland, à une trentaine de kilomètres au sud, a retiré beaucoup d'intérêt à cette liaison) et par train avec la capitale.

La ville fut fondée par Esbern Snare, frère de l'évêque Absalon, qui fit construire une église et un château sur les bords du fjord à la fin du 12e s. Plus tard, **Valdemar IV**

1

éleva un autre château pour renforcer les fortifications de la ville qui devint un important centre de commerce ainsi qu'un lieu de rendez-vous pour le roi et la noblesse. Une charte lui fut accordée en 1485. Les fortifications furent détruites pendant l'occupation suédoise, de 1658 à 1660, et il ne reste des châteaux que quelques ruines et une tour isolée. Une grande partie de la ville fut incendiée, et les maisons anciennes se trouvent près de l'église, celle-là même que fit édifier Esbern Snare.

★ **Église Notre-Dame (Vor Frue Kirke)** – Fondée vers 1170, cette imposante **église romane** est l'une des plus curieuses églises danoises avec ses cinq tours évoquant le style byzantin. Son fondateur, Esbern Snare, membre de la puissante famille des Hvide proche de la famille royale, ayant sans doute voyagé à l'étranger, en influença le style architectural. Construit en forme de croix grecque, avec quatre branches d'égale longueur, l'édifice est surmonté de tours octogonales nommées Ste-Gertrude, Ste-Catherine, Ste-Anne et Ste-Marie-Madeleine, tandis qu'une massive tour carrée, plus haute, repose sur la croisée.

À l'intérieur, la nef, carrée, paraît petite. Quatre piliers massifs supportent le poids de la tour centrale. Les curieux fonts baptismaux datent de la fondation de l'église et le retable baroque a été sculpté dans l'atelier de **Lorenz Jørgensen** au 17e s.

★ **Musée d'Histoire régionale** – *Adelgade 23 (derrière l'église) - ✆ 59 43 23 53 - www.vestmuseum.dk - de fin juin à déb. août : 11h-16h, reste de l'année : se rens. - 40 DKK (- 18 ans gratuit).* Situé dans une grande ferme noble de six étages (16e s.) appelée Lindegården, cet intéressant musée remonte le temps, détaillant notamment la période viking, le Moyen Âge et l'histoire du port. Chemin faisant, prenez garde à ne pas vous cogner aux chambranles des portes, particulièrement basses !

À proximité de l'église et de Torvet, ancienne place du marché, on peut parcourir quelques rues bordées de maisons à colombage constituant d'agréables ensembles : Præstegade, Lindegade et Kordilgade.

Aux environs de la petite ville côtière, les amateurs d'art roman pourront visiter deux églises contemporaines de Notre-Dame de Kalundborg.

Quitter Kalundborg par la route 22 au sud ; parcourir 7 km et tourner à gauche vers Ubby.

Ubby A2

De proportions particulièrement harmonieuses, l'**église** du village fut, selon une inscription apposée sur le mur extérieur du porche, fondée par Esbern Snare en 1179. L'intérieur recèle un remarquable retable du 17e s. et une chaire plus ancienne.

Continuer sur la route 219 pendant 5 km et tourner à gauche aux abords du lac Tissø ; poursuivre vers le nord par la route 225 ; traverser la route 23 : 3 km plus loin, on arrive à Bregninge.

★ Bregninge B2

L'imposante **église★** en brique et pierre est peinte d'un rouge vif contrastant avec la blancheur des pignons à redans. À l'intérieur, la voûte de la nef est recouverte de fresques de différentes époques illustrant des scènes bibliques soulignées par des motifs d'animaux et de fleurs.

Revenir vers la route 23 pour la prendre à droite vers Kalundborg.

Viskinge A2

De belles fresques du 15e s. ornent la voûte et les piliers de la nef de l'église.

★ Le fjord de Roskilde (ROSKILDE FJORD) CARTE P. 32-33 (B2)

Circuit tracé en marron sur la carte p. 32-33 - 50 km de Roskilde à Frederikssund.
La région située au nord de Roskilde est connue sous le nom de « région des fjords », car elle comprend deux des plus importants fjords danois, l'**Isefjord** et le **Roskilde Fjord**, qui débouchent au même endroit dans le Kattegat ; les terres qui les bordent et la presqu'île de Hornsherred les séparant font aussi partie de cette région aquatique. Le fjord de Roskilde est le plus étroit des deux, ses rives sont particulièrement attrayantes : des collines aux formes arrondies s'abaissent doucement vers les eaux tranquilles du fjord bordées de roseaux qui frissonnent dans le vent, tandis que de nombreux îlots se dessinent au loin. Les bois et les basses prairies, les rivières qui se jettent dans le fjord et les villages font de la **presqu'île de Hornsherred** un lieu enchanteur. La balade sur la rive orientale du fjord, le long de routes secondaires qui serpentent à travers la presqu'île de Hornsherred jusqu'au château de Jægerspris, près de Frederikssund, offre maintes occasions d'admirer la beauté simple et naturelle de la région.
Prendre l'autoroute 21 vers l'ouest ; la quitter à la sortie n° 15 et se diriger vers le nord en direction de Lyndby.

★ Gershøj

Ce minuscule port de pêche affiche un air coquet, avec son église de brique rouge et ses chaumières peintes de couleurs vives.
Continuer vers le nord jusqu'à Skibby.

1

Skibby

L'extérieur de l'**église** *(tlj sf dim. 8h-16h)* de ce village aux charmantes maisons coiffées de chaume est si peu attrayant que l'on ne peut éviter un mouvement de surprise en y pénétrant. Essentiellement de style roman, elle a conservé dans l'abside de belles fresques datant de la fin du 12e s., où l'on peut voir un Christ en majesté.
Prendre la direction de Selsø à l'est.

★ Château de Selsø

✆ 52 17 20 60 - selsoe.dk - ♿ - de déb. mai à mi-sept. : tlj sf lun.-mar. 11h-16h ; reste de l'année se rens. - 60 DKK (6-17 ans 25 DKK).
La route longe le lac Selsø, constituant une réserve ornithologique, avant de contourner une église derrière laquelle un vaste espace permet de laisser la voiture *(sur la droite de la route)*. Un chemin conduit ensuite au château, dressé dans un site isolé dominant le fjord. L'édifice du 16e s. a été considérablement remanié pendant la première moitié du 18e s. et apparaît aujourd'hui comme un exemple typique d'architecture baroque danoise.
Soigneusement restauré, l'**intérieur** a retrouvé sa splendeur du 18e s. grâce aux panneaux de marbre, aux plafonds en stuc et aux glaces immenses, ainsi qu'aux tableaux d'Henrik Krock, peintre officiel de l'époque. De la Renaissance, il ne subsiste que la voûte du cellier et les cuisines. On peut voir un cachot sous la porte monumentale et un grand puits médiéval dans la cour.
Continuer vers le nord en passant par Skuldelev et Gerlev jusqu'à Jægerpris.

Palais de Jægerspris (JÆGERSPRIS PALÆ)

✆ 47 53 10 04 - www.kongfrederik.dk- de Pâques à fin oct. : tlj sf lun. 11h-16h - 65 DKK (4-17 ans 20 DKK).
Le nom de ce palais est associé au roi Frédéric VII (1808-1863) et à son épouse morganatique (union d'un souverain avec une personne d'un rang inférieur), la

comtesse Danner, qu'il épousa en troisièmes noces et à qui il légua le domaine. Celle-ci en fit don à une institution pour jeunes filles en détresse, en exprimant le vœu que l'aile sud des 17e et 18e s., qu'elle avait occupée avec le roi, soit préservée et ouverte au public. L'entrée principale du palais est située au centre de cette aile ; à l'arrière, l'aile nord, construite autour de la partie la plus ancienne du palais, date du 15e s., et l'imposante tour d'escalier a été ajoutée par Christian IV. Une troisième aile fut édifiée plus tard.
Se diriger par la route 207 vers Frederikssund en franchissant le fjord sur un pont.

Frederikssund

Hormis sa situation sur la rive orientale du fjord, la ville de Frederikssund n'a guère de charme particulier. La cité est néanmoins célèbre pour son festival viking, organisé dans le **village viking** reconstitué dans la verdure en bordure du fjord : des huttes aux toits de tourbe ou de chaume, et la grande demeure d'une famille (au sens large) de notables donnent une idée assez précise de l'habitat de ce peuple.
Musée J.-F. Willumsen (J.F. Willumsens Museum) – *✆ 47 31 07 73 - www.jfwillumsensmuseum.dk - tlj sf lun. 10h-17h - fermé 1er janv., 24-25 et 31 déc. - 70 DKK (-17 ans gratuit).* Il présente la collection personnelle et une partie des œuvres que **Jens Ferdinand Willumsen** (1863-1958), l'un des principaux peintres du mouvement expressionniste danois, légua à la ville. Mieux vaut tard que jamais : l'artiste a passé la majeure partie de sa vie hors du Danemark, notamment en France.
Le retour à Roskilde se fait par Ølstykke où l'on trouve la route 6.

Autour de l'Isefjord

CARTE P. 32-33 (B2)

Circuit de 85 km tracé en rose sur la carte p. 32-33. On peut effectuer le tour complet du fjord en combinant trajets en voiture et traversées en ferry.
Le fjord s'élargit en pénétrant à l'intérieur des terres et couvre une vaste étendue dont l'environnement protégé offre aux amoureux de la nature de nombreuses activités de plein air. La pêche à la truite de mer est un passe-temps apprécié, et d'agréables ports de plaisance ourlent le fjord. La grande île inhabitée d'Orø présente une belle plage, un parc animalier et des itinéraires de découverte de la nature le long de la côte.

Holbæk

Situé au fond de l'Isefjord, second fjord danois par ses dimensions, et sur la ligne ferroviaire reliant Copenhague à Kalundborg *(voir p. 89)*, cet ancien bourg, qui a su préserver son environnement, est devenu l'un des principaux centres touristiques de la région, avec un vieux port pittoresque relié au quartier commerçant par des ruelles, des espaces verts comme **Strandparken** qui s'étend jusqu'aux rives du fjord, et, dans les bois environnants, parmi de vénérables arbres bicentenaires, des cerfs, des sangliers et des paons.
À l'entrée du fjord d'Holbæk, branche de l'Isefjord, un port de plaisance, un espace naturel protégé et un terrain de golf viennent compléter les attraits de ce plaisant lieu de séjour.
Musée (Holbæk Museum) – *Klosterstræde 18 - ✆ 59 43 23 53 - vestmuseum.dk/holbaek-museum - de fin juin à déb. août : 11h-16h ; reste de l'année : se rens. - 60 DKK (-18 ans gratuit).* Cet important musée d'histoire locale est réparti dans douze maisons anciennes construites entre 1660 et 1867. On y découvre des collections très variées : objets trouvés lors de fouilles archéologiques, poteries,

Fresques de l'église de Tuse.
stigalenas/Getty Images Plus

céramiques, mais aussi reconstitutions d'intérieurs de fermes, de maisons bourgeoises et d'ateliers.
Quitter Holbæk au sud par la route 57.

★ Tveje Merløse

Dans ce village se niche une **église★** romane unique au Danemark. Construite au 12ᵉ s. en pierre de taille, elle n'a pratiquement pas été modifiée depuis, et c'est la seule à posséder encore, au-dessus du porche, les imposantes tours jumelles d'origine. L'intérieur est décoré de nombreuses fresques du 13ᵉ s. représentant des scènes du Nouveau Testament. Celles qui ornent l'abside et les groupes de soldats en armures représentés en plein combat sur le mur occidental sont absolument remarquables.
Poursuivre sur la route 57, puis prendre à droite la route 155 sur 5 km. Continuer sur la route 21 et à 1 km, prendre à droite.

Tuse

Sur la droite de la route, vous apercevez la belle façade blanche à pignons d'une autre **église romane** également décorée de belles **fresques**. Peintes vers 1450, elles opposent en un contraste frappant scènes bibliques et scènes de la vie médiévale, animées par de sympathiques diablotins.
Revenir à la route 21 et gagner Rørvig à 35 km au nord, d'où l'on prend le ferry pour Hundested (traversée : 25mn), puis rouler jusqu'à Solager et traverser en ferry (8mn) vers Kulhuse, et enfin prendre la route 207 en direction de Jægerspris.
On redescend sur Hammer Bakke en visitant au passage le palais de Jægerspris et l'église de Skibby, décrits dans le circuit « Le fjord de Roskilde » *(voir p. 91)*.
À Hammer Bakke, prendre le ferry (traversée : 6mn) pour l'île d'Orø, rouler jusqu'au port de Brønde et prendre le bac pour revenir à Holbæk.

Carnet pratique

S'informer

www.visitfjordlandet.dk – Toutes les informations touristiques et propositions d'activités autour de Roskilde, Lejre et Frederikssund.

Arriver/partir en train

De Copenhague, vous rejoindrez Roskilde en 30mn. Et pour vous rendre à l'Isefjord, vous poursuivrez jusqu'à Holbæk (35mn).

Agenda

Festival de Roskilde – *roskilde-festival.dk.* Fin juin-déb juil. Un des plus grands festivals de rock du monde, qui attire chaque année des centaines d'artistes et des milliers de fans venus de toute l'Europe.

Nos adresses

Restauration

Budget moyen

Bryggergården – *Algade 15 - ✆ 46 35 01 03 - www.restaurant bryggergaarden.dk - 11h-22h, dim. 12h-21h - plats 148/319 DKK.* Pour déguster le traditionnel *smørrebrød* dans une salle aux poutres apparentes, au cœur de la ville piétonne.

Raadhuskælderen – *Fondens Bro 3 - ✆ 46 36 01 00 - raadhuskaelderen.dk - mar.-sam. 11h-23h - plats 178/398 DKK.* Spécialités danoises et grillades dans une belle salle voûtée proche de la cathédrale.

Une folie

Mumm – *Karen Olsdatter Stræde 9 - ✆ 46 37 22 01 - www. mummroskilde.com - mar.-sam. 17h30-0h - à la carte à partir de 700 DKK - menus dégustation 840/1625 DKK.* Considéré comme le meilleur de la ville, ce restaurant au cadre intime et chaleureux mérite largement sa réputation. Cuisine danoise aux accents français, associée à de bons vins. Le menu change au gré du marché et des envies, avec une série de petits plats (170 DKK chaque, 4 à 6 conseillés) à moduler selon son appétit. On se laisse volontiers aller à des dégustations épicuriennes!

Shopping

Lützhøfts Købmandsgård – *Ringstedgade 6-8 - ✆ 46 31 65 00 - ✆ 46 35 00 61 - mar.-vend. 12h-16h, sam. 10h-14h.* Annexe du musée de Roskilde, cette maison recrée le décor d'une quincaillerie-épicerie des années 1920 avec, au milieu de brosses artisanales, une sélection de denrées alimentaires danoises traditionnelles et de jouets à l'ancienne. Jetez aussi un coup d'œil à l'antique boucherie adjacente et au musée des Vieux Métiers à l'étage.

Activités

La route des fjords à vélo

Cet itinéraire cyclable de 275 km permet, au départ de Roskilde, de faire le tour de l'Isefjord et du fjord de Roskilde, entre plages et forêts, sur un terrain relativement plat. *Rens., carte, liste des loueurs et autres propositions de circuits auprès de l'office de tourisme et sur www.visitfjordlandet.dk.*

Sur l'eau

Au port de plaisance de **Holbæk**, on peut louer des canoës ou des bateaux à moteur, afin d'explorer les rives, les petites criques et les étroits chenaux de l'Isefjord.

M/S Sagafjord – *Vindeboder 18 - ✆ 46 75 64 60 - www.sagafjord.dk - 139 DKK, pour 1 adulte payant, 2 enf. (- 10 ans gratuit).* Une balade en bateau incontournable pour découvrir les paysages du fjord de Roskilde. Repas à bord, en collaboration avec le restaurant Cofoco de Copenhague *(voir p. 66)*.

Hébergement

Premier prix

Danhostel Roskilde Vendrerhjem – *Vinderboder 7 - ✆ 46 35 21 84 - www.danhostelroskilde.dk - P ♿ - 40 ch. 530/700 DKK - ☕ 70 DKK.* Bien située au bord d'un canal sur l'allée conduisant au fjord et au musée des Bateaux vikings, l'auberge de jeunesse de Roskilde est la solution d'hébergement offrant le meilleur rapport qualité-prix de la ville.

Budget moyen

Scandic Roskilde – *Ved Ringen 2 - sur la droite à l'entrée de la ville, lorsqu'on arrive de Holbæk - ✆ 46 32 46 32 - www.scandichotels.com - P ♿ - 98 ch. à partir de 1339 DKK ☕ - ✕.* Un peu excentré et impersonnel, mais les chambres sont vastes, lumineuses et confortables. Restaurant de bonne tenue. Prix très variables. Privilégiez Internet pour bénéficier de tarifs plus avantageux.

À Kalundborg

Budget moyen

Ole Lunds Gaard – *Kordilgade 1-3 - ✆ 59 51 01 65 - www.hotelolelundsgaard.dk - ♿ - 33 ch. 1 000/1150 DKK ☕.* Au début de la rue piétonne de la ville, l'hôtel a investi une belle maison du 17e s. enserrant une cour ombragée, idéale pour prendre son petit déjeuner sous la caresse du soleil levant. Les chambres avec salle de bains commune sont moins chères.

Autour de Jægerpris

Premier prix

Gerlev Kro – *Bygaden 4 - à 5 km au sud de Jaegerpris, par Møllevej puis Hyllestedvejen - ✆ 47 52 21 74 - www.gerlev-kro.dk - ♿ - 20 ch. 899 DKK ☕ - ✕.* Posée dans un champ, cette auberge aux murs rouges et aux toits de chaume dispose de vastes chambres confortables et d'une table réputée pour ses spécialités de viande rouge. Idéal pour une nuit bucolique. Poteries animalières en vente à l'auberge.

1

Køge ★ et le sud du Sjælland

Sa charte datant de 1288 fait de Køge l'une des plus anciennes cités du Danemark. La petite ville s'est développée autour de la place du Marché et du port naturel situé à l'embouchure de la rivière à laquelle la cité a emprunté son nom. Au 16e s., Køge devint un bourg prospère grâce au commerce avec les pays de la Baltique. C'est aujourd'hui une bourgade pleine de charme et joyeusement animée les jours de marché.

Se repérer

CARTE B3 (P. 32-33)
61 475 habitants. Køge est située à 38 km au sud de Copenhague.

Organiser son temps

Le mercredi et le samedi (8h-15h), un important marché se tient sur la bien nommée place du Marché. Il peut être difficile de circuler ces jours-là... Quant à se garer...

Carnet pratique p. 98

Nos adresses p. 98

★ Place du Marché (TORVET)

Dominé par la statue de Frédéric VII, ce vaste quadrilatère pavé accueille l'**hôtel de ville** (rådhuset), à la belle façade classique (1803). Promenez-vous dans les rues adjacentes, bordées de belles maisons anciennes (16e-19e s.) avant de rejoindre la place **Brogade**. Jalonnée de maisons à colombage, elle ouvre, au sud vers la paisible rivière Køge, au nord vers **Nørregade**, qui mène aux musées.

Musée municipal – *Au n° 4 - ✆ 70 70 12 36 - www.koegemuseum.dk - janv.-mai : mar.-vend. 10h-16h, w.-end 10h-15h ; juin-août : lun.-vend. 10h-17h, w.-end 10h-15h ; reste de l'année : se rens. - 90 DKK (-18 ans gratuit).* Installé dans un splendide entrepôt à colombage et à encorbellement (1619), ce musée s'appuie sur une élégante muséographie pour raconter l'histoire locale, notamment l'âge de la pierre et la période viking. Pièce phare du musée : une tombe néolithique, avec des squelettes d'hommes, de femmes et d'enfants retrouvés dans la région.

KØS musée de l'Art dans les espaces publics (KØS Museum for Kunst i det Offentlige Rum) – *Au n° 29 - ✆ 56 67 60 20 - www.koes.dk - tlj sf lun. 11h-17h - 60 DKK (-18 ans gratuit).* Comment naît une œuvre d'art ? C'est le propos de ce musée original présentant esquisses, maquettes et dessins préparatoires de peintures, de sculptures ou de tapisseries (notamment le travail de Bjørn Nørgaard pour la reine Margrethe II). Du 3e niveau, belle vue sur la ville.

Rue de l'Église (KIRKESTRÆDE)

Cette voie pavée a conservé plusieurs maisons des 16e et 17e s. La plus ancienne (1527) s'élève toujours au n° 20. Au n° 19, autre curiosité : l'étage en léger encorbellement est supporté par une poutre bossue. L'une des rues perpendiculaires, **Laugshusgade**, est bordée de demeures datant des 18e et 19e s.

Église Saint-Nicolas (SANKT NICOLAI KIRKE)

✆ 56 65 13 59 - www.koegekirke.dk - 10h-16h, lun. 12h-16h - fermé sam.
Édifiée au 14e s., elle est ornée d'une colossale tour à pignon surmontée d'une lanterne utilisée jadis comme phare. À l'intérieur, le mobilier du 17e s. comprend

une chaire sculptée de style Renaissance et un retable baroque, œuvre de Lorens Jørgensen.

Les falaises de Stevns et la côte jusqu'à Jungshoved

CARTE P. 32-33

Circuit tracé en violet sur la carte p. 32-33 - 120 km. Prendre la route 209 vers le sud-est sur 4 km, puis tourner à droite et suivre les panneaux indiquant Vallø Slot.
www.southcoastofdenmark.com

Château de Vallø (VALLØ SLOT) B3

Ne se visite pas. Cet élégant édifice Renaissance de 1560, entouré d'arbres séculaires, se dresse dans un **parc à l'anglaise** ouvert au public. Une charmante auberge vieille de plus de deux siècles, Vallø Slotskro, fait face à l'entrée du château.
Continuer en direction de Valløby, puis revenir vers Køge par la route 209 ; à droite, la route 261 conduit à Store Heddinge. Poursuivre en direction de Højerup et Stevns Klint (les falaises de Stevns).
La **presqu'île de Stevns** offre une succession de beaux paysages variés.

★ Falaises de Stevns (STEVNS KLINT) C3

Avis aux amateurs de géologie, ces longues falaises crayeuses, qui s'étendent sur 15 km le long de la mer, constituent un témoignage exceptionnel. Elles sont nées de la chute de la **météorite de Chicxulub**, à laquelle les spécialistes attribuent l'extinction de masse qui a entraîné la disparition des dinosaures, voilà 65 millions d'années ! Cet incroyable passé leur a d'ailleurs valu une inscription au Patrimoine mondial de l'Unesco, en 2014. Prenez le temps de suivre l'un ou l'autre chemins courant à travers bois, qui mènent au bord des falaises, surplombant la mer de 41 m à leur point culminant.
Suivre la direction de Præstø (route 154 puis 209).
Vous pourrez voir les ports de pêche de **Rødvig** et de **Fakse Ladeplads**, à l'écart de la route qui traverse ensuite le coquet village de **Vindbyholt**.

Præstø B3

Paisiblement étalé sur les rives d'une baie abritée, le village offre la vue attrayante de son port de pêche, de sa place du marché aux pavés inégaux, et de ses rues étroites bordées de maisons anciennes.
Continuer sur la route 209 puis prendre à gauche.

★ Église de Jungshoved B3

Hovmarken 4 - ☎ 55 99 60 17 - www.allerslevkirke.dk.
Elle surgit brusquement, silhouette blanche se détachant sur un fond mêlant ciel, mer, arbres et ondulations vertes du terrain. Elle abrite une fresque représentant la danse de la Mort.
De retour vers Køge (E47 ou 151), offrez-vous une halte en forêt près de Rønnede.

Camp Adventure, à Rønnede B3

Skovtårnsvej 1 - ☎ 38 15 00 30 - www.campadventure.dk - tour : avr.-oct. 10h-18h ; nov.-mars 10h-15h - 150/200 DKK selon la saison (3-6 ans 75/100 DKK).
Au cœur de la forêt de Gissefeld se dresse une spectaculaire **tour** en bois de 45 m de haut, conçue par le cabinet d'architectes Effekt. Une passerelle hélicoïdale vous mène au sommet pour une vue fascinante sur la canopée. Également un parc d'accrobranche, un glamping, un restaurant et une ferme florale.

1

Carnet pratique

S'informer

Office de tourisme – *Vestergade 1 - Køge - ✆ 69 15 61 70 - www.visitkoege.com.*

La Copenhagen Card *(voir p. 60)* inclut l'accès aux musées de Køge.

Arriver/partir en train

Køge est reliée en 45mn à la gare centrale de Copenhague par la ligne du S-Tog qui dessert également Vallø et se termine à Fakse Ladeplads.

Nos adresses

Restauration

Budget moyen

Café Vivaldi – *Torvet 30 - ✆ 56 63 53 66 - www.cafevivaldi.dk - 10h-22h, vend.-sam. 10h-0h - plats 209/309 DKK.* À défaut d'originalité, cette brasserie a l'avantage d'être bien située, avec sa terrasse au beau milieu de la place du Marché. Carte variée, allant des pizzas aux *smørrebrød*, en passant par les salades et le brunch (tous les jours, 159 DKK).

Hébergement

Budget moyen

Central Hotellet – *Vestergade 3 - ✆ 56 65 06 96 - www.centralhotellet.dk - P - 6 ch. 920/1195 DKK* ☕. Cet accueillant bâtiment du 19e s. se trouve dans le centre-ville, près de la place du Marché. La plupart de ses chambres disposent d'une douche. Salles de bains et toilettes communes pour les autres.

Hotel Comwell Køge Srand – *Strandvejen 111 - ✆ 56 65 36 90 - www.comwellkogestrand.dk - P - 127 ch. à partir de 1569 DKK* ☕ - ✕. Un hôtel moderne entouré de verdure. Les chambres, agréables et spacieuses, disposent d'une terrasse donnant sur la plage.

Hotel Niels Juel – *Toldbodvej 20 - ✆ 56 63 18 00 - www.hotelnielsjuel.dk - P - 51 ch. 1099/1995 DKK* ☕ - ✕. Bel établissement confortable dominant les eaux du port, à 5mn à pied de la gare et de place du Marché.

Næstved

Développée autour d'un monastère fondé au 12e s., Næstved fut un bourg prospère tout au long du Moyen Âge. L'extension du port au début du 20e s. attira de nouvelles industries, mais la ville a conservé son caractère de bourg traditionnel, animé le mercredi et le samedi par un marché sur Akseltorv, qui se tient depuis... 1135 !

Restaurants sur le rivage à Naestved.
perreten/Getty Images Plus

Se repérer

CARTE B3 (P. 32-33)
83181 habitants. Næstved est située à 90 km au sud de Copenhague.

Carnet pratique p. 103

Nos adresses p. 103

La vieille ville

Deux rues perpendiculaires enserrent le cœur historique de Næstved. L'une, Riddergade, conduit à l'église St-Martin ; la seconde, Købmagergade, à l'église St-Pierre. Les ruelles piétonnes de la vieille ville, dont certaines demeures ont conservé leur cachet ancien, offrent une agréable promenade, d'autant que leur vocation commerciale assure une animation constante, en particulier autour d'Akseltorv.

La **rue de l'Église** (Kirkegade) conduit à la **place de l'Église-St-Pierre** (Sankt Peders Kirkeplads), cernée de maisons anciennes de brique aux façades à pignon, et où se dresse la première des deux églises.
Église St-Pierre (Sankt Peders Kirke) – *☏ 55 72 31 90 - www.sct.pederskirke.dk - horaires : se rens.* De style gothique mais remaniée au 19e s., cette vaste église d'allure quelque peu massive a conservé des fresques médiévales ; l'une d'entre elles, datant d'environ 1375, représente le roi Valdemar IV et la reine Hedwige en prière. Le sanctuaire contient également de beaux fonts baptismaux en bronze. Face à l'église, **l'hôtel de ville médiéval** (Middelalderlige) fut construit vers 1450, ce qui en fait le plus ancien édifice danois destiné à cet usage.
Contourner l'église et prendre Købmagergade. Face à la belle demeure à colombage abritant l'hôtel Kirstine, prendre sur la gauche Riddergade.
Riddergade – Vous verrez sur la gauche une série de belles maisons anciennes à colombage. L'une d'entre elles, la **Maison des apôtres** (Apostelhuset), construite en 1510, doit son nom aux sculptures encadrant les fenêtres et représentant Jésus-Christ et les douze apôtres.
Église St-Martin (Sankt Mortens Kirke) – *Kattebjerg 2 - www.sctmortenskirke.dk - ☏ 55 72 31 03 - mar.-vend. 10h-16h30, sam. 10h-14h.* Du même style mais plus petite que l'église St-Pierre, l'église Saint-Martin contient une fresque représentant saint Martin de Tours, saint patron de l'église, ainsi qu'un retable sculpté en 1667 par **Abel Schrøder le Jeune** et une chaire réalisée par son père.
Musée municipal (Næstved Museum) – *Ringstedgade 4 - ☏ 70 70 12 36 - www.naestved-museum.dk - juin-août : lun.-vend. 11h-16h, sam. 10h-15h, 1er lun. du mois 10h-15h ; reste de l'année : se rens. - 40 DKK (-18 ans gratuit).* Logé dans une belle maison ecclésiastique du 16e s. (Helligåndshuset), il narre l'histoire de la ville. Une annexe, située dans les maisons médiévales sur le flanc de l'église St-Pierre, présente des pièces de céramique et de verrerie locales.

À proximité

CARTE P. 32-33

★ Château de Gavnø (GAVNØ SLOT) B3

À 6 km au sud.
☏ 55 70 02 00 - www.gavnoe.dk - ♿ - de fin avr. à fin mai et de fin juin à mi-août : 10h-17h ; reste de l'année : se rens. - 150 DKK (5-12 ans 85 DKK).
Ce château du 18e s., de style rococo, est entouré d'un parc magnifique. Toujours habité, il contient la plus importante collection privée de peintures du Danemark, exposée dans la grande galerie, et qui comprend un grand nombre de portraits. Le mobilier du milieu du 17e s. contribue à l'atmosphère de l'ensemble. Rattachée au bâtiment principal, la **chapelle** est somptueusement décorée de panneaux sculptés et peints.
Le **parc★**, aux arbres centenaires, est particulièrement attrayant en mai lorsque tulipes, narcisses, jacinthes et crocus l'illuminent de leurs couleurs vives.

Vordingborg B3

À 28 km au sud.
Dans le sud du Sjælland, cette petite cité commerçante, berceau du légendaire footballeur **Morten Olsen**, présente un centre moderne animé, organisé autour de sa rue piétonne, Algade.
Château médiéval (Slotsruin med Tårn) – *Accès par Glambæksvej, sur la gauche lorsqu'on arrive dans la ville.* Le principal titre de gloire de la cité. Juché sur une

éminence dominant la mer, il a conservé, outre ses remparts de brique, un agréable donjon, surnommé la **tour de l'Oie** (Gåsetårnet) en souvenir de l'oie dorée dont le roi Valdemar IV la fit coiffer après sa construction en 1360.
Église Notre-Dame (Vor Frue Kirke) – Elle abrite quelques fresques, ainsi qu'un retable réalisé au 17e s. par un sculpteur de Næstved, **Abel Schrøder le Jeune**.

Églises rurales du sud du Sjælland

CARTE P. 32-33 (B3)

Circuit tracé en rouge sur la carte p. 32-33 - 120 km au départ de Næstved.
La plupart des églises que vous découvrirez au cours de ce circuit sont de style roman ou gothique primitif, construites en brique avec de massives tours carrées et des pignons à redans caractéristiques des églises danoises. Leurs murs blanchis à la chaux et leurs toits de tuiles rouges ressortent au milieu de leur cimetière décoré de parterres fleuris entourés par de minuscules haies de buis.
Quitter Næstved par la route 265 en direction de Skælskør, puis, à Bøgelunde, emprunter une petite route à gauche.

Ørslev

L'**église★** est d'une taille imposante, inattendue pour une église rurale. Elle contient des fresques illustrant la vie à la campagne au Moyen Âge : vous y verrez ainsi, entre autres scènes profanes, un bal villageois des plus animés.
Revenir à Bøgelunde et prendre la direction du nord jusqu'à Flakkebjerg.

1

Flakkebjerg

Datant des 14e et 15e s., les **fresques** de cette église sont ornées de motifs floraux et géométriques.
Tourner à droite dans une petite route rurale conduisant à Gimlinge (à 3 km).

Gimlinge

L'église de ce village est elle aussi décorée de **fresques** intéressantes, contemporaines de celles de Flakkebjerg.
Poursuivre jusqu'à la route 22 que l'on prend à droite jusqu'au carrefour avec la route 157. Continuer sur la gauche en direction de Sorø et, après avoir longé la rive du lac Tystrup, à Eskilstrup, prendre une petite route à droite.

Vester Broby

La petite **église★** recèle diverses fresques exécutées entre le 12e et le 14e s. Peintes dans un style naïf, elles sont très expressives ; remarquez en particulier *Adam et Ève mangeant le fruit défendu* et *Caïn poignardant Abel*.
Rejoindre la route 239, puis prendre à gauche la route 150 pendant 4,5 km.

Sorø

De nos jours, Sorø est un paisible bourg rural occupant un site agréable entre deux lacs cernés de forêts mais, au Moyen Âge, c'était un important centre religieux. Un monastère cistercien y fut fondé vers 1160, très probablement par l'évêque **Absalon** *(voir encadré p. 88)*. À la Réforme, le monastère fut fermé et transformé en école jusqu'au jour de 1623 où Christian IV décida de créer une académie pour jeunes aristocrates. Cette institution, l'**Académie de Sorø**, existe toujours, bien qu'elle ait dû être reconstruite à la suite d'un incendie. Dans le parc ouvert au public, la statue de **Ludvig Holberg** rappelle que ce poète et dramaturge du 18e s. fit don à l'Académie de sa fortune et de sa bibliothèque.

Suivez la marguerite

Vous verrez un peu partout au Danemark ces panneaux bruns ornés d'une marguerite : ils balisent la « **route Marguerite** » (Margueritruten), baptisée d'après la fleur favorite de la reine Margrethe Ire. Quelque 4 200 km de routes souvent sinueuses permettent de découvrir villages typiques, paysages enchanteurs ou curiosités architecturales. Cette « route » ne constitue pas un itinéraire continu, mais une alerte : lorsque vous apercevez un de ces panneaux, n'hésitez pas à le suivre !
www.margueritruten.dk (en danois) et renseignements sur www.visitdenmark.fr (en français).

Église – *Akademigrunden 4 - 57 83 26 20 - soroeklosterkirke.dk - tlj 9h-17h.* Cette ancienne abbatiale du 12e s. fut l'un des premiers édifices de brique construit au Danemark. Ses lignes s'inspirent de l'abbaye cistercienne de Fontenay. À l'intérieur, on remarque un majestueux Christ en Croix du 16e s., œuvre de Claus Berg, et le tombeau de l'évêque Absalon derrière l'autel. L'église eut des rapports étroits avec la famille royale ; plusieurs de ses membres, et notamment Oluf, fils de la reine Margrethe Ire, furent enterrés dans diverses parties de l'édifice au cours du 14e s.
Reprendre la route 150, puis tourner à gauche vers Bjernede sur une petite route qui passe sous l'autoroute.

Bjernede

C'est la seule **église ronde** *(se rens. pour les horaires)* du Sjælland. Construite pendant la seconde moitié du 12e s. et soigneusement restaurée, c'est aujourd'hui l'église de ce type la mieux conservée du pays. À l'intérieur, la voûte repose sur quatre énormes piliers circulaires.

Fjenneslev

Les deux tours de cette **église romane★** *(se rens. pour les horaires)* construite en 1130 par Asser Rig, père du fameux évêque Absalon (le fondateur de Copenhague, *voir encadré p. 88*), furent ajoutées à la fin du 12e s. Les fresques datent aussi de cette époque ; l'une d'entre elles représente Absalon et sa femme.

Ringsted

De nos jours, la capitale du Sjælland est une petite ville moderne et commerçante. Elle a toutefois conservé le symbole de l'influence qu'elle exerçait au Moyen Âge, à la fois comme centre religieux et comme siège de la justice : l'église St-Benoît.

★ **Église St-Benoît (Sankt Bendts Kirke)** – *Accès depuis Torget par Skt. Bendtsgasse - 57 61 11 61 - mai-août : 10h-16h ; reste de l'année : 10h-13h.* Ancienne abbatiale d'un monastère du 12e s., Sankt Bendts Kirke est la plus vieille église de brique du Danemark. Pendant 200 ans, les monarques et les membres de la famille royale y furent inhumés. Elle renferme vingt tombeaux royaux, dont celui de **Valdemar Ier** qui, le premier, décida de faire de Ringsted le lieu de sépulture officiel de la monarchie danoise.
Revenir à Næstved par la route 14.

Carnet pratique

S'informer

www.southcoastofdenmark.com – Site de l'office du tourisme de la côte sud du Danemark. Informations et propositions d'activités à Næstved et alentours.

Arriver/partir en train

Næstved se trouve à 1h de Copenhague.

Nos adresses

Restauration

Budget moyen

Raadhuskroen – *Skomagerrækken 8 - ✆ 55 72 01 56 - www.raadhuskroen.com - lun.-vend. 12h-22h30, sam. 11h-23h - fermé dim. - plats 223/350 DKK.* Dans une rue piétonne de la vieille ville, une auberge avenante, qui déploie une terrasse en plein air dans la cour aux beaux jours. À midi : traditionnels *smørrebrød*, salades et assiettes de saumon fumé. Le soir : cuisine bourgeoise aux portions généreuses et sauces alléchantes.

À Sorø

Pour se faire plaisir

Stovlet Katrines Hus – *Slagelsevej 63 - ✆ 57 83 50 80 - www.stovletkatrineshus.dk - mar.-vend. 12h-16h, 17h30-21h - fermé dim.-lun. - menus 480/680 DKK.* Le cadre magnifique déjà vaut le détour : sur le bord du lac, dans une petite maison campagnarde à toit de chaume et colombage où vécut Catherine Slovet, une courtisane qui fut la maîtresse du roi Christian VII. Cuisine semi-gastronomique, servie par un personnel prévenant, dont un sommelier très avisé. Le repas de trois plats, à combiner avec les vins, est vraiment parfait.

Hébergement

À Sorø

Premier prix

Krebshuset – *Ringstedvej 87 - ✆ 57 82 01 81 - www.krebshuset.dk - 10 ch. 698/778 DKK - ☕ 100 DKK.* À l'orée des forêts qui servent d'écrin à Sorø, ce sympathique hôtel est installé dans une ancienne demeure. Restaurant réputé.

À Ringsted

Budget moyen

Hotel Scandic – *Nørretorv 57 - ✆ 57 61 93 00 - www.scandichotels.dk - P ♿ - 75 ch. à partir de 1184 DKK ☕ - ✕.* Parfaitement impersonnel mais très confortable et situé à deux pas du centre-ville. Privilégiez le week-end et les offres en ligne pour des prix plus avantageux.

Hotel Kirstine – *Købmagergade 20 - ✆ 55 77 47 00 - www.hotelkirstine.dk - P - 31 ch 1175/1650 DKK ☕ - ✕.* Équidistant des deux églises de la ville, cet hôtel a investi une demeure aux allures de ferme, inattendue en milieu urbain. Confort et charme d'un décor soigné sont ici les maîtres mots. Restaurant gastronomique.

1

Îles de Møn ★, Falster et Lolland

Grâce aux audacieux ponts autoroutiers qui enjambent les flots, ce chapelet d'îles posé au sud du Sjælland se révèle facile à explorer et conjugue les atouts : si ces remarquables ouvrages donnent l'impression de rouler sur l'eau, la région offre en outre des plaisirs variés. De l'authenticité préservée de Møn aux superbes plages blanches de Falster, en passant par le passé jalousement entretenu de Maribo, la « capitale » de Lolland, et les champs d'éoliennes, ces îles dessinent un concentré du Danemark.

Se repérer

CARTE AC4 (P. 32-33) – Les îles se trouvent entre 120 km (pour Falster) et 150 km (pour Møn) au sud de Copenhague.

À ne pas manquer

Les falaises de Møn.

Organiser son temps

Comptez une journée pour la découverte des trois îles.

En famille

Le GeoCenter Møns Klint, le centre médiéval de Sundby, la réserve ornithologique de Bøtø et le Knuthenborg Safaripark.

Carnet pratique p. 109

Nos adresses p. 109

★ Île de Møn BC4

L'île de Møn est reliée par un pont routier au petit port de pêche Gammel Kalvehave et à Falster par un autre pont qui rejoint, sur l'îlot de Farø (au nord-ouest de l'île de Bogø), l'autoroute E47/E55.

www.southcoastofdenmark.com

Une perle ! Malgré de bonnes liaisons avec le Sjælland et Falster, l'île de Møn est restée à l'écart des grands courants touristiques. Ses attraits naturels sont demeurés intacts : plages de sable protégées par un des dunes, magnifiques régions boisées, falaises crayeuses (une rareté géographique au Danemark !), diversité de la faune et de la flore, sans oublier les églises ornées de remarquables fresques.

Stege

La principale localité de l'île est la seule du Danemark à avoir conservé des douves et des remparts médiévaux en bon état. Il subsiste aussi l'une des trois portes fortifiées de la ville, **Mølleporten**. Le temps semble avoir arrêté sa course pour le grand bonheur des visiteurs. Près de Mølleporten, Empiregården, une vieille demeure de marchand, abrite le **musée de Møn** *(Storegade 75 - ✆ 7070 1236 - www.museerne.dk/mons-museum - juin-août : 10h-16h - reste de l'année : se rens. - 40 DKK, -18 ans gratuit)*, où des objets légués par les habitants de l'île au début du 20e s. ont été mis en scène pour conter l'histoire de la communauté. En retrait de la place du Marché (Torvet), l'**église** gothique, construite au 13e s. et agrandie au 15e s., est ornée de belles fresques à motifs floraux.

★ **Église de Keldby** – Trois églises de l'île sont réputées, à juste titre, pour la profusion et la beauté des fresques qu'elles recèlent et pour présenter quelques exemples remarquables de peintures narratives du 15e s. À Keldby, elles illustrent diverses scènes de l'Ancien et du Nouveau Testament. Celles qui ornent le chœur datent du 13e s., tandis que celles qui recouvrent la voûte de la nef furent réalisées au 15e s. par le **Maître d'Elmelunde**, considéré comme l'un des grands artistes du Moyen Âge. Remarquez également le beau retable sculpté.
★ **Église d'Elmelunde** – Le **Maître** décora l'église de son village natal de scènes bibliques, dont une interprétation du Jugement dernier et du Christ en majesté.
Au village de Borre, prendre sur la gauche et suivre Lyselund Ny Slot.
Nouveau château de Lyselund (Lyselund Ny Slot) – C'est à travers une campagne riante que l'on atteint ce ravissant manoir de la fin du 19e s. niché dans une forêt où se promènent des paons. Le château abrite aujourd'hui un café-restaurant et un hôtel *(www.liselundslot.dk)*. Non loin, le vieux château date de 1795.

★★ Falaises de Møn (MØNS KLINT)

Parking payant après quelques centaines de mètres sur une route non revêtue (35 DKK).
GeoCenter Møns Klint – *Stengårdsvej 8 - 4791 Borre - ☎ 55 86 36 00 - moensklint.dk - ♿ - de fin juin à déb. août : 10h-18h ; de fin août à mi-oct. : 11h-17h ; reste de l'année : se rens. - 150 DKK (3-11 ans 100 DKK).* La porte d'entrée pour mieux profiter – et comprendre – l'environnement que vous allez approcher : exposition interactive, cinéma 3D, ateliers (géologie, fossiles), visites guidées. De nombreuses activités ont été pensées pour les enfants. Au sommet, un café panoramique permet d'embrasser le site d'un coup d'œil.
Vous voilà parés pour partir à la découverte des impressionnantes falaises de craie blanche, l'un des sites naturels les plus célèbres du Danemark. Formées par des sédiments glaciaires que la mer a érodés, recouvertes d'arbres sombres, elles s'étendent sur plusieurs kilomètres et surplombent la mer d'une hauteur qui atteint 128 m à leur point le plus élevé. Plusieurs sentiers mènent à travers bois (aires de pique-nique en chemin) jusqu'au bord de la falaise d'où l'on profite d'une **vue**★★ impressionnante. La grève, en contrebas, est parsemée de fossiles.
En revenant des falaises, à Magleby, prendre sur la gauche.

Klintholm Havn

Minuscule port de plaisance et lieu de baignade, idéal pour passer quelques jours en bord de mer.
Depuis Stege, prendre la route de Bogø (route 287). À Damsholte, prendre une route secondaire sur la gauche.

★ Église de Fanefjord

Les fresques du chœur datent d'environ 1350 tandis que les autres sont de la main du **Maître d'Elmelunde** ; la diversité des sujets, l'interprétation originale et la subtilité des couleurs sont remarquables.
Grønjægers Høj – *À proximité.* Il s'agit d'un tertre funéraire préhistorique entouré d'un cercle de pierres.
Prendre la route au nord de Fanefjord en direction de Tostenæs. Kongs Asgers Høj se trouve à 8 km.

Kong Asgers Høj

Cette allée couverte comprend un corridor ouvrant sur une chambre funéraire.

1

Île de Falster B4

Depuis Møn, un pont rejoint l'île de Bogø d'où un second pont rejoint l'autoroute E 47/E 55 sur l'îlot de Farø qui permet d'atteindre l'île de Falster.

Falster se trouve au centre du groupe d'îles situées à la pointe sud du Sjælland. À son extrémité sud, le port de **Gedser**, à deux heures de ferry des côtes allemandes et à 150 km au sud de Copenhague, est la ville la plus méridionale du Danemark. Du fait de sa position, Falster bénéficie d'un climat en général plus doux et plus ensoleillé que le reste du pays, et les belles plages de sa côte orientale, sur les bords de la Baltique, sont réputées.

Deux voies rapides relient Falster au sud du Sjælland en franchissant le détroit du Storstrøm. À l'ouest, **le pont du Storstrøm**, réalisé en 1937 et long de 3 200 m, relie l'île à Vordingborg. Devant l'augmentation du trafic, il fut doublé par les **ponts de Farø**, inaugurés en 1985. D'une longueur totale de 3 322 m, ces deux ponts font franchir le détroit à l'autoroute E 55 : le plus petit relie le Sjælland à Farø, au milieu du détroit ; le second, impressionnant pont à haubans entre Farø et Falster, s'élance très haut au-dessus de la mer pour permettre le passage des navires.

Nykøbing Falster

Færgestræde 1 A - 54 85 13 03 - www.visitlolland-falster.com.

Située sur le Guldborg Sund, détroit séparant Falster et Lolland, la ville la plus importante de l'île n'a gardé de son passé médiéval que son église, de style gothique tardif, et quelques maisons à colombage.

Museum Obscurum - *Færgestræde 1A - 54 85 13 03 - museumlollandfalster.dk/museum-obscurum - de mi-juin à fin août : lun.-vend. 10h-16h, sam. 10h-15h ; reste de l'année : se rens. - 65 DKK (-18 ans gratuit).* En 2017, la rénovation de ce petit musée d'histoire locale a livré une énorme surprise : une pièce secrète, en fait le cabinet de curiosités de l'ancien propriétaire, un richissime collectionneur du 19e s., avec un goût prononcé pour le bizarre et l'occulte. Les pièces cachées – certaines très étranges – sont aujourd'hui exposées.

L'étrange musée se complète d'une épicerie à l'ancienne.

Marielyst

À 10 km au sud de Nykøbing Falster.

La côte orientale est bordée sur plus de **20 km de plages** de sable blanc comptant parmi les plus belles du Danemark et connues pour la propreté exceptionnelle de l'eau. C'est dans ce cadre que cette station balnéaire réputée s'est développée.

Bøtø

La station abrite une **réserve ornithologique** d'importance pour les oiseaux migrateurs, les chauves-souris et les papillons. L'orientation sud et le microclimat ont aussi favorisé le développement de certaines espèces rares, notamment l'aigle de mer. On peut même observer les oiseaux aux jumelles en famille !

Nørre Aslev

À 5 km au nord.

L'**église** gothique de brique recèle une fresque ayant pour thème une danse macabre. La Mort, suivie de différents représentants de la société médiévale, mène la danse. On pourra rapprocher cette fresque de celle de l'église de **Jungshoved**, traitant du même sujet *(voir p. 97)*.

Falaises de l'île de Møn.
Boris Edelmann/Getty Images Plus

Un tunnel sous la Baltique

Il devrait un jour relier le Danemark et l'Allemagne, un tunnel de 18 km entre l'île allemande de Fehmarn et celle de Lolland. Un mégaprojet qui doit mettre Hambourg à 3h de route de Copenhague (contre 5h actuellement, soit un raccourci de 165 km). L'ouvrage devrait accueillir 3 millions de voitures, 500 000 camions et 35 000 passagers ferroviaires par an. Après des décennies de discussions et d'études, l'Union européenne a donné son aval au financement danois en 2020, l'une des composantes budgétaires d'un chantier très coûteux (6 à 7 milliards d'euros). Les travaux ont commencé dans la foulée côté danois et en novembre 2021 côté allemand. Mais la résistance s'est organisée avec des îliens craignant pour leur tranquillité (le chantier, pharaonique, pourrait durer plus de dix ans), des associations écologistes (qui dénoncent la transformation de la région en zone de transit polluée), des sociétés de ferries (le plus gros employeur de la région)... Plusieurs plaintes ont été déposées, ralentissant considérablement le projet.

Île de Lolland AB4

Accès depuis Nykøbing par la route 9.
À Sakskøbing - Torvet 16 - 42 32 88 52 - www.visitlolland-falster.com.
Par sa taille, Lolland est la troisième île danoise après la Fionie et le Sjælland. Sans relief et vouée à l'agriculture, elle offre de vastes étendues de prairies ponctuées, à l'horizon, par les graciles ailes blanches des éoliennes.

Sundby

Centre médiéval (Middelaldercentret) – *Immédiatement à droite après le pont. Ved Hamborgskoven 2-4, Sundby L - 54 86 19 34 - www.middelaldercentret.dk - - mai-sept. : tlj 10h-16h (sf lun. en mai et sept.) - 160 DKK (3-11 ans 90 DKK).*
Un lieu intéressant pour découvrir les savoir-faire et la vie quotidienne du Moyen Âge, animations costumées à l'appui. Également des tirs de catapulte ou des démonstrations de tirs à l'arc.

★ Maribo

Banegårdspladsen 11 - 54 78 04 96.
Au cœur de l'île, cette pittoresque bourgade sur la rive d'un lac romantique a grandi autour d'un couvent de l'ordre de Ste-Brigitte, fondé en 1416 et dont il ne reste que l'église devenue cathédrale.
Cathédrale – *54 78 03 92 - www.maribodomkirke.dk - 9h-17h.* Cet édifice massif est construit en brique avec des contreforts et des corbeaux. À l'intérieur, la voûte assez basse de la nef est épaulée par des bas-côtés ; des traces de fresques subsistent au-dessus de l'orgue du côté de l'entrée.
Les rues adjacentes sont bordées de maisons du 18e s.
Frilandsmuseet – *Meinckesvej 5 - 54 84 44 00 - www.museumlollandfalster.dk - - de fin avr. à fin juin : tlj sf lun. 10h-16h ; reste de l'année : se rens. - 65 DKK (-18 ans gratuit).* Petit musée de plein air qui présente la vie rurale aux 18e et 19e s.

Knuthenborg Safaripark

À Bandholm, à 8 km au nord de Maribo. Birketvej 1 - 54 78 80 89 - www.knuthenborg.dk - - de déb. avr. à fin juin et de déb. août à fin oct. : 10h-17h ; de fin juin à déb. août : 10h-18h - 179/249 DKK selon la saison (3-11 ans 109/165 DKK).
Installé dans le parc d'un manoir, cet immense parc animalier est sillonné de 16 km de routes. Vous y verrez plus de 800 animaux et oiseaux exotiques.

Carnet pratique

Arriver/partir

Liaison Lolland/Fionie en ferry

La compagnie Molslinjen *(www.molslinjen.dk)* assure la liaison entre le port de Tårs, sur la côte ouest de Lolland, et Langeland (port de Spodsbjerg), en Fionie. Compter 45mn de trajet.

Agenda

Festival de Vordingborg (Festuge) – *www.vordingborgfestuge.dk*. Première quinz. de juil. Concerts de musique classique au château.

Nos adresses

Hébergement/restauration

Sur l'île de Møn, de nombreux Bed & Breakfast sont installés dans des fermes traditionnelles. Le site **www.visitlolland-falster.com** recense tous les hébergements.

Île de Møn

Budget moyen

Præstekilde – *Klintevej 116 - 55 86 87 88 - www.praestekilde.dk - - ch. 995/1395 DKK - plats 195/395 DKK.* En pleine campagne, près d'un golf, cet hôtel dispose d'une piscine couverte. Les chambres les plus onéreuses bénéficient d'une agréable terrasse fleurie avec panorama.

Liselund Ny Slot – *Langebjergvej 6 - 55 81 20 81 - www.liselundslot.dk - 17 ch. 1200/1600 DKK - 19h-21h - menus 350/450 DKK.* La vie de château dans un cadre élégant au cœur d'un superbe parc. Restaurant réputé.

Île de Falster

Premier prix

Hotel Liselund – *Lundevej 22 - 54 85 15 66 - www.hotelliselund.dk - P - 24 ch. 795 DKK - 85 DKK -* . Bien sympathique établissement, à l'entrée de la ville, mais situé dans un cadre un peu ingrat.

Activités

L'île de Møn, avec ses routes de campagne peu fréquentées, se prête bien à la pratique du **vélo**. De même que la **randonnée,** en particulier aux Møns Klint, des falaises de craie. Les boucles durent à peu près 2h et nécessitent une bonne condition physique. Le ministre de l'Environnement danois dispose de brochures bien faites sur ces falaises.

Camping Ulvshale Strand – *Ulvshalevej 236 - 55 81 53 25 - www.ulvscamp.dk.* Propose des vélos à la location.

1

Île de Bornholm ★

Posée à 137 km des côtes danoises (mais à 37 km des côtes suédoises !), cette petite île granitique est bien propriété du royaume du Danemark. Un endroit préservé, parfait pour les amateurs de calme, qui veulent aussi profiter de paysages variés. Il y a ici des étendues boisées, de charmants villages de pêcheurs, des vallées verdoyantes, des plaines tapissées de bruyère, une côte rocheuse enserrant des baies sablonneuses et quelques magnifiques plages, propices à la méditation... Sans oublier les fumeries de poisson et les nombreux ateliers d'artisanat, où se perpétuent traditions et savoir-faire.

Se repérer

CARTE RABAT DE COUVERTURE
39 545 habitants
Située à 37 km de la Suède et à 150 km de Copenhague, l'île a pour port naturel Ystad (Suède).

Carnet pratique p. 113

Nos adresses p. 113

Bornholm a, de tout temps, été convoitée par ses puissants voisins. Les Burgondes furent les premiers à s'y installer, suivis par les archevêques de Lund, qui y régnèrent pendant plus de deux siècles ; après un court intervalle de domination danoise, l'île tomba, au 16e s., sous la coupe de Lübeck (en Allemagne) pour une période de 50 ans. Mais ses habitants s'enorgueillissent d'être toujours demeurés fidèles au Danemark et se définissent comme « les plus Danois des Danois ». La côte est ponctuée de nombreux **villages de pêcheurs** (Hasle, Tejn, Gudhjem, Melsted), où goûter aux harengs fumés. Une dizaine de **fumeries** *(røgeri)* subsistent en effet sur l'île, témoins d'une tradition très ancienne du fumage du poisson, mais dont l'industrialisation a vraiment démarré vers 1830 pour connaître son apogée dans l'entre-deux-guerres, avant de décliner à partir des années 1950.

On vous emmène à la rencontre des artisans de Bornholm

Séduits par la lumière, la paisibilité et la variété des paysages de l'île, une soixantaine d'artisans d'art ont fait de Bornholm leur terre d'élection et d'inspiration. Des hommes et des femmes qui imaginent et façonnent au quotidien des œuvres uniques, alliant les gestes d'hier à l'audace de l'innovation, et privilégiant les matériaux naturels. Si les céramistes sont les plus nombreux, puisant de longue date dans les réserves d'argile et de grès de l'île, ces vingt dernières années ont vu fleurir les souffleurs de verre *(glastorvet)* à **Svaneke**, joli port au nord-est de l'île. Vous rencontrerez également tisserands, joailliers, menuisiers et orfèvres au fil de vos balades. Pour un premier aperçu, faites halte au **Centre d'artisanat de Bornholm** à Hasle ; l'occasion également de récupérer l'excellent guide gratuit des ateliers ouverts au public. Autre preuve de ce foisonnement de créativité, un festival d'artisanat a lieu chaque année, **Bornholm Craft Weeks** *(makersisland.bornholm.dk, 6 sem. en sept.-oct.).*

Centre d'artisanat : Grønbechs Gård 4 - Hasle - ✆ 30 48 50 96 - groenbechsgaard.dk - avr.-oct. : tlj sf lun. 11h-17h.

L'église ronde d'Østerlars.
cmfotoworks/Getty Images Plus

Chaque village pouvait compter jusqu'à dix fumeries. Reconnaissables à leurs cheminées blanches, elles offrent toutes un espace de dégustation où sont fumés harengs, saumons, truites, maquereaux et même la palourde !
Bornholm est aussi connue pour ses **églises rondes** du 12e s. : Østerlars Kirke, Nylars Kirke, Ols Kirke et Nykirke. Parmi ces églises fortifiées, la plus connue est celle d'**Østerlars** avec ses trois niveaux et son abside de forme ovale.

Rønne

Port d'arrivée des ferries et point de départ des balades sur l'île, la capitale de Bornholm ne manque pas de charme. On débute la promenade devant l'**église St Nicolas** *(sctnico.dk)*, érigée en 1215 (entièrement reconstruite entre 1915 et 1918). Au sud de l'église, les maisons ont été rebâties après les bombardements russes des 7 et 8 mai 1945, destinés à libérer l'île encore occupée par les Allemands. On peut voir à quoi ressemblait cette bourgade au 18e s., en se promenant dans les vieilles ruelles de Nellikegade, Storegade ou Krystalgade, où est installée la **fabrique de céramique Hjorths** *(Krystalgade 5 - bornholmsmuseum.dk - de mi-avr. à fin oct. : lun.-sam. 10h-16h ; reste de l'année : se rens. - 90 DKK, gratuit -18 ans)*.
À quelques rues de là, le **musée de la Ville (Bornholms Museum)** raconte l'histoire de l'île, de l'âge de pierre à la fin de la guerre froide *(Sankt Mortens Gade 29 - ✆ 56 95 07 35 - bornholmsmuseum.dk - de déb. mai à fin oct. : lun.-sam. 10h-17h, et dim. en juil. ; reste de l'année : se rens. - 90 DKK, -18 ans gratuit)*.
À 500 m à pied, sur Laksegade, une maison bourgeoise de la fin du 19e s., **Erichsens Gård**, peut constituer une fin de promenade dans Rønne. Bien conservée et meublée, bucolique avec son jardin, elle appartenait à la famille Erichsen *(Laksegade 7 - ✆ 26 44 14 94 - bornholmsmuseum.dk - 50 DKK, gratuit -18 ans - de déb. mai à fin oct. : vend.-sam. 10h-16h ; jardin seul : lun.-jeu. 10h-15h)*.

Hasle

À 11 km au nord de Rønne.
Ancienne ville industrielle, Hasle est aujourd'hui connue pour sa marina et sa **fumerie de poissons** (Hasle Røgeri), la plus belle de l'île, avec ses grandes

cheminées blanches. L'ancien séchoir a été reconverti en petit musée *(Søndre Bæk 20 - ☏ 56 48 80 11 - www.hasleroegeri.dk - avr.-oct. : 10h-17h, 21h en juil.-août - panneaux en anglais)*. On y déguste, *in situ*, les poissons fumés à chaud ou à froid (hareng, saumon, maquereau).

Après avoir savouré votre assiette de poissons, une jolie plage vous tend les bras, à 15mn à pied par un sentier de bord de mer.

Voir aussi le centre d'artisanat de Bornholm *(encadré p. 110)*.

★ Forteresse d'Hammershus

À 12 km au nord d'Hasle par la route 159.

Accès libre aux ruines du château - Centre visiteurs : Slotslyngvej 9 - ☏ 31 73 19 14 - tlj 10h-17h durant l'été.

Hammershus constitue un excellent but de promenade, sur un sentier côtier, au départ du minuscule port d'**Hammerhavn**.

Cette forteresse du 13e s. dresse ses ruines imposantes dans un site spectaculaire, au-dessus des falaises du nord de l'île. D'après les fouilles réalisées en 2007, le château pourrait avoir été érigé sous le roi Valdemar Sejr (« Valdemar le valeureux ») qui régna de 1202 à 1241, lors de la période des Croisades danoises. Objet de multiples attaques étrangères et de convoitises, il fut entièrement mis à sac en 1522. Une vaste campagne de restauration est menée par le Musée national du Danemark.

Gudhjem

À 15 km au sud-est d'Allinge par la route 158.

Perché en hauteur sur la côte est, Gudhjem est l'un des plus beaux villages de Bornholm, avec ses maisons à colombages, son port de pêche charmant, ses moulins à vent et ses restaurants (certains occupant les fameuses *røgeri*).

Au sud de Gudhjem, en direction de Svaneke, ne manquez pas la très belle **plage de Melsted**.

Musée d'art moderne (Bornholms Kuntsmuseum) – *Otto Bruuns Plads 1 (6 km au nord-ouest du village) – ☏ 56 48 43 86 - www.bornholms-kunstmuseum.dk - avr.-mai : mar.-dim. 10h-17h ; juin-août : tlj 10h-17h ; reste de l'année : se rens. - 90 DKK (-18 ans gratuit)*. Ce vaste bâtiment blanc mérite à lui seul une visite. Dynamique (6 à 8 expositions par an), le musée met en valeur les artistes de Bornholm (Lars Hansen, Edvard Weie, Niels Lergaard, etc.) et ceux de Skagen.

Du musée, on peut emprunter un sentier menant au site de **Helligdomsklipperne**, succession de rochers plongeant dans la mer.

Centre médiéval (Bornholms Middelaldercenter) – *Stangevej 1 - Østerlars (5 km au sud de Gudhjem) - ☏ 56 49 83 19 - www.bornholmsmiddelaldercenter.dk - de fin juin à déb. août : lun.-sam. 10h-17h ; de déb. août à déb. oct. : lun.-sam. 10h-15h ; reste de l'année : se rens. - 80 DKK (gratuit -3 ans)*. Cette ancienne ferme transformée en village médiéval accueille démonstrations de fauconnerie et d'artillerie, combats de chevaliers et marché médiéval *(juil.)*.

Dueodde

À 30 km au sud de Gudhjem par la route 158.

Cette superbe **plage** ourlée de sable blanc, de dunes et de pinèdes est l'endroit parfait pour une baignade ou une longue promenade de plusieurs kilomètres.

Tour de Bornholm (Bornholmtårnet) – *Strandmarksvejen 2, Nexø - ☏ 40 20 52 40 - www.bornholmertaarnet.dk - 100 DKK - été : tlj en 10h-17h)*. Ancien poste d'écoute des services secrets danois durant la guerre froide, cette tour de 70 m de haut offre un magnifique point de vue sur l'île.

Carnet pratique

S'informer

Office de tourisme – *Nordre Kystvej 3 - Rønne - ✆ 56 95 95 00 - bornholm.info.* Procurez-vous le fascicule très complet sur l'île (en danois, anglais et allemand).

Arriver/partir

En avion

L'aéroport de Rønne *(www.bornholmairport.dk)* est desservi par la compagnie Danish Air Transport *(www.dat.dk)* depuis Copenhague. Environ 35mn de vol.

En ferry

Tous les ferries accostent à Rønne. Trajets assurés par la compagnie Bornholmslinjen *(www.bornholmslinjen.com)*.

Depuis Ystad (Suède) – Comptez 1h20 de traversée en ferry rapide ; 2h30 en ferry conventionnel.

Depuis Køge – Traversée de nuit en 6h30 environ.

Depuis Copenhague – La liaison s'effectue en train/bus jusqu'à Ystad, puis par ferry, comptez 3h.

1

Nos adresses

Hébergement/restauration

À Sandvig/Allinge

Premier prix

Danhostel Sandvig – *Langebjergvej 12 - ✆ 56 48 09 80 - www.danhostelsandvig.dk - 27 ch. (1 à 6 pers.) - dble 600/640 DKK - ☕ 79 DKK.* En pleine nature, le Danhostel a des allures de motel scandinave (en forme de U), pimpant et bien tenu. Petit déj. copieux et spacieux salon.

Budget moyen

Nordbornholms Røgeri – *Kæmpestranden 2 - ✆ 56 48 07 30 - www.nbr.dk - buffet 249 DKK - carte 130/280 DKK.* Ancienne fumerie (1898) à la fois restaurant et épicerie. Face à la mer, vous dégustez de belles assiettes de poissons fumés. Tentez la tartine du « Soleil de Bornholm » (pain noir, hareng saur, jaune d'œuf, oignon cru, ciboulette et radis). Une expérience purement danoise !

À Gudhjem

Pour se faire plaisir

Melsted Badehotel – *Melstedvej 27 - ✆ 56 48 51 00- www.melsted-badehotel.dk - 20 ch. et 2 appart. de 1300 à 2300 DKK ☕ - ✖ 18h-22h - menus 495/595 DKK.* Institution depuis 1932, le Badehotel a été racheté en 2021 et rénové. Petite merveille de design danois, tout de blanc vêtu, l'établissement a les pieds dans l'eau sur la plage de Melsted. Essayez le restaurant, tenu par le chef Martin Paaske-Christensen.

À Nexø

Premier prix

Nexø Modern Hostel – *Gl. Rønnevej 17A - ✆ 70 22 08 98 - www.nexohostel.dk - 23 ch. de 595 à 995 DKK (ch. pour 4 pers.) - ☕ 89 DKK.* Un établissement entre l'auberge de jeunesse et l'hôtel. Sans charme, mais propre et reposant. L'adresse est parfaitement adaptée aux voyageurs à vélo. Cuisine et réfrigérateur à disposition.

Shopping

Matter – *Nordre Strandvej 2 - Nexø - www.mattercraft.dk - 11h-17h (w.-end 15h).* Sur le port de Nexø, cet atelier-boutique propose les créations raffinées des céramistes Zelmer Olsen et Sarah Oakman. *Voir aussi encadré p. 110.*

Sur l'île Ærø.
Ch. Boisvieux/age fotostock

2

Fionie

CARTE MICHELIN NATIONAL N° 749

Odense ★★

C'est l'histoire d'une ville, celle du célèbre conteur Hans Christian Andersen, métamorphosée en une jolie cité à taille humaine. Longtemps défigurée par une quatre-voies, Odense a désormais redessiné son cœur de ville. Dans des rues piétonnisées, parcourues par le tramway, surgit le vieil Odense, où les charmantes ruelles pavées ont abrité l'enfance d'Andersen. Tout en rondeur, bois et verre, le nouveau musée qui lui est dédié est une incontestable réussite. Et la troisième ville du Danemark a bien d'autres atouts. Ses musées, son quartier étudiant et ses parcs manucurés en font une base de séjour agréable, d'où rayonner pour découvrir la ravissante Fionie.

Nedergade, vieille rue d'Odense.
Westersoe/Getty Image Plus

Se repérer

CARTE P. 115 - PLAN P. 119
205 509 habitants
Odense se situe à 168 km au sud-ouest de Copenhague.

À ne pas manquer

La cathédrale, le musée Møntergården, le musée Andersen et une balade maritime entre Kerteminde et Nyborg. Aux alentours, le château d'Egeskov.

Organiser son temps

Comptez une journée bien remplie pour la visite d'Odense.

En famille

Le musée Andersen et son espace Ville Vau, le musée du Train danois, le village fionien et le parcours dans les arbres du château d'Egeskov.

Carnet pratique p. 124

Nos adresses p. 124

Le centre-ville

PLAN P. 119

Circuit tracé en vert sur le plan p. 119. Accès par Vestergade.

Flakhaven B2

Sur cette vaste place se dresse l'imposant **hôtel de ville** (rådhus) construit à la fin du 19e s. dans un style pseudo-Renaissance. Les grands événements de la ville s'y tiennent (marchés, expositions, etc.).

★★ Cathédrale Saint-Canut (SANKT KNUDS KIRKE) B2

www.odensedomkirke.dk - 10h-16h, lun. et dim. 12h-16h.

Splendide ! Réservez un peu de temps à cette cathédrale gothique, construite en brique et dédiée au roi assassiné. Édifiée entre le 13e s. et le 15e s., elle conserve des trésors, à commencer par le magnifique **triptyque**★★★ réalisé par le sculpteur **Claus Berg** vers 1520, dont les couleurs lumineuses ressortent admirablement sur la blancheur des murs. Haut de 5 m, il se dresse derrière l'autel. Il se compose de plus de 300 personnages sculptés et son panneau central représente la Crucifixion. Remarquez aussi les **grilles de fer forgé**, les **fonts baptismaux** du 17e s. en bronze et la **chaire** rococo du 18e s., avant de descendre dans la **crypte**. Depuis le 11e s. y reposent les impressionnants reliquaires de saint Canut et son frère Benedikt (deux cercueils ouverts avec leurs squelettes), ainsi que six autres tombes royales.

Contourner la cathédrale par la gauche et descendre vers la rivière.

★ Jardin des Fées (EVENTYRHAVEN) B2

Occupant en partie une **petite île** *(accès par une passerelle)*, il constitue un espace de verdure au cœur de la ville. La statue d'Andersen, érigée en 1888, est fleurie chaque année le 2 avril, pour son anniversaire.

Chemin faisant, vous aurez aperçu devant vous la façade asymétrique de l'**église St-Alban** (Sankt Albani Kirke, début 20e s.) à laquelle des incrustations de céramiques donnent un air faussement byzantin.

Revenir à l'hôtel de ville et remonter Vestergade jusqu'à Overgade.

Vestergade AB2

La principale rue piétonne et commerçante de la ville concentre l'animation. Quelques passages sous voûte donnent accès à des ruelles anciennes, dont les demeures abritent boutiques (mode, design), cafés et restaurants.

★★ Møntergården B1

Overgade 48 - ✆ 65 51 46 01 - montergarden.dk - juil.-août : 10h-17h ; reste de l'année : mar.-dim. 10h-16h - fermé 1er janv., 24-25 et 31 déc. - 100 DKK (-17 ans gratuit).

La vie de château en Fionie

Odense est la grande ville de Fionie (Fyn en danois), l'une des trois principales composantes géographiques du royaume, avec la péninsule du Jutland à l'ouest et l'île de Sjælland à l'est. Célèbre pour sa concentration de châteaux et manoirs (une centaine !), elle est traditionnellement présentée comme « l'île-verger du Danemark ». Les fermes aux toits de chaume, les champs et les pâtures lumineuses témoignent de cette importante activité agricole. Sauvage et tourmentée sur ses côtes nord et est, la Fionie s'affiche plus douce au sud et à l'ouest, où les petites villes portuaires ouvrent sur un archipel prisé des voiliers.

2

Odense et Andersen

Avant Andersen, Odin et Canut

Bien avant l'époque d'Andersen, la ville fut associée au monde de l'imaginaire puisqu'elle doit son nom à **Odin**, dieu suprême de la mythologie scandinave dont un sanctuaire était très probablement installé sur les lieux.
Mais c'est en 1086 qu'elle entra dans l'histoire lorsque le roi **Canut** fut assassiné dans l'église St-Alban. Le défunt souverain ne tarda pas à être canonisé et la cité devint un lieu de pèlerinage qui comptait nombre de monastères et de couvents, et dont l'importance spirituelle (et économique) ne cessa de s'accroître au cours du Moyen Âge.
Après la Réforme, prospérité, incendies ravageurs et guerres alternèrent. Cela dura jusqu'au 19e s. À cette époque, le canal reliant Odense au fjord fut percé et permit l'installation d'un port et l'implantation d'industries. Au même moment, la célébrité mondiale de **Hans Christian Andersen** donna à Odense une dimension culturelle qu'elle met un point d'honneur à conserver depuis.

« Ma vie est une charmante histoire »...

Fils d'un cordonnier qui préférait les livres aux souliers, **Hans Christian Andersen** (1805-1875) apprit très jeune à faire jouer son imagination grâce à un théâtre dont son père avait taillé les poupées. La disparition de ce dernier alors qu'il n'avait que 8 ans exacerba une sensibilité déjà marquée par les railleries que lui attirait son physique ingrat. À 14 ans, pour fuir un beau-père qui voulait le mettre en apprentissage, il se rendit à Copenhague. Rêvant de devenir comédien, il entreprit d'écrire des pièces qui furent refusées par le Théâtre royal, puis publia des poèmes et des romans, sans le moindre succès.

Il lui fallut un temps considérable pour accepter l'idée que ses véritables chefs-d'œuvre étaient ses contes.

Grâce à une pension accordée par le roi, il entreprit un voyage en Italie. À son retour, il publia *L'Improvisateur*, roman qui, enfin, lui apporta une certaine estime. D'autres suivirent, tandis qu'il imaginait des contes, pour son seul plaisir : les premiers furent publiés en 1835 et connurent immédiatement un immense succès, dépassant très vite les frontières du royaume.
Il voyagea alors dans de nombreux pays. En 1842, il fut reçu à Paris par Victor Hugo et Alexandre Dumas père. Il rencontra Lamartine, Vigny, Balzac... Les éloges de ses pairs flattaient son amour-propre et il confectionnait, pour les enfants de ses riches amis, des livres d'images à partir de découpages.
De son vivant, il reçut honneurs et décorations du monde entier, fut fait en 1867 citoyen d'honneur de sa ville natale, et sa statue fut érigée à Copenhague. Passant la majeure partie de son temps dans deux familles aisées qui le recevaient à tour de rôle, il termina néanmoins sa vie en solitaire. Le 4 août 1875, il mourut à Copenhague, sans que sa vie ait été en somme aussi « charmante » qu'il voulait s'en persuader.

Ne vous fiez pas à la façade moderniste de ce **musée** : son porche débouche sur une cour pavée bordée d'un superbe ensemble de demeures anciennes (15e-17e s.). Parmi elles, une splendide demeure rouge à colombage de 1646, où une passionnante exposition retrace l'**histoire d'Odense**, de sa fondation vers l'an 900 à la Renaissance, son âge d'or. La ville a ensuite perdu ses privilèges commerciaux avec l'avènement de la monarchie absolue.
Le bâtiment moderne abrite quant à lui des expositions temporaires et un musée sur l'**histoire de Fionie**, la plus petite île danoise. Interactive et récente, l'exposition est intéressante bien qu'un peu touffue.

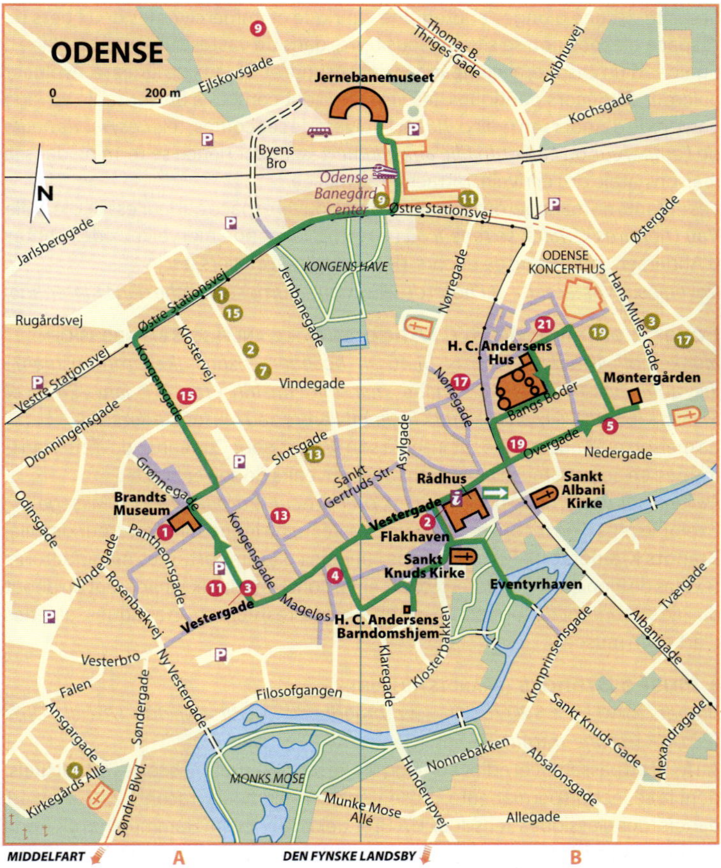

SE RESTAURER

- Café Biografen....... 1
- Bryggeriet Flakhaven.......... 2
- Cuckoo's Nest........ 3
- Lalou Vinbar......... 4
- Den Gamle Kro....... 5
- Storms Pakhus....... 9
- Kong Volmer......... 11
- Olivia Brasserie..... 13
- No 61............... 15
- Oluf Bagers Gård.... 17
- Konrads............ 19
- Under Lindetræet... 21

SE LOGER

- Milling Hotel Ansgar............ 1
- Milling Hotel Mini 11............ 2
- City Hotel Nattergalen......... 3
- Villa A Hotel......... 4
- Milling Hotel Windsor.......... 7
- Danhostel Odense City....... 9
- Hotel Cabinn........ 11
- First Hotel Grand.... 13
- Milling Hotel Mini 19............ 15
- Comwell H. C. Andersen Odense.. 19

★★ Musée H. C. Andersen (H. C. ANDERSENS HUS) B1

H. C. Andersen Haven 1 - ✆ 65 51 46 01 - www.hcandersenshus.dk - ♿ - juil.-août : 9h-18h ; sept.-oct. et avr.-juin : 10h-17h ; reste de l'année : mar.-dim. 10h-16h - fermé 1er janv., 24-25 et 31 déc. - 165 DKK (-17 ans gratuit), incluant l'entrée au foyer d'enfance d'Andersen. Réserv. obligatoire en ligne.

Voici enfin un lieu à la hauteur de l'imaginaire du célèbre conteur Hans Cristian Andersen et de la fascination qu'il exerce dans le monde entier ! Ouvert en juin 2021, le nouveau musée Andersen d'Odense est une indéniable réussite, superbe écrin enserré dans un vaste jardin et bien intégré dans le centre-ville réhabilité. L'édifice est signé de l'architecte japonais **Kengo Kuma**, qui s'est inspiré de la méthode d'Andersen : un petit monde se transformant soudain en un univers plus vaste, comme dans le conte *Le Briquet*.

La visite est une plongée souterraine, onirique et immersive : les deux tiers de l'espace d'exposition se situent sous terre, dans de vastes salles tentaculaires. Équipés d'un casque, accompagnés de musique et de jeux de lumière, évoluant au cœur de décors poétiques, les visiteurs sont conviés à un véritable voyage dans la vie d'Andersen *(voir p. 118)* et l'univers de ses contes, tels *Les Habits neufs de l'empereur* ou *La Petite fille aux allumettes*. L'expérience se termine dans la maison natale de l'écrivain, rattachée au musée.

Les enfants ne manqueront pas non plus le nouvel espace qui leur est dédié, **Ville Vau** *(horaires réduits, se rens.)*, où retrouver le monde merveilleux des contes d'Andersen sous forme de décors, déguisements, ateliers, etc.

Revenir sur Vestergade et l'hôtel de ville, pour tourner à gauche dans Klaregade.

Foyer d'enfance de H. C. Andersen (H. C. ANDERSENS BARNDOMSHJEM) B2

Munkemøllestræde 3-5 - ✆ 65 51 46 01 - hcandersenshus.dk/barndomshjem - juil.-août : 10h-17h ; reste de l'année : mar.-dim. 11h-16h. - fermé 1er janv., 24-25 et 31 déc. - 165 DKK (-17 ans gratuit), incluant l'entrée au musée Andersen.

La maison où Andersen vécut jusqu'à son départ pour Copenhague a été transformée en un petit musée exposant des souvenirs de son enfance.

Revenir sur Vestergade puis, à 200 m, prendre sur la droite Brandts Passage.

Exemple réussi de reconversion d'une vaste friche industrielle en cœur de ville, **Brandts Klædefabrik** fut longtemps l'une des plus importantes manufactures textiles de Fionie. Ses nombreux bâtiments, dont les plus anciens datent du début du 20e s., abritent désormais un cinéma, cafés, restaurants, boutiques, galeries d'art et un musée.

★ Musée Brandts (BRANDTS MUSEUM) A2

Brandts Torv 1 - ✆ 65 20 70 00 - www.brandts.dk - ♿ - tlj sf lun. 10h-17h (jeu. 21h) - 120 DKK (-17 ans gratuit).

Au fond du passage, cet édifice de cinq étages abrite un joli musée des **arts visuels**, dont la collection permanente, présentée par roulements, raconte 250 ans d'art danois (des classiques Jens Juel, HA Brendekilde, Vilhelm Hammershøi ou Anna Ancher aux artistes modernes telles Elisabeth Jerichau-Baumann et Agnes Slott-Møller). Ce musée dynamique propose aussi d'intéressantes expositions temporaires : peinture, photo, cinéma, animation, art plastique… C'est souvent inattendu.

Dirigez-vous vers la gare et montez à l'étage pour passer au-dessus des voies et rejoindre le musée du Train danois.

★ Musée du Train danois (JERNBANEMUSEET) AB1

Dannebrogsgade 24 - ✆ 66 13 66 30 - www.jernbanemuseet.dk - ♿ - 10h-16h (17h de fin juin à déb. août) - fermé 1er janv., 6 oct., 25 et 31 déc. - 80 DKK (-17 ans gratuit).

Musée H. C. Andersen par Kengo Kuma.
Laerke Beck Johansen/Museum Odense

Bonne surprise que ce musée du Train danois, installé dans un ancien hangar des chemins de fer danois daté de 1954 ! Pas moins de **21 voies** y accueillent des locomotives (dont une chasse-neige de 1880, qui effectua le premier trajet Copenhague-Roskilde), des wagons luxueux (voitures royales de 1937 à 2001) ou ordinaires, à bord desquels on peut monter. Des espaces sont également dédiés aux ferries danois, à la companie des wagons-lits et à la carte Interrail qui fait voyager toute une génération de jeunes Danois et Européens.
Dans le **parc à jeux**, les enfants sont invités à se déguiser en chef de gare, en contrôleur ou en conducteur de loco.

2

À proximité

CARTE P. 115

★ Le village fionien (DEN FYNSKE LANDSBY)

En périphérie sud par Læssøegade. Sejerskovvej 20 - 65 51 46 01 - museum.odense.dk - juil.-août : 10h-17h ; mai-juin et sept.-oct. : tlj sf lun. 10h-16h, w.-end 10h-17h (horaires variables se rens.) - fermé hors saison - 145 DKK (-17 ans gratuit).
Ce musée de plein air comprend des bâtiments ruraux des 18e et 19e s. patiemment reconstruits pour former un village typique, avec ses fermes, ses ateliers, ses moulins, son école, son presbytère, etc.

★★ Château d'Egeskov (EGESKOV SLOT)

À 23 km au sud par la route 9 vers Svendborg, puis à gauche route 8 vers Fåborg. Egeskov Gade 18 - 5772 Kværndrup - 62 27 10 16 - www.egeskov.dk - - de fin juin à déb. août : 10h-19h ; de mai à fin juin et de mi-août à fin oct. : 10h-17h (château 11h-17h) ; hors saison : se rens. - 120/245 DKK selon saison (enf. 75/140 DKK).
Un parcours dans les arbres (« Tree Top Walking »), la crypte de Dracula, deux aires de jeux et un labyrinthe dessiné par Piet Hein permettent aux familles d'entrecouper agréablement la visite et de profiter pleinement du parc, des musées et du château.

Plus que toute autre région du Danemark, l'ouest de la Fionie abonde en belles demeures. À commencer par ce château Renaissance, l'un des mieux conservés du Danemark. Situé à proximité de la petite ville de **Kværndrup**, il se dresse sur une île au milieu d'un lac entouré d'une forêt de chênes qui lui donna son nom (*egeskov* signifie « forêt de chênes »). Construit en 1554 sur des fondations en bois de chêne, il reflète les préoccupations de l'époque : nécessité de se défendre mais aussi désir d'une vie plus confortable. Il fut ainsi doté d'un pont-levis et de mâchicoulis, tandis que les murs étaient percés de larges baies inondant l'intérieur de lumière. Le corps principal se compose de deux bâtiments contigus : des cheminées et deux escaliers secrets furent installés entre les deux murs. Du côté du pont-levis, le château est encadré de deux tours rondes coiffées d'un toit pointu en cuivre. Les murs extérieurs, d'une belle couleur rouge patinée par le temps, sont surmontés de pignons à redans. De l'ensemble, il se dégage une impression d'élégance raffinée.

Intérieur – Les descendants du bâtisseur, qui y vivent toujours, l'ont en grande partie ouvert au public. Le château est décoré de nombreux trophées de chasse rapportés d'Afrique par l'avant-dernier propriétaire. Au 1er étage, dans la remarquable salle des banquets, on peut admirer un imposant portrait équestre de Christian IV. La tour abritant l'escalier conduit au grenier. Comme tout château digne de ce nom, il a sa légende : il se raconte qu'il suffirait de retirer Træmanden, une mystérieuse poupée de bois couchée sous la charpente d'une des tours, pour que le château tout entier s'écroule !

Parc – Dessiné vers 1730, c'est aujourd'hui un vaste parc fort bien entretenu, divisé en plusieurs sections délimitées par des haies, dont le jardin des fuchsias (75 variétés différentes), le jardin Renaissance, agrémenté de fontaines, ou le jardin des herbes aromatiques et médicinales.

Musées – Au fond du parc sont présentées de surprenantes collections de motos anciennes, de véhicules de secours de la société Falck (née en 1906 à Copenhague) et – nouveauté – un **musée du Camping**, le premier du genre en Europe. Créé avec la Danish Camping Union (DCU), on y apprend tout sur cette passion nordique pour le caravaning, le campement sous tente et la vie au grand air.

★ Kerteminde

À 15 km au nord-est.

Strandvejen 6 - ✆ 65 32 11 21 - www.visitkerteminde.dk.

Les environs de Kerteminde, en particulier la magnifique **presqu'île de Hindsholm**, constituent un lieu de villégiature réputé, regorgeant de cabanons de vacances à louer, certains les pieds dans l'eau. Liste disponible sur le site de l'office de tourisme *(voir coordonnées ci-dessus)*.

Située à l'entrée du fjord de Kerteminde, sur la côte nord-ouest de la Fionie, cette cité maritime dispose de belles plages et d'un port de plaisance. Depuis le Moyen Âge, la pêche est son activité principale, offrant un spectacle vivant qui faisait dire au peintre **Johannes Larsen** que sa ville natale était « la plus jolie petite ville du monde ». Nombreuses maisons anciennes le long du port.

Farvergården - Musée historique (Kulturhistorisk Museum) – *Langegade 8 - ✆ 65 32 37 27 - www.ostfynsmuseer.dk - juin-août : 10h-16h ; avr.-mai et sept.-oct. : tlj sf lun. 10h-16h ; reste de l'année : se rens. - gratuit.* Farvergården, une très belle maison à pans de bois du 17e s., sert de cadre à l'évocation de l'histoire locale. Les objets exposés évoquent la vie et les métiers d'autrefois. Boutique et agréable café dans le jardin, où s'essayer à faire du vélo sur une réplique d'un modèle de 1880 !

Musée Johannes Larsen (J. Larsen Museet) – *65 32 11 77 - www.ostfynsmuseer.dk - ♿ - juin-août : 10h-17h ; sept.-mai : mar.-dim. 10h-16h - 100 DKK (-18 ans gratuit).* Située sur le flanc d'une colline dominant le port, **Møllebakken** fut la demeure du peintre **Johannes Larsen** (1867-1961), dont les sujets préférés étaient les scènes de la vie quotidienne et la nature. Elle abrite un musée consacré à son œuvre mais aussi à celles d'autres peintres fioniens. Un moulin à vent, **Svanemøllen** (le « moulin du Cygne »), la domine de sa masse.

★ Ladby

À 3 km au sud de Kerteminde.

Typiques de la presqu'île de Hindsholm, les adorables chaumières de ce paisible village apparaissent au milieu des champs.

★ **Musée viking de Ladby (Vikingmuseet Ladby)** – *À 1 km du centre du village (fléché) - 65 32 16 67 - www.ostfynsmuseer.dk - mar.-dim. 10h-16h - 80 DKK (-18 ans gratuit).* Si, comme nous, vous vous êtes toujours demandé ce que pouvaient bien abriter les tumulus qu'on voit un peu partout dans le nord de l'Europe (mais dont on voit rarement l'intérieur), ne manquez pas ce petit musée qui veille depuis 1934 sur son grand trésor : l'impressionnante **tombe du roi viking de Kerteminde**, enterré vers l'an 920 avec son bateau, ses armes, ses chiens et ses chevaux. Reconstitué après sa découverte ici même, le navire de 21,5 m de long, ses 2000 rivets, ses squelettes de chevaux et son imposante ancre dorment toujours sous la terre, dans une pénombre qui rend l'ensemble encore plus majestueux, à 100 m du modeste musée qui éclaire son histoire.

L'été, une réplique exacte du navire – fabriquée par des passionnés – est amarrée au ponton proche de la tombe, vue sur le fjord de Kerteminde.

★ Nyborg

À 25 km à l'est par la route côtière depuis Kerteminde.

Torvet 2B - 63 33 80 90 - www.visitnyborg.dk.

Nyborg doit son développement et sa vitalité économique à sa situation sur la côte orientale de la Fionie, sur la principale voie de communication avec le Sjælland. La ville grandit au pied de son château construit en 1170 pour protéger le détroit du Storebælt. Pendant longtemps, elle eut le statut de résidence royale et de siège du Danehof (Diète), assemblée réunissant la noblesse et le clergé. Aujourd'hui, c'est le point d'accès au superbe **pont** qui traverse sur près de 20 km le détroit du Storebælt, permettant ainsi aux automobilistes de gagner le Sjælland sans utiliser le ferry. Les trains circulent aussi sur ce pont jusqu'à l'île de Sprogø où ils achèvent la traversée en empruntant un tunnel.

Château – *65 31 02 07 - www.nyborgslot.dk - fermé pour travaux jusqu'en 2023, se rens.* Ses vestiges se dressent sur un promontoire entouré d'eau. L'aile occidentale comprend la salle des chevaliers, la salle de réunion de la Diète, la chambre du roi et les appartements des enfants royaux. La **Landport** (porte de la ville), construite en 1660, se trouve au nord du château.

Trois rues parallèles forment l'axe du centre-ville. Dans Kongegade, une grande maison à colombage datant de 1601, **Mads Lerches Gård**, abrite le musée local consacré à l'histoire régionale.

Église Notre-Dame (Vor Frue Kirke) – *66 12 65 39 - nyborgkirke.dk - juin-août : 10h-18h, reste de l'annee 10h-16h.* Du 14e s. mais remaniée au 19e s., elle contient des fonts baptismaux Renaissance en bois sculpté, une chaire baroque et d'élégantes grilles en fer forgé, réalisées en 1649 par **Caspar Fincke**.

Près de l'église, au coin d'Adelgade et de Korsbrødregade, se dresse **Korsbrødregård**, vaste demeure de pierre datant de 1396.

2

Carnet pratique

S'informer

Office de tourisme – PLAN B2 (P. 119) - *Vestergade 2 - ✆ 63 75 75 20 - www.visitodense.com.*

Arriver/partir en train

Compter 1h30 de Copenhague. La gare se trouve au nord du centre-ville, à 15mn à pied de Vestergade.

Agenda

Festival culturel du port – *www.havnekulturfestival.dk.* Dernier w.-end de mai. 30 000 personnes sur le port d'Odense pour 250 événements culturels.

Tinderbox – *tinderbox.dk.* Fin juin. Trois jours de concerts.

Festival des Fleurs – *www.blomsterfestival.dk.* Mi-août. 200 000 plantes dans les rues !

Festival international du film – *filmfestival.dk.* 2e quinz. d'août.

Festival Andersen – *www.hcafestivals.com.* Fin août. Festivités autour de l'écrivain.

Nos adresses

Restauration

Premier prix

Cafés et établissements de restauration légère à l'ambiance jeune se succèdent dans le passage Brandts qui conduit au musée du même nom.

1 **Café Biografen** – A2 - *Brandts Passage 39-41 - ✆ 66 13 16 16 - www.cafebio.dk - 9h30-23h (dim. 23h30) - plats 109/199 DKK.* Un lieu à l'atmosphère culturelle, typique du musée Brandts et du passage qui y mène. Doté d'un cinéma, le Biograf, cet imposant café-restaurant attire une clientèle locale venue déguster une cuisine de qualité tout en lisant la presse.

11 **Kong Volmer** – A2 - *Brandts Passage 13 - ✆ 66 14 11 28 - kongvolmer.com - 11h-15h, vend.-sam. 11h-16h, dim. 12h-15h - plats 80/180 DKK.* Toujours dans le passage Brandts, ce bistro sans terrasse se fait du coup plus discret que les autres. Il sert de délicieux *smørrebrød* et tartines en demi-portion *(hapsere)* qui permettent de déguster un assortiment de produits variés.

19 **Konrads** – B2 - *Overgade 32 - ✆ 40 23 51 21 - www.konrads.dk - 10h-16h, sam. 9h-16h- fermé dim.-lun. - plats 102/165 DKK.* Ambiance très cosy dans ce café avec un coin cheminée. On y vient pour le brunch ou pour déjeuner de quelques en-cas froids et pâtisseries accompagnés d'un café ou d'un chocolat chaud.

9 **Storms Pakhus – Odense Street Food** – A1 - *Seebladsgade 21 - entrée dans Ejlskovsgade - ✆ 33 93 07 60 - www.stormspakhus.dk - 11h-21h (vend.-sam. 22h) - plats 52/134 DKK.* Au nord de la gare, un ancien hangar industriel accueille la première *street food* d'Odense : de bons stands de cuisine de rue du monde entier, des bars et des échoppes (barbier, coiffeur, vêtements d'occasion). Chaque semaine, le lieu est animé de concerts, défilés, fêtes, etc.

Budget moyen

2 **Bryggeriet Flakhaven** – B2 - *Flakhaven 2B - ✆ 66 12 02 99 - www.flakhavengastro.dk - mar. 15h-22h, merc. 15h-23h, jeu. 15h-0h, vend.-sam. 11h-2h - plats 165/395 DKK.* Une brasserie artisanale au centre de laquelle

trônent des cuves de cuivre, avec aussi une belle terrasse sur la place principale de la ville. Cuisine danoise sans éclat, mais calibrée pour rassasier les plus affamés.

3 **Cuckoo's Nest** – A2 - *Vestergade 73 - ✆ 65 91 57 87 - www.cuckoos.dk - 10h-0h, jeu.-sam. 10h-2h - plats 229/279 DKK.* Un café-restaurant où l'on appréciera une cuisine simple et goûteuse. Une belle terrasse et un intérieur décoré avec soin contribuent à l'ambiance décontractée du lieu. Plein à craquer le week-end.

13 **Olivia Brasserie** – A2 - *Vintapperstræde 37 - ✆ 66 17 87 44 - olivia-brasserie.dk - 10h-23h (dim. 22h) - menus 279/379 DKK.* Une brasserie élégante qui dispose d'une belle terrasse dans une ruelle piétonne, où vous pourrez vous régaler de salades, sandwichs et brunchs copieux.

4 **Lalou Vinbar** – A2 - *Pogestraede 31 - ✆ 26 84 71 92 - www.lalouvinbar.dk - merc.-jeu. 16h-23h, vend. sam. 14h-23h30 - carte 100/400 DKK.* Un bar à vins prisé où déguster de bons crus, accompagnés de produits sélectionnés : charcuterie italienne, mozzarella, fromages affinés français, etc. Décor simple et chaleureux. Réserv. conseillée.

15 **No 61** – A1 - *Kongensgade 61 - ✆ 61 69 10 35 - www.restaurant.no61.dk - tlj sf dim. 16h-22h - menus 325/385 DKK.* Derrière de grandes baies vitrées, un restaurant décoré dans le style « shabby chic » (patiné et lumineux) affectionné par les bobos, avec quelques clins d'œil francophiles. Cuisine exquise (mais choix limité) et excellente carte de vins français.

5 **Den Gamle Kro** – B1-2 - *Overgade 23 - ✆ 66 12 14 33 - www.dengamlekro.dk - 12h-21h - plats 189/325 DKK.* Dans les salles voûtées de cette demeure de 1683, vous pourrez tester le délicieux buffet danois à base de canapés *(smørrebrød)* propre à rassasier les appétits les plus solides.

Pour se faire plaisir

17 **Oluf Bagers Gård** – B1 - *Nørregade 29 - ✆ 64 44 11 00 - www.olufbagersgaard.dk - 17h30 - 22h30 - menus 500/750 DKK.* Dans une belle maison ancienne se cache cette adresse réputée. Peu de plats à la carte, mais des produits frais, travaillés avec créativité. Service attentif, bons vins.

21 **Under Lindetræet** – B1 - *Ramsherred 2 - ✆ 66 12 92 86 - www.underlindetraet.dk - merc.-vend. 12h-15h, 18h-22h, sam. 10h-14h, 18h-22h, dim. 10h-14h - menu dîner 495 DKK.* Dans une jolie maison du quartier ancien, ce restaurant richement décoré propose une cuisine de qualité. Belle carte de vins pour accompagner un dîner savoureux. Une formule brunch *(249 DKK)* est proposée le week-end.

ARO – HORS PLAN - *Østerbro 32- ✆ 42 83 23 15 - www.restaurant-aro.dk - merc.-sam. 18h-0h - 6 menus de 475 DKK (3 plats) à 1600 DKK (menu gastro vins et champagne compris).* Après avoir fait leurs armes dans de prestigieux restaurants danois et internationaux, les chefs Bjørn Jacobsen et Christoffer Schärfe se sont installés dans cette ancienne usine d'Odense pour proposer une cuisine à la fois rustique et raffinée. Frais et de saison, les produits proviennent d'une ferme de la région.

À Kerteminde

Pour se faire plaisir

Restaurant Rudolf Mathis – *Dosseringen 13 - face à la ville par le pont menant Nyborg et tout de suite à gauche - ✆ 66 32 32 33 - www.rudolf-mathis.dk - 12h-13h30, 18h-0h - fermé dim.-lun. - menu 595 DKK.* Un restaurant de poissons

2

renommé, littéralement posé sur l'eau du fjord de Kerteminde.

Shopping

Un marché aux puces a lieu sur le port, tous les dimanches de mi-mars à mi-octobre.

Klods Hans – B1 - *Hans Jensens Stræde 34 - 66 11 09 40 - www.klodshansodense.com - juin-août : lun.-vend. 10h-17h, sam. 10h-14h ; mars-mai et sept.-déc. : mar.-jeu. 10h-16h, sam. 10h-14h.* Près du musée Andersen, une échoppe où vous trouverez des décorations de Noël, des poupées et des objets d'artisanat danois.

Kramboden – B2 - *Nedergade 24 - 66 11 45 22 - www.kramboden.net - 10h-17h30, vend. 10h-18h, sam. 10h-14h - fermé dim.* Dans une vénérable maison commerçante vieille de quatre siècles, cette quincaillerie à l'ancienne vend aussi des jouets, de la brocante et des objets artisanaux. Musée à l'étage.

À Kerteminde

Vesterhus – *Andresens Købmandsgård 1 - 26 21 03 04 - lun. et merc.-vend. 11h-17h30, sam. 10h-14h.* Sur les trois étages d'une belle et robuste maison ancienne : vêtements vintage, objets d'art et d'artisanat, bijoux et meubles.

Hébergement

Il n'est pas facile de bien se loger à Odense : à prestation égale, les hébergements sont plus chers qu'ailleurs, voire vieillots. N'hésitez pas à vous rendre aux alentours de la ville si vous êtes en voiture.

Premier prix

9 **Danhostel Odense City** – B1 - *Østre Stationsvej 31 - 63 11 04 25 - www.danhostel.dk - 39 ch. 530 DKK - 69 DKK.* Même si cette auberge de jeunesse longe une artère bruyante, l'intérieur est silencieux grâce à un double vitrage. Les chambres disposent de lits superposés et d'une salle de bains privative. Plusieurs commodités, dont cuisine, accès Internet et réfectoire pour le petit déjeuner. Pas de charme particulier, mais propre, central et bon marché.

15 **Milling Hotel Mini 19** – A1 - *Hans Tausens Gade 19 - 66 12 14 27 - millinghotels.dk - 35 ch. 674/825 DKK -* Ce bel immeuble décoré de plaques de cuivre accueille un café design, des chambres correctes mais un peu étroites et plutôt rudimentaires. L'intérêt tient essentiellement dans le prix et la situation.

2 **Milling Hotel Mini 11** – A1 - *Hans Tausens Gade 11 - 66 12 11 31 - millinghotels.dk - 28 ch. 625/775 DKK* . Basique mais confortable, avec une décoration sobre et lumineuse, ce petit hôtel est proche de la gare et des principaux centres d'intérêts.

7 **Milling Hotel Windsor** – A1 - *Vindegade 45 - 66 12 06 52 - millinghotels.dk -63 ch. 899 DKK* - . Chambres accueillantes et agrémentées d'un mobilier de style ancien.

1 **Milling Hotel Ansgar** – A1 - *Østre Stationsvej 32 - 66 11 96 93 - millinghotels.dk - 74 ch. 899 DKK -* . Appartenant au même groupe que les précédents, cet hôtel du quartier de la gare est apprécié pour ses chambres confortables, d'un genre classique. Préférez celles donnant sur la cour.

Budget moyen

11 **Hotel Cabinn** – B1 - *Østre Stationsvej 9 - 63 14 57 00 - www.cabinn.com - P payant - 201 ch. à partir de 995 DKK - 99 DKK.* Rejeton d'une chaîne hôtelière à bas coût, cet établissement moderne et impersonnel offre néanmoins un bon rapport qualité-prix et la garantie de chambres récentes (ce qui est loin d'être le cas ailleurs). Plusieurs catégories de chambres et de tarifs, confort en rapport.

Offres week-end et vacances à prix réduits.

4 **Villa A Hotel** – A2 - *Kirkegårds Allé 17 - ✆ 66 12 88 00 - www.villaa.dk - P - 15 ch. 945 DKK - ☕ 95 DKK.* Accueil souriant et gentil, chambres propres et avenantes, petit déjeuner bon et copieux, atrium verdoyant pour se relaxer : tout ici respire une félicité modeste et sans apprêt.

3 **City Hotel Nattergalen** – B1 - *Hans Mules Gade 5 - ✆ 66 12 12 58 - www.cityhotelnattergalen.dk - P payant limité - 43 ch. 1050/1250 DKK ☕.* Un hôtel bien situé qui dispose de chambres très correctes et d'une grande terrasse où des transats sont installés en été. Les enfants et amateurs trouveront au sous-sol un billard et une table de ping-pong.

Pour se faire plaisir

19 **Comwell H. C. Andersen Odense** – B1 - *Claus Bergsgade 7 - ✆ 66 14 78 00 - comwell.com - P payant - ♿ - 157 ch. 1846 DKK ☕ - ✕.* Un établissement de chaîne doté de chambres spacieuses, modernes et cosy. Architecture plaisante, toute en brique, et situation très centrale près du musée Andersen.

13 **First Hotel Grand** – A2 - *Jernbanegade 18 - ✆ 66 11 71 71 - www.firsthotels.com - P payant - 135 ch. 1729 DKK ☕ - ✕.* L'hôtel le plus central de la ville ! Les prix élevés sont justifiés par les dimensions et l'aménagement des chambres. Les tarifs baissent le week-end et durant les vacances d'été. Voir aussi les promotions sur Internet.

À Kerteminde

Premier prix

Købmandsgårdens B & B – *Andresens Købmandsgård 4 - ✆ 26 28 46 51 - www.bnb-kerteminde.dk - ⊭ P - 4 ch. 650 DKK - ☕ 90 DKK.* Au cœur de la ville, dans la cour d'une ravissante maison à pans de bois, des chambres douillettes partagent une salle d'eau et une cuisine communes. Propreté impeccable et ambiance paisible.

Budget moyen

Tornøes Hotel – *Strandgade 2 - ✆ 65 32 16 05 - www.tornoeshotel.dk - 38 ch. 1095 DKK ☕ - ✕.* Posté face au petit fjord et au port, un établissement adorable, véritable institution locale, au décor plutôt cossu. Chambres très claires et agréables et, pour les romantiques, lit à baldaquin dans la suite.

Aux alentours

Premier prix

Grambo B & B – *Grambovej 50 - Nårup - 23 km au sud-ouest d'Odense - ✆ 66 11 96 93 - 2 ch. : 1 dble (700 DKK) et 1 familiale (max 5 pers., 350 DKK/adulte, 250 DKK/enf., - 3 ans gratuit) ☕.* À une petite demi-heure de voiture du centre d'Odense, un Bed & Breakfast en pleine campagne, avec poneys, chien, chat et poules. On y profite d'un petit déjeuner copieux avec œufs tout juste pondus, d'un accès au jardin et de l'accueil charmant des propriétaires.

Svendborg et les îles

Sur les bords du Svendborg Sund, détroit qui sépare la Fionie de l'île de Tåsinge, Svendborg est un centre industriel et commercial important et la deuxième ville de Fionie. L'aspect un peu ingrat des abords de la localité ne doit pas pour autant décourager : les ruelles du centre, bordées de quelques belles demeures traditionnelles, et le port, lieu de promenade estivale et rendez-vous des plaisanciers, méritent d'être explorés.

Se repérer

CARTE P. 115
58 588 habitants
Svendborg est à 50 km au sud d'Odense par la route 9.

Organiser son temps

Comptez une heure ou deux pour Svendborg, idéalement un jour de marché *(merc. ou sam.)*, quand s'anime le centre-ville, et consacrez plus de temps aux îles.

En famille

Naturama et le musée des Trophées de chasse au château de Valdemar.

Carnet pratique p. 132

Nos adresses p. 133

Se promener

Le vieux quartier de la ville s'organise autour de la **place du Marché** (Ramsherred), vaste et pavée, de forme irrégulière, un peu vide lorsque le marché *(merc. et sam.)* ne vient pas l'animer. Au fil des rues pavées avoisinantes, on peut, à l'occasion, apercevoir une charmante cour intérieure.

Église Notre-Dame (Vor Frue Kirke) – *62 21 11 61 - à partir de 11h.* De style essentiellement gothique, juchée en haut d'une volée de marches, elle domine la place du Marché et son carillon de 27 cloches sonne quatre fois par jour.

★ **Anne Hvides Gård** – *Fruestræde 3 - 62 21 34 57 - www.svendborgmuseum.dk - ouv. lors des expositions temporaires - gratuit.* Située presque en face de l'église, dans Fruestræde *(accès par quelques marches)*, la plus ancienne maison de Svendborg est un charmant édifice tout de guingois à colombage datant de 1560 qui accueille aujourd'hui une partie du musée local.

Prendre Skt. Nikolai Gade devant la grande demeure de brique à colombage abritant un magasin de mode et poursuivre jusqu'au carrefour avec Gerritsgade.

Une ville maritime et prospère

Mentionnée pour la première fois en 1229, la ville était au Moyen Âge défendue par un château et entourée d'une muraille rasée au 16e s. Elle se développa grâce aux relations commerciales qu'elle entretenait avec les duchés de Holstein et de Schleswig. Au 18e s., elle était l'un des principaux centres du commerce des céréales et de la viande, connaissant une prospérité que ses anciennes maisons reflètent encore. Aujourd'hui, les activités maritimes de Svendborg se résument essentiellement en un service de ferries d'importance primordiale avec Ærø et d'autres îles de l'archipel proches de la côte méridionale de la Fionie.

Île Ærø.
MortenChr/Getty Images Plus

Église St-Nicolas (Sankt Nicolai Kirke) – *☏ 62 21 28 54 - 10h-16h, w.-end 10h-12h.* Construite au 13e s., c'est la plus vieille église de Svendborg. Soigneusement restaurée à la fin du 19e s., elle est dotée d'un retable exécuté par **Joakim Skovgaard**.

2

Gåsestræde, sur la droite, ramène à la place centrale. Par Skolegade, en face, on gagne Droningemaen, boulevard descendant vers le port et la route de Nyborg.

Naturama – *Droningemaen 30 - ☏ 62 21 06 50 - www.naturama.dk - juil.-août : 9h-17h (voire 19h) ; hors saison : lun.-vend. 9h-16h (horaires variables, se rens.) - fermé janv. - 120/150 DKK selon la saison (-17 ans gratuit).* Un musée d'histoire naturelle nouvelle génération occupe ce grand bâtiment de brique, offrant une découverte du règne animal nourrie de technologie multimédia.

Remonter Droningemaen et prendre à gauche Grubbemøllevej.

Musée de la Protection sociale (Forsogsmuseet) – *Grubbemøllevej 13 - ☏ 62 21 02 61 - www.svendborgmuseum.dk - de mi-fév. à mi-déc. : mar.-dim. 10h-16h - 75 DKK (-18 ans gratuit).* L'ancien asile de la ville, **Viebæltegård**, a conservé son intérieur d'origine, permettant d'imaginer les conditions de vie difficiles des classes laborieuses de l'époque. Unique en son genre, ce musée s'intéresse à l'émergence de l'État-providence au Danemark.

Regagnez la place centrale et poursuivre vers le port.

Musée de la Voile (Danmarks Museum for Lystsejlads) – *Frederiksø 16F - ☏ 30 62 46 25 - www.lystsejlads.dk - mai-juin et sept.-oct. : w.-end 11h-17h, juil.-août : 11h-17h ; hors saison : mar. 10h-15h - gratuit.* Tenu par des bénévoles, ce petit musée sans prétention met en valeur les voiliers et les chantiers navals danois.

À proximité

CARTE P. 115

★★ Fåborg

À 44 km à l'ouest par la route côtière (44).

Torvet 19 - ☏ 72 53 18 18 - www.visitfaaborg.dk. En plus des infos touristiques classiques, ce centre d'accueil propose un tour d'horizon de la pêche fionienne.

Située au cœur d'un paysage vallonné, dont les collines recouvertes d'un épais manteau forestier portent le nom d'**Alpes fioniennes**, Fåborg est une cité animée de la côte méridionale de la Fionie. Des environs attrayants, un bord de mer magnifique et une longue histoire bien mise en valeur en font l'une des plus jolies villes danoises. Elle propose en outre un choix varié d'événements culturels, tels que concerts et expositions d'art, et d'activités maritimes comme la voile et la planche à voile. Son port est, avec celui de Svendborg, la principale escale de voiliers naviguant le long de la côte méridionale. Des ferries assurent également des liaisons régulières avec les îles les plus importantes.

Vous pourrez rejoindre en voiture le petit front de mer et le **port de Fåborg** (et, accessoirement, la route côtière de Svendborg) sans faire le tour des quartiers modernes, en prenant Vestergade et en passant sous la porte fortifiée *(attention : croisement impossible)*, puis en prenant immédiatement à gauche. Mais l'idéal est d'emprunter à pied Torget et une ruelle à droite...

Au centre-ville, se garer sur le parking du supermarché à gauche de la route.

Des anciennes fortifications de la **vieille ville** ne subsiste plus que la **porte occidentale** *(sur votre gauche)*, dans Vestergade, première rue que vous croiserez *(sur votre droite)*.

Continuer tout droit jusqu'au bout de Mellemgade, qui rencontre alors Torvegade que prolonge à droite Holkegade.

La Vieille Ferme (Den Gamle Gård/Øhavsmuseet) – *Havnegade 3 - ☎ 63 61 20 00 - www.ohavsmuseet.dk - de fin juin à déb. août : 10h-17h ; reste de l'année : se rens. - 75 DKK (-18 ans gratuit).* Bien conservé et restauré, le décor intérieur (18e s.) de cette belle maison bourgeoise à encorbellement offre un petit voyage dans le temps, à l'époque où Fåborg était la cinquième cité maritime du pays.

Prendre Torvegade qui conduit à la place du Marché.

Place du Marché (Torvet) – Sur cette place à la fois harmonieuse et un peu biscornue, vous pourrez voir une curieuse fontaine de bronze, énigmatique œuvre de **Kai Nielsen** (1882-1924), un enfant du pays. À proximité, le beffroi du 15e s. domine le quartier. Toute jaune, l'église se niche dans un pâté de maisons aux pittoresques rues étroites. Ces dernières sont bordées de maisons à colombage, peintes de couleurs vives, remarquables par la diversité de leur architecture : de modestes habitations d'artisans y côtoient des demeures cossues de marchands. Au n° 19, le **musée Gaol** est consacré à l'univers carcéral *(ohavsmuseet.dk - de fin juin à déb. août : 10h-17h ; reste de l'année : se rens. - 75 DKK, (-18 ans gratuit).*

Prendre Ostergade et la suivre jusqu'au bout.

Musée de la Peinture fionienne (Fåborg Museum for Fynsk Malerkunst) – *Grønnegade 75, sur la gauche - ☎ 62 61 06 45 - www.faaborgmuseum.dk - ♿ - sept.-juin : tlj sf lun. 11h-16h ; juil. : tlj sf lun. 10h-18h ; août : tlj sf lun. 10h-17h - 90 DKK (-18 ans gratuit).* Un curieux bâtiment abrite ce musée fondé par un mécène, Mads Rasmussen, qui en fit don à la ville en 1915. Il est célèbre au Danemark pour sa superbe collection de toiles de peintres fioniens, parmi lesquels **Peter Hansen** et **Johannes Larsen**.

Excursions dans l'archipel

CARTE P. 115

L'archipel de Fionie méridionale se compose de trois îles principales – Tåsinge, Langeland et Ærø – reliées à la Fionie par des ponts. Huit autres petites îles sont uniquement accessibles par voie maritime. Ce patchwork de villages, champs et prés-salés compte aussi des îlots inhabités, le royaume des colonies d'oiseaux.

★ Île de Tåsinge

Quitter Svendborg par la route d'Odense et suivre les panneaux pour rejoindre la route 9 traversant le détroit par un pont. Juste après celui-ci, tourner à gauche. Enserrée entre la côte méridionale de la Fionie et l'île de Langeland, auxquelles la relient des ponts, Tåsinge n'est plus vraiment une île ! Le flot de voitures joignant Lolland et Odense la traverse le plus souvent sans s'arrêter.

Troense

C'est un adorable village, avec ses jolies petites maisons à colombage peintes en blanc, ses haies basses, ses barrières blanches et son minuscule port blotti au creux d'une anse paisible.

Château de Valdemar (VALDEMARS SLOT)

62 22 50 04 - www.valdemarsslot.dk - juil.-août : 10h-19h ; reste de l'année : 10h-17h - château et musée des Trophées de chasse : 110 DKK (4-12 ans 55 DKK).
Cet imposant château de style baroque se dresse dans un site boisé au bord d'un grand étang. Construit entre 1639 et 1644 par Christian IV pour son fils Valdemar, il fut remanié à la fin du 17e s. Parmi les salles meublées, la grande salle, avec son sol en damier, impressionne. Le **musée des Trophées de chasse** (essentiellement du grand gibier naturalisé, sorte de mini-musée zoologique qui plaira aux enfants) occupe les dépendances.

Bregninge

Sur la route 9 qui traverse l'île. Du haut de la tour de l'église du village, on découvre une **vue** étonnante sur tout l'archipel enserrant le sud de la Fionie.

2

★ Île de Langeland

Cette île au large de Tåsinge à laquelle elle est reliée par un pont, est longue et étroite. Ses plages et son atmosphère paisible attirent de plus en plus de touristes.

Rudkøbing

Torvet 5 - 62 51 35 05 - www.langeland.dk.
Principale ville de l'île, cette cité dont l'ambiance incite à la détente est dotée d'un port de plaisance accueillant. Le long de ses étroites rues pavées aux maisons colorées, des portes cochères laissent entrevoir de charmantes cours. La statue de **Hans Christian Ørsted** (1777-1851), natif de Rudkøbing, qui découvrit le principe de l'électromagnétisme, se dresse au centre de la place du Marché (Torvet). Belles maisons bourgeoises dans Østergade (Bays Gård) et Nørregade (Bondos Gård). La nef romane est la partie la plus ancienne de l'**église**. La découverte d'une vieille cloche portant une inscription runique a permis de dater sa fondation en 1105. Rue Stræde subsiste le dernier des trois moulins de la ville, daté du 18e s.
Prendre la route 305 qui parcourt l'île dans sa longueur en direction de Lohals.

Tranekær

Ce village aux maisons peintes de couleurs vives est connu pour son château d'un rouge éclatant, remaniement en 1863 d'un édifice du 12e s. La même famille l'habite depuis 1535. Il n'est pas ouvert au public, mais le **parc** et le moulin sont accessibles gratuitement : vous y verrez des rhododendrons, des étangs et des ponts de bois. Également une **réserve ornithologique**.
Jusqu'au port de pêche de **Loharls**, la route traverse une agréable campagne parsemée de moulins. Sur la gauche, des voies secondaires conduisent à des plages agrémentées de campings comme **Emmerbølle** ou **Dageløkke**.

★★ Île Ærø

Deux ports permettent de rallier l'île Ærø depuis les côtes de la Fionie.
Depuis Svendborg, 10 à 12 ferries par jour pour Ærøskøbing *(1h15 de traversée). ✆ 62 52 40 00 - aeroe-ferry.dk - 119 DKK/pers. AS et 260 DKK/voiture AS.*
Depuis Fåborg, ferry toutes les heures pour Søby, port situé à la pointe nord de l'île *(1h de traversée). ✆ 62 52 40 00 - aeroe-ferry.dk - 736 DKK AS (voiture + 4 pers.).*
Elle est la deuxième île en superficie de l'archipel fionien et certains la considèrent comme la plus jolie du pays : en débarquant du ferry, on a l'impression de revenir 200 ans en arrière, avec ses petites routes bucoliques qui filent dans une campagne parsemée de moulins à vent... Longue de 30 km sur 9, Ærø respire la tranquillité. La principale route de l'île la parcourt dans toute sa longueur. Outre sa « capitale », Ærøskøbing, l'île ne compte que deux autres « villes » (**Søby** au nord et **Marstal** à l'autre extrémité). On peut visiter une grande partie de l'île dans la même journée, mais rien ne vaut quelques jours sur place pour profiter de son charme et goûter aux fruits de mer (nombreuses maisons d'hôtes et petits hôtels familiaux).

★★ Ærøskøbing

ℹ Ærøskøbing Havn 4 - ✆ 62 52 13 00 - www.visitaeroe.com.
Comme sortie d'un conte pour enfants, Ærøskøbing est le joyau de cette île « authentique », comme l'appellent les Danois. La petite ville s'abrite au creux d'un port naturel. La majorité des édifices datent du 17e s. ; ses maisons fleuries, peintes de couleurs vives, aux portes de bois sculptées, s'alignent gaiement le long des rues pavées. La vieille pharmacie dans Vestergade est particulièrement intéressante, mais il faut également flâner le long de Sluttergyden, de Søndergade, de Brogade et de Nørregade pour apprécier vraiment la diversité de cet ensemble architectural.
Musée des Bateaux en bouteille (Flaske-Peters Samling) – *Smedegade 22 - ✆ 81 55 59 72 - www.flaskepeters-samling.dk - de fin juin à fin août. : tlj sf dim. 10h-16h ; reste de l'année : se rens. - 50 DKK (-12 ans gratuit).* Dans une des vieilles maisons de la ville, vous découvrirez l'extraordinaire collection de Peter Jacobsen, dit Flaske-Peter (« Pierre Bouteille »). Ce cuisinier de navire mit environ 1700 bateaux en bouteille dont plus de 700 sont exposés ici.
Anciens chantiers navals (Det Gamle Værft) – *Ærøskøbinghavn 4a - ✆ 62 52 12 22 - www.detgamlevaerft.dk - lun.-vend. 10h-17h - 50 DKK (- 18 ans 30 DKK), atelier 135 DKK (100 DKK enf.).* Sur le site des anciens chantiers navals : une boutique, des bâteaux à visiter et des ateliers pour apprendre, entre autres, à forger des couteaux.
À l'ouest de la ville, **Vesterstrand** est une belle plage de sable fin, connue pour ses cabines colorées.

ℹ Carnet pratique

S'informer

Office du tourisme de Svendborg – *Havnepladsen 2 - ✆ 62 23 69 51 - www.visitsvendborg.com.*

Arriver/partir en train

Compter 2h30 de Copenhague avec un changement à Odense.

Nos adresses

Restauration

À Svendborg

Pour se faire plaisir

Salig Simons Gaard – *Brogade 37 ✆ 60 38 34 98 - www.saligsimonsgaard.dk - mar.-sam. 11h-23h.* Dans une maison du 17e s., un bistro français revisité : moules marinières, croque-madame, etc. Prix doux au déjeuner.

À Fåborg

Budget moyen

Det Hvide Pakhus – *Christian IX's Vej 2 - ✆ 62 61 09 00 - www.dethvidepakhus.dk - jeu.-sam. 11h30-15h, 17h30-22h - menus dîner 320/375 DKK.* Dans le centre et près du port, un agréable restaurant de poissons vient rappeler que, si on ne la voit jamais, la mer n'est qu'à deux pas.

Activités

Location de vélos

Svendborg Cykeludlejning – *Frederiksø 18F - ✆ 60 52 92 84 - www.svendborgcykeludlejning.dk - à partir de 150 DKK/j.*

Hébergement

À Svendborg et alentours

Premier prix

Pensionatet RO – *Nørregårdsvej 13 - Stenstrup - à 10 km au nord de Svendborg - ✆ 31 53 15 75 - www.pensionatet-ro.dk - 5 ch. 600/700 DKK - ☕ 60 DKK.* Un excellent rapport qualité. On apprécie l'accueil chaleureux, la déco soignée et le petit déjeuner ultra-copieux.

Budget moyen

Hotel Svendborg – *Centrumpladsen 1 - ✆ 62 21 17 00 - www.hotel-svendborg.dk - P ♿ - 135 ch. 1290 DKK - ✕.* Au cœur de la ville, un hôtel d'allure très design bien qu'un peu froide : le grand hall évoque l'entrée d'un hôpital ou d'une piscine. Chambres vastes, claires et confortables.

À Fåborg

Budget moyen

Hotel Fåborg – *Torvet 15 - ✆ 62 61 02 45 - hotelfaaborg.dk - 24 ch. 995 DKK ☕.* Cet hôtel, idéal pour prolonger le charme de la découverte de la cité, occupe l'une des vieilles maisons de la place.

Île de Tåsinge

Premier prix

Teglgaarden – *Jydevej 3 - ✆ 28 11 71 82 - www.teglgaarden.dk - 4 ch. 700 DKK ☕.* Proche du château de Valdemar, de la plage et entouré de bois, ce charmant B & B a tout pour plaire. Les chambres sont spacieuses et lumineuses. Vous pourrez louer des vélos. Espaces extérieurs avec barbecue, salle à manger, jeux de plein air.

À Rudkøbing (Langeland)

Premier prix

Hotel Skandinavien – *Brogade 13 - ✆ 20 14 14 95 - www.hotelskandinavien.com - P - 9 ch. 775 DKK ☕.* Près de la place centrale, ce petit hôtel peut être le cadre d'une pause agréable dans la capitale de l'île.

À Ærøskøbing (Ærø)

Budget moyen

Pension Vestergade 44 – *Vestergade 44 - à 300 m du port, dans la rue principale - ✆ 62 52 22 98 - www.vestergade44.com - 5 ch. 1350 DKK ☕.* L'une des meilleures adresses de l'île, dans une maison à colombage de 1784 où Susanna et son chien Tillie accueillent leurs hôtes comme à la maison. Adorable décoration, grand jardin et excellent petit déjeuner. Salles de bain communes mais impeccables.

JUTLAND
Ville de départ du circuit
Autour de la baie d'Aarhus
Le littoral du Kattegat, de Skagen à Sæby
La presqu'île de Salling
Silkeborg et l'Himmelbjerget
Autour du fjord de Ringkøbing
0 30 km
0 19 mi
N
A
1
2
3
MER DU NORD
Skagen
Grenen
Råbjerg Mile
Den Tilsandede Kirke
Tuen
Ålbæk
Frederikshavn
Sæby
Lindholm Høje
Voergaard
Nørresundby
Aalborg
Nationalpark Thy
NORDJYLLAND
Skørping
Rebild Bakker
Rold Skov
Mors
Salling
Danmarks Cykelmuseum
Stinesminde
Mariager Fjord
Hobro
Mariager
Spøttrup
Rødding
Ejsing
Skive
Sahl
Fyrkat
Hjerl Hede
Flynderso
Sevel
Viborg
Hald Sø
Gammel Estrup
Gudenå
Rosenholm
Thorsager
Fiske og Familiepark West
Clausholm
Rønde
MIDTJYLLAND
Søndervig
Ringkøbing
Silkeborg
Kalø
Hvide Sande
Herning
Aarhus
Knebel
Mols Bjerge
Ebeltoft
Skjern
Himmelbjerget 147
Ry
Marselisborg
MOESGÅRD
Tipperne
Horsens
Blåbjerg
Legoland
Omme Å
Fårup Sø
Jelling
Endelave
Samsø
Oksbøl
Billund
Varde
Vejle
Janderup
SYDDANMARK
Esbjerg
Bramming
Kolding
Fanø
Vadehavscentret
Ribe
Christiansfeld
Mandø
Gram Å
ODENSE
Haderslev
Rømø
Marsk Tower
Skt-Clemens
Skærbæk
Lille Bælt
FIONIE
Havneby
Nationalpark Vadehavet
Højer
Tønder
Nordborg
Als
Langeland
Møgeltønder
Sønderborg
Flensborg Fjord
Broager
Dybbøl
ALLEMAGNE
MOESGÅRD ★★★ Vaut le voyage
Aarhus ★★ Vaut le détour
Aalborg ★ Vaut la visite
Skive Intéressant

3

Jutland

CARTE MICHELIN NATIONAL N° 749

Aarhus ★★

Ses bassins portuaires, ses faubourgs industriels et son centre universitaire témoignent de l'importance économique de la deuxième ville du Danemark. Située au cœur d'un réseau de communications terrestres et maritimes entre le Jutland et les deux principales îles danoises, le Sjælland et la Fionie, Aarhus (prononcez « Orusse ») est longtemps restée dans l'ombre. Capitale européenne de la culture en 2017, elle a dévoilé ses charmes de ville industrieuse et pourtant étonnamment chaleureuse, à la vitalité culturelle contagieuse, qui marie sans complexe son important héritage viking et médiéval à l'architecture contemporaine. En prime : des alentours bucoliques, bordés de plages de sable. Tout pour plaire!

Se repérer

CARTE A2 (P. 134) - PLAN P. 138
352 751 habitants
À 190 km au nord-ouest de Copenhague.

À ne pas manquer

Le musée des Beaux-Arts ARoS, le musée en plein air Den Gamle By, le musée Moesgård à Højbjerg.

Organiser son temps

Compter une (grosse) journée.

En famille

Le musée en plein air Den Gamle By, le Musée viking, la médiathèque Dokk 1, les bains portuaires, le musée de l'Histoire des sciences et de la médecine, le jardin botanique, le pont infini, le musée de Moesgård à Højbjerg.

Carnet pratique p. 145

Nos adresses p. 145

★★★ La « Vieille Ville » (DEN GAMLE BY) PLAN P. 138 (A1)

En voiture, E 45 ou E 20, sorties 46, 47, 48 et 50; bus depuis le centre : 3A, 14, 114, 117 et 118 (arrêt Gamle By). Viborgvej 2 - ✆ 86 12 31 88 - www.dengamleby.dk - ♿ - de déb. avr. à fin déc : 10h-17h; reste de l'année : se rens. - fermé 1er janv., 24-25 et 31 déc. - 125/175 DKK (-18 ans gratuit).

Plusieurs cafés, restaurants et boutiques logent dans certains édifices anciens : un bon endroit pour se restaurer et acheter des souvenirs.

Vraiment réussi, ce parc, le long de Viborgvej, à l'ouest du centre-ville, est sans conteste l'un des plus beaux **musées de plein air** du Danemark. Environ 80 bâtiments anciens, provenant de différentes villes danoises, et d'époques diverses (du 18e au 20e s.), y ont été remontés avec soin, afin de reconstituer une ville d'autrefois. Et cela fonctionne à merveille : ateliers d'artisans, pharmacie, boulangerie, bureau de poste, bureau de douane, kiosque à musique et théâtre (avec une programmation pour ces deux derniers) ont repris vie... Dans les intérieurs qui se visitent, quelle que soit la période évoquée, une foule de détails assurent l'authenticité du cadre de vie, avec parfois des acteurs costumés : le libraire et la boulangère du 19e s., l'épicier des années 1940 ou le vendeur de télévision des années 1970 sont plus vrais que nature. Et, si vous engagez le dialogue (en anglais), ils vous entraînent dans leur jeu – et dans leur époque! L'aspect esthétique n'a pas été non plus négligé, et l'on éprouve un réel plaisir à se promener le long des rues pavées.

Le musée des Beaux-Arts ARoS, dominé par l'installation Your rainbow panorama de Olafur Eliasson.
danefromspain/Getty Images Plus

En fin de parcours, ne manquez pas **Aarhus Story**, un parcours interactif conçu comme un fabuleux voyage dans le temps, avec des reconstitutions réussies qui vous plongent dans les époques clés de la ville, des temps vikings aux années 1970.

Le centre-ville

PLAN P. 138

3

Circuit tracé en vert sur le plan p. 138.

★★ Musée des Beaux-Arts ARoS (AROS KUNSTMUSEET) A2

Aros Allé 2 - 87 30 66 00 - www.aros.dk - ♿ - tlj sf lun. 10h-21h, w.-end 10h-17h - 150 DKK (-18 ans gratuit).

Repérable immédiatement à son toit circulaire arc-en-ciel où déambulent les visiteurs, ce cube de brique et de verre accueille ce musée fondé en 1859. Le bâtiment

Une colonie viking

Aarhus était une importante colonie viking, probablement fondée au début du 10e s. à l'embouchure d'une rivière, son nom dérivant d'*aros*, qui signifie « estuaire ». Elle se développa rapidement, devint évêché en 948, et la première église épiscopale fut établie en 1060 à l'emplacement de l'actuelle Vor Frue Kirke. Cette prospérité précoce fut confirmée par la construction de la cathédrale, entreprise en 1201. Toutefois, durant le Moyen Âge, guerres et épidémies de peste bubonique freinèrent le développement de la ville, que la réforme de 1536 ralentit encore. Le commerce retrouva son élan au 17e s. et, au cours du 19e s., le chemin de fer provoqua une forte industrialisation qui, à son tour, entraîna l'augmentation du commerce maritime. En 2011, l'ancien nom de la ville « Århus » a officiellement été modifié en « Aarhus », « Aa » ayant été préféré au « Å » danois, une orthographe supposée plus intelligible sur le plan international.

a été conçu en 2004 par l'agence d'architecture **Schmidt Hammer Lassen** *(voir aussi Dokk 1, p. 140)* fondée à Aarhus en 1986, l'une des grandes signatures de l'architecture mondiale.

Autour du vaste hall éclairé par une verrière se répartissent plusieurs niveaux de mezzanines, auxquelles on accède par un escalier s'enroulant autour d'une cage d'ascenseur. Outre son remarquable aménagement intérieur, le musée s'enorgueillit de posséder une importante **collection d'art danois**, de l'âge d'or (1770-1930) aux courants contemporains, en passant par le groupe CoBrA et le modernisme.

SE RESTAURER

- Møf 1
- Englen 2
- Café Jorden 3
- Nordisk Spisehus 4
- Latin 6
- Gastromé 7
- Mefisto 8
- Miró Vin 9
- Pondus 10
- Raadhuus Kafeen 13
- Teaterbodega 15

SE LOGER

- Aarhus City Apartments 1
- Aarhus Houses 2
- Cabinn 3
- Hotel Ritz 4
- Oasia 5
- Ferdinand 6
- BOOK1 Design Hostel 8
- Radisson Blu 9
- Scandic Aarhus City 10
- Royal 12
- Villa Provence 14

L'art international, principalement contemporain, est aussi représenté, avec pour pièce maîtresse *Boy*, sculpture monumentale (près de 5 m !) et hyperréaliste de l'Australien Ron Mueck (2001). À l'entresol, d'intrigantes salles sont dédiées aux installations artistiques lumineuses et vidéo. Pour une belle conclusion, direction le toit du musée, où le *Rainbow Panorama* de l'artiste Ólafur Elíasson dévoile un sublime panorama coloré de la ville. Depuis sa construction en 2011, ce déambulatoire géant multicolore, tout en transparence, posé comme une couronne au sommet du musée, est devenu l'un des incontournables d'Aarhus !
Des expositions temporaires réputées, une bibliothèque, un agréable café et une boutique complètent ce lieu lumineux auquel on accède soit par une rampe, soit de plain-pied en traversant le parc situé derrière l'hôtel de ville, au-delà de Frederiks Allé.

★ Hôtel de ville (RÅDHUSET) AB2

Rådhuspladsen 2 - 89 40 20 00 - www.aarhusguiderne.dk/home - visite guidée (1h30) sam. à 12h - 100 DKK (enf. 50 DKK) - RV devant l'entrée principale.
Si vous ne pouvez pas suivre la visite du samedi, glissez un œil – discret – dans le hall ouvert à tous, aux horaires d'ouverture de la mairie *(10h-16h, jeu. 18h, fermé le w.-end).*
Conçu par **Arne Jacobsen** *(voir p. 482)* et Erik Møller en 1941, cet édifice en béton et marbre gris de Norvège n'est rien de moins que l'un des fleurons de l'architecture danoise fonctionnaliste. À ce titre, il est d'ailleurs l'un des rares hôtels de ville protégés du pays. Pureté des lignes, coursives intérieures dessinant des jeux géométriques sur les murs en acajou, attention au moindre détail (les architectes ont même dessiné les poignées de porte !)... Révolutionnaire pour l'époque, l'ensemble reste admirable aujourd'hui, d'autant que l'harmonie qui s'en dégage a été pieusement conservée. Même les meubles sont d'origine, conçus par Hans J. Wegner, autre figure majeure du design scandinave. Haute de 60 m et flanquée d'une horloge de 7 m de diamètre, la tour en béton qui coiffe le bâtiment est aussi signée Jacobsen. D'en haut, le regard embrasse toute la ville.

3

Søndergade B2

Cette agréable rue piétonne est la principale artère commerçante de la ville. Elle fait la liaison avec le cœur historique, situé près du port. Les habitants l'appellent aussi Strøget (prononcez « streuyeute »), comme dans toutes les villes danoises, puisque ce terme désigne une grande rue piétonne. Après avoir enjambé le sympathique **Åboulevarden** où la rivière est bordée de terrasses de café, elle débouche sur la place de la Cathédrale (Bispetorvet).

Musée viking (VIKINGEMUSEET) B2

Skt. Clemens Torv 6 - 87 39 40 00 - www.vikingemuseet.dk - 10h15-18h, w.-end 10h15-17h - 30 DKK (-18 ans gratuit).
La construction d'une banque a mis au jour des vestiges de remparts de la cité viking. Les sous-sols du bâtiment ont été repensés pour les conserver et les présenter, avec quelques objets, maquettes et reconstitutions rendant le lieu agréable à visiter en famille.

★★ Cathédrale (DOMKIRKE) B2

Store Torv 1 - 86 20 54 00 - www.aarhusdomkirke.dk - mai-sept. : 9h30-16h, dim. 10h-17h ; oct.-avr. : 10h-15h, dim. 10h-17h - gratuit.
Érigée au début du 13e s. dans le style roman, la cathédrale fut entièrement remaniée au 15e s. dans le style gothique flamboyant puis retouchée à l'époque moderne

(la flèche fut reconstruite au début du 20e s.). À l'intérieur, les splendides fresques (1470-1520) attirent l'œil : mises en valeur par le cadre blanc immaculé, elles sont parmi les plus grandes du Danemark à avoir été conservées, la plupart ayant disparu avec la Réforme. L'autre trésor du lieu est le magnifique triptyque du maître-autel, exécuté en 1479 par Bernt Notke (v. 1440-1509) de Lübeck. Quant à la nef, avec ses 93 m, c'est la plus longue du Danemark : la largeur du chœur et du transept, compensant l'effet de longueur sans lui ôter de son ampleur, lui confère des proportions harmonieuses et élégantes. Les chapelles romanes situées dans les bras du transept sont les seuls éléments de l'édifice d'origine. Les fonts baptismaux en bronze datent de 1481, tandis que la chaire est de la fin du 16e s.
Contourner la cathédrale par le chevet, après avoir remarqué la façade du théâtre au fronton couvert de fresques.

Musée de la Femme du Danemark (KVINDEMUSEET I DANMARK) B1-2

Domkirkepladsen 5 - ✆ 25 45 45 10 - www.kvindemuseet.dk - ♿ - mar.-sam. 10h-17h (merc. 20h), dim. 10h-16h - 75 DKK (-18 ans gratuit).
Ce musée consacré exclusivement aux femmes présente les objets usuels employés par la femme depuis la préhistoire jusqu'à nos jours, en mettant l'accent sur le mouvement féministe.
Remonter Rosensgade.

★ Quartier latin (LATINERKVARTERET) B1-2

Autour de Rosensgade et de la placette Pustervig Torv, une poignée de ruelles dessinent le quartier le plus ancien – et le plus charmant – d'Aarhus. Loties à partir du 14e s. après la destruction des remparts vikings, les ruelles aux maisons de guingois portent des noms évocateurs : **Klostergade** (rue du Cloître), **Volden** (rempart), **Borggade** (rue du Château)... Le tout bordé de restaurants et boutiques fort sympathiques.
Revenir sur Store Torv puis Lille Torv, prendre à droite Guldsmedgade et à gauche Klostertorvet, autre place agréable où profiter de l'ambiance du quartier. Prendre à gauche Frue Kirkeplads.

★ Église Notre-Dame (VOR FRUE KIRKE) B1

Frue Kirkeplads 3 - ✆ 86 12 12 43 - aarhusvorfrue.dk - lun.-vend. 10h-16h, sam. 10h-14h.
Cette ancienne abbatiale d'un monastère dominicain fut construite entre le 13e et le 15e s. Elle renferme des traces de fresques, mais surtout un splendide **retable** de Claus Berg réalisé vers 1520, qui, dans un style extrêmement expressif rappelant les tableaux de Pieter Brueghel l'Ancien, dépeint une scène de la Passion. Lors de travaux de restauration exécutés dans les années 1950, on découvrit, sous le chœur, la crypte de la première église romane, construite en 1060. On accède par un escalier dans ce qui est le plus vieil édifice à voûtes de Scandinavie.

Hors du centre-ville

PLAN P. 138

★ Dokk 1 B2

Hack Kampmanns Plads 2 - ✆ 89 40 92 00 - www.dokk1.dk - ♿ - 10h-19h, vend. 10h-17h, w.-end 10h-16h - gratuit.
Une médiathèque modèle ! Ne manquez pas ce superbe bâtiment futuriste construit en 2015 par la célèbre agence d'architecture Schmidt Hammer Lassen (*voir aussi p. 138*), sur une ancienne friche portuaire : vos enfants vont adorer les salles de jeux incroyablement équipées et le parc de jeux extérieur (oh, ce toboggan géant en forme d'ours !), tandis que vous admirerez l'espace, à la fois

Le Jutland

Le Jutland (*Jylland* en danois, prononcez « yulande ») est la seule partie du Danemark reliée à l'Europe continentale, partageant 68 km de frontière avec l'Allemagne. Cette dernière a d'ailleurs longtemps disputé au Danemark sa péninsule, qui doit son nom au peuple des Jutes, ses premiers habitants (5e s.). Bordée au nord et à l'ouest par un littoral sauvage de dunes et de falaises sans cesse remodelées par les marées et les vents, le Jutland a replié ses agglomérations vers l'intérieur, à l'abri des tempêtes et des envahisseurs. La ville principale, Aarhus, s'est installée sur la côte est du Jutland central, région paisible où alternent plages tranquilles et vallons forestiers.

gigantesque et doté de recoins intimistes, vue sur le port à travers d'immenses baies vitrées. Les spécialistes du monde entier viennent d'ailleurs étudier ce fleuron, qui a tout de même coûté près de 300 millions d'euros.

★ Havnebadet (BAINS PORTUAIRES) HORS PLAN

Bassin 7 - ✆ 89 40 92 00 - www.aarhus.dk - ♿ - juin-août : 10h-18h ; sept.-mai : w.-end 8h-12h - sauna : fermé en juin-août - gratuit.

Littéralement posé sur l'eau, ce remarquable ensemble de piscines en plein air (2018) a été designé sur les friches de l'ancien port par l'architecte danois Bjarke Ingels. Une passerelle panoramique en bois en fait le tour. Elle assure une belle vue sur les bassins portuaires alentour, en voie de devenir une agréable zone résidentielle, avec des jardins partagés au pied des tours d'habitation au look audacieux. Parmi elles, l'étonnant **Isbjerget**, aux arêtes vives évoquant des icebergs. Un terrain de beach-volley *(été)* et des kiosques de *street food* participent aussi à la vie du site.

Espace d'Art (KUNSTHAL AARHUS) A2

J.M. Mørks Gade 13 - ✆ 86 20 60 50 - kunsthalaarhus.dk - tlj sf lun. 11h-17h (merc. 20h) - gratuit.

Ce bâtiment est dédié à l'art contemporain national et international, au travers d'une vingtaine d'expositions par an (peinture, sculpture, vidéo, textile, etc.). Le bar et sa terrasse prolongent agréablement la visite. Le parc attenant est un jardin de sculptures, avec des œuvres de designers danois et internationaux. On aime l'étonnant banc circulaire signé Ronan & Erwan Bouroullec. Parfait pour la pause !

Musée d'Histoire des sciences et de la médecine

(STENO MUSEET) AB1

C.F. Møllers Allé 2 - Universitetsparken - ✆ 87 15 54 15 - sciencemuseerne.dk/en - ♿ - mar.-vend. 9h-16h, w.-end et j. fériés 11h-16h - planétarium : se rens. pour les horaires - musée 50 DKK (-18 ans gratuit) ; planétarium : w.-end 30 DKK.

À l'entrée de la cité universitaire, ce musée est conçu pour éveiller et stimuler la curiosité aux sciences et à la médecine. Attention : peu d'explications en anglais !

Jardin botanique (BOTANISK HAVE) A1

À côté de Gamle By. Møllevejen 10 - ✆ 87 15 54 15 - sciencemuseerne.dk - jardin : tlj - serres : 9h-16h (mai-sept. 17h), w.-end 10h-17h - gratuit.

Un agréable café a été installé dans l'ancienne serre tropicale.

Ce somptueux jardin, propriété de l'université, surplombe la « Vieille Ville ». L'espace extérieur comprend de nombreuses variétés de plantes (arboretum, plantes médicinales, vénéneuses et aromatiques), offrant aux promeneurs un paisible lieu de détente. Au milieu du jardin, de vastes **serres** abritent plus de 5 000 espèces végétales illustrant différentes zones climatiques, mais également des perroquets, perchés dans une forêt aux plantes démesurées.

★ Le pont Infini (DEN UENDELIGE BRO) HORS PLAN

À 5 km au sud par la route côtière (face au Varna Palæ, un édifice historique à louer pour des conventions). Ørneredevej 3 - accès libre de mai à oct. (structure démontée hors saison).

Deux bonnes raisons de venir jusqu'ici : les plages de sable où se baigner avec vue sur la ville et cette « sculpture de la mer », un pont circulaire en bois de 60 m de diamètre (2015) imaginé par les architectes Gjøde & Partnere. Pour un moment plein de poésie.

À proximité

CARTE P. 134

★★★ Musée de Moesgård (MOESGÅRD MUSEUM) A2

À Højbjerg, à 8 km au sud par la route côtière.

Moesgård Allé 15 - 87 39 40 00 - www.moesgaardmuseum.dk - ♿ - mar. et jeu.-dim. 9h-17h, merc. 9h-21h - 170 DKK (- 18 ans gratuit).

Les mises en scène des objets exposés, avec effets sonores et visuels, sont plaisantes avec des enfants (mais pouvant impressionner les plus jeunes). Au sous-sol, une salle aménagée, en libre accès, propose une série de jeux simulant diverses expériences archéologiques.

L'échappée depuis Aarhus se révèle particulièrement agréable, empruntant la Strandvejen, la route côtière, qui traverse la **forêt de Marselisborg**. Vous y découvrirez un château, l'une des résidences d'été de la famille royale, et un parc – Dyrehaven –, où cerfs, daims et sangliers vivent en liberté.

À l'arrivée, surprise : le bâtiment (2014) du musée de Moesgård semble surgir de terre au beau milieu de la campagne et des bois, tel un immense plateau à demi enfoui sous terre ! Remarquable pour son architecture, l'édifice l'est aussi pour ses collections, d'une grande richesse. Servi par une muséographie à la fois élégante et captivante, l'ensemble permet à chacun, quel que soit son niveau ou son âge, d'appréhender la **préhistoire danoise, de l'âge de pierre à l'époque viking**, sans compter une section dédiée à l'ethnographie.

Une grande partie du musée est plongée dans une obscurité savamment dosée, incitant notamment à un recueillement respectueux autour de la dépouille de l'**homme de Grauballe**, nom donné à l'une des trois « momies des tourbières » du musée. Celle-ci date de l'âge du fer et fut probablement l'objet d'un sacrifice rituel. Également remarquables : l'impressionnante collection d'armes de l'âge du fer et les vestiges funéraires de l'âge du bronze, retrouvés à Borum Eshøj, près d'Aarhus.

Étagé sur trois niveaux, avec de nombreux escaliers, ce musée mettra vos cuisses à l'épreuve ! Pour terminer en beauté, si vous avez encore de l'énergie, grimpez au sommet des terrasses extérieures, pour profiter d'une belle vue sur la baie d'Aarhus. Sachez enfin que des sentiers sont balisés au départ du musée.

Château de Clausholm (CLAUSHOLM SLOT) A2

À Hadsten, à 30 km au nord d'Aarhus.

86 49 12 00 - clausholm.dk - de déb. juil. à déb. août : mar.-jeu. et dim. 11h-16h - parc : mai-sept. : 11h-17h - 110 DKK (parc seul : 50 DKK -13 ans gratuit).

Cet imposant château baroque fut construit à la fin du 17e s. par le comte Reventlow, père d'Anne-Sophie, l'épouse de Frédéric IV de Danemark. L'intérieur est

Le Pont Infini de Gjøde & Partnere Arkitekter.
J. Carstensen/dpa/age fotostock

abondamment décoré et la chapelle, où des concerts sont donnés en été, recèle un orgue de 1601 en parfait état de fonctionnement.

★ Gammel Estrup A2

À Auning, à 40 km au nord-est d'Aarhus.
Randersvej 2 - ✆ 86 48 30 01 - gammelestrup.dk - de déb. avr. à fin oct. : 10h-17h ; reste de l'année : se rens. - fermé janv., 24-26 et 31 déc. - 120 DKK (-18 ans gratuit).
L'élégance de ce manoir Renaissance, incorporant des parties d'un château du 15e s., est soulignée par la sveltesse des tours octogonales. Il accueille le **musée des Manoirs du Jutland** (Jyllands Herregårdsmuseum), qui expose une importante collection de mobilier comprenant quelques pièces rares.
À côté du château, dans les bâtiments d'une ferme, le **Musée vert** (Det Grønne Museum) présente la vie à la campagne, à travers des reconstitutions intérieures et extérieures (*Randersvej 4 - ✆ 86 48 34 44 - detgroennemuseum.dk - ♿ - de Pâques à mi-oct. : 10h-17h ; de mi-oct. à fin nov. et de fév. à Pâques : tlj sf lun. 10h-15h, w.-end 10h-16h ; de fin nov. à fin déc. tlj sf lun. 10h-16h - fermé 24-26, 31 déc. et en janv. - 110/120 DKK selon la saison, -18 ans gratuit*).

Autour de la baie d'Aarhus

CARTE P. 134 (A2)

Circuit tracé en violet sur la carte p. 134 - environ 129 km. Quitter Aarhus par la route 15 au nord, puis prendre à gauche la route 563.

★ Château de Rosenholm (ROSENHOLM SLOT)

À Hornslet - Rosenholmvej 119 - ✆ 86 99 40 10 - www.rosenholm.dk - de mi-juin à mi-août : visites guidées lun.-jeu. 11h, vend.-dim. 11h, 12h30 et 14h. - 110 DKK (- 13 ans gratuit).
Cet imposant château Renaissance fut construit en 1559 sur un îlot au milieu d'un lac. Un pont gardé par des lions de pierre conduit à l'entrée principale : l'arche est ornée des armes de **Jørgen Rosenkrantz** et de sa femme, premiers

propriétaires du château, dont la famille possède toujours l'édifice. Les nombreuses salles et galeries ouvertes au public sont essentiellement meublées dans le style rococo ou hispano-mauresque ; le cuir décoré à la feuille d'or, qui recouvre les murs de la salle d'hiver, est très bien conservé, comme le sont les tapisseries françaises et flamandes, vieilles de 300 ans, de la salle d'angle et de la salle de la tour.
Non loin du château, le minuscule pavillon Renaissance a été surnommé « première université du Jutland » : c'est là que le second propriétaire de Rosenholm, Holger le Savant (1574-1642), enseignait la théologie, l'histoire et le latin.
Revenir vers Auning puis, par Pindstrup et des routes secondaires, rejoindre Thorsager.

Église de Thorsager

Cette **église ronde**, construite au début du 13e s. au sommet d'une colline, est la seule de ce type au Jutland. L'épaisseur des murs (1 m) indique qu'elle avait un rôle défensif.
Se diriger vers le sud jusqu'à Rønde.

Château de Kalø (KALØ SLOT)

Charmante vision que ces ruines médiévales entourant un donjon écroulé, dominant une petite île reliée à la terre par une digue. Il faudra faire un effort pour imaginer la forteresse érigée en 1313 afin de protéger la baie d'Aarhus.
Continuer vers le sud jusqu'à Vrinners et prendre à gauche après le village, vers Agri.

Presqu'île de Mols (MOLS BJERGE)

Charmante avec ses douces collines piquées de fermes, cette presqu'île culmine à Agri Bavnehøj *(après Agri, suivre les panneaux jusqu'au parking aménagé au pied du sentier)*. Même à une altitude modeste (137 m), le lieu offre de beaux panoramas. Entre Agri et Knebel, **Poskær Stenhus**, une chambre funéraire entourée de 23 énormes rochers disposés en cercle, daterait de 3 300 av. J.-C.
De Knebel, se diriger au sud-est vers Viderup et gagner la route côtière en direction d'Ebeltoft.

★ Ebeltoft

Comme en hommage à son nom poétique, qui évoque un verger de pommiers, cette petite ville aux plaisantes maisons de guingois a conservé un parfum d'autrefois. Une promenade le long de ses ruelles pavées et tortueuses donne l'impression de remonter le temps, en particulier dans la rue principale, Adelgade, bordée de belles maisons bourgeoises à colombage, d'où émergent des bouquets de roses trémières. Charmant !
Museum Østjylland – *Stemannsgade 2 - ☎ 87 12 26 00 - museumoj.randers.dk - mar.-dim. 10h-16h - gratuit.* Dédiée à l'histoire locale, cette antenne d'un musée réparti sur plusieurs villages autour de Randers et Djursland loge ici, d'après les habitants, dans « le plus petit hôtel de ville du monde ». Le drôle d'édifice abrite une autre curiosité, pour le Danemark : la « collection siamoise », un important fonds ethnographique en provenance de l'ancien royaume de Thaïlande.
Revenir à Aarhus par les routes 21, puis 15.

Carnet pratique

S'informer

Office de tourisme – *Hack Kampmanns Plads 2 (Dokk 1, 1er étage) - ✆ 87 31 50 10 - www.visitaarhus.com.* Une trentaine d'écrans d'informations touristiques ont été installés dans la ville et l'été, vous aussi trouverez des points d'information éphémères (gare et place Store Torv).

Arriver/partir

En avion

Aéroport – *Stabrandvej 24 - ✆ 87 75 70 00 - aar.dk.* À 44 km du centre. Vols réguliers pour Copenhague, Göteborg, Oslo, Nice et Stockholm. Bus jusqu'au centre-ville *(115 DKK, 4-15 ans 80 DKK).*

En ferry

La compagnie Mols-Linien *(www.molslinjen.dk)* assure la liaison entre Aarhus et l'île de Sjælland (port d'Odden, 1h15).

En train

Aarhus est à 2h55 de Copenhague. Rens. : dsb.dk.

Transports

Vélo – Aarhus est très agréable à parcourir à vélo. Les vélos orange Donkey se débloquent à partir d'une application *(www.donkey.bike - 15 DKK/30mn, 50 DKK/2h).*

Agenda

Northside festival – *www.northside.dk* - 3 j. en juin. Concerts rock, pop, rap, électro.

Festival international de jazz – *www.jazzfest.dk.* 8 j. en juil. Plus de 200 concerts, la plupart gratuits.

Marché viking – *vikingetraeffet.dk.* Dern. w.-end de juil. Sur les plages près du musée de Moesgård.

Festival d'Aarhus – *www.aarhusfestuge.dk.* 10 j. fin août-déb. sept. Spectacles dans toute la ville, avec un thème chaque année.

Marchés de Noël – *www.christmasinaarhus.com.* Particulièrement joli dans les ruelles de Gamle By *(mais payant, 135 DKK)*, agréable aussi dans celles du cœur historique.

3

Nos adresses

Restauration

Premier prix

❸ **Café Jorden** – B1 - *Badstuegade 3 - ✆ 86 19 72 22 - 9h-0h, lun.-jeu. 9h-1h, vend.-sam. 9h-3h, dim. 10h-23h - plats 99/126 DKK.* Une brasserie centrale qui concocte des recettes danoises de qualité. Idéale pour un repas entre deux visites de musée. Une belle terrasse empiète sur une paisible rue pavée.

Budget moyen

❷ **Englen** – B1 - *Studsgade 3 - ✆ 86 13 06 44 - www.cafe-englen.dk - 10h-0h, dim. 10h-23h - plats 135/165 DKK.* Un café branché et sympathique, très animé le week-end à l'occasion de soirées DJ. On s'y arrête aussi volontiers pour une restauration rapide à base de salades, sandwichs et excellents hamburgers maison. La cour intérieure très calme, décorée de plantes, est chauffée en hiver.

⓭ **Raadhuus Kafeen** – B2 - *Sønder Allé 3 - ✆ 86 12 37 74 - www.raadhuus-kafeen.dk - 11h30-23h, dim. 12h-21h - plats 159/228 DKK.* Dans cette taverne de tradition, la carte fait la part belle aux spécialités locales : incontournables tartines, des poissons, des soupes, salades et viandes en sauce. Plats plutôt copieux !

6 **Latin** – B1 - *Klostergade 2 - ☎ 25 59 20 20 - www.latin-restaurant.dk - 17h-23h, sam. 11h-23h - fermé dim. - menus dîner 269/399 DKK.* Un charmant établissement du Quartier latin, souvent bondé. Cuisine française : soupe de poissons, moules marinières, filet de bœuf sauce aux truffes, etc. Service agréable.

1 **Møf** – A1 - *Vesterport 10 - ☎ 61 73 33 33 - www.restaurant moef.com - 17h30-0h - fermé mar.-merc. - menu du jour 375 DKK.* Un jeune couple expérimenté gère cette adresse actuelle au décor monochrome qui propose un intéressant menu du jour (trois plats) et une petite carte. La cuisine affiche un style moderne mais reste ancrée dans le Danemark et se compose de produits locaux.

15 **Teaterbodega** – B2 - *Skolegade 7 - ☎ 86 12 19 17 - www.teaterbodega.dk - 11h30-23h, jeu.-sam. 11h30-0h, dim. 12h-21h - plats 162/265 DKK.* Cette taverne élégante sert une cuisine du terroir composée de harengs marinés, d'anguilles fumées, de soupes et de ragoûts. Un lieu chaleureux et typiquement danois.

10 **Pondus** – B2 - *Åboulevarden 51 - ☎ 28 77 18 50 - www.restaurantpondus.dk - 12h-23h - fermé dim.-lun. - menus dîner 300/400 DKK.* Ce bistro gastronomique convivial propose une cuisine à l'ardoise, des plats aux saveurs vives et fraîches, élaborés à partir de produits bio. On vous conseille le menu complet.

Pour se faire plaisir

8 **Mefisto** – B1 - *Volden 28 - ☎ 86 13 18 13 - www.mefisto.dk - 11h-22h, w.-end 10h-22h - menu dîner 398 DKK.* L'une des bonnes tables du Quartier latin, au cadre chaleureux, avec un jardin intérieur pour les beaux jours. Le brunch du dimanche est excellent.

9 **Miró Vin** – A2 - *Marstrandsgade 2 - ☎ 86 13 87 00 - www.restaurant-miro.dk - 17h-0h - fermé dim.-lun. - menu 498 DKK.* Un restaurant gastronomique à la réputation éprouvée. Le menu, d'inspiration française, est toujours innovant : il change chaque mois avec les produits de saison. Le foie gras figure au nombre des spécialités. Comme son décor l'atteste, le restaurant compte des milliers de bouteilles de vin, dont quelques belles raretés.

4 **Nordisk Spisehus** – B2 - *M. P. Bruuns Gade 31 - ☎ 86 17 70 99 - www.nordiskspisehus.dk - lun.-jeu. 17h30-22h, vend.-sam. 12h-15h, 17h30-22h - menus 499/899 DKK.* Une table dans l'air du temps au concept original : chaque année, quatre menus thématiques déclinent des plats issus de restaurants étoilés à travers le monde. Le décor change en fonction.

Une folie

7 **Gastromé** – B1 - *Rosensgade 28 - ☎ 28 78 16 17 - www.gastrome.dk - merc.-sam. à partir de 17h30 - menu 1600 DKK.* Moderne et design avec ses murs blancs immaculés et sa cuisine ouverte, ce restaurant intimiste du Quartier latin affiche un menu court et concis, où des plats pleins de créativité et élaborés à partir de produits du jardin s'accompagnent de vins méconnus.

Petite pause

Emmerys – B1 - *Guldsmedgade 24-26 - ☎ 51 85 76 97 - www.emmerys.dk - 7h-18h, w.-end 7h-17h.* Vous pourrez vous installer à l'une des quelques tables de cette boulangerie-salon de thé pour y consommer sandwichs bio et brunchs copieux. Sur place ou à emporter : jus de fruits naturels, viennoiseries, pains variés, mais aussi café, miel ou vins naturels.

Moccacity – B1 - *Gl. Munkegade 19 - ✆ 86 12 90 60 - moccacity.dk - 9h30-17h30, sam. 10h-16h - fermé dim.* En route vers le jardin botanique, faites une pause dans ce salon de thé paisible et régalez-vous d'une excellente salade. Pour le goûter, vous y trouverez une variété impressionnante de cafés, thés et tisanes, ainsi que quelques pâtisseries. Vous pouvez aussi demander un panier à emporter.

Salling Rooftop – B2 - *Søndergade 27 - salling.dk/madoplevelser/salling-rooftop-aarhus - 10h-20h, sam. 10h-19h, dim. 10h-18h.* Pour une pause café sur les toits ou pour profiter d'une vue à 360 degrés défiant le vertige. Au sommet de ce grand magasin danois, vous pourrez en effet marcher sur une plate-forme en verre suspendue 25 m au-dessus du vide. Chiche ?

Boire un verre

Café Drudenfuss – B1 - *Graven 30 - ✆ 86 12 82 72 - www.drudenfuss.dk - 9h-0h, vend. 9h-2h, sam. 10h-2h, dim. 10h-23h.* Un parfum intello-bohème flotte dans cet élégant café-restaurant au décor cosy, affiches anciennes et fauteuils capitonnés. Un super endroit à l'heure de l'apéritif, avec bon choix de bières, de cocktails et de vins, certains au verre. Également restaurant à midi et le soir.

Shopping

Museums Kopi Smykker – B2 - *Kannikegade 12 - ✆ 86 12 76 88 - www.museum-jewelry.dk - 10h-17h30, sam. 10h-14h - fermé dim.* Cette bijouterie réalise des répliques de pendentifs, broches, bagues et bracelets vikings en or, argent et bronze.

En soirée

Train – B2 - *Toldbodgade 6 - ✆ 86 13 47 22 - www.train.dk.* Salle de concert appréciée de la jeunesse.

Musikhuset – A2 - *Thomas Jensens Allé 1 - derrière le musée ARoS - ✆ 89 40 90 00 - musikhusetaarhus.dk - ✕.* Cet impressionnant ensemble architectural à façade de verre est entièrement consacré à la musique. La plus grande des deux salles de concerts (1600 places) accueille l'orchestre symphonique d'Aarhus. On y donne également des ballets et des opéras.

Hébergement

Premier prix

(8) **BOOK1 Design Hostel** – A2 - *Møllegade 3A – ✆ 88 30 15 00 - www.brochner-hotels.com/book1 - ♿ - 444 lits à partir de 200 DKK, dble à partir de 750 DKK - ☕ 75 DKK - ✕.* Cette auberge de jeunesse nouvelle génération s'est installée en 2022 dans l'ancienne bibliothèque publique de 1934. Dortoirs flambant neufs de 4 à 14 personnes (avec lits cabine à rideau, matelas pour 2, etc.), chambres doubles standard, suites, restaurant, bar, mini-golf et petit déjeuner bio… Tout y est !

Havnehotellet – HORS PLAN - *Marselisborg Havnevej 20 - ✆ 70 22 55 30 - www.bbhotels.dk - P - ♿ - 26 ch. 600/750 DKK ☕ 40 DKK.* Sur la marina de Marselisborg, à 20mn à pied du centre, cet hôtel jouit d'une belle vue sur la baie. Chambres simples, fonctionnelles et confortables. Pas de réception, un code d'accès est donné lors de la réservation. Parking gratuit.

(3) **Cabinn** – B2 - *Kannikegade 14 - ✆ 86 75 70 00 - www.cabinn.com - ♿ - P payant - 401 ch. 760/1105 DKK - ☕ 99 DKK.* Pas particulièrement charmant, cet hôtel a l'avantage d'être très bien situé au pied de la cathédrale. Les chambres sont minuscules mais propres et lumineuses.

(1) **Aarhus City Apartments** – B2 - *Fredensgade 18 - ✆ 86 27 51 30 - www.hotelaca.dk - 799/989 DKK.*

3

Une petite maison très bien située et composée d'appartements spacieux tout équipés (sdb, cuisine, salon). Il n'y a pas de réception, mais si vous téléphonez (en semaine, 9h-20h), vous pourrez prendre rendez-vous en journée avec le propriétaire.

Budget moyen

2 Aarhus Houses – A2 - *Møllestien 53 - ✆ 86 13 06 32 - www.house-in-aarhus.com - P payant - 2 maisons (2-4 pers.) 900/1000 DKK pour 2 pers.* Dans l'une des plus ravissantes rues pavées de la ville, fleurie de roses trémières et rosiers grimpants, deux petites maisons basses du 18e s. à louer à la nuit ou à la semaine. Elles comprennent séjour, cuisine et jardin au rez-de-chaussée, et chambre à l'étage. Une adresse coup de cœur.

4 Hotel Ritz – B2 - *Banegårdspladsen 12 - ✆ 86 13 44 44 - millinghotels.dk - 67 ch. 919/1199 DKK* ☕. Un hôtel central à deux pas de la gare. Petites mais confortables, efficacement protégées du bruit de l'avenue par le double vitrage, les chambres distillent un parfum Art déco, en hommage aux origines de l'hôtel, en 1932. Originale salle de petit déj., installée dans la cave à vin.

5 Oasia – A2 - *Kriegersvej 27 - ✆ 87 32 37 15 - www.hoteloasia.dk - P 150 DKK/j. - 65 ch. 1179/1479 DKK* ☕. Si vous aimez les lignes scandinaves, alors cet hôtel va vous séduire. Les vastes chambres alignent les références design, à commencer par Hästens, la Rolls suédoise de la literie ! Un élégant bar lounge, un copieux petit déjeuner buffet et la climatisation, l'été, dans les chambres au sud ajoutent au confort. Une excellente adresse, très centrale.

6 Ferdinand – B2 - *Åboulevarden 28 - ✆ 87 32 14 44 - www.hotelferdinand.dk - 8 suites et 11 studios 1317/1550 DKK - ☕ 150 DKK - ✕.* Cet immeuble ancien du centre-ville abrite des suites et des appartements spacieux équipés de cuisine, salle de bains et salon.

Pour se faire plaisir

10 Scandic Aarhus City – B2 - *Østergade 10 - ✆ 89 31 81 00 - www.scandichotels.com - P 180 DKK/j. - ♿ - 228 ch. 1356/2236 DKK ☕ - ✕.* Très central, paré des séduisants atours du design danois, cet hôtel possède des chambres lumineuses et aérées et une salle de fitness. Tarifs plus avantageux le week-end en réservant un mois à l'avance.

12 Royal – B1 - *Store Torv 4 - ✆ 86 12 00 11 - www.hotelroyal.dk - 69 ch. 1595/2790 DKK ☕ - ✕.* Andersen lui-même aurait séjourné dans ce palace de caractère des années 1850. Un véritable voyage dans le temps, où toutes les chambres sont différentes et ont gardé un charme d'antan. Une curiosité qui n'en est pas moins très confortable !

9 Radisson Blu – A2 - *Margrethepladsen 1 - ✆ 86 12 86 65 - www.radissonblu.com - P 160 DKK/j. - ♿ - 234 ch. 1820/4640 DKK ☕ - ✕.* Cet hôtel, bâti dans un imposant centre d'affaires en verre, offre des parties communes très aérées. Chambres contemporaines, de standing international.

14 Villa Provence – B2 - *Fredens Torv 12 - ✆ 86 18 24 00 - www.villaprovence.dk - P 155 DKK/j. - 39 ch. 1745/2500 DKK* ☕. L'hôtel de charme par excellence ! En plus d'être idéalement situé, ce bâtiment ancien abrite des chambres stylées, parfois équipées d'une baignoire en bois, d'un lit à baldaquin ou d'un mobilier en fer forgé. Une cour intérieure permet de prendre un petit déjeuner ensoleillé.

Aalborg ★

Elle n'est « que » la quatrième ville danoise par sa population, mais Aalborg étonne par sa vitalité : il faut dire que l'ancienne capitale de l'aquavit (l'eau-de-vie traditionnelle scandinave) a dû se réinventer une image depuis le départ, en 2015, de sa distillerie historique, rachetée par la Norvège. Forte de sa longue histoire d'ancien port viking, de ses quais agréablement animés et de ses anciennes friches industrielles muées en lieux culturels, cette jolie petite ville universitaire est en pleine effervescence.

Se repérer

CARTE A1 (P. 134) - PLAN P. 151
219 487 habitants
À 120 km au nord d'Aarhus.

À ne pas manquer

Le musée d'Art moderne et les pierres tombales de Lindholm Høje, à Nørresundby.

En famille

Le Centre d'expérience maritime.

Organiser son temps

Un jour suffit pour découvrir la ville.

Carnet pratique p. 155

Nos adresses p. 156

Le centre-ville

PLAN P. 151

Circuit tracé en vert sur le plan p. 151.
Aalborg s'ordonne autour d'un centre ancien constitué d'un réseau de rues piétonnes environnées d'espaces verts et ceinturé d'un large boulevard circulaire.

3

Musée du Cloître des frères franciscains

(GRÅBRØDREKLOSTER MUSEET) B1

Algade 19 - on accède à ces vestiges en empruntant l'ascenseur de verre situé au croisement des rues Algade et Møllegade - ✆ 99 31 74 00 - nordmus.dk/grabrodrekloster-museet - mar.-sam. 10h-17h ; nov.-mars : mar.-sam. 10h-16h - fermé 24 déc.-1er janv. - 50 DKK (par ascenseur).
La construction d'un immeuble d'habitation, au cœur de la ville, a mis au jour les ruines d'un cloître franciscain datant du 13e s. En empruntant le couloir souterrain qui part de l'ascenseur, vous accéderez aux ruines où demeurent les murs d'enceinte du cloître et de ses dépendances. Un petit musée raconte comment les premiers représentants de cette communauté, fondée en Italie en 1223 par saint François d'Assise, sont arrivés à Aalborg vers 1250.
Continuer dans la même rue, en direction du boulevard Vesterbro.

Cathédrale Saint-Botulfe (BUDOLFI DOMKIRKE) B1

Algade 40 - ✆ 98 12 46 70 - aalborgdomkirke.dk - lun.-vend. 10h-15h, sam. 10h-12h.
Dédiée à Botulfe, saint d'origine anglaise, elle fut construite vers 1400, mais on a retrouvé les traces d'un édifice antérieur, datant de 1100 environ. La massive tour carrée est surmontée d'une flèche baroque ajoutée en 1779. Le carillon sonne toutes les heures de 9h à 22h. Le porche est orné de belles fresques de la fin du Moyen Âge, tandis que le retable et la chaire datent de la fin du 17e s. Le reste du mobilier est du 18e s.
Juste en face, en allant vers le boulevard Vesterbro.

Du port viking au port moderne

Admirablement située à l'endroit le plus étroit du **Limfjorden**, Aalborg était déjà au 11ᵉ s. un port viking florissant qui possédait une flottille de pêche et commerçait régulièrement avec la Norvège. Le Moyen Âge vit s'accroître la prospérité de la ville, qui connut ensuite aux 16ᵉ et 17ᵉ s. des périodes de récession dues aux incendies et aux guerres. Au 19ᵉ s., l'industrialisation et l'avènement du chemin de fer rétablirent la situation économique et le port fut modernisé.

Musée d'Histoire d'Aalborg (AALBORG HISTORISKE MUSEUM) A1

Algade 48 - ☏ 99 31 74 00 - nordmus.dk/aalborg-historiske-museum - ♿ - janv.-mars : mar.-sam. 10h-16h ; avr.-nov. : mar.-sam. 10h-17h ; déc. : tlj sf dim. 10h-17h30 - fermé 25 déc.-2 janv. - 60 DKK (gratuit -18 ans).

Près de la cathédrale, il abrite une collection d'objets de l'âge de la pierre et de différentes périodes ayant marqué l'histoire de la ville. Ne manquez pas la « **salle d'Aalborg** » (Aalborgstuen), dotée d'un magnifique intérieur Renaissance de 1602, parvenu intact jusqu'à nous.

Emprunter la rue piétonne Gravensgade en direction du Limfjorden.

Monastère du Saint-Esprit (HELLIGÅNDSKLOSTRET) A1

Klosterjordet 1 - ☏ 98 12 02 05 - aalborgkloster.dk - visite guidée (1h30) - juil.-août : mar. et jeu. à 14h - 50 DKK (-12 ans gratuit).

Fondé en 1431, ce monastère a conservé son rôle d'institution caritative, la plus ancienne du Danemark. L'édifice abrite de belles fresques datant de 1500 environ.

Rue Jomfru Ane (JOMFRU ANE GADE) B1

Des bars, des bars, des bars ! Et éventuellement quelques restaurants et discothèques... Très appréciée des étudiants, mais pas seulement, cette rue piétonne exprime admirablement un certain sens de la fête à la danoise !

Au bout de la rue, tourner à droite dans Ved Stranden ; le château se dresse face au fjord, de l'autre côté d'Østerågade.

Château (AALBORGHUS SLOT) B1

Slotspladsen 1 - kongeligeslotte.dk - accès piéton à la cour du château : 8h-21h ; accès au donjon : mai-oct., lun.-vend. 8h-15h ; accès aux souterrains : mai-oct., 8h-21h.

Construit entre 1539 et 1555 pour défendre la ville, cet édifice à colombage est vite devenu le siège de la royauté dans le Jutland du Nord. Il abrite aujourd'hui les services administratifs du département. Toutefois, le public est admis toute l'année dans la cour et l'été dans le donjon et les passages souterrains.

Centre Utzon B1

Slotspladsen 4 - ☏ 76 90 50 00 - utzoncenter.dk - mar.-vend. 11h-17h, jeu. 10h-21h, w.-end 10h-17h - 80 DKK (4-17 ans 40 DKK).

Ce centre d'art, de design et d'architecture illustre la complète transformation du front de mer d'Aalborg, ancienne zone industrielle désormais dévolue à la culture, aux loisirs et à la gastronomie. Le bâtiment (2008), dernière réalisation de l'architecte danois **Jørn Utzon** (1918-2008), enfant de la ville et auteur du célèbre Opéra de Sydney *(voir encadré p. 152)*, se distingue par son étonnante toiture métallique incurvée. Le centre a pour rôle de diffuser les connaissances sur l'architecture contemporaine, avec des salles d'exposition, des ateliers, un amphithéâtre, des salles d'études et de conférences, une bibliothèque, une librairie, une boutique de design danois et un restaurant.

Longer le château par Slotsgade et revenir dans la rue piétonne Algade. Puis prendre à droite Østerågade.

Østerågade B1

Sur la droite, en tournant le dos au fjord, on peut voir deux splendides maisons bourgeoises du 17e s. La première, **Jørgen Olufsens Gård**, au n° 25, à colombage, fut, comme son nom l'indique, construite en 1616 pour Jørgen Olufsen. La seconde, **Jens Bangs Stenhus**, au n° 9 au coin d'Adelgade, est une imposante résidence de cinq étages élevée en 1624, par un autre négociant, Jens Bang. Ce magnifique édifice de brique rouge rehaussé de pierres en relief et de pignons travaillés est la

SE RESTAURER
Caféministeriet 2
Pingvin 5
Mortens Kro 6
Restaurant Fusion 8
Søgaards Bryghus 9

SE LOGER
Hotel Jomfru Ane 4
Cabinn Aalborg 6
Phønix 7
Marienhaab B & B 8
Prinsen 9

3

Jørn Utzon ou le tardif retour en grâce

Son nom reste à jamais associé à l'Opéra de Sydney. Pour le meilleur et pour le pire... Tout avait pourtant bien commencé pour l'architecte danois Jørn Utzon. Né en 1918 à Aalborg, il a grandi auprès d'un père architecte naval avant de démarrer sa carrière avec d'intéressants logements collectifs où déjà pointe le goût pour les architectures exotiques. En 1955, son projet d'opéra est retenu parmi 233 autres propositions. Avec ses airs d'immense coquillage moderniste, le bâtiment est aussi une prouesse technique. L'explosion du budget, les retards de chantier et bien des désaccords aboutissent à la disgrâce – contestée – de l'architecte qui n'est même pas invité à l'inauguration en 1973. De retour au Danemark, Jørn Utzon poursuit une carrière discrète mais remarquable, qui lui vaudra le prix Pritzker (une sorte de Nobel de l'architecture). En 1998, l'Australie lui présente officiellement ses excuses. En 2007, l'Opéra est classé au Patrimoine mondial de l'Unesco. Utzon meurt quelques mois plus tard, à 90 ans. Il n'est jamais retourné à Sydney.

plus belle résidence privée de style Renaissance au Danemark. Le 4e étage abrite un petit **musée de la Pharmacie**, visible lors d'une visite guidée *(de mai à sept., visite guidée seult, se rens. pour les horaires, RV devant la maison - 85 DKK - inscription auprès du musée d'Histoire ou de l'office de tourisme)*.

Hôtel de ville (RÅDHUS) B1

Ne se visite pas.
Un peu en retrait d'Østerågade, cet élégant édifice de style baroque tardif, construit en 1762 et peint en jaune vif, attire le regard. La devise en latin du roi Frédéric V, *Prudentia et Constantia*, est inscrite au-dessus de la porte.

Hors du centre

PLAN P. 151

★★ Kunsten - Musée d'Art moderne d'Aalborg A2

Kong Christians Allé 50 - ✆ 99 82 41 00 - kunsten.dk - ♿ - mar.-jeu. 10h-21h, vend.-dim. 10h-17h - fermé 1er janv., 24-25 et 31 déc. - 125 DKK (-18 ans gratuit).
Voilà sans aucun doute l'un des plus beaux musées d'art du Danemark. Situé sur une section du boulevard circulaire, ce bel édifice moderne, conçu et réalisé par **Elissa** et **Alvar Aalto** ainsi que par Jean-Jacques Baruël, est entouré d'un parc boisé dont la couleur vert foncé contraste avec le marbre blanc de Carrare revêtant le bâtiment.
Intérieur – L'impression d'espace a été favorisée par un système de cloisons mobiles et la lumière pénètre librement par le toit. Outre les salles d'exposition et les galeries, vous pourrez visiter une salle de musique de chambre, des salles de lecture, un atelier, une bibliothèque, un café, un parc de sculptures et un amphithéâtre où musique et théâtre sont programmés en été.
Le musée abrite des collections permanentes d'**art danois et étranger du 20e s.**, tableaux, sculptures, céramiques, textiles et collages, avec une majorité d'œuvres danoises, qui proviennent de deux collections privées. Celle d'Anna et Kresten Krestensen comprend des œuvres du modernisme et de membres du groupe CoBrA, avec de nombreuses toiles d'**Asger Jorn** et d'**Ejler Bille** entre autres ; l'art étranger des années 1940 et 1950 est plus modestement représenté par des œuvres d'Appel, Alechinsky et Poliakoff. La collection de Kirsten et Axel P. Nielsen

La Maison de la musique à Aalborg, de l'agence d'architecture Coop Himmelb(l)au.
Alexander Farnsworth/Getty Images Plus

est consacrée à une période plus tardive du 20e s., aux mouvements surréaliste et néodadaïste des années 1960 et 1970.

Tour d'Aalborg (AALBORG TÅRNET) A2

Søndre Skovvej 12 - ✆ 98 77 05 11 - aalborgtaarnet.dk - ♿ - de mi-avr. à juin et de mi-août à mi-sept. : 11h-17h ; de déb. juil. à mi-août et en oct. : 10h-17h - fermé en cas de vent fort - 40 DKK (3-11 ans 30 DKK).

Construite pour une exposition en 1933, cette tour n'a jamais été détruite. Tant mieux ! On sonne pour appeler l'ascenseur, qui grimpe à 105 m au-dessus du niveau de la mer. La récompense : un beau panorama sur la ville et le Limfjorden. Un bistro est installé au sommet.

3

Parc des sculptures (KILDEPARK) A2

Le plus ancien parc de la ville (1802) accueille de nombreuses statues classiques. Les plus remarquables sont *Les Trois Grâces* de Thorvaldsen (1770-1844) et *Bacchus enfant* d'Anne Marie Carl-Nielsen (1863-1945).

Le dernier verre

C'était en 2015 : la dernière bouteille d'**aquavit** (littéralement eau-de-vie) est sortie de la distillerie historique « De Danske Spritfabrikkerne » (Les Distillateurs Danois), qui produisait cet alcool traditionnel scandinave depuis 1931. Déménagée en Norvège, la production du « gin scandinave » se poursuit, élaborée par distillation à partir soit de grains de seigle, soit de pommes de terre. Caractérisé par une certaine rudesse, cet alcool est ensuite parfumé par macération de graines ou fleurs, de provenances diverses, permettant de personnaliser le breuvage : cumin, fenouil, baies de genièvre, etc. Ironie de l'histoire : la compagnie norvégienne qui a racheté la distillerie produit toujours « l'Aalborg Akvavit », continuant d'associer la ville à l'eau-de-vie qui l'avait rendue célèbre.

Nordkraft B1-2

Kjellerups Torv - ✆ 96 20 24 00 - ♿ - nordkraft.dk - 5h30-23h, w.-end 6h30-23h.
Symbole de la nouvelle image d'Aalborg, cette ancienne centrale électrique a été transformée en un immense centre culturel, avec cafés, restaurants, cinémas, théâtres, salles de sports et de concerts, galeries d'art... et même un grand mur d'escalade. Bref, un incontournable.

Centre d'expérience maritime

(SPRINGEREN – MARITIMT OPLEVELSESCENTER) HORS PLAN

Accès par Strandvejen, rue qui passe sous Vesterbro (avant le pont sur le fjord) et rejoint le port. Vestre Fjordvej 81 - ✆ 98 11 78 03 - aalborgmarinemuseum.dk - mai-juin et août : 10h-17h ; juil. : 10h-20h ; janv.-avr. et sept.-déc. : 10h-16h (24 déc. 13h) - fermé 1er janv., 25-26 et 31 déc. - 90 DKK (6-14 ans 50 DKK).
Consacré à la vie maritime danoise, ce centre présente une collection éclectique où des maquettes de navires côtoient différentes tenues de plongée ou encore des appareils de navigation de tous âges. Le jardin central abrite un véritable sous-marin, le *Springeren*, et un bateau de guerre.

À proximité

CARTE P. 134

★★ Lindholm Høje, à Nørresundby A1

À 3 km au nord par le pont sur le Limfjorden.
Sur ce site très ancien, au sommet d'une vaste colline, s'étendaient un cimetière et une colonie de la fin de l'âge du fer et du début de la **période viking**. Les sépultures furent peu à peu recouvertes d'une couche de sable de plusieurs mètres apportée par les vents à partir de 700 apr. J.-C. ; ce phénomène contribua à la conservation du site pendant plus de mille ans.
Des fouilles ont mis au jour près de **700 tombes**, dont la majorité est délimitée par des pierres disposées en triangle pour les plus anciennes, en cercle, en ovale ou en forme de bateau pour les plus récentes. La plupart des corps avaient été incinérés. On trouva dans les tombes des objets variés, certains datant du 5e s. Au nord du cimetière, on découvrit aussi les traces d'une rue qui avait été pavée de bois, ce qui indiquerait la présence d'un village important.
Musée – *Vendilavej 11 - ✆ 99 31 74 00 - nordjyskemuseer.dk - ♿ - avr.-oct. : mar.-dim. 10h-17h ; nov.-mars : mar.-dim. 10h-16h - fermé 24 déc.-2 janv. - 90 DKK (-18 ans gratuit).* Très intéressant et arrangé avec goût, il permet, grâce au travail de fouilles et à d'astucieuses reconstitutions, d'imaginer avec précision la vie à Lindholm Høje.

★★ Château de Voergaard A1

À 40 km au nord-est.
Voergaard 6 - ✆ 98 86 71 08 - voergaardslot.dk - de déb. avr. à fin oct. : 11h-16h (fermé lun. de déb. sept. à mi-oct.) ; nov.-déc. : se rens. - 110 DKK (7-13 ans 50 DKK).
Entouré de larges douves et d'un grand parc boisé, cet élégant monument Renaissance se dresse dans un lieu retiré au cœur d'une région agricole du Jutland du Nord. Construit à la fin du 16e s. sur un site déjà occupé par un édifice de pierre qui fut incorporé à l'aile nord, il changea souvent de propriétaire et fut restauré au 20e s. par le dernier, le comte Oberbech-Clausen. À la mort de sa femme, il fit transférer à Voergaard l'importante **collection d'œuvres d'art** qu'elle lui avait léguée, et créa une fondation pour l'entretien du domaine en exprimant le vœu que la propriété soit ouverte au public après sa mort.

L'aile orientale du château apparaît dans toute sa splendeur au fond d'une avenue rectiligne, prolongée par un pont de pierre franchissant les douves. L'édifice de brique rouge est agrémenté de décorations en grès et d'un superbe portail, don du roi Frédéric II en 1588.
Le château recèle une magnifique collection de toiles de maîtres tels que **Goya**, **Rubens**, **Fragonard** et **Watteau**, du mobilier ancien, de la porcelaine et des objets d'art, essentiellement français et chinois. Remarquez notamment un service en porcelaine qui fut utilisé par Louis XVI et Marie-Antoinette pendant leur emprisonnement au Temple, ainsi qu'un service exécuté spécialement pour Napoléon Ier durant la période des Cent-Jours en 1815.

Forêt de Rold (ROLD SKOV) A1-2

À 25 km au sud.
Parcourue de sentiers et de pistes cyclables, elle est la plus vaste forêt danoise, avec ses paysages variés de landes et ses grandes étendues où alternent conifères, hêtres splendides et marais.

Parc national Rebild (REBILD BAKKER) A1-2

À 3 km à l'ouest de Skørping, **Rebild** est un point de départ idéal pour les randonnées en forêt. C'est aussi un site important dans l'histoire des relations entre le Danemark et les États-Unis : en 1912, des Américains d'origine danoise achetèrent les terrains vallonnés entourant le village et en firent don à l'État danois, sous réserve de les transformer en parc national (le premier du Danemark) et de leur permettre d'y célébrer les fêtes américaines. Depuis, des milliers d'Américains s'y rendent chaque année pour prendre part aux célébrations du 4 juillet.
Le parc accueille également un marché de Noël réputé, chaque dimanche de l'Avent.

3

Carnet pratique

S'informer

Office de tourisme – PLAN B1-2 (P. 151) - *Kjellerups Torv 5 (dans Nordkraft, voir p. 154) - 99 31 75 00 - visitaalborg.com.*

Arriver/partir

En avion

Aéroport – *98 17 11 44 - aal.dk.*
Vols quotidiens pour Copenhague. L'aéroport se trouve à 5 km du centre-ville. Liaisons par bus ttes les 15mn.

En train

Aalborg est à 4h de Copenhague. Rens. : dsb.dk.

Agenda

Carnaval d'Aalborg – *aalborgkarneval.dk.*
Dern. vend. et sam. de mai. Un des plus grands carnavals d'Europe du Nord qui se déroule dans la ville et au parc Kilde.
Marché viking de Lindholm Høje – Dern. w.-end de juin. Pour un voyage dans le temps, moyennant des couronnes actuelles cependant *(60 DKK l'entrée/j.).*

Nos adresses

Restauration

Budget moyen

2 Caféministeriet - B2 - *Møllegade 19 - ✆ 98 19 40 50 - www.cafeministeriet.dk - 9h-0h - plats 145/175 DKK.* Un restaurant branché qui ne désemplit pas, où les locaux viennent se régaler de salades, sandwichs et hamburgers maison. Brunch copieux *(jusqu'à 14h, 160 DKK)*. Quelques tables en terrasse, sur une petite place.

9 Søgaards Bryghus - B1 - *Obelsplads 1 - ✆ 98 16 11 14 - www.soegaardsbryghus.dk - 16h-22h30, vend.-sam. 11h-0h - fermé dim. - plats 195/285 DKK.* Au cœur du quartier piéton, une grande brasserie en brique où trônent deux alambics de cuivre. On y sert un bel éventail de bières artisanales. Côté cuisine, des plats corrects de viandes, salades et poissons. Bons desserts.

Pour se faire plaisir

5 Pingvin - B1 - *Adelgade 12 - ✆ 98 11 11 66 - pingvintapas.dk - merc.-jeu. 17h-22h, vend.-sam. 12h-23h - fermé dim.-mar. - menus 398/595 DKK.* Un bar à vins et à tapas très populaire, proposant une grande variété de plats accompagnés de vins au verre. La salle n'est pas très chaleureuse, dommage !

8 Restaurant Fusion - B1 - *Strandvejen 4 - ✆ 35 12 33 31 - www.restaurantfusion.dk - 17h-0h - fermé dim.-lun. - menus 595/930 DKK.* Derrière les grandes baies vitrées donnant sur les eaux du port se dévoile un cadre contemporain chic. Ici, la cuisine fusion mêle les saveurs européennes et asiatiques, avec une prédilection pour les sushis.

Une folie

6 Mortens Kro - B2 - *Mølleå 2-6 - ✆ 98 12 48 60 - www.mortenskro.dk - mar.-sam. 11h-2h - fermé dim.-lun. - plats 598/698 DKK - menus dégustation 1298/1898 DKK.* Le chef a été formé dans des restaurants européens étoilés. Il dirige aujourd'hui cet établissement élégant et design où l'on sert une cuisine sophistiquée et raffinée. Plusieurs formules, dont un menu dégustation enchanteur !

Petite pause

Kochs Kaffebar - B1 - *Algade 23 - ✆ 29 93 22 67 - www.kochskaffebar.dk - 9h-20h.* Dans le centre piéton, ce salon de thé paisible vous accueille pour une halte entre deux visites. Pâtisseries savoureuses dont un excellent moelleux au chocolat.

Penny Lane - B1 - *Boulevarden 1 - ✆ 98 12 58 00 - www.pennylanecafe.dk - 8h-18h, sam. 8h-17h, dim. 9h-17h.* Un concept store réunissant café, boulangerie-pâtisserie, épicerie fine et boutique de vêtements et d'objets déco. Excellents sandwichs et gâteaux.

Behag Din Smag - B1 - *Slotsgade 16A - ✆ 98 12 40 00 - www.behagdinsmag.dk - 7h30-17h, vend. 7h30-18h, sam. 8h30-16h - fermé dim.* Sans doute le meilleur café d'Aalborg. Dans une ruelle piétonne, une salle chaleureuse baignée d'une agréable odeur de chocolat chaud et de gâteaux sortant du four. Les pâtisseries (100 % bio) sont divines.

En soirée

C'est sur les **quais réaménagés** et sur **Jomfru Ane Gade** que tout se passe.

Musikkens Hus - B1 - *Musikkens Pl. 1 - ✆ 60 20 30 00 - musikkenshus.dk.* Signé Coop Himmelb(l)au, ce bâtiment spectaculaire se dresse sur les quais réaménagés. Neuf étages et quatre salles de concerts. Un incontournable !

Hébergement

Premier prix

Danhostel Aalborg – HORS PLAN - *Skydebanevej 50 - à 3 km du centre - ✆ 98 11 60 44 - www.aalborg-vandrerhjem.dk - P - 35 ch. 550/600 DKK - ☕ 80 DKK.* Cette auberge, à taille humaine et bien tenue, est située face à une marina. Nombreuses activités : minigolf, natation, équitation, tennis, pêche, etc. Un bus rejoint le centre-ville toutes les 30mn. Le lieu propose également une trentaine de chalets, dans un camping installé sur une île.

8 **Marienhaab B & B** – A2 - *Kirkegårdsgade 3 - ✆ 98 16 64 62 - www.marienhaab.dk - P - 3 ch. 521 DKK.* Cette maison d'hôte chaleureuse et bien située accueille souvent les artistes de la salle de concerts voisine. Chambres douillettes à la décoration fleurie. Agréable jardin.

4 **Hotel Jomfru Ane** – AB1 - *Jomfru Ane Gade 3 - ✆ 98 10 22 00 - hotel-jomfruane.dk - P 98 DKK/j. - 35 ch. 596/819 DKK ☕.* Cet hôtel sympathique et central est installé dans un beau bâtiment à la façade blanche. Chambres cosy et décoration dans l'air du temps.

6 **Cabinn Aalborg** – B1 - *Fjordgade 20 - ✆ 96 20 30 00 - www.cabinn.com - P payant - 239 ch. 725/805 DKK - ☕ 99 DKK.* Cette chaîne d'hôtels économiques applique partout la même recette : une situation centrale (ici près du port et du centre-ville) et quatre catégories de chambres (économique ou standard, avec lits superposés, ou bien Commodore ou Captain, avec lits jumeaux). Bref, du fonctionnel à prix doux.

9 **Prinsen** – A2 - *Prinsensgade 14-16 - ✆ 98 13 37 33 - www.prinsenhotel.dk - P limité - 38 ch. 685/945 DKK ☕.* Central, abordable et douillet. Pour être sûr de dormir au calme, demandez les chambres sur cour. En été, il est impératif de réserver.

Budget moyen

7 **Phønix** – A1 - *Vesterbro 77 - ✆ 98 12 00 11 - www.helnan.dk - P 110 DKK/j. - 220 ch. 985/2 430 DKK ☕ - ✕.* Un établissement historique (1783) un peu défraîchi, mais central et disposant de vastes chambres. Accès gratuit au sauna et à la salle de fitness pour les résidents.

Hotel Scheelsminde – HORS PLAN - *Scheelsmindevej 35 - ✆ 98 18 32 33 - www.scheelsminde.dk - P ≋ ♿ - 96 ch. 1195/1795 DKK ☕ - ✕.* Cet hôtel installé dans un manoir du 19e s. est entouré d'un magnifique parc. Les chambres sont à la fois élégantes et modernes. Piscine chauffée, sauna et Jacuzzi.

3

Skagen ★★

Évoquez Skagen (prononcez « Skaine ») devant des amis danois et regardez leurs visages s'illuminer ! Avec son exceptionnelle luminosité, ses longues plages de sable et ses ravissantes maisonnettes jaunes à toits de tuiles, ce village de pêcheurs aux allures de carte postale est devenu l'un des lieux de villégiature les plus courus du Danemark. Une renommée qui remonte à la fin du 19e s., quand un groupe de peintres s'est installé dans les environs.

La plage de Grenen.
danefromspain/Getty Images Plus

Se repérer

CARTE A1 (P. 134)
7664 habitants
À 100 km au nord d'Aalborg.

Organiser son temps

En saison, prévoyez deux jours.

En famille

Le Musée côtier ; aux alentours, les plages du Kattegat, la promenade côtière de Grenen et la réserve ornithologique de Tuen.

Carnet pratique p. 162

Nos adresses p. 162

Le quartier des peintres

Il longe la mer et se situe entre la rue principale, Skt. Laurentii Vej, et le port. Ses rues étroites sont bordées de vieilles maisons de pêcheurs, parfaitement entretenues et peintes en jaune foncé. L'**hôtel Brøndums** *(voir « Hébergement » p. 162)*, dans Anchersvej, où les artistes avaient l'habitude de se rencontrer, a conservé son charme désuet.

★★ Musée de Skagen (SKAGENS MUSEUM)

Brøndumsvej 4 - ✆ 98 44 64 44 - skagenskunstmuseer.dk - ♿ - se rens. pour les horaires - 120 DKK (-18 ans gratuit) ; billet combiné avec Anchers Hus et Drachmanns Hus 180 DKK.

Près de l'hôtel, dans Brøndumsvej, l'édifice construit pour abriter le musée fondé par Michael Ancher et ses amis fut inauguré en 1928, puis agrandi quarante ans plus tard. Il contient quelque 1500 toiles, dessins, sculptures et objets, œuvres des artistes qui travaillèrent à Skagen entre 1830 et 1930. On remarque en particulier les 81 portraits d'artistes et les peintures des panneaux muraux de la salle à manger de l'hôtel Brøndum, transférés au musée en 1946.

★ Maison de Michael et Anna Ancher (MICHAEL & ANNA ANCHERS HUS)

Markvej 2-4 - ✆ 98 44 64 44 - skagenskunstmuseer.dk - ♿ - se rens. pour les horaires - 80 DKK (-18 ans gratuit) ; billet combiné avec Skagen museum et Drachmanns Hus 180 DKK.

Non loin du musée de Skagen, dans Markvej, on peut voir la maison dans laquelle le couple vécut à partir de 1884 *(voir encadré ci-dessous)*. Après la mort, en 1964, de leur fille Helga, peintre elle aussi, la demeure fut soigneusement restaurée afin de recréer l'atmosphère empreinte de créativité qui y régnait. Elle contient leur mobilier, des livres, des chevalets, des toiles et, bien sûr, de nombreux tableaux.

Pêcheurs et peintres

Communauté prospère au Moyen Âge, Skagen n'était plus au 19e s. qu'une simple bourgade que la progression inéluctable des dunes avait envahie, forçant même sa population de pêcheurs à déplacer le village de la côte ouest (appelé aujourd'hui Gammel Skagen, le « vieux Skagen »), bordée par le Skagerrak, sur la côte est baignée par le Kattegat. La construction d'une ligne de chemin de fer à la fin du 19e s. lui permit de devenir une station balnéaire réputée pour ses belles plages et ses rues animées. Mais c'est aussi et avant tout la ville où naquit et se développa le mouvement artistique connu sous le nom d'**école de Skagen**.

En effet, vers 1870, un groupe de peintres découvrit Skagen et fut séduit à la fois par les paysages désertiques battus par les vents et par la lumière, continuellement changeante ; les artistes furent aussi frappés d'admiration par le courage des gens du pays qui, en dépit des difficultés extrêmes, continuaient à défier la nature et restaient dans cet endroit désolé. **Michael et Anna Ancher** s'y installèrent à la fin du 19e s. en compagnie de leur ami peintre et poète **Holger Drachmann** ; ils attirèrent bientôt d'autres artistes scandinaves qui leur rendaient visite régulièrement et travaillaient avec eux ; parmi ceux-ci se trouvaient **Peter Severin Krøyer** (1851-1909), **Christian Krohg**, Oscar Björck, Laurits Tuxen et Carl Locher.

Maison de Drachmann (DRACHMANNS HUS)

Hans Baghs Vej 21 - ✆ 98 44 64 44 - skagenskunstmuseer.dk - se rens. pour les horaires - 50 DKK (-18 ans gratuit); billet combiné avec Skagen museum et Anchers Hus 180 DKK.

La maison que le poète et peintre **Holger Drachmann** (1846-1908) acheta en 1902, et où il passa les six dernières années de sa vie, reçut le nom significatif de villa Pax. Située dans Hans Baghs Vej, de l'autre côté du centre-ville, elle abrite de nombreux tableaux de Drachmann et de ses amis.

Musée côtier (KYSTMUSEET)

✆ 98 44 47 60 - www.kystmuseet.dk - ♿ - avr.-août : 10h-16h, w.-end 11h-16h ; reste de l'année : se rens. - 110 DKK (-18 ans gratuit).

Ce musée – en partie en plein air – illustre la rude vie des marins de Skagen au 19e s. On y découvre la reconstitution d'une modeste maison de pêcheur, celle d'un confrère aisé, une station de sauvetage en mer et un moulin à vent.

À proximité

CARTE P. 134

Église des Sables (DEN TILSANDEDE KIRKE) A1

À 4 km à l'ouest de Skagen - accès par la route de Frederikshavn (route 40) puis signalisation sur la gauche - pour l'atteindre à pied, suivre « Gammel Kirkesti » à l'ouest du centre-ville. ✆ 72 54 30 00 - de déb. avr. à mi-oct. : 10h-16h - 25 DKK (-16 ans gratuit).

Dédiée à saint Laurent, le saint patron des marins, cette église du 14e s. fut ensevelie par les dunes à la fin du 18e s., à tel point que les fidèles devaient creuser un sentier pour venir à la messe ! Elle fut finalement fermée par décret royal en 1795. En 1810, la nef fut enlevée et, aujourd'hui, seule la tour est visible au-dessus du sable.

★ Grenen A1

À 3 km au nord-est puis 30mn à pied le long du sentier balisé (2 km).

Au-delà de Skagen, la route 40 continue jusqu'à Grenen, le point le plus septentrional du Danemark. C'est ici que se rencontrent, dans un impressionnant combat de vagues, les eaux du Kattegat (un bras de la mer Baltique) et celles du Skagerrak (qui appartient à la mer du Nord). Tout au long de l'année, un ballet fascinant se joue : plus de 110 000 navires passent devant Grenen !

Du parking situé à côté des dunes, on longe la bande de sable qui semble bientôt disparaître dans les flots. Au passage, vous verrez la tombe du poète et peintre Holger Drachmann (*voir aussi p. 160*).

Vous pourrez tremper le bout du pied mais pas plus : en raison des violents courants, il est strictement interdit de se baigner.

★ Le littoral du Kattegat, de Skagen à Saeby

CARTE P. 134 (A1)

Circuit tracé en bordeaux sur la carte p. 134. Quitter Skagen par la route 40.

De longues plages blanches, des promenades dans les dunes piquées d'oyats, d'adorables villages de pêche où choisir ses fruits de mer avant de les déguster sur de grandes tables en bois... Voilà tout le charme de la pointe nord du Jutland, une langue de terre à la beauté sauvage.

Et la mer ?

Est-elle démontée ? De cette route côtière, l'on n'aperçoit jamais la mer. Il faut prendre les routes transversales pour gagner les petits ports isolés qui reçoivent de plein fouet les vents du large ou les stations balnéaires comme **Ålbæk**, soigneusement placées à l'abri du cordon dunaire. L'on comprend mieux alors pourquoi les habitants ont pris leurs précautions...

Pour vous baigner en famille, préférez les **plages du Kattegat**, plus douces et accueillantes que celles de la côte ouest. L'eau, aussi, y est moins profonde.

★ Dune blanche de Råbjerg (RÅBJERG MILE)

À 10 km au sud-ouest de Skagen. Aux alentours de Skagen, les dunes constituent un environnement particulièrement vulnérable, car leur végétation est fragile et le sable ne cesse d'avancer, en dépit des plantations (les *plantage*) effectuées pour tenter de contrôler ce processus. Ainsi, cette grande dune blanche, haute de 41 m, formée au cours des siècles, continue à se déplacer vers l'est.
Reprendre la route 40 et continuer sur 7 km, puis prendre à droite la route 597.

Réserve ornithologique de Tuen (ØRNERESERVAT)

À 15 km au sud-ouest. ☏ 98 93 20 31 - www.eagleworld.dk - entrée à l'Eagleworld 1h av. le déb. du spectacle - se rens. pour les horaires - 145 DKK (4-12 ans 80 DKK) ; billet famille (2 adultes et 2 enfants) 335 DKK.
À mi-chemin entre Ålbæk et Tversted, la réserve naturelle de Tuen abrite notamment des **aigles royaux** que l'on peut observer chassant en toute liberté. Des photos illustrent les divers aspects de la vie des aigles.
Rejoindre la route 40 et la continuer sur 35 km.

★ Sæby

Algade 14 - ☏ 98 46 12 44 - www.toppenafdanmark.dk/saeby.
Cette charmante petite ville côtière, située à 12 km au sud de Frederikshavn, a conservé quelques édifices publics du 18e s. le long de la rue principale, Algade, et des alignements de maisons basses peintes de couleurs vives.
★ **Église** – Elle faisait partie du couvent carmélite dédié à la Vierge Marie et fondé à la fin du 15e s. Le monastère fut fermé lors de la Réforme en 1536 et les bâtiments démolis un à un. L'église contient un intéressant mobilier du 16e s. et quelques **fresques** de la fin du Moyen Âge, d'une rare beauté, qui furent enduites d'une couche de peinture blanche à la Réforme et redécouvertes en 1905 seulement. Les plus anciennes, datant du 15e s., ornent le côté gauche de la nef, partie conservée de l'église primitive. On remarque en outre une très belle **chaire** Renaissance surmontée d'un baldaquin en bois peint, une vingtaine de stalles d'origine dont certaines ont conservé leurs miséricordes et, dans le transept, une splendide **sculpture sur bois** de la Vierge à l'Enfant, de style gothique tardif, probablement réalisée dans l'atelier de Claus Berg.
Manoir de Sæbygård – *Sæbygaardvej 49 (à 2 km à l'ouest du centre-ville) - ☏ 98 46 10 45 - www.sæbygaard.dk - de fin juin à déb août : mar.-vend. et dim. 12h-16h ; reste de l'année : sur réserv. seult - env. 50 DKK (- 12 ans gratuit).* Datant de la fin du Moyen Âge, cet édifice Renaissance et ses mises en scène intérieures illustrent la vie à la campagne des familles aisées de l'époque.

3

Carnet pratique

S'informer

Office de tourisme – *Vestre Strandvej 10 - ✆ 98 44 13 77 - www.toppenafdanmark.dk/skagen.*

Arriver/partir

Port de Frederikshavn (40 km au sud de Skagen) – Des ferries assurent la liaison avec Göteborg *(voir p. 376)*.

Agenda

Festival folklorique de Skagen – *skagenfestival.dk.* Fin juin-déb. juil. Le plus ancien festival de musique danois, fondé en 1971, attire les foules ! Concerts de musiques folkloriques du monde entier.

Nos adresses

Restauration

Budget moyen

Pakhuset – *Rødspættevej 6 (sur le port) - ✆ 98 44 20 00 - www.pakhuset-skagen.dk - mar.-jeu. 11h-21h, vend.-sam. 11h-22h, dim. 11h-16h30 - fermé lun. - plats 190/395 DKK.* Cet établissement dispose d'un café au rez-de-chaussée, pour les petits budgets, et d'un restaurant chic au-dessus. La cuisine, raffinée et joliment présentée, est essentiellement composée de la pêche du jour. Également un menu végétarien. Un des fleurons de la ville !

Skagen Fiske Restaurant – *Fiskehuskaj 13 (sur le port) - ✆ 98 44 35 44 - www.skagenfiske restaurant.dk - 11h-23h - plats 190/325 DKK.* Ce restaurant s'approvisionne chaque jour auprès des pêcheurs. Les poissons sont servis marinés, grillés, frits ou crus. Le restaurant à l'étage est plus élégant que le café à l'entrée, mais la cuisine est la même.

Hébergement

Budget moyen

Maison d'hôte Finns – *Østre Strandvej 63 (à 10mn à pied du centre) - ✆ 40 15 45 33 - www.finns.dk - mai-sept. - 6 ch. 1050/1275 DKK.* Chaque petit détail de cette pension est pensé avec soin et les chambres sont décorées de façon originale, à l'image de la chambre « royale » dont la baignoire ancienne est dissimulée dans un placard.

Brøndums – *Anchersvej 3 (à côté du musée de la Ville) - ✆ 98 44 15 55 - www.broendums-hotel.dk - P - 47 ch. 1080/3 990 DKK ☕ - ✕.* Cette maison ancienne a vu défiler les grands artistes de la ville. Le charme d'antan a été préservé dans les parties communes : mobilier ancien, boiseries et tapis. Chambres correctes mais la plupart ont des salles d'eau collectives.

Pour se faire plaisir

Sønderstrand – *Østre Strandvej 45 (à 10mn à pied du centre, le long de la mer) - ✆ 98 44 21 22 - www.soenderstrand.dk - fermé nov.-avr. (sf fêtes de fin d'année) - 12 ch. 1900/2 400 DKK ☕.* Une maison charmante qui abrite des chambres impeccables dans une ambiance chaleureuse. Délicieux jardin pour petit déjeuner en toute quiétude et grandes suites pour les familles.

Une folie

Ruths – *Hans Ruths Vej 1 - Gl. Skagen - ✆ 98 44 11 24 - www.ruths-hotel.dk - P - 52 ch. 2 400/3 400DKK ☕ - ✕.* Cet établissement est à la fois élégant, fonctionnel et spacieux. Les chambres sont décorées avec goût et bordées de petits jardins. Restaurant gastronomique.

Viborg ★

Située au cœur d'une région vallonnée agrémentée de lacs et de sombres forêts, cette paisible ville provinciale, dominant deux beaux lacs, fut l'un des plus importants diocèses du pays. À la veille de la Réforme, son centre-ville comptait jusqu'à vingt-cinq églises. Elles ne sont plus que deux aujourd'hui… Pour en savoir plus, faites donc quelques pas, de place en placette, dans les ruelles pavées du centre ancien. Vous tomberez vite sous le charme.

Café sur la place Nytorv à Viborg.
P. Schickert/age fotostock

Se repérer

CARTE A2 (P. 134)
41 079 habitants
Viborg est située à 60 km au nord d'Aarhus.

Organiser son temps

Compter une journée.

En famille

Le centre viking de Fyrkat, la plage d'Øster Hurup, le musée de plein air de Hjerl Hede et les baignades dans les lacs proches de Silkeborg.

Carnet pratique p. 169

Nos adresses p. 169

★ Cathédrale (DOMKIRKE)

Skt. Mogens Gade 4 - ☏ 87 25 52 50 - www.viborgdomkirke.dk - mai-sept. : 11h-17h, dim. 13h-17h ; oct.-avr. : 11h-15h, dim. 13h-15h - 10 DKK.

Du vaste sanctuaire roman du 12e s., il ne reste que la crypte, d'un volume imposant, construite en 1130 et comprenant trois nefs reposant sur d'énormes piliers. L'actuelle cathédrale en granit rose fut achevée en 1876, et son style néoroman tente d'être aussi fidèle que possible à l'édifice original. Remarquez l'ensemble de **fresques** peintes par **Joakim Skovgaard** au début du 20e s. et représentant des scènes de la Bible.

Musée Skovgaard (SKOVGAARD MUSEET)

Domkirkestræde 2-4 (sur la gauche de la cathédrale) - ☏ 86 62 39 75 - www.skovgaardmuseet.dk - ♿ - juin-août : mar.-dim. 10h-17h ; sept.-mai : mar.-dim. 11h-16h - 60 DKK (-18 ans gratuit).

Il abrite une collection de toiles de Joakim Skovgaard et de divers membres de sa famille.

Musée d'Histoire (VIBORG MUSEUM)

Gråbrødre Kirke Stræde 3 - ☏ 87 87 38 38 - viborgmuseum.dk - en travaux lors de notre visite, réouverture prévue courant 2023, se rens.

Jusqu'alors situé Hjultorvet, le nouveau musée prendra ses aises dans le quartier de la cathédrale, au sein de l'ancien tribunal municipal rénové, avec beaucoup plus de place pour les collections d'objets et œuvres d'art évoquant le passé de la petite ville.

Église de la paroisse sud (SORTEBRØDRE KIRKE)

St Skt. Mikkelsgade 12 - ☏ 86 62 49 96 - www.sortebroedrekirke.dk - de mi-mai à mi-sept. : mar.-vend. 12h-16h.

Au sud de la cathédrale, cette ancienne chapelle d'un monastère dominicain est aujourd'hui la plus vieille église de Viborg, bien qu'elle ait été largement remaniée en 1726 après un incendie. De l'édifice original, seuls subsistent le chœur et la nef. Elle contient un retable hollandais très ouvragé du 16e s.

L'ancienne capitale du Jutland

Viborg fut probablement un lieu de culte païen avant de devenir l'un des plus importants diocèses du Danemark, doté d'une belle cathédrale. Durant tout le Moyen Âge, il était coutumier que le nouveau roi fût nommé à Viborg ; c'est pourquoi s'y maintint jusqu'au milieu du 17e s. une cérémonie au cours de laquelle le souverain recevait l'hommage de ses sujets. La ville prospérait alors grâce au très lucratif commerce du bétail : elle était un centre important d'exportation, établi à la tête de ce que l'on appelle toujours « l'ancienne route du bétail » qui menait au Schleswig en traversant le centre du Jutland. Le célèbre **Hans Tausen**, artisan de la Réforme au Danemark, y prêcha la nouvelle doctrine et initia le mouvement qui aboutit à l'adoption de la religion évangélique comme religion d'État en 1536. Plusieurs incendies, dont le plus dévastateur fut celui de 1726, détruisirent la plus grande partie de la ville, tandis que la concentration progressive des pouvoirs à Copenhague accélérait son déclin. L'inauguration du chemin de fer favorisa le retour d'une certaine prospérité au 19e s. et, depuis, Viborg est à la fois une ville industrielle et commerciale ainsi qu'un centre administratif.

À proximité

CARTE P. 134

★ Fyrkat A2

À 39 km au nord-est de Viborg.

À 3 km à l'ouest d'Hobro, une puissante forteresse viking se dressait autrefois sur ce promontoire battu par les vents. C'est l'une des deux places fortes les mieux conservées de cette époque au Danemark. Elle fut édifiée ici vers 980, probablement à cause de la proximité du fjord de Mariager.

Construit selon le plan habituel des forteresses vikings, Fyrkat était protégé par un mur d'enceinte circulaire d'un diamètre de 120 m ; à l'intérieur, deux « rues » perpendiculaires menant aux portes orientées vers les quatre points cardinaux délimitaient quatre quartiers où s'élevaient quatre bâtiments de bois, aux murs convexes, de forme allongée et disposés en carré autour d'une maison plus petite. Chacun des bâtiments, divisé en trois sections, pouvait loger 50 personnes. Une reconstitution en chêne a été réalisée à l'extérieur de l'enceinte. Fyrkat a permis de recueillir de précieux renseignements sur la vie militaire à l'époque viking, contribuant ainsi à mieux connaître ce peuple puissant.

Vikingecenter Fyrkat – *Fyrkatvej 37 B - ✆ 99 82 41 75 - www.nordmus.dk - juin-août : 10h-17h ; mai et vac. d'oct. : 10h-16h ; sept. : 10h-15h - 75 DKK (-18 ans gratuit).*

Situé dans la vallée, il reconstitue un groupement agricole de neuf maisons illustrant la vie des fermiers vikings. Des reconstitutions costumées sont organisées durant l'été au cours desquelles vous pourrez vous déguiser en viking.

Fjord de Mariager (MARIAGER FJORD) A2

45 km jusqu'à Mariager, au nord-est de Viborg. Il est possible d'explorer les deux rives du fjord en prenant la route 555 qui longe la rive sud, puis en traversant au pont de Hadsund et en suivant la route 541 sur la rive nord.

Ce fjord étroit pénètre à l'intérieur des terres jusqu'à la ville de Hobro, proche de la forteresse viking de Fyrkat *(voir ci-dessus).*

Particulièrement pittoresque entre la vieille ville de Mariager et Hadsund, le parcours présente une grande variété de paysages, où s'harmonisent le manteau forestier descendant jusqu'aux rives du fjord, les grasses prairies et les cours d'eau sinueux. Tout au long du fjord alternent mouillages bien abrités et petits villages de pêcheurs comme **Stinesminde** ou **Øster Hurup**, ce dernier abritant une agréable **plage** aux eaux peu profondes, adaptée aux familles.

Mariager a conservé un cachet ancien rendant attrayante la promenade dans les rues pavées bordées de vieilles maisons comme Købmandsgården, dans Kirkegade, devenue un musée, et Postgården, auberge du 18e s. convertie en hôtel.

Musée danois de la Bicyclette (DANMARKS CYKELMUSEUM) A2

À 30 km au nord, à l'ouest de la route 13. Borgergade, Ålestrup - ✆ 98 64 19 60 - www.cykelmuseum.dk - mai-sept. : tlj sf lun. 10h-17h - 60 DKK (7-12 ans 30 DKK).

Ce musée illustre l'histoire de la bicyclette, depuis le vélocipède jusqu'aux modèles les plus récents. On peut y voir aussi d'anciens outils, postes de radio, machines à coudre ainsi qu'un fauteuil roulant de 1900. Location de vélos *(100 DKK).*

Lac de Hald (HALD SØ) A2

À 25 km au sud de Viborg.

Cette route pittoresque traverse une belle région boisée et longe la rive occidentale du lac de Hald, dominé par le manoir de Hald Hovedgård.

Vers le sud, la route rejoint la route 13. Prendre à gauche pour retourner à Viborg.

3

La presqu'île de Salling

CARTE P. 134 (A2)

Circuit tracé en rouge sur la carte p. 134 - 75 km.

La presqu'île de Salling et l'île de Mors obstruent presque entièrement la partie la plus large du tortueux Limfjord, créant ainsi un réseau complexe de détroits et de petits fjords qui sont le paradis des amateurs de voile. Ceux-ci ont en effet un grand choix de mouillages allant du modeste port de pêche au port de plaisance bien abrité, comme celui de Skive sur la côte est de la presqu'île.

Salling, région de landes et de forêts, abrite un **parc naturel** de toute beauté qui entoure le plus grand lac danois de ce type d'écosystème. On peut aussi y voir de vieilles églises très intéressantes et l'un des plus beaux châteaux médiévaux du Danemark. La ville animée de Skive occupe une position centrale et s'impose donc comme le point de départ le plus pratique de tout circuit à travers la presqu'île.

Skive

Østerbro 7 - ✆ 96 14 76 77 - www.ferievedlimfjorden.dk.

Avant d'entreprendre le circuit, visitez la vieille **église** essentiellement romane qui contient un ensemble de fresques du 16e s. représentant de nombreux saints et personnages sacrés sur un fond de motifs floraux.

Quitter Skive par la route 189 et prendre à gauche, à la sortie de la ville, la route 34 vers Herning ; 7 km plus loin, prendre la route à droite vers Sevel.

Sevel

La vieille **église** de ce charmant village possède un carillon qui joue des hymnes trois fois par jour.

À partir de Sevel, suivre la route secondaire qui conduit vers le nord, au musée de plein air de Hjerl Hede, à 7 km à l'ouest.

Musée de plein air de Hjerl Hede (HJERL HEDE FRILANDSMUSEUM)

À Vinderup - Hjerl Hedevej 14 - ✆ 96 11 50 30 - hjerlhede.dk - de fin juin à mi-août : 10h-17h30 ; de mai à fin juin et de mi-août à fin sept. : 10h-16h ; reste de l'année : se rens. - 90/150 DKK selon saison (-18 ans gratuit).

Situé sur un site protégé couvrant plus de 1000 ha de collines revêtues de bruyère et de forêt, ce musée de plein air présente la reconstitution d'un campement de l'âge de la pierre et un village illustrant la vie rurale au Danemark du 16e au 19e s. On y découvre des fermes, une auberge, une école, une église, un moulin à eau, une forge et d'autres ateliers ainsi qu'une épicerie. Tout s'anime en juillet, car des volontaires habitent et travaillent alors dans les vieilles maisons, s'efforçant de faire revivre les coutumes d'antan pour le plus grand plaisir des visiteurs.

En quittant le vieux village, suivre l'indication Udsigten.

La route offre une vue magnifique sur le **lac Flynder** (*Flyndersø*), formé à la fin de l'ère glaciaire. Long de 8 km, il fait partie d'une zone naturelle protégée depuis 1967, très appréciée des oiseaux, mais aussi des promeneurs (trois beaux sentiers de randonnée) et des baigneurs (plage à l'extrémité est du lac).

Continuer jusqu'à Sahl, à 3 km vers l'ouest.

Sahl

L'**église** romane, construite en pierre vers 1150, conserve les vestiges de **fresques** du début du 16e s. et un ensemble rare de bancs en chêne datant de 1600 environ (ceux destinés aux hommes sont côté sud, ceux destinés aux femmes côté nord). Mais l'élément le plus remarquable est l'**autel★** en cuivre ciselé doré à l'or fin, reposant sur une base en chêne. Il fut réalisé vers 1200 par un artisan de Ribe.

À l'origine, le frontal était placé devant l'autel, tandis que l'actuelle prédelle était placée au-dessus : les deux parties furent ensuite inversées.
Se diriger vers le nord sur 4 km puis tourner à gauche vers Ejsing.

Ejsing

Ici aussi, l'**église** est romane, malgré une importante empreinte du style gothique. À l'intérieur, le beau mobilier peint, datant de 1760, et les splendides **fresques** du 16e s. aux tons d'ocre chauds, représentant Adam et Ève ainsi que diverses scènes de la Bible, méritent un coup d'œil ; elles se trouvent dans l'abside et dans une chapelle latérale accessible par une porte en bois sculpté.
Continuer vers le nord jusqu'à Rødding en passant par Lem.

Château de Spøttrup (SPØTTRUP BORG)

Borgen 6A - ✆ 97 56 16 06 - www.spottrupborg.dk - avr.-mai et sept.-oct. : tlj sf lun. 10h-16h ; juin et août : 10h-17h ; juil. : 10h-18h - 80 DKK (-17 ans gratuit).
ⓘ *au sein du château.*
Deux ponts de bois donnent accès à ce beau château médiéval extrêmement bien conservé, construit en brique et entouré de deux fossés que sépare un haut remblai de terre. Érigé par les évêques de Viborg pour protéger leurs domaines, il fut achevé vers 1500 et comprend trois ailes, le quatrième côté étant fermé par une porte fortifiée. Après la Réforme, le château fut confisqué par la Couronne, puis offert en 1579 à un pair du royaume. Deux tourelles d'escaliers furent alors construites dans la cour. En 1937, l'État acheta Spøttrup et le restaura peu à peu.
Revenir à Skive en passant par Sønder Balling.

Silkeborg et l'Himmelbjerget

CARTE P. 134 (A2)

Circuit au départ de Silkeborg (à 38 km au sud de Viborg), tracé en vert sur la carte p. 134 - 50 km.
Le circuit en voiture peut être remplacé par la remontée du fleuve jusqu'au Himmelbjerget, à bord d'un **bateau à vapeur**, le *Hjejlen*. Inauguré en 1861 et amarré près du pont dans le centre de Silkeborg, il pénètre dans le Julsø et s'arrête au pied du Himmelbjerget, dont on peut facilement entreprendre l'ascension à partir de la rive *(150 DKK l'AR Silkeborg-Himmelbjerget - hjejleselskabet.dk - la traversée dure une demi-journée).*

3

Silkeborg

ⓘ *Det Gl. Rådhus - Torvet 2A - ✆ 86 82 19 11 - www.visitsilkeborg.dk.*
Silkeborg fut fondée au milieu du 19e s. au cœur du Jutland oriental, dans une région de hautes collines recouvertes d'un vaste manteau de forêts et de lacs reliés par la Gudenå, le plus long fleuve danois. Cette agréable cité qui s'étend sur les bords du Langsø possède deux splendides musées.
★★ **Musée Jorn (Museum Jorn)** – *Gudenåvej 7-9 - ✆ 86 82 53 88 - www.museumjorn.dk - ♿ - mar.-dim. 10h-17h - 100 DKK (-18 ans gratuit).* Ce remarquable musée d'art moderne, mis en valeur par sa situation privilégiée sur la rive gauche de la Gudenå dans un édifice a été construit pour abriter la collection personnelle de l'artiste, le **peintre danois Asger Jorn** (1914-1973), l'un des principaux fondateurs du **groupe CoBrA** (acronyme de Copenhague, Bruxelles, Amsterdam, où vivaient la plupart de ces artistes). En 1947, en réaction non seulement à la tragédie de la guerre, mais aussi aux tendances artistiques alors en vogue, Jorn avait créé ce mouvement artistique comprenant des artistes belges, hollandais et danois, dont Appel, Constant, Alechinsky et Jacobsen. La collection comprend environ 400 de ses toiles, ainsi que des œuvres de ses amis peintres. Léger, Picasso, Miró, Ernst,

Comme Thy est beau

Ces dunes, ces lacs, ces plages ! Bienvenue dans le **parc national de Thy**, le plus vaste du Danemark. Créée en 2008 dans le nord-ouest du Jutland, bordant la mer du Nord sur 12 km de long entre la plage d'Agger Tange, au sud, et le phare d'Hanstholm, au nord, cette réserve naturelle est réputée pour ses landes littorales, bordées d'un cordon de dunes évoluant selon les vents et les courants. Thy est aussi connu pour ses lacs, plus de 200, dont les eaux seraient parmi les plus pures du Danemark. Des falaises calcaires et des forêts complètent le paysage, d'une beauté sauvage. Randonnées pédestres, vélo, promenade à cheval, pêche... De nombreuses activités sont proposées à l'année. Pour mieux préparer la visite, démarrez-la au centre d'information de Svaneholmhus *(Aggervej 35, Vestervig, 7760 Hurup Thy - ✆ 072 54 15 00 - nationalparkthy.dk).*

Le Corbusier et Dubuffet sont bien représentés. On peut aussi voir une importante collection d'art danois du 20e s.

★ **Musée de Silkeborg (Silkeborg Museum)** – *Hovedgårdsvej 7 - ✆ 86 82 14 99 - www.silkeborgmuseum.dk - ♿ - juil.-août : 10h-17h ; sept.-juin : mar.-dim. 11h-16h - fermé 22 déc.-3 janv. - 75 DKK (-18 ans gratuit).* Près de Torvet, la place principale, le **musée** est installé dans le plus ancien édifice de la ville, Hovedgården, manoir construit en 1767. Consacré à l'histoire et à l'artisanat régional, il abrite dans une aile récente une exposition ayant pour thème la vie quotidienne vers 400 av. J.-C. des contemporains de l'**homme de Tollund★★**. Son corps, pièce maîtresse du musée, fut découvert en 1950 dans une tourbière près de Silkeborg ; l'homme avait été offert en sacrifice aux divinités, puis, la corde encore passée autour du cou, étendu dans la tourbière où il se momifia.

Aimant à se présenter comme la « capitale danoise des activités de plein air », Silkeborg est au cœur d'une région lacustre où il fait bon se baigner, notamment dans le lac Langsø, à Silkeborg même (près du camping Silkeborg Sø Camping) et le lac Almindsø (pontons de baignades et plages), à 4 km au sud du centre. *Voir aussi « Activités » p. ci-contre.*

Prendre vers l'est la route secondaire longeant la rive droite de la rivière Gudenå.

Himmelbjerget (« COLLINE DU CIEL »)

Jusqu'à Ry, le circuit suit le fleuve et les lacs, traversant d'épaisses forêts et offrant parfois une belle vue sur le Himmelbjerget de l'autre côté du lac Julsø.

À Ry, tourner à droite vers Gammel Rye, puis prendre à droite la route 461.

Le Himmelbjerget n'affiche que 147 m d'altitude, mais il est bien plus impressionnant que l'on pourrait se l'imaginer. Du haut de la tour de 25 m qui le coiffe, on découvre une vue panoramique sur un paysage que l'on dirait presque tyrolien avec ses forêts sombres, comparables à celles des Alpes, se reflétant dans le lac. Le Himmelbjerget compte également parmi les lieux importants de l'histoire politique danoise, puisqu'une série de rassemblements populaires y furent organisés en 1839, ouvrant la voie à l'adoption d'une nouvelle constitution, en 1849. Aujourd'hui encore, cet événement est commémoré tous les 5 juillet, sur les rives du lac.

Revenir au croisement de la route 445 et tourner à droite (direction Silkeborg).

Carnet pratique

S'informer

Office de tourisme – *Tingvej 2A - ℘ 87 87 88 88 - www.visitaarhus.com/areas-and-cities/viborg.*

Agenda

Viborg Animation Festival – *www.animationsfestival.dk.* 7 j. fin sept. Festival du film d'animation.

Nos adresses

Restauration

Budget moyen

Morville – *Hjultorvet 4 - dans le centre piéton - ℘ 86 60 22 11 - www.cafemorville.dk - 10h-22h, merc.-jeu. 10h-23h, vend.-sam. 10h-23h, dim. 11h-17h - plats 149/325 DKK.* Un café moderne idéalement situé sur une place piétonne où, le samedi, se tient le marché. L'intérieur sans charme particulier est envahi par la population locale qui vient se délecter d'un brunch copieux. Soirées animées le week-end.

Arthur – *Sankt Mathias Gade 61 - dans le centre - ℘ 86 62 21 26 - www.restaurant-arthur.dk - merc. 17h-21h, jeu.-sam. 17h-22h - fermé dim.-mar. - menu 368 DKK.* Cet établissement moderne dispose d'un café pour les déjeuners rapides et d'un restaurant pour les repas plus complets. Dans une ambiance cosy, on vous sert une cuisine copieuse.

Pour se faire plaisir

Brygger Bauers Grotter – *Sankt Mathias Gade 61 - ℘ 86 60 30 40 - www.bryggerbauers.dk - merc. 17h-21h, jeu.-vend. 17h-22h, sam. 11h-15h, 17h-22h - fermé dim.-mar. - menus 448/588 DKK.* Venez vivre une expérience gastronomique dans ce restaurant qui remanie les traditions culinaires danoises de façon créative. Belle carte des vins et cadre agréable.

Hébergement

Premier prix

Klosterpensionen – *Sct. Mogens Gade 18B - ℘ 21 45 56 54 - www.klosterpensionen.dk - P - 6 ch. 700/950 DKK ☕.* Accolée à un monastère franciscain dans le centre historique, cette charmante pension à prix doux offre un accueil sympathique et une propreté irréprochable.

Budget moyen

Palads Hotel – *Skt. Mathias Gade 5 - ℘ 86 62 37 00 - www.hotelpalads.dk - P - 105 ch. à partir de 850 DKK ☕.* En bordure des rues piétonnes, ce grand bâtiment blanc de la chaîne Best Western propose des chambres avec Jacuzzi et sauna.

Golf Hôtel – *Hans Tausens Allé 2 - ℘ 86 61 02 22 - www.golfhotelviborg.dk - P ♿ - 134 ch. 1295/1 545 DKK ☕ - ✕.* Pas de charme particulier pour la seconde enseigne Best Western de la ville, mais une situation tranquille au vert, dans un beau parc, et doté d'un sauna et d'un Jacuzzi. Préférez les chambres donnant sur le lac.

Activités

À Silkeborg

Active Rental – *Frederiksberggade 54 - ℘ 23 20 43 03 - www.activerental.dk.* Location de VTT.

Silkeborg Kanocenter – *Østergade 36 - ℘ 86 80 30 03 - www.silkeborgkanocenter.dk.* Location de canoës-kayaks.

3

Ribe ★★

Du fait de sa taille modeste, la plus célèbre et plus ancienne cité médiévale du pays a préservé son unité architecturale et son atmosphère d'une autre époque, sans rien perdre de son animation. Dominé par son imposante cathédrale romane – berceau du christianisme danois –, le cœur historique abrite une centaine de bâtiments classés.

Se repérer

CARTE A3 (P. 134)

8 287 habitants. Ribe est à 150 km au sud-ouest d'Aarhus.

Organiser son temps

Compter une journée pour visiter la ville et ses principaux monuments.

En famille

Le musée et le centre vikings; le centre de la mer des Wadden.

Carnet pratique p. 176

Nos adresses p. 176

Se promener

De mai à octobre et les w.-ends autour de Noël, un **veilleur de nuit** en habit traditionnel allume manuellement les lanternes à bougies fixées sur les façades des maisons. Vous le croiserez dans les ruelles de la vieille ville. Vous pouvez aussi guetter son départ face à l'auberge Weis Stue *(mai-oct. 20h, juin-août 20h et 22h, Noël 16h)*.

La ville médiévale entoure la cathédrale. Sur **Torvet**, face à l'hôtel Dagmar, remarquez une curieuse petite auberge du début du 17e s., **Weis Stue** : l'intérieur 18e s. est charmant, avec ses poutres apparentes et ses murs décorés de boiseries peintes et de carreaux hollandais en parfaite harmonie avec les tables et les chopes *(voir « Restauration » p. 176)*. Plusieurs pittoresques rues pavées convergent vers la place. À l'ouest de la cathédrale, dans Skolegade, on peut visiter la **maison**, aménagée dans une partie de la résidence épiscopale du 16e s., où Hans Tausen, premier Danois à prêcher la Réforme, passa les dix dernières années de sa vie.

★★ Cathédrale

75 42 06 19 - www.ribe-domkirke.dk - nov.-mars : 11h-15h; avr.-oct. : 11h-16h; mai-sept. : 10h-17h - visite de la tour 20 DKK (enf. 10 DKK).

De style roman, elle se dresse sur la place principale, **Torvet**, à 1,5 m au-dessous du niveau actuel du sol. Élevée dans la seconde moitié du 12e s., elle a été remaniée à diverses reprises. Du haut de l'imposante tour carrée du 13e s., les sonneries de cloches avertissaient les habitants d'un danger imminent, que ce soit une invasion ou la montée de la mer! Spectaculaire, la **vue** sur la ville et les marécages environnants mérite l'ascension *(248 marches)*. Les cloches jouent différents airs selon les heures de la journée. Le portail méridional est un des rares exemples de sculpture romane au Danemark; le tympan représente la Descente de Croix. À l'intérieur, la large nef est flanquée de deux bas-côtés et la croisée est surmontée d'un dôme. Certains piliers ont conservé des traces de fresques médiévales. Les fresques modernes et les mosaïques, derrière l'autel, sont l'œuvre du peintre danois **Carl-Henning Pedersen**, membre du groupe CoBrA *(voir encadré p. 491)*. À l'extérieur, le bâtiment moderne **Kannikegården** dévoile les vestiges du plus ancien **cimetière chrétien** du Danemark, découvert sur le site d'un ancien

Les quais de Ribe.
W. Bibikow/mauritius images/age fotostock

monastère des chanoines : 83 tombes datant de 800 à 900, époque des débuts de la christianisation du Danemark *(voir Jelling, p. 178)*.

Vieil hôtel de ville (DET GAMLE RÅDHUS)

Von Støckens Plads - ✆ 27 74 12 85 - juin-août : lun. 11h-15h30, mar.-dim. 13h-15h30 ; mai et sept. : fermé w.-end ; hors saison : lun. seult. - 20 DKK (-18 ans gratuit).
À l'angle de Sønderportsgade et de Stenbrogade, cet édifice de 1496 (restauré en 1892) est encore utilisé pour des mariages et des réunions. Visite de la grande salle du conseil et mini-expo sur les veilleurs de nuit.
En suivant Puggårdsgade vers le sud, on voit sur la gauche **Tårnborg**, imposante demeure en pierre de taille, l'une des anciennes résidences des chanoines de la cathédrale, comme **Puggård**, plus loin dans Gravsgade, construite vers 1400.

Hex ! - musée de la Chasse aux sorcières

Sortebrødregade 1 - ✆ 76 16 39 80 - www.hexmuseum.dk - juil.-août : tlj 10h-17h ; sept.-oct. : tlj 10h-16h ; reste de l'année : 10h-16h sf lun. - 100 DKK (-18 ans gratuit).
Diable ! Ce musée récent s'intéresse à une sombre époque, du 16e au 18e s., durant laquelle 40 à 60 000 personnes, très majoritairement des femmes, ont été brûlées vives pour sorcellerie en Europe.

Splendeur et déclin d'une cité commerciale

À l'époque viking, Ribe était déjà un important centre de commerce sur la mer du Nord, et fut dotée d'une église avant même que le Danemark ne fût officiellement christianisé ; la ville eut son premier évêque en 948. Au Moyen Âge, elle devint un port influent, par où transitait le commerce entre la Scandinavie et le reste de l'Europe, comme entre les ports de la Baltique et de la mer du Nord. Cependant, les routes maritimes se modifièrent avec les progrès de la construction navale et la Réforme fut néfaste à la prospérité de la ville. Plus tard, la suprématie grandissante de Copenhague, la concurrence des autres ports et l'enlisement de la rivière provoquèrent le déclin progressif de Ribe.

Église Ste-Catherine (SANKTA-CATHARINÆ KIRKE)

À l'est de Torvet, c'est avec la cathédrale la seule église antérieure à la Réforme. On accède au cloître de l'abbaye dominicaine en passant par l'église.

Le long du port *(par Fiskergade)*, **Skibbroen** accueille un marché les mercredis d'été.

Musée des Beaux-Arts (KUNSTMUSEUM)

Sct. Nicolaj Gade 10 - ☎ 75 42 03 62 - www.ribekunstmuseum.dk - ♿ - tlj sf lun. 11h-16h ; juil.-août : 11h-17h - fermé 1er janv., 24-25 et 31 déc. - 80 DKK (-18 ans gratuit).

L'ancien hôtel particulier (19e s.) de l'industriel Balthazar Giørtz abrite une riche collection de peinture danoise de 1750 à 1950, notamment de l'âge d'or du début du 19e s. (C.W. Eckersberg, Christen Købke, J. Th. Lundbye ou Martinus Rørbye). On découvre également les œuvres du mouvement CoBrA, les peintres de Skagen (Anna et Michael Ancher, P. S. Krøyer) et ceux de l'île de Funen (Fritz Syberg et Peter Hansen).

Profitez d'une petite pause dans le café cosy ouvert sur un délicieux parc.

Musée viking de Ribe (MUSEET RIBES VIKINGER)

Odins Plads 1 - ☎ 76 16 39 60 - www.ribesvikinger.dk - ♿ - juil.-août : 10h-17h ; sept.-oct. : 10h-16h ; nov.-juin : tlj sf lun. 10h-16h - 85 DKK (-18 ans gratuit).

De nombreuses pièces archéologiques (notamment des tombes vikings retrouvées sous la cathédrale) racontent ici l'histoire de Ribe, ancien comptoir marchand fondé au 8e s., devenu au fil des siècles l'un des centres du commerce hanséatique. Une fois la chronologie bien en tête, cap sur le **Centre viking** (Vikinge Center), à l'extérieur de la ville *(www.ribevikingecenter.dk)*, où a été reconstitué un village des 8e-10e s., animé par des bénévoles costumés. Étonnant et ludique.

★ Parc national de la mer des Wadden

(NATIONALPARK VADEHAVET)

CARTE P. 134 (A3)

eng.nationalparkvadehavet.dk - www.vadehavskysten.com

Le plus grand parc national danois couvre la partie de la mer du Nord située au carrefour du Danemark, des Pays Bas et de l'Allemagne, incluant les îles de Rømø, Fanø et Mandø. La richesse de son écosystème – en particulier les oiseaux migrateurs et les phoques – lui vaut d'être classé au Patrimoine mondial de l'Unesco.

Centre de la mer des Wadden (VADEHAVSCENTRET)

À 12 km au sud-ouest par la route 11. Vester Vedsted, Okholmvej 5 - ☎ 75 44 61 61 - www.vadehavscentret.dk - mai-oct. : 10h-17h ; nov.-avr. : 10h-16h - fermé janv., 24-26 et 31 déc. - 120 DKK (4-13 ans 50 DKK).

Conçu par l'architecte danoise Dorte Mandrup (2017), ce magnifique bâtiment contemporain en chaume abrite un centre d'interprétation dédié à la mer des Wadden. La richesse de cet écosystème marin est présentée à l'aide d'aquariums et d'animations très prisées des enfants. Des visites guidées en bord de mer et des **safaris huîtres** sont également organisés *(voir encadré ci-contre)*.

Île de Mandø

Bus-tracteur depuis le Centre de la mer des Wadden - mandoebussen.dk/en.

Cette île ultra-plate de 7,6 km² n'est accessible qu'à marée basse. Si elle ne compte qu'une quarantaine d'habitants, au printemps et à l'automne, c'est la cohue : 12 millions d'oiseaux migrateurs transitent par cet endroit poissonneux !

Île de Fanø

Ferry depuis Esbjerg, au nord de Ribe (www.fanoelinjen.dk). Traversée 20mn.

Paradis des phoques (une population de 500) et des huîtres *(voir encadré)*, Fanø

On vous emmène déguster des huîtres sauvages

Et si en plus de vous emmener déguster de délicieuses huîtres charnues et bien iodées, on vous proposait d'aller les ramasser vous-même à la main, cheveux au vent en bord de mer, et de contribuer à rétablir l'équilibre écologique de la région ? C'est tout l'objectif des « safaris huîtres » proposés d'octobre à avril par le Centre de la mer des Wadden, dans le cadre d'un projet touristique de développement durable. Dans les années 1960, pour renforcer les espèces locales en voie d'extinction, des huîtres creuses du Pacifique ont été introduites. Mais cette espèce invasive a fini par proliférer, au détriment d'autres coquillages, source de nourriture pour les oiseaux migrateurs. Vous êtes donc invités à les manger en abondance, et pourrez même profiter de la créativité des chefs pour apprendre à les cuisiner lors du Festival de l'huître, qui se tient à Tønder en février et à Rømø en octobre.
www.vadehavscentret.dk - www.danmarksoestersfestival.dk.

est aussi connue pour ses plages de sable (au sud-ouest), ses maisons de vacances aux toits de chaume, ses cafés charmants et ses pistes cyclables *(cartes sur www.vadehavskysten.com et location sur place).*

Marsk Tower, à Skærbæk

À 24 km au sud de Ribe par la route 11 au sein d'un camping de luxe - www.marskcamp.com/tower - tlj de 9h au coucher du soleil - 90 DKK (- 6 ans gratuit).
Nouvelle prouesse architecturale de l'agence BIG ! Cette tour d'observation en forme de double hélice, inspirée de la structure de l'ADN humain, s'élève à 25 m de haut, offrant une vue à 360° sur la mer des Wadden et les marais alentours.

Île de Rømø

À 20 km à l'ouest de Skærbæk.
Pour accéder à la plus grande des îles de la mer des Wadden, il faut emprunter une chaussée sur digue de 10 km. Ici, les eaux peu profondes ont contribué au développement d'une faune et d'une flore uniques. Au 18e s., la pêche à la baleine dans les mers nordiques, particulièrement au large des côtes du Groenland, apporta une certaine prospérité aux habitants de l'île et les capitaines de baleiniers firent construire de belles demeures, dont **Kommandørgården** à Toftum *(Juvrevej 60 - 74 75 52 76 - www.natmus.dk - mai et fin oct. : tlj sf lun. 10h-15h ; juin-sept. : tlj sf lun. 10h-17h - 50 DKK, -18 ans gratuit).* Sous son toit de chaume, la maison a conservé ses intérieurs d'époque, mobilier et squelette de baleine compris !
À Rømø Kirkeby, on visitera l'**église St-Clément** (Sankt Clemens Kirke), église des marins ornée de splendides modèles réduits d'anciens navires (*Havnebyvej 154 - 74 75 52 31 - sctclemensromo.dk - mar.-vend. 8h-16h*).

★ Tønder

À 26 km au sud de Skærbæk par la route 11.
Storegade 2-4 - 74 75 51 30 - www.romo-tonder.dk.
À proximité de la frontière allemande, sur les bords de la Vidå, Tønder est un charmant vieux bourg à l'ambiance méridionale. C'était au Moyen Âge le siège d'un marché actif et son important port de commerce était spécialisé dans l'exportation de bétail et de chevaux. Mais, environné de terres basses, Tønder fut souvent victime d'inondations, si bien qu'au 16e s. on décida de ceinturer la ville de digues qui la privèrent de son port. Elle retrouva cependant une certaine prospérité avec le développement de l'industrie de la dentelle qui, au début du 18e s., employait

3

près de 12 000 artisans travaillant chez eux. Au mois de février, Tønder accueille le Festival de l'huître *(voir encadré p. 173)*.

Vieille ville – La plupart des maisons anciennes datent de cette période de prospérité. La rue principale, qui porte successivement les noms d'**Østergade**, **Storegade** et **Vestergade**, possède des maisons bourgeoises des 17e et 18e s., aux portails richement décorés (remarquez notamment la résidence de l'intendant des digues, dans Vestergade, et la pharmacie dans Østergade). Les rues moins importantes comme **Uldgade** et **Spikergade** sont bordées de plus modestes habitations aux traditionnelles fenêtres en saillie qui, au 17e s., appartenaient à des artisans.

Église du Christ (Christ Kirke) – *10h-13h, dim. 9h30-11h15.* Richement décorée, elle témoigne elle aussi de la prospérité de Tønder aux 17e et 18e s. Elle fut construite à la fin du 16e s. pour remplacer l'église St-Nicolas, devenue trop petite. Toutefois, la tour du premier sanctuaire subsiste, ainsi que les fonts baptismaux de 1350 et la chaire de 1586. La splendide galerie du jubé date de 1625 et le retable de 1695.

Musée d'Histoire – *✆ 65 37 08 08 - msj.dk/kulturhistorie-toender - ♿ - 10h-17h ; nov.-mars : tlj sf lun. 10h-17h - fermé 1er janv., 24-25 et 31 déc. - 95 DKK (-18 ans gratuit).* Une porte monumentale, vestige du château, ouvre sur le musée qui contient une importante collection de faïences et de carreaux hollandais en céramique, ainsi que des dentelles et de l'argenterie.

Musée des Beaux-Arts (Kunstmuseet) – *✆ 65 37 07 00 - msj.dk/kunstmuseet-i-toender - ♿ - 10h-17h ; nov.-mars : tlj sf lun. 10h-17h - fermé 1er janv., 24-25 et 31 déc. - 95 DKK (-18 ans gratuit).* Logé dans le même édifice, ce musée présente divers aspects de l'art danois, dont la peinture surréaliste et l'art contemporain.

Møgeltønder

▶ *À 5 km à l'ouest de Tønder.*

À l'une des extrémités de **Slotsgade**, longue rue principale pavée et bordée de maisons basses à pignon parfois couvertes de chaume, et frangée d'une double rangée de tilleuls, se dresse l'**église** du 12e s. On peut y voir d'intéressantes fresques dont les plus anciennes se trouvent dans le chœur (1550) et sur l'arche du chœur (1275). Un beau retable de 1500 environ, des fonts baptismaux romans, une chaire baroque et un orgue fait à Hambourg en 1679 ajoutent à l'intérêt de cette église. Slotsgade conduit à **Schackenborg**, palais datant de la fin du 17e s. et habité par 11 générations de la famille Schack jusqu'en 1978, date à laquelle il fut rendu à la famille royale. Le prince Joachim en devint propriétaire en 1993 et s'y installa en 1995 lors de son mariage avec la princesse Alexandra. Des visites guidées du parc sont organisées en été *(s'adresser à l'office du tourisme de Tønder)*.

Højer

▶ *À 10 km de Tønder.* Ce pittoresque village est implanté sur un banc de sable surélevé, dans une zone protégée des inondations par des digues et des écluses. Le musée du **moulin** à vent explique le système de contrôle des inondations.

★ Autour du fjord de Ringkøbing CARTE P. 134 (A2)

▶ *Circuit tracé en orange sur la carte p. 134 - 50 km.*

La région qui s'étend au nord d'Esbjerg entre Varde *(à 38 km au nord de Ribe)* et Ringkøbing offre des paysages caractéristiques de la côte occidentale du Jutland : une vaste lagune, des dunes mouvantes couvertes d'herbes folles et de bruyère, d'immenses plages, des réserves naturelles d'une grande richesse et des « plantations », mot qu'utilisent les Danois pour désigner les lieux où des arbres ont été plantés pour fixer les dunes. De nombreux sentiers pédestres et pistes cyclables permettent de découvrir cet environnement.

★ Église de Janderup

www.janderupkirke.dk. La silhouette blanche de cette imposante église romane domine le bosquet d'arbres qui l'entoure, et se reflète dans les eaux de la Varde. À l'intérieur, la voûte de la nef et le chœur sont couverts de fresques du début du 16e s., aux motifs géométriques entrelacés et aux fleurs de lys. La tribune d'orgues est ornée de panneaux de bois peint, représentant les douze apôtres. L'église recèle d'intéressantes sculptures médiévales dont un crucifix datant d'environ 1300 et une Vierge à l'Enfant de 1503. Le retable très travaillé date de 1645.
Reprendre la route 431 vers Oskbøl, à l'ouest.

Oksbøl

Une église romane du 12e s. située presque dans le village mais connue sous le nom d'**église d'Aal** a conservé une partie de ses fresques d'origine ; la frise qui orne le côté nord est célèbre, car son sujet n'a rien de religieux : il s'agit d'une bataille entre chevaliers montés sur leurs destriers.
Musée des Réfugiés du Danemark (FLUGT) – *Præstegårdsvej 21 - ✆ 75 22 08 77 - www.flugtmuseum.dk - ♿ - tlj 10h-17h - 160 DKK (-18 ans gratuit).* Ce tout nouveau musée, ouvert en juin 2022, raconte l'histoire des générations de réfugiés qui ont façonné la société danoise, dont celle des 250 000 Allemands fuyant l'avancée soviétique à la Libération. De 1945 à 1949, nombre d'entre eux furent accueillis ici dans le camp d'Oksbøl, dont les deux anciennes infirmeries ont été intégrées à l'audacieux bâtiment du musée, œuvre de l'agence BIG. Au-delà de l'histoire et de ses chiffres, FLUGT (qui signifie « fuite » ou « évasion » en danois) s'attelle à donner une voix et un visage aux exilés du monde entier.
Se diriger vers le nord jusqu'à la route 465, et tourner à gauche.

Blåbjerg (« MONT BLEU »)

Cette zone de plages de sable est ourlée de dunes qui se déplaçaient continuellement jusqu'à ce qu'une « plantation » y fût effectuée en 1878. Le nom de Blåbjerg désigne la plus haute dune, telle qu'elle apparaît vue du large. Cette zone protégée est sillonnée par tout un réseau de sentiers. La plage de **Henne Strand** est particulièrement agréable.
Suivre la route qui contourne la plantation par l'est et gagnez au nord la route 181.

Réserve naturelle de Tipperne

La péninsule qui avance dans le fjord et la zone marécageuse qui l'entoure forment une réserve ornithologique d'accès limité.
Continuer le long de la route 181.

Hvide Sande

ℹ *www.hvidesande.dk.*
Située au milieu de **Holmsland Klit**, langue de terre séparant le fjord de la mer, la ville de Hvide Sande et son port de pêche se développèrent après la réalisation, en 1931, du canal et des écluses reliant le fjord à la mer ; aujourd'hui, le port occupe la 5e place au niveau national. La ville dispose d'une plage magnifique face au large et le fjord est le paradis des amateurs de planche à voile. Un sentier court sur la crête des dunes, entre la mer et le fjord, offrant de part et d'autre de belles **vues**. Du haut du **phare de Nørre Lyngvig**, à 5 km, **panorama** splendide sur la région.
Continuer jusqu'à Søndervig, puis prendre à droite la route 15 vers Ringkøbing.

Ringkøbing

C'est sur **Torvet**, place ombragée par des tilleuls centenaires, que l'on peut voir les traces de la prospérité passée de Ringkøbing : l'**église** du 15e s. et l'ancienne **résidence du maire**, édifice de style Empire datant de 1807.

Musée – *Herningvej 4 - ✆ 97 36 23 43 - levendehistorie.dk - lun.-vend. 11h-16h, sam. 10h-14h, dim. en juil. 10h-14h - fermé 24-26 et 31 déc. - 70 DKK (-18 ans gratuit).* Il est consacré à l'histoire locale et à l'expédition de Mylius-Erichsen au Groenland entre 1906 et 1908.

À **Hee**, au nord de Ringkøbing, le **Fiske og Familiepark West**, un parc d'attractions proposant des activités de plein air, accueille parfois des fêtes vikings.

Poursuivre le long du fjord jusqu'à Skjern et profitez-en pour faire une halte à la distillerie Stauning (voir « Shopping »).

La **Skjern** est un fleuve célèbre pour la pêche à la truite et au saumon qui dure de mars à octobre et attire les pratiquants les plus enthousiastes en août lors d'un concours annuel.

Rejoindre Varde par la route 11.

Carnet pratique

S'informer

Office de tourisme de Ribe – *Torvet 3 - ✆ 75 42 15 00 - www.vadehavskysten.com.*

Se garer

Le centre-ville est entièrement piéton. Le parking du centre, sur Sct. Peders Gade, est gratuit 4h durant, ceux de Saltgade (au nord de la ville) et Tøndervej (sud) le sont pendant 48h.

Nos adresses

Restauration

Budget moyen

Weis Stue – *Torvet 2 - ✆ 75 42 07 00 - www.weis-stue.dk - 11h30-20h45 - plats 175/265 DKK.* Dans un décor du 18e s., cette auberge historique *(voir p. 170)* sert une cuisine traditionnelle (saumon, harengs, escalope panée, etc.) et dispose d'une terrasse avec vue sur la cathédrale. Également 7 chambres avec sdb commune *(500 DKK env.).*

Den Gamle Arrest – *Torvet 11 - ✆ 75 42 37 00 - www.dengamlearrest.dk - lun.-sam. 10h-18h et le soir en été - plats 139/199 DKK.* L'ancienne prison de la ville a été transformée en hôtel et en restaurant. On y vient pour le décor, l'ambiance, mais aussi la nourriture, simple et familiale.

Pour se faire plaisir

Kolvig – *Mellemdammen 13 - ✆ 75 41 04 88 - www.kolvig.dk - jeu.-sam. 11h-21h, dim.-merc. 11h-20h30 - plats 269/349 DKK.* Dans un immeuble ancien, ce restaurant au bord d'une rivière et flanqué d'une belle terrasse profite d'un cadre exceptionnel. Cuisine de qualité. Une des meilleures adresses de la ville !

Shopping

Près du fjord de Ringkøbing

Distillerie Stauning – *Stauningvej 38 - Skjern - ☏ 88 44 21 22 - www.stauningwhisky.dk - boutique : lun.-jeu. 11h-15h, vend. 11h-16h - visite guidée : 100 DKK, 170 DKK avec dégustation.* Du whisky danois ? Et comment ! Fondée en 2005 par neuf amis passionnés, cette distillerie a déjà remporté plusieurs prix et occupe depuis 2018 de nouveaux bâtiments très design où dominent le verre et le métal noir.

En soirée

À Esbjerg

Dronning Louise – *Torvet 19 - ☏ 75 13 13 44 - www.dr-louise.dk.* Ce lieu très vivant accueille un bar, un restaurant, une salle de concerts et une discothèque (le w.-end).

Activités

Location de vélos – *Skt. Peders Gade 16 - ☏ 75 42 06 20 - danhostel-ribe.dk/en/bicycle-rental- 8h-18h ; de juil. à mi-sept. : 8h-20h - à partir de 100 DKK/j. et 600 DKK/sem.* Ribe est un point de départ pour des randonnées à vélo dans une région au relief plat.

Hébergement

Premier prix

Danhostel Ribe – *Skt. Peders Gade 16 - ☏ 75 42 06 20 - www.danhostel.dk - P - 40 ch. 550/660 DKK - ☕ 85 DKK.* Cette auberge de jeunesse moderne, très animée l'été, dispose de chambres simples et correctes, avec salle d'eau privée. Préférez celles avec vue sur la vieille ville. Jardin intérieur.

Rådhus Conditoriet – *Hundegade 2 - ☏ 75 42 01 50 - www.raadhus-conditoriet.dk - P payant - 3 ch. 400 DKK - ☕ 75 DKK.* Un B & B lumineux et confortable, à 50 m du centre-ville, d'où admirer la vue sur le vieux Ribe. Agréable café au rez-de-chaussée.

Eleonoras – *Vest Vedsted Vej 127 - ☏ 26 36 67 60 - www.eleonoras.dk - P - 7 ch. 475/725 DKK - ☕ 79 DKK.* Installé dans l'ancienne ferme du monastère de Ribe, ce B & B raffiné, à la décoration rustique chic, présente l'avantage d'être à 5mn en voiture du Centre de la mer des Wadden. Petit déjeuner copieux et grand jardin.

Budget moyen

Dagmar – *Torvet 1 - ☏ 75 42 00 33 - www.hoteldagmar.dk - 59 ch. 1325/1725 DKK - ☕ - ✕.* L'hôtel le plus ancien du Danemark ! Cet édifice de 1581 abrite des chambres très décorées, charmantes et spacieuses. Une excellente adresse, au cadre soigné. L'hôtel compte trois restaurants, dont l'un en plein air aux beaux jours.

À Bramming

Premier prix

🍃 **Alsbrogaard** – *Alsbrovej 5 - ☏ 22 19 88 49 - www.alsbrogaard.dk - P - 5 ch. 695/1095 DKK ☕.* Une ancienne ferme typiquement danoise au toit de chaume a été rénovée par un couple charmant. Chambres spacieuses et ambiance campagnarde. Le petit déjeuner bio comprend beaucoup de plats à base de plantes du jardin.

À Rømø

Premier prix

Hos Else og Keld – *Havnebyvej 110 (Kongsmark) - ☏ 74 75 51 06 - www.hoselseogkeld.dk - ♿ - 7 ch. 675/750 DKK ☕.* Entre les pâturages et la mer, cette ferme accueille, en toute simplicité, sept chambres soignées mais sans fioritures, les plus chères avec sdb privée. Cuisine et salons communs, espace barbecue au jardin.

Jelling ★★

Surprise : niché dans un charmant paysage lacustre entouré de collines boisées, ce petit village dévoile une grande histoire, rien de moins que la naissance du Danemark ! Classés au Patrimoine mondial de l'Unesco, ses deux pierres runiques, ses tumulus et son église témoignent de l'apogée de la période viking. Au 10e s., Jelling fut en effet la capitale royale des deux fondateurs de la dynastie danoise actuelle, Gorm l'Ancien et Harald à la Dent bleue. Préparez-vous aussi à découvrir, chemin faisant, que ce dernier est à l'origine du nom d'une des plus célèbres technologies au monde, le « bluetooth » (dent bleue, en anglais). Comment ? La réponse au musée royal de Jelling !

Pierres runiques près de l'église de Jelling.
A. Jönsson/age fotostock

Se repérer

CARTE A2 (P. 134)
3 067 habitants
Jelling est à 70 km au sud-ouest d'Aarhus et 120 km au nord de la frontière allemande.

Organiser son temps

Compter une petite demi-journée.

En famille

Le musée royal de Jelling, le lac Fårup, le jardin géographique de Kolding.

Carnet pratique p. 182

Nos adresses p. 182

Le roi, les tribus et le smartphone

Tout le monde a entendu parler du bluetooth, la technologie sans fil développée par la société suédoise de téléphonie Ericsson en 1994. Bien peu connaissent l'origine de ce nom, directement inspiré d'**Harald à la Dent bleue** (*blåtand* en danois, *bluetooth* en anglais). En plus de convertir son peuple au catholicisme, celui-ci sut aussi réunir des tribus vikings jusqu'alors en guerre. Le nom était d'autant plus adapté que le bluetooth rassemblait plusieurs technologies jusqu'alors incompatibles ! Quant au logo, il est en fait composé des lettres vikings H et B.

Situé au centre du village, le site classé au Patrimoine mondial de l'Unesco comprend l'église, les deux pierres runiques, les deux tumulus et le musée Jelling Royal. À l'époque d'Harald à la Dent Bleue, elle était entourée d'une palissade couvrant un diamètre de 1,4 km, en partie symbolisée par les hautes colonnes blanches que vous apercevez. C'est à ce jour la plus grande création viking connue.

★★ Jelling royal (KONGERNES JELLING)

Gormsgade 23 - ✆ 41 20 63 31 - natmus.dk - tlj sf. lun. 10h-16h - gratuit.

Encore l'un de ces excellents musées dont les Scandinaves ont décidément le secret, et gratuit qui plus est ! Nous vous conseillons de démarrer la visite de Jelling par le musée si vous voulez ensuite admirer les pierres runiques, les tumulus et l'église *(à 100 m en face)*, avec une idée plus précise de leur importance historique.

Ouvert en 2015, ce centre d'interprétation vient compenser le peu de vestiges présentés grâce à des mises en scène et des reconstitutions qui plongent les visiteurs au 10e s., correspondant à l'apogée de la période viking. Entre autres animations à effets spéciaux, vous pourrez explorer l'intérieur des tumulus, écouter les légendes vikings au coin du feu, étudier les pierres runiques en 3D, soigner un Viking grièvement blessé à la hache... Se dessine en filigrane l'histoire de Gorm l'Ancien et son fils Harald à la Dent Bleue, les deux rois à l'origine de l'actuelle dynastie danoise, comme en témoigne d'ailleurs un impressionnant arbre généalogique. En fin de parcours, le toit-terrasse donne une vue globale du site, avec des jumelles digitales qui reconstituent le paysage de l'époque viking.

Sortir du musée pour rejoindre l'église, en face.

★★ Pierres runiques

Devant l'entrée principale de l'église.

Connues sous le nom de **pierres de Jelling**, elles marquent le début de la conversion du peuple scandinave au christianisme. Païenne, la plus petite fut gravée par le roi Gorm, en mémoire de sa femme Thyra. Quant à la plus grosse, souvent décrite comme « l'acte de naissance du Danemark », elle porte ces mots : « Le roi Harald fit ériger ce monument en l'honneur de son père Gorm et de sa mère Thyra, ce même Harald qui conquit le Danemark tout entier ainsi que la Norvège et convertit les Danois au christianisme. » Elle est donc importante à deux titres : il s'agit du plus ancien document écrit mentionnant le Danemark comme royaume unifié et elle établit une date de conversion des Danois au christianisme.

La pierre de rune d'Harald figure sur les passeports danois.

Église (KIRKE)

Thyrajvej 1 - ✆ 75 87 11 17 - www.jellingkirke.dk - mai-août : 8h-20h, dim. 12h30-20h ; mars-avr. et sept.-oct. : 8h-18h, dim. 12h30-18h ; nov.-fév. : 8h-17h, dim. 12h30-17h.

Entourée par les tombes des villageois, cette humble église chaulée de blanc date

3

du 12e s. Elle est ornée de fresques parmi les plus anciennes du Danemark. Au sol, une marque argentée signale l'emplacement de la tombe de Gorm l'Ancien.

★ Tumulus

Quasi identiques, les deux tumulus ont conservé leur forme d'origine, à toit plat, de 70 m de diamètre pour 11 m de haut. Encadrant l'église, ils illustrent admirablement la transition entre des croyances païennes (les tumulus) et la foi chrétienne (l'église). Des fouilles ont révélé que le **tumulus nord** a été construit sur une impressionnante chambre funéraire en chêne, elle-même taillée dans un tumulus antérieur datant de l'âge de bronze et de taille bien inférieure. Le **tumulus sud**, lui, ne contient pas de chambre, ce qui reste aussi assez mystérieux pour les archéologues. Jelling n'a pas encore révélé tous ses secrets !

À proximité

CARTE P. 134

Lac Fårup (FÅRUP SØ) A2

À 5 km au sud de Jelling.

Un petit bout de campagne proche de Jelling, pour randonner autour du lac, faire du bateau, pêcher et se baigner, mais aussi, l'été, entrevoir le **vaisseau viking** long de 15 m, tranquillement amarré sur les eaux. Une belle photo en perspective !

Kolding A3

À 40 km au sud de Jelling.

Slotssøvejen 4 (dans la bibliothèque) - ✆ 76 33 21 11 - www.visitkolding.dk.

Son bon choix d'hébergements en fait une agréable base arrière, à 35mn en voiture de Jelling *(et 25mn de Legoland, voir p. 184)*.

Les pittoresques ruelles pavées de cette ancienne cité médiévale s'enroulent autour du château. Tout près, d'agréables quartiers résidentiels s'alanguissent le long d'un fjord.

★ **Château de Kolding (Koldinghus)** - *✆ 33 18 60 99 - www.koldinghus.dk - 10h-17h - fermé 1er janv., 7-8 nov., 24-25 et 31 déc. - 125 DKK (-17 ans gratuit).* Aujourd'hui aménagé en un **musée d'art décoratif danois** (de la Renaissance à nos jours), ce château fut construit au milieu du 13e s. puis plusieurs fois modifié au cours des siècles. Ravagé par un incendie en 1808, il demeura en ruine jusqu'au début du 20e s. Défiant toute convention, sa restauration associa avec bonheur des structures modernes aux ruines anciennes.

Promenez-vous ensuite dans la **vieille ville**, située sur le flanc sud du château : elle recèle dans ses pittoresques ruelles pavées nombre de maisons rénovées ainsi qu'une demeure à pignon de style Renaissance, **Borchs Gård,** figurant parmi les plus beaux édifices de la ville.

Jardin géographique (Geografiske Have) - *Christian 4 Vej 23 - ✆ 79 79 70 00 - geografiskhave.dk - janv.-mars. : 9h-18h, w.-end 10h-18h ; avr.-oct. : 10h-18h ; reste de l'année : se rens. - 50/85 DKK selon la saison (gratuit -18 ans et le w.-end en hiver).*

Ce jardin botanique en périphérie de la ville contient plus de 2 000 espèces de plantes originaires du monde entier. Activités pour les enfants, concerts et possibilité de pique-nique : un lieu idéal en famille.

Longer les berges nord du fjord sur 5 km pour atteindre le quartier de Strandhuse. Belles vues en chemin.

★ **Musée des Beaux-Arts (Kunstmuseet Trapholt)** – *Æblehaven 23 - ✆ 76 30 05 30 - trapholt.dk - mar. et jeu.-dim. 10h-17h, merc. 10h-21h - fermé 1er janv., 23-25 et 30-31 déc. - 130 DKK (-18 ans gratuit).* C'est moins le fonds de peinture et de

Une situation stratégique

Prospère ville commerçante dès le Moyen Âge, **Kolding** a joué un rôle primordial dans l'histoire du pays, d'abord en tant que siège de la monarchie, puis en tant que ville-frontière lorsque le Jutland méridional fut rattaché au duché de Schleswig-Holstein (à l'époque province du royaume de Prusse). Plus tard, sa situation au carrefour de voies de communication importantes se révéla vitale pour le développement économique de la ville.

sculpture danoises, d'un intérêt tout relatif, qui attire ici que les belles expositions temporaires dédiées au **design** du 20e s. Mises en scène à partir de la collection du musée, elles présentent notamment des pièces signées Arne Jacobsen, Poul Kjærholm et Børge Mogensen, qui influencèrent considérablement le design international. Mais la star du musée est au jardin : la **maison d'été d'Arne Jacobsen**, avec son mobilier d'origine *(visite guidée : lun.-vend. à 13h et 15h, le w.-end à 11h, 13h et 15h)*, le tout dans un écrin de verdure surplombant le fjord.

★ Christiansfeld A3

À 26 km au sud de Kolding.

Nørregade 14 - 76 33 81 00 - museumkolding.dk.

Son classement au Patrimoine mondial de l'Unesco en 2015 a sorti cette remarquable petite ville de l'ombre : fondée en 1773 comme colonie de l'Église morave – une congrégation libre luthérienne basée à Herrnhut, en Saxe – elle constitue aujourd'hui un exemple unique de **colonie protestante idéale**. Remarquablement préservé, l'urbanisme reflète la conception démocratique de cette église : maisons collectives pour les veuves et les célibataires, architecture homogène en briques jaunes dénuée d'ornements, plan ouvert sur les terres agricoles (la ressource de la communauté)... Même l'hôtel actuel *(voir Brødremenighedens Hotel p. 183)* avait été pensé pour accueillir les invités de la communauté.

Dans le bâtiment de l'office de tourisme, autrefois réservé aux femmes de la congrégation, un petit **musée** présente l'histoire de la colonie et ses préceptes *(avr.-mai et sept.-oct. : tlj sf lun. 10h-16h ; juin-août : 10h-17h ; janv.-mars et nov.-déc. : mar.-sam. 10h-15h - fermé 24 déc.-4 janv. - 50 DKK, -18 ans gratuit - en danois uniquement)*. À côté, l'**église** (1776) est émouvante de simplicité, avec ses humbles meubles en bois blanc et son ornementation minimale.

En sortant, prenez le temps de flâner dans les agréables ruelles.

★ Haderslev A3

À 38 km au sud de Kolding.

Située sur les rives d'un fjord étroit portant le même nom, à 15 km de la côte, Haderslev est une ville active et un agréable centre touristique. La **vieille ville**, dominée par la cathédrale, occupe une position élevée et ses rues sinueuses aux pavés irréguliers sont bordées de maisons anciennes ayant parfois près de 400 ans.

★★ **Cathédrale** – *74 52 36 33 - se rens. pour les horaires.* Cet édifice gothique, construit en brique rouge, est remarquable. L'intérieur, entièrement passé à la chaux, reflète la lumière plongeant sur le chœur (15e s.) à travers les hautes fenêtres. Le transept et la nef aux voûtes remarquablement hautes datent du 13e s., les fonts baptismaux en bronze de la fin du 15e s. et la chaire baroque de 1636. Mais le trésor de la cathédrale est sans aucun doute l'**orgue**, de facture Sieseby, dont le son à la fois clair et velouté se fait entendre régulièrement.

3

Collection Ehler (Ehlers Lertøjssamling) – *Slotsgade 20 - ✆ 74 34 78 17 - www.historiehaderslev.dk/ehlers-samlingen - tlj sf lun. 12h-16h - fermé 1er janv., 24-26 et 31 déc. - 60 DKK (-18 ans gratuit).* Cet édifice qui date de la fin du 16e s. est l'un des plus anciens de la ville ; il abrite aujourd'hui une collection de céramiques.

Musée d'Archéologie (Arkæologi Haderslev) – *Dalgade 7 - ✆ 65 37 08 01 - msj.dk/en/archaeology - ♿ - juin-août : 10h-16h ; sept.-avr. : tlj sf lun. 13h-16h - fermé 1er janv., 24-25 et 31 déc. - 60 DKK (-18 ans gratuit).* Il comprend une section consacrée aux fouilles archéologiques de la région et aux objets découverts dans les marais avoisinants. En face, une section en plein air du même musée regroupe des bâtiments du 17e s. (avec danses et chants folkloriques certains jours en été).

Slesvigske Vognsamling – *Simmerstedvej 1 - ✆ 74 34 78 16 - www.historiehaderslev.dk/slesvigske-vognsamling - ♿ - tlj sf lun. 12h-16h - 60 DKK (-18 ans gratuit).* Belle collection de voitures à chevaux datant des 17e, 18e et 19e s.

Carnet pratique

S'informer

www.visitvejle.com – Le site officiel de Vejle, commune du Jutland englobant le village de Jelling.

Arriver/partir

En train

Jelling est sur la ligne Fredericia-Herning-Struer, avec env. 1 train/h. en sem. *www.rejseplanen.dk.*

Nos adresses

Restauration

À Jelling

Skovdal Kro – *Voir « Hébergement » p. ci-contre.*

À Christiansfeld

Brødremenighedens Hotel – *Voir « Hébergement » p. ci-contre.*

Petite pause

À Christiansfeld

Xocolatl – *Lindegade 36 - ✆ 23 67 06 02 - xocolatl.dk - 10h-17h.* Qu'auraient fait les sobres fidèles de l'église morave face à ces montagnes de douceurs ? Nous, on craque pour les cœurs en pain d'épice (glacés au sucre, c'est encore meilleur), la spécialité gourmande de Christiansfeld, et puis pour les chocolats, glaces et autres biscuits confectionnés à partir de fèves issues du commerce équitable.

Activités

À Give

Parc aux lions de Givskud – *Løveparkvej 3 - à 8 km au nord-ouest de Jelling - ✆ 75 73 02 22 - www.givskudzoo.dk - horaires variables : se rens. - fermé de nov. à fin mars - 230 DKK (3-11 ans 130 DKK).* Lions, éléphants, zèbres, rhinocéros, chameaux, gorilles et autres espèces animales sauvages ou domestiques évoluent sur les 160 ha de ce parc qui possède une aire de jeux pour enfants.

Hébergement

Kolding, populaire auprès des Danois durant les vacances, offre plus d'hébergement que Jelling et alentour.

À Jelling

Budget moyen

Skovdal Kro – *Fårupvej 23 - Au bord du lac Fårup - 75 87 17 81 - www.skovdalkro.dk - P - 10 ch. 930 DKK - menus 398/538 DKK.* Bonne adresse que cette auberge de campagne, dans un bâtiment jaune au bord du lac, avec vue sur le drakkar viking amarré et les pâtures. Les chambres sont simples et propres, avec une place de parking devant la porte, façon motel américain, et une petite terrasse à l'arrière. Pratique à l'étape du soir, le restaurant propose une cuisine simple, mais soignée.

À Christiansfeld

Budget moyen

Brødremenighedens Hotel – *Lindegade 25 - 74 56 17 10 - bmhotel.dk - 18 ch. 1098 DKK - menus 328/498 DKK.* Cet hôtel a été fondé en même temps que la colonie morave de Christiansfeld, en 1773, pour en accueillir les hôtes. Et il est aussi en harmonie avec la petite ville, décoré dans le même style sobre, simple et lumineux. Une excellente adresse, à prix démocratiques pour le Danemark. Solide cuisine de brasserie au restaurant.

À Kolding

Budget moyen

Saxildhus – *Banegårdspladsen 1 - 75 52 12 00 - www.millinghotels.dk/hotel-saxildhus - P 50 DKK/j. - - 87 ch. à partir de 949 DKK - fermé dim.-mar.* Cet immeuble ancien situé face à la gare centrale abrite des chambres de caractère. Établissement correct et pratique.

Hotel Kolding – *Banegårdspladsen 7 - 76 34 54 00 - hotelkolding.business.site - P 105 DKK/j. - 132 ch. 1383/1495 DKK .* Ambiance moderne et design pour le dernier-né des hôtels de Kolding, installé sur les rives du lac qui borde le château. Cuisine traditionnelle danoise au restaurant.

Pour se faire plaisir

Kolding Byferie – *Kedelsmedgangen 2 - 75 54 18 00 - www.koldinghotelapartments.com - P payant - appart. 1642/1824 DKK - 125 DKK.* Pratique et centrale, idéale en famille, cette résidence propose des appartements spacieux et tout équipés (jusqu'à 8 pers.). Certaines maisonnettes sont situées dans le parc voisin, au bord du lac. Calme garanti !

Billund/Legoland ★★

Berceau du Lego, la petite ville de Billund est surtout connue pour abriter le parc d'attractions dédié à la petite brique en plastique coloré. Plus de deux millions de visiteurs s'y pressent chaque année, attirés par le mythe Lego, incarné dans une cinquantaine d'attractions pensées pour séduire toutes les générations. La Lego House, au centre de Billund, est dédiée elle aussi au jouet le plus vendu dans le monde, elle le décline sur un mode à la fois ludique et pédagogique, de quoi ravir les allergiques au côté mercantile - et bruyant - des parcs d'attractions.

Se repérer

CARTE A2 (P. 134)

6 643 habitants

L'aéroport est à 2 km du centre de Billund, où se situe la Lego House. Legoland est à 1,3 km du centre-ville *(20mn à pied)*.

Organiser son temps

Compter une bonne demi-journée pour la Lego House, une journée pour le parc en prenant soin d'y arriver dès l'ouverture.

En famille

Tout l'univers du Lego à portée de main !

Carnet pratique p. 186

Nos adresses p. 186

Billund A2

En quelques décennies, l'ancien village agricole, perdu au carrefour des collines du Jutland oriental et des vastes étendues sans relief du Jutland occidental, s'est transformé en une ville moderne, sans attrait autre que la présence du siège de Lego et des attractions qui en découlent.

★★ Lego House

Ole Kirks Plads 1 - ✆ 82 82 04 00 - www.legohouse.com - horaires variables selon zone et saison, se rens. - 269/299 DKK (-2 ans gratuit) - réductions en ligne.

Deux restaurants, l'un « technologique », l'autre gastronomique, et une cafétéria permettent de se restaurer sur place. Il y a bien sûr une (immense) boutique en fin de parcours.

Une expérience à ne pas manquer ! Trônant comme une gigantesque sculpture contemporaine au centre de Billund, l'édifice dessiné par l'agence danoise Bjarke Ingels Group (BIG) décline la brique de plastique dans toutes les proportions, à commencer par les 21 briques géantes qui composent le bâtiment. Blanc immaculé, l'intérieur tient à la fois de la salle de jeux géante et de la galerie d'art, avec de spectaculaires sculptures colorées en Lego (arbre de 15 m de haut, dinosaures grandeur nature, cascade géante, etc.).

Dans ce décor bluffant, l'objectif est bien de jouer aux Lego : un **parcours de jeux en cinq zones** sollicite la créativité et l'ingéniosité des enfants, et celles de leurs parents, souvent penchés ensemble sur les innombrables bacs de briques à disposition, complétant d'amusants défis lancés à chaque étape. La technologie n'est pas en reste (création de personnages virtuels et de films d'animation, pilotages de robots, etc.) mais la base du parcours reste bien le jeu « réel », c'est-à-dire la

Jouets de fortune

Pendant la dépression des années 1930, **Ole Kirk Christiansen**, un menuisier au chômage natif de Billund, décida de se lancer dans la fabrication de jouets en bois. Il choisit le nom de **Lego**, dérivé de *Leg godt*, signifiant « jouez bien ». En 1947, le bois céda la place au plastique, et le petit cube multicolore fit son apparition, consacrant la célébrité du Lego. Le fils d'Ole, Godfred, décédé en 1995 en laissant la plus grosse fortune industrielle du Danemark, conçut en 1968 l'idée d'un parc à thème entièrement réalisé avec des cubes et lui donna tout naturellement le nom de Legoland. En 2005, Lego, alors en difficulté, l'a cédé au numéro deux mondial des parcs d'attractions (le Britannique Merlin Entertainment). La firme Lego s'est recentrée sur son activité principale : la vente de jouets, dont elle dispute la première place mondiale aux Américains Mattel (Barbie) et Hasbro (My Little Pony).

construction en briques. Certains y passent d'ailleurs la journée, sans se lasser. Au sous-sol, un **musée Lego** rassemble tous les jouets créés par la société depuis 1947, chacun retrouvant les modèles qui ont bercé sa propre enfance.

★★ Legoland A2

Nordmarksvej 9 - ✆ 75 33 13 33 - www.legoland.dk - ♿ - de fin juin à mi-juil. 10h-17h ; de mi-juil. à déb. août : 10h-20h ; de mi-août à déb. sept. : 10h-18h, sam. 10h-19h; reste de l'année : se rens. - 429 DKK - réductions en ligne.

Pour éviter les queues au guichet, réservez vos billets en ligne. Si vous logez à l'hôtel quatre-étoiles du parc, pas besoin de passer par l'entrée principale à l'ouverture : un couloir intérieur donne directement sur le parc. Certaines chambres offrent même un panorama sur les attractions !

Créé en 1968 comme un petit musée de plein air dédié aux constructions en briques (pour occuper un couple de retraités de l'usine Lego voisine, selon la légende), ce parc de loisirs est devenu l'un des géants européens du genre, entraînant même la création de l'aéroport de Billund, aujourd'hui le deuxième plus important du Danemark ! Rugissant juste au-dessus de vos têtes toute la journée, les avions rappellent d'ailleurs que plus de deux millions de visiteurs du monde entier se pressent ici chaque année. Comme vous, la plupart sont venus pour le plaisir de leurs enfants... sans cacher qu'ils espèrent se régaler eux aussi. Il flotte ici un petit goût de nostalgie. On vient bien sûr pour la cinquantaine d'**attractions** (certaines toujours plus hautes et plus impressionnantes chaque année). À côté des dernières attractions basées sur les thèmes les plus commerciaux (Ninjago, Star Wars, Lego City, etc.), on se régale de **Miniland**, fidèles reproductions en miniature de monuments célèbres, de sites naturels ou de cités européennes, comme Amsterdam, Bruxelles ou Copenhague, des scènes de carte postale où les ports, les canaux, les ponts mobiles, les aéroports, les gares, les navires et les trains s'animent sous le contrôle d'un ordinateur. Une **tour d'observation** délicieusement désuète offre une vue sur tout ce pays de briques, dont le succès s'est traduit par l'ouverture de sept autres parcs dans le monde.

3

Carnet pratique

S'informer

Office de tourisme – *Hans Jensensvej 6 - Billund - ✆ 79 72 72 99 - www.visitbillund.dk.*

Se garer

Affluence oblige, il y a des parkings partout : les plus proches du parc sont payants (env. 50 DKK/j.). à env. 15mn à pied, ils deviennent gratuits.

Arriver/partir

En avion

L'aéroport international de Billund est à 2 km au nord de Legoland.

En train

Vejle est la gare la plus proche (bus réguliers pour Billund, 30mn). *www.rejseplanen.dk.*

Nos adresses

Restauration

Billund n'est vraiment pas une étape gastronomique. Votre meilleure option : les restaurants de la Lego House, dont les menus s'inspirent de la brique maison, les différentes couleurs permettant de composer un repas équilibré.
Dans Legoland, attention aux files d'attente dans les restaurants et les fast-foods, qui se prolongent jusqu'en milieu d'après-midi : emportez plutôt un pique-nique.

Hébergement

☺ Sur le site officiel (www.legoland.dk), vous trouverez la liste des hébergements partenaires, à Billund et aux alentours.
Attention, ceux qui sont sur le parc d'attractions (gérés par Legoland) sont hors de prix en saison.
Les petits budgets préféreront les hôtels de Billund, voire des alentours, jusqu'à Jelling et Kolding *(voir p. 183).*

À Billund

Budget moyen

Zleep Hotel – *Passagerterminalen 4 - ✆ 70 23 56 35 - www.zleephotels.com - P payant - ♿ - 163 ch. 1237 DKK ☕.* Dans cette chaîne d'hôtels à bas prix, les tarifs sont d'autant plus intéressants qu'on réserve à l'avance. L'été, navette jusqu'à Legoland. Autre adresse à Kolding, si celle-ci affiche complet.

Pour se faire plaisir

Lalandia Billund – *Ellehammers Allé 3 - ✆ 76 14 94 70 - www.lalandia.dk - bungalows jusqu'à 4 pers. 1819/1999 DKK, 2 nuits minimum - également des bungalows 6/8 pers.* Est-ce en raison de l'hiver qui n'en finit pas ? La Scandinavie est en tout cas friande de ce type de centres de vacances aquatiques. Celui-ci est l'un des plus grands du genre, avec toboggans, piscines à vagues et autres jeux aquatiques sous les palmiers en plastique.

À Grindsted

Premier prix

Danhostel Grindsted-Billund – *Banegårdsvej 34 - ✆ 75 21 19 19 - danhostel-grindsted.dk - P - 25 ch. 495/645 DKK - ☕ 70 DKK.* À 12 km de Legoland, cette auberge de jeunesse offre une bonne base arrière, avec parking gratuit, chambres familiales et prix doux.

Sønderborg

Sønderborg est une ville industrielle moderne établie sur l'île d'Als, le long du détroit qui sépare Als de la côte est du Jutland méridional et que franchit le pont Christian X. Il ne subsiste aujourd'hui de la vieille ville, aux abords du pont, que quelques rues où se dressent de minuscules maisons peintes et couvertes de tuiles rouges, ainsi qu'un château massif dominant l'entrée du détroit.

Se repérer

CARTE A3 (P. 134)
27 702 habitants
À 190 km au sud d'Aarhus, sur l'île d'Als.

Organiser son temps

Prévoyez une demi-journée pour visiter le château et le centre piéton.

En famille

Le parc scientifique Universe à Nordborg.

Carnet pratique p. 189

Nos adresses p. 189

★ Château de Sønderborg (SØNDERBORG SLOT)

Sønderbro 1 - ✆ 65 37 08 07 - msj.dk/soenderborg-slot - ♿ - avr.-oct. : 10h-17h ; reste de l'année : mar.-dim. 10h-17h - 95 DKK (-18 ans gratuit).

Le premier château fut probablement construit vers 1170 par le roi Valdemar le Grand afin de défendre la côte contre les attaques des Wendes (des Slaves). Il fut agrandi plusieurs fois jusqu'à atteindre, dès 1500, l'allure d'une forteresse imposante. Le roi Christian II, après avoir été destitué par la noblesse, y fut retenu de 1532 à 1549. Durant la seconde moitié du 16e s., le château fut reconstruit dans le style Renaissance puis tomba en ruine. Au début du 18e s., il fut reconstruit dans le style baroque. En 1921, à nouveau délabré, il fut restauré et aménagé en musée. Le château accueille un **musée historique** à forte signification nationale, car une section importante est consacrée à l**a guerre de 1864** contre la Prusse et l'Autriche *(voir encadré)*.

Les collections sont réparties sur trois étages. La **chapelle Renaissance de la reine Dorothée**, au rez-de-chaussée, retient particulièrement l'attention avec le

3

La guerre des duchés de 1864

Le conflit armé qui opposa le Danemark à la Prusse et à l'Autriche en 1864 est lié à une complexe histoire de succession : celle des duchés Schleswig et Holstein, propriétés de Frédéric VII, roi du Danemark, qui, à sa mort en novembre 1863, risquaient de basculer dans le giron de la famille prussienne Schleswig-Holstein-Sonderbourg-Augustenbourg. Pour éviter cela, son successeur, Christian IX, promulgua immédiatement une convention unitaire, déclenchant les hostilités de la Confédération germanique.
En avril 1864, une bataille importante se déroula à Dybbøl, remportée par la Prusse dirigée par Bismarck. C'est ainsi que le Danemark perdit le Jutland méridional, qui resta sous occupation jusqu'à la fin de la Première Guerre mondiale.

triptyque réalisé par Franz Floris d'Anvers et ses fonts baptismaux en marbre et albâtre, œuvre d'un autre artiste hollandais, Cornelis Floris. La **grande salle de bal** occupe tout le second étage de l'aile nord, étage où l'on trouve également le chemin de ronde et les mâchicoulis médiévaux.

À proximité

CARTE P. 134

Nordborg A3

À 27 km au nord par Augustenborg.

Universe – *Mads Patent Vej 1 - 88 81 95 00 - universe.dk - - ouv. de déb. avr. à fin oct. : horaires variables, se rens. - 259 DKK (5-15 ans 219 DKK) - réductions en ligne.* Ce vaste parc ambitionne de « faire de la technologie quelque chose de tangible ». Divers bâtiments permettent aux visiteurs d'appréhender de façon ludique les techniques liées à la réfrigération, à la chaleur et au mouvement et, d'une façon générale, toutes les techniques utilisées par la société fondatrice. Bref, un lieu apte à déclencher des vocations scientifiques !

Incursion dans le Broager Land

CARTE P. 134

Cette péninsule de 43 km², dont la ville principale est Broager, est piquetée de petits villages ruraux charmants, fiers de leurs traditions. Ses côtes sinueuses bordent le fjord de Flensborg, frontière entre le Danemark et l'Allemagne.

Dybbøl A3

À 7 km à l'ouest. Traverser le détroit vers l'ouest par la route 481 et suivre Dybbølgade sur 3 km environ.

Moulin de Dybbøl (Dybbøl Mølle) – *Dybbøl Banke 7 - 74 48 90 00 - 1864.dk - avr.-oct. : 10h-16h - 50 DKK (5-15 ans 25 DKK).* Il se dresse sur un site qui, en 1848 et surtout 1864, fut témoin de batailles meurtrières entre les troupes danoises et prussiennes ; il est tout naturellement devenu un symbole de la nation danoise.

Historiecenter Dybbøl Banke – *Dybbøl Banke 16 - 74 48 90 00 - 1864.dk - - avr.-oct. : 10h-17h - 130 DKK (5-15 ans. 80 DKK).* Ce centre historique fournit une information complète sur les batailles des deux guerres prusso-danoises et la réunification en 1920. La guerre de 1864 *(voir encadré p. 187)* fait notamment l'objet d'une exposition son et lumière.

Broager A3

À 12 km à l'ouest.

Campée sur une haute colline et flanquée de deux tours aux clochers élancés, l'**église** est visible de loin. La majeure partie de l'édifice est de style roman et du premier gothique, tandis que les tours ont été ajoutées plus tard. Les fresques du 13e et du 16e s. ne furent découvertes qu'en 1923. L'abside abrite un splendide Christ en majesté datant de 1250 environ et le transept nord des scènes de la légende de saint Georges réalisées au 16e s. Le retable, richement décoré, date du 18e s.

Fjord de Flensborg A3

Une route pittoresque longe la rive nord du fjord, offrant de belles vues sur la vaste étendue d'eau dont le bleu aux reflets argentés contraste avec le sombre manteau boisé qui recouvre les rives.

Carnet pratique

S'informer

Office de tourisme – *Perlegade 50 - Sønderborg - ✆ 74 42 35 55 - www.visitsonderborg.com.*

Arriver/partir

En ferry

AlsFærgen – Cette compagnie relie Fynshav (à 16 km de Sønderborg) à Bøjden (en Fionie) en 50mn. Comptez 45 DKK par voiture.

Nos adresses

Restauration

Budget moyen

Skaal – *Rådhustorvet 6 (dans le centre piéton) - ✆ 31 73 73 00 - www.skaal.dk - 11h-24h - plats 139/155 DKK.* Cette brasserie qui brasse ses propres bières propose un grand choix de salades, snacks, *smørrebrød* et de burgers.

Jensen's Bøfhus – *Perlegade 36 - dans le haut de la rue piétonne principale - ✆ 74 42 52 28 - www.jensens.com/da/restaurant/soenderborg - 11h-20h, vend.-sam. 11h-21h - menus 199/239 DKK.* Un établissement de chaîne spécialisé dans les grillades. Les viandes sont accompagnées de salades composées et de pommes au four. Un service rapide et de bons plats sans surprise.

Colosseum – *Sønder Havnegade 24 - ✆ 74 42 23 06 - www.restaurant-colosseum.dk - 11h-21h - plats 140/235 DKK.* Le long de la rivière, dans un quartier animé, ce restaurant familial à la belle façade jaune concocte une cuisine traditionnelle de brasserie, aux accents danois, et notamment des *smørrebrød* pour déjeuner. Terrasse aux beaux jours.

Hébergement

Budget moyen

Scandic Sønderborg – *Ellegårdvej 27 - ✆ 74 42 26 00 - www.scandichotels.com - P ♿ - 102 ch. 1156/1572 DKK ☕ - ✕.* Cet hôtel situé à 10mn en voiture du centre-ville a l'avantage d'être bâti au cœur d'un immense parc à moins de 5mn de l'aéroport. Idéal pour passer une nuit très tranquille dans des chambres agréables.

Hotel Sønderborg Strand – *Strandvej 1 - ✆ 70 84 83 49 - sonderborgstrand.dk - P ♿ - 95 ch. 1149/1839 DKK ☕ - ✕.* Ce grand hôtel, élevé au sommet d'une colline, domine la baie de Sønderborg. La plupart des chambres confortables offrent par ailleurs une belle vue sur la ville. De nombreux services sont proposés dont une piscine en libre accès pour les résidents.

Cabane au bord de l'eau dans l'archipel de Stockholm.
mbroms/Fotosearch LBRF/age fotostock

DÉCOUVRIR LA SUÈDE

Cycliste à Stockholm.
anouchka/Getty Images Plus

1

Stockholm et le centre

CARTE MICHELIN NATIONAL N° 753

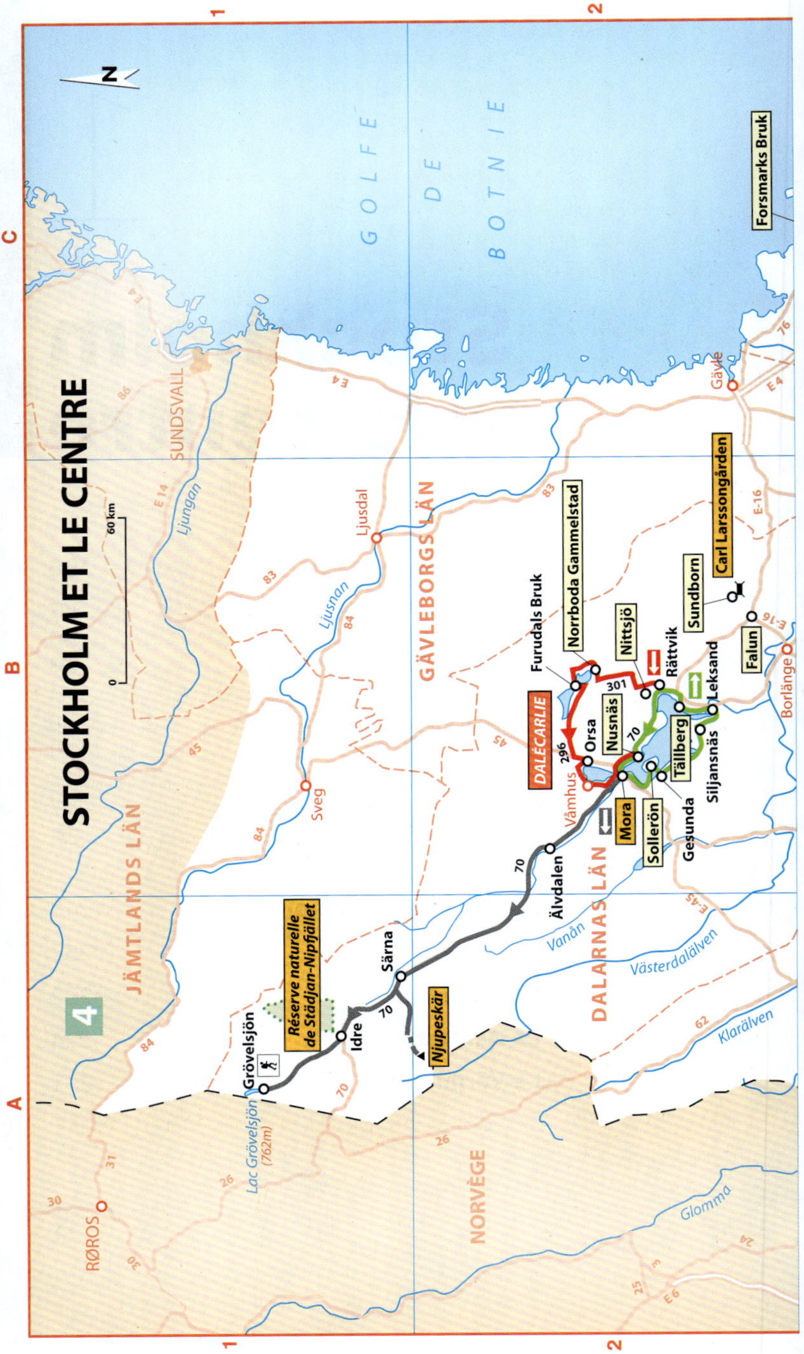

4
STOCKHOLM ET LE CENTRE
0
60 km
N
GOLFE DE BOTNIE
JÄMTLANDS LÄN
GÄVLEBORGS LÄN
DALARNAS LÄN
DALÉCARLIE
NORVÈGE
SUNDSVALL
Ljusdal
Sveg
Gävle
Borlänge
Falun
Røros
Ljungan
Ljusnan
Vanån
Västerdalälven
Klarälven
Glomma
Lac Grövelsjön (762m)
Grövelsjön
Réserve naturelle de Städjan-Nipfjället
Idre
Särna
Njupeskär
Älvdalen
Vāmhus
Mora
Orsa
Furudals Bruk
Norrboda Gammelstad
Nusnäs
Nittsjö
Rättvik
Sollerön
Gesunda
Tällberg
Siljansnäs
Leksand
Sundborn
Carl Larssongården
Forsmarks Bruk

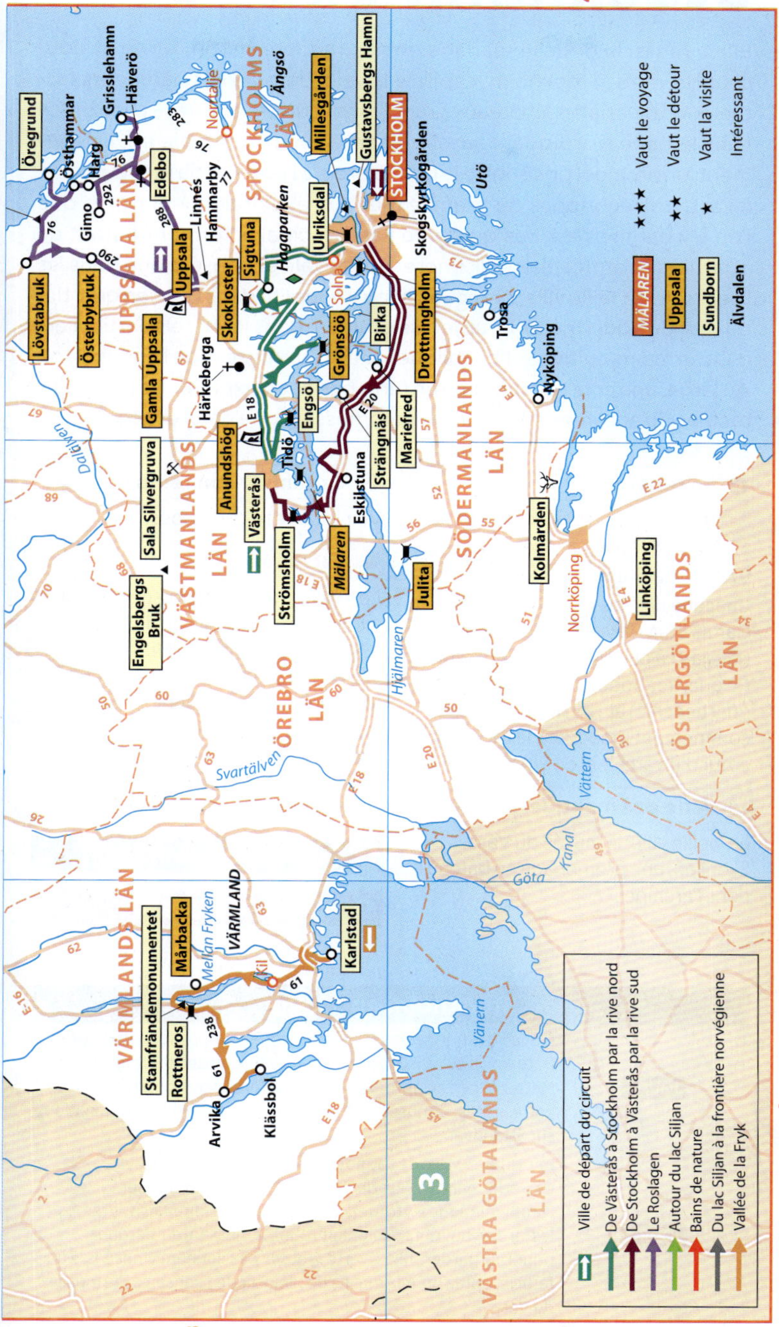

Ville de départ du circuit
De Västerås à Stockholm par la rive nord
De Stockholm à Västerås par la rive sud
Le Roslagen
Autour du lac Siljan
Bains de nature
Du lac Siljan à la frontière norvégienne
Vallée de la Fryk
MÄLAREN ★★★ Vaut le voyage
Uppsala ★★ Vaut le détour
Sundborn ★ Vaut la visite
Älvdalen Intéressant
STOCKHOLM
Uppsala
Västerås
Karlstad
Mälaren
Vänern
Vättern
Hjälmaren
UPPSALA LÄN
STOCKHOLMS LÄN
VÄSTMANLANDS LÄN
SÖDERMANLANDS LÄN
ÖREBRO LÄN
ÖSTERGÖTLANDS LÄN
VÄRMLANDS LÄN
VÄSTRA GÖTALANDS LÄN

Stockholm ★★★

Elle a réussi le difficile mariage entre grandeur patrimoniale et douceur de vivre : Stockholm, capitale royale, déroule ses bâtiments fastueux, nobles palais, châteaux grandioses et riches musées – plus de 80 ! Mais la belle Nordique a aussi préservé son formidable environnement, un archipel posé entre le lac Mälaren, à l'ouest, et la mer Baltique, à l'est. Entrecoupées de bras de mer aux eaux tellement pures que l'on s'y baigne l'été, ses quatorze îles principales forment autant de quartiers à l'atmosphère distincte : médiévale et hanséatique dans les ruelles de la vieille ville, branchée et cosmopolite dans l'ancien quartier ouvrier de Södermalm, bourgeoise et altière dans les hôtels particuliers d'Östermalm, cultivée et bucolique sur l'île aux musées de Djurgården... Au large, une courte échappée en ferry permet d'explorer les coins plus reculés de son immense archipel, promesse d'une nature fabuleuse.

Se repérer

CARTE C3-4 (P. 194-195) - PLANS P. 202-203 ET 204 – PLAN DU MÉTRO RABAT DE COUV.

978 770 habitants

Chacune des îles forme un quartier : Gamla Stan (la vieille ville), Djurgården (l'île jardin et musées), Södermalm (le quartier bobo), Östermalm (le quartier chic) et Norrmalm (le cœur commerçant moderne), le tout au cœur d'un archipel de 24 000 îles !

À ne pas manquer

La vieille ville, le musée du Vasa, Skansen, une promenade en bateau dans l'archipel.

Organiser son temps

Voir le tableau ci-dessous.

En famille

Le musée du Vasa, le musée de plein air de Skansen, le musée de la Science et de la Technologie, le Musée de la ville, l'Arsenal royal, le centre de littérature enfantine Junibacken, le musée des Arts vivants, les ateliers vikings du musée d'Histoire, une baignade en pleine ville (à Långholmen ou dans l'archipel).

Carnet pratique p. 236

Nos adresses p. 238

Stockholm en 3 jours	
JOUR 1	Flânez dans la vieille ville puis rejoignez Skeppsholmen (l'île des Bateaux) pour découvrir le remarquable musée d'Art moderne. Mettez le cap au nord, vers Östermalm, où vous pourrez visiter, entre autres, le musée d'Histoire. Terminez par une promenade sur Strandvägen.
JOUR 2	Imprégnez-vous de l'atmosphère tendance du quartier de Södermalm : à l'est de Götgatan, faites une halte sur l'emblématique Nytorget, à l'ouest, allez admirer au printemps les jardins ouvriers (Koloniområde). À Slussen, embarquez pour Djurgården, l'île « verte », et ses passionnants musées. En famille, optez pour le musée de plein air de Skansen ou le musée du Vasa.
JOUR 3	Embarquez pour une balade en bateau dans l'archipel.

Le quartier de Södermalm.
mikdam/Getty Images Plus

★★★ Gamla Stan (LA VIEILLE VILLE)

PLAN P. 204

M *Gamla Stan. Comptez une demi-journée.*

Veillez à bien vous chausser pour arpenter ces ruelles : les pavés inégaux font mal aux pieds et peuvent se révéler glissants en cas de pluie.

Un parfum médiéval flotte sur l'île de Gamla Stan, le cœur historique de Stockholm, fruit de son développement grâce à ses liens avec la toute-puissante Ligue hanséantique. On remonte le temps au fil de ruelles étroites et placettes pavées, bordées de vieilles maisons de bois, de palais baroques, d'églises Renaissance et de vieilles demeures. Le long des **trois rues principales**, Stora Nygatan, Österlånggatan et surtout Västerlånggatan, s'alignent des adresses très touristiques, qui valurent longtemps à la vieille ville d'être boudée par les Stockholmois. Ceux-ci sont de retour, notamment attirés par l'installation de tables emblématiques du renouveau de la cuisine nordique.

Skeppsbron

Pendant des siècles, ce quai fut la vitrine de Stockholm, la première vision de la ville lorsqu'on arrivait par bateau. De nos jours, il reste l'une des artères les plus passantes, reliant le nord au sud de la ville. Alignés au bord de l'eau, les édifices imposants sont hérités des 17e et 18e s., époque où Skeppsbron se composait d'une rangée de maisons de commerce appartenant à de riches marchands, surnommés « l'aristocratie de Skeppsbron ».

Slottsbacken

La colline du Château, qui descend en pente raide jusqu'au bord de l'eau, offre de belles vues sur les imposants musées situés de l'autre côté du chenal. Face au Palais royal, on remarque le **palais Tessin** (Tessinska Palaset), que l'architecte royal Tessin le Jeune *(voir encadré p. 231)* a construit pour lui-même. À l'origine, celui-ci devait faire partie d'un ensemble d'édifices prévus autour du Palais royal,

Le cœur de la vieille ville

La vieille ville (Gamla Stan) comprend **Stadsholmen**, site d'origine, **Riddarholmen** et ses tribunaux, **Helgeandsholmen**, entièrement occupée par l'édifice du Parlement, et **Strömsborg**, îlot minuscule encore inhabité au 18e s. Les premiers remparts de la ville (1252), qui donnèrent à la cité sa forme caractéristique en cœur, s'élevaient dans le périmètre délimité par **Österlånggatan** et **Västerlånggatan**, les deux « rues longues ». À la fin du 14e s., une nouvelle muraille remplaça l'ancienne et les « rues longues » se trouvèrent cette fois à l'intérieur des remparts. Le centre du commerce avec l'étranger était situé à l'extrémité sud de **Skeppsbron** ; les principales matières premières exportées étaient le cuivre et le fer, que l'on pesait à **Järntorget** (la place du Fer). Les marchandises destinées à l'exportation étaient chargées au port de Kornhamn, actuellement **Kornhamnstorg**, du côté de l'île baigné par le lac Mälaren. En raison de son dédale de ruelles bordées d'édifices en bois, la cité fut dévastée par plusieurs incendies. Sa reconstruction au 17e s. lui donna son aspect actuel.

mais d'interminables guerres ruinèrent le projet. Le palais abrite aujourd'hui la résidence officielle des gouverneurs de la province de Stockholm. Une **statue de Gustave III** réalisée par Sergel s'élève au bord de l'eau.

★★ Cathédrale (STORKYRKAN)

Accès par Trångsund - ☎ 08 723 30 00 - www.svenskakyrkan.se/stockholms-domkyrkoforsamling - 10h-18h - 75 SEK (-18 ans gratuit).

En juil.-août, visites guidées de la tour (se rens. à l'office de tourisme).

Également appelée **Grande Église**, la cathédrale est le lieu où l'on célèbre les mariages royaux et les couronnements. Construite vers 1279, elle fut consacrée en 1306. L'extérieur fut agrémenté d'une façade baroque et d'une tour-lanterne dans les années 1740, afin d'harmoniser l'édifice avec le Palais royal, tout proche. L'aménagement intérieur résulte de plusieurs agrandissements effectués au cours des 14e et 15e s. Cet imposant édifice de style gothique tardif, aux solides piliers de brique rouge surmontés d'une haute voûte en étoile, renferme un somptueux mobilier baroque.

L'œuvre d'art la plus remarquable est l'extraordinaire groupe du 15e s. représentant **saint Georges terrassant le dragon★★★** et commémorant la victoire des Suédois sur les Danois (le dragon) à la bataille de Brunkeberg en 1471. Cette sculpture sur bois exécutée par **Bernt Notke**, maître sculpteur de Lübeck qui exerça à Stockholm entre 1483 et 1498, est considérée comme l'un des chefs-d'œuvre de la sculpture médiévale en Europe du Nord. Le collier du dragon est fait de bois d'élan ; à côté de saint Georges (le régent Sten Sture), la silhouette d'une princesse (Stockholm) sur un socle en forme de château à pinacles fut commandée par le héros lui-même, le régent **Sten Sture l'Ancien**.

La **chaire** (env. 1700) et une partie de la **tribune** nord (1686) avec ses décorations dorées sont l'œuvre de Burchardt Precht, immigré allemand qui réalisa également les **bancs royaux** d'après des dessins de Tessin le Jeune. Derrière le banc royal, du côté sud, amusant monument (1933) réalisé par **Carl Milles** *(voir p. 234 et 492)* à la mémoire des trois générations de la famille Tessin. Le magnifique autel d'argent, d'ébène et d'ivoire date de 1640 environ.

Sur le mur sud, près de l'entrée, remarquez le **Parhelion** (1535) représentant Stockholm, peinte sous un halo (une copie est exposée au Musée médiéval).

★ Stortorget (GRAND-PLACE)

Bordée d'élégantes façades des 17e et 18e s., le cœur du vieux Stockholm occupe le site le plus élevé de l'île. Au Moyen Âge, c'était un lieu de négoce d'où partaient les porteurs transbordant les marchandises entre la Baltique et le lac Mälaren. La place était aussi un lieu d'exécution et fut en 1520 le siège du **bain de sang de Stockholm** *(voir encadré ci-dessous).*

Aujourd'hui, la Grand-Place s'anime particulièrement lors de la foire de Noël, début décembre, où il fait bon boire un vin chaud *(glögg)* parmi les étals.

Dominant la place, l'ancienne **Bourse** (Börsen) est un grand édifice de style rococo tardif construit en 1776. C'est ici que les membres de l'Académie suédoise (fondée par Gustave III en 1786) se réunissent et que le nom du **prix Nobel de littérature** est révélé à la presse. Une partie de l'édifice est réservée au musée Nobel.

Musée Nobel (NOBEL CENTER)

Stortorget 2- ✆ 08 534 818 00 - nobelprizemuseum.se - tlj sf lun. 11h-17h (vend. 21h) - 130 SEK (-18 ans gratuit).

Éprouvée par l'immense scandale qui a abouti à la démission de nombreux membres, l'académie qui décerne les prestigieux prix Nobel reste l'une des icônes de Suède. Pour combien de temps ? La question est sur toutes les lèvres mais elle n'est pas (encore ?) abordée par le musée, tout à la gloire de l'institution. Il loge dans l'ancienne Bourse (Börsen), un grand édifice de style rococo tardif (1776). Sous les portraits des lauréats qui défilent au plafond, on y apprend que seuls les prix Nobel de physique, chimie, médecine et littérature sont attribués en Suède. Celui de la paix, lui, est décerné par la Norvège. Quant au prix d'économie, c'est un « faux Nobel », puisqu'il est attribué par la Banque de Suède « à la mémoire d'Alfred Nobel » *(voir p. 483).* Traditionnellement, c'est aussi d'ici que le nom du lauréat du prix Nobel de littérature est dévoilé au mois d'octobre. 1

Köpmangatan (RUE DU MARCHAND)

Cette rue bordée de boutiques de brocanteurs est la plus ancienne dont le nom ait été enregistré (1323). Elle était alors la principale artère entre l'est, où les bateaux venaient décharger leurs prises, et Stortorget, le centre marchand de la cité.

Brända Tomten

Les bancs de cette jolie placette triangulaire invitent à une petite pause idéale. Son nom signifie « terrain incendié », rappelant qu'elle fut créée vers 1730, à la suite de l'incendie d'un pâté de maisons.

Le bain de sang de Stockholm

L'archevêque d'Uppsala, **Gustav Trolle,** réclamait au roi Christian II le châtiment des partisans du défunt régent Sten Sture le Jeune. La veuve de ce dernier, pour défendre sa mémoire et les membres du parti national suédois dont elle eut l'imprudence de citer les noms, accusa le clergé d'être responsable de la révolte en raison de ses exactions. Outré, le roi déclara hérétiques les nationalistes ainsi désignés et les fit arrêter lors de son sacre le 3 novembre 1520. Le 8, il les fit exécuter sur la place qui était alors la place du Marché. Parmi les 82 victimes figuraient Éric Vasa, père du futur roi Gustave Ier, et son gendre, Joachim Brahe. « On ne fait rien avec la douceur ; les moyens les plus efficaces sont ceux avec lesquels on ébranle les corps », avouait le roi au philosophe Érasme. Reprenant sans doute la leçon à son compte, Gustave Vasa soulèvera la Dalécarlie à la première occasion...

La reine du lac Mälaren

Une ville sur une île

Au 13e s., l'île de Stadsholmen ne couvrait qu'un tiers de sa superficie actuelle, car les eaux du lac Mälaren et de la Baltique étaient beaucoup plus hautes. Cependant, même si au cours des 700 dernières années la terre s'est soulevée d'environ 3 m, la majeure partie de la superficie supplémentaire de la vieille ville a été récupérée par l'homme. La situation de Stockholm la prédestinait à jouer un rôle défensif et commercial.

La fondation de Stockholm sur Stadsholmen en 1252 est attribuée au régent **Birger Jarl**, qui fit construire les fortifications. Vers la fin du 13e s., les moines franciscains établirent leur monastère sur cette même île qui y gagna jusqu'au 17e s. le surnom d'« île des moines gris ». Des marchands de Lübeck entretenaient déjà depuis la fin du 12e s. des relations commerciales avec les régions situées autour du lac Mälaren. Un nouvel accord commercial marqua le début de la suprématie hanséatique qui dura jusqu'à la fin du 15e s.

De l'union de Kalmar à la Suède

En 1336, **Magnus Eriksson** fut couronné dans la cité, qui n'était pourtant pas encore la capitale du pays. La période de l'**union de Kalmar** fut marquée par une lutte incessante pour le pouvoir entre d'importantes familles. On en retiendra quelques événements dramatiques, notamment la **bataille de Brunkeberg** le 10 octobre 1471, qui vit triompher le héros suédois Sten Sture l'Ancien sur le roi de Danemark Christian Ier, et le **bain de sang de Stockholm** en 1520 *(voir encadré p. 199)*.

Avec l'arrivée des Vasa sur le trône, Stockholm devint le centre de l'administration suédoise. La cité déborda de ses murailles, et il fallut édifier de nouvelles fortifications. Les régions avoisinantes se développèrent et obtinrent en 1573 la même charte. Sous le règne de **Gustave II Adolphe** (1611-1632), l'administration centrale fut installée dans la cité. À sa mort, la Suède était devenue un empire, et Stockholm en devint officiellement la capitale en 1634.

Stockholm, capitale

Le commerce et les activités maritimes devinrent florissants. En 1640 fut tracé le réseau de rues à angle droit encore existant ; des édifices de pierre et des palais imposants de style Renaissance tardif, inspirés de l'architecture allemande et hollandaise, furent érigés pour la plupart sur Blasieholmen, Riddarholmen et autour du Palais royal. Dans la première moitié du 17e s., la population de la ville passa de 9 000 à 43 000 habitants en moins de 50 ans et Stockholm devint une métropole peuplée, sale et malsaine.

Pendant ce que l'on a appelé le « **Temps de la liberté** » (1718-1772), la vie politique suédoise fut agitée par la lutte entre le parti des **Chapeaux**, francophiles désireux de reprendre la politique belliqueuse de Charles XII, et celui des **Bonnets**, prêts à des concessions envers la Russie et l'Angleterre. La politique protectionniste pratiquée par ces derniers encourageait le commerce tandis que se développaient l'art et les sciences. La reconstruction du Palais royal au 18e s. fut un projet considérable et son style fut repris pour d'autres édifices en Suède.

Le règne du roi **Gustave III** *(voir encadré)* se caractérisa par une activité culturelle riche et variée, qui reflétait la passion du monarque pour les arts, le théâtre et la culture française.

Gustave III, le francophile

Hautement impopulaire de son vivant, Gustave III (1742-1792) est pourtant le monarque suédois qui a laissé la marque la plus durable sur la capitale suédoise. Élevé à la française, adepte des Lumières, il fut à l'origine du premier opéra de Stockholm, fonda plusieurs académies et réunit autour de lui des poètes et des écrivains. Il prit le pouvoir lors d'un coup d'État en 1771, alors que le pays menaçait de basculer dans l'anarchie, puis, en bon despote éclairé, imposa la Constitution de 1772. Il se rendit impopulaire par ses dépenses somptuaires mais c'est sans doute la suppression de la vénalité des charges qui lui fut fatale : mécontente d'avoir perdu, entre autres, le privilège de décider de la paix et de la guerre, la noblesse suédoise fomenta une **conspiration**. Dans la nuit du 15 mars 1792, au cours d'un bal masqué à l'Opéra royal, un fanatique du nom d'Anckarström, ancien capitaine de la garde, tira à bout portant un coup de pistolet sur le roi. Gustave III mourut après 13 jours d'agonie.

Au 19e s., les inventions modernes telles que la machine à vapeur et la dynamite ouvrirent la voie à la révolution industrielle et, par là, à l'enrichissement, marqué par la construction des immeubles de l'avenue Strandvägen. Au début du 20e s., Stockholm comptait déjà 300 000 habitants et les faubourgs commençaient à prendre forme.

« Un tiers de bitume, un tiers de nature, un tiers d'eau ! »

La ville aujourd'hui

« Un tiers de bitume, un tiers de nature, un tiers d'eau ! » Anna, une habitante de Kungsholmen, résume ainsi sa ville aujourd'hui. Et c'est vrai que la capitale suédoise séduit par son sens de l'équilibre, comme si le fameux modèle social scandinave, même éprouvé par les crises (financière, migratoire, sanitaire) trouvait un prolongement dans cet urbanisme bien dosé. La cité a su préserver son magnifique archipel, pour en faire son meilleur atout, notamment touristique. Et des atouts, Stockholm n'en manque pas : une nature très accessible, des plages aménagées aux eaux limpides *(voir p. 243)*, des espaces verts, un réseau de transports performant, une gastronomie créative et des musées didactiques. Cette imbrication entre nature et urbanité est une clé essentielle pour aborder et comprendre la ville et ses habitants, qui ont conservé un amour pour l'environnement et la simplicité. Sous cette allure homogène se camoufle toutefois une disparité des populations au gré des quartiers. Mélange étonnant de conservatisme et de modernisme, la ville peine aussi parfois à se renouveler. En témoignent les interminables polémiques pour refaire le nœud de **Slussen**, point de jonction entre Södermalm et la vieille ville. À l'origine, le projet devait être achevé en 2023. Il ne le sera pas avant 2025, au prix de longs travaux et de nuisances pour les habitants. Objectif : faire de cette ancienne plaque tournante des transports un quartier plus vert et plus apaisé, doté d'un grand parc, le Stadsgårdsleden, près de l'ascenseur de Slussen, avec vue sur Saltsjön et Skeppsholmen. Quant au projet d'un nouveau musée Nobel sur la péninsule Blasieholmen, il a été abandonné, après huit ans de controverse. Stockholm se hâte lentement, sûre que l'on succombera tout de même à ses charmes.

UPPSALA
A
B
1
2
3
Odenplan
OBSERVATORIELUNDEN
Sveavägen
Kungstensgatan
Rådmansgatan
Tegnérgatan
Observatoriegatan
Saltmätargatan
Strindbergsmuseet
TEGNÉRLUNDEN
Holländargatan
Drottninggatan
Kammakargatan
Wallingatan
Barnhusgatan
Torsgatan
Vasagatan
Olof Palmes gata
Hötorget
Konserthuset
Hötorgshallen
Kungsgatan
Gamla Brogatan
Bryggargatan
T-Centralen
Blekholmsterrassen
Klarabergsgatan
Sankta Clara Kyrka
Stockholms Centralstation
Kulturhuset
Regeringsgatan
Malmskillnadsgatan
David Bagares gata
Brunnsgatan
Lästmakargatan
Jakobsbergsgatan
Mäster Samuelsgatan
NORRMALM
Hamngatan
Kungsträdgården
Gustav Adolfs Torg
Arvfurstens Palats
Rosenbad
Operan
Karlavägen
Villagatan
Floragatan
Sturegatan
Engelbrektsgatan
Humlegården
Kungliga Biblioteket
Brahegatan
Grev Turegatan
Sturegallerian
Birger Jarlsgatan
Nybrogatan
Scenkonstmuseet
Hallwylska Museet
Kungliga Dramastiska Teatern
BERZELII PARK
Arsenalsgatan
Stallgatan
Nybrokajen
BLASIEHOLMEN
Strömkajen
KUNGSHOLMEN
Hantverkargatan
Stadshuset
Norr Mälarstrand
Engelbrekt
HELGEANDSHOLMEN
Kungliga Slottet
Riksdagshuset
Riddarhuset
Storkyrkan
Tessinska palatset
Nobelmuseet
Stortorget
RIDDARHOLMEN
GAMLA STAN
Tyska Kyrkan
Gamla Riksdagshuset
Gamla Stan
Voir plan de Gamla Stan
STADHOLMEN
RÅLAMBSHOVSPARKEN
RIDDARFJÄRDEN
LÅNGHOLMEN
Söder Mälarstrand
Slussbron
Katarinahissen
Skinnarviksberget
53m
SÖDERMALM
Bastugatan
Tavastgatan
Brännkyrkagatan
Hornsgatan
Stadsmuseum
Slussen
Stadsgårdsleden
Urvädersgränd
Södra Teatern
Mosebacketerrassen
Mosebacke Torg
Götgatan
Katarina Kyrka
Torkel Knutssonsgatan
Zinkensdamm
Mariatorget
Sankt Paulsgatan
Krukmakargatan
TANTOLUNDEN
NYNÄSHAMN
25
4
13
29
12
31
23
3
33
18
2
1
19
21

C
D
SE RESTAURER
Restaurang Nationalmuseum 1
Mathias Dahlgren Matbaren 2
The Restaurant/Bistro Bread & Wine 3
Restaurang Moderna Museet 5
Spritmuseum Restaurang 9
Hötorgshallen 12
Frantzén 13
Hermans 17
Operakällaren 18
Stadshuskällaren 19
Rival 21
Prinsen 23
Storstad 25
Strandbryggan 26
Ulla Winbladh 27
Wedholms Fisk 33
SE LOGER
Af Chapman 2
Berns 3
Scandic No 53 4
Hotell Hasselbacken 7
Hotel C 31
1
2
3
Östermalmstorg
Östermalmstorg
Linnégatan
Historiska Museet
ÖSTERMALM
Skeppargatan
Banérgatan
Karlavägen
Oxenstiernsgatan
Valhallavägen
Grevgatan
Artillerigatan
Riddargatan
Styrmansgatan
Storgatan
Narvavägen
Linnégatan
Dag Hammarskjölds väg
Riddargatan
Nobel parken
Nobelgatan
Strandvägen
26
Djurgårdsbron
KAKNÄSTORNET, TEKNISKA MUSEET
SJÖHISTORISKA MUSEET
Ladugårdslandsviken
Djurgårdsbrunnsviken
Junibacken
Nordiska Museet
Djurgårdsvägen
ROSENDALS SLOTT
Nationalmuseum
Skeppsholmsbron
VASAMUSEET
GALÄRVARVSKYRKOGÅRDEN
Rosendalsvägen
27
Östasiatiska Museet
Spritmuseum
9
DJURGÅRDEN
Moderna Museet/ Arkitektur-och Designcentrum
5
BATTERIPARKEN
Skeppsholmskyrkan
SKANSEN
Hazeliusbacken
Liljevalchs Konsthall
2
SVENSKSUNDSPARKEN
7
Långa raden
ABBA The Museum
PRINS EUGENS WALDEMARSUDDE
SKEPPSHOLMEN
Sollidsbacken
Gröna Lund
Beckholmsvägen
Djurgårdsvägen
THIELSKA GALLERIET
Örlogsvägen
Kastellet
KASTELLHOLMEN
BECKHOLM
SALTSJÖN
Waldemarsviken
ÅLAND
Mäster Mikaels Gata
Fotografiska
3
17
Fjällgatan
N
STOCKHOLM
Sista Styverns Trappor
Stigbergsgatan
Blockmakarens Hus
0
200 m
ÅSÖBERGET
C
D

SE RESTAURER	SE LOGER	
Djuret 2	Castanea 1	Scandic Hotel Gamla Stan 33
Bröd&Salt 6	Mälardrottningen Hotel 27	Victory 42

Köpmantorget (PLACE DU MARCHAND)

La porte est de la cité fut démolie en 1685. Une copie en bronze (1912) du monument de saint Georges terrassant le dragon *(voir l'original dans la cathédrale, p. 198)*, surplombe cette place d'où partent de nombreuses ruelles.

★ Österlånggatan

Situées à l'extérieur des premiers remparts, Österlånggatan et Västerlånggatan marquaient les limites de la cité d'origine en forme de cœur.

Österlånggatan, reliée au port par d'étroites ruelles, était envahie par les marins et les dockers qui fréquentaient les tavernes, et venaient s'approvisionner dans les boutiques de fournitures pour la marine. C'est aujourd'hui une rue commerçante.

Au n° 51, la taverne la plus ancienne et la plus célèbre de Suède, **Den Gyldene Freden** (la Paix Dorée), ouvrit ses portes en 1721, au moment où le traité de paix entre la Suède et la Russie mettait fin aux guerres de Charles XII. Depuis le 18e s., l'établissement est le lieu de prédilection des poètes. Le peintre Anders Zorn *(voir p. 283 et 491)* acheta le bâtiment en 1919, puis le légua à l'Académie suédoise, qui y organise ses dîners traditionnels du jeudi.

Järntorget (PLACE DU FER)

Point de jonction entre les deux principales rues de la vieille ville, c'est ici que le fer était livré et pesé jusqu'en 1622. Sur le trottoir est, remarquez la statue du poète et chansonnier **Evert Taube** (1890-1976, *voir p. 496*), très apprécié des Suédois qui apprennent certaines de ses chansons à l'école.

Västerlånggatan

Très animée, Västerlånggatan (qui signifie « longue rue occidentale ») fait pendant à Österlånggatan. Au n° 81, une étroite ruelle aux marches raides, **Mårten Trotzigs Gränd**, témoigne de la différence de niveau entre le plateau de Stadsholmen et les rives du lac Mälaren.

Tyska Brinken

Comme les autres rues adjacentes à l'église allemande, le nom de cette rue, qui signifie « colline allemande », rappelle l'influence allemande dans la ville au temps de la toute-puissance de la **Ligue hanséatique** *(voir encadré p. 469)*.

★ Église allemande (TYSKA KYRKAN)

✆ 08 411 11 88 (9h-12h) - vend.-sam. 11h-15h, dim. 12h-15h - 30 SEK.

Toujours tenue par une congrégation allemande dynamique, cette église occupe l'ancienne maison des corporations allemandes de la Hanse (14e s.). Agrandie et transformée en église au 16e s., elle fut dédiée à **sainte Gertrude**, patronne des voyageurs, des marchands et des marins. La riche décoration date de cette époque. La chaire d'ébène (1660), soutenue par un ange à genoux, est ornée de plusieurs personnages en albâtre représentant les apôtres. La tribune royale, située dans un angle, agrémentée d'anges, de décorations et de dorures, fut dessinée par **Tessin l'Ancien** *(voir encadré p. 231)*, membre de la paroisse.

1

Prästgatan (RUE DU PRÊTRE)

Nommée en référence aux prêtres qui y habitaient, cette longue rue calme a gardé son caractère médiéval. Les poutres saillant des pignons servaient à faire monter les provisions dans les appartements et les marchandises dans les greniers où elles étaient stockées. La partie nord de la rue était autrefois surnommée « la ruelle de l'enfer » car un bourreau y habitait.

Palais Bonde (BONDESKA PALATSET)

Dessiné par Jean de la Vallée et Tessin l'Ancien entre 1662 et 1673, ce palais inspiré des styles Renaissance et baroque français était destiné au grand argentier du royaume. Il abrite la Cour suprême depuis 1949. C'est l'un des monuments majeurs du 17e s. à Stockholm, époque où la Suède était une grande puissance.

★ Maison de la noblesse (RIDDARHUSET)

Riddarhustorget 10 (face au palais Bonde) - ✆ 08 723 39 90 - www.riddarhuset.se - lun.-vend. 11h-12h - 60 SEK.

Avec ses deux pavillons au bord de l'eau, l'élégante Maison de la noblesse est considérée comme l'un des plus beaux édifices de Stockholm. Elle fut érigée entre 1641 et 1674 dans le style baroque par plusieurs architectes, dont Simon et Jean de la Vallée. Les aristocrates, formant l'un des quatre ordres gouvernant le pays, s'y réunissaient. La brique rouge pâle est agrémentée de pilastres en grès de couleur grise, de frontons et de guirlandes de fruits, dont les lignes et les couleurs s'harmonisent avec la courbe du toit de cuivre verdi par le temps.

La **grande salle**, dont les murs sont revêtus de 2 326 armoiries et sur laquelle plane « La Mère Suède » (*Moder Svea,* peinture de 1675 par David Klöcker Ehrenstrahl), forme un cadre fascinant pour les concerts donnés les soirées d'été. Riddarhuset appartient toujours à la noblesse suédoise.

★★ Palais royal (KUNGLIGA SLOTTET) PLAN P. 204

M Gamla Stan ou Tram 2 - ☎ 08 402 60 00 - www.kungligaslotten.se/kungligaslottet - ♿ - mai-sept. : 10h-17h ; reste de l'année : 10h-16h - fermé lors des réceptions officielles, le 1er janv., Vend. saint, 1er Mai, 24-31 déc. - 160 SEK (-17 ans 80 SEK), le billet donne accès aux appartements royaux, au Trésor, au musée du Château et, l'été, au musée des Antiquités.

Le Palais royal est l'un des plus gros châteaux d'Europe. Si la famille royale n'y habite plus (au profit d'un palais plus discret – et plus confortable – sur une île moins touristique), le roi et la reine y ont toujours leurs bureaux et l'édifice accueille régulièrement les manifestations officielles. Organisé sur sept niveaux et comprenant 608 salles, le palais est une véritable ruche où travaillent 200 personnes. Les parties ouvertes aux visiteurs permettent d'admirer l'aménagement intérieur, qui reflète l'influence du style rococo français importé en Suède par Carl Hårleman.

Extérieur

Le palais actuel a la forme d'un imposant quadrilatère, dont les bâtiments sont disposés autour d'une cour centrale pavée. Deux ailes, qui enserrent une terrasse, s'étendent vers l'est et le bord de l'eau. La **relève de la garde** *(lun.-sam. à 12h15, dim. et j. fériés à 13h15)* a pour cadre la cour en demi-cercle qui orne la façade ouest, tandis que la façade principale, située au nord, du côté du fleuve, est précédée de deux rampes monumentales.

★★ Appartements royaux

Entrée par l'arche ouest (Västra Valvet) - certaines salles peuvent être fermées lors de cérémonies officielles - voir conditions de visite du Palais royal.

Appartements d'apparat *(2e étage de l'aile nord)* – Décorés dans les années 1690 par des artistes français de renom d'après les dessins de Tessin le Jeune, ils constituent les salles les plus anciennes du palais. La galerie de Charles XI offre un cadre somptueux aux banquets officiels qui précèdent les bals donnés dans la magnifique salle de la Mer blanche. Dans la chambre d'apparat de Gustave III, les décorations de style rococo français furent réalisées par **Jean Eric Rehn** (1717-1793). Formé à Stockholm et Paris, celui-ci a introduit le style Louis XVI en Suède.

Appartements Bernadotte *(1er étage de l'aile nord)* – Carl Hårleman les dessina lui-même. C'est dans la salle des Colonnes qu'ont lieu les remises de décorations, tandis que l'investiture des ambassadeurs étrangers se déroule dans le cabinet octogonal situé à l'est, l'une des plus belles salles rococo.

Appartements des hôtes *(aile ouest)* – Conçus par Jean Eric Rehn dans les années 1760-1770. La décoration reflète le passage du style gustavien au rococo français, qui domine dans la chambre à coucher principale.

Salle du trône (Rikssalen) – *Accès par l'arche sud (Södra Valvet).* Cet ensemble harmonieux combine la rigueur du classicisme de Tessin et la délicatesse du style rococo d'Hårleman. Le trône d'argent de la reine Christine, réalisé pour son couronnement en 1650, est l'un des rares meubles fabriqués avec ce métal.

★★ Salle du Trésor (SKATTKAMMAREN)

Accès par l'arche sud (Södra Valvet). Dans la **salle du Trésor** sont réunis les joyaux de la Couronne suédoise. La couronne, le sceptre, la pomme et la clé, considérés comme les principaux emblèmes de l'État, datent du couronnement d'Éric XIV en 1561. D'autres pièces furent ajoutées au cours des siècles, la dernière en date étant une couronne de prince de 1902. Le roi Oscar II fut le dernier à être couronné

Un chantier de cinq siècles...

Le premier Palais royal de Stockholm s'appelait le château des Trois Couronnes (Tre Kronor) ; il se développa autour d'un donjon érigé vers 1200 pour devenir, sous le règne de Gustave Vasa (1523-1560), une citadelle puissamment fortifiée. Sous le règne de son fils Jean III (1568-1592), elle fut agrémentée de splendides façades Renaissance.
La famille Tessin joua un rôle prépondérant dans l'évolution de l'art et de l'architecture suédois durant trois générations. **Nicodemus Tessin l'Ancien** (1615-1681) dessina dans les années 1660 les plans et les esquisses d'un édifice entièrement nouveau. Mais ce fut son fils, **Nicodemus Tessin le Jeune** (1654-1728), influencé par l'architecture classique de Rome, qui réalisa la reconstruction de l'aile nord du palais dans le style baroque romain. La mort de Charles XI en 1697 coïncida avec l'incendie qui détruisit complètement l'ancien palais, à l'exception de la récente aile nord, qui devint le noyau d'un nouveau palais de style Renaissance italienne et baroque romain. En raison de la guerre du Nord (1700-1721), les travaux ne furent achevés qu'en 1754. **Carl Gustaf Tessin** (1695-1770) prit la suite de son père et surveilla l'achèvement des travaux. Mais la direction réelle revint cependant à **Carl Hårleman** (1700-1753), qui respecta les plans d'origine. La famille royale y emménagea en 1754, bien que les décorations intérieures se soient poursuivies jusque dans les années 1770.

en 1873. De nos jours, les couronnes sont placées de façon symbolique de chaque côté du couple royal lors de certaines cérémonies officielles.

Musée du Château des Trois Couronnes (MUSEUM TRE KRONOR)

Entrée face au pont de Norrbro.
Les parties basses de l'aile nord abritent ce musée où les visiteurs peuvent contempler les vestiges de l'ancien château des Trois Couronnes *(voir encadré ci-dessus).*

Chapelle du Château (SLOTTSKYRKAN)

Accès par l'arche sud (Södra Valvet) - été : horaires variables, se rens. sur le site du Palais royal ; reste de l'année : dim. à partir de 11h (office).
À l'origine de style baroque, elle fut décorée dans le style rococo par Carl Hårleman en 1754, en grande partie d'après des dessins de Tessin le Jeune.

Musée des Antiquités de Gustave III (GUSTAV III : S ANTIKMUSEUM)

Entrée par l'aile nord - mai-sept. : 10h-17h.
Deux longues galeries abritent 200 sculptures, pour la plupart achetées par Gustave III lors d'un voyage en Italie. Ce musée est l'un des plus anciens d'Europe. La pièce maîtresse, la sculpture Endymion, fit, paraît-il, grande impression à l'époque.

★★ Arsenal royal (LIVRUSTKAMMAREN)

Slottsbacken 3 - ✆ 08 402 30 30 - www.livrustkammaren.se - ♿ - 11h-17h, jeu. 11h-20h - fermé lun. - gratuit.
Au **premier étage**, les enfants peuvent se déguiser en princes et princesses. Fondé en 1628, l'Arsenal royal se situe dans les parties basses du Palais royal. Il abrite un passionnant musée, rénové et modernisé, idéal pour toute la famille. Le **niveau principal** relate 500 ans de pouvoir royal en Suède, de Gustave Vasa (1523-1560) jusqu'à l'actuel **Charles XVI Gustave** (intronisé en 1973). On découvre ainsi l'histoire de 21 rois et de deux reines (Christine et Ulrique-Éléonore) à travers

une collection d'armes et d'armures, de documents et de vêtements royaux. Au total, près de 30 000 objets, qui permettent aussi de comprendre comment la royauté suédoise a su s'adapter à son temps et devenir un facteur de stabilité du pays. À ne pas manquer : le cheval de guerre Streiff (un vrai cheval empaillé !) de Gustave II Adolphe (1611-1632) ou le costume porté par Gustave III (1771-1792) lors du bal masqué qui lui coûta la vie, le 16 mars 1792 *(voir encadré p. 201)*. Au **niveau inférieur**, impressionnante collection de carrosses et de traîneaux d'apparat.

★ Riddarholmen (L'ÎLE DES CHEVALIERS) PLAN P. 204

M *Gamla Stan*. L'île des Chevaliers et des Nobles est un remarquable havre de paix. Des moines franciscains s'y établirent vers 1270, peu après la fondation de la cité, d'où son premier nom d'« île des moines gris ». Au 17e s., des aristocrates y obtinrent des terrains et construisirent de superbes hôtels particuliers. Quelques privilégiés y demeurent encore, mais les palais sont occupés par des institutions publiques. La promenade de la rive ouest offre l'un des plus beaux panoramas de la capitale. Mais attention aux chevilles : les pavés peuvent être traîtres.

★ Église des Chevaliers (RIDDARHOLMSKYRKAN)

08 402 61 00 - www.kungligaslotten.se/Riddarholmskyrkan - ♿ - mai-sept. : 10h-17h, oct. : 10h-16h - 60 SEK (7-17 ans 30 SEK).

La nécropole des rois de Suède, qui y sont enterrés depuis le 17e s., est aussi l'unique monastère de l'époque médiévale ayant survécu à l'épreuve du temps à Stockholm. Sa construction en brique par les moines franciscains fut entreprise vers 1270, selon la tradition française d'un bâtiment à voûtes transversales et deux collatéraux. L'ensemble fut consacré vers 1300. Au fil des siècles, plusieurs chapelles ont été ajoutées à l'édifice, mais ce n'est qu'après le grand incendie de 1835 que fut érigée la **flèche** en fonte travaillée. Cette dernière adjonction fait aujourd'hui partie des symboles caractérisant la ville de Stockholm.

Intérieur – La visite vaut essentiellement pour les **chapelles funéraires**. La chapelle de Charles, dans la partie nord du chœur, comprend deux étages. Les deux personnages couchés en face du maître-autel sont deux rois médiévaux : **Karl Knutsson Bonde** et **Magnus Ladulås**, les fondateurs du monastère. Dans la partie sud du chœur, on peut admirer les chapelles du roi Gustave Adolphe et des Bernadotte avec leurs imposants sarcophages. Près des murs sont exposées les armures des chevaliers de l'ordre des Séraphins (fondé en 1748), le plus important des ordres suédois.

Ancien palais du Parlement (GAMLA RIKSDAGSHUSET)

Birger Jarls Torg 5 (au sud de l'église).

De 1834 à 1866, tous les représentants du clergé, de la bourgeoisie et des paysans se réunirent dans cet édifice, qui abrita ensuite le Parlement jusqu'à son transfert en 1905 dans l'imposant Riksdagshuset sur Helgeandsholmen. Totalement rénové à la fin des années 1990, le bâtiment accueille aujourd'hui plusieurs tribunaux.

Birger Jarls Torg

Cette place triangulaire pavée et bordée de palais doit son nom à la statue de **Birger Jarl** (1210-1266) qui s'y dresse. Père de la dynastie des Folkung, fondateur de Stockholm, il joua un rôle central dans l'édification du royaume de Suède.

Palais Stenbock (STENBOCKSKA PALATSET)

Construit au milieu du 17e s. sous la direction de Tessin l'Ancien, cet élégant édifice rouge fut, au 18e s., la propriété d'**Erik Brahe**. Cet homme politique participa

Stortorget, Gamla Stan.
fotoVoyager/Getty Images Plus

à une tentative de coup d'État pour renforcer le pouvoir affaibli du roi Adolphe Frédéric. Condamné pour trahison, il fut décapité sur la place. Le palais abrite depuis 1972 la Cour suprême administrative.

Palais Wrangel (WRANGELSKA PALATSET)

Doté de son propre port sur le lac Mälaren, cet hôtel particulier du 17e s. fut conçu par Tessin l'Ancien et Jean de la Vallée pour le compte de Carl Gustav Wrangel *(voir encadré p. 254)*. Plusieurs fois endommagé par des incendies, il a perdu une grande partie de sa splendeur. Lorsque le Palais royal fut détruit en 1697, le palais Wrangel servit de résidence provisoire à la famille royale jusqu'en 1754. La cour d'appel (Svea hovrätt) occupe le bâtiment depuis 1757. La tour sud, qui en est la partie la plus ancienne, faisait autrefois partie des fortifications construites par Gustave Vasa.
Descendre la colline jusqu'au bord de l'eau.

Evert Taubes Terrass

Sur la droite de l'esplanade, la statue d'**Evert Taube** (1890-1976) – l'une des trois que compte la ville ! – donne une idée de la popularité dont jouit ce poète et chansonnier. On découvre aussi une splendide **vue★★** de Riddarfjärden : le Västerbron (pont de l'Ouest) est droit devant, l'hôtel de ville en brique rouge à droite, et les hauteurs du quartier sud à gauche. Le **Mälardrottningen**, yacht blanc amarré sur la gauche, fut celui de la milliardaire américaine Barbara Hutton avant de devenir un hôtel-restaurant flottant *(voir p. 244)*. À l'autre bout de l'esplanade, face à l'hôtel de ville, la **tour** ronde faisait partie de l'enceinte édifiée par Gustave Vasa vers 1530. Elle a été coiffée d'un toit au milieu du 18e s.

Helgeandsholmen (L'ÎLE DU SAINT-ESPRIT) PLAN P. 204

M *Kungsträdgården ou* Tram *3 à proximité.* Trois îlots ont été réunis pour constituer cette île à la forme ovale, au nord-ouest du Palais royal. Au Moyen Âge y fut construite la Maison du Saint-Esprit pour accueillir les pauvres et les malades.

Aujourd'hui, l'île n'accueille plus que les députés et les pêcheurs venus taquiner saumons et truites.

Palais du Parlement (RIKSDAGSHUSET)

Accès par Riksgatan 3 - ☏ 08 786 48 62 (mar.-jeu. 9h-11h) - www.riksdagen.se - visite guidée : se rens. pour les horaires - gratuit - pas de réserv.

L'édifice à piliers, avec la statue de *Moder Svea* (La Mère Suède) du côté de Norrbro, fut construit pour le Parlement en 1905. Il consiste aujourd'hui en un mélange unique de neuf et d'ancien. Le second édifice, à l'ouest de Riksgatan, abrita la Banque de Suède entre 1906 et 1975. Lorsque le système de parlement à chambre unique fut introduit en 1971, les deux bâtiments furent réaménagés et réunis par des passerelles. La visite donne aussi un aperçu de l'histoire et du travail du Parlement, ainsi que de la Constitution suédoise.

★★ Musée médiéval (MEDELTIDSMUSEET)

Strömparterren 3 (prendre devant le Riksdagshuset l'escalier qui descend vers Norrbro) - ☏ 08 508 316 20 - medeltidsmuseet.stockholm.se - ♿ - tlj sf lun. 12h-17h (merc. 20h) - gratuit.

L'emplacement souterrain de ce musée fut retenu après la mise au jour, lors de travaux d'excavation entrepris pour la construction d'un parking sous le Parlement, de plusieurs sections des remparts de Gustave Vasa. Elles furent incorporées dans le bâtiment et, au cours de l'agréable parcours à travers le musée, on voit comment s'est développée la cité, de sa fondation par Birger Jarl aux années prospères de la Ligue hanséatique, en passant par le traité signé avec la ville de Lübeck et l'établissement des premiers monastères.

La sculpture de **Carl Milles**, *Le Chantre du Soleil* (1926), se dresse face à l'entrée.

Norrmalm

PLAN P. 202-203 (AD1-2)

Ⓜ *T-Centralen.* Quel contraste ! Alors que le reste de Stockholm est fier de sa beauté exceptionnelle, ce quartier central a été l'objet de vives critiques. Dans les années 1950 et 1960, les urbanistes de la ville, saisis d'un engouement pour la modernité, ont fait raser les édifices hérités du 17e s. afin d'édifier ce nouveau quartier d'affaires. Difficile aujourd'hui d'imaginer que Norrmalm fut une île, puis un quartier d'intellectuels au charme bohème, avant d'être englouti sous le béton et les boutiques de chaîne. Heureusement, le quartier recèle encore quelques pépites.

Maison de la culture (KULTURHUSET) B2

Côté sud de Sergels Torg - ☏ 08 506 202 00 - kulturhusetstadsteatern.se/sergels-torg - lun.-merc. et vend. 10h-19h30, mar. 10h-20h, sam. 11h-19h30, dim. 11h-18h - gratuit.

Reconnaissable à sa silhouette massive de béton et de verre qui domine la vaste place Sergels Torg, le « Beaubourg de Stockholm » fut dessiné par l'un des principaux modernistes, Peter Celsing (1920-1974). Le lieu accueille des expositions, des activités culturelles et des salles de lecture où consulter la presse internationale.

☺ Agréable Café Panorama au sommet *(voir p. 242).*

Hötorget A1

Agréable pour un déjeuner sur le pouce, ce marché aux fruits, aux légumes et aux fleurs se complète de halles souterraines, **Hötorgshallen**, où l'on trouve une grande variété de produits alimentaires suédois et internationaux.

Le Zola suédois

Surnommé ainsi par le peintre Carl Larsson, l'écrivain **August Strindberg** (1849-1912) fut ignoré de l'Académie suédoise durant toute sa vie. Il s'exila donc à Paris puis à Berlin pour trouver la renommée que son pays lui refusait. Dans Le Vieux Stockholm, le jeune Strindberg proclame son amour pour sa ville puis, à son second retour d'exil, pour l'archipel de Stockholm dans *Au bord de la vaste mer* et *Les Gens de Hemsö*. En 1912, année de sa mort, un vote populaire lui attribua le « prix anti-Nobel de littérature ».

Maison des concerts (KONSERTHUSET) A1

Côté est d'Hötorget. Dominant la place, la Maison des concerts se distingue par sa couleur bleue et ses imposantes colonnes de granit couronnées de chapiteaux corinthiens, domine la place. Œuvre de l'architecte **Ivar Tengbom**, alors en pleine période néoclassique, juste avant son virage vers le fonctionnalisme. Devant, on peut admirer le chef-d'œuvre de Carl Milles, *Orphée* (1936), empreint d'influence grecque. Les escaliers sont pris d'assaut par beau temps.

Drottninggatan A1-B2

Cette artère de l'ancien réseau quadrillant le quartier était au 19e s. la rue principale de Stockholm. Aujourd'hui, son extrémité sud passe devant l'immeuble du Premier ministre **Rosenbad** et se prolonge par le pont Riksbron vers la vieille ville. En grande partie piétonne, Drottninggatan est bordée de magasins.

1

★ Musée Strindberg (STRINDBERGSMUSEET) A1

M Rådmansgatan - Drottninggatan 85 - ✆ 08 441 91 70 - www.strindbergsmuseet.se - tlj sf lun. 12h-16h - 100 SEK (-19 ans gratuit) - visites guidées : jeu.-dim. 13h - 20 SEK (-19 ans gratuit).

L'appartement-musée d'**August Strindberg** (1849-1912) est l'un des rares témoignages du passé intellectuel de ce quartier, où se côtoyaient cafés et agences de presse jusqu'à sa démolition dans les années 1950 et 1960. Le « Zola suédois » vécut les dernières années de sa vie dans ce modeste logement situé au quatrième étage, où il aurait écrit une vingtaine de livres *(voir encadré ci-dessus).*

Église Sainte-Claire (SANKTA CLARA KYRKA) A2

Klara Östra Kyrkogata 7-9 - www.klarakyrka.se - 8h-17h, sam. 11h-15h et 17h30-19h30, dim. 10h-17h.

Rescapée des excès urbanistiques des années 1950-1960, cette église fut construite entre 1577 et 1590. Sa **flèche** de 108 m de haut fut ajoutée vers 1880. Elle possède le plus important **carillon** de Stockholm avec 35 cloches de bronze, de tailles différentes *(sonneries à 9h, 12h, 15h, 18h et 21h).*

À l'extrémité nord du paisible **cimetière★** qui entoure l'église, la statue du poète **Nils Ferlin** (1898-1961) rappelle le souvenir des écrivains qui vécurent dans ce quartier bohème.

Gustav Adolfs Torg (PLACE GUSTAVE ADOLPHE) B2

Située face au Palais royal, cette place, où se dresse la statue équestre (1790) du roi Gustave II Adolphe, est bordée à l'ouest par le palais du Prince héritier, **Arvfurstens Palats**, occupé aujourd'hui par le ministère des Affaires étrangères. Quand il fut construit à la fin du 18e s., cet élégant bâtiment de style classique français formait un ensemble imposant avec l'ancien opéra à l'est et le Palais royal au sud. L'édifice qui se tient de nos jours sur le côté est de la place, connu sous le nom d'**Operan**, remplace le magnifique chef-d'œuvre rococo d'Adelcrantz, détruit par excès de zèle architectural en 1891. Le premier Opéra royal fut fondé par le roi Gustave III, amoureux d'opéra, et fut le cadre d'un drame qui lui coûta la vie *(voir encadré p. 201)*.

Jardin du Roi (KUNGSTRÄDGÅRDEN) B2

Potager au 17e s., il fut transformé au 18e s. en un imposant jardin de style baroque, entouré de murs et réservé à la maison royale. Après la mort du roi Gustave III, les murs et les portes furent détruits et le jardin ouvert au public. L'esplanade est devenue un lieu de rencontre et de festivités, avec patinoire en hiver. Au sud du jardin, remarquez la statue de Charles XII : son doigt pointe vers l'est, en direction de la Russie qui était l'ennemie traditionnelle de la Suède. À l'extrémité sud-ouest du parc, on peut voir **Sankt Jakobs Kyrka**, église dessinée par Willem Boy et achevée en 1643.

★ Musée Hallwyl (HALLWYLSKA MUSEET) B2

M Östermalmstorg - Hamngatan 4 - ✆ 08 402 30 99 - www.hallwylskamuseet.se - mar. et jeu.-vend. 12h-16h, merc. 12h-19h, w.-end 11h-17h - gratuit.

Située en plein centre-ville et encadrée par un restaurant et un café, cette résidence imposante de la toute fin du 19e s. fut la demeure de la comtesse Wilhelmina von Hallwyl. Les pièces et le mobilier évoquent différents styles tandis que la décoration, les panneaux muraux et les sols témoignent du travail raffiné de l'époque. La collection, d'une valeur inestimable, se compose de peintures, de tapisseries, d'armes, de vaisselle, d'argenterie et de verrerie. La résidence fut léguée à la nation après la mort de la comtesse et ouverte au public en 1938.

Des **concerts** sont donnés dans la cour centrale durant les soirées d'été et connaissent un franc succès.

Blasieholmen B2

On aime l'élégance de cette péninsule, bordée de demeures luxueuses érigées au 17e s., offrant une belle vue sur le Palais royal. La promenade le long des quais se révèle fort agréable, en particulier **Strömkajen**, qui est, depuis le milieu du 19e s., le débarcadère des bateaux en provenance de l'archipel. Le bord de l'eau est aujourd'hui occupé par le Musée national et l'élégant Grand Hôtel.

Skeppsholmen (l'île des Bateaux, *voir p. 214*), située au sud, est accessible par un étroit pont.

★★ Musée national (NATIONALMUSEUM) B2

M Kungsträdgården ou T-Centralen - Södra Blasieholmshammen 2- ✆ 08 519 543 00 - www.nationalmuseum.se - ♿ -juil.-août : mar.-dim. 10h-17h ; reste de l'année : mar.-merc. et vend. 11h-17h, jeu. 11h-20h, w.-end 10h-17h - fermé Midsommar, 24-26 et 31 déc. - gratuit.

Le plus éminent musée des Beaux-Arts de Suède a fait peau neuve, après cinq années de travaux destinés à moderniser un bâtiment qui n'avait connu aucun changement depuis... 150 ans ! Sous la houlette des architectes **Gert Wingårdh** et **Erik Wikerstål**, la rénovation a permis de repenser le musée, désormais plus accueillant, en phase avec son temps, sans dénaturer ce vaste édifice de style Renaissance italienne. Plus de 300 fenêtres ont été percées, ménageant de belles vues sur les quais et les monuments alentours. Deux des cours du musée ont été dotées de plafonds de verre. L'une d'elles accueille des sculptures.

Rythmé par des murs colorés, le parcours de visite commence au 2e étage et suit une spirale pour découvrir chronologiquement les exceptionnelles collections du musée, des prémices de la Renaissance au début du 20e s. Cinq mille œuvres sont désormais visibles (contre 1700 avant la rénovation), parmi lesquelles les

chefs-d'œuvre anciens (Rembrandt, Goya, Cranach, Bellini, Le Pérugin, Le Greco, Zurbarán, Canaletto ou Renoir) et la plus importante collection de **peintures scandinaves** (nombreuses toiles d'Anders Zorn, Anna Boberg, Carl Larsson ou Alexander Roslin). Au 1er étage, deux salles sont consacrées à l'**art français**, avec une belle collection d'impressionnistes : *La Femme en noir* d'Edgar Degas, *Au bois de Boulogne* de Berthe Moriset ou *Le Cabaret de la Mère Anthony* d'Auguste Renoir. L'autre point fort du musée est le département des **arts décoratifs**, incontournable pour qui s'intéresse à l'histoire du **design suédois**. Vous verrez ici le fauteuil en béton de Jonas Bohlin ou les téléphones Cobra de Gösta Thames, objets très recherchés aujourd'hui, dont les copies sont populaires en Suède.
Enfin, la collection de **portraits miniatures**, l'une des plus riches du monde, compte 600 œuvres, exposées dans la bien nommée salle des Trésors.
Fortes de 700 000 pièces, les collections du musée sont présentées par roulement et lors d'expositions temporaires, mettant à l'honneur, par exemple, les sculptrices suédoises ou la Swedish Grace (l'art déco suédois). Le musée dispose également d'une très bonne table *(voir p. 239)*.

Kungsholmen (L'ÎLE DU ROI)

PLAN P. 202-203 (A2)

À l'ouest de Norrmalm. Emprunter le passage souterrain.
M *Rådhuset ou bus 3.* Propriété des moines franciscains il y a un demi-millénaire, l'île du Roi, où fut installé au 17e s. un quartier d'ouvriers et d'artisans, abrite désormais un ensemble de bâtiments résidentiels et administratifs. Mais c'est l'hôtel de ville qui présente le plus d'intérêt. Les visiteurs peuvent profiter des magnifiques promenades qu'offre la rive nord du lac Mälaren, **Norr Mälarstrand**. Les bateaux qui font des excursions autour du lac partent du quai situé à l'est de l'hôtel de ville, Stadshuskajen.

★★ Hôtel de ville (STADSHUSET)

Hantverkargatan 1 - 08 508 290 58 - cityhall.stockholm - janv.-juin : visite guidée ttes les heures 10h-14h ; reste de l'année : se rens. - 130 SEK (7-19 ans 50 SEK) - visite guidée de la tour ttes les 45mn : juin-août 9h-15h45 - 80 SEK (-12 ans gratuit).
Avec ses toits de cuivre verdi et sa brique rouge, l'hôtel de ville est l'un des grands points de repère de la ville. Construit entre 1911 et 1923, il est l'œuvre la plus aboutie de **Ragnar Östberg** (1866-1945), l'architecte suédois le plus représentatif du style romantique national.
Les bâtiments s'organisent autour de deux cours : l'une, ouverte, offre à travers les arcades une vue sur le lac au-delà des jardins en terrasses ; l'autre est intérieure. La sobre tour d'angle, carrée et haute de 106 m, est surmontée d'une coupole sur laquelle sont posées trois couronnes dorées, symbole de la Suède. Du belvédère de la tour *(365 marches)*, la **vue★★★** panoramique est spectaculaire.
Intérieur – La visite guidée commence dans la cour intérieure, connue sous le nom de **hall Bleu★★★** (Blå Hallen), avec son escalier et ses arcades au rez-de-chaussée. Il est le cadre somptueux du banquet annuel du prix Nobel. Les membres du conseil municipal se réunissent dans la **salle du Conseil** (Rådssalen), dont le

Engelbrekt Engelbrektsson (1390-1436)

En 1434, il conduisit la population des districts miniers suédois contre les Danois et convoqua le premier parlement suédois en janvier 1435… avant d'être assassiné l'année suivante.

plafond en bois de pin s'inspire des toits de maisons vikings. Les mariages civils ont lieu dans la **Salle ovale** (Ovalen), ornée de tapisseries de Beauvais.
La salle la plus somptueuse est sans aucun doute la **Salle dorée★★★** (Gyllene Salen), tapissée de 18,6 millions de paillettes dorées et de petits morceaux de verre peint de l'artiste **Einar Forseth**, illustrant, sur la gauche, des événements de l'histoire suédoise, et sur la droite, des personnalités nationales. La reine du lac Mälaren (Mälardrottningen), qui tient dans son giron les édifices les plus importants de Stockholm, occupe la place d'honneur sur le mur nord.
Les visiteurs de marque entrent dans l'hôtel de ville par la **voûte des Cent** : haute de 31 m et divisée en 100 petits compartiments.
Le **monument Engelbrekt**, réalisé en 1932 par Christian Eriksson à la gloire du héros national suédois *(voir encadré p. 213)*, est placé au sommet d'une colonne dans le jardin *(visible du pont de l'hôtel de ville)*.
En été, sur le coup de midi et de 18h, un automate représentant saint Georges terrassant le dragon apparaît sur un balcon *(également visible du pont)*, tandis qu'un carillon joue un air médiéval. Au-dessus, un groupe sculpté figurant le même sujet est dû aussi à Christian Eriksson.

Norr Mälarstrand

Partant de l'hôtel de ville en direction de l'ouest, cette avenue offre l'un des plus beaux points de vue de la ville. Après transformation de Kungsholmen, alors quartier industriel, en zone résidentielle, les immeubles furent imprégnés du style d'abord classique des années 1920, puis plus fonctionnel à partir des années 1930. Un parc étroit et allongé, comme une langue de verdure, relie sur plus d'un kilomètre l'hôtel de ville au parc de Rålambshov *(voir ci-après)*. Cette promenade, qui lie le bord de l'eau aux espaces verts, est un exemple typique de l'école paysagiste de Stockholm.

Rålambshovsparken (PARC DE RÅLAMBSHOV) HORS PLAN

Surnommé « Rålis » par les locaux, ce parc au bord de l'eau est pris d'assaut dès les premiers beaux jours. Il n'est pas rare d'y voir de grands attroupements de Suédois de l'association de remise en forme Friskis & Svettis – incontournable en Suède – se livrant en cadence à des exercices. Les Stockholmois y jouent aussi au *kubb*, un jeu en équipes auquel on prête une origine viking et qui consiste à jeter des morceaux de bois avec précision. On trouve même un bar avec des terrains de pétanque.

★ Skeppsholmen (L'ÎLE DES BATEAUX) PLAN P. 202-203 (C2-3)

Bus 65 depuis la gare centrale. Ⓜ *le plus proche : Kungsträdgården (sortie Kungsträdgården). Ferry depuis Slussen, Djurgården ou l'été de Nybroviken.*
L'un des plus beaux **points de vue★★★** de la capitale ! Et chacun peut en profiter depuis que les institutions culturelles ont remplacé les militaires, sur cette île largement piétonne, longtemps réservée à la Marine royale suédoise (1640-1958). En traversant à pied le pont de Skeppsholmen, à droite sur le quai, derrière le bâtiment rouge de l'Amirauté qui date de 1650, on peut apercevoir le *Af Chapman*, une goélette vieille d'un siècle, qui reçut le nom du génie de la construction navale suédoise, Fredric af Chapman (1721-1808). Le bateau a été réaménagé pour devenir une auberge de jeunesse et un café très populaires *(voir p. 245)*.
Protégé par un pont sur la rive sud de l'île, un îlot, **Kastellholmen** porte la citadelle élevée en 1848 à l'emplacement d'une forteresse antérieure.

Skeppsholmen, le soir.
C. Ehlers/Stock Connection/age fotostock

1

Lorsque la route monte lentement, remarquez **Skeppsholmskyrkan** sur la gauche, église octogonale surmontée d'un dôme, au nord de laquelle se trouve le musée des Antiquités orientales. Terminée en 1842 et en partie inspirée du Panthéon de Rome, elle a été désacralisée en 2002 pour devenir une salle de concerts.

★ Musée des Antiquités orientales (ÖSTASIATISKA MUSEET)

À gauche après le pont, en haut des escaliers.
Tyghusplan 4 - ✆ 010 456 12 00 - www.varldskulturmuseerna.se/ostasiatiska museet - tlj sf lun. 11h-16h30 (mar. 20h) - gratuit.
Logé dans un ancien entrepôt réservé à l'artillerie, il contient des collections d'art et d'antiquités de Chine, du Japon, de Corée et d'Inde, de l'âge de la pierre à la fin du 19e s., dont l'une des plus importantes collections d'art chinois visibles hors d'Asie.

Musée d'Art moderne/Centre d'Architecture et de Design (MODERNA MUSEET/ARKITEKTUR-OCH DESIGNCENTRUM)

Exercisplan 4 - ✆ 08 520 235 00 - ♿ - merc.-jeu. et w.-end 10h-18h, mar. et vend. 10h-20h - gratuit.
Ce bâtiment, construit entre 1994 et 1998 par l'architecte espagnol José Rafael Moneo, réunit le musée d'Art moderne et le centre d'Architecture et de Design (ArkDes), avec un foyer commun. Il n'y a guère que les lanterneaux de ses toits pyramidaux pour briser la douce continuité des formes et des couleurs de l'architecture suédoise traditionnelle, harmonieusement associée à l'environnement bien conservé de Skeppsholmen.
Sur la pelouse à l'entrée, des sculptures semblent souhaiter la bienvenue au visiteur, et lui donner un avant-goût de ce qui l'attend à l'intérieur : le *Déjeuner sur l'herbe* de Picasso (1962) et *Le Paradis fantastique* (1966) de Jean Tinguely et Niki de Saint-Phalle côtoient *Les Quatre éléments* d'Alexander Calder (1961).
À l'intérieur, bien que de nombreuses salles se trouvent dans les sous-sols, le sens infaillible de Moneo pour les volumes a assuré au lieu une personnalité unique, qui doit beaucoup à la contribution de la lumière.

★★ **Musée d'Art moderne** – *www.modernamuseet.se.* Situé sur la gauche du bâtiment, le musée d'Art moderne compte parmi les fleurons du genre. D'une grande richesse, sa collection illustre les principaux mouvements artistiques du 20e s. et de la période contemporaine. Ceci dit, l'institution changeant souvent ses accrochages, impossible de vous décrire ce que vous verrez le jour de votre visite. Sachez tout de même que *Paysage marocain* d'Henri Matisse, *Monogramme* de Robert Rauschenberg et une sculpture d'Eva Hesse (*Sans titre*) font partie des pièces les plus souvent exposées.
Entre autres points forts du fonds : l'**art moderne** (Munch, Kandinsky, Nolde, Modigliani, Delaunay, Picasso, Duchamp, Tinguely, etc.), **les mouvements dada et surréaliste** (Ernst, Miró et Dalí) et l'**art contemporain** (Andy Warhol, Damien Hirst, Francis Bacon, etc.). Autres spécialités du musée, l'**art nordique** et la **photographie** (environ 100 000 clichés, de 1840 à nos jours). Enfin, une salle est consacrée à **Pontus Hultén** (1924-2006), fondateur du Moderna Museet en 1958, qui fut aussi le premier directeur du Centre Pompidou, à Paris (1977-1981).
Pour savoir quelles œuvres sont exposées le jour de votre visite, rendez-vous sur le site Internet du musée.
ArkDes - Centre d'Architecture et de Design – *arkdes.se.* Dédié aux connaisseurs, ce centre propose une petite exposition permanente retraçant l'histoire architecturale de Stockholm, à travers maquettes et panneaux explicatifs. L'ensemble est tellement aride qu'il laissera les néophytes sur leur faim. Même constat pour les expositions temporaires.
Malgré son nom, ce centre n'abrite aucune collection de design. Pour cela, rendez-vous plutôt au Musée nordique (*voir p. 218*) ou au Musée national (*p. 212*).

★★ Djurgården

PLAN P. 202-203 (C2-D3)

Lieu de divertissement populaire depuis des siècles, cette île-jardin située dans l'est de Stockholm s'étire sur 4 km de long et 1 km de large. Elle est séparée du reste de la ville par la baie et le chenal de Djurgårdsbrunn. Djurgården signifie littéralement « parc animalier » ; ce nom remonte au 16e s., quand la région était une zone de chasse royale. La partie occidentale de l'île, proche de la ville, est occupée par des jardins bien entretenus, pour ne pas dire manucurés, des restaurants, des musées, le parc d'attractions de Gröna Lund et Skansen, célèbre musée de plein air. Le reste de l'île est un vaste parc dont profitent pleinement les promeneurs, les joggeurs et tous ceux qui aiment les activités de plein air. Cette bulle de nature fait aujourd'hui partie du parc national urbain de Stockholm, **Ekoparken**. Des rives sud de l'île, tournées vers la Baltique, les visiteurs peuvent observer à loisir le va-et-vient des innombrables bateaux de toutes sortes.
L'accès aux voitures étant limité sur Djurgården, nous vous conseillons vivement le court – mais mémorable – trajet en bateau depuis le centre-ville (à Slussen B3) ou à Nybroplan (l'été uniquement), devant le Théâtre dramatique royal (B2), la meilleure manière d'aborder cette île-jardin, près du parc d'attractions de Gröna Lund (D3). Autre alternative, la ligne 7 du tramway (au départ de Sergels Torg/Hamngatan, dans le centre-ville – B2) continue au-delà de Skansen, jusqu'à Waldemarsudde. Dernière possibilité, les bus 67 (vers l'ouest de l'île) et 69 (vers l'est).

★★★ Musée du Vasa (VASAMUSEET) C2

Ferry au départ de Slussen ou Tram 7 (arrêt Nordiska Museet/Vasamuseet) - Galärvarvsvägen 14 - ✆ 08 519 548 00 - www.vasamuseet.se - ♿ - juin-août :

8h30-18h; sept.-mai : 10h-17h, merc. 10h-20h - fermé 1er janv. et 24-25 déc. - 170/190 SEK selon la saison (-18 ans gratuit) - audioguide en français.

Vous découvrirez ici la fascinante histoire d'un puissant navire de guerre, le *Vasa*, qui devait être le plus beau de toute l'armada du roi Gustave II Adolphe. Ce chef-d'œuvre de la marine navale fut oublié des siècles durant au fond du port de Stockholm, depuis qu'en août 1628, tout juste sorti des chantiers navals de Skeppsgården, il leva l'ancre pour son voyage inaugural… et coula vingt minutes après ! Les années passèrent. On finit par oublier l'épisode. Mais en 1956, grâce à une sonde toute simple et beaucoup de persévérance, un ingénieur spécialiste d'histoire navale repéra l'épave. Miracle : la faible salinité de l'eau et l'épaisse couche de boue qui recouvre le fond du port ont permis de sauvegarder les boiseries de chêne sculpté de l'épave qu'on admire aujourd'hui.

Le musée – Dès l'entrée, la semi-obscurité magnifie la silhouette déjà impressionnante du navire dont la proue pointe avec défi vers les visiteurs. L'entrée est située au niveau de la ligne de flottaison ; tout à côté se trouve l'auditorium où est diffusée à intervalles réguliers une présentation filmée *(certaines séances sont en français, elles sont annoncées sur l'écran d'accueil)*. En contournant le vaisseau, on passe devant diverses expositions se rapportant à l'histoire de ce splendide navire de guerre.

Le « Vasa » – Pour construire ce monstre de guerre long de 69 m et haut de 53 m (de la quille à la pointe du mât), vingt mille chevilles de bois et 8 558 boulons en fer furent nécessaires. Avec 1275 m^2 de voilure totale, il pouvait transporter 145 hommes d'équipage, 300 soldats et 64 canons. Mais le navire n'était pas assez lesté pour sa taille, sa partie supérieure était trop imposante. Bien que le test de stabilité, 30 hommes courant de bord à bord, avait échoué, le navire fut quand même mis à flot, entraînant sa propre perte.

Les sculptures et ornements – Les 700 sculptures et ornements, que l'on peut admirer aux différents étages du musée, sont l'œuvre d'artistes suédois, allemands et hollandais, le plus connu étant **Mårten Redtmer**. Ils ne sont pas peints car les spécialistes ne sont pas encore sûrs d'avoir retrouvé les couleurs d'origine. Les sujets – hommes sauvages, soldats et empereurs romains, animaux héraldiques – sont caractéristiques du style architectural exubérant en vogue au 17e s. (de nombreux portails de Gamla Stan sont décorés des mêmes motifs). Les deux pièces les plus remarquables sont les armoiries nationales et la figure de proue qui représente un lion tenant une gerbe de blé *(vasen)*, symbole de la dynastie Vasa.

★★★ Musée de plein air de Skansen D2

Ferry de Slussen, Tram 7 ou bus 67 - 08 442 80 00 - skansen.se - ♿ - de juil. à déb. août : 10h-22h ; mai-juin et de déb. août à sept. : 10h-18h ; reste de l'année : se rens. - 160/220 SEK selon la saison (4-15 ans 70 SEK).

Autre incontournable de Djurgården (avec le *Vasa*), voici le plus connu et le plus ancien de ces musées de plein air qu'affectionnent tant les Scandinaves. Peut-être aussi le plus beau. Prévoyez une bonne demi-journée un tour complet de cette Suède idéalisée, le long des sentiers du parc fondé en 1891 par l'ethnographe **Artur Hazelius**. Pressentant les bouleversements de la révolution industrielle, il a racheté des bâtiments anciens à travers la Suède pour les reconstruire ici et préserver une trace des modes de vie traditionnels.

Pour le visiteur d'un week-end, c'est l'occasion unique de découvrir les habitats suédois d'autrefois, concentrés en un seul lieu. Campement lapon, cabane norvégienne du 14e s. (le bâtiment le plus ancien du parc), maisons ouvrières stockholmoises du 19e s., fermes de Scanie et de Dalécarlie... Vous y découvrirez au total plus de 150 maisons et fermes, beaucoup avec des détails d'époque (mobilier, textiles, outils, vaisselle), et des acteurs en costume en haute saison. Entre deux maisons, vous trouverez des enclos avec des animaux nordiques (ours, élans, lynx, etc.), des jeux pour enfants, un petit train *(40 DKK)*, des ateliers (verrerie, ferronnerie, poterie, etc.) animés par des artisans costumés, des boutiques au look rétro et une dizaine de restaurants et cafés à l'ancienne où dépenser de très actuelles couronnes, en sus du billet d'entrée bien sûr.

★★ Musée nordique (NORDISKA MUSEET) C2

Ferry de Slussen ou Tram 7 (arrêt Nordiska Museet) - Djurgårdsvägen 6-16 - ✆ 08 519 546 00 - www.nordiskamuseet.se - ♿ - 10h-17h (merc. 20h de sept. à mai) - audioguide en français - 140 SEK (-18 ans gratuit).

Complément du musée de plein air de Skansen, le Musée nordique fut également fondé par **Artur Hazelius**. Ouvert en 1907 dans ce splendide édifice néo-Renaissance construit tout exprès – le chantier dura 17 ans ! –, le musée est aujourd'hui riche d'un fonds d'un million et demi de pièces, illustrant tous les aspects de la vie quotidienne en Suède de 1520 à nos jours. Nous vous conseillons en priorité la **visite des incontournables** *(45mn)*.

Elle démarre dans le hall, au pied d'une énorme statue du roi Gustave Vasa, sculptée dans un bloc de chêne en 1924 par Carl Milles *(voir p. 234 et 492)*. Une enfilade de salles sur quatre étages présente ensuite la culture same, l'histoire des arts décoratifs jusqu'au design des années 1970, les décors de table, les bijoux, le travail du verre, la mode et les costumes traditionnels.

Au 3e étage, la collection **August Strindberg** présente l'artiste aussi bien en tant que peintre (16 de ses tableaux sont exposés) qu'en tant qu'auteur (on peut voir plusieurs manuscrits originaux y compris celui d'une de ses pièces les plus célèbres, *Mademoiselle Julie*). *Voir aussi le musée consacré à l'artiste p. 211.*

Au rez-de-chaussée, un appartement suédois des années 1940 a été recréé. C'est aussi là que se trouve la section pour les enfants.

☺ Pour des cadeaux suédois de qualité, à tous les prix, la boutique du musée est une mine.

★ Junibacken C2

Ferry de Slussen, Tram 7 ou bus 67 - Galärvarvsvägen 8 - ✆ 08 587 230 00 - www.junibacken.se - mar.-vend. et dim. 10h-17h, sam. 9h-17h - 175/225 SEK selon le jour et la saison (2-15 ans 150/190 SEK).

Plein de gaieté, ce centre de littérature enfantine est l'occasion d'initier vos enfants aux livres d'**Astrid Lindgren** *(voir encadré p. ci-contre)*, objet d'un véritable culte en Suède. Au programme : une charmante balade en petit train à la rencontre des personnages les plus célèbres de la romancière, comme **Fifi Brindacier** (Pippi Långstrump en suédois), dont la maison a été aménagée en aire de jeux.

☺ Vue splendide et produits bio vous attendent à la cafétéria.

★★ ABBA The Museum D3

Ferry de Slussen, Tram 7 ou bus 44 (arrêt Liljevachs/Gröna Lund) - Djurgårdensvägen 68 - ✆ 08 12 13 28 60 - www.abbathemuseum.com - juin-août : 9h-18h ; de déb. avr. à mai et sept.-déc. : 10h-18h (jeu. 20h) ; de mi-janv. à déb. avr. : 10h-17h - 220/280 SEK selon la saison (7-15 ans 80/110 SEK) - audioguide en français (20 SEK).

Ne boudons pas notre plaisir ! Certes commercial, ce « musée » offre un retour plein de nostalgie sur l'âge d'or de la pop music, incarné par le parcours d'ABBA,

Astrid Lindgren (1907-2002)

La grande dame de la littérature enfantine suédoise naquit à Vimmerby, ancien bourg de la province du Småland dans le sud du royaume. Depuis son décès, un prix à son nom (*www.alma.se*) a été créé afin de récompenser chaque année un auteur de littérature de jeunesse, avec à la clef une récompense d'environ 500 000 euros. Astrid Lindgren, qui a enchanté les enfants du monde entier pendant toute la seconde moitié du 20e s., a aussi contribué à la reconnaissance de Vimmerby sur le plan touristique. En effet, plusieurs films réalisés à partir de ses livres eurent pour cadre les environs de Vimmerby, ce qui eut pour conséquence l'inauguration en 1981 du « Monde d'Astrid Lindgren », un parc qui reçoit environ 300 000 visiteurs par an *(voir p. 332)*.

Voir aussi La littérature pour la jeunesse p. 494.

premier groupe suédois de dimension interplanétaire, qui a autant fait pour la renommée de son pays que Björn Borg, Volvo ou Ikea !
De la victoire à l'Eurovision 1974 (avec *Waterloo*) à la dissolution du groupe en 1982, en passant par les tubes mondiaux que furent *Mamma Mia* ou *Money, Money, Money*, impossible de traverser les salles sans fredonner. Les mises en scène plaisantes (ambiances boîte de nuit, concert, studio d'enregistrement, etc.), les nombreux témoignages et les objets personnels du groupe nourrissent la visite, qui dure au final une bonne heure et demie. On appréciera également les nombreuses trouvailles interactives, tels la cabine d'essayage virtuelle qui permet de devenir le 5e membre du groupe, ou ce piano relié à un autre piano situé, paraît-il, dans le propre studio d'enregistrement de Benny, l'un des deux musiciens du groupe, qui peut en jouer sans prévenir !

1

★ Musée de l'Alcool (SPRITMUSEUM) C2

Ferry de Slussen, bus 67 ou Tram 7 (arrêt Liljevachs/Gröna Lund) - 08 121 31 300 - www.spritmuseum.se - mar. et sam. 10h-17h, merc. 10h-20h, jeu.-vend. 10h-18h, dim. 12h-17h - 120 SEK (14-18 ans 50 SEK) ; 250 SEK avec dégustation.

Ce musée explore la relation tumultueuse des Suédois à l'alcool. Si les effets spéciaux des mises en scène forcent l'admiration, on regrette le manque de panneaux explicatifs. Il faudra prendre l'audioguide pour comprendre pourquoi, dans ce pays en apparence si paisible et si raisonnable, l'alcool au détail n'est vendu que dans des magasins d'État…

Ouvrant sur les quais, le restaurant du musée, **Spritmuseum Restaurang**, est l'une des tables créatives de Stockholm *(voir p. 240)*.

Gröna Lund D3

Ferry depuis Slussen ou Nybroplan, bus 67 ou Tram 7 - Lilla Allmänna Gränd 9 - 010 708 91 00 - www.gronalund.com - de fin avr. à mi-août : 10h-23h - reste de l'année : se rens. - 130 SEK (-7 ans gratuit) ; 395 SEK les soirs de concert à partir de 18h.

Plus d'un million de visiteurs ! Née en 1883, cette fête foraine chère au cœur des Stockholmois est l'une des attractions phares de la ville. Ceci dit, il faut aimer se presser avec la foule sur un petit terrain au bord de l'eau, où chaque mètre carré a été pensé pour accueillir l'un des 30 manèges du site (certains vraiment spectaculaires), une scène de concerts en plein air, une dizaine de fast-foods, etc. Le tout dans une joyeuse et bruyante ambiance, un œil sur les manèges, l'autre sur les mouettes mal élevées qui tentent de voler vos frites…

Ladugårdsgärdet

Le vaste secteur au **nord de Djurgården**, composé de grands espaces verts, porte le nom de « prairie de la grange » (Ladugårdsgärdet), mais on l'appelle « la prairie » (Gärdet). La zone avait été utilisée à partir de 1672 comme champ de manœuvre militaire et a été bâtie à compter des années 1930 dans le style fonctionnaliste. C'est aujourd'hui l'un des poumons verts de la capitale où sont implantés de nombreux musées.

Liljevalchs Konsthall D2

Bus 67 ou Tram 7 (arrêt Liljevachs/Gröna Lund) - Djurgårdsvägen 60 - ✆ 08 508 313 30 - www.liljevalchs.se - 11h-17h (mar. et jeu. 20h) - 120 SEK (-18 ans gratuit) ; gratuit lun.

Installée dans un élégant édifice de style néoclassique (1916), cette galerie des Beaux-Arts accueille des expositions temporaires d'art contemporain. Liljevalchs (du nom du mécène Carl Frederik Liljevalchs), s'est doté, en 2021, d'une extension, **Liljevalchs+** , tout en béton, soit 2 400 m² supplémentaires de surface au sol répartis sur trois étages. Une boutique a été aménagée au rez-de-chaussée. Très apprécié des Stockholmois, le café **Blå Porten** (le Portail Bleu) dispose lui aussi d'une extension, **Blå+** , aux murs orange pop.

★★ Prins Eugens Waldemarsudde HORS PLAN

Tram 7 (arrêt Waldemarsudde) - Prins Eugens Väg 6 - ✆ 08 545 837 00 - www.waldemarsudde.se - ♿ - tlj sf lun. 11h-17h (jeu. 20h) - 150 SEK (-18 ans gratuit).

Le prince Eugène (1865-1947), quatrième fils du roi Oscar II, établit sa résidence permanente à Djurgården en 1905. Le site, en bordure du chenal reliant Stockholm à la mer, est splendide. Les œuvres du prince et de ses amis témoignent du monde artistique des pays nordiques au début du 20e s. On remarquera notamment les portraits de la mère du prince, la *Reine Sophie*, et du *Prince* lui-même, peints par Zorn, un *Autoportrait* par Larsson, le buste en terre cuite du prince Eugène par Eriksson, les dessins de Bergh représentant le comité de l'Union des artistes, l'œuvre controversée de Josephson intitulée *L'Elfe des eaux*, ainsi que des œuvres du prince.

★ Palais de Rosendal (ROSENDALS SLOTT) HORS PLAN

Tram 7 (arrêt Waldemarsudde) ou bus 44 ou 69, puis 10mn à pied - ✆ 08 402 61 00 - www.kungligaslotten.se - visite guidée - juin-août : tlj sf lun. 12h-16h (ttes les h) - 120 SEK (7-17 ans 60 SEK).

Ce palais d'été, construit entre 1823 et 1827 pour le roi Charles XIV Jean, comprend des intérieurs luxueux illustrant l'adaptation par les Suédois du style Empire français.

En face, **Rosendals Trägård** est à la fois le potager du château et un **café** servant repas et sandwichs. Dès que le soleil apparaît, c'est l'un des rendez-vous favoris des Stockholmois pour de longs après-midi champêtres.

★★ Galerie Thiel (THIELSKA GALLERIET) HORS PLAN

À l'extrémité est de Djurgården. Bus 69 qui relie T-Centralen à Kaknästornet - Sjötullsbacken 8 - ✆ 08 662 58 84 - www.thielskagalleriet.se - tlj sf lun. 12h-17h - 130 SEK (-18 ans gratuit).

Le riche banquier **Ernest Thiel** (1859-1947) engagea l'architecte Ferdinand Boberg pour construire cette résidence où il créa avec sa seconde femme « une demeure dont les murs seraient couverts de tableaux ». Le couple fréquentait surtout des artistes, des écrivains et des compositeurs. Thiel commença par acheter les œuvres des artistes appartenant à l'Union des artistes indépendants (fondée en 1886). L'inestimable collection regroupe des peintures d'animaux de Bruno Liljefors, des nus d'**Anders Zorn**, des œuvres du porte-parole du groupe, Richard Bergh, des toiles bleues d'Eugen Jansson, des tableaux de Carl Larsson, des scènes hivernales de **Gustaf Fjæstad** (qui sculpta aussi l'immense canapé, la table et les chaises du 1er étage), des œuvres de Strindberg et une toile du prince Eugène. Plus tard, Thiel élargit sa collection aux œuvres étrangères, avec notamment un ensemble important d'**Edvard Munch**. En 1924, il fit faillite et l'État suédois acheta la galerie qu'il ouvrit au public. En 2000, la galerie fut victime d'un cambriolage : six toiles ont été dérobées, dont quatre signées Anders Zorn.

Östermalm

PLAN P. 202-203 (BD1-2)

M *Östermalmstorg.* Ce quartier huppé incarne l'un des paradoxes de Stockholm, capitale d'un pays égalitaire, qui pourtant présente une carte des populations très sectorisée. Östermalm est ainsi associé au chic bourgeois et conservateur. Rien de tape-à-l'œil mais des immeubles cossus aux vastes appartements, les adresses les plus prestigieuses et les plus chères de la capitale, et les boutiques qui vont avec.

★★ Strandvägen C2

Bordée de **vieux gréements** et de bars-restaurants au fil de l'eau (certains sur des bateaux), cette avenue est une promenade emblématique de Stockholm, bordée de palais et d'hôtels particuliers aux styles très éclectiques, construits à la fin du 19e s. Ils étaient destinés à de riches industriels, des barons du bois et des magnats de la presse qui avaient bâti leur fortune au cours de l'industrialisation récente de la Suède. Au-delà du Djurgårdsbron sur la droite, Strandvägen décrit une courbe en passant devant le **parc Nobel**, qui abrite un arboretum contenant au moins un spécimen de chaque arbre poussant en Suède, sous ces latitudes.

★★ Musée d'Histoire (HISTORISKA MUSEET) C1

M *Karlaplan ou Östermalmstorg - Narvavägen 13-17 - ✆ 08 519 556 00 - www.historiska.se - juin-août : tlj sf lun. 10h-17h ; sept.-mai : tlj sf lun. 11h-17h (merc. 20h) - gratuit - audioguide en français.*

Des ateliers vikings pour petits et grands sont organisés de mi-juin à fin août : campement, forge, jeux, etc. Le tout en costumes d'époque.

Très axé sur la période viking, ce musée annonce l'une des plus grandes collections au monde du genre. Si le temps vous est compté, commencez par voir la **salle de l'Or★★★** (Guldrummet), qui rassemble plus de 3 000 objets, de l'ère viking jusqu'au 16e s. À l'entrée de la salle, la **gravure de Sigurd**, reproduite au sol, représente Sigurd, héros de saga islandaise terrassant le dragon. Des objets de l'âge de la pierre, du bronze et du fer (Forntid, de 14 000 av. J.-C. à 800) ainsi que de l'époque viking (Vikingatid, 800-1050) sont exposés au rez-de-chaussée. La **période médiévale** (Medeltid, 1050-début du 16e s.), au premier étage, présente une riche collection d'objets et de textiles provenant d'églises et monastères.

Joli restaurant dans la cour intérieure.

★ Musée des Arts vivants (SCENKONSTMUSEET) B2

M *Östermalmstorg ou Tram 7 - Sibyllegatan 2 - ✆ 08 519 567 00 - www.scenkonstmuseet.se - ♿ - tlj sf lun. 11h-17h - 140 SEK (-18 ans gratuit).*

Que les arts vivants vous passionnent ou non, ce musée consacré à la **musique**, à la **danse** et au **théâtre** a de quoi vous retenir des heures ! Du « Swedish Music Hall of Fame », qui met à l'honneur chanteurs et groupes de musique dont on avait parfois oublié l'origine suédoise (Europe, The Cardigans, Neneh Cherry, etc.), à la section Théâtre, où se déguiser tel un comédien dans sa loge, en passant par la formidable « Danse box », où l'on s'immerge dans des chorégraphies grandeur nature, l'ensemble dessine une belle vitrine pour les arts vivants, basé sur la Suède, bien sûr, mais avec un propos finalement universel. Le lieu témoigne aussi de l'utilisation intelligente d'une muséographie à plusieurs niveaux, où chacun peut apprendre en s'amusant, quel que soit son âge. Une réussite.

Bibliothèque royale (KUNGLIGA BIBLIOTEKET) B1

Humlegården - ✆ 010 709 30 00 - www.kb.se - lun.-jeu. 9h-19h, vend. 9h-18h, sam. 11h-15h. Au milieu de l'agréable parc de **Humlegården**, ce bâtiment très académique date de la fin du 19e s., comme en témoigne la salle de lecture, avec ses colonnes de fer et ses larges fenêtres sur le côté nord. Le reste du bâtiment a été radicalement transformé dans les années 1990. Des expositions s'y tiennent régulièrement ainsi que bon nombre d'ateliers liés au monde du livre.

Sturegallerian B1

Stureplan. Le vénérable établissement de bains (1883) a été transformé en une élégante **galerie marchande** (1989), avalant du même coup les trois rues adjacentes. On y trouve notamment l'une des meilleures librairies de la ville, **Hedengrens Bokhandel**. L'établissement de bains, Sturebadet, reconstruit après l'incendie de 1985, est devenu un club de mise en forme très chic avec piscine et sauna.

Östermalmstorg (PLACE D'ÖSTERMALM) C1

À l'ouest de cette place se dresse **Östermalms Saluhall**, un vieux marché couvert de 1888 où se retrouvent les gourmets en quête de beaux et bons produits. Tout y est cher, mais la halle offre un bel endroit pour se restaurer sur le pouce ou boire un café *(9h30-19h, sam. 9h30-17h)*. Au sud, l'église Hedvig Eleonora fut conçue par Jean de la Vallée au 17e s.

Théâtre dramatique royal (KUNGLIGA DRAMASTISKA TEATERN) B2

M *Östermalmstorg - Nybroplan - ✆ 08 667 06 80 - www.dramaten.se.*
Surnommé **Dramaten** par les Stockholmois, il fut fondé par le roi Gustave III en 1788. Le Théâtre dramatique royal, érigé de 1901 à 1908 dans le style Art nouveau, possède une façade de marbre blanc. **Ingmar Bergman** en fut le directeur de 1963 à 1966.
Il est possible de faire une belle **promenade** le long de la rive nord de la baie de Djurgårdsbrunn, en passant devant le musée de la Marine et en continuant en direction de Djurgården.

Musée de la Marine (SJÖHISTORISKA MUSEET) HORS PLAN

Bus 69 - Djurgårdsbrunnsvägen 24 - ✆ 08 519 549 00 - www.sjohistoriska.se - ♿ - mar.-dim. 10h-17h - gratuit - audioguide en français.
Cet édifice blanc (1938) abrite le musée national de la Marine, retraçant l'histoire de la construction navale, du rôle défensif de la marine, et de la marine marchande du 17e s. à nos jours. Splendide collection de modèles réduits de navires du 17e s. et du 18e s.

★ Musée national de la Science et de la Technologie (TEKNISKA MUSEET) HORS PLAN

Bus 69 - Museivägen 7 - ✆ 08 450 56 00 - www.tekniskamuseet.se - ♿ - 10h-22h - 160 SEK (-7 ans gratuit).

Le musée est en anglais et suédois. Même si vous ne maîtrisez pas ces langues, en observant les autres visiteurs, vous pourrez profiter de presque toutes les activités. Aire de pique-nique et sympathique restaurant avec terrariums suspendus.
À ne pas manquer si vous venez avec des enfants ! Apprendre en s'amusant, c'est le propos de ce musée plein de (bonnes) surprises, qui démarre fort dès l'entrée, avec un **terrain de jeux** en plein air, illustrant en fait des principes logiques. Les enfants (et les grands) en redemandent et ils sont servis avec les différentes sections du musée, à commencer par **Mega Mind**, au rez-de-chaussée. Ludique, cette série d'ateliers-jeux teste coordination, souplesse ou rapidité, à travers des défis très amusants. Autre temps fort, au niveau 4 du bâtiment, la section **Play Beyond Play** est dédiée aux jeux vidéo (dont on découvre que beaucoup sont d'origine suédoise). La plupart des activités y sont en libre accès, sauf un atelier de réalité virtuelle et augmentée, qui a tellement de succès qu'il faut réserver son créneau horaire pour l'essayer. Selon vos centres d'intérêt, d'autres sections pourront retenir votre attention : l'univers de la mine reconstitué (au sous-sol), l'exposition sur les cent innovations les plus populaires de Suède ou encore la salle consacrée au plus célèbre savant suédois, Christopher Polhem (1661-1751). Un musée idéal pour partager de bons moments en famille, la découverte en prime.

1

Södermalm

PLAN P. 202-203 (AC3)

Accès à pied de Gamla Stan par un nouveau pont (Slussbron, aussi appelé Guldbron).
Södermalm, l'île du sud (« Söder » pour les locaux) est la plus grande de la capitale. Ancien fief ouvrier, elle a retrouvé une nouvelle jeunesse : une population artistico-bobo en a fait un secteur en vogue, bien agréable à vivre avec ses *food trucks,* ses cafés et restaurants trendy, ses parcs, ses boutiques de créateurs et ses galeries d'avant-garde. Au sud du Folkungagatan, quelques rues rebaptisées « SoFo » prennent même des poses de mini New York de la Baltique.
« Söder » doit aussi son succès à la trilogie *Millénium* de Stieg Larsson *(voir p. 494)*, dont une partie de l'action se déroule dans ses rues.

★★ Promenade à l'est de Götgatan BC3

Circuit tracé en vert sur le plan p. 202-203. Comptez 2h.

Slussen B3

M *Slussen.* Slussen forme l'un des principaux nœuds de communication de la capitale. La zone est aujourd'hui en rénovation et forme un immense chantier (livraison prévue fin 2025 pour un quartier plus vert et plus paisible). Slussen a toujours été un lieu de passage (il y avait même jusqu'à récemment un échangeur autoroutier !), puisqu'il tire son nom d'une **écluse** établie ici jadis entre les îles de Södermalm et de Stadsholmen. Elle séparait les eaux saumâtres de la Baltique (surnommée localement « la mer salée ») des eaux douces du lac Mälaren. La première écluse fut construite vers 1640. La nouvelle écluse aménagée au 19e s. devint obsolète en 1935, lorsque la navigation fut détournée plus au sud. En 2020, un nouveau pont, le Guldbron, a été inauguré pour relier le quartier à la vieille ville. Le long de Stadsgården, en direction du musée Fotografiska, la circulation, intense, n'empêche pas de savourer le panorama sur Skeppsholmen. Vous apercevez au passage **Katarinahissen**, un vieil ascenseur *(désormais fermé au public)* qui fut, à sa construction en 1883, un chef-d'œuvre d'innovation technique. Permettant de monter rapidement sur les hauteurs de Södermalm, il fut la première « clé » du désenclavement du quartier. Un ascenseur moderne permet aujourd'hui d'accéder à un restaurant et sa véranda au sommet du bâtiment, et de profiter d'une belle vue.

★ Fotografiska C3

Stadsgårdshamnen 22 - ✆ 509 00 500 - www.fotografiska.com - 10h-23h - 165/245 SEK selon horaire (8-18 ans 125/205 SEK).

Installé dans un vieux bâtiment des douanes en brique, ce musée dédié à la photo propose des expositions temporaires de qualité (Terry O'Neil, Andy Warhol, Hans Gedda, etc.). Sa situation de rêve, au bord de l'eau et en pleine ville, ses horaires élargis ainsi que ses excellents café et restaurant panoramiques (The Restaurant et Bistro Bread & Wine, *voir p. 241*) justifient la visite.

De mi-juin à mi-août, Fotografiska vous affrète à bord de son propre bateau depuis Nybroviken *(horaires et tarifs sur le site Internet du musée).*

Revenir vers Slussen.

Musée de la Ville (STADSMUSEUM) B3

M *Slussen - Ryssgården - ✆ 08 508 31 620 - stadsmuseet.stockholm.se - ♿ - tlj sf lun. 11h-17h (mar. et jeu. 20h) - gratuit*

Rénové récemment, cet intéressant musée voyage à travers cinq siècles de l'histoire stockholmoise, petit port de pêcheurs devenu capitale du royaume de Suède (1630), aujourd'hui l'une des grandes métropoles européennes. Grâce au riche fonds muséal (300 000 objets !), le musée propose des reconstitutions de scènes de différentes époques (le grand incendie de 1759, au cours duquel 200 immeubles de Södermalm partirent en fumée ; un deux-pièces typique des années 1900 ; la taverne de Madame Jöransson de 1748 ; etc.). Vous pouvez aussi vous faire photographier dans un intérieur bourgeois de la fin du 19e s.

Prendre Götgatan.

Götgatan B3

Au Moyen Âge, Götgatan était la principale sortie de Stockholm vers le sud. De nos jours, on aperçoit au sud la forme sphérique de l'**Ericsson Globe** (1989), une immense salle destinée aux manifestations sportives et aux concerts.

Tourner à gauche dans Urvädersgränd.

Urvädersgränd B3

Cette rue pavée en pente raide est un reste des temps médiévaux. Le poète **Carl Michael Bellman** (1740-1795) a habité au n° 3. Apprécié de Gustave III pour son style tragico-comique, l'artiste chroniquait les bas-fonds de Stockholm.

Mosebacke Torg B3

Cette place est dominée par le plus ancien théâtre de Stockholm, **Södra Teatern** (Théâtre du Sud), érigé en 1859, et par un château d'eau de couleur rouge, datant de 1895. L'arche à droite du théâtre mène à la **terrasse de Mosebacke**, très populaire en été. Pour écrire l'introduction de son chef-d'œuvre *La Chambre rouge (Röda Rummet)*, August Strindberg *(voir encadré p. 211)* s'inspira de la **vue** fascinante que l'on découvre de ce site.

Se diriger vers le château d'eau. Suivre Fiskargatan, puis tourner à gauche dans Svartensgatan. Descendre la rue pavée en pente (talons hauts déconseillés !). À l'extrémité de Svartensgatan, on aperçoit soudain sur la droite l'église Ste-Catherine.

Église Sainte-Catherine (KATARINA KYRKA) B3

L'église originale avait été dessinée par Jean de la Vallée et construite entre 1656 et 1690. Aisément repérable, en forme de croix grecque, elle élève vers le ciel son

fameux dôme de style baroque, qui s'écroula lorsque l'édifice fut ravagé par un incendie en 1990. Reconstruite à l'identique, elle a rouvert en 1995.
Suivre ensuite Mäster Mikaels Gata en direction de l'est.

★ Mäster Mikaels Gata C3

Cette rue faisait partie de Fjällgatan jusqu'à ce que Renstiernas Gata soit creusée au début du 20e s. De pittoresques maisons de bois peintes en rose, gris et rouge bordent sa section est.
Continuer vers l'est via un espace vert et descendre « Albert Engströms Trappor » jusqu'à Renstiernas Gata. Traverser la rue et monter les marches qui mènent à Fjällgatan.

Fjällgatan C3

Située sur la crête de Stigberget, c'est une rue aux vieilles maisons en bois et édifices en pierre, de couleurs et de formes différentes, érigés au 18e s. La **vue★** magnifique que l'on découvre est célèbre. De gauche à droite, on peut admirer Skeppsbron et ses rangées de bâtiments (les tours d'églises que l'on voit sont celles de l'Église allemande, de la cathédrale et de l'église Ste-Claire), la flotte de bateaux à vapeur blancs de la compagnie Waxholmsbolaget *(voir p. 238)* amarrés devant le Grand Hôtel, le trois-mâts *Af Chapman* reconverti en auberge de jeunesse et amarré à Skeppsholmen *(voir p. 245)*, la forteresse circulaire de Kastellholmen à sa droite, de l'autre côté du chenal, le parc d'attractions de Gröna Lund, les lumières de la tour Kaknäs et le vaste quartier de Djurgården.
Entouré de jardins minuscules, un escalier grimpant jusqu'à Stigbergsgatan tient son nom particulier de **Sista Styverns Trappor** (« les marches du dernier sou ») d'une taverne du même nom qui était située non loin de là.
Les marches mènent à Stigbergsgatan. Aller vers la droite.

Stigbergsgatan C3

À l'extrémité ouest de cette rue, il est possible d'apercevoir quelques maisons basses en bois, peintes en rouge, caractéristiques de Södermalm. Le n° 21 qui porte le nom de « maison du Fabricant de palans », **Blockmakarens Hus**, est un humble logis de 1730, soigneusement restauré puis transformé en musée.

★★ La crête d'Åsö (ÅSÖBERGET) HORS PLAN

Dans la partie orientale de Södermalm, au sud de Folkungagatan. Compter 1h pour la promenade le long de la crête d'Åsö et autour de l'église Sofia. Au départ de Stigbergsgatan (voir ci-dessus), 10mn à pied via Borgmästargatan vers le sud.

★ Vita Bergen (COLLINE BLANCHE)

« Vitan » pour les Stockholmois. Cette colline dans l'est de Södermalm est surplombée par l'église Sofia. En partie classé, ce parc abritait à la fin du 19e s. l'un des quartiers les plus pauvres de Stockholm. August Strindberg *(voir encadré p. 211)* y plaça une partie de son roman *La Chambre rouge*. Il reste quelques-unes de ces maisons ouvrières de bois rouge, aujourd'hui très recherchées.
Suivre jusqu'à l'église Sofia.

Église Sofia (SOFIA KYRKA)

Une tour centrale entourée de tours plus petites semble sortir de la masse des gratte-ciel. L'église fut construite en 1906 sur un plan en croix grecque dans le style roman, avec des arcs en plein cintre et un large dôme central. De jolies maisonnettes rouges s'accrochent à flanc de colline, formant un contraste frappant avec les blocs de béton de la cité.
Retourner à Skånegatan et tourner à gauche.

1

SoFo

Au-delà de Renstiernas Gata, on pénètre dans le quartier branché de Stockholm, qui s'étend jusqu'à Götgatan, autour de Nytorget, petite place ombragée entourée de restaurants sympathiques *(voir ci-après)*. Depuis quelques années, l'ensemble a été baptisé SoFo (Söder om Folkungagatan, « au sud de la rue Folkung »), pour marquer son côté « Soho » ou « Marais ». **Bondegatan**, **Nytorgsgatan** et les rues adjacentes sont bordées de boutiques design et de créateurs ainsi que de cafés où une jeunesse décontractée partage sa joie de vivre.

Nytorget

Le cœur, voire l'esprit de Södermalm, s'exprime pleinement sur cette « Nouvelle place ». Il faut venir ici un jour de soleil. Embouteillage garanti de poussettes, avec foule de papas suédois qui profitent de leur congé parental en savourant un *café latte*. C'est également ici que se retrouvent bon nombre d'artistes. La petite place est très vite noire de monde et il est de bon ton de faire la queue pour les balançoires. Sur l'un des bords de la place subsistent de nombreuses petites maisons en bois traditionnelles, souvenir de cet habitat qui faisait de Söder le quartier pauvre de la capitale. Tout cela semble très loin.

★ Promenade à l'ouest de Götgatan AB3

▶ M *Mariatorget, sortie Torkel Knutssonsgatan. Suivre Torkel Knutssonsgatan jusqu'à Söder Mälarstrand.*

Articulé autour de l'avenue Hornsgatan, c'est un quartier familial, tranquille et serein, à vivre plutôt qu'à visiter.

Söder Mälarstrand AB3

L'intérêt de cette longue avenue qui longe le lac Mälaren est sa **vue** saisissante sur la ville. Bordée de bateaux transformés en hôtels ou en restaurants, elle se heurte, côté terre, aux falaises qui ont longtemps isolé l'île de Södermalm du reste de la cité, jusqu'à ce qu'à coups de dynamite, on ne perce des accès.

Rebrousser chemin, traverser Hornsgatan et grimper Ludvigsbergsgatan (sur la gauche). Tourner à gauche dans Gamla Lundagatan (en passant entre les maisons) et continuer l'ascension de la colline.

★★ Skinnarviksberget (HAUTEURS DE SKINNARVIK) A3

M *Mariatorget, sortie Torkel Knutssonsgatan. Aller vers la droite, traverser Hornsgatan et grimper Ludvigsbergsgatan (sur la gauche). Tourner à gauche dans Gamla Lundagatan (en passant entre les maisons) et continuer l'ascension de la colline.* L'accès aux hauteurs de Skinnarvik s'effectue à travers un quartier habité au 18e s. par les tanneurs dont subsistent les maisons basses. Après Gamla Lundagatan, un simple chemin conduit au point le plus élevé de Stockholm, à 53 m d'altitude, pour un splendide **panorama★**.

Au pied de la colline, le grand édifice rouge (1850) est l'ancienne brasserie de Munich (Münchenbryggeriet), transformée en centre de conférences. Du côté ouest de la falaise, des marches descendent Yttersta Tvärgränd, une ruelle abrupte bordée de beaux édifices de pierre des 18e et 19e s.

Revenir vers la station de métro et continuer sur Hornsgatan.

Hornsgatan AB3

Cette très longue rue (2,3 km) qui, au départ du métro de Slussen, traverse Södermalm vers l'ouest jusqu'au pont de Liljeholmen et au quartier d'Hornstull, est l'une des principales artères commerçantes de la ville.

Les rues pavées d'Hornsgatspuckeln (à proximité de l'église Marie-Madeleine) abritent de nombreuses petites galeries de peinture de bonne renommée. Hornsgatan passe devant la **maison Stora Dauerska** (n° 29a) où naquit en 1740 le poète Carl Michael Bellman, dont les chansons bachiques et érotiques restent populaires en Suède.

Mariatorget A3

La « place de Marie » est, comme souvent pour les places de Södermalm, également un parc. En son centre, une statue de l'époque nationale-romantique figure le dieu Thor terrassant le serpent marin Jörmungand. Les cafés qui la bordent, avec vue sur les jeux pour enfants, en font un lieu de prédilection pour les familles.
Se diriger vers Slussen à l'est, tourner à droite dans Götgatan qui mène à Medborgarplatsen.

★ Tantolunden HORS PLAN

M *Hornstull ou Zinkensdamm.* Avec sa **plage** aménagée *(Tantostrand, fléché)* et ses vastes pelouses où pique-niquer, ce parc est très populaire, en particulier l'été. Surtout, grimpez la colline qui abrite, depuis 1915, une centaine de maisonnettes en bois rouge et leurs charmants **jardins ouvriers**, reliés par des sentiers et des escaliers, enfouis dans la nature. Créés au début du 20e s. pour donner la possibilité aux plus pauvres de cultiver leurs fruits et légumes, ces parcelles sont aujourd'hui très convoitées, essentiellement tournées vers un jardinage de loisirs. Au printemps, des grappes de fleurs enchantent la balade et confèrent au quartier une allure de carte postale à la suédoise. Au sommet, une esplanade avec **vue** sur la ville vous récompense de vos efforts.

1

Långholmen HORS PLAN

M *Hornstull. Prendre Långholmsgatan vers la droite en sortant, puis à gauche Högalidsgatan et à droite pour rattraper un petit pont. Accessible en voiture à partir de Söder Mälarstrand ou du Västerbron. Parking aménagé sur l'île.*
Située dans l'ombre du très passant Västerbron, Långholmen, l'ancienne île-prison, est séparée de Södermalm par une étendue d'eau. Elle offre des promenades agréables et la possibilité de se baigner. Utilisée jusqu'en 1987, l'ancienne prison est transformée en une auberge de jeunesse peu ordinaire *(voir p. 245)*.

★★★ L'archipel de Stockholm

Voir carte du lac Mälaren p. 250-251.
www.stockholmarchipelago.se ; www.visitskargarden.se
Stockholm est fière de **Skärgården** (« jardin d'écueils »), son archipel aux paysages naturels d'une infinie diversité, allant de la végétation luxuriante des îles côtières à la nudité des falaises balayées par les vents du large. S'étendant sur 70 km au large des côtes de la Baltique, il s'étire du nord au sud sur environ 140 km. Il compte 30 000 îles, îlots et récifs, dont seulement 150 habités toute l'année, mais on y dénombre 50 000 résidences d'été et chalets. C'est le séjour de prédilection des habitants de Stockholm, tant pour le week-end que pour les vacances. De nombreux artistes et écrivains ont été séduits par le charme de l'archipel qui a été immortalisé en littérature par **August Strindberg** dans *Les Gens de Hemsö* et en peinture par **Bruno Liljefors** ou **Anders Zorn**.
Les différentes parties de l'archipel sont desservies par un **service de ferries** *(voir p. 237)* au départ de Strömkajen (PLAN P. 202-203 B2) ou Strandvägen (PLAN P. 202-203 C2), mais certaines îles sont aussi accessibles à partir du centre-ville par la route 222 et ses nombreuses ramifications.

★ Gustavsbergs Hamn (PORT DE GUSTAVSBERG)

À 30mn au départ de Slussen par le bus 474 (arrêt Farstaviken) ou excursion en bateau, une journée depuis Stockholm (www.stromma.com).

visitvarmdo.com.

Située dans Värmdö, l'un des archipels qui compose celui de Stockholm, l'île de Gustavsberg est célèbre dans toute la Suède pour son ancienne **fabrique de porcelaine**, fondée en 1827, dont les pièces de vaisselle agrémentent nombre d'intérieurs suédois.

Pour atteindre son petit port, qui se découvre en une journée, privilégiez le trajet en bateau, qui donne à voir le cœur de l'archipel, ses maisons avec ponton et voilier au bout du jardin, ses baies secrètes, ses plages cachées. Le bateau vous dépose ensuite à deux pas de la fabrique. Fermée depuis 1994, l'immense friche industrielle a été transformée en complexe culturel, dédié à la tradition céramique.

La friche accueille également des ateliers d'artistes et d'artisans, un restaurant, des cafés, des boutiques et un hôtel. L'office de tourisme occupe le bâtiment en brique flanqué d'une tour ronde qui domine le pittoresque port de plaisance.

Musée de la Porcelaine (Porslinsmuseum) - *Odelbergs Väg 5 - 08 519 543 00 - gustavsbergsporslinsmuseum.se - de fin mai à fin sept. : tlj sf lun. 11h-17h ; reste de l'année : se rens. - 50/100 SEK selon horaire (-20 ans gratuit).* Rénové, ce musée dédié à la manufacture Gustavsberg fait désormais partie du Musée national, avec une nouvelle scénographie présentant 2000 pièces (choisies parmi les 45000 que compte la collection). Objectif (réussi) : raconter la vie de cette fabrique, qui a compté jusqu'à 800 employés en 1900, et la place qu'elle continue d'avoir dans les intérieurs suédois.

Artipelag – *Artipelagstigen 1 (4 km au sud du musée de la Porcelaine) - 08 570 130 00 - artipelag.se - juin-sept. : 11h-18h ; oct.-mai : tlj sf mar. 11h-17h - tarifs selon expos.* Ouvert en 2012 par le créateur de la marque de porte-bébés BabyBjörn, ce centre d'exposition a posé son architecture épurée dans un magnifique coin de nature. Outre quelques œuvres pérennes *in situ*, le lieu organise plusieurs expositions par an, axées art et design.

Artipelag a son propre service de bus depuis Cityterminalen dans le centre de Stockholm *(juin-sept. : dép. tlj à 10h45 et 12h30, retour à 16h et 18h ; oct.-mai : dép. sam.-dim. à 10h45 et 12h30, retour à 15h15 et 17h - 30mn de trajet - 50 SEK/AS).*

Fjäderholmarna

6 km à l'est du centre-ville. Ferry (20mn) au départ de Slussen et Strandvägen.

www.kungligaslotten.se - pas d'hébergements sur place.

Fjäderholmarna compte quatre îles, les plus proches de Stockholm. Idéal pour les plus pressés, qui y goûteront un – petit – moment de vie insulaire. Principal atout : l'animation des restaurants, cafés et artisans de l'île principale, **Stora Fjäderholmen**.

★★Vaxholm

25 km au nord-est du centre-ville. Ferry (50mn) au départ de Strandvägen - bus 670 (45mn), depuis la station de métro Tekniska Högskolan.

Dans l'hôtel de ville - www.vaxholm.se - sur place, B & B, hôtels et cabanons.

Dès l'arrivée, louez des vélos sur le port pour parcourir l'île et aller vous baigner.

Considérée comme la « capitale » de l'archipel (5000 habitants permanents),

L'archipel de Stockholm.
william teed/Getty Images Plus

accessible en bus ou en ferry de Stockholm, Vaxholm se découvre aisément en une journée, à pied, au fil de ses ruelles pavées de galets, ourlées d'anciennes maisons en bois. L'île constitue également une bonne base pour découvrir le reste de l'archipel (nombreux ferries).
Sur un îlot face à la cité, reliée par un ferry en saison *(ttes les 20mn, à partir de 55 SEK AR)*, la **forteresse** de Vaxholm, en partie bâtie au 16e s., rappelle le rôle militaire de la cité. Occupant jadis une position stratégique importante à l'entrée est du chenal d'accès à Stockholm, la forteresse ne résiste plus désormais qu'aux vents du large et à la curiosité des touristes *(08 12 00 48 70 - vaxholmsfastning. se - de juin à août : se rens. pour les horaires - 100 SEK, -18 ans gratuit)*.

★ Grinda

50 km à l'est du centre-ville. Ferry (2h) au départ de Strandvägen.
grinda.se - sur place, auberge de jeunesse et chalets.
Location de kayaks sur le port.
Avec ses **plages de sable** et ses **criques rocheuses**, l'île est l'une des plus sauvages de l'archipel, très appréciée des baigneurs et des amoureux de la nature. La promenade à la journée se fait plus facilement en été, quand les ferries sont plus fréquents. Il y a un siècle, l'île fut achetée par le premier directeur de la Fondation Nobel qui se fit construire une maison de vacances dans le style Art nouveau (1906).

Finnhamn

Ferry (2h à 2h45) au départ de Strandvägen.
finnhamn.se - sur place, auberge de jeunesse.
Formée de trois îles, Finnhamn est située à l'endroit où le nord de l'archipel s'ouvre vers les falaises dénudées des îles rocheuses de la périphérie. Les promeneurs apprécieront les chemins étroits, et les amateurs de soleil les roches lisses et les petites plages de sable.

Möja

Ferry (2h30 à 3h) au départ de Strandvägen ou de Strömkajen.
www.mojaturistinfo.se - sur place, auberge de jeunesse.
Möja est propice à la randonnée, mais pas à la baignade.
Möja est l'une des plus grandes îles du centre de l'archipel et compte environ 250 résidents permanents, qui s'adonnent aux activités traditionnelles de l'archipel : la pêche et l'agriculture. À **Berg**, l'agglomération la plus importante, on trouve un café, des boutiques d'artisanat ainsi qu'un petit musée.

★ Sandhamn

50 km à l'est du centre - 2h au départ de Slussen : bus 433 jusqu'à Stavsnäs Brygga (50mn), puis bateau (1h) jusqu'à Sandhamn. L'été, ferry (2h30 à 3h30) au départ de Strömkajen.
sandhamn.se - sur place, hôtels et B & B.
Bien qu'assez éloignée, Sandhamn reste l'un des lieux de villégiature les plus connus de l'archipel. Habitée par une centaine de résidents permanents, l'île est aisément accessible toute l'année. Après avoir été le rendez-vous des marins au 18e s., elle est désormais celui des passionnés de **voile** et abrite le siège du Yacht-Club royal de Suède, qui organise, début juillet, la célèbre course Gotland Runt, au large de la Baltique (250 bateaux engagés sur 360 milles nautiques).
L'île a aussi bénéficié d'un regain de notoriété récente, dû au succès de la série télévisée policière *Meurtres à Sandhamn* (qui a attiré de nombreux Français sur l'île). Elle est également citée dans la trilogie *Millénium* de Stieg Larsson : le journaliste Mikael Blomkvist y possède un cabanon.
Envahi aux beaux jours par les touristes, le **village** n'en conserve pas moins son cachet, avec ses ruelles étroites et ses maisons serrées les unes contre les autres. Les **plages de sable** auxquelles l'île doit son nom (« le port de sable ») sont situées au sud, notamment Trouville, la plus célèbre et la plus longue (1 km).

Ängsö

Ferry (2h) depuis Strömkajen (08 24 30 90 - www.blidosundsbolaget.se).
www.nationalparksofsweden.se - pas d'hébergement sur place.
L'« île de la Prairie » est un paradis floral en miniature, enrichi par une grande diversité d'oiseaux. C'est la seule île rocheuse qui ait été déclarée parc national.

Rödlöga et Svartlöga

Ferry (4h) au départ de Strömkajen (08 600 10 00 - waxholmsbolaget.se). Hébergements sur Svartlöga (hôtel, auberge de jeunesse, cabanons).
Situées à bonne distance de Stockholm, dans le nord de l'archipel, ces deux îles sont très appréciées des amateurs de voile.

Huvudskär

60 km au sud-est du centre-ville. Bus 869 au départ de la station de métro Gullmarsplan, arrêt Dalarö Hotellbrygga, puis ferry (08 600 10 00 - waxholmsbolaget.se) - trajet : env. 1h. Hébergements en haute saison uniquement.
De par sa position éloignée à la périphérie de l'archipel, ce groupe d'îles, dont les roches lisses affleurent au ras de l'eau, demeure un endroit isolé.

Utö

Durant l'été, des ferries partent de Strömkajen (env. 2h30). Le reste de l'année, depuis T-Centralen, prendre le train (pendeltåg) jusqu'à la station Väster Haninge, puis le bus 846 en direction de Årsta Slott. Descendre à l'embarcadère de Årsta Brygga, d'où le ferry Silverpilen rejoint Utö en 35mn.

www.uto.se - sur place, auberge de jeunesse, hôtels, cabanons et campings.
Située tout à fait au sud de l'archipel, mais aisément accessible grâce au service de ferry à l'année, Utö compte environ 200 résidents. Destination prisée des cyclistes (location de vélos à la marina), l'île revendique l'honneur de posséder la plus ancienne mine de fer de Suède, dont on peut encore voir le puits profond.

À proximité de Stockholm

CARTE P. 194-195

★★ Château de Drottningholm (DROTTNINGHOLMS SLOTT) C3

Accès soit en métro jusqu'à Brommaplan, puis bus 301-323 jusqu'à Drottningholm, soit par bateau (1h) au départ du quai face à Stadshuset (hôtel de ville de Stockholm) - 08 12 00 40 00 - www.stromma.se - de mi-mai à fin sept. - AR bateau à partir de 195 SEK.
La résidence royale de Drottningholm avec son palais, son théâtre, ses jardins et son pavillon chinois, est inscrite au **Patrimoine mondial de l'Unesco**. Le palais est situé dans l'île de Lovön sur le lac Mälaren. En s'y rendant par bateau, on bénéficie d'une belle vue de la façade et de l'entrée principale. La famille royale de Suède occupe l'aile sud depuis 1981.
Palais royal – *08 402 62 80 - www.kungligaslotten.se - mai-sept. : 10h-17h ; reste de l'année : se rens. - 160 SEK (7-17 ans 80 SEK).* En dépit de changements ultérieurs, c'est la décoration baroque, à laquelle ont contribué des artistes de renom, qui prédomine dans les **appartements★★★**. L'abondant travail de stuc du majestueux **escalier** est l'œuvre du maître italien **Giovanni Carove**. On remarquera aussi la très belle chambre d'apparat d'Hedwige Éléonore, dessinée par **Tessin l'Ancien** et achevée en 1683. Le noir et l'or furent utilisés jusqu'en 1701, date à laquelle la reine mère mit fin à la période de deuil officiel (après la mort de Charles XI, son fils, en 1697) et fit décorer la pièce en bleu comme elle l'est actuellement.
La superbe **bibliothèque** de la reine Louise Ulrique est intéressante car c'est un bel exemple de style gustavien réalisé par Jean Eric Rehn *(voir encadré)*.
★★ **Théâtre royal** – *08 556 931 00 - dtm.se - visites guidées (30mn) : avr. et oct. : w.-end ; mai-sept. : tlj - se rens. pour les horaires - 110 SEK (- 17 ans gratuit).*

Drottningholm : baroque et classique suédois

L'architecte **Nicodemus Tessin l'Ancien** (1615-1681) fut chargé en 1662 par la reine mère Hedwige Éléonore, veuve du roi Charles X Gustave, de dessiner un palais sur le modèle des grands palais baroques de France et des Provinces-Unies. L'imposant intérieur baroque est en grande partie l'œuvre de son fils, **Nicodemus Tessin le Jeune** (1654-1728). En 1744, la princesse Louise Ulrique de Prusse, sœur de Frédéric le Grand, reçut le palais en cadeau de mariage lorsqu'elle épousa le roi Adolphe Frédéric. Carl Hårleman ajouta un étage aux ailes et l'intérieur fut réaménagé au goût de l'époque. **Jean Eric Rehn** (1717-1793), véritable initiateur du **style gustavien**, réalisa la décoration tandis que l'ébéniste Georg Haupt (1741-1784) se chargeait du mobilier. En Suède comme ailleurs, l'effet de réaction au style rococo favorisa un néoclassicisme plus strict, connu sous le nom de style gustavien ; c'était dans une certaine mesure une variante suédoise du style Louis XVI français. La vie de cour à Drottningholm connut son plus brillant éclat sous l'influence de la reine Louise Ulrique et de son fils le roi Gustave III. La famille royale actuelle a fait de Drottningholm sa résidence principale.

Ce joyau d'architecture baroque fut dessiné par **Carl Fredrik Adelcrantz** pour la reine Louise Ulrique, afin de remplacer le précédent théâtre détruit par un incendie. La représentation d'inauguration eut lieu en 1766, mais c'est sous le règne de son fils Gustave III, grand mécène qui fonda en 1773 l'Académie royale de musique et l'Opéra royal, que ce petit théâtre connut son âge d'or.
La pureté des lignes, l'harmonie des proportions et la délicatesse de son décor bleu et blanc en font un chef-d'œuvre de décoration. On admirera le mécanisme de bois complexe réalisé par Donato Stopani. En 1791, l'architecte et paysagiste **Louis-Jean Desprez** (1743-1804) ajouta la salle de bal. On y donne en été des spectacles d'opéra et de ballet.
★★ **Jardins** – En 1681, Tessin le Jeune commença à dresser les plans strictement symétriques de jardins baroques cernés par des avenues de tilleuls. Le parterre le plus proche du palais, au dessin complexe, a été remplacé par des pelouses bordées de haies de buis. Œuvre d'**Adrian de Vries**, la *Fontaine d'Hercule,* comme tous les autres bronzes disséminés dans les jardins, fut rapportée en butin de guerre, soit de Prague en 1648, soit du Danemark en 1659 *(voir Château de Frederiksborg, p. 82)*. Au-delà s'étend le jardin des Eaux avec ses dix jets d'eau et ses pelouses bordées de buis. Le **parc paysager**, agrémenté de deux bassins, de canaux, d'îles et de ponts dans le style anglais, fut conçu en 1780 pour contraster avec les jardins dessinés au cordeau.
★ **Pavillon chinois** (Kina Slott) – *Voir conditions de visite du Palais royal.* Le roi Adolphe Frédéric offrit ce palais à la reine Louise Ulrique en 1753. Il fut agrandi et reconstruit dix ans plus tard, dans un style rococo teinté d'inspiration exotique. **Carl Fredrik Adelcrantz** réalisa cette fantaisie chinoise de 1763 à 1767. **Jean Eric Rehn** se surpassa en dessinant les pièces rouge, verte, jaune et bleue, qu'il orna de panneaux laqués, d'abondantes décorations et de vitrines, où sont exposés de délicats objets chinois.

★ Birka C3

Site uniquement accessible dans le cadre d'une croisière à la journée au départ de Klara Mälarstrand (face à l'hôtel de ville) - Strömma - ☎ 08 12 00 40 00 - www.stromma.se - de mai. à oct. - 475 SEK AR avec visite guidée (en anglais) et entrée au musée.
Si les Vikings vous fascinent, ne manquez pas de réserver une journée au site archéologique de Birka. Le trajet en bateau est, certes, un peu long (2h aller, 2h retour), mais il vous conduit sur les traces de la première ville de Suède. Située dans l'île de Björkö sur le lac Mälaren, Birka fait partie du **Patrimoine mondial de l'Unesco**. Le campement de Birka fut le plus grand **marché viking** de 800 à 960 apr. J.-C. et les fouilles ont révélé l'existence d'échanges commerciaux avec

Visiter les studios de Bergman à Solna

Ingmar Bergman (1918-2007) a tourné la moitié de ses films (30) à **Solna**, dans la banlieue nord-ouest de Stockholm, où Svensk Filmindustri (SF) avait ouvert en 1919 ses studios de Filmstaden (La Ville du film). Il reste plusieurs bâtiments d'époque, comme la villa des metteurs en scène ou l'ancienne cantine, transformée en restaurant.
Filmstaden – *Métro Näckrosen - Greta Garbos väg 3 - ☎ 08 27 00 10 - filmstadenskultur.se - visite guidée en anglais ou en français (se rens. pour les horaires et tarifs) ou avec audioguide (en anglais, 30mn, 70 SEK). Entrée et achat des billets au Waffle Café (vend.-dim. 11h-18h, fermé de juin à mi-août).*

Pavillon chinois de Drottningholm.
Borisb17/Getty Images Plus

l'Orient par l'intermédiaire de la Russie et de Byzance. C'est pour se rendre dans ce lieu de négoce que le premier missionnaire chrétien de renom, **Anschaire de Brême** (Ansgar) embarqua en 829 pour convertir les Svíar (Svear) païens, ancien peuple germanique établi en Scandinavie. Il revint en 852, mais fut reçu de façon beaucoup plus hostile, car une grande partie de la population était déjà retournée au paganisme. Après la mort du saint à Brême en 865, il n'y eut plus de tentative d'évangélisation de la Suède avant le 11e s. Mais, à cette époque, Birka était sur le déclin tandis que Sigtuna et Visby étaient devenues les nouveaux centres du commerce de la Baltique. Aujourd'hui, le site est connu sous le nom de « lieu de la Terre noire ». On imagine difficilement l'atmosphère de cette ville où 700 à 1000 personnes vivaient, travaillaient et commerçaient à l'intérieur de l'enceinte. Au-delà des remparts de terre, on a retrouvé plusieurs **cimetières**, dont les plus grands comprennent environ 1600 tombes vikings.
Musée – *08 5191 80 00 - de fin juin à mi-août : 11h-18h - reste de l'année : se rens. - 110 SEK (6-12 ans 55 SEK).* Tandis que le produit des fouilles est exposé en grande partie au musée d'Histoire de Stockholm *(voir p. 221)*, ce musée implanté sur le site reconstitue la vie à Birka, il y a mille ans.
Du haut de la colline, couronnée d'un **monument** (1834) commémorant la mission d'Anschaire, on peut plus facilement apprécier la position stratégique de Birka sur le lac Mälaren. À proximité, la petite **chapelle d'Anschaire** (consacrée en 1930) abrite trois sculptures de Carl Eldh (1873-1954) et plusieurs peintures d'Olle Hjortzberg (1872-1959).

Hagaparken C3

Au nord de la ville et à l'est de la E 4. M *Odenplan puis bus 515. Entrer par les portes nord puis se diriger vers l'est.*
Tracé pour le roi esthète Gustave III, ce magnifique parc royal abrite aujourd'hui le manoir où réside la princesse héritière de Suède. Comme elle, et son père avant elle, bien des familles de Stockholm aiment profiter de cet endroit. Facile d'accès,

l'ensemble fait partie de l'**Ekoparken**, un parc national urbain en périphérie de la ville. Les remarquables **Koppartälten** (tentes de cuivre) furent érigées en 1787.

Serre des oiseaux et des papillons (Fjärilshuset) – *Au nord des tentes de cuivre - ✆ 08 730 39 81 - www.fjarilshuset.se - 10h-16h, w.-end 10h-17h - 220 SEK (3-15 ans 130 SEK).* Elle contient 300 papillons tropicaux et 130 oiseaux exotiques, ainsi qu'un aquarium aux requins.

Pavillon de Gustave III (Gustav III's Paviljong) – *✆ 08 402 62 80 - www.kungahuset.se - visite guidée (1h) - juin-août : tlj sf lun. 12h-16h - 120 SEK (7-17 ans 60 SEK).* Plus à l'est se dresse ce petit chef-d'œuvre, datant de 1792, dont l'intérieur est décoré avec raffinement dans le style gustavien.

Le **temple de l'Écho**, construit pour servir de salle à manger durant les soirées d'été, date de la même époque.

★★ Millesgården C3

▶ *Suivre Valhallavägen vers le sud, puis tourner à gauche vers Lidingö. Sur le pont de Lidingö, rester dans le couloir central (direction Herserud). Après le pont, prendre à droite.* Ⓜ *Ropsten, puis bus 203 en direction de Larsberg (env. 15mn). Herserudsvägen 32 - ✆ 08 446 75 90 - www.millesgarden.se - tlj sf lun. 11h-17h - 170 SEK (- 18 ans gratuit).*

Perché au sommet de falaises abruptes, ce musée de plein air fut la **résidence** du sculpteur **Carl Milles** *(voir encadré)* et de sa femme Olga, née Granner (1874-1967). Les sculptures, pour l'essentiel des copies, forment un ensemble harmonieux avec les terrasses à l'italienne, les fontaines, les escaliers et les colonnes. Une **vue** magnifique s'étend jusqu'à Värtan où sont amarrés les ferries à destination de la Finlande.

Terrasses – Millesgården est constitué de plusieurs terrasses, dont la plus ancienne – la terrasse supérieure – date de 1906. On peut y admirer la belle *Fontaine Susanna*, encadrée de saules pleureurs, qui obtint le Grand Prix à la Foire internationale de Paris (1925). La plus spectaculaire est la terrasse inférieure, construite en 1950, lorsque le couple revint des États-Unis. Elle fut conçue par Milles de manière à ce que la silhouette de ses sculptures se détache sur le ciel. Chacune des sculptures et des fontaines a son histoire. Ainsi la *Fontaine d'Europe et du taureau* (original à Halmstad) et la puissante représentation de Poséidon (original à Göteborg) sont devenus des symboles de ces deux villes.

Intérieur – Le bâtiment principal, qui date de 1908, fut transformé en musée en 1936. La galerie présente quelques œuvres de Milles en bronze et en marbre et,

Carl Milles (1875-1955)

Durant la première moitié du 20e s., Carl Milles fut l'une des figures tutélaires du monde artistique suédois. Sa notoriété lui valut de nombreuses commandes publiques en Europe et aux États-Unis, où il vécut avec sa femme durant 20 ans (1931-1950). Le sculpteur y enseignait à la Cranbrook Academy of Art, près de Détroit. Certaines de ses œuvres monumentales sont aujourd'hui des icônes nationales, telles, à Stockholm, la fontaine *Orphée* devant la Maison des concerts et la statue du roi Gustave Vasa au Musée nordique, ou celle de Poséidon à Göteborg. Puisant son inspiration dans l'antiquité et la mythologie, Milles déployait un style très personnel, à la fois néoclassique, moderne et accessible. Le musée diffuse des films d'époque témoignant de l'importance de l'homme et de son œuvre sur son époque.

dans la Pièce rouge sont réunies de nombreuses petites sculptures qu'il réalisa au début de sa carrière. Olga et Carl Milles étaient des collectionneurs passionnés et l'on peut voir dans le salon de musique des toiles de Camille Pissarro et de Maurice Utrillo. La « cellule du moine » abrite des sculptures chinoises et la longue galerie compte un grand nombre d'antiquités et de sculptures.

Skogskyrkogården C3-4

À 7 km au sud de Stockholm. Ⓜ *Skogskyrkogården (à 12mn de T-Centralen sur la ligne Farsta). Tourner à droite et suivre les indications.*

La **chapelle de Ste-Croix**, au **cimetière de la Forêt**, fut la dernière grande œuvre de Gunnar Asplund (1885-1940), l'un des chantres du fonctionnalisme. Le cimetière est aujourd'hui inscrit sur la liste du **Patrimoine mondial de l'Unesco**. À l'approche de l'église, la grande croix apparaît tel un phare isolé des chapelles basses situées sur sa gauche et émergeant des vertes pelouses ondulant dans le vent. La pureté et la beauté sans fard des surfaces, alliées à la rectitude des lignes de la chapelle, en font un édifice exemplaire du fonctionnalisme. Le bâtiment se fond parfaitement dans le paysage environnant.

★ Château d'Ulriksdal (ULRIKSDALS SLOTT) C3

À 9 km au nord de Stockholm. Ⓜ *Bergshamra, puis bus 503 jusqu'à Ulriksdals Wärdshus et 500 m à pied le long de l'allée menant au château.*

08 402 62 80 - www.kungligaslotten.se - ♿ - mai-sept. : se rens. pour les horaires - visite guidée - billet combiné avec le musée de l'Orangerie 120 SEK (-17 ans 60 SEK).

Le château occupe un site attrayant dans une petite baie de la Baltique.

Hans Jakob Kristler construisit entre 1639 et 1644 un palais à deux étages de style Renaissance hollandaise. L'édifice principal, flanqué de deux ailes indépendantes à un seul étage, fut doté d'encadrements de portes richement sculptés et de toits en dos d'âne. Vers 1720, Carl Fredrik Adelcrantz donna au palais un aspect plus baroque.

La décoration intérieure fut en partie reprise au 19e s. sous le règne de Charles XV et en partie sous celui de Gustave VI Adolphe qui habitait le palais quelques mois de l'année. Son salon (1923) a été meublé par **Carl Malmsten**.

★ Chapelle palatine (Slottskapellet) – *Plus bas, en descendant vers le lac.* Cette chapelle de 1865 témoigne d'une forte influence orientale. L'intérieur recèle une profusion de décorations sculptées et peintes, ainsi qu'un bel ensemble de vitraux de la collection privée du roi Charles XV.

Orangerie (Orangerimuseet) – *Sur le côté nord du parc.* **Nicodemus Tessin le Jeune** la dessina en 1693. En 1988, elle fut transformée en **musée** pour abriter la collection de sculpture suédoise appartenant au musée national.

Confidencen – *De l'autre côté de la route - 08 85 70 16 - www.confidencen.se - juil.-août.* En 1671, ce bâtiment fut destiné à servir d'école d'équitation et d'hôtellerie. Carl Hårleman remania l'extérieur vers 1740 et peu après la reine Louise Ulrique fit réaménager l'intérieur en **théâtre**. Les travaux, dirigés par Adelcrantz, s'achevèrent en 1753, avant que ne soit aménagé le théâtre de Drottningholm. Restauré, il accueille concerts, ballets et opéras.

Carnet pratique

S'informer

Office de tourisme – *08 508 28 508 (9h-18h, w.-end jusqu'à 15h) - www.visitstockholm.com.* Pas d'accueil physique, mais l'office répond au téléphone, aux mails et via les réseaux sociaux. Il existe aussi trois **bureaux d'information** indépendants : à la gare centrale *(stockholminfo.se)*, à l'aéroport d'Arlanda *(terminal 5, swedavia.se)* et à Djurgården *(Djurgårdsvägen 2, royaldjurgarden.se/en)*.

Pass touristique

L'application **Go City Stockholm** *(gocity.com/stockholm/fr-us)*, propose différentes formules de pass (de 1 à 5 jours) donnant accès à une cinquantaine de sites, musées, attractions et circuits touristiques en bus et en bateau (mais pas aux transports en commun). À vous de calculer si c'est avantageux, en fonction de votre programme de visites.
Tarifs – 1/2/3/5 j. 549/959/1209/1569 SEK (enf. 249/359/479/629 SEK).

Arriver/partir

En avion

Stockholm Arlanda Airport (ARN) – *010 109 10 00 - www.swedavia.se/arlanda.* À 45 km au nord.
Pour rejoindre le centre-ville : **Arlanda Express** – *0771 720 200 - www.arlandaexpress.com - 579 SEK AR (gratuit -17 ans), achat des billets aux distributeurs.* Le plus rapide, 18mn jusqu'à la gare centrale de Stockholm (Centralstation).
Flygbussarna – *0771 51 52 52 - www.flygbussarna.se - 238 SEK AR (-20 % en ligne).* Le moins cher, 45mn jusqu'à la gare centrale ; plusieurs arrêts avant le terminus. Distributeur et guichet à la sortie du terminal. **Taxi** – Préférez ceux pratiquant des tarifs fixes (500 à 675 SEK pour le centre, 30mn de trajet). Vous n'êtes pas obligés de prendre le premier dans la ligne. Prenez celui dont le tarif vous convient.
Bromma Stockholm Airport (BMA) – *010 109 40 00 - www.swedavia.se/bromma.* À 10 km à l'ouest de la ville.
Pour rejoindre le centre-ville :
Flygbussarna – *198 SEK AR.* Compter 20mn jusqu'à la gare centrale. Distributeur et guichet à la sortie du terminal. **Taxi** – Comme pour Arlanda, vérifiez d'abord que les tarifs vous conviennent, ils ne devraient pas dépasser 250 SEK jusqu'au centre (15mn).
Stockholm Skvasta Airport (NYO) – *0155 28 04 00 - www.skavsta.se.* À 105 km au sud-ouest. Aéroport des compagnies low cost.
Pour rejoindre le centre-ville :
Flygbussarna – *438 SEK AR.* Compter 1h20 jusqu'à la gare centrale. En sortant de l'aéroport, tout de suite à droite. Distributeurs de tickets à l'aéroport.
Stockholm Västerås Airport (VST) – *021 80 56 00 - www.vst.nu.* À 100 km au nord-ouest *(voir p. 247)*. Autre aéroport des compagnies low cost.
Pour rejoindre le centre-ville :
Flygbussarna – *318 SEK AR.* Compter 1h20 jusqu'à la gare centrale. À la sortie du terminal.

En train

Centralstation – A2. Le réseau ferroviaire permet de se déplacer sans encombre entre les grandes villes. Le train express X2000 relie Stockholm à Göteborg (3h), Malmö (4h30) ou Copenhague (5h).

En bus

Cityterminalen – A2. La gare routière se situe face à la gare ferroviaire. Elle est desservie majoritairement par la compagnie **Flixbus** *(www.flixbus.se)*.

Se déplacer

En transports en commun

PLAN DU MÉTRO (RABAT DE COUVERTURE)

Le réseau comprend métro *(tunnelbanan)*, tramway *(tvärbanan)*, trains de banlieue *(pendeltåg)* et bus *(buss)*. Horaires et plans dans les bus ou au centre de renseignements des transports en commun stockholmois (SL).

SL – *Gare centrale - ☎ 08 600 10 00 - www.sl.se/en.* Crédits à charger sur une carte d'un coût initial de 20 SEK. 24h : 165 SEK (enf. 110 SEK) ; 72h : 330 SEK (enf. 220 SEK) ; 7 j. 430 SEK (enf. 290 SEK). Possibilité d'acheter un ticket à l'unité avec sa carte bancaire (39 SEK, valable 75mn).

☺ Pratique, l'application pour smartphone (en anglais) donne les itinéraires. Veillez à télécharger l'officielle, gratuite, intitulée « SL ».

En taxi

Trois principales compagnies de taxis dominent le marché de Stockholm. Celui-ci étant dérégulé, mieux vaut les privilégier pour éviter d'éventuels problèmes avec des taxis au noir *(voir ci-après)*. Elles disposent d'applications pour smartphones, pratiques et fiables.

Sverige Taxi – *☎ 020 20 20 20 - www.sverigetaxi.se.*

Taxi Stockholm – *☎ 08 15 00 00 - www.taxistockholm.se.*

Taxi Kurir – *☎ 08 30 00 00 - www.taxikurir.se.*

La prise en charge est d'env. 45 SEK (75 SEK pour une voiture de plus de 5 pers.) et le tarif variable suivant les jours et l'heure. Comptez en général de 11 à 20 SEK le kilomètre. Cartes bancaires acceptées.

☺ **Attention aux taxis au noir** – Les mésaventures de touristes se retrouvant avec des notes très salées sont légion. Les taxis détenteurs d'une licence ont une plaque minéralogique jaune avec un petit T noir.

En voiture

En semaine, tout véhicule entrant et sortant du centre-ville doit s'acquitter d'une **« taxe de congestion »**. Les plaques d'immatriculation sont relevées par caméra, la taxe envoyée à domicile. Tarif : 11 à 45 SEK selon l'heure (plafond quotidien de 105/135 SEK selon saison). Dans le cas d'une voiture de location, voyez avec votre loueur. *Voir aussi p. 520.*

Se garer – Le stationnement est onéreux *(85/120 SEK/h)* et les amendes dissuasives *(800/1300 SEK)*. Mieux vaut donc laisser votre véhicule dans l'un des nombreux parkings « Park and Ride » proches du centre-ville *(env. 20 SEK/7h-19h)*, et emprunter les transports en commun.

www.visitstockholm.com/travel-info/by-car

À vélo

Stockholm eBikes – *stockholmebikes.se.* Ce nouveau système de vélos en libre-service devrait être pleinement opérationnel au printemps 2023.

Parmi les loueurs traditionnels :

Gamla Stans Cykel – *Lilla Nygatan 10 - ☎ 08 411 16 70 - www.gamlastanscykel.se.*

Cykelstallet – *Scheelegatan 15 - ☎ 08 651 00 66 - cykelstallet.se.*

Rent-a-bike – *Strandvägen, Kajplats 18 - ☎ 08 660 79 59 - www.rentabike.se.*

Visiter l'archipel

En ferry

Strömma et Waxholmbolaget sont les deux compagnies principales desservant les îles, du trajet simple à l'excursion tout compris, avec repas à bord. Les deux ont un guichet d'information sur Strömkajen *(9h-16h, jusqu'à 17h30 en été)*. Si vous ne parlez pas suédois, mieux vaut vous rendre sur place pour réserver vos billets.

Sinon vérifiez bien les horaires par téléphone, les sites Internet n'étant pas toujours clairs.
Strömma - *08 12 00 40 00 - www. stromma.se. Voir aussi p. 243.*
Waxholmsbolaget - *0860 010 00 - waxholms bolaget.se.* Cette compagnie assure toute l'année la liaison entre Skeppsbron (vieille ville, près de la station Slussen) et Djurgården, ainsi qu'un service d'été au départ de Nybroplan. Ticket : 57 à 173 SEK (-19 ans 39 à 114 SEK) à l'unité, ou inclus dans la carte des transports (*p. 237*). Service régulier vers les différentes îles de l'archipel. La flotte compte une vingtaine de bateaux (embarcations rapides et de bateaux à vapeur d'autrefois).

Agenda

Festival design de Stockholm - *www.stockholmdesignweek.com.* En fév. Fête du design scandinave.
Nuit de la culture - *kulturnattstockholm.se.* En avr. Nombreux événements gratuits.
Stockholm Marathon - *www. stockholmmarathon.se.* Déb. juin. 20 000 participants.
Ötillö Swimrun - *www. otilloswimrun.com.* Fin juin. Course de natation et de running entre les îles Utö et Sandhamn.
Stockholm Pride - *www. stockholmpride.org.* Fin juil. La plus importante de Scandinavie.
Confidensen Opera & Music Festival - *www.confidencen.se.* Fin juil.-fin août. Art lyrique du 18e s.
Course de Minuit - *www. midnattsloppet.com.* En août. Course de nuit dans Södermalm rassemblant 38 000 coureurs.
Festival culturel de Stockholm - *kulturfestivalen.stockholm. se.* Mi-août. Concerts, danses, stand-up, théâtre, etc. Gratuit.
The Baltic Sea Festival - *www. berwaldhallen.se.* Fin août à déb. sept. Musique classique.
Festival de jazz - *www. stockholmjazz.com.* En oct.
Festival international du film de Stockholm - *www. stockholmfilmfestival.se.* Nov.
Cérémonie des prix Nobel - *www. nobelprize.org.* Animations autour de la cérémonie du 10 décembre.
Ste-Lucie - Le 13 déc. Processions, avec Lucie en aube blanche et couronne de bougies.
Marché de Noël de Skansen - *www.skansen.se.* En déc. L'un des préférés à Stockholm depuis 1903.

Nos adresses

VOIR PLANS P. 202-203 ET 204.

Restauration

Presque tous les établissements proposent des menus à midi et des plats du jour, généralement bon marché (entre 100 et 150 SEK), comprenant une salade, plus ou moins garnie, du pain, une boisson non alcoolisée et un café. À partir du mois de mai, de nombreux bars et restaurants construisent une terrasse pour les beaux jours.

Gamla Stan

Premier prix

6 **Bröd & Salt** - PLAN P. 204 - *Järntorget 83 - M Gamla Stan - 076 103 55 09 - brodsalt. se - lun.-vend. 8h-10h, 10h30-18h, w.-end 10h-13h, 13h30-18h - moins de 160 SEK.* Bien située face à l'embarcadère des ferries pour Djurgården, cette boulangerie salon de thé fabrique le pain et les pâtisseries devant vous – ah, la bonne odeur... – et propose un choix de snacks et pizzas de belle fraîcheur, sur place ou à emporter. Terrasse aux beaux jours.

Pour se faire plaisir

2 **Djuret** – PLAN P. 204 - *Lilla Nygatan 5 - M Gamla Stan - 08 506 400 84 - www.djuret.se - 17h-0h - fermé dim.-lun. - menu 595 SEK.* Ici, les menus sont composés autour d'un animal unique (cochon, oie, etc.), toujours bio, et sous toutes ses formes ! Le tout à savourer sous les trophées de chasse. Également un menu végétarien. Réservation impérative.

Norrmalm

Premier prix

12 **Hötorgshallen** – A2 - *Sergelgatan 29 - M Hötorget - 072 333 35 65 - www.hotorgshallen.se - 10h-18h, vend. 10h-19h, sam. 10h- 16h - fermé dim. et j. fériés.* Plusieurs restaurants au milieu des étals et des boutiques spécialisées du marché couvert.

Budget moyen

1 **Restaurang Nationalmuseum** – B2 - *Södra Blasieholmshamnen 2 - M Kungsträdgården - 08 480 018 10 - www.nationalmuseum.se - mar.-dim. 11h-17h - plats du jour 140 SEK, à la carte 300 SEK.* Pour goûter l'une des meilleures cuisines suédoises concoctée par le chef Fredrik Eriksson à base de produits du terroir. Prix doux et décor somptueux alliant bois et cuivre dans une belle salle voûtée.

23 **Prinsen** – B1-2 - *Mäster Samuelsgatan 4 - M Östermalmstorg - 08 611 13 31 ou 08 684 238 11 - restaurangprinsen.se - 11h30-23h30, lun. 11h30-23h, sam. 12h-23h30, dim. 13h-22h - menus 240/465 SEK.* Brasserie élégante située dans une rue piétonne. Entrecôte grillée, filet de bœuf ou salade de crevettes...

Pour se faire plaisir

2 **Mathias Dahlgren Matbaren** – B2 - *Södra Blasieholmshamnen 6 - Grand Hotel - M Kungsträdgården - 08 679 35 84 - www.mdghs.com - merc.-vend. 12h-13h30, lun.-jeu. 18h-0h, vend.-sam. 17h-0h- fermé dim. - plats 145/895 SEK.* Le *food bar* de l'un des meilleurs cuisiniers suédois. Recettes simples mais élaborées dans un style moderne et original.

Une folie

18 **Operakällaren** – B2 - *Karl XII : s Torg - M Kungsträdgården - 08 676 58 00 - www.operakallaren.se - mar.-vend. 11h30-22h, sam. 12h-22h - menus 1 600/1 900 SEK.* Des dorures, des lustres à pampilles : le décor est à l'image de la cuisine, une base classique mise au goût du jour avec raffinement. Maquereau aux poivrons et caviar, agneau à l'ail et lavande, déclinaison de rhubarbe... Plus abordables, un bar et un bistro servent des plats suédois.

33 **Wedholms Fisk** – B2 - *Nybrokajen 17 - M Kungsträdgården - 08 611 78 74 - wedholmsfisk.se - 11h30-23h, sam. 17h-23h - fermé dim. - plats 295/695 SEK.* Probablement le meilleur restaurant de poisson de toute la ville ! Sole meunière sauce champagne, turbot au parmesan, saumon grillé ou mariné... autant de propositions réussies à déguster dans un décor bien apprêté et lumineux. Clientèle d'affaires.

13 **Frantzén** – A2 - *Klara Norra kyrkogata 26 - M Gamla Stan - 08 20 85 80 - www.restaurantfrantzen.com - jeu. pour dîner et vend.-sam. pour déj. et dîner - menu 4 200 SEK.* L'un des restaurants les plus réputés de la capitale. Un service confidentiel (17 couverts) pour une expérience culinaire d'exception à base de produits de saison sublimés. Réservation indispensable.

Kungsholmen

Budget moyen

La Petite France – HORS PLAN - *John Ericssonsgatan 6 - M Rådhuset - 08 618 28 00 - www.petitefrance.se - 7h-19h, lun. 7h-18h,*

1

w.-end et j. fériés 7h-17h - plats 135/195 SEK. Pour un petit déjeuner ou un brunch, dans un estaminet souvent bondé. Possibilité d'emporter ses achats et d'aller au bord de l'eau à quelques dizaines de mètres. Le soir, l'endroit se transforme en petit bistro.

Pour se faire plaisir

19 **Stadshuskällaren** – A2 - *Hantverkargatan 1 - M Rådhuset - ✆ 08 586 218 30 - www.stadshuskallarensthlm.se - lun.-vend. 11h30-14h, merc.-sam. 17h-23h - plats 265/380 SEK.* Ce restaurant très touristique, vaut surtout le détour pour son menu Nobel *(1885 SEK/pers.)*, reprenant exactement celui servi dans la salle bleue de l'hôtel de ville à la suite de la cérémonie de remise des prix, chaque 10 décembre.

Skeppsholmen

Premier prix

5 **Restaurang Moderna Museet** – C2 - *Exercisplan 4 - bus 65 - ✆ 08 520 236 64 - www.modernamuseet.se - 11h-17h (mar. 20h) - fermé lun. - formule déj. 145 SEK (w.-end 165 SEK, enf. 75 SEK).* Quel panorama ! Les baies vitrées du restaurant du musée d'Art moderne donnent l'impression de manger dans la carte postale, vue sur le bras de mer, les ferries et les toits de Djugården. Le tout en se régalant d'une cuisine simple, fraîche et saine, à prix doux. Une excellente adresse !

Djurgården

Pour se faire plaisir

Oaxen Krog & Slip – HORS PLAN - *Beckholmsvägen 26 - Tram 7 - ✆ 08 551 531 05 - oaxen.com - bistro (Slip) : mar.-vend. 11h30-16h, 17h-23h, w.-end 12h-15h, 17h-23h ; plats 225/495 SEK - resto (Krog) : merc.-sam. à partir de 17h30 ; env. 2 800 SEK.* Dans un ancien hangar portuaire de Beckholmen, petit îlot rattaché à Djurgården, cuisine suédoise moderne de haut vol, à base de produits de terroir. À déguster dans la partie bistro, pour une atmosphère détendue et familiale, ou au restaurant, plus élégant et gastronomique.

27 **Ulla Winbladh** – D2 - *Rosendalsvägen 8 - Tram 7 - ✆ 08 534 897 01 - www.ullawinbladh.se - lun. 11h30-22h, mar.-vend. 11h30-23h, sam. 12h30-23h, dim. 12h30-22h - menu 635 SEK.* Cette petite maison charmante, bâtie au cœur d'un parc, accueille un restaurant populaire très fréquenté par les habitants de la capitale. Cuisine suédoise, à savourer en été sur la grande terrasse fleurie.

9 **Spritmuseum Restaurang** – C2 - *Djurgårdsvägen 40 - bus 67 ou Tram 7 - ✆ 08 121 313 09 - www.spritmuseum.se - merc.-sam. déj. et dîner, mar. et dim. déj. - menu dîner 525 SEK.* Décor lumineux et vue sur les îles : un cadre idéal pour l'une des tables du moment, plébiscitée pour l'inventivité de ses plats nordiques. Terrasse aux beaux jours, avec une restauration légère, à plus petits prix.

Östermalm

Budget moyen

26 **Strandbryggan** – C2 - *Strandvägskajen 27 - bus 47 et 69 - ✆ 08 660 37 14 - strandbryggan.se - avr.-sept. : à partir de 12h - menu déj. 135 SEK - plats 165/330 SEK.* Ce restaurant de plein air s'est installé sur un quai flottant le long de Stranvägen. On y mange exclusivement en terrasse, donc par beau temps !

Södermalm

Budget moyen

17 **Hermans** – C3 - *Fjällgatan 23B - M Medborgarplatsen - ✆ 08 643 94 80 - www.hermans.se - 11h-21h - buffet 245 SEK.* Voici le restaurant végétarien phare de Stockholm avec un buffet thématique (Inde, Moyen-Orient),

un jardin fleuri et une vue superbe sur le cœur de la capitale, dont on profite même l'hiver grâce à la vaste véranda.

Meatballs for the People – HORS PLAN - *Nytorgsgatan 30 - M Slussen - ✆ 08 466 60 99 - meatball.se - 11h-22h30 (dim. 22h) - 145/275 SEK (11h-11h30 plats à 95 SEK).* Le paradis des boulettes suédoises, classiques (avec purée et confiture d'airelles) ou revisitées (en mode couscous), végétariennes (céréales et légumes secs) ou à la viande (porc, veau, bœuf, sanglier ou... élan!). La cuisine est rustique mais de qualité, tous les produits provenant de fermes suédoises.

Nytorget 6 – HORS PLAN - *Nytorget 6 - M Skanstull ou Medborgarplatsen - ✆ 08 640 96 55 - www.nytorget6.com - 11h-0h, merc.-sam. 11h-1h - menus 230/345 SEK.* Dans le secteur en vogue de SoFo, voici le QG des branchés du quartier, qui s'y pressent du petit déjeuner au dîner. Cuisine d'inspiration méditerranéenne servie dans un décor aux références parisiennes.

Pour se faire plaisir

21 **Rival** – AB3 - *Mariatorget 3 - M Mariatorget - ✆ 08 545 789 15 - www.rival.se - bistro : 17h-23h, vend. 17h-0h, sam. 16h-0h, dim. 18h-23h - plats 229/345 SEK.* À Stockholm, tout le monde, même vous, connaît Benny! Benny Andersson était l'un des membres d'ABBA, aujourd'hui propriétaire de cette institution de Söder, qui associe un bistro cosy à la sage cuisine suédoise, une taverne *(midi et soir)*, un magnifique bar à cocktails de style Art déco *(jeu.-dim. soir)*, une salle de spectacle de 700 places et un hôtel *(99 ch.)*.

3 **The Restaurant/ Bistro Bread & Wine** – C3 - *Stadsgårdshamnen 22 - M Slussen - ✆ 08 509 005 00 - www.fotografiska.com - The Restaurant : jeu.-sam. 18h-23h - menu dîner 850 SEK ; Bistro : tlj 11h-23h (sf été) - plats 155/205 SEK.* Fotografiska, le musée dédié à la photographie, dispose de deux tables, campées au sommet de l'ancien bâtiment des Douanes. **The Restaurant** propose une cuisine innovante, végétale, qui fait la part belle aux légumes du potager nordique. La vue sur les îles de Stockholm et l'élégant décor ajoutent au charme du repas. Si votre budget est serré, testez le **Bistro Bread & Wine**, au même étage : les assiettes sont plus simples mais savoureuses.

Vasastaden

Budget moyen

25 **Storstad** – A1 - *Odengatan 41 - à 15mn à pied du centre-ville - M Odenplan - ✆ 08 673 38 00 - www.storstad.se - se rens. pour les horaires - plats 195/325 SEK.* Traduction suédoise – et branchée – du bistro à la française, cette adresse au design immaculé laisse la vedette aux produits de saison et aux poissons de la Baltique. Autre clé du succès : le bar et sa carte de cocktails.

Petite pause

Les Suédois sont les plus grands buveurs de café au monde, derrière les Finlandais. Ils ont même un moment spécial pour s'y consacrer, la pause *fika*, respectée en milieu de matinée et d'après-midi. Les entreprises ont même une *fikarum*!

Vete-katten – A2 - *Kungsgatan 55 - M Hötorget - ✆ 08 20 84 05 - www.vetekatten.se - 7h30-20h, w.-end et j. fériés 9h30-19h.* Célèbre pour ses *semlor*, des brioches fourrées à la crème fouettée (spécialité de Mardi gras), cette boulangerie accueille aussi un salon de thé et un restaurant où l'on sert une cuisine rapide. À emporter ou à déguster dans la cour intérieure.

Nystekt Strömming – PLAN P. 204 - *Kornhamnstorg - Ⓜ Gamla Stan - ✆ 073 971 92 47 - 10h-18h.* L'enseigne de ce kiosque de la vieille ville annonce la couleur : la spécialité est ici le hareng, servi pané avec des boules de purée, un grand classique ! Une alternative à l'inévitable *korv*, la saucisse nationale.

Café Rosengården – C1 - *Historiska Museet - Narvavägen 13-17 - Ⓜ Karlaplan - ✆ 08 519 556 10 - www.historiska.se - tlj sf lun. 11h-16h (merc. 18h).* Pour une agréable pause déjeuner au cœur du Musée d'histoire.

Sundbergs Konditori – PLAN P. 204 - *Järntorget 83 - Ⓜ Gamla Stan - ✆ 08 10 67 35 - 9h-20h.* Le plus vieux salon de thé de Stockholm, établi à l'époque de Gustave III. Il en émane une atmosphère d'un autre âge. La légende dit qu'un souterrain le relie au Palais royal et qu'ainsi Gustave III pouvait discrètement venir se repaître de pâtisseries.

Johan & Nyström Konceptbutik – B3 - *Swedenborgsgatan 7 - Ⓜ Mariatorget - ✆ 070 790 48 35 - 7h-19h, dim. 8h-19h.* À Södermalm, l'enseigne bohème chic (plantes, canapés, livres, etc.) possède sa propre marque de café en grain qu'elle torréfie. Thés bios, cafés, cappuccino et *latte*, à déguster avec les fameux *kanelbullar*, ces brioches moelleuses à la cannelle.

Icebar – A2 - *Vasaplan 4 (au pied de l'hôtel Nordic Sea) - Ⓜ T-Centralen - ✆ 08 505 631 40 - www. hotelcstockholm.se - mar.-jeu. 15h30-23h, vend.-sam. 14h-0h, dim. 14h-21h - interdit aux mineurs.* À une température de -5 °C, vous pourrez apprécier une vodka glacée emmitouflé dans une combinaison polaire. Une expérience unique ! Réservation impérative.

Café Panorama – B2 - *Sergels Torg - 5e étage de la Kulturhuset (Maison de la culture) - Ⓜ T-Centralen - ✆ 08 21 10 35 - www. panoramacafe.se - 11h-19h, jeu. 11h-21h, sam. 11h-18h, dim. 11h-17h.* Offrant une vue sur toute la capitale, ce bar panoramique domine la place Sergel, lieu de rassemblement lors des grandes victoires sportives suédoises. Durant l'été (de fin mai à fin août), les 700 m^2 de toits de la Maison de la culture se métamorphosent en gigantesque terrasse festive.

Shopping

En pratique

Généralement ouverts de 10h à 18h, beaucoup de magasins font nocturne les jeudi et vendredi. La plupart des grandes enseignes ouvrent le dimanche.

Les quartiers

L'animation commerciale se concentre autour de **Drottninggatan** à **Norrmalm**. Bordée de nombreuses adresses franchisées, cette artère n'est cependant pas la plus intéressante. **Östermalm**, le quartier chic, concentre les designers. Prix souvent élevés. Dans **Gamla Stan**, bons antiquaires et belles galeries d'art. Si vous désirez chiner, flânez du côté d'**Odenplan** ; la rue Odengatan et sa perpendiculaire Upplandsgatan regorgent de petits antiquaires. Sur **Södermalm**, autour du quartier de SoFo, se rassemblent jeunes créateurs et boutiques indépendantes (la plupart ouvrent jusqu'à 21h le dernier jeudi du mois).

En soirée

☺ Les sites Internet **whatsonstockholm.nu**, **thatsup.se** et **www.visitstockholm.com** recensent concerts, spectacles et autres événements.

Centrale de réservation

Ticketmaster – *www.ticketmaster.se.* Billets de spectacles et événements : sport, arts et théâtre, musique, festivals et activités familiales.

Södra Teatern – B3 - *Mosebacke Torg 1-3 - Ⓜ Slussen - ✆ 08 480 044 00 - www.sodrateatern.com.* Musique, théâtre, expos, débats, le Théâtre du Sud est le haut lieu culturel de Södermalm. Bar sur le toit avec vue superbe sur la ville.

Kungliga Operan – B2 - *Gustav Adolfs torg - Ⓜ T-Centralen - ✆ 08 791 44 00 - www.operan.se - billetterie : Jakobs torg 2 ou sur www.ticketmaster.se.* L'Opéra royal est la scène nationale pour l'opéra et le ballet depuis 1773, à l'instigation de Gustave III, qui, deux ans auparavant, avait créé la première troupe suédoise.

Folkoperan – A3 - *Hornsgatan 72 - Ⓜ Zinkensdamm - ✆ 08 616 07 00 - www.folkoperan.se.* L'Opéra populaire est l'autre opéra de Stockholm, version Södermalm. Il vit le jour dans les années 1970 pour contrebalancer une institution jugée stagnante et élitiste.

Activités

Visites guidées

Strömma – *✆ 08 12 00 40 00 - www.stromma.se.* Visites en bus, circuits et excursions en bateau dans l'archipel *(voir p. 237)*.

Art Walk – *konst.sl.se/english.* Du printemps à l'automne, SL, l'opérateur de transports en commun, propose des tours d'une heure à la découverte de l'art dans le métro stockholmois, considéré comme la plus longue galerie d'art moderne au monde. Gratuit.

Stockholm Adventures - *✆ 08 33 60 01 - www.stockholmadventures.com.* Visites guidées en kayak, à vélo ou en patins à glace l'hiver.

Ice guide - *✆ 08 33 60 01 - www.iceguide.se.* Un tour de 5-6h pour tous (débutants inclus), patins aux pieds, à la découverte de la ville et de sa mer de glace (de déc. à mars).

Baignade

Piquer une tête à Stockholm ? Facile ! La municipalité aménage **plages et pontons** et contrôle la qualité de l'eau : 32 lieux de baignade sont ainsi labellisés *(parker.stockholm/hitta-badplats)*. On recommande les plages de **Smeduddsbadet**, à côté du parc de Rålambshov, celle de **Långholmen**, avec sable, arbres, pelouses et jolis rochers, la zone de baignade d'**Oxhålsbadet**, idéale pour les pique-niques, et, pour les nageurs plus expérimentés (eaux assez profondes), celle de **Fredhällsbadet**.

Sauna

Pas de séjour à Stockholm sans passer par ces lieux de la vie suédoise que sont les bains et saunas, véritables institutions.

Centralbadet – A1 - *Drottninggatan 88 - Ⓜ Höterget - ✆ 08 545 213 00 - www.centralbadet.se - 7h-20h30, w.-end 10h-17h30 - 450 SEK en sem., 650 SEK le w.-end (à partir du vend. 15h).* Depuis 1904, ces superbes bains Art nouveau offrent un havre de paix au cœur de la capitale, avec solarium, piscine, hammam, jacuzzi, bassin chauffé, saunas, soins et bar-restaurant. Location de peignoir et serviette.

Hellasgården – HORS PLAN - *Ältavägen 101 - bus 401, arrêt Hellasgården - ✆ 08 716 39 61 - www.hellasgarden.se/en/aktiviteter/bastu - 9h-21h, w.-end 9h-18h - 100/140 SEK - mixte lun. et merc.* Sauna traditionnel dans le parc forestier de Hellasgården, au sud-est du centre. En hiver, quand le lac est gelé, on creuse un trou dans la glace pour s'immerger...

Yasuragi – HORS PLAN - *Hamndalsvägen 8 - bus 417, arrêt Hamndalsvägen - ✆ 08 747 61 00 - www.yasuragi.se - 7h-20h30 - pass journée (9h-17h) ou pass soirée (13h-22h) 1090 SEK (repas compris), nuit à partir de 1800 SEK* *(spa, dîner et petit déj. inclus).* Spa luxueux, dans la forêt de Nacka, mêlant zen japonais et esthétique traditionnelle suédoise.

Ski

La capitale suédoise compte une douzaine de pistes de ski de fond *(www.skidspar.se)* et de ski alpin.

SkiStar Hammarbybacken – *Hammarby Fabriksväg - Tram Tvärbanan ou bus 74 - ✆ 08 641 68 30 - www.skistar.com/sv/hammarbybacken.* Cette station rassemble 5 pistes de ski alpin, un parc de snowboard, une école de ski, un loueur de matériel et un café.

Hébergement

Stockholm n'est pas une capitale bon marché. Les hôtels pratiquent la tarification flexible (moins il y a de place, plus c'est cher), mais avec des tarifs réduits le week-end. Pour les budgets serrés : nombreux hôtels low cost de bon confort et auberges de jeunesse *(voir notamment le réseau historique www.svenskaturistforeningen.se).*

Gamla Stan

Premier prix

1 **Castanea** – PLAN P. 204 - *Kindstugatan 1 - M Gamla Stan - ✆ 08 22 35 51 - www.castanea hostel.com - lit en dortoir à partir de 285 SEK ; ch. 800/890 SEK.* Centrale et bon marché, cette auberge de jeunesse se situe dans une charmante ruelle. Dortoirs, chambres familiales (4 pers.) et doubles très correctes.

Pour se faire plaisir

33 **Scandic Hotel Gamla Stan** – PLAN P. 204 - *Lilla Nygatan 25 - M Gamla Stan - ✆ 08 517 383 00 - www.scandichotels.com - 52 ch. 2 290/2 750 SEK* ☕ - ✕. Cette grande maison ancienne abrite un hôtel charmant du groupe Scandic. Bien situé, décoré avec goût (mobilier typique de l'artisanat suédois) et à taille humaine.

42 **Victory** – PLAN P. 204 - *Lilla Nygatan 5 - M Gamla Stan - ✆ 08 506 400 00 - www.thecollectorshotels.se - ♿ - sauna - 45 ch. et 4 appart. 1 590/4 195 SEK* ☕ - ✕. L'hôtel de charme par excellence ! En plus des chambres cosy et joliment aménagées, on y trouve l'un des meilleurs restaurants de la vieille ville, Leijontornet. Une adresse vivement recommandée !

Riddarholmen

Budget moyen

27 **Mälardrottningen Hotel** – PLAN P. 204 - *Riddarholmskajen 4 - M Gamla Stan - ✆ 08 120 902 00 - www.malardrottningen.se - P 200 SEK/j. - sauna - 61 ch. 1 970/2 170 SEK* ☕. Ce navire de 1924 est idéalement placé, face au lac Mälaren, avec vue sur l'hôtel de ville. Les chambres occupent les cabines, de celle du matelot (6 m^2) à celle de l'armateur (17 m^2).

Norrmalm

Pour se faire plaisir

4 **Scandic No 53** – A2 - *Kungsgatan 53 (entrée par Målargatan 3) - M Hötorget ou T-Centralen - ✆ 08 517 365 00 - www.scandichotels.com - ♿ - 273 ch. 2 190/3 890 SEK* ☕ - ✕. Cet établissement central soigne les voyageurs nouvelle génération : déco design, wifi haut débit, espaces *lounge*, etc. Chambres minimalistes mais confortables.

31 **Hotel C** – A2 - *Vasaplan 4 - M T-Centralen (le long de la gare centrale) - ✆ 08 505 631 00 - hotelcstockholm.com - P payant - ♿ - 367 ch. à partir de 2 436 SEK* ☕ - ✕ Outre son célèbre « Icebar » *(☞ p. 242)*, cet hôtel offre des chambres douillettes, où des photos XXL mettent en valeur les paysages du Nord.

3 **Berns** – B2 - *Näckströmsgatan 8 - M Kungsträgården - ✆ 08 566 322 00 - www.berns.se - P payant - ♿ - sauna - 82 ch.*

2 710/4 710 SEK - Une excellente adresse dans une rue calme, dont les chambres arborent une décoration design très scandinave. Bistro mitoyen réputé.

Skeppsholmen

Premier prix

2 **Af Chapman** - C3 - *Flaggmansvägen 8 - bus 65 - 08 463 22 66 - www.hihostels.com - P payant - lit en dortoir 265/335 SEK; ch. 1 040/1 740 SEK* - Cette auberge de jeunesse profite d'un cadre d'exception : à bord du navire *Af Chapman* pour une partie des chambres, dans un bâtiment du 18e s. pour les autres. L'été, le pont du navire accueille un café-restaurant très populaire. Ce réseau d'auberges a adopté une « charte du développement durable » et a pris des engagements forts en termes de protection de l'environnement et du tourisme responsable.

Djurgården

Pour se faire plaisir

7 **Hotell Hasselbacken** - D3 - *Hazeliusbacken 20 - Tram 7 ou bus 67 - 08-121 333 00 - hasselbacken.com - P 350 SEK - sauna - 113 ch. 2 395/3 655 SEK* - Ce grand bâtiment se dresse dans un parc paisible à 15mn du centre-ville. Les chambres sont très plaisantes, le restaurant aménagé dans un cadre fleuri et le service soigné.

Södermalm

Premier prix

Zinkensdamm Hostel - HORS PLAN - *Zinkens väg 20 - M Zinkensdamm - 08 616 81 10 - www.zinkensdamm.com - P payant - sauna - auberge : 500 lits à partir de 540 SEK - hôtel : 87 ch. 1 850/2 150 SEK* - Hôtel et auberge de jeunesse sans prétention, situés à proximité des jardins ouvriers de Tanto, une oasis au cœur de la capitale.

Pour se faire plaisir

Clarion Hotel Stockholm - HORS PLAN - *Ringvägen 98 - M Skanstull - 08 462 10 00 - clarion-stockholm.hotelistockholm.com - P payant - Spa (avec sauna) - 532 ch. 2 139/3 567 SEK*. La proximité du métro et la déco design font oublier la banalité du bâtiment qui abrite cet immense hôtel aux chambres très confortables. Le Spa, les deux bars et le restaurant attirent aussi une clientèle locale.

Rival - *« Restauration » p. 241.*

Långholmen

Premier prix

Långholmen Hotell - HORS PLAN - *Långholmen - M Hornstull et 10mn de marche - 08 720 85 00 - www.langholmen.com - P payant - 113 ch. à partir de 300 SEK/pers en dortoir, double 1 563/2 085 SEK* - Cette ancienne prison, fermée en 1975, a été transformée en hôtel et auberge de jeunesse. Brunch le dimanche et plage à quelques dizaines de mètres. L'établissement bénéficie de l'Écolabel Nordic Swan, qui valorise sa bonne gestion de l'impact environnemental.

Dans l'archipel

Pour se faire plaisir

Seglarhotellet - *Île de Sandhamn - 08 574 504 00 - www.sandhamn.com - sauna - 82 ch. 2 190/4 790 SEK* - Une véritable idylle ! Partez sur les traces de Mikael Blomkvist, le journaliste héros de la série *Millénium*, qui a sur cette île son cabanon où il vient se ressourcer. Vous comprendrez pourquoi.

Grinda Wärdshus - *Île de Grinda - Sodra bryggan - 08 542 494 91 - grinda.se - 1 990/2 690 SEK* Cette très bonne adresse est considérée comme l'une des bonnes tables de l'archipel. Hôtel, auberge de jeunesse et nombreux chalets à louer.

1

Autour du lac Mälaren ★★

Les souverains suédois ont décidément bon goût : ils sont longtemps venus se reposer des intrigues de cour sur les rives bucoliques du lac Mälaren. Ils ont fait édifier les nombreux châteaux qui se dressent sur les îles et les presqu'îles qui ponctuent les bras tortueux du troisième plus grand lac de Suède (1140 km^2). Ourlé de jolies petites villes et de plages très appréciées aux beaux jours, Mälaren s'étire d'ouest en est sur 150 km jusqu'à la capitale suédoise, où il se déverse dans la Baltique.

Château de Gripsholm, à Mariefield.
OlgaMiltsova/Getty Images Plus

Se repérer

CARTE BC3 (P. 194-195) ET CARTE P. 250-251
À 90 km au nord-ouest de Stockholm.

À ne pas manquer

La cathédrale de Västerås, les châteaux de Grönsöö, Skokloster et Gripsholm, le site d'Anundshög.

Organiser son temps

Comptez une demi-journée pour visiter Västerås et deux jours pour chacun des deux circuits proposés.

En famille

Le musée 2 Karlsgatan, le musée de plein air Vallby, les plages et le parc aquatique de Västerås ; une balade en bateau à Mariefred ; la plage de sable de Sundbyholm ; le zoo-parc d'attractions d'Eskilstuna.

Carnet pratique p. 255

Nos adresses p. 255

★ Västerås B3

Ne vous laissez pas décourager par les friches industrielles - d'ailleurs en reconversion - et les faubourgs résidentiels sans grand charme qui cernent le chef-lieu du comté de Västmanland : desservie par l'aéroport low cost Stockholm-Västerås, la sixième plus grande ville de Suède cache un agréable petit centre historique qui en fait un lieu de séjour plaisant, fort pratique pour découvrir la région. C'est d'ailleurs sa position stratégique, à l'extrémité est du lac Mälaren, qui a « fait » Västerås, à l'origine un comptoir commercial, fondé à l'embouchure de la rivière Svartån. Nommé Västra Aros (« Estuaire de l'Ouest »), celui-ci vit son nom simplifié plus tard en Västerås. Le développement de l'exploitation des gisements de cuivre et de fer dans la région de Bergslagen en fit un important port d'exportation du minerai et l'une des plus grandes villes de Suède dès la fin du Moyen Âge.

À pas de géant

Västerås s'enorgueillit d'avoir vu naître, en 1947, le premier magasin Hennes (« elle », en suédois). Associée vingt ans plus tard à la marque de mode Mauritz, l'enseigne est devenue **Hennes & Mauritz**, ou « H & M », désormais le géant mondial de la mode à bas prix.

★★ Cathédrale (DOMKYRKAN)

☏ 021 814 600 - www.svenskakyrkan.se/vasteras.

Construite au 13e s. et modifée au cours des siècles (sa flèche est l'œuvre de Nicodemus Tessin le Jeune), cette cathédrale est célèbre en Suède pour abriter le monument funéraire d'Éric XIV (1533-1577). Empoisonné, le fils de Gustave Vasa repose dans un mausolée de marbre noir (sur le côté sud du déambulatoire) posé sur un socle de grès rouge d'Öland. Remarquable aussi, l'imposant mausolée des comtes Brahe *(voir Lac Vättern, p. 402)*, en marbre noir et blanc, orné de figures en albâtre. Les trois admirables **retables**★★ sont flamands : celui de la grande chapelle des baptêmes fut exécuté à Anvers au début du 16e s., celui qui est placé derrière le maître-autel vient également d'Anvers, et celui de la chapelle des Apôtres est l'œuvre de **Jan Borman** de Bruxelles et date de 1500 environ. Le crucifix triomphal date du début du 14e s.

★ Colline de l'Église (KYRKBACKEN)

Remarquable pour son ensemble de maisonnettes en bois rouge du 18e s., ce quartier à deux pas de la cathédrale est le plus ancien de la ville. Bien conservées, rénovées et coquettes, ces maisons hébergeaient autrefois artisans et ouvriers. La promenade se poursuit vers le sud, autour de la Grand-Place (Stora Torget), très animée, qui mélange les styles et les époques : la tour-carillon de l'**hôtel de ville** (1963) aux lignes fonctionnalistes coiffe des ruelles pavées au charme d'antan, en particulier la charmante Slottsgatan. Celle-ci mène au **château** *(ne se visite pas)*, une résidence royale où Éric XIV fut emprisonné et empoisonné.

2 Karlsgatan

Karlsgatan 2 - ☏ 021 39 32 22 - karlsgatan2.se - mar. et jeu.-vend. 10h-17h, merc. 10h-20h, w.-end 12h-16h - gratuit.

Deux musées en un ! À gauche, celui sur l'histoire du Västmanland et de Västerås, de l'âge de pierre à nos jours, bien adapté aux enfants avec déguisements, petits films et reconstitutions ; de l'autre côté, le musée d'art (art suédois et nordique, essentiellement du 20e s.).

1

Musée de plein air Vallby (VALLBY FRILUFTSMUSEUM)

Skerikesvägen 2 - 021 39 80 70 - vallbyfriluftsmuseum.se - tlj 10h-17h - gratuit.
Les Suédois raffolent de ce genre de musée de plein air qui raconte la vie – parfois très rude – à la campagne, entre hivers rigoureux et étés secs. Fondé en 1921, ce musée initie donc petits et grands au quotidien de la ferme. Pour les enfants, c'est l'occasion de partir à la rencontre des animaux domestiqués en Suède et de voir comment vivaient les paysans sans le confort d'aujourd'hui.

Plages

La plus proche de la ville est Lögastrand, aux eaux peu profondes et bien adaptées aux enfants. Un peu plus loin se trouve **Badon East Park.** Enfin, un bateau vous emmène vers les plages des îles d'Östra Holmen et Björnö *(voir « Nos adresses »).*
L'hiver, Västerås est réputée pour ses patinoires naturelles et ses itinéraires de ski de fond, l'occasion de tester ces sports populaires en Suède !

Excursions

CARTE P. 194-195

★ Mine d'argent de Sala (SALA SILVERGRUVA) B3

À 37 km au nord de Västerås.
0224 677 260 - www.salasilvergruva.se - se renseigner pour les horaires - gratuit.
Cette **mine d'argent** fut exploitée 400 ans, jusqu'en 1908. Elle appartenait à la Couronne et, au 16e s., **Gustave Vasa** en contrôla les travaux d'amélioration. Le musée, et surtout les visites guidées des galeries permettent d'imaginer le rude labeur des mineurs.
L'ancien lieu d'hébergement des mineurs, Marketenteriet, datant de 1900, a été transformé en hôtel, doté de 15 chambres simples et confortables *(850 DKK).*

★ Forges d'Engelsberg (ENGELSBERGS BRUK) B3

À 58 km au nord-ouest de Västerås. Snytenvägen 5, Ängelsberg - www.engelsberg.se - visites guidées en danois au printemps et en été (sur réserv. en ligne) - 100 DKK (-12 ans gratuit) ; en anglais pour groupe max 10 pers. - 950 SEK.
Exemple typique des forges dites « wallonnes » qui se développèrent dès les 16e et 17e s. dans la région minière de Bergslagen *(voir encadré p. 270).* Celle-ci connut son apogée du 17e au 19e s., à l'époque où la Suède occupait une position de premier plan dans l'exportation du fer en Europe. Son excellent état de conservation lui a valu son classement au **Patrimoine mondial de l'Unesco** en 1993.

★★ De Stockholm à Västerås par la rive sud

CARTES P. 194-195 ET 250-251

Circuit tracé en bordeaux sur les cartes p. 194-195 et 250-251 - 200 km d'est en ouest au départ de Stockholm.
Partie occidentale du comté de Sörmland, la rive sud du lac Mälaren a longtemps été un refuge de prédilection pour les souverains suédois, qui venaient s'y mettre au vert, loin des intrigues de cour. Ils y ont édifié de nombreux châteaux, dans un paysage bucolique qui fait toujours le succès de cette région, d'ailleurs prisée pour les tournages de films et séries. Le week-end, les Stockholmois sont nombreux, appréciant la quiétude de cette campagne, proche de la capitale.
Quitter Stockholm par la E 20 (direction Göteborg) puis sortir par la route 223, direction Mariefred.

★ Mariefred C3

Kyrkogatan 13 (Rådhustorget) - 0159 297 90 - visitsormland.com.

Relié à Stockholm par un pittoresque bateau à vapeur centenaire, le *S/S Mariefred (voir p. 255)*, Mariefred se découvre aisément à la journée au départ de la capitale. Venir en voiture est moins agréable mais plus rapide, et surtout, vous permet de suivre le reste du parcours.

Blottie dans une anse du Mälaren, cette ravissante petite ville déroule ses jolies maisons au bord des eaux tranquilles du lac. Elle s'est développée autour d'un monastère de chartreux fondé en 1493 par le seigneur de Gripsholm mais connut son heure de gloire au 18e s., lorsque **Gustave III** y fit construire de somptueux édifices, en particulier l'hôtel de ville de style gustavien qui abrite l'office de tourisme *(voir coordonnées ci-avant)*.

L'**église** dresse, sur une colline dominant le lac, sa tour élancée blanchie à la chaux (17e s.). À l'intérieur, le retable de 1689 est l'œuvre de Caspar Schröder. La chaire date de 1701 et l'orgue de style baroque fut construit en 1786 par Olaf Schwan. Trois lustres du 17e s. éclairent la nef.

En suivant la rue de l'Église, **Kyrkogatan**, on parvient au centre historique de la ville où l'on peut voir plusieurs édifices de la fin du 18e s. et du début du 19e s., dont le château, à l'origine de la fondation de Mariefred.

Face au château, les berges du lac sont agrémentées de vastes pelouses et de jeux pour enfants : bel endroit pour un pique-nique !

★★ Château de Gripsholm (Gripsholms Slott) – *0159 101 94 - www.gripsholmsslott.se - avr. et oct.-nov. : w.-end 12h-15h ; mai-sept. : tlj 10h-16h - 140 SEK (7-17 ans 70 SEK).*

Admirablement située sur une île face au petit port de plaisance, l'imposante construction couronnée de tours cylindriques fut érigée en 1537 par Gustave Vasa. Ce château, l'un des plus visités de Suède, fut modifié par ses successeurs, en particulier **Gustave III**, qui y résida souvent à partir de 1772 : il est à l'origine de la **Collection nationale de portraits**, désormais propriété de l'État suédois, soit quelque 4 000 œuvres du 16e s. à nos jours, de Gustave Vasa à Benny Andersson (l'un des quatre membres d'ABBA !), répartis sur trois niveaux, du plus ancien au plus récent. Pour des visiteurs étrangers peu au fait des personnalités suédoises, l'intérêt de ce château réside plus dans la magnifique **collection de meubles**, en particulier gustaviens (*voir p. 490*) que l'on découvre dans l'enfilade de salons d'apparat, chambres et alcôves. C'est particulièrement vrai au deuxième étage, où de nombreuses pièces sont restées quasi intactes depuis la fin du 18e s. Autre perle du château, son élégant **théâtre**, avec une machinerie du 18e s. Passionné d'art dramatique, Gustave III insista pour le faire construire. On lui doit d'ailleurs aussi l'opéra de Stockholm.

Par la route 223, reprendre la E 20. Quitter après 14 km pour sortir sur la route 55 vers le nord. 28 km séparent Mariefred de Strängnäs.

★ Strängnäs C3

Cette agréable ville de la rive méridionale du lac Mälaren a marqué un moment important de l'histoire de la Suède. La ville fut en effet l'un des foyers de diffusion du luthéranisme dans le pays après que le jeune diacre **Olaus Petri** *(voir p. 482)* eut gagné à la cause de la Réforme l'archidiacre de la cité, Laurentius Andreae, qui eut l'honneur de proclamer roi de Suède Gustave Vasa le 6 juin 1523.

★★ Cathédrale – *à partir de 10h.* Légèrement à l'écart du centre-ville, elle trône au sommet d'une colline, coiffée de sa haute tour en briques rouges du 15e s. Consacrée en 1291, elle fut modifiée au cours des siècles : le chœur et ses fresques datent du 15e s., le dôme baroque du 18e s. Les chapelles latérales furent transformées en

1

chapelles funéraires après la Réforme. Parmi celles-ci, la **chapelle Notre-Dame** (1404) est parfois surnommée « chapelle aux fresques » en raison de ses admirables peintures murales. La **chapelle Gyllenhjelm**, au-delà du porche sud, dont les décorations en stuc datent du 17e s., abrite le monument funéraire d'un fils illégitime du roi Charles IX. La dernière chapelle, elle aussi ornée de très belles fresques, devint à la fin du 17e s. la chapelle funéraire d'un noble, l'amiral comte Otto Gustav Stenbock. La voûte en étoile du chœur contraste avec la croisée d'ogives plus simple de la nef. Le magnifique **retable★★★** (1490) situé derrière le maître-autel est un chef-d'œuvre de l'école de Bruxelles. Le monument funéraire (1597) de Charles IX est entouré d'une belle grille en fer forgé. Autre monument intéressant, une œuvre de Willem Boy (1580) à l'effigie de la princesse Isabelle, fille du roi Jean III. La décoration de la chapelle des Baptêmes dans le collatéral nord, face à la chapelle Notre-Dame, date de 1910, mais les **fonts baptismaux** sont du 14e s. Juste avant la sortie, à droite, des portes vitrées laissent entrevoir une remarquable **bibliothèque** *(ne se visite pas)*, fondée au 14e s. et enrichie au cours des siècles. Malgré plusieurs incendies, 115 manuscrits et 3 732 livres imprimés sont parvenus jusqu'à nous, dont le plus ancien date de 1376.

Si vous voyagez en famille, n'hésitez pas à emmener vos enfants visiter les églises suédoises ; un espace jeux leur est habituellement réservé, ici sous de magnifiques fresques du 15e s. !

Abords de la cathédrale – La rue **Gyllenhjelmsgatan**, aux maisons basses en bois, fut tracée par décret royal vers 1640 afin d'aménager un accès à la cathédrale. À l'ouest, le dédale de rues médiévales a été préservé. **Lillgatan**, quant à elle, est bordée de maisons des 17e et 18e s. peintes en rouge. L'édifice situé sur la gauche, juste avant la porte du Lion qui marque l'entrée du cimetière, était au 18e s. l'imprimerie du diocèse.

Reprendre la E 20 vers l'ouest sur 20 km. La quitter pour suivre la direction Kujla puis tourner à gauche en direction d'Eskilstuna. À env. 3 km, tourner à gauche vers Ramshammar, puis Sundbyholm sur la droite. Juste avant d'arriver à Sundbyholm (à env. 4 km), tourner à droite dans « Sigurds Vag ». Le site est à 500 m sur la droite (parking à gauche).

★★ Gravure de Sigurd

(SIGURDSRISTNINGEN) B3

Site en accès libre - des visites guidées sont organisées par l'office du tourisme d'Eskilstuna en été (voir coordonnées p. ci-contre).

Située sur la commune de Sundbyholm, sur un affleurement de rocher récemment aménagé avec des plateformes d'accès en bois, la **Gravure de Sigurd** fut réalisée au 11e s. et illustre quelques-uns des épisodes dramatiques du poème épique de tradition germanique, *La Chanson des Nibelungen*, dans sa version scandinave. Une des scènes montre comment le héros Sigurd réussit à transpercer avec son épée le dragon Fafner dont le corps est couvert d'écritures runiques.
Revenir sur la D 953 pendant 1,5 km puis prendre à droite Travbanevägen sur 600 m.

★ Sundbyholm B3

Dans un **site idyllique**★ au bord du lac Mälaren, la longue plage de sable fin est très populaire auprès des familles, d'autant qu'elle accueille des jeux pour enfants. Près du petit port s'élève un joli château de 1648, converti en un hôtel *(voir p. 256)*.
Près de la plage, barbecues en accès libre pour un pique-nique amélioré.

Eskilstuna B3

Fristadstorget 1 - 016 710 70 00 - visiteskilstuna.se.
Située sur les bords de la rivière éponyme, entre les lacs Mälaren et Hjälmar, cette paisible bourgade n'a pas grand charme mais elle est réputée pour la qualité de sa coutellerie, ses instruments chirurgicaux et son acier inoxydable. Cette tradition

remonte à 1658, quand le roi Charles X Gustave choisit d'y installer une forge chargée de fournir au royaume couteaux, aiguilles ou encore étriers.
★ **Rademachersmedjorna** – *Rademachergatan 42-50 - ✆ 016 710 23 75 - rademachersmedjorna.eskilstuna.se - gratuit.* Contrastant avec l'urbanisme moderne des alentours, ce petit musée de plein air aligne des ruelles bordées de maisonnettes rouges, d'anciennes forges du 17e s. où chaudronniers, couteliers et forgerons démontrent leur savoir-faire. Entre deux ateliers, quelques cafés invitent à la pause.
★ **Parken Zoo** – *Suivre Västeråsvägen vers l'ouest à partir de la vieille ville. ✆ 016 100 100 - www.parkenzoo.se - ouv. de mi-mai à fin août : de fin juin à mi-août 10h-18h ; autres périodes se rens. - 360/440 SEK selon période (3-16 ans 290/380 SEK).* Selon une formule originale très populaire auprès des Suédois, ce parc zoologique se double d'un parc de loisirs, avec attractions et piscines en plein air. Le zoo abrite plusieurs espèces menacées tel un magnifique tigre blanc aux yeux bleus et au nez rose.
Reprendre l'E 20 et sortir en direction de Västerås (route 56), puis suivre la route 252 jusqu'à Strömsholm.

★ Château de Strömsholm (STRÖMSHOLMS SLOTT) B3

✆ 0220 430 35 - www.kungligaslotten.se - juin-août : 12h-16h ; sept. : w.-end 12h-16h - 100 SEK (7-17 ans 50 SEK).
Charmant, ce petit château jaune pimpant s'élève sur un petit îlot verdoyant au carrefour du lac Mälaren et de la rivière Kolbäck. Il fut construit en 1681 par **Nicodemus Tessin l'Ancien**, à la place du château de Gustave Vasa *(voir encadré)*. Sa décoration intérieure, ultérieure, est essentiellement de style gustavien. Importante collection de tableaux suédois.
Canal de Strömsholm – Construit entre 1777 et 1795, c'est le plus ancien de Suède après le Hjälmare Kanal et le plus long après le Göta Kanal. Reliant Smedjebacken, en Dalécarlie, à Strömsholm, ses 110 km traversent 14 lacs et ses 26 écluses élèvent son niveau de 100 m. Il est navigable de mi-juin à mi-août.
Poursuivre jusqu'à Västerås *(voir p. 247).*

★ De Västerås à Stockholm par la rive nord

CARTES P. 194-195 ET 250-251

Circuit tracé en vert foncé sur les cartes p. 194-195 et 250-251 - 240 km de part et d'autre de la E 18. Quitter Västerås vers l'est par la E 18 en direction de Stockholm ; environ 3 km plus loin, suivre la signalisation « Anundshög ».
Le lac Mälaren n'est pas un lac ordinaire car, avant le 12e s., il formait une baie profonde par laquelle les navires sillonnant la Baltique pouvaient pénétrer dans les terres. Cependant, en raison de la lente élévation du socle rocheux de la baie depuis la fin de la dernière glaciation, la vaste étendue d'eau salée fut peu à peu remplacée par l'eau douce des rivières qui se jetaient dans le Mälaren, et celui-ci devint ainsi un lac se déversant à son tour dans la Baltique. Désormais, le niveau du lac se trouve à 70 cm au-dessus du niveau de la mer ; la jonction se fait à Slussen, au centre de Stockholm.
Une vingtaine de demeures historiques, du fastueux château royal au plus modeste manoir, ornent les rives du lac ainsi que certaines de ses îles.

★★ Anundshög BC3

Accès libre. Ce remarquable cimetière comprend le plus grand tertre funéraire de Suède (14 m de haut et 60 m de diamètre à la base), édifié probablement entre

Le château au galop

Le roi **Gustave Vasa** fit construire le premier château de **Strömsholm** en 1556 sur un domaine royal, avec l'intention d'en faire un haras. Au 17e s., un centre équestre et une école d'équitation s'y établirent puis, de 1868 à 1968, le château et son parc servirent d'académie militaire d'équitation. C'est encore de nos jours un centre hippique qui organise des manifestations populaires, parmi lesquelles le « Grand National » suédois (course de plat), une des courses les plus prestigieuses du pays *(vers la mi-juin)*.

600 et 800 apr. J.-C. Les deux **alignements de pierres en forme de bateau**, longs respectivement de 53 m et 50 m, ainsi que trois alignements plus petits datent de l'an 1000. Au Moyen Âge, le site devint le lieu de réunion de l'assemblée du peuple (*tingvalla*). Le roi, voyageant entre Västra Aros (Västerås) et Östra Aros (Uppsala), arrivait alors par l'ancienne route, Eriksgata, bordée de **pierres runiques** et de rangées de pierres plus petites.

Pour une petite pause, le café Anund sert sandwichs, pains maison et plats simples *(mar.-sam. 11h-16h)*.

Revenir vers la route E 18, la traverser et continuer vers le sud.

1

★ Château d'Engsö (ENGSÖ SLOTT) C3

0171 44 40 20 - www.engso.se - de mi-juin à mi-août : 12h-16h ; de mai à mi-juin et de mi-août à mi-sept. : w.-end 12h-16h - 70 SEK (8-18 ans 50 SEK).

Bâti sur l'emplacement d'un château médiéval, l'édifice actuel date d'un remaniement de 1740 réalisé par **Carl Hårleman**, avec des ajouts de style rococo, la caractéristique de cet architecte. **Chapelle** du 14e s., mobilier de différentes époques et importante collection de tableaux.

Retourner vers la route E 18 et la suivre jusqu'à Enköping ; prendre ensuite la direction de Härjarö au sud-est. Grönsöö est signalé à partir de Veckholms Kyrka.

★★ Château de Grönsöö (GRÖNSÖÖ SLOTT) C3

0171 870 84 - gronsoo.se - parc : tlj jusqu'à 20h - manoir : visite guidée, de juil. à mi-août tlj à 14h ; en juin et de mi-août à mi-sept. : w.-end à 14h - parc : 40 SEK (accessible pendant expositions seult) ; manoir : 160 SEK (-16 ans gratuit).

Ce manoir du 17e s., qui se dresse dans un site magnifique à l'extrémité d'une presqu'île, est habité depuis le début du 19e s. par la famille von Ehrenheim et son domaine reste cultivé. La demeure contient une admirable collection de mobilier, de livres, d'objets précieux, de fresques et d'œuvres d'art. Un chemin longe le lac et conduit à une pagode chinoise de la fin du 18e s. Dans les anciennes écuries, des expositions thématiques exposent une partie des vastes collections de meubles anciens et d'objets d'art de Grönsöö.

Retourner vers la E 18 et continuer vers l'est puis, à la hauteur de Bro, prendre la route 269 ; à l'intersection avec la route 263, tourner à gauche vers Skokloster.

★★ Skokloster C3

Situé sur un bras du Mälaren, le château de Skokloster est également accessible par bateau au départ de Stockholm. Son parc est l'endroit rêvé pour faire un pique-nique *(si nécessaire, vous trouverez des sandwichs au café)*.

★★ Château – *0840 230 60/70 - skoklostersslott.se - juin-août : 11h-17h ; mai et sept. : w.-end 11h-16h ; vac. d'oct. : 11h-16h - gratuit hors expositions.* **Nicodemus Tessin l'Ancien** et **Jean de la Vallée** construisirent ce grand château baroque (1654-1676) en collaboration avec l'architecte allemand Caspar Vogel. Il frappe par sa

De l'abbaye à l'imposante demeure

Une abbaye cistercienne fut fondée sur le site de Skokloster au début du 13e s. Tous les bâtiments, à l'exception de l'église et de la résidence du chanoine, furent détruits au 16e s. Le domaine fut acheté par le maréchal Herman Wrangel, dont le fils **Carl Gustav Wrangel** devint grand maréchal et grand amiral à l'époque où la Suède était une puissance européenne notable. Il engagea les architectes auxquels il avait déjà confié le **palais Wrangel**, sa résidence de Stockholm, pour construire cette demeure grandiose digne de sa puissance.

blancheur et sa symétrie ; les bâtiments, alignés autour de la cour centrale, sont flanqués aux quatre angles de tours octogonales coiffées de coupoles à lanterne. L'intérieur, richement orné de décorations en stuc ainsi que de peintures, forme un cadre parfait pour les collections inestimables de tableaux, de textiles, de verreries, de céramiques, d'argenterie et surtout d'armes.

Église – Cette chapelle en brique date du 13e s., mais la majeure partie du mobilier est postérieure. La chaire ornée de beaux personnages sculptés, les fonts baptismaux et le retable viennent de l'abbaye Oliva, près de Gdansk. La sculpture en bois représentant la Vierge et l'Enfant et le crucifix triomphal datent tous deux du 13e s. Le caveau de la famille Wrangel remonte à 1639.

À l'est de la chapelle, on peut voir une remarquable **pierre runique** ornée de deux cavaliers censés être antérieurs à l'inscription (an 1000).

Retourner vers la route 263 et la prendre à gauche en direction de Sigtuna.

★★ Sigtuna C3

Stora Gatan 33 - ✆ 08 594 806 50 - destinationsigtuna.se.

Fondée en 980 par le roi Éric le Victorieux, Sigtuna fut la première capitale du pays, puis devint un important centre religieux et finit par remplacer Birka comme principale place commerciale de la Baltique. Sigtuna fut la première ville chrétienne de Suède comme en témoignent les ruines de St-Lars, St-Per et St-Olof datant du 12e s., et qui sont les plus anciennes églises en pierre. Aujourd'hui, cette agréable cité-jardin sur les rives du Mälaren est redevenue un important centre religieux et touristique.

Malgré l'affluence en saison, la flânerie reste agréable dans le quartier historique, avec ses allées médiévales, ses maisons de bois et ses quelques belles pierres runiques.

★ **Stora Gatan** – C'est, depuis le Moyen Âge, la rue principale de la ville ; elle est bordée de maisons de bois du 19e s. aux couleurs vives, de boutiques et de cafés pittoresques.

Musée – *Stora Gatan 55- ✆ 08 591 266 70 - www.sigtunamuseum.se - juil.-août 12h-16h ; reste de l'année : tlj sf lun. 12h-16h - 60 SEK (-20 ans gratuit).* Il présente le produit des fouilles réalisées sur les sites vikings et médiévaux.

L'hôtel de ville miniature, qui se dresse sur la place à l'extrémité de Stora Gatan, date du 18e s.

Église Notre-Dame (Mariakyrkan) – Consacrée en 1247, c'était l'abbatiale des moines dominicains qui, pense-t-on, introduisirent en Suède la technique de la construction en brique.

Prendre la route 263 vers Märsta ; elle rejoint la E 4 qui conduit à Stockholm.

Carnet pratique

S'informer

Office du tourisme de Västerås – *Kopparbergsvägen 1 - ✆ 021 39 01 00 - visitvasteras.se.*

Arriver/partir

Si la **voiture** est indispensable pour suivre les circuits décrits, le lac Mälaren est aussi accessible en transports en commun. **Trains** *(www.sj.se)* et **bus** *(www.flixbus.se)* quotidiens relient la capitale à Västerås en respectivement 1h et 1h30. Mariefred est reliée à Stockholm par un **bateau à vapeur**, le *S/S Mariefred (tlj sf lun. en été, www.mariefred.info).*

Stockholm Västerås Airport (VST) – *✆ 021 80 56 00 - www.vst.nu.* Desservi par des compagnies low cost, l'aéroport de Västerås est situé à 5 km du centre. Liaisons par bus *(voir aussi Stockholm, p. 236).*

Nos adresses

Restauration

À Västerås

Budget moyen

Nya Hattfabriken – *Slottsgatan 8 - ✆ 021 13 65 00 - nyahattfabriken.se - 11h-22h, vend. 11h-23h, sam. 12h-23h - fermé dim. - plats 195/375 SEK.* Quand un Suédois vous avoue qu'ici, les *köttbullar* (boulettes de viande) sont meilleures que celles de sa mère, forcément, il faut y aller ! Et c'est vrai qu'elles sont délicieuses, avec purée maison et confiture d'airelles. Ceci dit, toute la carte fait envie, dans un élégant décor de brasserie ancienne. Petite terrasse. Une excellente adresse.

À Eskilstuna

Budget moyen

Jernberghska – *Rademachergatan 48 - ✆ 016 14 65 05 - www.jernberghska.se - lun.-vend. 11h30-14h, vend. à partir de 17h, sam. à partir de 13h - fermé dim. - plats 245/345 SEK.* Situé au cœur du pittoresque quartier des forges Rademacher, ce café-restaurant au décor de taverne du 17e s. sert une cuisine rustique mais savoureuse. Une bonne adresse.

À Sigtuna

Budget moyen

Farbror Bla Restaurant – *Stora Torget 4 - ✆ 08 592 560 50 - www.farbrorbla.com - déj. mar.-sam., dîner vend.-sam. - fermé dim.-lun. - plats 195/325 SEK.* Situé à côté de l'hôtel de ville, ce restaurant offre une cuisine simple mais goûteuse dans le cadre attrayant d'une maison traditionnelle.

Petite pause

À Strängnäs

Café Grassagården – *Kvarngatan 2 - ✆ 073 744 86 02 - www.cafe-grassagarden.se - 10h-16h (sam. 17h).* Dans cette demeure bourgeoise de 1638, le bâtiment principal donne sur la cour, tandis que les dépendances ouvrent sur la rue. La plupart des autres bâtiments sont du 18e s. Utilisée comme taverne pendant très longtemps, elle abrite aujourd'hui un petit musée et un café très touristique.

Activités

Bateau

Rederi Mälarstaden – *Färjkajen 1 - ✆ 021 13 51 71 - www.rederimalarstaden.se.* Du début du printemps à l'automne, les navires de cette compagnie explorent

1

l'archipel de Västerås. L'été, départs tous les jours pour les îles d'Östra Holmen (à 15mn) et Björnö (1h, réserve naturelle), pour profiter des plages.

Parc aquatique

Kokpunkten – *Kraftverksgatan 11 - dans le même immeuble que l'hôtel Steam - ✆ 021 448 55 00 - www.kokpunkten.se - 11h-21h, w.-end 10h-20h - 165/245 SEK (4-11 ans 145/175 SEK) ; 345 SEK avec l'accès à l'espace détente.* Les enfants adoreront ce parc aquatique intérieur ! D'impressionnants toboggans, piscines à vague, à remous et même un cinéma aquatique ont redonné une seconde vie à une ancienne friche industrielle, qui partage sa haute tour avec l'hôtel Steam *(voir ci-après)*. Également un espace détente (aromathérapie, sauna, hammam et jacuzzis).

Hébergement

À Mariefred

Budget moyen

Gripsholms Värdshus – *Kyrkogatan 1 - ✆ 0159 347 50 - www.gripsholms-vardshus.se - ♿ - 49 ch. 1375/2140 SEK ☕ - ✕.* Face au château de Gripsholm, cet hôtel de charme se vante d'être la plus vieille « auberge » de Suède. Une annexe abrite la maison d'hôtes, aux chambres plus économiques et plus rudimentaires. Copieux et délicieux, le petit déjeuner est commun aux deux adresses.

À Västerås

Budget moyen

Elite Stadshotellet – *Stora Torget 7 - ✆ 021 10 28 00 - www.elite.se/en - P 200 SEK/j. - 137 ch. 1 251/2 791 SEK ☕.* L'hôtel historique, sur la Grand-Place : cet imposant édifice Art déco (1907) a été plusieurs fois agrandi, mais conserve le parfum d'une certaine grandeur. Confort impeccable dans les chambres et splendide salle de petit déjeuner. Sauna, salle de fitness et même « oreillers carte », plus ou moins moelleux !

Pour se faire plaisir

Steam Hotel – *Ångkraftsvägen 14 - ✆ 021 475 99 00 - steamhotel.se - ♿ - 227 ch. 1690/4390 SEK ☕ - ✕.* Installé dans une ancienne usine à vapeur de 1917, cet hôtel domine le lac Mälaren de ses 18 étages. Chambres spacieuses, équipement dernière génération, décoration industrielle bluffante, restaurant et piscine panoramiques, Spa et salle de fitness en font l'une des adresses les plus en vue de la ville. L'une des plus chères aussi.

À Eskilstuna

Pour se faire plaisir

Sundbyholms Slott – *✆ 016 42 84 00 - www.sundbyholms-slott.se - P ♿ - 109 ch. 1695/2 895 SEK ☕ - ✕ menus 725/850 SEK.* Une adresse romantique au vert, composée d'un joli manoir et ses dépendances, vue imprenable sur le port de plaisance et le lac, à deux pas d'une plage de sable. Les chambres allient confort, charme et tranquillité. Le manoir lui-même n'abrite pas de chambre mais la salle de petit déjeuner et le restaurant.

À Sigtuna

Une folie

Sigtuna Stads Hotell – *Stora Nygatan 3 - ✆ 08 592 501 00 - www.sigtunastadshotell.se - 26 ch. 2 990/3 990 SEK ☕ - ✕.* Hôtel de luxe situé au cœur de la petite ville et offrant une large perspective sur le lac Mälaren. L'architecture élégante datant de 1909 a été revalorisée par une rénovation soignée. Cuisine gastronomique et service impeccable. Demandez les chambres avec vue sur le lac.

Nyköping

La présence de l'aéroport low cost Stockholm-Skavsta vous incitera peut-être à faire étape dans la discrète capitale historique de la province du Södermanland. Arrosée par la rivière Nyköpingså, cette ville paisible se love dans une baie profonde et bien abritée des bords de la Baltique.

Se repérer

CARTE C4 (P. 194-195)
33916 habitants
Nyköping est à 102 km au sud-ouest de Stockholm.

À ne pas manquer

Le manoir de Julita.

Organiser son temps

La visite de Nyköping et de Trosa ne prendra qu'une journée ; il faut compter une autre journée pour découvrir Linköping et le parc animalier de Kolmården.

En famille

Le parc animalier de Kolmården.

Carnet pratique p. 260

Nos adresses p. 260

Place du Marché (STORA TORGET)

On peut voir, groupées autour de la place du Marché, Stora Torget, et de la fontaine Ragnar Östberg, l'église du 13e s., la Cour de justice du 18e s., peinte en jaune et blanc, et la résidence du gouverneur qui date du 19e s. La petite rivière Nyköpingså, bordée de saules pleureurs et de rhododendrons, serpente à travers la ville, offrant par-ci par-là le spectacle d'une cascade. Une promenade agréable suit les berges, de Storgatan à Nyköpinsghus, et continue ensuite vers le port, d'où partent les bateaux à destination de l'archipel.

★ Nyköpingshus

0155 24 57 00 - juin-août : 11h-17h ; reste de l'année : dim. 11h-17h - gratuit.
Au 16e s., le futur **Charles IX**, alors duc de Södermanland, fit démolir le donjon du 12e s. pour édifier un somptueux palais Renaissance qui fut lui-même détruit par un incendie en 1665. Il ne fut jamais restauré et il ne reste aujourd'hui que le **corps de garde★★** Renaissance et la tour du roi, **Kungstornet★★**, ainsi que les ruines du donjon d'origine, avec ses cachots légendaires, dans le coin nord-est de la cour. L'ancienne résidence du gouverneur, **Gamla Residenset**, datant du 18e s., donne sur la cour extérieure.

Sörmlands Museum

sormlandsmuseum.se - tlj sf lun. 10h-17h - gratuit.
Jusqu'alors hébergé dans Nyköpingshus, le **musée d'histoire cantonal** a pris ses aises dans ce nouveau bâtiment au look noir très contemporain, situé juste en face. Les expositions retracent divers aspects de l'histoire locale et régionale.

Port

Point de départ des excursions en bateau dans l'archipel voisin, c'est aussi un agréable lieu de flânerie face au ballet des bateaux. La marina est bordée de cafés, restaurants et boutiques.

À proximité

CARTE P. 194-195

★ Parc animalier de Kolmården (KOLMÅRDENS DJURPARK) B4

À 35 km à l'ouest. 010 708 70 00 - kolmarden.com - de déb. avr. à déb. mai et de fin août à déb. oct. : w.-end 10h-17h ; mai : w.-end 10h-18h ; juin : 10h-18h ; de déb. juil. à mi-août : 10h-19h - fermé reste de l'année sf w.-end si vous séjournez sur place - 399/549 SEK selon la saison (3-12 ans 299/499 SEK).

Énième témoignage de la passion des Scandinaves pour les parcs d'attractions, celui-ci mêle manèges à sensations fortes et parc animalier, mais pas n'importe lequel : l'un des plus grands des pays nordiques, avec 600 animaux. Delphinarium (quatre à cinq shows quotidiens l'été), spectacles de fauconnerie, démonstration de dressage d'éléphants et téléphériques survolant les enclos des lions ou des girafes assurent la qualité du spectacle... Pour ce qui est de mêler manèges à sensation et animaux en cage, à chacun d'en juger.

Trosa C4

Voir aussi la carte p. 250-251. À 48 km au nord-est.

La charmante petite ville de Trosa eut son heure de gloire au début du 20e s. lorsque la haute société de Stockholm en fit sa villégiature de prédilection. Pendant des siècles, la pêche fut sa principale ressource et on peut voir d'anciennes maisons de pêcheurs à l'ouest de la rivière Trosa, le long de laquelle s'élèvent les résidences d'été et leurs vérandas.

Le quartier du port avec ses restaurants et ses boutiques d'artisanat est un endroit animé. Au coin de Västra Långgatan et de Garvaregränd, l'ancien atelier d'un tanneur, **Garvaregården**, a été transformé en musée municipal *(ouv. uniquement en été)* illustrant l'histoire de Trosa à travers ses activités traditionnelles.

Excursions

CARTE P. 194-195

★★ Manoir de Julita (JULITA GÅRD) B4

À 85 km au nord-ouest - 0150 48 75 55 - www.nordiskamuseet.se/slott-gardar/julita-gard - ♿ - juin-août : 11h-16h ; reste de l'année : se rens. - 120 SEK (- 18 ans 50 DKK).

Situé sur les bords du lac Öljaren, à une trentaine de kilomètres au nord de Katrineholm, ce manoir abrite aujourd'hui le **musée suédois de l'Agriculture**.

Au 12e s., des moines cisterciens fondèrent un monastère qui fut entièrement détruit en 1535. Le domaine devint propriété de la Couronne, un manoir fut construit et une fabrique de pièces d'artillerie, établie sur le site (1627-1665), fournit au roi Gustave II Adolphe les canons dont il avait besoin pour prendre part à la guerre de Trente Ans. Le domaine changea plusieurs fois de propriétaire jusqu'au début du 20e s. ; c'est alors que le nouveau propriétaire, le lieutenant Arthur Bäckström (1861-1941), influencé par les idées d'Artur Hazelius, fondateur du musée de plein air de Skansen à Stockholm *(voir p. 217)*, conçut un projet similaire. Avec la coopération du musée d'Histoire et du Musée nordique, auquel il légua le domaine, il créa lui aussi un musée de plein air.

Stora Huset – Le beau manoir jaune de trois étages date de 1750. Deux ailes séparées, ajoutées plus tard, se dressent face à face de part et d'autre de la cour. La remise abrite une collection de voitures à chevaux des 19e et 20e s., ainsi que le bureau de Bäckström tel qu'il était à l'époque.

Parc – Splendide avec ses arbres vénérables, sa roseraie et son joli belvédère, il présente, près de la jetée, le charmant « Åttkanten » conçu pour servir de lavoir et transformé en pension au 20e s. Au sud des écuries se trouve la résidence de

Le manoir de Julita.
B.-J. Gunnarsso/NordicPhotos/age fotostock

l'abbé : le rez-de-chaussée date du 13e s., alors que l'étage fut ajouté au 18e s. Dans la serre, une présentation illustrant la construction génétique des plantes explique le rôle de la Banque nordique des gènes végétaux, tandis que l'on peut voir d'autres expériences visant à préserver des espèces locales très anciennes dans le jardin potager. Dans ce Skansen miniature, on découvre également une laiterie, une briqueterie, un four à chaux, un séchoir à tabac et un poste de pompiers qui accueille aujourd'hui un petit musée.

★ Linköping B4

À 97 km au sud-ouest.

Konsistoriegatan 7 - ✆ 013 190 00 70 - visitlinkoping.se.

Une des attractions principales est une balade en bateau sur le **canal Kinda** *(voir « Activités » p. 260)*.

Ville agréable, Linköping fut dès le 12e s. une cité ecclésiastique qui devint très vite un centre intellectuel renommé. C'est aujourd'hui la capitale administrative de l'Östergötland, mais aussi un centre industriel moderne (usine Saab) et une ville universitaire avec une école de médecine et un institut de technologie.

★ Cathédrale – *✆ 013 30 37 20 - www.svenskakyrkan.se - 9h-18h.* La cathédrale primitive fut érigée sur ce site vers 1120 et la construction du sanctuaire actuel fut entreprise en 1232. Pendant près de trois cents ans, elle fut agrandie et remaniée. L'intérieur, majestueux et harmonieux, contient des éléments décoratifs de tous les siècles, conformément à la tradition médiévale.

Musée de l'Östergötland (Östergötlands Länsmuseum) – *Raoul Wallenbergs Plats - ✆ 013 23 03 00 - ostergotlandsmuseum.se - mar., jeu.-vend. 10h-17h, merc. 10h-20h, w.-end 10h-16h - 110 SEK (-18 ans gratuit).* Les principales collections du musée provincial concernent l'archéologie ainsi que la peinture européenne et suédoise, mais il ne faut pas manquer les **broderies Königsmarck★** (1680).

Le Vieux Linköping (Gamla Linköping) – *Kryddbodtorget 1 (à 3 km du centre) - ✆ 013 12 11 10 - gamlalinkoping.info - site : ouvert tlj - boutiques et ateliers : 11h-17h, w.-end 11h-16h (horaires élargis en été, se rens.).* Ce musée de plein air rassemble 80 bâtiments construits entre 1695 et 1887 et transférés du centre de la ville. Son charme réside dans le fait qu'une communauté d'une cinquantaine de personnes – principalement des artisans – y demeure et y travaille, donnant vie et authenticité aux maisons, aux musées et aux ateliers.

Carnet pratique

S'informer

Office de tourisme – *Hôtel de ville (Rådhuset) - Stora Torget - Nyköping - ✆ 0155 24 82 00 - nykopingsguiden.se.* Propose également des vélos à la location.

Arriver/partir

En avion

Stockholm-Skavsta Airport (NYO) – *✆ 0155 28 04 00 - skavsta.se.* Accueillant principalement des compagnies low cost (notamment Ryanair), il est relié à Stockholm par la compagnie Flygbussarna (trajet 1h20, *voir p. 236*) et à Nyköping par un service de bus locaux.

Nos adresses

Restauration

Dans le quartier du port, les entrepôts en bois peints en rouge ont été transformés en boutiques et en cafés animés.

Budget moyen

Skafferi – *Västra Storgatan 29 - tout près de l'office de tourisme - ✆ 0155 21 14 48 - www.mickesskafferi.se - lun.-mar. 11h-14h, merc.-jeu. 11h-21h, vend. 11h-23h, sam. 12h-23h - fermé dim. - plats 255/285 SEK.* Un restaurant gourmet bâti dans le centre piéton, dont l'intérieur est élégamment aménagé en bois. Cuisine européenne savoureuse et bons vins.

Activités

Balade en bateau sur le canal Kinda – *Rens. à l'office de tourisme.* Elle peut vous mener jusqu'au village de Horn, en passant par Tannefors, Landeryd, Brokind et bien d'autres villages pittoresques.

Hébergement

Budget moyen

Clarion Collection Hotel Kompaniet – *Folkungavägen 1 - à 10mn à pied du centre - ✆ 0155 28 80 20 - www.nordicchoicehotels.com - P payant - 127 ch. 1480/1680 SEK ☕.* Cet hôtel moderne est situé dans un jardin fleuri. L'aménagement astucieux, la décoration soignée et les nombreuses commodités en font l'une des meilleures adresses de Nyköping.

Sunlight Hotel – *Nytorget 7 - ✆ 0155 20 50 00 - www.sunlight.se - P 🏊 - 154 ch. 1495/1895 SEK ☕ - ✕.* À 5mn à pied de la gare, cet hôtel niche dans une ancienne usine à savons. Excellente literie, comme souvent en Suède. Salle de fitness, piscine et Spa.

Scandic Stora Hotellet – *Brunnsgatan 31 - ✆ 0155 29 35 00 - www.scandichotels.com - P 80 SEK/j. - ♿ - 98 ch. 1000/2000 SEK ☕ - ✕.* Cette grande demeure située dans le centre piéton dispose de chambres très correctes pour des prix acceptables et qui baissent considérablement pendant les vacances. Vous y trouverez également un restaurant, un bar, un Jacuzzi et une salle de gym.

À Linköping

Budget moyen

Park Hotel (Fawlty Towers) – *Järnvägsgatan 6 - ✆ 013 12 90 05 - www.fawltytowers.se - P - 29 ch. 1 050/1500 SEK ☕ - ✕.* Plus cosy et intime que ses homologues modernes, cet hôtel fut fondé en 1888, au début de l'aventure du chemin de fer. À deux pas de la gare, l'établissement, rénové, a conservé une sympathique atmosphère rétro.

Quality Hotel Ekoxen – *Klostergatan 68 - ✆ 013 25 26 00 - www.nordicchoicehotels.com - P 150 SEK/j. - ♿ - 209 ch. 1420/1820 SEK ☕ - ✕.* Un hôtel moderne, sans charme particulier, mais bien situé dans un parc et à 5mn à pied du centre-ville. Les chambres sont impeccables sans être exceptionnelles. Plusieurs boutiques et restaurants sont aménagés dans le hall.

Scandic Linköping City – *Gamla Tannerforsvägen 51 - à 10mn à pied du centre - ✆ 013 495 54 00 - www.scandichotels.com - P 150 SEK/j. - ♿ - 227 ch. 1598/2890 SEK ☕ - ✕.* Ce très bon hôtel est situé un peu à l'écart du centre dans un cadre fleuri en bordure du canal. Le bâtiment en verre abrite un hall spacieux, à l'image des chambres modernes et confortables. Excellent restaurant. C'est probablement l'une des meilleures adresses de la ville.

La résidence du gouverneur à Nyköping.
N.-J. Norenlind/age fotostock

1

Uppsala ★★

Dominée par les silhouettes de son château et de sa cathédrale, Uppsala est à la fois la capitale ecclésiastique de la Suède et un centre intellectuel doté de la plus ancienne université du pays. La cité n'a pourtant rien d'une ville-musée, grâce à son importante population étudiante – près du quart des habitants –, qui insuffle une joyeuse effervescence aux ruelles, parcs et terrasses des cafés sur les berges de la Fyrisån. Souvent réduite à une excursion d'une journée depuis Stockholm, la ville natale de Carl von Linné et d'Ingmar Bergman a pourtant de quoi séduire ceux qui choisissent d'y séjourner, d'autant que l'arrière-pays est la promesse d'autres belles découvertes.

Se repérer

CARTE C3 (P. 194-195) - PLANS P. 264 ET 265
233 839 habitants
À 70 km au nord de Stockholm.

À ne pas manquer

La cathédrale ; dans l'arrière-pays, le site de Gamla Uppsala, l'église médiévale de Härkeberga ; le « village de forges » Österbybruk dans le Roslagen.

Organiser son temps

Comptez une journée pour la visite d'Uppsala et une autre journée pour le circuit du Roslagen.

En famille

Le musée Biotopia.

Carnet pratique p. 272

Nos adresses p. 272

Le centre historique

PLANS P. 264-265

Circuit tracé en vert sur les plans p. 264-265. La ville se découvre facilement à pied.

★★ Cathédrale (DOMKYRKAN) PLAN P.265

018 430 35 00 - www.svenskakyrkan.se/uppsala/domkyrkan - ♿ - 8h-18h.
Capitale ecclésiastique de la Suède, siège de l'évêché catholique puis de l'Église luthérienne, Uppsala abrite logiquement la plus vaste cathédrale du pays. Cet imposant bâtiment de brique rouge, couronné de deux flèches culminant à 119 m, fut construit selon un plan remarquablement simple. Les travaux commencèrent probablement vers 1270 et progressèrent lentement jusqu'à la consécration de l'église en 1435. C'est **Étienne de Bonneuil**, maître d'œuvre parisien, qui lui donna son caractère gothique rayonnant à l'image des cathédrales françaises. Elle fut plusieurs fois dévastée par les flammes et, bien que reconstruite au début du 18e s., dut être considérablement restaurée à la fin du 19e s. Quelques éléments gothiques d'origine subsistent autour des portails.
Intérieur – *Pénétrer dans la cathédrale par le portail ouest et procéder à la visite en marchant dans le sens inverse des aiguilles d'une montre*. La chapelle de la Prière et la chapelle de la Paix sont ornées de belles tapisseries. Les rois étaient couronnés sous la voûte du Couronnement. La splendide **chaire★★★** baroque (1710) fut sculptée par Burckhardt Precht selon des dessins de **Nicodemus Tessin le Jeune**. Le magnifique crucifix (haut de 3 m) du maître-autel est en argent et en

La cathédrale d'Uppsala.
JacobH/Getty Images Plus

1

cristal. Dans la **chapelle Notre-Dame**, médiévale, reposent le roi **Gustave Vasa** et ses deux premières épouses ; des fresques du 19e s. rappellent les événements importants de sa vie. La chapelle Finsta abrite un des plus célèbres trésors de la cathédrale, le **reliquaire en vermeil de saint Éric★★★** (1579), saint patron de la Suède. Une pierre tombale en marbre noir de Tournai marque la tombe des parents de **sainte Brigitte** *(voir encadré p. 404)*. Le couple est entouré de ses sept enfants, Brigitte se trouvant en bas à droite. La châsse octogonale en vermeil, entourée de fer forgé délicatement ouvragé, contient les reliques de la sainte.

Un peu d'histoire...

Uppsala s'appelait à l'origine **Östra Aros** (« Estuaire de l'Est »). Au 11e s., c'était un comptoir commercial édifié à faible distance de la première cité d'Uppsala, aujourd'hui Gamla Uppsala. Cette première Uppsala devint en 1164 le siège d'un évêché dont le premier évêque fut un moine cistercien d'Alvastra, sacré en France, à Sens. À la suite de l'incendie qui endommagea la cathédrale de l'ancienne Uppsala, l'évêché fut transféré en 1273 à Östra Aros, qui prit le nom d'Uppsala après le déclin et la disparition de la première ville. Le transfert de l'évêché fut marqué par le début de la construction d'une nouvelle cathédrale, destinée à recevoir les reliques de **saint Éric**, le roi **Éric IX**, qui avait été assassiné à Uppsala en 1160. La montée en puissance de l'évêché d'Uppsala, élevé au rang d'archevêché et étroitement lié à la papauté et à la France par le canal des moines cisterciens (en 1285, le chapitre d'Uppsala avait fondé à Paris un collège pour étudiants suédois), assura au Moyen Âge le développement de la ville qui disputa à Sigtuna *(voir p. 254)* le rôle de capitale de la Suède. C'est à Uppsala que **Gustave Vasa** fut couronné roi en 1523, tradition qui s'est perpétuée chez ses successeurs jusqu'à **Charles XI** (en 1675), à l'exception de la reine Christine.

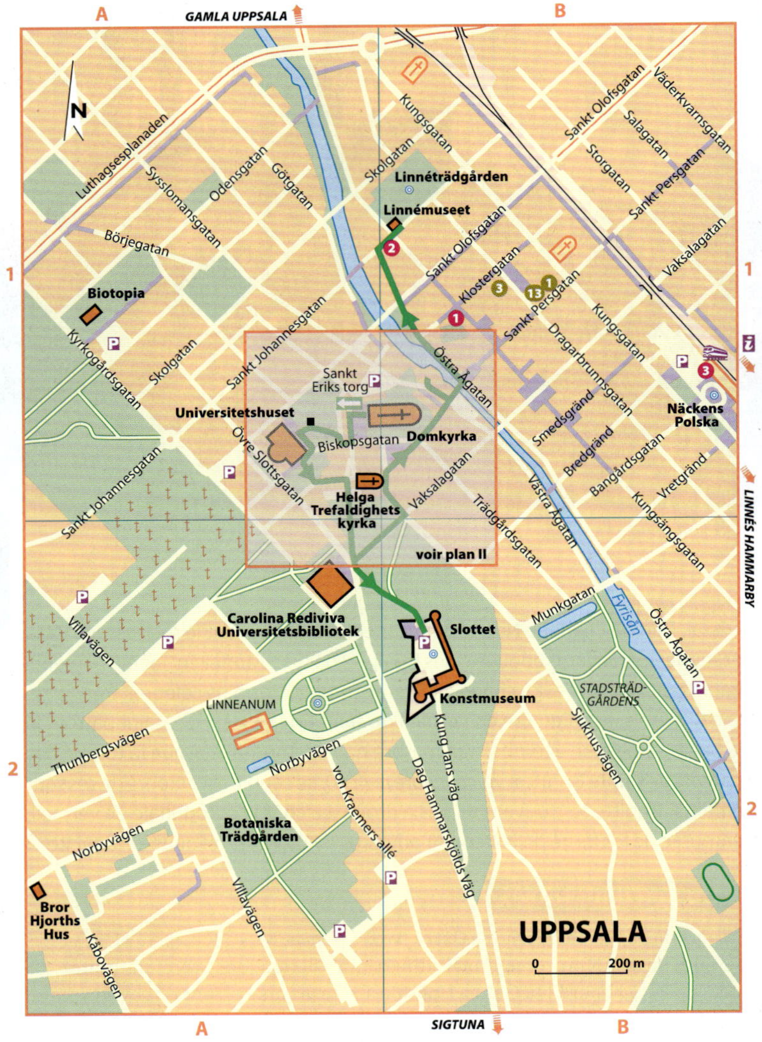

SE RESTAURER
- Klostergatan 5 1
- Café Carl von Linné 2
- Dryck & Mat 3

SE LOGER
- Uppsala City Hostel 1
- Clarion Hotel Gillet 3
- Scandic Uplandia 13

Dans la **chapelle Sture**, on remarquera le retable flamand exécuté à Bruxelles en 1520. La **chapelle Jagellon** est la chapelle funéraire de la première femme du roi Jean III, la princesse polonaise Catherine Jagellon. La tombe, de taille modeste et couverte d'un baldaquin, fut réalisée en 1590 par Willem Boy. La sculpture en marbre représentant le roi allongé est une œuvre hollandaise du 16e s. Remarquez, au-dessus, les armoiries de leurs villes natales, Cracovie et Stockholm. Voir aussi la pierre tombale du naturaliste **Carl von Linné**.

★★ **Trésor** – *Prendre l'ascenseur sous le porche à gauche - 10h-16h, dim. 12h30-16h ; mai-sept. : 10h-17h, dim. 12h30-17h - fermé Vend. saint, 20 juin et 24 déc. - 60 SEK*

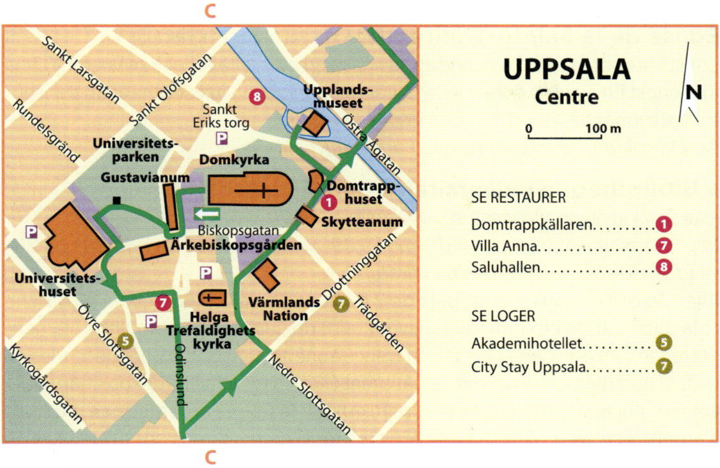

(-17 ans gratuit). La tour nord abrite une belle collection de textiles rares (du 12ᵉ au 20ᵉ s.), des vêtements liturgiques, les insignes royaux provenant des tombeaux des Vasa et les costumes des nobles assassinés lors du meurtre des Sture *(voir le château, p. 266).* Une robe de brocart datant de 1400 aurait appartenu à la reine Margrethe. Deux chasubles auraient été réalisées par **Albertus Pictor**, qui était également spécialiste des vêtements brodés de perles *(voir encadré p. 269).*

En sortant, suivre Akademigatan, puis tourner à droite dans Biskopsgatan.

Sur la gauche, on peut voir **Ärkebiskopsgården**, la demeure de l'archevêque.

Pénétrer dans le parc de l'université.

Gustavianum PLAN CI-DESSUS

Le Gustavianum, qui porte le nom de son bienfaiteur le roi **Gustave II Adolphe**, fut construit sur le site d'un palais épiscopal du Moyen Âge et abrita l'université de 1620 à 1887. Il est caractérisé par sa coupole couronnée d'un soleil, qui permettait à la lumière de pénétrer dans l'**amphithéâtre d'anatomie★★** (1663), conçu pour les dissections pratiquées en public par le naturaliste et professeur de médecine Olof Rudbeck (1630-1702).

Musée du Gustavianum – *Akademigatan 3 - ✆ 018 471 7571 - www.gustavianum.uu.se - fermé jusqu'à l'automne 2023, se rens.* Ce musée retrace l'histoire de l'université et consacre une section à la Suède préhistorique et médiévale : y est notamment conservé le célèbre **cabinet de curiosités d'Augsbourg★★** (1632). Ce meuble d'ébène à tiroirs et à compartiments, incrusté de pierres précieuses, devait servir à exposer des objets précieux.

★ Université (UNIVERSITETSHUSET) PLAN CI-DESSUS

Biskopsgatan 3. En 1477, l'archevêque Jakob Ulvsson avait fondé l'université, instaurant par cette décision la tradition, ininterrompue celle-là, de centre intellectuel du pays. Initialement administrée par l'Église catholique, elle dispensait ses enseignements aux futurs membres du clergé. Le luthéranisme s'y substitua tout naturellement après l'introduction de la religion réformée, avant que les laïcs ne devinssent chanceliers (recteurs) de l'université. C'est en 1887 que furent inaugurés les bâtiments actuels.

Le **parc de l'Université**, situé devant l'édifice, abrite plusieurs pierres runiques et une **statue d'Erik Gustaf Geijer**, historien et poète, qui fut professeur à l'université de 1816 à 1847.

Revenir sur Biskopsgatan, tourner à droite dans Nathan Söderbloms plan.

1

Église de la Sainte-Trinité (HELGA TREFALDIGHETS KYRKA) PLAN P. 265

Construite sur le site d'une ancienne église en bois, elle fut achevée en 1302; la tour ouest fut ajoutée durant le 14e s. Les peintures du vieux porche et du transept sont attribuées à Albertus Pictor et ses disciples.

Par Odinslund, on rejoint la bibliothèque universitaire.

★ Bibliothèque universitaire Carolina Rediviva

(CAROLINA REDIVIVA UNIVERSITETSBIBLIOTEK) PLAN P. 264 (A2)

Dag Hammarskjölds väg 1 - ✆ 018 471 39 09 - www.ub.uu.se - lun.-jeu. 8h30-21h, vend. 8h30-18h, w.-end 10h-16h - gratuit.

Avec 30 000 manuscrits et plus de 2 millions de volumes, c'est la plus riche et la plus grande bibliothèque universitaire de Suède. Son nom, littéralement « la renaissance de Caroline », fait référence à une ancienne bibliothèque fondée en 1620 et nommée Caroline, que ce bâtiment (1841) a remplacée. L'exposition laisse entrevoir bien des trésors. Le plus précieux est le **Codex argenteus★★**, ou Bible d'argent, écrit vers 520 à Ravenne, en lettres d'argent et d'or sur 187 feuilles de parchemin pourpre. Parmi les autres objets de valeur, citons le *Codex uppsaliensis,* le plus ancien des manuscrits de *L'Edda* de Snorri Sturluson, datant de 1300 environ, et la *Carta marina,* carte des mers du Nord, imprimée à Venise en 1539 et dessinée par **Olaus Magnus**, dernier archevêque catholique de Suède.

Prendre en face le chemin Drottning Christinas Väg, menant au château.

★ Château (SLOTTET) PLAN P. 264 (B2)

Rikssalen - Slottet ingång H0 - ✆ 018 54 48 11 - www.uppsalaslott.com - ♿.

Lorsque le roi Gustave Vasa entreprit la construction de ce château, il venait de rompre avec l'Église catholique et souhaitait faire valoir son pouvoir, entre autres, en faisant bâtir sa forteresse sur la crête qui dominait la cathédrale. Ses fils transformèrent le château en une résidence digne des rois. L'édifice brûla deux fois et ses façades furent remaniées par **Carl Hårleman** en 1757. De nos jours, le gouverneur du comté en occupe une partie. La grande salle, **Rikssalen**, restaurée par **Ragnar Östberg**, accueille banquets et festivités.

Musée d'Art (KONSTMUSEUM) – *juin-août : mar.-dim. 11h-17h (jeu. 20h) - fermé 24-25 et 31 déc. - gratuit.* Occupant trois niveaux du château, il organise des expositions temporaires d'art contemporain suédois et international.

Les ruines – Ce sont les seuls vestiges de la forteresse de **Gustave Vasa**.

Revenir vers Drottninggatan (PLAN P. 264)*, tourner à gauche dans Nedre Slottsgatan, puis à droite dans Riddartorget.*

Sur la droite s'élève le beau bâtiment **Värmlands nation**, le club des étudiants du Värmland, dessiné en 1930 par l'architecte **Ragnar Östberg**, auteur du célèbre hôtel de ville de Stockholm. Par ailleurs, douze des treize clubs d'étudiants représentant les différentes régions suédoises sont disséminés sur la rive ouest. Leur style raffiné du 19e s. donne de l'intérêt au quartier.

En continuant tout droit, on atteint le **Skytteanum**. Ce bâtiment qui appartient à l'université, aisément reconnaissable au passage voûté qui le traverse de part en part, comprend une partie de la muraille médiévale, dont provient également la tour de la fin du 13e s., **Domtrapphuset**, qu'on aperçoit un peu plus loin, sur la gauche.

Tourner à gauche dans Västra Agatan pour rejoindre le musée de l'Uppland.

Musée de l'Uppland (UPPLANDSMUSEET) PLAN P. 265

Skt. Eriks Torg 10 - ✆ 018 16 91 00 - www.upplandsmuseet.se - ♿ - tlj sf lun. 12h-17h - fermé 1er janv., 1er Mai, 20-21 juin, 24-25 et 31 déc. - gratuit.

La danse des eaux

Devant la gare centrale, un bronze monumental, **Näckens Polska★** (PLAN P. 264, B1), dû à Hjorth, jette une éclatante tache de couleur. Selon une tradition populaire très ancienne, Näcken est un esprit vivant dans les rivières et les ruisseaux. On le voit ici jouer du violon, tandis que la sirène des bois, Huldran, écoute la musique ; au sommet, deux jeunes gens dansent. Les suggestions érotiques de l'œuvre ont fait l'objet de discussions animées.

Sis dans l'ancien moulin à eau de l'université, le musée comprend des sections sur la ville médiévale, la cathédrale et la vie des étudiants. Deux des objets du folklore qui y sont exposés sont caractéristiques de l'Uppland : la *nyckelharpa* (sorte de vielle) et le *rya* (tapis à longs brins noués).
Revenir sur vos pas pour traverser la rivière Fyrisån puis remonter les agréables quais ombragés jusqu'à Linnégatan.

★★ Musée et jardin de Linné (LINNÉMUSEET - GÅRDEN) PLAN P. 264 (B1)

Svartbäcksgatan 27 - ✆ 018 47 12 838 (jardin), ✆ 018 13 65 40 (musée) - www.linnaeus.se - ♿ - mai et sept. : mar.-dim. 11h-17h, juin-août : 11h-17h - 100 SEK (-17 ans gratuit), billet donnant accès gratuitement au domaine campagnard de Linné (voir p. 268).
Remarquablement conservée, la résidence-musée de **Carl von Linné** (1707-1778) rappelle l'importance de l'œuvre laissée par ce scientifique, initiateur de notre système de classification des plantes *(voir p. 483)*. À l'intérieur, le décor invite à remonter le temps : mobilier et objets originels, collections de livres et de porcelaine, souvenirs de famille, etc. Prolongez cette intéressante visite par l'agréable **jardin botanique** contigu, aux 1600 variétés de plantes. Plantes annuelles et plantes vivaces y sont réparties dans 44 parterres selon le système imaginé par Linné. Lorsqu'il fut nommé professeur de médecine et de botanique en 1741 à Uppsala, il persuada l'université de la nécessité d'agrandir le jardin et de construire l'orangerie dont **Carl Hårleman** dressa les plans.

1

Hors du centre historique PLAN P. 264

Jardin botanique (BOTANISKA TRÄDGÅRDEN) PLAN P. 264 (A2)

À l'ouest du château - Villavägen 6-8 - www.botan.uu.se - mai-sept. : 7h-21h ; oct.-avr. : 7h-19h - serre tropicale : mar.-vend. 9h-15h, w.-end 12h-15h (juin-août : 16h, jeu. 18h) - orangerie : mar.-vend. 9h-15h ; gratuit ; serre : 50 SEK.
Olof Rudbeck traça en 1670 les jardins du palais que Carl Hårleman remania au 18e s. dans le style « à la française ». En 1787, ils devinrent les jardins botaniques de l'université.

Maison de Bror Hjorth (BROR HJORTHS HUS) PLAN P. 264 (A2)

À l'ouest du jardin botanique - Norbyvägen 26 - ✆ 018 56 70 30 - brorhjorthshus.se - ♿ - jeu.-dim. 12h-16h - gratuit.
Bror Hjorth (1894-1968) est l'un des artistes suédois du 20e s. les plus connus. Ses sculptures et ses huiles, naïves et expressives et aux couleurs vives, montrent clairement qu'il a tiré son inspiration du folklore suédois et de la sculpture africaine. Les œuvres exposées dans la maison et l'atelier comprennent les esquisses réalisées pour l'exécution du retable de l'église de Jukkasjärvi, en Laponie *(voir p. 442)*.

Biotopia PLAN P. 264 (A1)

Vasagatan 4 (dans le parc Vasaparken) - ✆ 018 727 63 70 - biotopia.nu - mar.-vend. 9h-17h (merc. 20h), w.-end 11h-17h - gratuit.

Ce muséum d'histoire naturelle nouvelle génération décrypte de manière interactive la faune et la flore de la région d'Uppland et, au-delà, de toute la Suède. La visite commence avec cinq **dioramas** mettant en scène différents biotopes (forêt, marais, bord de mer et même un hiver sous la neige), animés en son et lumière (orage, vent, brame du cerf, grondement d'ours, cris d'oiseaux, etc.). Les enfants adorent et peuvent ensuite participer à des expériences, comme celle consistant à récupérer du plancton avec une épuisette, puis à examiner ses trouvailles. Les parents trouveront quant à eux de nombreuses brochures de balades nature dans la région.

À proximité

CARTE P. 194-195 (C3)

★★ Gamla Uppsala

À 5 km au nord par la route 290 direction Österbybruck.

Disavägen 15 - ✆ 018 23 93 06 - www.upplandsmuseet.se/gamla-uppsala-museum - site en accès libre - musée : avr.-juin et sept. 10h-16h ; juil.-août : 11h-17h ; reste de l'année : se rens. - 100 SEK (-18 ans gratuit).

Ce site archéologique majeur est celui de la première Uppsala. On y marche librement à la découverte de trois collines, en réalité trois **tertres funéraires royaux★★★**. Il s'agirait de ceux des princes Aun, Egil et Ådil, membres de la dynastie Ynglinga, qui régnait à l'époque précédant l'ère viking et descendrait d'Odin même. Comme en attestent des écrits détaillés d'Adam de Brême datant de 1070, ces vestiges seraient ceux d'un temple païen qui se tenait à l'emplacement de l'église actuelle. Très abîmé par l'érosion, un quatrième tertre se dresse à l'est. Les archéologues ont aussi retrouvé 250 à 300 tombes. Les divers objets et bijoux (plus souvent des fragments) mis au jour lors des fouilles sont exposés au **musée** attenant, qui aide à mieux comprendre l'histoire du site et son importance symbolique.

Domaine campagnard de Linné (LINNÉS HAMMARBY)

Quitter Uppsala par la E 4, puis emprunter la route 282 en direction d'Edsbro. Après avoir parcouru 3 km, tourner à droite en direction de l'église danoise. De là, une ancienne route rurale sinueuse conduit à Linnés Hammarby.

✆ 018 471 28 38 - botan.uu.se/vara-tradgardar/linnes-hammarby - parc : mai-août : mar.-dim. 11h-17h ; sept. : vend.-dim. 11h-17h - musée : se rens. - visite guidée uniquement, brochures en français - 100 SEK (-18 ans gratuit).

Si vous visitez le musée-jardin de Linné à Uppsala, gardez votre ticket : le plein tarif vaut gratuité dans celui-ci.

Datant du 18e s., la résidence d'été de la famille Linné est ornée de parterres de fleurs, d'arbustes et d'arbres dont le grand botaniste s'occupait lui-même. La maison n'a conservé qu'une petite partie du mobilier d'origine, bien que le bureau porte encore les traces de son travail. Des copies de ses œuvres les plus célèbres sont exposées. Un grand nombre de ses élèves lui rendaient visite et il improvisait alors des cours dans le pavillon nord où, d'une curieuse tribune surnommée « cheval d'étude », il parlait à son auditoire ravi. Ses manuscrits et son herbier ont été conservés par la société Linné, établie dans Burlington House, à Londres.

Albertus Pictor

Albert le Peintre (vers 1455-1507), comme on le désigne parfois en Suède, décora plus d'une trentaine d'églises dans les provinces d'Uppland, de Södermanland et de Västmanland. Il est probable qu'il dirigeait un important atelier et qu'il employa plusieurs compagnons et apprentis à la réalisation de ses nombreux projets. Vivantes et expressives, d'un réalisme particulièrement nouveau, ses peintures trouvent leur inspiration dans les scènes de l'Ancien et du Nouveau Testament. Un grand nombre d'entre elles ont malheureusement disparu sous les badigeons à la chaux dont abusèrent les 17e et 18e s., et celles qui nous sont parvenues sont parmi les trésors les plus précieux du patrimoine suédois.

Église de Härkeberga

À 38 km au sud-ouest d'Uppsala par la route 55. Suivre les panneaux portant l'inscription « Medeltidskyrka ». ✆ 0171 257 00 - ♿ - se rens. pour les horaires.

L'église médiévale renferme de très belles **peintures murales★★** d'**Albertus Pictor** *(voir encadré)*. Elles furent réalisées à la fin du 15e s., au moment où les voûtes en brique remplacèrent les plafonds de bois et, contrairement à ce qu'il advint dans les autres églises, elles ne furent pas ultérieurement recouvertes d'une couche de peinture à la chaux. Extrêmement bien conservées, elles font partie, selon les experts, des plus belles œuvres du peintre. Son style est réaliste et, malgré la puissance et la vigueur qu'expriment les personnages, l'ensemble est empreint d'une sensibilité délicate. Les peintures font revivre des scènes de la Bible ainsi que certaines légendes et sont réparties selon un ordre bien défini : la Trinité au-dessus de l'autel, la Vierge Marie et l'enfance du Christ dans le chœur, des scènes de l'Ancien Testament sur les voûtes de la nef et la Passion du Christ sur les murs, tandis que le porche est réservé aux fables édifiantes et aux scènes appelant la présence du diable.

★★ Le Roslagen

CARTE P. 194-195 (C3)

Circuit d'env. 250 km (sans compter quelques détours vers la côte) tracé en violet sur la carte p. 194-195.

www.roslagen.se

À l'est d'Uppsala s'étend une frange côtière connue sous le nom de Roslagen et fréquentée l'été par les habitants de la capitale. Sous ses airs bucolique et placide, l'arrière-pays d'Uppsala a joué un rôle clé dans les interminables guerres menées par le roi Gustave Vasa, avec ses **« villages de forges »** qui fabriquaient notamment les munitions. Bien conservés, ces villages ouvriers modèles constituent l'un des attraits du Roslagen, au même titre que les **églises médiévales** (1150-1300). Lorsqu'au 15e s. leurs plafonds en bois furent remplacés par une voûte en brique, celle-ci fut généralement ornée de fresques composées de motifs décoratifs et de scènes de la Bible.

Quitter Uppsala vers le nord-ouest et prendre la route 288.

Grisslehamn

Ce petit port de pêche se développa autour d'un bureau postal et douanier installé sur la route de la poste reliant Stockholm et la Finlande. Jusqu'en 1876, le courrier était transporté par bateaux à rames jusqu'au petit port de Storby, sur l'île d'Eckerö, et, lorsque la mer était gelée, les bateaux étaient traînés sur la glace.

Chaque été, entre les deux ports, une course d'avirons en bateaux d'époque commémore ce rude service.
Albert Engströms Ateljé – ✆ *0175 308 90 - albertengstrom.se - se rens. pour les horaires - 120 SEK (-16 ans gratuit).* Même si vous ne connaissez pas le peintre et écrivain populaire **Albert Engström** (1869-1940), qui fit notamment d'amusants portraits des vieilles gens du Roslagen, ne manquez pas son magnifique **atelier** perché en rebord de falaise.
Revenir à Älmsta puis prendre la route d'Hallstavik.

Église d'Häverö

Édifiée vers 1300, elle contient des **peintures** restaurées et un beau retable datant de 1500, œuvre d'un artisan d'Anvers.
Rejoindre la route 76.

★ Église d'Edebo

Une restauration a permis de découvrir de splendides **peintures★★** (1515) du Maître d'Edebo, qui fut influencé par Albertus Pictor *(voir encadré p. 269)*. Les verts et les jaunes chauds aux nuances rougeâtres donnent à l'intérieur de l'église des reflets dorés. Les fonts baptismaux du 14e s. sortent des ateliers du Gotland.
Continuer vers le nord le long de la route 76, puis prendre la route 292 vers l'ouest.

Forges de Gimo (GIMO BRUK)

Ce « village de forges » fut fondé par décret royal en 1615 avant de connaître une grande prospérité, comme l'illustre Gimo Herrgård, un élégant manoir de style gustavien construit en 1770 par **Jean Eric Rehn** *(voir encadré p. 231)*, aujourd'hui un centre de conférences.
Revenir à la route 76 et poursuivre en direction de Östhammar.

Forge de Harg (HARGS BRUK)

Ce « village de forges » fut fondé en 1668, mais son manoir *(fermé au public)* et son parc ne furent construits que vers 1760.

Vallonbruken, les forges wallonnes

En Suède, la métallurgie du fer prit naissance dans la région minière de Bergslagen (80 km à l'ouest d'Uppsala) qui vit prospérer des forges dès les 16e et 17e s. Les premières appartenaient souvent à des familles de langue néerlandaise (de Geer et de Besche) originaires des Provinces Unies, tandis que de nombreux ouvriers qualifiés étaient des Wallons (certains noms de famille tels que Martinelle, Gauffin ou Mineur rappellent le souvenir de ces premiers immigrants). Les forges traitaient le minerai de fer de haute qualité extrait de la **mine Dannemora** (l'exploitation cessa en 1991) et produisaient du fer en gueuses (masses de fonte brute) de bonne qualité qui devint très vite célèbre à l'étranger et fut exporté à Sheffield (Royaume-Uni) pour la fabrication d'outils et de coutellerie. Les **villages de forges** se caractérisaient par leur plan identique et l'uniformité des couleurs et des matériaux de construction. Bien qu'un certain esprit de progrès ait imprégné ces nouveaux villages industriels, l'ordre établi régnait en maître : ainsi les ouvriers-forgerons habitaient-ils de petites maisons à un étage dans la rue principale, tandis que le propriétaire de la forge résidait dans un manoir imposant. Aujourd'hui, toutes les forges ont cessé leur activité, mais ces villages modèles sont un élément important de l'héritage industriel de la Suède.
Voir aussi les forges d'Engelsberg, p. 248.

Östhammar

Une charmante bourgade avec des édifices en bois du 18e s., bien conservés.
Quitter la route 76 à Lindersvik en direction d'Öregrund.

★ Öregrund

D'étroites ruelles conduisent au cœur de cette jolie petite ville dont le port est dominé par l'ancien phare, l'église du 15e s. et sa tour-clocher du 18e s.
Rejoindre la route 76 et continuer vers le nord.

★ Forges de Forsmark (FORSMARKS BRUK)

☎ 0173 500 15 - visitforsmark.se - en été, se rens.
Dans ce village, la fonderie (1570) et ses trois forges fonctionnèrent jusqu'en 1898. Le **manoir** (1774) de style gustavien, entouré d'un parc à l'anglaise, fut dessiné par **Jean Eric Rehn**, qui conçut également le plan symétrique du village, structuré autour des deux bâtiments représentant l'autorité légale : le manoir et l'église (1800), situés aux deux extrémités de la rue principale. La tour de l'église offre une belle vue d'ensemble. La grange à proximité de l'auberge sert de **musée** local.
La route 76 vire vers le nord-ouest ; la suivre jusqu'à Lövstabruk.

★★ Forges de Lövsta (LÖVSTABRUK)

☎ 0294 310 70 - www.lovstabruk.com - plusieurs visites guidées au choix (manoir et usine, bibliothèque du 18e s. ou brasserie) en mai-sept. - se rens. pour les horaires et tarifs.
Louis de Geer acquit les **forges de Lövsta** en 1643 et en fit le centre de son empire minier. Ce rôle important est reflété par l'imposant **manoir★**, dont la décoration intérieure est de Jean Eric Rehn, et par ses beaux jardins baroques. Sur le côté ouest de la rue principale, les maisons des ouvriers, en parfait état, rehaussées de jaune et de blanc, font pendant au manoir situé de l'autre côté. L'église, achevée en 1727, renferme un célèbre **orgue** baroque (1728) de Johan Niclas Cahman.
Prendre une route secondaire vers le sud en direction d'Österbybruk ; elle rejoint la route 290 à mi-parcours.

★★ Forges d'Österby (ÖSTERBYBRUK)

☎ 0295 200 72 - ♿ - www.roslagen.se - prix et horaires : se rens. sur le site - manoir sur visite guidée uniquement.
Les **forges d'Österby** constituent le « village de forges » le plus ancien et le plus intact. Un haut-fourneau très simple fonctionnait déjà en 1443, mais la fonderie connut un réel essor après l'acquisition du domaine par Louis de Geer en 1643. L'exposition organisée dans la **forge wallonne★**, la dernière de son genre, illustre de façon très réaliste les conditions de travail d'autrefois.
Le **manoir** à deux étages datant de 1758-1785 sert de centre d'exposition en été. **Bruno Liljefors**, peintre de renommée internationale connu pour ses scènes de chasse de style impressionniste, y vécut de 1917 à 1934. Il transforma l'ancienne buanderie en **atelier** (Liljeforsateljén), et la vue que l'on aperçoit de la fenêtre est souvent reproduite dans ses tableaux. L'aile ouest abrite une chapelle et l'aile est a été convertie en une élégante et confortable auberge *(☎ 0295 212 00 - gammeltammen.se - 116 ch. à partir de 1200 SEK)*. Les écuries et les entrepôts ont été transformés en boutiques d'artisanat. Le parc a été dessiné par Carl Hårleman. La **tour-clocher** (1700) carolienne est un des éléments caractéristiques des « villages de forges » de l'Uppland.
Continuer à suivre la route 290 vers le sud pour rejoindre Uppsala.

1

Carnet pratique

S'informer

Office de tourisme – PLAN B1 (P. 264) - *Stationsgatan 20A - Uppsala - ☎ 018 727 48 00 - destinationuppsala.se.*

Arriver/partir

En avion – L'aéroport Stockholm-Arlanda (*www.swedavia.se/arlanda*) se situe près d'Uppsala par la E 4. Bus pour le centre-ville (15mn).

En train – Plusieurs liaisons quotidiennes avec Stockholm (moins de 45mn). La plupart des trains continuent vers Gävle et Sundsvall. *Rens. www.sj.se.*

Agenda

Uppsala perd l'essentiel de son animation l'été, quand les étudiants sont en vacances.

Sista April – *www.uu.se/en/about-uu/traditions/walpurgis.* 30 avr. La plus grande fête étudiante de Suède : courses de bateaux sur la rivière, déjeuner de harengs, concerts, etc.

Nuit de la culture – *kulturnattenuppsala.se.* 2e sam. de sept. Une journée et une nuit consacrées à la culture.

Festival international du court métrage – *www.shortfilmfestival.com.* Fin oct. L'un des festivals de cinéma les plus importants du pays.

Nos adresses

Restauration

Premier prix

2 Café Carl von Linné – B1 - *Svartbäcksgatan 24 - à l'entrée du musée Linné - ☎ 018 12 61 26 - 7h-22h, w.-end 8h-22h - plats env. 100 SEK.* Ce café, l'un des plus vieux de la ville, offre un joli cadre pour déguster quelques plats simples élaborés avec des produits locaux : boulettes, poisson-pommes de terre, steaks, etc.

Budget moyen

8 Saluhallen – C3 - *Skt. Eriks Torg 8 - ☎ 018 10 44 45 - feskarn.nu - 10h-18h, vend. 10h-19h, sam. 10h-16h - fermé dim.* Près de la cathédrale, ces halles abritent une multitude d'adresses gourmandes, du simple étal au restaurant raffiné, en passant par le café bon marché. Grande terrasse sur le canal.

1 Klostergatan 5 – B1 - *Klostergatan 5 - ☎ 018 20 21 60 - www.klostergatanfem.se - mar.-sam. 17h-0h - assiettes 70/120 SEK, dîner 220/350 SEK.* Un bistrot écologique qui sert des assiettes à base de produits bio : charcuterie, légumes et fromages proviennent de petites exploitations agricoles de la région. Idéal avec un verre de vin.

Pour se faire plaisir

1 Domtrappkällaren – C3 - *Skt. Eriks Gränd 15 - ☎ 018 13 09 55 - www.domtrappkallaren.se - lun.-vend. 11h-22h, sam. 12h-22h - plats 245/310 SEK, menus 525/575 SEK.* Une institution où l'on sert depuis des générations une généreuse cuisine locale. Nombreux touristes.

Une folie

3 Dryck & Mat – B1 - *Olof Palmes plats 2 - ☎ 070 312 35 56 - www.dryckochmat.se - lun.-mar. et dim. 17h-22h, merc.-jeu. 17h-23h, vend.-sam. 17h-0h - plats 325/455 SEK, menu mets-vins 1 610 SEK.* Rendez-vous des œnophiles, ce bar à vins adapte ses plats aux crus proposés à la dégustation, et non l'inverse !

7 Villa Anna – C3 - *Odinslund 3 - ☎ 018 580 20 00 - www.villaanna.se - 11h30-13h, 17h-23h - fermé* *sam. midi, dim.-lun. - menus dîner 750/950 SEK.* Les classiques de la cuisine suédoise modernisés, dans une villa de 1870. Également hôtel de charme.

Petite pause

Katedral Café – C3 - *Domkyrkoplan 5-7 - ✆ 018 56 40 90 - 10h-16h30, dim. 11h-16h.* Ce salon de thé est idéalement situé le long de la cathédrale avec sa terrasse charmante sur une petite pelouse.

Ofvandahls Café – C3 - *Sysslomansgatan 5 - ✆ 018 13 42 04 - www.ofvandahls.se - 7h30-18h, sam. 10h-17h, dim. 11h-17h.* Cette pâtisserie plus que centenaire attire aussi bien les étudiants que les personnalités de passage. Incontournable !

Activités

Baignade

À quelques kilomètres d'Uppsala, plusieurs plages bordent le lac Mälaren, comme Vårdsätrabadet et de Lyssnaängsbadet.

Vélo

Considérée comme l'une des meilleures villes cyclables de Suède, Uppsala propose également 4 itinéraires au départ de la gare pour découvrir les environs : Ulva Kvarn, Linnés Hammarby, Fjällnora et Fullerö backar. *Rens. auprès de l'office de tourisme.*

SkiTotal Cykel – *Dragarbrunnsgatan 46 - ✆ 018 10 50 40 - www.skitotal.se - lun.-vend. 10h-18h, sam. 10h-16h.* Location vélo : 200 SEK/j.

Train à vapeur

Lennakatten – *Stationsgatan 11 - ✆ 018 13 05 00 - www.lennakatten.se - juil.-août : merc.-dim. 9h-17h - 230 SEK (enf. 120 SEK).* Cette ligne de 33 km, animée par des bénévoles passionnés, relie la gare d'Uppsala Östra et Faringe.

Hébergement

Premier prix

7 City Stay Uppsala – C3 - *Trädgårdsgatan 5A - ✆ 018 12 10 00 - citystayuppsala.se - 85 ch. 820/1395 SEK* ☕. Central, ce bâtiment moderne fait à la fois hostel (auberge de jeunesse) et hôtel. Toutes avec salle d'eau, les chambres sont petites mais charmantes. Une bonne option.

1 Uppsala City Hostel – B1 - *S : t Persgatan 16 - ✆ 018 10 00 08 - uppsalacityhostel.se - P payant - ch. à partir de 580 SEK - lit en dortoir : à partir de 245 SEK - ☕ 65 SEK.* Basique mais propre, une bonne adresse pour petits budgets. Sanitaires communs.

Budget moyen

5 Akademihotellet – C3 - *Övre Slottsgatan 5 - ✆ 018 15 51 90 - akademihotellet.se - 41 ch. 1090/1 390 SEK* ☕. Cette grande maison orange du quartier historique, entre la cathédrale et le château, propose des chambres simples mais confortables. Sauna.

13 Scandic Uplandia – B1 - *Dragarbrunnsgatan 32 - ✆ 018 495 26 00 - www.scandichotels.com - P payant - ♿ - 133 ch. 1767/2290 SEK ☕ - ✕.* L'extérieur un peu froid de cet hôtel contraste avec ses chambres accueillantes et de bon confort. Emplacement idéal dans le quartier piéton.

Pour se faire plaisir

3 Clarion Hotel Gillet – B1 - *Dragarbrunnsgatan 23 - ✆ 018 68 18 00 - www.nordicchoicehotels.se - P payant - ♿ 🏊 - 161 ch. 1995/2895 SEK ☕ - ✕.* Cette chaîne connue d'hôtels de luxe garantit des établissements plaisants et tout équipés. Celui-ci est situé dans le quartier piéton et dispose d'une piscine.

La Dalécarlie ★★★

Dalarna

Les maisonnettes de bois peintes en rouge, les forêts sombres et les lacs étincelants, les tissus traditionnels et les chevaux en bois sculpté, la fête de la Saint-Jean et la liesse qu'il s'en dégage... La Dalécarlie, dont le nom suédois Dalarna signifie « les vallées », est un concentré de Suède, à commencer par la couleur qui orne bien des maisons à travers tout le pays, le « rouge de Falun », tiré de la mine de cuivre de la ville du même nom. Berceau du tourisme national, paradis du ski, de la randonnée et des baignades, le cœur géographique et culturel du pays est cher aux Suédois, nombreux à venir s'y ressourcer. Il faut dire que, hormis certains villages très touristiques, chacun peut y trouver son coin de paradis, sa cabane isolée au milieu des sapins et des bouleaux, avec vue sur un lac. Aussi vaste que la Belgique, la région est trente fois moins peuplée !

Se repérer

CARTE AB1-2 (P. 194-195) ET CARTE P. 277

Située à 250 km au nord-ouest de Stockholm, la Dalécarlie est à la charnière entre le nord des grands espaces sauvages et le sud, beaucoup plus peuplé.

À ne pas manquer

La mine de cuivre et le musée de Dalécarlie à Falun, la maison de Carl et Karin Larsson à Sundborn, les villages traditionnels autour du lac Siljan.

Organiser son temps

Comptez au minimum 2 jours pour chaque circuit.

En famille

La mine de cuivre de Falun, le parc aquatique Leksand Sommarland, le parc Tomteland, la plage et le parc aux ours d'Orsa.

Carnet pratique p. 287

Nos adresses p. 287

Cabanes près d'un lac dans les environs de Falun.
K. Yamashita/PanStock/age fotostock

★ Falun

CARTE P. 194-195 (B2) ET P. 277

Trotzgatan 10-12 - Falun - 0771 62 62 62 - www.visitdalarna.se
Le cuivre ! C'est la grande richesse du chef-lieu de la Dalécarlie, aujourd'hui une petite ville plutôt agréable, alanguie au bord de la rivière Faluån, mais sans aucune mesure avec son rayonnement passé. Au-delà du développement de la ville elle-même, la mine de cuivre, l'une des plus grandes au monde, a assuré la prospérité de tout le royaume. Du Moyen Âge jusqu'en 1992, avec un âge d'or au 17e s., Falun a vécu au rythme de cette mine, se développant autour de la place principale (Stora Torget), de l'église Christine et de l'hôtel de ville. Le gisement a été épuisé mais la mine, classée au **Patrimoine mondial de l'Unesco**, reste une importante attraction touristique.

Falun est aussi un centre de ski réputé : dominé par son tremplin de saut à ski, le **complexe sportif Lugnet** accueille régulièrement les championnats du monde de ski nordique, la dernière fois en 2015.

Traditions et art populaires de la Dalécarlie

Costumes – Chaque village a ses couleurs et ses motifs propres et le costume des femmes comprend une foule d'accessoires, chacun ayant sa signification particulière. Toutes les festivités, surtout Midsommar, la fête de la St-Jean, offrent aux habitants l'occasion de revêtir ces ensembles aux couleurs vives.

Musique – Le rappel des animaux au son d'une mélopée féminine ou d'un cor est l'une des plus anciennes traditions musicales de la Dalécarlie.
Le violon était l'instrument le plus populaire, souvent accompagné par une harpe et une clarinette jusqu'à ce que l'accordéon prenne le pas. Les réunions d'un grand nombre de musiciens *(spelmansstämmor)* ont toujours fait partie de la vie musicale locale et, aujourd'hui, ce genre de spectacle attire des milliers de visiteurs.

Peinture – Les *kurbits* – motifs floraux de Dalécarlie – ont toujours été utilisés pour décorer les buffets et les armoires, mais, vers la fin du 18e s., des artistes itinérants entreprirent de décorer les demeures rustiques de la région. Des scènes bibliques étaient replacées dans un cadre dalécarlien et les personnages étaient représentés en costume régional.

La ville du cuivre

Falun doit sa renommée à un trou béant connu sous le nom familier de « grand puits ». C'est probablement à l'époque viking que furent découverts pour la première fois les importants gisements de cuivre ou **Stora Kopparberg** (« grande montagne de cuivre »). La première mention écrite ne date cependant que de 1288. L'apogée de la mine de Falun coïncida avec l'époque où la Suède était une grande puissance. Durant certaines périodes, le rendement de la mine représenta environ la moitié de la production globale du pays et, avec plus de 1 000 ouvriers, la mine était au 17e s. l'employeur le plus important du pays dans le domaine industriel ; la reine Christine l'appelait alors avec fierté le « joyau du royaume ». Stora Kopparberg devint le nom officiel de la plus ancienne société de Suède, fondée au 13e s., connue aujourd'hui sous le nom de Stora. Au 18e s., le cuivre cessa de jouer un rôle primordial au sein de l'économie suédoise, mais Falun continua à produire ce métal en quantité importante pendant une grande partie du 19e s. La mine fut définitivement fermée en 1992.

★★ Mine de cuivre (KOPPARGRUVA)

À l'ouest de la rivière, à quelques minutes du centre de la ville, en direction de Leksand (bien fléché). Gruvplatsen 1 - ✆ 023 78 20 30 - www.falugruva.se - centre d'accueil : de déb. mai à mi-juin et de mi-août à fin sept. : 10h-16h ; de mi-juin à mi-août : 9h30-17h30 ; reste de l'année : mar.-vend. 11h-16h, w.-end : 10h-15h - visite de la mine 205 SEK (3-15 ans 70 SEK) ; visite de la mine et du musée 220 SEK (3-15 ans 90 SEK) ; visite complète de la mine et des sites en surface 260 SEK (3-15 ans 120 SEK) ; visite des sites en surface seult 120 SEK (3-15 ans 70 SEK). Température 5 °C. Imperméable et casque sont fournis à l'entrée. Vêtements chauds et chaussures de marche conseillés.

Une agréable maison d'hôtes, Polhem Bed & Breakfast, s'est installée dans les anciens bâtiments des mines, vue sur le puits (*voir « Hébergement » p. 289*).

Le site – L'imposante mine à ciel ouvert résulte d'un effondrement survenu en 1687, fort heureusement un dimanche, donc sans faire de victime. On tremble en pensant à ce qu'il aurait pu advenir un autre jour, quand, trouée comme un gruyère, la mine s'effondra en créant un immense cratère de 100 m de profondeur sur 400 m de long. Celle-ci est devenue une curiosité touristique depuis lors, attirant des visiteurs aussi célèbres que le roi Gustave Vasa et le botaniste Carl von Linné, qui, en 1734, la décrivit ainsi : « La plus grande merveille de Suède, mais aussi terrifiante que l'enfer lui-même ». Ceci dit, selon les guides locaux, les conditions de vie des mineurs étaient meilleures que dans de nombreux pays d'Europe. Le labeur était certes rude, mais les accidents mortels étaient rares et le salaire plutôt élevé pour l'époque.

La visite des galeries – Après avoir réservé votre créneau horaire au centre d'accueil, rendez-vous est donné avec un guide devant le musée, à 200 m de là. Première étape : les vestiaires, où chacun met une cape et un casque orange, avant de descendre, par des escaliers, à une profondeur de 55 m. Le circuit dure environ 45mn pour une marche d'environ 600 m, le long des plus anciennes chambres et galeries, certaines datant de 1662, autrement dit le début de l'extraction. L'obscurité, l'humidité et le froid rendent la visite particulièrement impressionnante. La remontée s'effectue en ascenseur.

★★ Musée de la Mine (Gruvmuseet) – *Voir conditions de visite de la mine*. Le lieu met bien en valeur ses exceptionnelles collections illustrant l'histoire de la mine du point de vue industriel et technique. On remarquera en particulier les inventions ingénieuses de **Christopher Polhem** (1661-1751). Surnommé le père de la mécanique suédoise, celui-ci accomplit un travail important pour la mine, en utilisant des appareils mécaniques. L'histoire des différentes méthodes de production du fer est illustrée par des tableaux et des modèles réduits. Les différents minéraux, ainsi que la collection de plaques de métal utilisées pour l'impression de la monnaie de 1650 à 1717 et d'énormes pièces de monnaie en cuivre de la période 1718-1759 sont fascinants. À l'étage, chapelle et petite **galerie d'art** (expositions temporaires d'artistes locaux).

Sentier découverte - *2 km - pas de dénivelé, facile - fléché depuis le musée.* Bordé de bâtiments techniques du milieu du 19e s., offrant de belles vues sur le site, ce sentier fait le tour du grand puits *(petit train l'été).*

En sortant, vous pouvez rejoindre le centre de Falun en voiture *(env. 3mn)* mais la promenade à pied, le long de Stigaregatan *(1,2 km, en partie piétonne)* se révèle intéressante : elle traverse Esborg, l'un des quartiers où habitaient les mineurs, où subsistent quelques maisons de bois anciennes.

Le rouge de Falun

Emblématique des paysages de Suède, la petite maison suédoise peinte en rouge est un symbole national. Cette couleur provient de l'ocre rouge de Falun (Falu Rödfärg), obtenu à partir des scories du cuivre. Mixé à de l'huile de lin, il produit une peinture rustique, utilisée à partir du 17e s. À l'origine, seuls les hôtels particuliers et les églises étaient peints en rouge. Puis, durant la période de l'empire suédois, on se mit à attacher une plus grande importance aux apparences et le rouge devint plus fréquent... Aujourd'hui, la demande pour ce pigment rustique, économique et durable, ne faiblit pas. Entre-temps, son usage s'est même exporté à l'ensemble des pays scandinaves, et, par le biais de l'émigration, à certaines régions américaines, où ce sont les granges qui sont peintes en rouge.

★★ Musée de la Dalécarlie (DALARNAS MUSEUM)

Stigaregaten 2-4 - ✆ 023 666 55 00 - dalarnasmuseum.se - mar.-dim. 11h-17h - fermé 1er janv., Vend. saint, 21 juin, 24-25 et 31 déc. - gratuit - boutique et restaurant Kopparhatten (voir p. 287) - brochures en français.

Situé dans un bâtiment moderne et clair au bord de la rivière, cet attachant musée est une sorte de conservatoire des traditions régionales : ses collections présentent les étonnantes **peintures dalécarliennes** de l'art paysan, les anciens **costumes folkloriques** authentiques aux couleurs vives accompagnés de leurs accessoires, les meubles peints et les chevaux en bois sculptés (« dalahäst ») aujourd'hui devenus emblématiques de toute la Suède.

Au rez-de-chaussée, le **bureau et la bibliothèque de Selma Lagerlöf** ont été reconstitués. Auteure du *Merveilleux Voyage de Nils Holgersson à travers la Suède*, en 1906, l'écrivaine nobélisée séjourna et travailla pendant de longues périodes à Falun *(voir aussi p. 293 et 493)*.

★★ Église Christine (KRISTINEKYRKA)

Sur l'agréable place principale de la ville, à quelques pas du musée, cette basilique à trois nefs fut construite de 1642 à 1655. L'intérieur, tout de bleu et or, est aussi inhabituel qu'heureux. Cette bichromie date de la restauration de 1905-1906, tout comme les fonts baptismaux en marbre et l'orgue de la tribune. L'impressionnante décoration baroque, avec un pompeux retable et une chaire dorée de 1669, témoigne de l'âge d'or de Falun, quand la mine de cuivre donnait toute sa prospérité à la ville.

Avec leurs espaces de jeux, les églises suédoises sont souvent accueillantes pour les enfants. Celle-ci particulièrement, avec déguisements ecclésiastiques et mini-autel à disposition pour jouer à conduire la messe !

À proximité

CARTE P. 194-195

★ Sundborn B2

À 13 km au nord-est par la route 80 en direction de Gävle, puis en suivant la direction de Svärdsjö et Sundborn.

www.sundborn.com.

Avec ses maisonnettes rouges au bord de l'eau et ses jardins manucurés, ce village est particulièrement charmant autour de la maison de Carl Larsson.

★★ **Carl Larssongården** – *Carl Larssons väg 12 - ✆ 023 600 53 - www.carllarsson.se - visites guidées (45/50mn) - mai-sept. : dép. réguliers entre 10h et 16h (suédois* *et anglais) ; oct.-avr. : au moins une visite par jour : se rens. - fermé 24 déc.-2 janv. - 240 SEK (6-16 ans 65 SEK).* Bienvenue au berceau du style scandinave ! Cette originale demeure est celle du couple d'artistes le plus célèbre de Suède, le peintre **Carl Larsson** (1853-1919) et sa femme Karin. Tandis que son illustre époux *(voir p. 491)* se consacrait tout entier à son art, allant jusqu'à peindre les murs de la maison, sa femme gérait la maisonnée, ses sept enfants et sa décoration, dans un style inédit à l'époque : les couleurs sombres, typiques du 19e s., furent remplacées par des teintes claires et chaudes. Des teintes tellement caractéristiques de ce qui fait aujourd'hui le « style scandinave » que l'équipe qui gère le lieu raconte que, chaque année, des équipes d'Ikea viennent s'inspirer ici, incognito ! Abandonnant la peinture, Karin se consacra au travail des textiles et l'on peut voir ses tapisseries et ses broderies dans toute la maison. Elle dessina la majeure partie du mobilier que le charpentier du village réalisa. Carl contribua aussi à la décoration en exécutant des peintures murales et des portraits de leurs sept enfants.

Le roman *Sundborn ou les jours de lumière*, de Philippe Delerm, évoque la période française du couple, qui a résidé avec une colonie d'artistes à Grez-sur-Loing *(voir encadré ci-dessous)* avant de revenir à Sundborn.

Stora Hyttnäs – *076 14 26 584 - jardin : tlj ; maison : se rens. - 100 SEK.* Cette demeure en bois de construction traditionnelle est un parfait exemple de l'intérieur cossu d'une famille de la haute bourgeoisie suédoise à l'aube du 20e s. En sortant, pour une agréable promenade à pied *(2 km AR)*, remonter Carl Larssons väg puis Kyrkvägen le long des berges du lac Toftan, jusqu'à la maison des Paroissiens, à droite de l'église.

Les artistes nordiques en France

Dans les dernières décennies du 19e s., Paris, capitale des idées et des arts, attire irrésistiblement vers elle les jeunes talents, leur offrant maintes possibilités de découvertes et de rencontres. L'école des Beaux-Arts, l'académie Julian, l'académie Colarossi et de nombreux ateliers privés accueillent, à partir de 1875, des peintres venus de l'Europe du Nord comme **Albert Edelfelt**, Ernst Josephson, Akseli Gallen-Kallela, Pekka Halonen, **Frits Thaulow** ou **Helene Schjerfbeck**. Les artistes nordiques s'intéressent à l'œuvre de Courbet, Manet, Bastien-Lepage et Millet tout en essayant de se faire connaître. À travers les impressionnistes (Monet, Pissarro, Renoir et Sisley), ils découvrent une nouvelle forme d'expression picturale.

Dans les années 1880, le petit village de **Grez-sur-Loing**, au sud de Fontainebleau, attire une petite colonie scandinave. Précédés par le Norvégien **Christian Krohg**, des artistes suédois, dont Richard Bergh, **Carl Larsson, August Strindberg** (plus connu comme écrivain), Ernst Josephson, Karl Nordström, Nils Kreuger et Bruno Liljefors, viennent s'installer dans la pension de Mme Chevillon à l'instar des peintres venus précédemment vivre à Barbizon. Séduits par la luminosité du ciel d'Île-de-France et le travail en plein air, ils peignent des vues de Grez, des jardins fleuris, des scènes campagnardes ou des groupes d'amis attablés. Carl Larsson se plaît tant à Grez qu'il revient y passer trois ans après son mariage. De retour dans leur pays, les artistes nordiques s'appliquent à traduire les vibrations de la lumière dans leurs tableaux. Ils se mettent même à peindre des paysages enneigés, ce qu'ils ne faisaient guère avant leur séjour en France.

Collection de portraits de Carl Larsson (Carl Larssons Porträttsamling) – *Kyrkvägen 20 - ☏ 023 669 63 05 - se rens. pour les horaires - gratuit.* Douze portraits de personnes de la région sont présentés dans la maison des Paroissiens, à côté de l'église. Certains ont été exposés à Helsinki, Tokyo, Pékin et New York. Les commentaires de l'artiste sont disponibles en anglais, allemand et français.
Église – Lors de la restauration de 1905, la décoration intérieure de cette église en bois peinte en rouge, charmante de simplicité, fut réalisée par Carl Larsson.

★★ Autour du lac Siljan

CARTES P. 194-195 (B2) ET P. 277

Circuit tracé en vert clair sur la carte p. 277 - 120 km env. au départ de Leksand. Rendons grâce à l'immense météorite dont la chute a creusé, voilà 360 millions d'années, le plus grand (280 km^2) et le plus profond (124 m) des lacs de Dalécarlie, l'un des plus beaux aussi, le cœur battant d'une belle région aux traditions folkloriques toujours vivaces, attirant une foule de touristes.

Leksand

Norsgatan 28 - ☏ 0771 62 62 62 - www.visitdalarna.se.
À l'extrémité méridionale du lac Siljan, Leksand est l'une des portes d'entrée de la région, le centre administratif de 94 villages situés sur son territoire, une base pratique pour faire quelques courses dans les rues commerçantes, avant d'aller s'isoler dans une cabane en pleine nature. Proprette et paisible, elle est réputée pour son attachement aux traditions, l'un des meilleurs endroits pour assister aux festivités de la St-Jean, Midsommar *(voir p. 455 et 512)* en suédois : chants et danses folkloriques, érection du mât de mai, tressage de couronnes de fleurs...
★ **Église** – Construite au 13e s. en pierre crème et blanche, elle se dresse dans un site paisible au bord du lac. L'intérieur turquoise forme un cadre parfait pour la chaire dorée (1757) et le crucifix triomphal du 15e s.
Munthes Hildasholm – *Klockaregatan 5 - ☏ 024 71 00 62 - www.hildasholm.org - jardin 50 SEK, réouverture de la villa à l'automne 2023, se rens.* Cette vaste demeure fut construite entre 1910 et 1911 par **Axel Munthe**, médecin suédois de la famille royale, auteur réputé, polyglotte et philanthrope, militant des droits des animaux. Hildasholm est le cadeau de mariage qu'il fit à sa jeune épouse, Hilda, d'origine britannique, qui créa le ravissant jardin à l'anglaise.
À 3 km au nord de la ville, en route vers Tällberg, une plage aménagée offre d'agréables possibilités de baignade *(à côté du Leksand Strand Camping & Resort, voir « Hébergement » p. 290).*
Suivre la route qui longe le lac vers le nord en direction de Tällberg.

★ Tällberg

tallbergsby.se
Étagé sur le flanc d'une colline qui descend en pente douce vers le lac Siljan, ce village est emblématique de Dalécarlie avec ses maisonnettes rouges, vue sur le panorama au loin. Souvent présenté comme le plus beau village de la région, c'est en tout cas l'un des plus prisés. De nombreux Stockholmois y ont une résidence secondaire. Résultat : Tällberg est prise d'assaut chaque été et son étroite rue principale se retrouve encombrée de voitures. L'artisanat régional est florissant, les boutiques de luxe aussi. L'été, on y pratique la voile, la marche et la baignade ; l'hiver, le ski de fond et patin à glace sur le lac.
Continuer vers le nord en direction de Rättvik, puis prendre la route 80 à droite vers Falun ; 500 m plus loin, prendre à gauche en suivant « Vidablicksvägen ».

Le lac Siljan.
Roif_52/Getty Images Plus

Tour d'observation de Vidablick (VIDABLICK UTSIKTSTORN)

✆ 076 418 71 50 - w.-end 11h-18h - 35 SEK (enf. 15 SEK). Du belvédère qui surplombe de 190 m le lac, cette tour, construite par un jeune fermier en 1898, offre une **vue★★★** spectaculaire sur le lac Siljan et les environs.
Prendre la route 70 à droite sur 5 km.

Rättvik

Riksvägen 40 - ✆ 0771 62 62 62 - www.visitdalarna.se.
En 1894, le premier hôtel de Suède s'est ouvert ici. Il a scellé le destin du bourg, dénaturé par des cafés et des boutiques sans charme. Heureusement, il a gardé quelques pépites, comme son **ponton en bois** long de 638 m, qui s'avance depuis 1895 sur le lac. Ponctué d'escaliers descendant dans l'eau, il offre la possibilité de se baigner.
★ **Écuries paroissiales** – À l'écart du village *(2 km au nord-ouest par la route 70)*, autour de la grande église blanche (17e s.) dressée sur les bords du lac, remarquez les maisonnettes en bois foncé serrées les unes contre les autres : ce sont les 87 écuries de l'église (18-19e s.) où les paroissiens laissaient leurs chevaux durant l'office. Dans l'église, peintures dalécarliennes et retable du 18e s.
★ **Gammelgård** – *Sjurbergsvägen 3 (à 500 m au nord de l'église) - ✆ 073 059 64 26 - www.hembygd.se/rattvik/rattviks-gammelgard - accès libre au site toute l'année - intérieurs des maisons : de mi-juin à mi-août : 11h-17h - gratuit.* Petit musée en plein air : quelques bâtiments anciens avec mobilier peint à l'intérieur.
Suivre la route 70 qui longe le lac vers l'ouest.

★ Nusnäs

nusnas.se
Comme beaucoup de visiteurs, vous viendrez ici pour les ateliers de sculpture fabriquant le *Dalahäst*, le célèbre cheval de Dalécarlie en bois peint *(voir aussi Artisanat p. 455)*. Mais Nusnäs est avant tout un agréable village où il fait bon flâner

entre les maisons rouges soigneusement entretenues, dispersées sur une plaine herbeuse qui descend en pente douce jusqu'aux berges du lac. Là, entre les filets de pêche mis à sécher au soleil et les bateaux tirés sur la grève, 300 hangars à bateaux en bois rouge s'alignent le long de la plage, rappelant que les habitants ont longtemps été de grands pêcheurs lacustres.

Grannas A Olsson Hemslöjd AB – *Edåkersvägen 24 - ✆ 0250 372 50 - grannas.com - ateliers ouverts de mi-juin à mi-août : 9h-18h, w.-end 9h-16h ; reste de l'année : lun.-vend. 9h-16h.* Prévoyez une heure pour découvrir les secrets du petit cheval, avec une visite de cette fabrique, fière d'être la plus ancienne du village. Boutique en sortant, évidemment.

★★ Mora

ⓘ Köpmannagatan 3 A - ✆ 0771 62 62 62 - www.visitdalarna.se.

Malgré des abords modernes, sans grand charme, cette petite ville mérite une pause plus longue que d'autres, pour son importance dans l'imagerie nationale suédoise, et ce à deux titres : elle vit naître et grandir le peintre **Anders Zorn** (1860-1920), grande figure de l'histoire artistique suédoise *(voir encadré p. ci-contre)* ; et elle abrite chaque année la **Vasaloppet**, une mythique course de ski *(voir encadré ci-dessous et p. 287).*

Mora est également le point de départ du **train des neiges** et de l'**Inlandsbanan** pour la Laponie *(voir « Arriver/partir » p. 287).*

Riche en curiosités, la ville est de taille assez modeste : vous pourrez tout visiter à pied.

★★ Maison d'Anders Zorn (Zorngården) – *Dans Vasagatan, à l'ouest de l'église. ✆ 0250 5923 10 - zorn.se - visite guidée (45mn) ttes les h. de fin mai à déb. sept. : 13h-15h, w.-end 12h-15h ; reste de l'année : mar.-vend. 13h-15h, w.-end 12h-15h - 100 SEK (-18 ans 50 SEK).* Elle n'a pas été transformée depuis sa construction en 1910 et constitue un bel exemple de décoration intérieure de l'époque. C'est dans la grande pièce de style viking située au premier étage que les Zorn recevaient leurs nombreux amis peintres. Au-delà de la pelouse en forme de cœur, agrémentée d'une statue représentant le *Bain du matin,* se dressent trois bâtiments en bois, dont l'un servait de studio à Zorn.

★★ Musée Zorn (Zornmuseet) – *Vasagatan 36 - ✆ 0250 5923 10 - zorn.se - ♿ - de fin mai à déb. sept. : 9h-17h ; reste de l'année : tlj sf lun. 11h-17h - fermé Vend. saint*

La Vasaloppet, une course royale

C'est la plus célèbre course de ski de fond du pays : chaque premier dimanche de mars, plus de 15 000 skieurs se retrouvent pour parcourir ses 90 km entre Sälen et Mora. Elle commémore la fuite du roi Gustave Vasa en ski face aux soldats danois, qui vint se réfugier à Mora en 1520 avant d'entreprendre la reconquête de la Suède, alors occupée par le Danemark. La première compétition se déroula en 1922 et son vainqueur parcourut la distance en 7h 32mn 49s. Le dernier record a été établi en 2021 par le Norvégien Tord Asle Gjerdalen (3h 28mn 18s) et, chez les femmes, par la Suédoise Lina Korsgen (3h 52mn 8s). Aux mois de février, mars et août, des bénévoles du Vasaloppets Samlarklubb de Mora animent une petite exposition et une boutique éphémère dédiées à la Vasaloppet.

Mora Nisses Hus - Vasagatan 19B - ✆ 884 402 06 62 - www.vasaloppetssamlarklubb.se - Rens. sur la course : www.vasaloppet.se.

Anders Zorn (1860-1920)

Celui qui fut l'un des peintres suédois les plus réputés fut aussi un éminent graveur et sculpteur. Il acquit une renommée internationale avec ses portraits de personnalités, mais de nos jours, il est surtout estimé pour ses nus de baigneuses. Grand amateur d'art, il fut avec sa femme Emma l'un des plus fervents défenseurs des traditions populaires suédoises, qu'on a plaisir à retrouver dans ses œuvres et dans son musée de plein air.
Voir aussi p. 491.

et 24-25 déc. - 100 SEK (-18 ans gratuit). Ce musée présente surtout les œuvres d'Anders Zorn, dont il abrite la plus importante collection au monde : aquarelles, peintures à l'huile, eaux-fortes et sculptures. On y voit aussi des créations des amis de l'artiste (notamment Carl Larsson), ainsi que des peintures dalécarliennes et de l'argenterie.

★★ **Zorns Gammelgård och Textilkammare** – *À 1 km, en direction de Malung. Yvradsvägen 3 (signalé à gauche quelques centaines de mètres au-delà du passage à niveau). ✆ 0250 100 04 - zorn.se - ♿ - de mi-juin à mi-août : 11h-16h - 100 SEK (-18 ans 75 SEK).* Investi dans la préservation de l'héritage culturel de la Dalécarlie, Zorn rassembla lui-même la quarantaine de bâtiments en bois de ce musée de plein air, dont une maison profane de 1237, qui serait la plus ancienne encore debout en Suède. Dans une annexe moderne (1993), la **Zorns Textilkammare** renferme une riche collection de textiles et de costumes folkloriques, une mine d'or pour les passionnés.

1

★ Sollerön

Lieu de villégiature apprécié pour son calme et ses petites plages sur le lac, l'île de Sölleron est réputée pour la construction de « bateaux d'église », dont la forme rappelle les bateaux vikings. Ces embarcations à rames servaient autrefois à emmener les paroissiens à l'église. Aujourd'hui, des courses sont organisées l'été sur le lac Siljan *(voir « Agenda » p. 287).*

Gesunda

Station de ski l'hiver, cette petite bourgade rouvre son téléphérique l'été pour les promeneurs : ceux-ci gagnent le sommet du **Gesundaberget** *(514 m ; télésiège - gesundaberget.se)*, d'où la **vue**★★★ s'étend sur Sollerön, le lac Siljan et les hauteurs boisées qui l'entourent.

Suivre la route 938 vers le sud.

Siljansnäs

Prendre la rue à gauche vers l'église et suivre la route jusqu'au sommet du Björkberget.

Dans ce petit village, le belvédère *(128 marches)* du Björkberget (344 m) offre un **panorama**★★★ splendide sur le lac Siljan et la campagne environnante (table d'orientation).

Naturum – *Buffils Annas väg 36 - ✆ 10 225 03 29 - naturumdalarna.se - ♿ - horaires : se rens. - gratuit.* Centre d'information présentant la géologie, la flore et la faune locales. Bonne introduction avant de partir randonner sur les sentiers balisés alentour.

Continuer vers le sud en direction de Leksand.

Fermes d'été en Dalécarlie

Autrefois, les animaux transhumaient vers les fermes d'été appartenant généralement à plusieurs familles ; des bâtiments modestes abritaient animaux et gens de la ferme et l'on y engrangeait le fourrage pour l'hiver. En Dalécarlie, ce système de fermage atteignit son apogée dans les années 1870-1880 puis déclina lentement à partir du début du 20e s. De nos jours, les fermes d'été revivent. Bien que quasiment sans confort et d'un accès difficile, elles attirent les visiteurs venus déguster le beurre *(messmör)* qu'ils ont vu battre, le fromage *(mesost)* doux traditionnel ou d'autres produits de la ferme, sans oublier le vrai café préparé à la mode campagnarde.

★★ Bains de nature

CARTES P. 194-195 (B2) ET P. 277

Circuit tracé en rouge sur la carte p. 277 - 140 km au départ de Rättvik.
Ici, la solitude sauvage du grand Nord tout proche commence à se faire sentir. Les distances s'allongent entre deux villages. Le paysage se fait plus âpre, la nature suédoise plus impérieuse. Si vous aimez le calme et la nature, les cabanes en bord de lac et les forêts insondables, vous êtes au bon endroit. Sinon, préférez le circuit autour du lac Siljan.

Rättvik

Voir p. 281.

★ Nittsjö

Une poignée de maisonnettes rouges disséminées en pleine nature, une fabrique de céramique, un café, un restaurant *(voir Solgården p. 288)* et des sentiers qui s'enfoncent dans la forêt de sapins... Voilà le charme simple d'un village typique de la Dalécarlie profonde.

★ Styggforsen

On ne s'attend pas à découvrir cette chute d'eau impressionnante de 36 m de haut au milieu d'une forêt dense ; des passerelles de bois permettent de parcourir 1 km à travers ce site sauvage et protégé.
Retourner à Boda et suivre la route 301 vers le nord puis tourner à droite pour contourner le lac Oresjön.

★ Norrboda Gammelstad

Accès libre au site - intérieurs ouverts lors de journées portes ouvertes (rens. auprès de l'office du tourisme de Rättvick, voir p. 281).
Au détour de la route, cet ancien village du début du 17e s. apparaît comme une vision tout droit sortie d'une autre époque, avec ses 27 maisons en rondins très bien préservées, étagée sur leur verte colline. C'est d'ailleurs un site apprécié pour les tournages de films et séries.
Reprendre la route 301 vers le nord pendant 25 km.

Furudals Bruk

Ce petit village traditionnel est célèbre pour ses anciennes forges datant de 1709, dont les bâtiments se dressent de part et d'autre de la rivière Ore. Tout autour, les maisonnettes rouges des familles des anciens ouvriers ont souvent été rachetées par des Suédois comme résidences secondaires.
Suivre la route 296 vers l'ouest.

Orsa

Sympathique mais sans grand cachet, ce grand bourg aux faubourgs plutôt modernes marque la limite de la zone cultivable ; au nord s'étendent les terres sauvages.

Proche du camping, une jolie plage de sable ocre offre un agréable site de baignade en famille, dans une eau peu profonde, la forêt en toile de fond. Vastes pelouses, aires de jeux et pontons.

Continuer sur 12 km en direction de Fryksås au nord-ouest.

★ **Orsa Rovdjurspark (Parc aux ours)** – *Björnparksvägen 14 - ✆ 0250 462 07 - www.orsarovdjurspark.se - de mi-avr. à fin oct. : 10h-15h ; reste de l'année : se rens. - 225/295 SEK selon la saison (5-14 ans 150/195 SEK).* Des ours vivent et se reproduisent dans leur environnement forestier naturel en compagnie de tigres, de lynx, de loups et de gloutons. De fin juin à début août, possibilité de voir les ours pêcher des poissons, à 14h, les merc. et vend. *(compris dans l'entrée).*

Continuer la route sur 1 km.

★ **Ferme d'été de Fryksås** – *Voir Fryksås Hotell p. 290 - accès libre au site.*

Poursuivre vers le sud jusqu'à **Mora★★** *(voir p. 282) puis suivre la route 70 en direction de Rättvik en faisant un crochet par* **Nusnäs★** *(voir p. 281).*

Du lac Siljan à la frontière norvégienne

CARTE P. 194-195 (AB1-2)

Circuit tracé en gris sur la carte p. 194-195 - 200 km. Depuis Mora (p. 282), suivre la route 70 vers le nord-ouest.

Ce circuit suit l'ancienne route du cuivre (Kopparleden), qui reliait Falun à Røros en Norvège. Elle traverse une région sauvage, où les ours, les lynx, les castors, les élans et les gloutons évoluent dans leur environnement naturel. Les offices de tourisme locaux organisent des safaris à l'élan et au castor ainsi que des parties de pêche. Nombreuses fermes d'été alentour.

Älvdalen B2

Aussi surprenant que cela puisse paraître, ce village perdu dans la vallée de l'Österdalälv a joué un rôle dans l'histoire du rock 'n' roll ! Älvdalen est en effet le berceau de la société Hagström, réputée pour ses guitares électriques d'exception. Les ateliers ont fermé en 1983 mais le musée, installé dans l'ancienne fabrique d'accordéons, en perpétue le souvenir.

Musée Hagström (Hagström Museet) – *Dalgatan 100 - ✆ 0251 314 02 - albinhagstrom.se - ♿ - de fin juin à mi-août : 10h-16h ; reste de l'année : se rens. - 70 SEK (-18 ans gratuit), billet combiné avec le musée du Porphyre.* Collection d'instruments de musique et des fameuses guitares électriques de la marque, plébiscitées entre autres, par ABBA, Elvis Presley et Frank Zappa.

★ **Musée du Porphyre (Porfyrmuseet)** – *Dalgatan 81 - ✆ 0251 314 02 - ♿ - de fin juin à mi-août : 10h-16h ; reste de l'année : se rens. - 70 SEK (-18 ans gratuit), billet combiné avec le musée Hagström.* Ce musée présente une importante collection d'objets en porphyre volcanique, travaillé à Älvdalen depuis 1788. Il existe encore une fabrique, **Nya Porfyrverket** *(de l'autre côté de la rivière en direction de Sälen)*, qui produit des petits objets et des bijoux.

Derrière l'église se trouve une curieuse grange à dîme (kyrkhärbre).

Särna A1

Tout comme Idre *(voir ci-après)*, Särna est la porte d'accès d'une région montagneuse et sauvage. Les deux villages appartenaient autrefois à la Norvège et ne devinrent suédois qu'en 1644 lorsque le pasteur d'Älvdalen les revendiqua au nom de la reine Christine. L'événement est commémoré par une stèle sur le côté de l'église.

L'**ancienne église★** *(à 100 m de l'église actuelle peinte en blanc)*, qui date du 17e s., est caractéristique du style norvégien traditionnel. À l'intérieur, richement décoré, la chaire est l'œuvre du « pasteur conquérant ».

Non loin, on peut voir plusieurs bâtiments en bois, **Särna Gammelgård**, datant du 18e s.

Poursuivre sur la route 70 pendant 3 km et prendre à gauche direction Mörkret.

★★ Njupeskär A2

Cette chute d'eau, l'une des plus hautes de Suède (125 m), est la principale attraction du **parc national de Fulufjället** qui s'étend sur 385 km^2 le long de la frontière norvégienne, couvrant la partie suédoise du massif montagneux éponyme. Ce massif au sommet aplati, qui culmine à 1044 m, est parcouru de chemins de grande randonnée (140 km de sentiers au total), réservés aux randonneurs aguerris et bien équipés (terrain escarpé).

Revenir à la route 70 et continuer vers le nord.

Idre A1

Cet authentique village de montagne est une station de ski populaire, fréquentée en été par de nombreux visiteurs attirés par un grand choix d'activités sportives : pêche, randonnée, descente des rapides et équitation. Sur les pentes du sommet le plus élevé, le Nipfjället (1191 m), la station de montagne d'**Idre Fjäll**, lieu de séjour familial, convient aux skieurs de tous niveaux. La **réserve naturelle de Städjan-Nipfjället★★** est dominée par l'ancien volcan Städjan (1131 m) à la forme caractéristique. Une route grimpant au Nipfjället jusqu'à une altitude de 1000 m offre un **panorama★★★** saisissant qui embrasse les montagnes environnantes souvent auréolées de nuages.

À Idre, quitter la route 70 vers le nord en direction de Grövelsjön.

Grövelsjön A1

La route se termine à la frontière norvégienne, et c'est là que commencent les grands espaces sauvages. Les visiteurs viennent profiter du silence et de la beauté irrésistible de la nature ou encore refaire le parcours que suivit **Linné** en 1734, lorsqu'il passa par Grövelsjön pour se rendre à Røros. Situé à une altitude de 762 m, le **lac** Grövelsjön est le plus élevé de Suède.

Il existe un grand choix de pistes et de chemins balisés qu'il est possible d'emprunter pour des randonnées pouvant durer de 2h à plusieurs jours. La station touristique du STF (Touring Club suédois) fournit l'hébergement aux randonneurs.

Carnet pratique

S'informer

Voir les coordonnées des offices de tourisme au nom des localités.

Arriver/partir

En train

Plusieurs trains quotidiens rejoignent Leksand, Tällberg, Rättvick et Mora, son terminus, au départ de Stockholm. www.sj.se.

Inlandsbanan – *res.inlandsbanan.se.* Au départ de Mora, en été, ce train relie Gällivare en Laponie, au terme de 2 jours de trajet (1299 km). En hiver, il se transforme en **train des neiges** (Snötaget) et dessert Östersund (à 596 km).

Agenda

Festivités – Les villages de la Dalécarlie sont célèbres pour leurs fêtes estivales traditionnelles.

Fête de la Saint-Jean (Midsommar) – Le solstice d'été – la plus grande fête suédoise avec Noël – est célébré en Dalécarlie avec plus d'enthousiasme qu'ailleurs et les mâts de mai sont érigés pendant plusieurs semaines. On les laisse ensuite en place pendant toute l'année et on se contente de les décorer à nouveau de verdure et de fleurs fraîches l'année suivante.

Musique à Siljan (Musik vid Siljan) – *www.musikvidsiljan.se.* De fin juin à déb. juil., neuf jours de concerts autour du lac Siljan.

Courses de « bateaux d'église » (kyrkbåtar) – *Rens. dans les offices de tourisme.* Il était de coutume autrefois, sur le pourtour du lac Siljan, de se rendre à l'église en bateau à rames : la rencontre de deux bateaux était alors l'occasion d'une course. Des courses entretiennent la tradition, de la St-Jean à fin juil.

Vasaloppet – 1er dim. de mars, entre Sälten et Mora. La plus célèbre course de ski de fond du pays *(voir encadré p. 282).*

Dalhalla – *✆ 0248 79 79 50 - dalhalla.se - programme des concerts sur le site Internet - visite possible en été (payant).* À Rättvik, Une carrière de chaux abandonnée a été transformée en amphithéâtre à ciel ouvert d'une capacité de 3500 spectateurs. Le cadre est magique, l'acoustique excellente et les meilleurs musiciens du monde entier s'y produisent durant la saison qui s'étend de fin mai à fin août (concerts et opéras).

1

Nos adresses

Restauration

C'est surprenant mais il est difficile de bien manger en Dalécarlie : les Suédois l'attribuent au côté campagnard de la région. À midi, il n'est pas rare que les cafés *(voir « Petite pause »)* offrent une alternative plus savoureuse – et moins chère – que certains restaurants.

À Falun

Pour se faire plaisir

Kopparhatten – *Stigaregatan 2 - ✆ 023 191 70 - www.kopparhatten.se - mar.-vend. 11h30-13h30, vend.-sam. à partir de 16h - fermé dim.-lun. - plats 219/649 SEK.* Installé dans le musée de la Dalécarlie, ce café-restaurant culturel propose une cuisine rapide à base de salades, sandwichs et buffet végétarien. L'été, vous pourrez vous installer sur la terrasse qui longe le canal et emprunter l'un des jeux mis à disposition par le café (backgammon, échecs, etc.).

À Sundborn

Budget moyen

Hyttstugan – *Carl Larssons väg 10 - 023 602 71 - www.hyttstugan.nu – horaires variables, se rens. - buffet 195 SEK.* Tout à côté du Carl Larssongården, ce restaurant classique propose un buffet suédois copieux au déjeuner.

Pour se faire plaisir

Banken – *Åsgatan 41 - 023 71 19 11 - www.bankenfalun.se - 11h30-22h, vend. 11h30-23h, sam. 13h-23h - fermé dim. - plats 210/365 SEK.* Ce bâtiment ancien du centre piéton est une brasserie où les plats sont tout simplement bons : salade au chèvre chaud, hamburger maison ou, plus exotique, bouillabaisse.

À Mora

Budget moyen

Café Zorn – *Vasagatan 34c - 0250 150 20 - cafezorn.se - 8h-17h.* Installé dans les anciennes écuries du peintre Anders Zorn, à côté de sa maison, ce joli café-restaurant est d'abord un plaisir pour les yeux, avec son décor rétro rehaussé de subtiles touches design. Bien pour une pause *fika*, ou un déjeuner, où les plats, simples, sont réalisés avec des produits locaux, bio et de saison. Bons desserts maison.

À Nittsjö

Budget moyen

Solgården – *Börsgatu 11 - 076 196 21 06 - www.solgardskrogen.se - ouv. variable selon les saisons, se rens.* Dans le village de Nittsjö, un couple a ouvert cette table à nulle autre pareille, dans une maison traditionnelle qui donne l'impression d'être invité chez des amis, dans le jardin aux beaux jours. Préparés à partir de produits de saison et des producteurs locaux, les plats sont simples et servis dans la céramique fabriquée au village ! Une excellente adresse, avec cuisine au feu de bois l'hiver.

Petite pause

Aux alentours de Falun

Murboannas – *Murbo 8A - Borlänge (30 km au sud-ouest de Falun) - 073 717 28 00 - www.murboannas.se – merc.-vend. 11h-17h, w.-end 11h-16h – plats 110/145 SEK.* Cette laiterie se double d'un café où l'on goûte avec plaisir les spécialités fromagères de la maison, mais aussi du jambon fumé de Rältagården et de la saucisse de renne de Renbiten. Le tout à prix doux. Également une boutique.

À Leksand

Siljans Konditori – *Sparbanksgatan 5 - 0247 150 70 - www.leksandresort.se/siljans-konditori - 8h30-17h, sam. 9h-17h, dim. 10h-17h.* L'une des meilleures pâtisseries de Leksand, pour une pause *fika*, bien sûr. Également des sandwichs qu'il fera bon partir croquer au bord du lac, sur l'une des plages.

À Mora

Mora Kaffestuga – *Kyrkogatan 8 - 0250 100 82 - www.morakaffestuga.se - 8h-18h, sam. 9h-17h, dim. 11h-17h.* Un café chaleureux, rideaux aux fenêtres et nappes à carreaux sur les tables, pour un en-cas amélioré (salades et sandwichs), ou simple pause gourmande, avec de bons gros gâteaux.

Shopping

Au début du 20e s., des associations folkloriques se sont formées pour faire revivre les anciens métiers. De nombreux artisans ont ainsi réussi à préserver les méthodes traditionnelles de tissage, de fabrication des paniers, de la poterie et de l'art de la ferronnerie. Parmi eux :

Nittsjö Keramik – *Nittsjö Keramikvägen 31 - dans le village de Nittsjö - ✆ 0248 171 30 - www.nittsjokeramik.se - 10h-18h, sam. 10h-14h, dim. (en juin-juil.) 10h-15h.* D'un côté, l'atelier où les céramistes fabriquent à la main ; de l'autre, la boutique joliment fournie, pour ramener une poterie de Suède à la maison.

Jobs Handtryck – *Västanvik Jobsbacken 4 - ✆ 0247 122 22 - www.jobshandtryck.se - visite guidée de l'atelier l'été à 11h (20mn) - boutique de mi-juin à mi-août : 10h-18h, w.-end 10h-16h ; reste de l'année : 10h-16h30, sam. 10h-15h.* Célèbre à travers toute la Suède, cet atelier familial produit depuis 1944 de beaux tissus de coton et de lin imprimés main. Très colorés, les motifs s'inspirent des fleurs d'été.

Activités

Randonnée

Route migratoire historique, qui part de la Dalécarlie vers Stockholm, le **Dalkarlsvägen** est un réseau de sentiers divisé en plusieurs étapes de 20 à 37 km. *www.dalkarlsvagen.se.*

Parcs d'attractions

Leksand Sommarland – *Siljansvägen 75 - ✆ 0247 138 00 - www.leksandresort.se - de mi-juin à mi-août : 10h-17h ; juil. et déb. août : 10h-18h - à partir de 360 SEK.* Un immense centre d'attractions situé au bord du lac Siljan où vous trouverez de nombreux divertissements pour toute la famille : trois piscines, une descente en bouée sur un toboggan de 300 m, quads, karting, *bumper boat*, tir à la carabine, pédalos sur le lac, mini-saut à l'élastique, escalade.

Tomteland – *Gesundaberget - ✆ 0250 287 70 - www.tomteland.se - de fin juin à déb. août : 10h-16h - reste de l'année : se rens. - 360 SEK (3-12 ans 290 SEK).* Dédié au Père Noël, ce vaste parc d'attractions créé en 1984 a mis à profit la légende selon laquelle l'atelier des lutins serait en Suède. Le reste de l'année, d'autres thèmes sont mis en valeur (Halloween, dragons, fées, etc.).

Hébergement

Berceau du tourisme en Suède, la Dalécarlie est dotée de nombreux hébergements, de la cabane traditionnelle à l'hôtel de luxe. Le camping est aussi très populaire ici.

À Falun

Premier prix

Falu Fängelse Vandrarhem – *Villavägen 17 - à 15mn à pied du centre-ville - ✆ 023 79 55 75 - www.falufangelse.se - 🅿 ♿ - fermé pour rénovation jusqu'en 2023, se rens.* Auberge de jeunesse installée dans l'ancienne prison municipale, dont les chambres occupent les anciennes cellules.

Budget moyen

Polhem Bed & Breakfast – *Krongårdsvägen 15 - dans l'enceinte de la mine de cuivre - ✆ 023 78 20 54 - polhembedandbreakfast.se - 🅿 - 7 ch. à partir de 990 SEK ☕.* Quoi de mieux, en visitant la mine, que de dormir sur place, dans l'ancien bâtiment des cadres ? La maison en bois jaune qui abrita l'un des plus grands savants industriels de Suède, Christopher Polhem, est aujourd'hui une adorable maison d'hôtes. La terrasse ouvre sur le grand puits. Seul défaut de cette excellente adresse : la salle de bain est commune et il faut traverser la salle de petit déjeuner pour la rejoindre. Sauna.

First Hotel Grand – *Trotzgatan 9-11 - ✆ 023 79 48 80 - www.firsthotels.com - 🅿 80 SEK/j. - 151 ch. 1 075/2 304 SEK ☕ - ✕.* Ce grand bâtiment gris à l'entrée

1

de la ville cache un intérieur moderne, spacieux et accueillant. Les chambres sont bien équipées et plusieurs commodités sont mises à disposition des clients, dont un accès gratuit à la piscine mitoyenne.

Scandic Lugnet – *Svärdsjögatan 51 - à la sortie de la ville en direction de l'autoroute E 4 - ✆ 023 669 22 00 - www.scandichotels.se - P - ⛱ ♿ - 161 ch. 1800/2175 SEK ☕ - ✕.* Ce grand bâtiment à l'architecture originale est bâti à l'extérieur de la ville en face d'une colline. L'établissement est parfaitement entretenu, plaisant et dispose d'une piscine et d'un bowling. Service attentionné. Un des meilleurs hôtels de la ville.

À Tällberg

Premier prix

Leksand Strand Camping & Resort – *Siljansvägen 61 - entre Läksand et Tällberg, sur la ligne des minibus qui relient les deux villages - ✆ 0247 138 00 - www.leksandresort.se - P - emplacement de camping à partir de 225 SEK - 140 bungalows et 222 appart. 1000/2000 SEK.* Avec ses bungalows peints en rouge de Falun, son lac et sa forêt de pins, ce vaste camping tient de la carte postale. Parties communes impeccables, plage aménagée, nombreuses activités (volley-ball, minigolf, barbecue)... L'ambiance est festive et chaleureuse. À proximité du parc d'attractions Sommarland *(voir « Activités » p. 289)*.

Budget moyen

Åkerblads – *Sjögattu 2 - ✆ 0247 508 00 - akerblads.se - ⛱ - 69 ch. à partir de 1295 SEK ☕ - ✕.* Dans un cadre naturel exceptionnel, ce grand hôtel traditionnel reconnaissable à sa façade en bois rouge compose un ensemble particulièrement attrayant et romantique. Champagne et fruits à l'arrivée, piscine, massages et plage très proche. Toutes les chambres ont leur propre style et un charme singulier. Suites avec Jacuzzi.

Pour se faire plaisir

Dalecarlia – *Tällgårdsgattu 20 - ✆ 0247 891 00 - www.dalecarlia.se - P ⛱ ♿ - 200 ch. 1580/2780 SEK ☕ - ✕.* Dans un cadre paradisiaque, entre un parc très soigné et le lac qui s'étend à perte de vue, cet hôtel de luxe à l'accueil irréprochable propose des chambres vastes et confortables. Nombreux équipements, dont un centre de thalassothérapie avec plusieurs piscines, massage, Jacuzzi en intérieur et en extérieur. On y passe une semaine sans s'ennuyer.

À Furudal

Pour se faire plaisir

Näsets Marcusgård - *Näset Timmervägen 28 - ✆ 0258 105 14 - 2500 SEK - www.nasets-marcusgard.se.* Une nuit dans une sphère suspendue entre les arbres, à 3 m du sol, vue sur les étoiles, bercé par la chaleur du poêle... C'est l'offre poétique de cette cabane d'un autre genre, bâtie avec des matériaux de l'aéronautique. Plusieurs autres types d'hébergements possibles.

À Orsa

Pour se faire plaisir

Fryksås Hotell – *Fryksås 136 - ✆ 0250 460 20 - www.fryksashotell.se - P - 17 ch. 2000/2600 SEK ☕ - ✕.* À 500 m d'altitude, cet hôtel original occupe les vestiges d'un ensemble de fermes d'été qui accueillaient autrefois d'immenses troupeaux. Rénovées, les anciennes cabanes en bois ont été transformées en hôtel-restaurant, offrant des vues magnifiques du lac Siljan. On y goûte toute la quiétude des lieux.

Le Värmland

Le Värmland est une région paisible, à peine effleurée par le grand axe routier reliant Stockholm et Oslo ; mais c'est aussi une région fière de son héritage culturel et de ceux qui l'ont façonné : Alfred Nobel, Selma Lagerlöf, prix Nobel de littérature, le sculpteur Christian Eriksson, fondateur de la colonie de Rackstad, sans oublier un autre Ericsson, qui donna son nom au géant mondial de l'électronique.

La maison de Selma Lagerloef à Mårbacka.
G. Lenz/imageBROKER/age fotostock

Se repérer

CARTE A3 (P.194-195)

Karlstad, le centre administratif de la région, se trouve à 300 km à l'ouest de Stockholm et à 262 km au nord de Göteborg.

À ne pas manquer

Le musée de la Colonie-de-Rackstad à Arvika, Mårbacka dans la vallée de la Fryk.

Organiser son temps

Comptez une journée pour la vallée de la Fryk avec un détour vers Arvika.

Carnet pratique p. 295

Nos adresses p. 295

★ Karlstad

CARTE P. 194-195 (A3)

Västra Torggatan 26 (Bibliotekshuset) - 054 540 24 70 - visitkarlstad.se. Située à l'embouchure de la Klarälven qui se jette dans le Vänern, Karlstad fut fondée en 1584 par le duc Charles – qui devint plus tard le roi Charles IX.

Residenstorget – La place est dominée à l'est par la résidence du gouverneur du comté. On peut y voir également la **statue** du roi Charles IX, œuvre du sculpteur Christian Eriksson (1858-1935), originaire du Värmland. Autre personnalité locale, l'écrivaine **Selma Lagerlöf** *(voir p. 293 et 493)*, possède aussi sa statue, réalisée par Arvid Backlund (1895-1985). Vous la verrez à l'extrémité ouest du pont Västrabron.

★ **Kvarteret Almen** – *Plus à l'ouest, sur la rive sud de la Västra Älvgrenen.* Des incendies ravagèrent la ville en 1616, 1719 et 1865, et ce quartier aux classiques maisons de bois est l'un des rares à avoir survécu. Considéré alors comme l'une des plus belles résidences, le premier édifice que l'on aperçoit servit de demeure au gouverneur entre 1793 et 1809.

Musée du Värmland (Värmlands Museum) – *Sandgrundsudden - 054 701 19 00 - varmlandsmuseum.se - lun.-mar. et jeu. 10h-18h, merc. et vend. 10h-20h, w.-end 11h-16h - 100 SEK (-25 ans gratuit).* Cet élégant musée situé dans un cadre agréable au bord de la rivière abrite une collection d'art et de créations locales. Expositions temporaires et café-restaurant *(voir Matbruket, p. 295).*

Cathédrale – Ce petit sanctuaire en forme de croix, dont l'intérieur est clair et spacieux, fut consacré en 1730. Le toit et le haut de la tour furent détruits par un incendie. Au-dessus de la porte, sous le porche, les **armoiries**★ dorées à l'or fin sont entourées par les symboles du Christ.

Vallée de la Fryk

CARTE P. 194-195 (A3)

Circuit tracé en orange sur la carte p. 194-195 - 90 km au départ de Karlstad. Cette excursion plonge au cœur de la campagne typique du Värmland, la Fryksdal et son « lac allongé » formé d'une succession de trois lacs et qui doit sa célébrité aux romans de Selma Lagerlöf. Le souvenir de l'écrivaine est toujours très présent dans la culture du Värmland.

La colonie de Rackstad

Au début du 20e s., plusieurs artistes s'installèrent sur les bords du petit lac de Racken dans le but de s'imprégner de la lumière nordique. Le sculpteur et artisan **Christian Eriksson** (1858-1935), natif de la région, fut le fondateur de la colonie de Rackstad. Les membres du groupe furent séduits par la beauté naturelle de la campagne environnante qui correspondait parfaitement à l'idéal du mouvement romantique national de l'époque. La colonie accordait de l'importance à l'artisanat d'art. Eriksson, son père et ses frères étaient tous d'habiles ébénistes. Eriksson séjourna à Stockholm, Hambourg et Paris pour étudier la sculpture et ce n'est qu'en 1894 qu'il revint s'installer à Arvika. **Gustaf Fjæstad** (1868-1948) réussit à recréer le silence des paysages blancs d'hiver dans ses œuvres dont un grand nombre furent reproduites sous forme de splendides tapisseries par sa femme **Maja Fjæstad** (1873-1961). Parmi les autres membres de la colonie, il faut citer **Fritz Lindström** (1874-1962), portraitiste et peintre de natures mortes, qui croquait souvent les paysages du Värmland sous la lumière du crépuscule, et **Björn Ahlgrensson** (1872-1918). Un musée est dédié à la colonie à Arvika *(voir p. 294).*

Un concentré de Suède

Nul endroit n'est plus suédois que le Värmland : ses forêts immenses, ses torrents tumultueux, ses lacs tranquilles et ses petites fermes ont enchanté et inspiré musiciens, écrivains et poètes. Le musicien de jazz **Stan Getz** composa sa version personnelle d'un chant folklorique du Värmland, *Värmlandsvisan*, qu'il appela *Cher vieux Stockholm (Dear Old Stockholm)*.

Au départ de Karlstad, suivre la E 18 vers l'ouest, puis prendre la route 61 vers Arvika. Au-delà de Kil, repérer la route qui conduit à Östra Ämtervik et suit la rive ouest du Nedre Fryken avant de se faufiler entre les deux lacs et longer la rive est du Mellan-Fryken.

★★ Mårbacka - Maison de Selma Lagerlöf

☎ 0565 310 27 - marbacka.com - visite guidée sur réserv. à 11h30 et 14h30 (en anglais) de fin juin à mi-août ; de mi-août à fin déc. : se rens. - 125 SEK (5-15 ans 50 SEK) - jardin seul : 50 SEK (enf. gratuit).

Voici la maison de famille de l'écrivaine **Selma Lagerlöf** (1858-1940), première femme à avoir obtenu le prix Nobel de littérature (1909). Elle y vécut à partir de 1907 jusqu'à sa mort, au cœur de cette province du Värmland, qui forme la toile de fond de plusieurs de ses romans, en particulier celui qui l'a rendue célèbre dans le monde entier, *Le Merveilleux Voyage de Nils Holgersson à travers la Suède*.

Le lac Löven et le manoir de Lövdala qu'elle évoque souvent sont en fait le lac Fryken et sa propre maison en bordure du lac. Toutes les pièces ont été remises en état et s'offrent au regard des visiteurs telles qu'elles étaient du vivant de l'auteure. *Voir aussi « Littérature », p. 493.*

Continuer sur 10 km jusqu'à Sunne, puis suivre vers le sud la route 45 qui longe la rive ouest du Mellan-Fryken.

★ Monument de la Parenté (STAMFRÄNDEMONUMENTET)

Le monument de la Parenté, carte du Värmland en granit ornée d'un aigle, fut érigé en 1953 pour commémorer l'exode suédois vers l'Amérique et l'arrivée au Värmland des immigrants finlandais au 17e s. De ses abords, on a une **vue★★★** spectaculaire du lac Fryken environné de hauteurs boisées.

★ Rottneros

☎ 0565 602 95 - rottnerospark.se/kontakt - ♿ - de déb. juil. à déb. août : 10h-17h ; de fin mai à déb. juil. et de déb. août à déb sept. : 10h-16h - 120 SEK (enf. 40 SEK).

Ce manoir est connu pour avoir servi de modèle au manoir d'Ekeby qui figure dans le roman épique de Selma Lagerlöf, *La Saga de Gösta Berling*, publié en 1891. Mais c'est surtout le splendide **parc★★** de 16 ha et ses nombreuses **sculptures★★** qui méritent la visite, un magnifique écrin pour des œuvres scandinaves (Christian Eriksson, Carl Milles, Carl Eldh, etc.).

À environ 3 km au sud de Rottneros, la route 238 qui se détache sur la droite rejoint la route 61 en direction d'Arvika (51 km) que l'on peut visiter avant de retourner à Karlstad.

Le saviez-vous ?

La rivière **Klarälven** (Trysilelva du côté norvégien de la frontière), longue de 500 km, tourbillonne en une succession de rapides ou bien coule paresseusement à travers le Värmland en décrivant des méandres pour se jeter dans le **Vänern**, le plus grand lac d'Europe occidentale. Cette mer intérieure comprend un archipel et pas moins de 22 000 îlots et récifs.

1

Le Värmland à table

La plus connue des spécialités de la région est sans doute la saucisse du Värmland, constituée de viande de porc ou de bœuf hachée, d'oignons et de pommes de terre. Le *nävgröt,* sorte de bouillie de farine d'avoine, accompagne d'ordinaire le rôti de porc aux myrtilles. Parmi les autres mets, il faut citer le filet d'élan, la venaison, le saumon du Vänern, l'ombre commun (poisson) de la Klarälven, les chanterelles et les mûres arctiques.

Arvika

Storgatan 22 - 0570 817 90 - visitarvika.se.
Ce petit bourg est situé sur les rives du Glafsfjord.

★ **Musée de la Colonie-de-Rackstad (Rackstadmuseet)** – *Kungsvägen 11 - 0570 809 90 - rackstadmuseet.se - ♿ - jeu.-dim. 12h-16h - 100 SEK (-18 ans gratuit).* Annexe de la demeure familiale des Eriksson, ce lumineux musée est consacré aux artistes de la colonie de Rackstad *(voir encadré p. 292).* La salle d'exposition contient une sélection des œuvres du groupe, représentatives de l'art suédois au début du 20e s. L'artisanat d'art est exposé au sous-sol.

Comme souvent dans les musées suédois, un agréable café complète le lieu, idéal pour déjeuner ou une pause gourmande.

Un atelier, **Oppstuhage★**, situé au sud-est du musée de Rackstad, a été aménagé en musée à la mémoire de Christian Eriksson et contient diverses sculptures, petites et monumentales, en granit, en marbre, en bronze et en bois.

Trefaldighetskyrkan – *Suivre Torggatan, l'entrée se trouve dans Tingsgatan. 0570 72 82 00 - svenskakyrkan.se/arvika - ♿ - 9h-16h.* Cette imposante **église** blanche fut construite en 1911 par Ivar Tengbom (1878-1968) dans le style **Art nouveau** ; on peut y admirer le travail des artistes et artisans de la colonie de Rackstad.

Såguddens Museum – *À 5mn de marche du parking situé devant l'office de tourisme. 0570 137 95 - sagudden.se - de mi-juin à mi-août : mar.-dim. 11h-16h - gratuit (donation bienvenue).* Cette ancienne ferme, entourée de petites maisons des 17e et 19e s., abrite un musée où l'on peut voir des peintures paysannes bien conservées.

Brunskogs hembygdsgård – *0570 522 08 - brunskogshembygdsgard.se ; gammelvala.se - de fin juin à mi-juil. et de fin juil. à mi-août : 13h-18h ; de fin mai à fin juin et de mi-juil. à fin juil. : w.-end 13h-18h - Gammelvala : 120 SEK (-15 ans gratuit) ; gratuit le reste du temps.* Ce musée de plein air s'anime surtout pendant la dernière semaine de juillet, à l'occasion du festival **Gammelvala** *(voir p. ci-contre),* durant lequel 500 volontaires viennent rejouer la vie à l'ancienne, femmes filant la laine ou barattant le beurre, bûcherons, charbonniers, charrettes à l'ancienne...

Un joli café est ouvert tous les jours d'été, une boutique les w.-ends seulement.

Klässbol A3

À 16 km au sud d'Arvika.

Usine de lin de Klässbol (Klässbols Linneväveri) – *Damastvägen 5 - 0570 46 01 85 - klassbols.se - ♿ - 10h-18h, w.-end 10h-16h - visite guidée sur réserv. 300 SEK.* Dernière du genre en Scandinavie, cette **usine textile** produit depuis 1920 de l'étoffe de lin damassée. Les nappes et serviettes sont tissées et ornées de motifs traditionnels qui n'ont pas changé depuis un siècle. La société fournit notamment les nappes damassées utilisées à l'hôtel de ville de Stockholm lors des banquets offerts à l'occasion de la remise des prix Nobel.

Carnet pratique

S'informer

www.visitvarmland.com – Idées de balades, visites et activités.

Arriver/partir

Aéroport de Karlstad – *www.ksdarprt.se*. À 15 km du centre-ville.
Liaisons en train – *www.sj.se*. Avec Stockholm et Göteborg (env. 3h).

Agenda

La province est célèbre pour ses festivités de la St-Jean (Midsommar).
Gammelvala – Dern. sem. de juil. Au musée de plein air d'Arvika (Brunskog), ce festival replonge les villageois cent ans en arrière.
Marchés de Noël – Dès la 3e sem. de nov. À Karlstad, Ransäter, Skutboudden, Gåsborn, etc.

Nos adresses

Hébergement/restauration

À Karlstad

Premier prix

Carlstad Sport Hostel – *Kasernhöjden 19 - ✆ 054 56 68 40 - sporthostel.carlstadcity.se - P - 41 ch. et dortoirs, à partir de 375 SEK/pers. - ☕ 85 DKK.* À 3 km du centre, ce beau bâtiment en brique rouge abrite l'auberge de jeunesse locale. Vastes chambres, toutes avec sanitaires communs. Location de vélos.

Budget moyen

Clarion Collection Hotel Bristol – *Kyrkogatan 25 - ✆ 0570 132 80 - www.nordicchoicehotels.se - P 100 SEK/j. - 77 ch. 1490/1794 SEK ☕ - ✕.* Dans la zone piétonne, un trois-étoiles moderne et confortable avec salle de fitness et sauna. Pratique : un dîner-buffet chaque soir.

Matbruket – *Sandgrundsudden - ✆ 054 201 200 - www.matbruket.se - tlj à midi, vend. et sam. soirs - plats 120/225 SEK - menu 10 plats 650 SEK.* Le café-restaurant du musée du Värmland vous invite à goûter les classiques suédois revisités par le chef Niklas Pettersson : *raggmunk* (crêpe de pommes de terre servie avec du porc frit et des airelles), soupe aux épinards et œuf poché, etc.

À Arvika

Budget moyen

Guesthouse Eleven – *Jösseforsvägen 34 - ✆ 0570 216 66 - www.elevenarvika.se - P - 10 ch. à partir de 1450 SEK ☕ - ✕.* Familial, simple et impeccablement tenu, ce sympathique hôtel s'est installé dans une ancienne école, à l'écart de la ville, dans un bel environnement boisé. Restaurant et café d'été sur la terrasse.

Activités

Avec ses lacs et ses rivières, le Värmland la région idéale pour pratiquer la **voile** et le **canoë** *(voir arvikacanoe.se ou www.varmlandsgarden.com)*, ou se laisser dériver au fil de la rivière sur un **radeau en rondins**, à la manière des draveurs, ces bucherons qui, après l'hiver, descendaient les troncs d'arbres avec le courant. L'expérience est possible à la journée ou sur plusieurs jours, avec nuit à bord *(www.vildmark.se)*.
Les amateurs d'aventure insolite pourront également découvrir le Värmland en louant un engin à pédales pour rouler sur les **voies ferrées** désaffectées *(www.dvvj.se)*.

1

Malmö, la côte sud et Gotland

CARTE MICHELIN NATIONAL N° 753

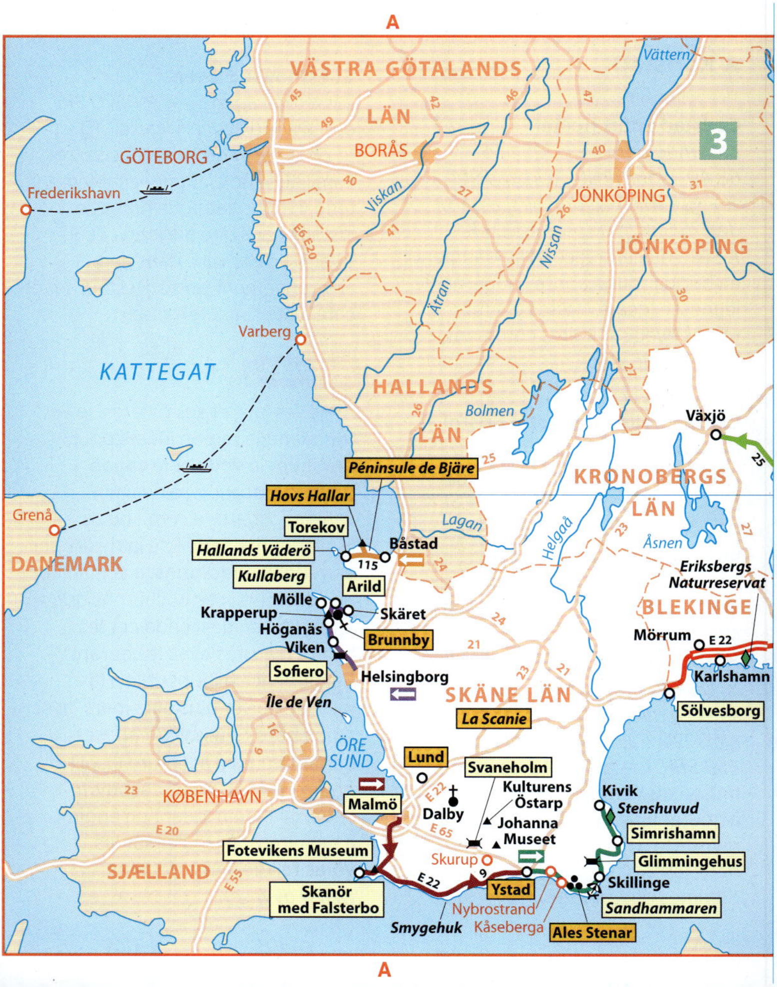

2

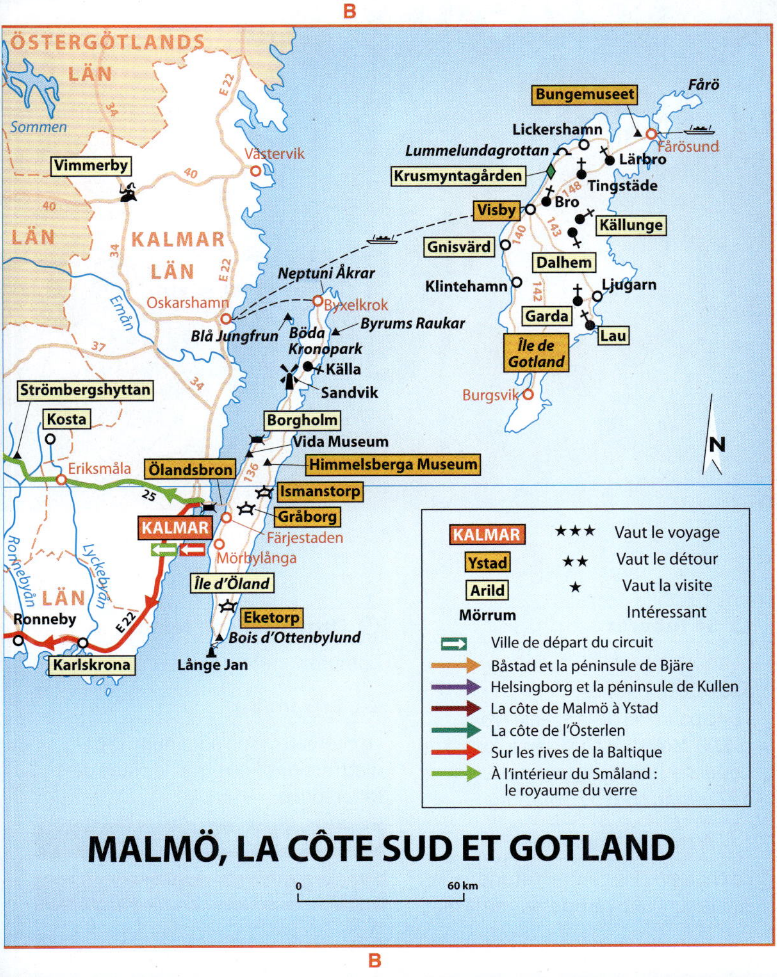

B
ÖSTERGÖTLANDS LÄN
Sommen
Vimmerby
KALMAR LÄN
LÄN
Västervik
Oskarshamn
Emån
Strömbergshyttan
Kosta
Eriksmåla
Ölandsbron
KALMAR
Färjestaden
Mörbylånga
Île d'Öland
Eketorp
Bois d'Ottenbylund
Långe Jan
Ronneby
Karlskrona
Ronnebyån
Lyckebyån
LÄN
Blå Jungfrun
Neptuni Åkrar
Byxelkrok
Byrums Raukar
Böda Kronopark
Källa
Sandvik
Borgholm
Vida Museum
Himmelsberga Museum
Ismanstorp
Gråborg
Bungemuseet
Fårö
Fårösund
Lickershamn
Lummelundagrottan
Lärbro
Krusmyntagården
Tingstäde
Visby
Bro
Källunge
Gnisvärd
Dalhem
Klintehamn
Ljugarn
Garda
Lau
Île de Gotland
Burgsvik
N
1
2
KALMAR ★★★ Vaut le voyage
Ystad ★★ Vaut le détour
Arild ★ Vaut la visite
Mörrum Intéressant
Ville de départ du circuit
Båstad et la péninsule de Bjäre
Helsingborg et la péninsule de Kullen
La côte de Malmö à Ystad
La côte de l'Österlen
Sur les rives de la Baltique
À l'intérieur du Småland : le royaume du verre
MALMÖ, LA CÔTE SUD ET GOTLAND
0 60 km
B

Malmö ★

L'inauguration du pont de l'Øresund, en 2000, a bouleversé le destin de Malmö. La troisième ville de Suède est devenue, de fait, la toute proche voisine de la capitale danoise, propulsée au cœur de l'espace économique le plus dynamique d'Europe du Nord. On y découvrira le centre historique, les plages et une architecture contemporaine tournée vers le développement durable, dont la vitrine est le quartier écologique Västra Hamnen. Ville laboratoire à bien des égards, Malmö l'est aussi en matière démographique : elle abrite l'une des populations les plus multiculturelles de Suède, ce qui en fait un peu le « Marseille suédois ».

Jour de neige à Malmö.
secablue/Getty Images Plus

Se repérer

CARTE A2 (P. 296-297) - PLAN P. 302
326 000 habitants
Principale ville de la Scanie *(voir p. 313)*, Malmö est à 39 km à l'ouest de Copenhague par le pont de l'Øresund, à 271 km au nord de Göteborg.

À ne pas manquer

Le château et le centre historique, le sauna sur pilotis au-dessus de la mer.

Organiser son temps

Comptez une journée, avec les visites.

En famille

Le château et son aquarium, le parc d'attractions Folkets et la plage de Ribersborg.

Carnet pratique p. 303

Nos adresses p. 304

Le centre historique (GAMLA STADEN) AB1

Circuit tracé en vert sur le plan p. 302.
Bien restaurées, bordées de restaurants, cafés et boutiques, les ruelles de la vieille ville (Gamla Staden) dégagent un indéniable parfum danois, le reflet d'une histoire à cheval entre deux pays. Gamla Staden est délimitée par une ceinture de canaux du début du 19e s., qui remplacèrent les douves des fortifications antérieures.

★★ Lilla Torg B1

Adorable ! Avec ses maisons à colombage des 16e et 18e s., cette place pavée tient de la carte postale scandinave. Longtemps occupée par un marché couvert du début du 20e s., elle a retrouvé son apparence médiévale. C'est un lieu de rendez-vous animé, bordé de cafés où se mêlent touristes et habitants du quartier.
Form/Design Center – *Lilla Torg 9 - au fond d'une cour, accès par une porte cochère sur le côté sud de la place - ✆ 040 664 51 50 - www.formdesigncenter.com - jeu.-sam. 11h-17h, dim. 12h-16h - fermé lun.-merc. (horaires variables, se rens.) - gratuit.*
Installé dans un vaste entrepôt datant de 1850, ce centre organise des expositions sur l'architecture et les arts décoratifs en Suède et en Scandinavie.

★ Stortorget B1

La place principale date des années 1530. En son centre se dresse la **statue équestre** de **Charles X Gustave**, qui annexa la Scanie, le Blekinge et le Halland à la Suède en 1658. L'**hôtel de ville (Rådhuset)**, construit en 1546 dans le style de la Renaissance hollandaise, mais remanié par Helgo Zetterwall vers 1860, borde le côté est de la place, tandis que sur le côté nord s'élève **Residenset**, la résidence du gouverneur, datant du début du 17e s., mais dont la façade actuelle est postérieure (1850). **Kockska Huset★** est un imposant édifice de 1523 avec pignon à redans ; c'est le seul vestige des trois édifices ayant appartenu au bourgmestre et puissant directeur de la Monnaie, Jörgen Kock. La vieille pharmacie, **Apoteket Lejonet**, de style néo-Renaissance, a conservé un intérieur typique du début du 20e s.
La rue qui longe le côté nord de l'hôtel de ville conduit à l'église St-Pierre.

2

L'essor d'un village de pêcheurs

Au 13e s., sous l'impulsion de marchands allemands, Malmö, alors simple village de pêcheurs, se développa en un centre de négoce actif. Passée sous domination danoise, la cité devint l'un des pôles de diffusion de la Réforme vers la fin des années 1520 et jouit d'une période de prospérité. Redevenue suédoise, Malmö s'endormit, mais retrouva son dynamisme avec l'arrivée du chemin de fer en 1860. La fermeture des chantiers navals à la fin des années 1980 et l'ouverture du **pont de l'Øresund** en 2000 *(voir encadré p. 303)* ont ouvert de nouveaux horizons et entraîné un développement économique sans précédent de toute la région. Malmö est en train de devenir une métropole européenne spécialisée dans les secteurs de la communication et des services, et la région de l'Øresund, un pôle de premier ordre dans le domaine de l'industrie biomédicale. La ville fait aussi figure de modèle en matière de développement durable et d'énergies renouvelables, à l'image de l'écoquartier Västra Hamnen, aménagé à partir de 2001, et de la large place accordée aux espaces verts (Kungsparken, Slottsparken, Pildammsparken notamment). Une vitalité toutefois tempérée par des phénomènes de gangs, que la ville tente de régler en expérimentant des solutions inspirées de villes américaines, comme Boston.

★ Église Saint-Pierre (SANKT PETRI KYRKA) B1

Cette imposante église de brique fut construite au début du 14e s., à l'époque où Malmö était sous l'emprise de la Ligue hanséatique *(voir encadré p. 469)*. La Marienkirche, à Lübeck, servit de modèle. L'intérieur est clair et élevé, la voûte en ogives reposant sur des piliers élancés.

La **Krämarkapellet★★**, ou chapelle des commerçants, est la seule partie de l'église qui ait conservé ses fresques médiévales, mises au jour au début du 20e s. lors des travaux de restauration. On remarquera le **retable★** (1611) de 15 m de haut, la chaire (1599) de grès et de tuffeau noir finement sculptée et les fonts baptismaux (1601) de forme octogonale.

Suivre Kalendegatan vers le sud.

Hippodromen B1

Kalendegatan 12A. Après avoir abrité un cirque (1899-1922) et servi de théâtre puis de lieu de culte, cet imposant édifice Art nouveau, mieux connu sous le nom de Hipp Teatern, au dôme à 12 cannelures, a été réaménagé pour loger le **Malmö Stadsteater**. Le restaurant est un exemple remarquable d'Art nouveau.

Un peu plus loin, tourner à droite dans Baltzarsgatan, puis rejoindre Gustav Adolfs Torg et gagner Stora Nygatan par Torggatan.

★ Kungsparken et ★ Slottsparken A1-2

Ce parc à l'anglaise de 50 ha, inauguré en 1872 par le roi Oscar II, est sillonné de canaux et d'allées et peuplé d'oies sauvages et d'une multitude d'oiseaux. Un pavillon érigé en 1912 a été converti en casino. En remontant vers le château de Malmö, situé dans le nord du parc, on peut voir **Slottsträdgården**, petit jardin botanique que l'on peut admirer d'un charmant café bio, très couru aux beaux jours *(voir Slottsträdgårdens Kafé p. 304)*.

Tourner à gauche dans Malmöhusvägen.

Maison de la Science et de la Marine

(TEKNIKENS OCH SJÖFARTENS HUS) A1

Malmöhusvägen 7A - ✆ 040 34 44 38 - malmo.se - ♿ - 11h-17h, jeu. 11h-19h - fermé 1er janv., 1er Mai, 19-20 juin, 24-25 et 31 déc. - 40 SEK (-19 ans gratuit), billet valable pour tous les musées municipaux.

Pour les passionnés de technologie, ce musée expose voitures anciennes, tramways, ferries et même un sous-marin à bord duquel on peut monter. Un espace est réservé aux expériences de physique et de chimie.

En face, dans la rue Banérskajen, les jolies maisonnettes en bois coloré s'animent chaque matin lors du **marché aux poissons** *(mar.-sam. 6h30-13h)*.

Kommendanthuset A1

À côté de la maison de la Science et de la Marine, face au château. La « maison du commandant », édifiée au 18e s., abrite désormais un café-restaurant, dont la terrasse face au château est très agréable en été *(voir Kommendanthusets Café p. 305)*.

★ Château de Malmö (MALMÖHUS SLOTT) : les musées A1

Malmöhusvägen 6 - ✆ 040 34 44 37 - malmo.se - ♿ - 11h-17h, jeu. 11h-19h - fermé 1er janv., 1er Mai, 19-20 juin, 24-25 et 31 déc. - 40 SEK (-19 ans gratuit), billet valable pour tous les musées municipaux.

Construit à la demande du roi **Éric de Poméranie** vers 1430, l'imposant château de Malmö a été transformé en centre d'accueil des musées de la ville en 1937. Quel chemin parcouru en cinq siècles ! Tour à tour hôtel de la Monnaie du Danemark, résidence royale, puis forteresse lors du retour à la Suède en 1658, le château fut alors entouré de douves et de bastions, tel qu'il nous apparaît aujourd'hui. Ayant perdu son importance stratégique au cours du 18e s., il fut reconverti en prison entre 1820 et 1914. En 1937, trois rangées de bâtiments furent construites autour de la cour pour abriter les collections des **musées de la ville**. En 1945, ces collections furent déplacées pour faire place à un centre d'hébergement de la Croix Rouge suédoise, qui y accueillit plusieurs centaines de survivants des camps d'extermination nazis. Après leur départ, le château reprit ses fonctions muséales. Aujourd'hui, les musées se modernisent avec des bornes interactives. Et à la nuit tombée, les fenêtres de l'appartement du roi s'animent de silhouettes grâce à des projections qui permettent d'imaginer la vie du château il y a 400 ans.

★★ **Musée des Beaux-Arts (Konstmuseet)** – Exposées par roulement, ses collections présentent l'art nordique des années 1920 et 1930 avec des œuvres de **Carl Fredrik Reuterswärd** et **Christian Berg**. Le travail de Max Walter Svanberg (1912-1994) retient également l'attention. Sont encore réunies de nombreuses œuvres du paysagiste Carl Fredrik Hill (1849-1911) et de jeunes artistes de la fin des années 1980 et des années 1990. On remarquera aussi une importante collection d'œuvres russes de la période 1890-1914. Dans la **salle Skovgaard** est exposée la grande **esquisse** de Joachim Skovgaard (1856-1933) pour la mosaïque dorée ornant l'abside de la cathédrale de Lund *(voir p. 308)* et l'**orgue** de la fin du 15e s., provenant de Sankt Petri Kyrka (concerts d'orgue au printemps et en automne).

Outre le musée des Beaux-Arts, ces musées municipaux comprennent un **aquarium**, qui présente notamment les fonds marins des lacs de Scanie, une exposition sur le passé pénitentiaire du lieu et des sections d'histoire locale, de géologie et d'histoire naturelle.

En sortant du château, tourner à droite, franchir Slottsbron puis tourner encore à droite dans Slottsgatan le long du parc ; tourner à gauche dans Jakob Nilsgatan puis Hyregatan, charmantes ruelles pavées qui rejoignent le cœur de la vieille ville.

La ville moderne

★ Musée d'Art moderne de Malmö (MODERNA MUSEET MALMÖ) C1

Ola Billgrens plats 2-4 - ✆ 040 68 57 937 - www.modernamuseet.se - consulter le site pour les horaires.

Antenne de celui de Stockholm, le musée d'Art moderne de Malmö, consacré à l'expression artistique des 20e et 21e s. sous toutes ses formes, occupe cette centrale électrique du début du 20e s.

Galerie d'art (KONSTHALL) B2

Skt. Johannesgatan 7 - ✆ 040 34 60 00 - www.konsthall.malmo.se - 11h-17h, merc. 11h-21h - gratuit. Les expositions organisées par cette galerie proposent un tour d'horizon de l'art contemporain, du plus « classique » au plus expérimental.

★ Pildammsparken HORS PLAN

Ces grands jardins furent dessinés pour l'Exposition nordique de 1914. Au sud du pavillon Margareta, élevé à la mémoire de la première femme du roi Gustave VI Adolphe, on peut voir un **théâtre de plein air** utilisé en été pour des spectacles dramatiques, musicaux ou de danse.

2

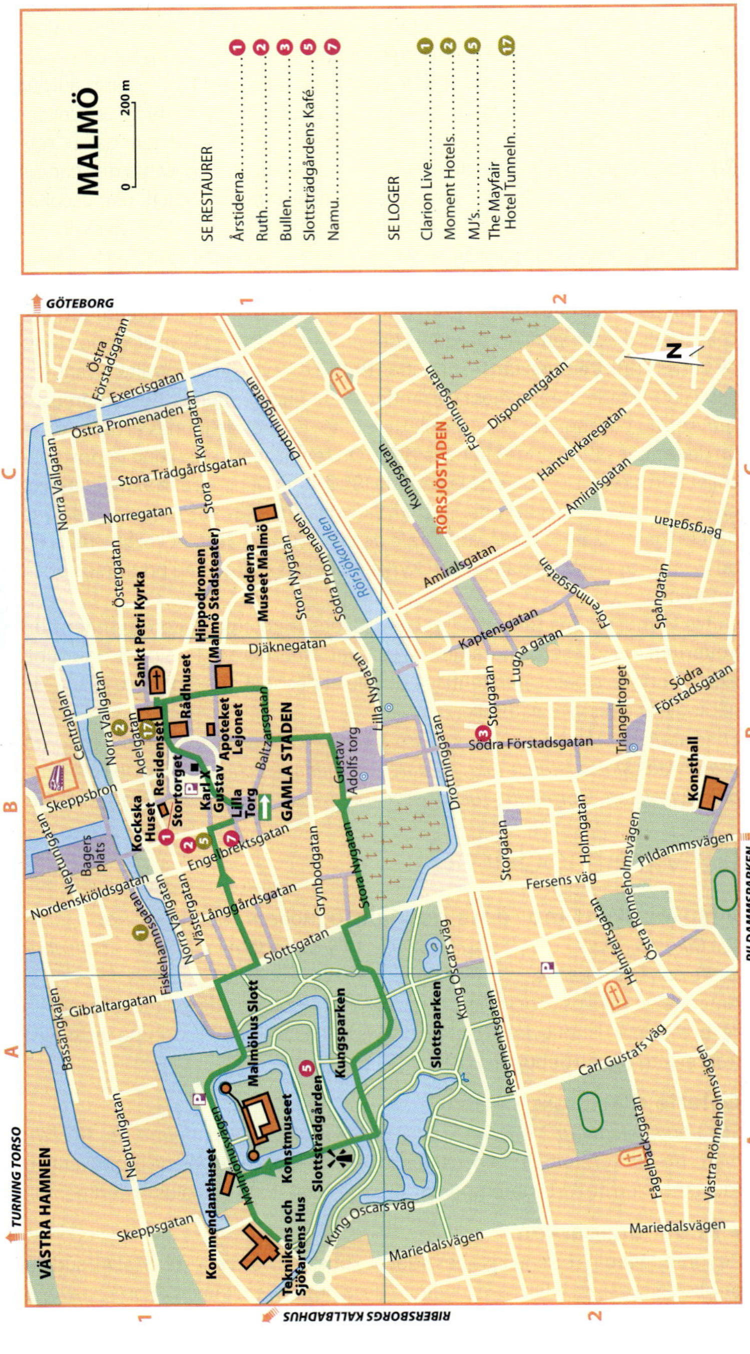
MALMÖ
0
200 m
SE RESTAURER
Årstiderna 1
Ruth 2
Bullen 3
Slottsträdgårdens Kafé 5
Namu 7
SE LOGER
Clarion Live 1
Moment Hotels 2
MJ's 5
The Mayfair Hotel Tunneln 17
GÖTEBORG
TURNING TORSO
VÄSTRA HAMNEN
RIBERSBORGS KALLBADHUS
PILDAMMSPARKEN
GAMLA STADEN
RÖRSJÖSTADEN
Malmöhus Slott
Konstmuseet
Kommendanthuset
Teknikens och Sjöfartens Hus
Slottsträdgården
Kungsparken
Slottsparken
Stortorget
Residenset
Rådhuset
Sankt Petri Kyrka
Kockska Huset
Karl X Gustav
Lilla Torg
Apoteket Lejonet
Hippodromen (Malmö Stadsteater)
Moderna Museet Malmö
Gustav Adolfs torg
Konsthall
Centralplan
Skeppsbron
Bagers plats
Rörsjökanalen
Triangeltorget
Norra Vallgatan
Östra Promenaden
Södra Promenaden
Stora Nygatan
Lilla Nygatan
Drottninggatan
Kungsgatan
Amiralsgatan
Föreningsgatan
Södra Förstadsgatan
Östra Förstadsgatan
Exercisgatan
Stora Trädgårdsgatan
Norregatan
Östergatan
Adelgatan
Djäknegatan
Baltzarsgatan
Engelbrektsgatan
Långgårdsgatan
Grynbodgatan
Slottsgatan
Västergatan
Fiskehamnsgatan
Nordenskiöldsgatan
Neptunigatan
Gibraltargatan
Bassängkajen
Skeppsgatan
Malmöhusvägen
Kung Oscars väg
Mariedalsvägen
Regementsgatan
Carl Gustafs väg
Fågelbacksgatan
Västra Rönneholmsvägen
Östra Rönneholmsvägen
Helmfeltsgatan
Pildammsvägen
Fersens väg
Holmgatan
Storgatan
Kaptensgatan
Lugna gatan
Spångatan
Bergsgatan
Hantverkaregatan
Disponentgatan
Stora Kvarngatan

Le pont de l'Øresund

Prouesse technologique et architecturale, ce pont-tunnel inauguré en 2000 et emprunté chaque jour par plus de 70 000 personnes enjambe l'Øresund, le détroit séparant la Suède et le Danemark, reliant ainsi Malmö à Copenhague. Long de 16 km, ce spectaculaire ouvrage, comprend une autoroute et une ligne de chemin de fer. Côté suédois, le circuit démarre par un pont à haubans à deux niveaux (routier au niveau supérieur, ferroviaire dessous) de 7845 m (dont 1 092 m sont suspendus à 160 câbles, à 61 mètres au-dessus de la mer), se prolonge sur une île artificielle de 4 km construite au milieu du détroit et s'achève par un tunnel de 4 km.
www.oresundsbron.com - Tarifs : voir « Carnet pratique » p. 303.

La ville maritime

★ Västra Hamnen (PORT OUEST) A1

Proche du centre historique et des plages, il fait bon flâner à la terrasse d'un des nombreux bars et restaurants de ce quartier résidentiel, promu vitrine écologique avec ses immeubles au « bilan carbone proche de zéro ». Reconquis à partir de 2001 sur d'anciennes friches portuaires, il est dominé par celui qui est sur toutes les cartes postales de Malmö, le désormais célèbre **Turning Torso★** (2005), une tour d'habitation de 190 m de haut à la forme de torsade, imaginée par l'architecte espagnol Santiago Calatrava.

★ Plage de Ribersborg HORS PLAN

En suivant la route côtière, on longe cette longue plage de sable aisément accessible depuis la vieille ville, à pied *(15mn)* ou à vélo *(10mn)*. Une expérience à tenter : le sauna naturiste du **Ribersborgs Kallbadhus**, un établissement de bains en bois construit sur pilotis à la fin du 19e s. *(voir p. 306)*.
La route continue jusqu'à un parking d'où l'on peut admirer le pont lancé sur l'Øresund : sa structure sobre et élégante s'estompe à l'horizon.

2

Carnet pratique

S'informer

Office de tourisme – *040 34 12 00 - www. malmo.se/Welcome-to-Malmo/Visit-Malmo.* Ici, pas d'office de tourisme « classique » mais une douzaine d'« InfoPoints » dans la ville, dont un à l'aéroport.

Arriver/partir

Atterrir à Copenhague peut constituer une bonne option pour ensuite gagner la Suède : les vols sont en général plus fréquents et moins chers vers la capitale danoise que vers Göteborg ou Malmö. Grâce au pont-tunnel d'Øresund, il est ensuite facile de rejoindre Malmö en train *(voir ci-après)*, en taxi *(env. 650/850 SEK)* ou en voiture de location.

Pont-tunnel de l'Øresund – *www.oresundsbron.com.* Reliant Copenhague, au Danemark, à Malmö en Suède, l'impressionnant pont-tunnel comprend une autoroute à 4 voies et une ligne de chemins de fer. Péage assez cher : 565 SEK (55 €) l'AS en voiture,

300 SEK (29 €) à moto (5 % de réduction en réservant en ligne). En **train**, compter 40mn et 130/145 SEK du centre de Copenhague au centre de Malmö *(www.sj.se)*.

Se garer

De nombreuses rues du centre-ville sont piétonnes et il est vivement recommandé de laisser sa voiture dans l'un des parkings municipaux.

Agenda

BUFF *–www.buff.se.* Fin mars. Festival international du film jeunesse.

Festival de Malmö – *malmofestivalen.se.* Mi-août. Ce festival mêle théâtre, art et gastronomie.

Malmö Pride – *malmopride.com.* 5 j. déb. juil. Festival pour les droits LGBTQIA+.

Nos adresses

Restauration

Est-ce l'influence de Copenhague, la capitale de la nouvelle gastronomie nordique ? Depuis quelques années, Malmö traite ses chefs comme des stars et la ville a vu exploser le nombre des tables intéressantes. De la vieille ville aux nouveaux quartiers, les gourmets sont à la fête.

Budget moyen

5 **Slottsträdgårdens Kafé** – A1 - *Malmöhusvägen 8 - 040 30 40 34 - www.slottstradgardenskafe.se - 12h-15h, w.-end 11h-16h - plats 149/215 SEK - menus 399/599 SEK.* Coup de cœur pour cette adorable guinguette posée sous les arbres fruitiers d'un jardin-potager derrière le château, où l'on déguste des plats simples, mais frais et savoureux. La serre attenante se révèle bien pratique les jours de pluie !

2 **Ruth** – B1 - *Mäster Johansgatan 11 - 040 12 13 18 - www.ruthsmalmo.se - 7h-0h - plats 110/235 SEK.* Une cantine moderne pour un petit déjeuner copieux ou une assiette sur le pouce. Délicieux.

Saltimporten Canteen – HORS PLAN - *Grimsbygatan 24 - 070 651 84 26 - www.saltimporten.com - 11h-14h - fermé w.-end. - plats 170/340 SEK.* Considéré par beaucoup comme la meilleure adresse pour déjeuner à Malmö ! Dans la zone portuaire, l'établissement des chefs Ola Rudin et Sebastian Persson est vite devenu incontournable dans le paysage gastronomique de Malmö. Cuisine créative et moderne que l'on goûte sur de grandes tables communes dans un décor de béton brut minimaliste et chic.

3 **Bullen** – B2 - *Storgatan 35 - 040 12 12 41 - www.bullen.nu - 11h30-1h, sam. 12h-1h, dim. 12h-22h - plats 185/289 SEK.* Apprécié des locaux comme des touristes, ce pub historique est réputé pour sa cuisine traditionnelle, notamment ses *köttbullar*, les fameuses boulettes suédoises accompagnées d'une sauce aux airelles et de purée.

7 **Namu** – B1 - *Landbygatan 5 - 040 12 14 90 - www.namu.nu - mar.-jeu. 11h30-14h, 17h-23h30, vend. 11h30-14h, 17h-0h, sam. 17h-0h - plats 135/355 SEK.* Cet ancien gagnant de *Masterchef* prépare une cuisine d'inspiration coréenne, mâtinée d'une touche scandinave, pleine de couleurs et d'énergie. Les desserts sont mémorables. Si l'envie vous prend, vous pouvez consulter les livres de cuisine à disposition sur les étagères. Service charmant.

Pour se faire plaisir

Lyran Mat & Bar – HORS PLAN - *Simrishamnsgatan 36A - ✆ 076 324 52 28 - www.lyranmatbar.se - tlj sf lun. 17h-0h - menu 600 SEK.* Dans le quartier de Möllevångstorget, un chef et son épouse pilotent ce restaurant où le look compte moins que ce qui se passe dans l'assiette. Les légumes viennent du potager du chef, les viandes et les poissons sont du jour. Une succulente adresse.

1 **Årstiderna** – B1 - *Frans Suellsgatan 3 - ✆ 040 23 09 10 - www.arstiderna.se - lun.-vend. 11h30-22h, sam. 16h-22h - fermé dim. - plats 235/355 SEK.* Cette demeure historique abrite un restaurant traditionnel de grande qualité. L'ensemble est bâti dans un soubassement en brique où respire le passé. Une institution !

Petite pause

Kommendanthusets Café – A1 - *Malmöhusvägen 5 - face au château - ✆ 073 733 99 43 - www.malmo.se - 11h-17h, jeu. 11h-19h - fermé lun.* L'ancien arsenal militaire du 18e s. invite aujourd'hui à une pause fort pacifique, dans le charmant café-restaurant bio qui a investi les lieux, avec un grand jardin herbeux à l'arrière. Petite restauration à l'ardoise.

AB Småland – B2 - *Södra Förstadsgatan 25/27 - www.absmaland.com/en - lun.-sam. 10h-17h, dim. 11h-16h.* Café et boutique de déco où l'on cultive le *green lifestyle* à la mode Malmö. Produits locaux et bio du petit déjeuner à la pause *fika*, en passant par le buffet du midi.

Shopping

Dans le vieux Malmö, la rue **Engelbrektsgatan** réunit de jolies boutiques. Autre site de choix, la rue piétonne qui relie **Stortorget** à **Gustav Adolfs Torg** ou, plus au sud, **Södra Förstadsgatan**.

Formargruppen – B1 - *Engelbrektsgatan 8 - ✆ 073-984 16 19 - www.formargruppen.se - 11h-18h, sam. 11h-16h - fermé dim.* Ouverte par une coopérative d'artisans, cette charmante boutique ne réunit que des produits faits main : vêtements, bijoux, céramique, verrerie, etc.

En soirée

Möllevangstorget – La place centrale de ce quartier populaire attire une population de jeunes fêtards. Très animé le w.-end et beaucoup de cafés bon marché.

Södra Skolgatan – Non loin de Möllevangstorget, ce triangle de cafés et de restaurants est investi par une clientèle bohème. Le romantique restaurant Belle Époque (*belle-epoque.se*) est prisé pour sa décoration rétro.

Malmö Opera – B2 - *Östra Rönneholmsvägen 20 - ✆ 040 20 85 00 - www.malmozopera.se.* Inauguré en 1944, ce théâtre à l'architecture fonctionnaliste reste une scène majeure. Programmation classique et internationale d'opéras, comédies musicales et ballets, mais aussi des créations contemporaines suédoises.

Activités

Rundan Sightseeing – *Départ près de la gare ferroviaire - ✆ 040 611 74 88 - www.stromma.se/Malmo - de mi-avr. à déb. oct. - se rens. pour les horaires - 50mn - 185 SEK (enf. 92,50 SEK) - en anglais.* Belle excursion en bateau sur les canaux de Malmö. L'itinéraire passe par les incontournables de la ville : port, château, Slottsparken.

Ribersborgs Kallbadhus – *Limhamnsvägen - Brygga 1 - sur la plage de Ribersborg - ✆ 040 26 03 66 - www.*

2

ribersborgskallbadhus.se - mai-août : 9h-21h, w.-end 9h-18h ; sept.-avr. : 10h-19h (merc. 21h), w.-end 9h-18h Si l'expérience du sauna vous tente, rendez-vous dans cet établissement traditionnel en bois, qui s'avance sur pilotis dans la mer. Les cabines, chauffées au feu de bois, ont une baie vitrée qui offre un panorama sur la mer ! À faire suivre d'un plongeon dans l'eau fraîche. Ambiance authentique, donc naturiste. Hommes et femmes sont séparés mais certains jours sont mixtes, renseignez-vous.

Folkets Park – *Amiralsgatan 35 - ✆ 040 34 10 00 - malmofolketspark.se - juin-août : 7h-23h, w.-end 8h-23h ; reste de l'année : se rens. - attractions payantes.* Créé en 1891, ce petit parc d'attractions au charme fané se situe dans le quartier multiculturel de Möllevången. Le lieu est plutôt axé tout-petits : manèges, ferme miniature, aires de jeux, etc. En sortant, flânez dans Möllevången, populaire et métissé, avec un marché bigarré *(lun.-sam. 7h-15h)*.

Hébergement

Premier prix

(2) **Moment Hotel** – B1 - *Norra Vallgatan 54 - ✆ 040 23 50 40 - www.momenthotels.com - P 225 SEK/j. - ♿ - 75 ch. 970/1 220 SEK* ☕. Sur un grand boulevard proche du centre-ville, à deux pas de la gare et de l'arrêt des bus reliant l'aéroport, ce petit hôtel nouvelle génération à la décoration soignée propose des chambres petites mais douillettes et d'un bon rapport qualité-prix. Demandez celles côté cour si vous craignez le bruit de la circulation.

Budget moyen

(5) **MJ's** – B1 - *Mäster Johansgatan 13 - ✆ 040 664 64 00 - www.mjs.life - P 275 SEK/j. - ♿ - 68 ch. 1 192/2 242 SEK* ☕. Cette charmante demeure ancienne est idéalement située dans le centre. Le hall est d'un abord très agréable et les chambres sont tout aussi à la hauteur. Une curiosité à l'entrée : l'ascenseur en pierre. L'adresse abrite en outre l'un des meilleurs restaurants de poissons de la ville.

(17) **The Mayfair Hotel Tunneln** – B1 - *Adelgatan 4 - ✆ 040 10 16 20 - www.mayfairtunneln.com - P 295 SEK/j. - 82 ch. 1 250/2 195 SEK* ☕ - ✕. Une adresse coup de cœur ! La façade majestueuse bâtie autour de grandes colonnes abrite un intérieur élégant en marbre. Les chambres, coquettes, sont desservies par des tapis de velours rouge. Le petit déjeuner est servi dans une salle en briques anciennes. Excellent rapport qualité-prix pour les chambres d'entrée de gamme.

(1) **Clarion Live** – B1 - *Mäster Dag Hammarskjölds Torg 2 - ✆ 040 20 75 00 - www.nordicchoicehotels.se - P 260 SEK/j. - ♿ - 444 ch. 1 796/3 042 SEK* ☕ - ✕. Le récent boom touristique de Malmö a entraîné la construction d'hôtels, dont celui-ci : 444 chambres réparties dans trois tours, un centre de congrès et une salle de concert. Si la réception et la salle de petit déjeuner tiennent du hall de gare, les chambres, luxueuses, avec vue, sont des havres de paix. Restaurant panoramique au 25e étage.

The More Hotel – HORS PLAN - *Norra Skolgatan 24 - ✆ 040 655 10 00 - www.themorehotel.se - 68 ch. 1595/2395 SEK* ☕ - ✕. Une résidence hôtelière, adaptée aux séjours en famille (cuisine équipée, etc.), installée dans une ancienne chocolaterie de 1888.

Lund ★★

Lovée autour de sa cathédrale, la deuxième ville universitaire de Suède – par ordre d'ancienneté – est une cité charmante dont les rues étroites sont bordées d'édifices de différentes époques. La population estudiantine (environ 30 000 personnes sur les 127 000 habitants) anime les rues et les places, où l'on assiste souvent à des manifestations traditionnelles hautes en couleur. Le 30 avril de chaque année, par exemple, les étudiants se réunissent à Tegnerplatsen et revêtent, selon le cérémonial d'usage, leur toque d'étudiant pour célébrer le printemps.

Les mosaïques de la cathédrale de Lund.
stigalenas/Getty Images Plus

Se repérer

CARTE A2 (P. 296-297)
127 376 habitants. Lund est à 20 km au nord-est de Malmö.

À ne pas manquer

La cathédrale et Kulturen.

Organiser son temps

Comptez une journée, avec les visites.

En famille

Kulturens Östarp et ses fermes traditionnelles près de Lund.

Carnet pratique p. 311

Nos adresses p. 311

★★★ Cathédrale (DOMKYRKAN)

✆ 046 71 87 00 - lundsdomkyrka.se - 8h-18h, sam. 9h30-17h, dim. 9h30-18h.
Cette imposante **cathédrale** en grès de couleur grise, flanquée de deux tours, est le plus bel exemple d'architecture romane en Suède. C'est le roi Canut II qui lança les travaux dans les années 1080 et la cathédrale fut consacrée en 1145. L'**abside★★★**, datant de 1130 environ, est un chef-d'œuvre roman, dont l'arcature sur trois niveaux et la galerie supérieure sont de style lombard. Les portails des côtés nord et sud sont agrémentés de beaux motifs sculptés, également de style lombard ; le tympan du portail sud représente l'*Agnus Dei* entouré des symboles des évangélistes et complété par des motifs de plantes grimpantes.
Intérieur – En entrant, on remarque à gauche l'étonnante **horloge astronomique** du 14e s., dont les automates fascinent toujours lorsqu'elle sonne. Le maître allemand Johannes Ganssog réalisa en 1592 la belle chaire Renaissance en marbre noir et albâtre. La gracieuse statue de la Vierge située dans le transept nord date de la première moitié du 14e s. Réalisé par **Adam van Düren** vers 1510, le relief qui orne le mur sud représente la Vierge Marie et les patrons de la cathédrale, saint Lars et Knut le Saint. Les **stalles du chœur★★★** (vers 1370), remarquablement sculptées, sont de style gothique, tandis que le retable est probablement une œuvre d'Allemagne du Nord datant de 1400 environ. Parmi les œuvres du 20e s., il faut citer les vitraux (1930) de l'abside et du transept, par Emmanuel Vigeland, et la scène de la Résurrection en **mosaïques★★★**, sur la voûte de l'abside. Cette mosaïque en verre de Venise fut élaborée dans la véritable tradition du style byzantin par le peintre danois Joachim Skovgaard entre 1925 et 1927. Dans la **crypte★★★**, les piliers du début du 12e s. sont ornés de motifs en zigzag et en spirale. Deux d'entre eux ont été surnommés les piliers de Finn, car les sculptures qui les ornent illustrent la légende de **Finn le géant** *(voir encadré p. ci-contre).* L'imposant tombeau de style Renaissance placé devant l'autel fut réalisé par Van Düren pour le dernier archevêque de Lund. Il commémore les quatre siècles pendant lesquels Lund fut un centre ecclésiastique très important (1104-1519).
☺ Centre d'accueil aux lignes contemporaines, **Domkyrkoforum** se dresse à côté de la cathédrale. Point de départ des visites, il abrite un café, une librairie religieuse et un centre de pèlerinage *(www.lundsdomkyrka.se - tlj sf dim. 10h-17h, sam. 10h30-15h).*

À propos de Lund

Probablement fondée vers 990 par le roi de Danemark **Sven Tveskägg**, Lund fut promue au rang d'évêché en 1050, puis à celui d'archevêché des pays nordiques en 1104. Ce centre religieux danois fermement établi vit se multiplier le nombre de ses églises et de ses monastères – il y en eut 27 en tout – jusqu'à ce que l'avènement de la Réforme mît un terme à l'influence du clergé. La puissance de l'Église catholique fut anéantie et la plupart des édifices religieux détruits. Selon les modalités du **traité de Roskilde** (1658), les provinces de Scanie, de Halland et de Blekinge – constituant le diocèse de Lund – furent cédées à la Suède et il devint impératif d'instaurer un établissement universitaire suédois dans cette ancienne province danoise. L'université de Lund fut donc fondée en 1666. Danois et Suédois continuèrent à se battre pour la possession de ce territoire jusqu'à la signature du **traité de Lund** en 1679, qui mettait fin à la **guerre de Scanie** (1675-1679).

La légende de Finn le géant

On raconte que le maître d'œuvre de la cathédrale fut saint Lars lui-même et que, trop affaibli, il fut contraint d'engager un géant pour poursuivre le travail. Le géant exigea du saint le sacrifice de ses yeux s'il ne parvenait pas à découvrir son nom avant l'achèvement de la cathédrale. Saint Lars entendit par hasard la femme du géant chanter une berceuse et révéler son nom. Il s'empressa de retourner à l'église et, alors que le géant s'apprêtait à mettre en place la dernière pierre, lui dit : « Finn, place cette pierre mieux que cela. » Dans sa rage, le géant se précipita dans la crypte et empoigna un des piliers pour essayer d'ébranler l'église.

Lundagård

Attenant à la cathédrale. Au Moyen Âge, ce parc abritait la résidence fortifiée des évêques. Le seul édifice subsistant de cette époque est **Kungshuset**, bâtiment de brique rouge flanqué d'une tour ronde, où se trouvent aujourd'hui des salles de conférences. Construit pour le roi de Danemark entre 1580 et 1584, le roi **Charles XI** en fit don à l'université lors de sa fondation en 1666.

★ **Musée d'Histoire (Historiska Museet)** – *Krafts Torg 1 - ✆ 046 222 79 44 - www.luhm.lu.se - 12h-17h, jeu. 12h-20h - 50 SEK (-18 ans gratuit).* Situé sur le côté sud de la place, dans l'ancienne résidence de l'évêque (19e s.), ce petit musée présente de remarquables collections d'objets de l'âge de la pierre, de l'âge du bronze et de l'âge du fer retrouvés lors de fouilles en Scanie, notamment sur le site archéologique d'Uppåkra. Un regret : le manque de traductions en anglais.

★ **Musée de la cathédrale (Domkyrkomuseet)** – *Accès par le musée d'Histoire - ✆ 046 718 700 - www.lundsdomkyrka.se - mêmes billet et horaires que le musée d'Histoire.* Il contient une belle collection de vêtements liturgiques, du 13e s. à nos jours, et une section intéressante consacrée à l'histoire de la cathédrale.

★★ **Kulturen** – *Tegnérsplatsen - ✆ 046 35 04 00 - www.kulturen.com - de mai à mi-sept. : 10h-17h, merc. 10h-20h ; reste de l'année : se rens. - 90/130 SEK (-18 ans gratuit).* Ce musée fut fondé en 1882 et transformé en musée de plein air en 1892, un an après l'inauguration de Skansen à Stockholm *(voir p. 217)*. Le bâtiment principal abrite de belles collections de textiles, de céramiques, de verre et d'argenterie. Des expositions de design sont régulièrement organisées.

Un passage souterrain conduit à la section en plein air, au-delà d'Adegatan.

Les bâtiments d'origine ou déplacés ici, dans un souci de sauvegarde du patrimoine, représentent les quatre ordres du royaume : la noblesse, la bourgeoisie, le clergé et la paysannerie. Tout de suite à gauche, la **maison du Diacre** date des 14e-15e s. La **Maison orange** d'un membre de l'aristocratie renferme une belle collection de porcelaine et d'argenterie *(au sous-sol)*. Le grand édifice à trois étages illustre l'évolution du mobilier bourgeois à travers une exposition répartie dans plusieurs salles. La **maison Schlyter**, à l'ouest, est dédiée aux corporations d'artisans et comprend quatre ateliers. La section consacrée à l'agriculture est située à l'est. L'église en bois de Bosebo date de 1652.

La pittoresque Adelgatan mène au jardin botanique.

Jardin botanique (BOTANISKA TRÄDGÅRDEN)

Östra Vallgatan 20 - ✆ 046 222 73 20 - www.botan.lu.se - de mi-mai à mi-sept. : 6h30-21h30 ; reste de l'année : 6h30-20h - serres : 11h-15h.

Ce havre de paix datant des années 1860 contient 7 000 espèces de plantes.

En sortant du jardin par la porte nord, continuer dans Biskopsgatan.

2

★★ Musée des Esquisses (SKISSERNAS MUSEUM)

Finngatan 2 - ✆ 046 222 72 83 - www.skissernasmuseum.se - mar.-merc. 11h-17h, jeu. 11h-21h, vend. 11h-18h, w.-end 12h-17h - 100 SEK (-25 ans gratuit).

L'ébauche, la maquette, le projet : ce musée original nous donne à voir le premier jet d'une œuvre, avant qu'elle ne prenne son aspect définitif. Quand l'idée fut lancée, en 1941, les artistes enthousiastes envoyèrent de toute l'Europe leurs esquisses. Résultat : plus de 30 000 études sont réunies dans ce lieu, qui ressemble plus à un studio d'artiste qu'à un musée. La **collection internationale** comprend notamment des œuvres d'Henri Matisse, de Fernand Léger, de Sonia et Robert Delaunay. Il y a également des esquisses d'artistes mexicains spécialistes des peintures murales tels qu'Orozco et Diego Rivera. La **collection suédoise** offre un aperçu passionnant de l'art du 20e s. On y voit tant les esquisses réalisées par le premier donateur du musée, le prince Eugène de Suède, pour le Stadshuset de Stockholm, que des œuvres d'artistes d'avant-garde. La salle où sont rassemblées les œuvres de sculpture internationale est dominée par divers modèles qu'exécuta **Henry Moore** pour sa sculpture *Hill Arches (Les Arches de la colline).*

À proximité

CARTE P. 296-297

Église de Dalby (DALBY HELIGKORSKYRKA) A2

À 12 km au sud-est de Lund par la route 102.

Långgatan 42 - mai-août : 9h-18h ; reste de l'année : 9h-16h.

Il s'agit de la plus ancienne église en pierre de Scandinavie, datée de 1060, plusieurs fois agrandie, détruite et rebâtie. Sa crypte du 12e s. abrite des chapiteaux sculptés et un puits ancien qui aurait servi aux baptêmes.

Kulturens Östarp A2

À 30 km au sud-est de Lund.

Gamla Lundavägen 2481-79, à Blentarp - ✆ 046 35 04 00 - www.kulturen.com - ouvert tte l'année, se rens. pour les horaires - visites avec costumes d'époque de mi-juin à mi-août : jeu.-dim. 11h-16h ; de déb. mai à mi-juin : w.-end 11h-16h - 60 SEK (- 18 ans gratuit).

Annexe du musée **Kulturen** de Lund *(voir p. 309)*, cette ferme traditionnelle est posée dans un paysage typique de Scanie, avec ses animaux, et, en saison, le personnel en costume d'époque. Ici l'expression « musée vivant » prend toute sa signification. Si vous êtes amateurs de jardin, prévoyez du temps pour visiter celui-ci, très beau !

★ Svaneholm A2

À 40 km au sud-est de Lund. Suivre la E 65. Signalé juste avant Skurup.

Château – *✆ 0411 400 12 - www.svaneholm.com - juin-août : mar.-dim. 11h-16h - 100 SEK (-18 ans gratuit).* Cet imposant château Renaissance datant de 1530 compta parmi ses propriétaires le baron **Rutger Macklean** (1742-1816), qui introduisit en Suède le système de la rotation des cultures. Le château contient du mobilier, des textiles, des costumes, des tableaux, des armes et des outils.

Vous pouvez poursuivre jusqu'au musée Johanna de Skurup (voir p. 328).

Carnet pratique

S'informer

Office de tourisme – *Bangatan 1 - Lund - ✆ 046 35 50 40 - visitlund.se.*

Arriver/partir en train

Nombreuses liaisons avec Malmö : 3-4 trains/h. Compter 10 à 15mn. *www.skanetrafiken.se*

Nos adresses

Restauration

Premier prix

Rå Epok Reko Sushi & Bowls – *Klostergatan 7 - ✆ 046 211 30 30 - www.rekosushi.se - 11h-21h, sam.-dim. 13h-21h - plats 90/145 SEK.* Un bar à sushis tendance, bondé à l'heure du déjeuner. Les étudiants aiment particulièrement le lieu, pour avaler un repas léger. Le plus : des poissons pêchés autant que possible localement.

Budget moyen

Italia – *11 Lilla Fiskaregatan - ✆ 046 14 80 80 - www.italia-ilristorante.com - 11h30-22h, sam. 12h-22h - fermé dim.-lun. - plats 155/295 SEK, menu 375 SEK.* Cette immense cour intérieure rassemble une pizzeria et un restaurant plus élégant qui propose pâtes et plats en sauce transalpins. Aux beaux jours, une grande terrasse permet de profiter d'un cadre préservé de l'agitation urbaine.

Stäket – *Stora Södergatan 6 - ✆ 046 211 93 67 - www.staketlund.se - 11h30-14h, 17h-22h, vend. 11h30-22h30, sam. 12h-22h30, dim. 17h-22h - plats 190/799 SEK.* Cette ancienne demeure en brique rouge date du 17e s. Elle abrite un restaurant très fréquenté où l'on sert le soir des fondues à base de viande dans un cadre rustique. Le midi, cuisine rapide sur la jolie terrasse.

Klostergatans Vin - Delikatess – *Klostergatan 3 - ✆ 046 14 14 83 - www.klostergatan.se - 11h-23h,*

2

Pause fika.
NatashaBreen/Getty Images Plus

vend. 11h-1h, sam. 12h-1h - fermé dim. - plats 150/335 SEK. Un esprit bistro prévaut ici, tant dans l'assiette que dans le cadre. À la carte, des huîtres, des moules, du fromage de chèvre et du steak tartare. Ambiance brasserie assurée.

Petite pause

Coffee Break – *Skt. Petri Kyrkogatan 3 - ✆ 046 211 21 00 - www.coffeebreak.nu - 8h-20h, w.-end 9h-20h.* Tout près de la cathédrale se niche ce petit salon de thé moderne et coloré où l'on sert entre autres quelques pâtisseries américaines, tels les muffins et brownies.

Hébergement

Budget moyen

Lilla Hotellet I Lund – *Bankgatan 7 - ✆ 046 32 88 88 - www.lillahotellet.com - P 100 SEK - ♿ - 26 ch. 1180/1 280 SEK.* Cet ancien garage a été réaménagé en un hôtel composé de maisonnettes colorées. Les chambres se répartissent autour d'une cour intérieure où sont disposées tables et chaises.

Forenom Aparthotel Lund – *Laboratoriegatan 10 - ✆ 046- 423 60 00 - www.forenom.com - P payant - ♿ - 80 appart. 1289/1600 SEK - ☕ 90 SEK - ✕.* À 5mn à pied de la cathédrale, cet hôtel propose des appartements de 2-6 personnes impeccablement tenus, confortables et lumineux. L'équipe est attentive. En prime : sauna, table de ping-pong et location de vélos.

Oskar – *Bytaregatan 3 - ✆ 046 18 80 85 - www.hotelloskar.se - 6 ch. 995/1595 SEK ☕.* Très bien située, cette plaisante maison ancienne dispose de quelques chambres avenantes et tout confort. Pas de réception mais vous pouvez réserver sans crainte par téléphone. Idéal pour un séjour à Lund. Évitez les chambres de l'annexe, éloignées du centre.

Grand Hotel – *Bantorget 1 - ✆ 046 280 61 00 - www.grandilund.se - P 145 SEK/j. - ♿ - 83 ch. 1196/3 310 SEK ☕ - ✕.* Le grand hôtel de luxe de la ville ! Très bien situé face à un petit parc, il conjugue décoration ancienne et confort moderne. Un établissement convivial qui dispose d'un restaurant élégant où l'on sert une cuisine raffinée.

La Scanie ★★

Autour de Malmö s'étend la Scanie, une belle campagne vallonnée où les fermes sont prospères et bien entretenues, les terres noires et fertiles, les grandes étendues plantées de vergers odorants et de colza jaune vif. Le « garde-manger de la Suède » fut une terre danoise jusqu'en 1658. Fière de son drapeau, moitié suédoise par la croix jaune, moitié danoise par le fond rouge, la Scanie continue d'afficher sa différence, parsemée de maisons à colombages et d'églises blanches caractéristiques. Le long de la côte, trois péninsules retiennent l'attention : Bjäre et Kullen au nord, Falsterbo à l'extrême sud-ouest de la Suède. Au large, point d'archipel mais deux îles, Ven et Väderö, qui méritent chacune une visite.

Le port de Torekov au matin.
Reimphoto/Getty Images Plus

Se repérer

CARTE A2 (P. 296-297)
La Scanie est la province la plus méridionale de Suède. Les principales villes sont Malmö *(voir p. 298)*, Lund *(p. 307)* et Helsingborg *(p. 315)*.

À ne pas manquer

Le village de Torekov, la réserve naturelle de Kullaberg, le château Glimmingehus et le port de Simrishamn.

En famille

Le village viking de Foteviken, les plages de de Skanör med Falsterbo.

Carnet pratique p. 322

Nos adresses p. 322

★★ Båstad et la péninsule de Bjäre

Circuit tracé en orange sur la carte p. 296-297 - 50 km au départ de Båstad.
Toutes proportions gardées, la péninsule de Bjäre est souvent comparée à la Provence, et la ville de Båstad serait le St-Tropez local. Une certaine douceur de vivre et la variété des paysages y sont pour quelque chose.

Båstad

Köpmansgatan 1 - 0431 750 45 - bastad.com.
Avant de devenir la station balnéaire huppée que l'on connaît, Båstad fut un important centre d'échanges jusqu'à ce que la ville brûle, en 1870, anéantissant les deux tiers de la communauté. L'avènement du tourisme balnéaire coïncida avec sa reconstruction, ce qui permit à la ville de développer ses atouts. Dans les années 1930, le roi Gustave V, passionné de tennis, mit la ville définitivement à la mode lorsqu'il organisa le premier tournoi national. Depuis 1948, la compétition s'est internationalisée ; l'**Open de Suède**, qui se déroule chaque année au mois de juillet, compte parmi les plus prestigieux tournois sur terre battue. Les installations de tennis occupent une place de choix dans la ville : le court central offre une vue splendide sur la mer, tandis que d'autres terrains s'égrènent sur le front de mer. Appréciez aussi les cottages coquettement entretenus de la rue Agardhsgatan et alentour.
Sortir de Båstad par la route 115 vers Torekov. À 7 km, tourner à droite (indiqué).

★★ Hovs Hallar

Ces vertigineuses falaises, plutôt rares en Suède, ont souvent servi de décor, notamment pour le film d'Ingmar Bergman *Le Septième Sceau*. Le paysage a quelque chose de dramatique, avec ses rochers déchiquetés, ses creux et précipices.
20mn. Un chemin serpente à travers la lande jusqu'à la plage.
Continuer par la route 115 jusqu'à Torekov. À l'église, continuer à droite vers le port.

★ Torekov

Entièrement dévoué à la mer, le village s'est façonné une âme incomparable. La minuscule anse que forme le port est envahie de bateaux de pêche et bordée de cahutes en bois rouge typiques.
Musée maritime – *Torekovs Sjöfartsmuseum - torekovssjofartsmuseum.se - été : 10h-20h ; reste de l'année : se rens. - gratuit.* Aménagé dans un navire reconstitué et posé en cale sèche en surplomb du port, il doit ses objets, ses photos et son mobilier aux dons des habitants et aux épaves démantelées ici même *(voir encadré ci-contre).*
À côté du musée, ne manquez pas l'ancien **abri**, où se réunissaient les marins pour s'informer. Cet incroyable cabinet de curiosités ouvert aux quatre vents réunit une oreille d'éléphant, des squelettes d'animaux, ainsi qu'une multitude de plaques gravées des noms des bateaux échoués dans la zone.

Épaves en stock

Au temps de la marine à voile, l'importance du trafic, la force des tempêtes et les difficultés de manœuvre des bateaux dans le détroit qui sépare la Suède du Danemark ont multiplié les naufrages dans la zone maritime de Torekov. De fait, le village a développé une expertise dans le démantèlement des navires. Le bois des bateaux remorqués servait au chauffage ou à la construction.

Un passé mouvementé

Pendant plusieurs centaines d'années, la région appartint aux Danois et le 17e s. fut une période sombre de l'histoire d'Helsingborg, car elle fut impliquée dans les guerres incessantes que se livrèrent la Suède et le Danemark. Les Suédois prirent la ville au moins six fois avant que le **traité de Roskilde** (1658) ne rendît à la Suède les provinces qu'elle avait perdues *(voir aussi p. 316)*. Cependant, la cité souffrit encore plus au cours de la période suivante marquée par la guerre de Scanie (1675-1679), lorsque les Danois essayèrent de reprendre la province. À la suite de la **bataille d'Helsingborg**, en 1710, **Magnus Stenbock** chassa les Danois de Suède et les guerres prirent définitivement fin.

Près du musée, les **bains chauds** *(voir Kallbadhuset p. 324)* témoignent de l'évolution des mœurs : au déclin de la marine à voile a succédé la mode des bains, dont Torekov a bénéficié. Outre les bains chauds, aux beaux jours, les amateurs se retrouvent sur la jetée pour la traditionnelle baignade matinale dans les eaux fraîches du Kattegat.

★ Hallands Väderö

Accès en bateau (15mn) au dép. du port de Torekov - ✆ 0431 36 30 45 - www.vaderotrafiken.se - avr.-oct. : se rens. pour les horaires - 100/200 SEK (6-15 ans 50/100 SEK).

Protégée dès le début du 20e s., la nature de cette île est exceptionnellement préservée. Des chemins de randonnée permettent de faire le tour dans la journée, en passant par le phare et en s'arrêtant pour un bain de mer à Sandhamn.
Revenir à Torekov en bateau puis prendre la route 115 pour retourner à Båstad.

2

★ Helsingborg et la péninsule de Kullen

Circuit tracé en violet sur la carte p. 296-297 - 45 km au nord d'Helsingborg.

Helsingborg

✆ 042 10 50 00 - visithelsingborg.com.

Pendant des siècles, deux puissants châteaux se sont dressés face à face, séparés seulement par un détroit de 4 km de large, l'Øresund. Helsingborg fut fondé au 11e s. sur un site stratégique afin de contrôler le détroit et, aujourd'hui, la ville danoise d'Elseneur (Helsingør), située de l'autre côté *(voir p. 74)*, n'est qu'à 25mn de ferry. Helsingborg est un port animé ainsi qu'un centre commercial et administratif.

★ **Kärnan** – *Slottshagsparken - ✆ 042 10 59 91 - karnan.se - juin-août : 10h-18h ; reste de l'année : se rens. - 60 SEK (-18 ans gratuit).* Au 14e s., les Danois érigèrent cet imposant donjon pour remplacer la tour de bois construite précédemment. Il faisait partie d'un château fort en forme d'ellipse, d'où son nom de Kärnan, qui signifie « amande ». La forteresse fut détruite vers 1680 et le donjon de 34 m de hauteur avec ses murs épais et sa tour d'escalier extérieure en est le seul vestige. De la terrasse *(146 marches)*, la **vue** embrasse Elseneur de l'autre côté du détroit et l'île de Ven un peu plus au sud.

★ **Église Notre-Dame (Sankta Maria Kyrka)** – *Mariatorget.* L'église d'origine, construite en grès au 12e s., fut remplacée au 15e s. par l'édifice actuel de style gothique danois en brique rouge. La tour ornée d'un pignon à redans fut ajoutée au 16e s. À l'intérieur, on remarquera en particulier le **retable** (1450), la **chaire** Renaissance (1615) et les **fonts baptismaux** médiévaux en calcaire gris, réalisés

La Scanie : une région aux particularismes prononcés

La plus danoise des régions suédoises

Plus proche de Copenhague que de Stockholm, la Scanie appartint au Danemark dès le 8e s. (à l'exception d'une courte interruption au 14e s.) jusqu'au **traité de Roskilde**, en 1658, qui assurait à la Suède sa frontière naturelle au sud. Les Danois tentèrent ensuite de la récupérer et la paix ne revint dans la région qu'après la bataille d'Helsingborg (1710). Certains Scaniens, soutenant que la Scanie devrait être un royaume indépendant, sont fiers de faire flotter leur drapeau (rouge avec une croix jaune), et le dialecte local a des résonances typiquement danoises. Cela ne laisse personne indifférent et provoque de nombreuses discussions amicales.

Grenier à blé de la Suède

Avec ses vastes étendues agricoles, ses imposantes fermes en pierre et ses haies de hêtres, les paysages de la Scanie peuvent s'apparenter à ceux d'Europe centrale avec, en prime, un climat doux, presque méditerranéen. Grenier à blé, la Scanie nourrit une bonne partie de la population de la Suède. Mais la prospérité de la région est aussi due au dynamisme de ses villes, à sa jeunesse, à son passé industriel (mines de cuivre) et aux échanges commerciaux et maritimes, qui ont vu des villes comme Malmö et Helsingborg se développer autour de leur port. Ajoutons à cela de belles stations balnéaires (Falsterbo, Ystad, etc.), une indéniable richesse culturelle avec ses manoirs, châteaux et musées, et l'on comprend pourquoi la Scanie a inspiré artistes et auteurs suédois tels qu'August Strindberg, Selma Lagerlöf ou l'auteur de romans policiers Henning Mankell *(voir Ystad, p. 326)*.

Au paradis des gourmets

La Scanie est réputée pour sa tradition gastronomique et le célèbre **smörgåsbord** (« table de tartines ») est originaire de la région. Il est servi le dimanche dans les auberges traditionnelles *(Gästgivaregårdar)* où une grande table placée au centre de la salle à manger est surchargée de mets délicats. Les clients sont libres de se servir autant de fois qu'ils le souhaitent, mais il y a un ordre à respecter : harengs marinés accommodés de différentes façons précèdent deux autres plats de poisson (saumon fumé, anguille fumée ou bouillie servie froide, harengs frits et sardines à l'huile).
On passe ensuite aux viandes, qui comprennent de la dinde rôtie froide, du canard et de l'oie, du jambon bouilli, des tranches de bœuf rôti, etc. Vient ensuite le plateau de fromages, suivi des salades de fruits, des fruits frais et des gâteaux à la crème. On termine avec le *spettekaka,* gâteau traditionnel de Scanie. Ce gâteau jaune de forme pyramidale, qui ressemble à une meringue, est cuit à la broche.
En septembre et en octobre, on célèbre la saison des **anguilles**. Une véritable fête est organisée, où l'on consomme sept plats différents d'anguille cuite !
Le 11 novembre, la **fête de la St-Martin**, très populaire en Scanie, est l'occasion de banquets traditionnels autour de l'oie. La *svartsoppa* (soupe noire) faite avec du sang d'oie et des épices est suivie par de l'oie rôtie. La St-Martin, qui marque la fin du travail d'automne, est associée à l'ancienne fête de saint Martin de Tours et à celle de Martin Luther, célébrée le jour précédent.

Tycho Brahe (1546-1601)

Grâce au soutien du roi Frédéric II de Danemark, l'astronome danois Tycho Brahe fit construire un observatoire en 1576 sur la petite île de Ven au milieu du détroit séparant le Danemark de la Suède, à équidistance de Copenhague et d'Elseneur. Alors que le télescope n'était pas encore inventé, ses observations et calculs (il établit notamment un catalogue d'étoiles et montra que les comètes n'étaient pas des phénomènes atmosphériques) concoururent à faire accepter la théorie de Copernic selon laquelle le centre de l'univers était le soleil et non la terre. À la mort du roi, Tycho se vit contraint à chercher des mécènes. Il finit ses jours à Prague où Johannes Kepler, astronome allemand, reprenant ses observations sur la planète Mars, énonça les lois sur les mouvements des planètes.

par l'école de Gotland. On peut voir des traces de peintures murales du 15e s. par le Maître d'Helsingborg dans le déambulatoire qui abrite également de beaux **vitraux★★** : les deux situés sur la droite sont de Martin Emond et illustrent l'histoire d'Helsingborg, le troisième et le quatrième sont d'Einar Forseth et représentent Dieu le Père et la Vierge à l'Enfant, tandis que les deux autres situés sur la gauche, œuvres d'Erik Olson, mettent en scène le Fils et le St-Esprit. Les vitraux du transept nord intitulés *Rivière de Vie* et *Arbre de Vie* datent tous deux de 1953 et sont l'œuvre de Ralph Bergholtz.

Dans la **sacristie et salle de l'Argenterie★★** sont exposés une sélection de vêtements liturgiques d'une valeur inestimable, la Bible de Christian III datant de 1550, ainsi que nombre d'objets en argent datant du 17e s. à nos jours.

2

Dunkers Kulturhus – *Kungsgatan 11 - ✆ 042 10 74 00 - www.dunkerskulturhus.se - de mi-juin à mi-août : lun.-merc. et vend. 8h-18h, jeu. 8h-20h, w.-end 10h-17h ; reste de l'année : se rens. - expositions (à partir de 10h) : 100 SEK (-18 ans gratuit).* Cette Maison de la culture toute blanche, construite face à la mer par l'architecte danois **Kim Utzon**, prête son intérieur spacieux à toutes sortes d'expositions, d'activités et de projets dans les domaines de l'art, de l'histoire, du théâtre, de la musique et de la danse.

★ **Fredriksdal Museer och Trädgårdar** – *Gisela Trapps väg 1 - ✆ 042 10 45 00 - www.fredriksdal.se - mai-août : 10h-18h ; reste de l'année : se rens. - juin-sept. : 80/100 SEK (-18 ans gratuit) ; gratuit de fin sept. à déc.* La diversité de ce musée de plein air est étonnante : un jardin botanique où toute la flore de Scanie est représentée, une roseraie où poussent 450 variétés, un parc à l'anglaise, un potager, un verger, un jardin d'herbes aromatiques, un théâtre de plein air et une ferme en pleine activité sont groupés autour d'un manoir datant de 1787 avec vue sur des parterres à la française.

Île de Ven – À partir de Råå *(à 6 km au sud du centre d'Helsingborg)*, un service régulier de ferry dessert en été cette île où vécut de 1576 à 1596 le célèbre astronome danois **Tycho Brahe** *(voir encadré ci-dessus).*

Quitter Helsingborg vers le nord en suivant Drottninggatan et suivre la route 111 qui longe la mer.

Promontoire battu par les vents, la péninsule de Kullen mérite d'être parcourue en raison de ses villages de pêcheurs alignés le long de la côte.

★ Sofiero

Sofierovägen 31 - ✆ 042 10 25 00 - www.sofiero.se - parc : de mi-avr. à mi-sept. : 10h-18h ; reste de l'année : 10h-16h - château : de mi-avr. à mi-sept. : 10h-18h - 120 SEK (-16 ans gratuit).

Le château fut construit pour la reine Sophie, épouse du roi Oscar II, puis fut offert en 1905 comme cadeau de mariage à leur petit-fils, le prince héritier Gustave VI Adolphe, et à sa jeune épouse, la princesse Marguerite de Grande-Bretagne, friande de jardinage comme son père, le duc de Connaught.
Les **jardins** *(plan disponible à l'entrée)* sont agrémentés d'un bel assortiment de rhododendrons et d'azalées. L'allée des rhododendrons commence dans le vallon situé au pied du château et se termine près de la pièce d'eau. Une partie de l'Allée fleurie est restée telle que la princesse la dessina.
Un agréable café d'été ouvre dans les jardins *(avr.-sept. : 11h-17h)*. Le lieu compte aussi une table gastronomique réputée *(voir Sofiero Slottsrestaurang p. 323)*.
Suivre la route 111 en direction d'Höganäs.

Viken

Ce pittoresque village de pêcheurs est aujourd'hui un élégant faubourg d'Helsingborg. Il s'articule autour du port, de l'église et du moulin.

Höganäs

Höganäs est le berceau de l'industrie suédoise de la céramique. Le petit village de pêcheurs du 16e s. se transforma au 18e s. en une ville minière à la suite de la découverte d'un gisement de charbon à proximité. Au 19e s., on se mit à extraire de l'argile de la mine qui fut utilisée pour la fabrication de briques, puis de faïences et de poteries de grès. Plusieurs sociétés produisent encore de la poterie durcie au sel.
Musée de Höganäs (Höganäs Museum) – *Polhemsgatan 1 - ✆ 042 34 13 35 - www.hoganasmuseum.se - ♿ - tlj sf lun. 13h-17h - 50 SEK (- 18 ans gratuit)*. Il présente une exposition chronologique de la poterie locale ainsi qu'une sélection de pièces de grès réalisées par plus de 60 artistes nordiques contemporains. Voir en particulier les personnages bibliques humoristiques d'**Åke Holm** (1900-1980).
Se diriger vers Mölle, prendre Bruksgatan à gauche, puis suivre les indications.
Höganäs Saltglaserat – *Bruksgatan 36 - ✆ 042 331 020 - keramisktcenter.se/hoganas-saltglaserat - 11h-17h (horaires variables, se rens.)*. « Il arriva comme une tempête de neige un soir d'avril, une bouteille Höganäs accrochée autour du cou par une lanière de cuir. » C'est ainsi qu'**August Strindberg** décrit l'arrivée de Carlsson dans son roman *Les Gens de Hemsö*. Établie en 1832, la société produisit d'abord de la faïence vernie de couleur jaune, puis s'orienta vers la production de poterie de grès durcie au sel. Cette poterie eut un grand succès et entra dans presque toutes les maisons suédoises. La production continue à petite échelle, selon les méthodes traditionnelles en grande partie manuelles.
Continuer en direction de Mölle.

Krapperup

✆ 042 34 40 68 - www.krapperup.se - parc : accès libre ; galerie d'art et musée : voir le site pour les horaires et tarifs.
Ce vaste domaine appartenait autrefois à la famille Gyllenstierna. Le petit musée et la galerie d'art *(situés dans le bâtiment qui borde la route)*, ainsi que les remarquables **jardins** sont ouverts au public. Ils offrent une belle vue du château entouré de douves, construit au 16e s. mais considérablement remanié à la fin du 18e s.

Mölle

Construite à flanc de coteau, cette petite station estivale était fréquentée au début du 20e s. par les Danois et les Allemands. La réputation d'immoralité qu'acquit Mölle en autorisant hommes et femmes à se baigner ensemble lui valut de se faire des adeptes dans toute l'Europe. L'empereur d'Allemagne **Guillaume II** et sa femme firent partie des habitués les plus célèbres.

De Mölle, poursuivre sur la même route qui mène dans la réserve naturelle de Kullaberg, puis s'engager sur la route des Italiens jusqu'au parking de la réserve.

★ Réserve naturelle de Kullaberg (KULLABERGS NATURRESERVAT)

Centre d'accueil Naturum Kullaberg - Italienska vägen 323 - ☎ 042 347 056 - www.kullabergsnatur.se - de fin juin à mi-août : 10h-17h30 ; d'avr. à fin juin et de mi-août à fin sept. : 11h-16h ; oct.-nov. et fév.-mars : mar.-dim. 11h-16h - gratuit.

Le promontoire, dont les falaises tombent à pic dans la mer, sépare la baie de Skälderviken du nord du détroit de l'Øresund.

Phare de Kullen – *☎ 0705 82 23 72 - kullensfyr.se - 11h-17h - env. 30 SEK (10-15 ans 10 SEK).* Des chemins longeant le bord de la falaise *(la plus grande prudence est conseillée)* conduisent à ce phare qui se dresse à 88 m au-dessus du niveau de la mer. Il fut érigé en 1900 à la place du phare du 16e s.

Revenir à l'embranchement et prendre à gauche en laissant la route 111 sur la droite ; tourner à droite au carrefour en T suivant, juste avant le virage à gauche pour Arild.

★★ Église de Brunnby

☎ 042 346 520. Cette église romane du 12e s. est célèbre pour ses **peintures** du 15e s. ornant la voûte du bas-côté.

En sortant du parking de l'église, suivre la signalétique « Arild ».

★ Arild

Ce vieux village aux petites maisons de pêcheurs agrémentées de jardins est une station pittoresque fréquentée des artistes depuis près d'un siècle.

Remonter et tourner à gauche vers Jonstrop : le café est indiqué à gauche à 1 km.

Skäret

Flickorna Lundgren est une maison d'été construite en 1732 qui appartenait à la famille Lundgren, laquelle transforma la maison en café en 1938 *(voir Flickorna Lundgren p. 324)*. Le roi Gustave Adolphe fut un habitué de l'établissement.

2

★★ La côte de Malmö à Ystad

Circuit tracé en bordeaux sur la carte p. 296-297 - environ 100 km. Il peut être combiné avec le circuit « La côte de l'Österlen », p. 320 ; prévoir dans ce cas une nuit à Ystad (voir p. 326). Sortir de Malmö par la E 6-E 22, au sud, que l'on quitte à Höllviken. Suivre la signalisation « Vikingamuseet ».

★ Fotevikens Museum

Museivägen 27 - Höllviken - ☎ 040 330 800 - www.fotevikensmuseum.se - de mi-juin à déb. sept. : 10h-16h ; reste de l'année : se rens. - 130 SEK (6-15 ans 50 SEK), tarif famille (2 adultes + 2 enf.) 250 SEK.

Sur la côte de la Baltique, cette reconstruction d'un village viking est le résultat d'un projet partiellement financé par l'Union européenne. L'enceinte comprend une vingtaine de bâtiments traditionnels en bois couverts d'une couche de terre garnie d'herbe. En été, le village est animé par des artisans en habit d'époque, utilisant les méthodes et les matériaux dont se servaient les Vikings au début du 12e s. L'activité bat son plein lors du **marché viking** après les fêtes de Midsommar *(dern. sem. de juin)*.

Reprendre la route 100 vers l'ouest.

★ Skanör med Falsterbo

Situées sur la magnifique péninsule de Falsterbo, les deux villes jumelles – qui n'en forment plus qu'une – sont des stations estivales très fréquentées, réputées pour leurs magnifiques plages de sable blanc. Les vents et les courants dessinent

un paysage de dunes ondulantes, piquées de cabines de plage colorées qui leur donnent un charme fou.
De faible profondeur, ces plages sont particulièrement appréciées des familles. La péninsule abrite également l'une des plus anciennes réserves naturelles du pays, fréquentée par les oiseaux migrateurs qui partent ou reviennent d'Afrique. Chaque automne, la péninsule devient le paradis des ornithologues, avec plus de 350 espèces à observer ! Au printemps, ceux-ci ne manquent pas non plus l'arrivée des grues, qui envahissent les lacs de Scanie.
Si la nature est le principal attrait de la péninsule, son visage urbain est lui aussi bien agréable. Les deux villes furent d'importants centres de commerce à l'époque de la **Ligue hanséatique** *(voir encadré p. 469)*. Prospérant grâce à la pêche du hareng, **Falsterbo** a davantage gardé son aspect médiéval : son église contient quelques belles sculptures du Moyen Âge et son musée abrite une section très informative sur la Hanse et son temps. Sa jumelle **Skanör** possède pour sa part une charmante place pavée, Rådhustorget, et un hôtel de ville du 18e s.
Revenir à Höllviken et longer la côte vers Trelleborg. Après le phare apparaît Smygehuk.

Smygehuk

Le point le plus méridional de la Suède est celui où, dans *Le Merveilleux Voyage de Nils Holgersson à travers la Suède*, de **Selma Lagerlöf** *(voir p. 493)*, le jeune Nils dit adieu aux oies sauvages. Une petite **statue** célèbre l'héroïne à plumes, Akka. Le port, établi sur le site d'une ancienne carrière de pierre à chaux, est bordé de cabanes de pêcheurs et de fumoirs à poisson. À gauche quand on regarde la mer, un chemin passe devant un four à chaux et conduit à un grand **entrepôt** blanc, dont la présence rappelle la prospérité passée. Construit pour emmagasiner du grain, il servit de dépôt à des contrebandiers et abrite en été une exposition d'artisanat.
Poursuivre par la route 9.

★★ Ystad *Voir p. 326.*

★ La côte de l'Österlen

Circuit tracé en vert foncé sur la carte p. 296-297 - 90 km d'Ystad à Kivik.
Österlen, ou « chemin de l'Est », est une expression formée au 19e s. La région est réputée pour le nombre de ses ateliers et galeries d'art (une semaine « portes ouvertes » est organisée à Pâques lors du Konstrundan).
Quitter Ystad par la route 9 et, après Nybrostrand, suivre la signalétique à droite.

★★ Ales Stenar

15mn du port de Kåseberga. Au départ du port de **Kåseberga**, un chemin en pente raide conduit à cet incroyable site mégalithique installé au sommet d'une falaise. C'est l'emplacement de la tombe du chef viking Ale, dont l'**alignement de 59 pierres**, positionné selon les équinoxes du soleil, dessine une forme de navire. Au retour, faites une pause à Kåseberga, l'un de ces nombreux et charmants ports de pêche, où l'on peut déguster du poisson fumé dans une fumerie artisanale.
Tourner à droite, puis suivre les indications « Sandhammaren ».

★ Sandhammaren

Les dunes mouvantes et les bancs de sable de la pointe sud-est de la Scanie font partie de la **réserve naturelle de Backåkra**. Cette section de la côte possède quelques-unes des plus belles plages de Suède.
Poursuivre le long de la côte par la route secondaire.

Skillinge

En remontant vers le nord, la côte est jalonnée de villages de pêcheurs très pittoresques. Skillinge, à l'instar de Simrishamn, est un port de pêche toujours actif. Les quais méritent une balade pour leur animation authentique.
Quitter Skillinge, suivre une route secondaire vers l'ouest jusqu'à Östra Hoby, puis vers le nord en direction de Vallby.

★ Glimmingehus

Glimminge 1 - Hammenhög - ☏ 072 702 59 90 - www.raa.se/glimmingehus - de juil. à mi-août : 10h-18h ; reste de l'année : se rens. - 90 SEK (- 18 ans gratuit).
Ce majestueux manoir fut construit entre 1499 et 1509 pour le compte d'un aristocrate danois. Meurtrières, larges douves et mâchicoulis, il a tout de la forteresse. Quand le logis fut jugé trop inconfortable et incommode, la forteresse fut abandonnée et devint alors un grenier habité seulement par les rats. Dans *Le Merveilleux Voyage de Nils Holgersson,* **Selma Lagerlöf** *(voir p. 493)* raconte la lutte épique que se livrent les rats gris et les rats noirs de Glimmingehus et explique comment Nils parvient à éloigner les rats gris en jouant de sa flûte enchantée, présent de la chouette qui vivait dans la tour de la cathédrale de Lund.
Rejoindre la côte à Brankevik via *Gislöv, puis suivre la route côtière vers le nord.*

★ Simrishamn

ℹ *Varvsgatan 2 - ☏ 0414 81 98 00 - www.simrishamn.se.*
Laisser la voiture près du port puis prendre Strandvägen qui longe la mer.
Au cœur de l'Österlen, les vieilles rues pavées de Simrishamn serpentent entre de charmantes maisons basses.

2

Gösta Werners och Havet – *Strandvägen - ☏ 0414 104 40 - www.gostawerner.se - mar.-vend. 13h-17h, w.-end 10h-18h - 50 SEK (enf. gratuit).* Cette galerie est consacrée aux œuvres du peintre **Gösta Werner**, spécialisé dans les marines et la vie quotidienne des marins.
La vieille ville – L'église domine les maisons soigneusement repeintes, aux toits rouges couverts de tuiles flamandes de **Lilla Torg**, au cœur du vieux quartier. **Stora Norregatan** et **Östergatan** sont toutes deux bordées de coquettes petites maisons du 19e s., peintes de couleurs vives et agrémentées de belles portes de bois sculpté.
Église Saint-Nicolas (Sankt Nicolai Kyrka) – *☏ 0414 412 480.* La pierre aux teintes douces de la façade est, du 12e s., de la nef du 13e s. et de la tour ouest du 15e s. contraste avec la brique du porche, datant lui aussi du 15e s. Le mobilier, rehaussé de couleurs vives, se détache sur le blanc sobre de l'intérieur. Le retable et la chaire au monogramme « C 4 » datent du règne de Christian IV (1588-1648). Les fonts baptismaux sont de style carolien. Côté sud de l'église, vous verrez la sculpture de **Carl Milles** *(voir p. 234 et 492), Les Sœurs*, détail de sa *Fontaine de la Foi* (qui se dresse dans le cimetière de Falls Church à Washington).
Österlens Museum – *Storgatan 24 (à droite de la place), derrière la barrière verte - ☏ 0414 81 96 70/72 - www.simrishamn.se/museum - mar.-vend. 12h-16h, sam. 10h-14h - gratuit.* Un ancien grenier abrite ce musée consacré à l'histoire locale et comprenant des sections intéressantes sur l'**art paysan★★**, les costumes, l'**argenterie nuptiale★★** et les techniques traditionnelles de fabrication de la dentelle.
Storgatan est coupée en deux par la place : la section de droite conduit à Hafreborg, tandis que celle de gauche permet de retourner au port. Suivez cette dernière sur une courte distance, avant de tourner à droite dans Dammgatan, puis à gauche dans une ruelle sinueuse, **Strömmens Sträddle**, où se trouvaient

autrefois la maison et l'atelier du tanneur Ström. Continuez le long de cette rue jusqu'au port, très animé en été.
Quitter Simrishamn par le nord, toujours par la route 9.

Réserve naturelle de Stenshuvud

Centre des visiteurs (Naturum) - ✆ 0414 708 82 - www.sverigesnationalparker.se/stenshuvud - juil.-août : 10h-18h ; reste de l'année : se rens.
Juste avant d'arriver à Kivik, une route secondaire sur la droite conduit sur la côte, à l'entrée de cette réserve naturelle, où le centre d'accueil fournit toutes les informations nécessaires pour découvrir une flore et une faune parmi les plus variées du pays.

Kivik

Au cœur d'une région de pommiers et de poiriers, le village de Kivik est réputé pour son cidre et son marché aux pommes fin septembre *(voir « Agenda » ci-après)*. Les visiteurs étrangers seront intrigués par le célèbre **monument de l'âge du bronze** *(en entrant dans la ville, suivre « Kungagraven » - www.kiviksgraven.se - w.-end 12h-16h, horaires variables, se rens. - 30 SEK, -16 ans gratuit)*, remarquable cairn de 75 m de diamètre dont la chambre funéraire est tapissée de 8 dalles recouvertes d'énigmatiques signes gravés. Découverte au 18e s., la tombe fut pratiquement reconstruite dans les années 1930.

Carnet pratique

S'informer

visitskane.com – Site officiel de l'office du tourisme de Scanie.

Arriver/partir en ferry

Scandlines – *www.scandlines.com.* Environ 20mn pour la traversée entre Helsingborg et Helsingør (Elseneur au Danemark). Un départ toutes les 10-30mn.

Agenda

Open Nordea de Båstad – *nordeaopen.se.* 2 sem. en juil. Tournoi de tennis masculin et féminin sur terre battue.

Marché aux pommes de Kivik – *www.appelmarknaden.se - entrée : 120 SEK (-15 ans gratuit).* Dern. w.-end de sept. Une fresque géante toute en pommes honore la spécialité locale, croquée dans tout le pays. Dégustations, processions et concerts.

Nos adresses

Voir aussi Ystad, p. 329.

Restauration

À Helsingborg

Budget moyen

Dunker Bar & Matsalar – *Kungsgatan 11 - sur le port - ✆ 042 32 29 96 - www.dunkermatsalar.com - 11h-18h, lun. 11h-16h, jeu. 11h-20h, w.-end 11h-17h - plats 100/170 SEK.* Situé dans la Maison de la culture de Helsingborg, ce restaurant offre un intérieur design bordé de baies vitrées et une grande terrasse sur le port. Restauration rapide mais en symbiose avec les contingences écologiques (utilisation de produits locaux, naturels, biologiques).

Lagmark Kök – *Roskildegatan 2 - ✆ 0704 03 51 89 - www.lagmark.se - merc.-jeu. 11h30-18h, vend.-sam. 12h-22h - plats 65/195 SEK, menus déj. 148/195 SEK.* Un restaurant-traiteur très populaire où vous trouverez de nombreux plats et tartines typiquement scandinaves. Terrasse sur la place piétonne.

Olson's Skafferi – *Mariagatan 6 - ✆ 042 14 07 80 - www.olsonsskafferi.se - 11h-22h - fermé dim. - plats 119/149 SEK, menus 349/495 SEK.* Ce petit restaurant-traiteur aménagé dans une vieille et charmante maison, qui fait face à une église, propose une cuisine italienne excellente. Plats maison à emporter ou à déguster sur la terrasse paisible.

Bara Vara – *Fågelsångsgatan 2 - ✆ 042 24 52 52 - www.baravara.eu - merc. 11h30-14h, vend. 11h30-15h, 16h-2h, sam. 16h-2h - plats 170/190 SEK.* Un café-restaurant design, très apprécié par la population locale, situé devant une placette paisible. Grillades et plats en sauce aux tonalités européennes.

Sofiero Slottsrestaurang – *Dans le château Sofiero - à 5 km du centre - ✆ 042 14 04 40 - www.sofieroslottsrestaurang.se - 11h30-14h - plats 155/295 SEK, menu déj. 395/415 SEK.* L'un des trois restaurants gourmets de la ville et parmi l'un des meilleurs du pays. Situé dans un cadre exceptionnel, dans un château ancien, ce restaurant de grand standing propose une cuisine raffinée servie avec soin et élégance.

À Båstad

Pour se faire plaisir

Sand – *Kyrkogatan 2 - ✆ 0431 55 81 00 - www.hotelskansen.se - 7h-22h - plats 175/315 SEK.* Ce restaurant d'un hôtel 5 étoiles offre une somptueuse vue sur la mer et de belles réussites culinaires dans l'assiette. Viandes et poissons, le chef sait tout accommoder et réussit de beaux mélanges de saveurs mais en petite quantité. À la belle saison, le Sand´s Bakficka, de l'autre côté de la rue, propose un menu déjeuner plus simple et moins cher.

À Torekov

Budget moyen

Fiskhuset – *Hamnplanen 14 - sur le port - ✆ 0723 22 80 00 - www.fiskhuset.com - en été : jeu.-dim. 9h30-17h ; hors saison : se rens. - plats 179/289 SEK.* Reconstruite après un incendie en 2021, cette institution de Torekov dédiée aux produits de la mer a retrouvé sa place sur le port. Belle terrasse, où profiter de l'animation et s'offrir un bon plateau de fruits de mer *(379 SEK).*

Petite pause

À Båstad

Solbackens Wåffelbruk – *Italienska Vägen 269 - entre Båstad et Hovs Hallar - ✆ 0431 702 00 - www.solbacken.eu - en saison uniquement : 12h-18h.* Des gaufres fraîches préparées avec soin dans une maison de campagne noyée dans la verdure. Image d'Épinal de la Suède, le chalet tout en bois rouge et blanc est idéal pour une pause goûter. Aux beaux jours, on pourra profiter des terrasses installées à flanc de colline et de la vue imprenable sur la mer.

À Helsingborg

Fahlmans Conditori – *Kullagatan 1 - ✆ 042 21 30 60 - www.fahlmans.se - 8h30-18h, sam. 8h30-16h30, dim. 10h-16h30.* Cette grande brasserie est une institution depuis presque un siècle. Si l'intérieur n'a pas de charme particulier, la grande terrasse se prête volontiers à une pause. Buffet très fourni le midi.

Ebbas Fik – *Bruksgatan 20 - ✆ 042 28 14 40 - www.ebbasfik.se - 11h-17h, sam. 11h-16h - fermé dim.* Un café à thème décoré dans l'esprit américain des années 1950. Tous les objets sont d'époque et vous pourrez déguster des pâtisseries tout en admirant le riche décor.

Dans la péninsule de Kullen

Ellen's Café – *Italienska vägen - Mölle (à Ransvik, suivre indications à droite sur Italienska vägen après l'entrée dans la réserve) - ✆ 042 34 76 66 - www.ransvik.se - de fin juin à mi-août : 12h-17h; de fin mars à fin juin et de mi-août à fin sept. : w.-end 11h-17h.* L'adresse bénéficie d'un cadre naturel exceptionnel. En contrebas de la falaise, au bord d'une plage de galets, une grande terrasse offre une pause délicieuse et des vues splendides sur le détroit.

Flickorna Lundgren – *Skäretvägen 19 - ✆ 042 34 60 44 - www.fl-lundgren.se - 11h-19h en été ; reste de l'année : se rens.* Fréquenté assidûment par le roi Gustave Adolphe, le jardin de cette maisonnette, fleuri et offrant une magnifique vue sur la baie, est un endroit idéal pour déguster les gâteaux « dont le goût égale le chant des anges ».

Shopping

À Helsingborg

Wallåkra Stenkärlsfabrik – *Drejarestigen, Vallåkra (sur la E 6/E 20 dir. Malmö, sortir à Vallåkra/Landskrona ; le village et la fabrique sont bien indiqués, à env. 5 km) - ✆ 042 990 31 - wallakra.com - 11h-17h en été ; se rens. pour le reste de l'année - visite guidée 10 pers. min. (45mn) 55 SEK.* Depuis 1864, la fabrique produit des cruches et des pots, si particuliers avec leur vernis marron, réalisés avec de l'argile locale. Tout est fait à la main et cuit au four selon les méthodes ancestrales. Un potier incontournable de la région !

À Kåseberga

Kåseberga Fisk – *Boutique au bout du petit port de Kåseberga - ✆ 0411 52 71 80 - www.kaseberga-fisk.se - de déb. juil. à mi-août : lun.-sam. 9h30-19h, dim.11h-19h ; reste de l'année : se rens.* Cette fumerie artisanale réputée, où tout est fait maison, propose une vingtaine de préparations de harengs marinés et des poissons fumés (saumon, anguille, maquereau et hareng). Un restaurant avec terrasse et vue sur mer permet de goûter les spécialités. La fumerie fabrique aussi sa propre bière artisanale.

À Skillinge

Lysande Sekler – *Simris Bygata 10 - ✆ 072 70 30 250 - www.lysandesekler.se - 10h-18h, w.-end 10h-14h.* Un grand magasin, mi-brocante mi-antiquaire, qui réunit des objets marins d'hier et d'aujourd'hui.

Activités

Plage

Sur la côte de l'Österlen, la plage de **Nybrostrand** (entre Ystad et Kåseberga) se distingue pour son sable fin et ses eaux tranquilles. Un bon spot de baignade avec les enfants.

Bains

Kallbadhuset – *Kyrkogatan 2 - Båstad - sur la plage, en face de l'hôtel Skansen - ✆ 0431 55 81 00/82 00 - www.hotelskansen.se.* Au bout de la jetée, une élégante bâtisse en bois perpétue la tradition des bains à la suédoise sur un mode sophistiqué. Propriété du luxueux hôtel Skansen, la Kallbadhuset dispose d'un bain chaud extérieur avec vue imprenable sur la mer (mixte). Pour le reste, l'établissement dispose de saunas (non mixtes) et d'accès pour plonger dans les eaux froides du Kattegat.

Warmbadhuset – *Hamnplanen 2 - Torekov - une petite maison, légèrement en retrait du port -*

✆ 0431 36 36 32 - www.torekovswarmbadhus.com - sur RV - à partir de 530 SEK pour un massage. Ouverts en 1876, les bains chauds sont toujours en activité. Installé dans une typique maison en bois du port, le centre de soins prodigue traitements du visage et du corps à base d'algues.

Observation d'animaux dans la péninsule de Kullen

Kullaberg Guides – *Italienska Vägen 323 - Dép. du Naturum Kullaberg - ✆ 073-988 10 77 - kullabergsguiderna.se - 450 SEK (-12 ans 300 SEK).* Safari marsouins (2h). La compagnie mène des campagnes de sensibilisation sur les questions écologiques.

Randonnée

Plages, forêts, campagne... Les paysages variés de Scanie offrent un formidable terrain de jeu aux randonneurs. Le **sentier de Scanie (Skåneleden)**, qui totalise plus de 1300 km d'itinéraires, est divisé en six sections et 120 étapes, toutes réalisables à la journée.
skaneleden.se/en.

Hébergement

À Helsingborg

Budget moyen

Scandic Oceanhamnen – *Bröderna Pihls Gränd 2 - ✆ 42 495 22 00- www.scandichotels.com - P 290/390 SEK/j. - ♿ - 184 ch. 1340/1795 SEK ☕ - ✕.* Certifié par Nordic Swan, l'écolabel officiel des pays nordiques, le nouvel hôtel du groupe Scandic s'est installé sur le port d'Helsingborg, au bord de l'eau, dans un bâtiment tout en verre et acier. Du bar et des chambres, modernes et design, on assiste au ballet des bateaux.

Hotel Kärnan – *Järnvägsgatan 17 - ✆ 042 12 08 20 - www.hotelkarnan.se - P 290 SEK/j. - ♿ - 50 ch. 1540/2940 SEK ☕.* Un établissement simple et confortable du centre-ville qui présente l'avantage d'être un peu moins cher que les grands hôtels tout en restant très correct. Sauna.

Clarion Grand Hotel – *Stortorget 8-12 - ✆ 042 38 04 00 - www.nordicchoicehotels.se - P 270 SEK/j. - ♿ - 158 ch. 1 827/2 451 SEK ☕ - ✕.* Ce très bel hôtel est aménagé dans le style ancien. Tout le confort possible est mis en œuvre pour offrir les meilleures conditions de séjour aux résidents. Une valeur sûre !

Pour se faire plaisir

Hotel V – *Fågelsångsgatan 1 - ✆ 042-14 44 20 - www.vhotel.se - P 255 SEK - ♿ - 49 ch. 2 336/3 735 SEK ☕ - ✕.* Dans le centre, un hôtel décoré avec beaucoup de caractère. Chaque chambre est différente, faisant de l'ensemble une adresse charmante à dimension humaine.

Ystad ★★

Lorsque l'on découvre cette charmante ville médiévale née au 12e s., où sont blotties plus de 300 maisons de bois, on comprend mieux que l'écrivain Henning Mankell en ait fait le décor des enquêtes de son personnage Kurt Wallander. Sur la côte sud de la Suède, Ystad possède un riche patrimoine, héritage du prospère commerce du hareng, un port actif, des plages de sable blanc et des studios de cinéma créés pour adapter les romans de Mankell. Ystad offre une halte très agréable au cœur d'une Scanie cossue, piquetée de champs jaunes et verts.

Se repérer

CARTE A2 (P. 296-297)
27870 habitants
Ystad est située à 60 km au sud-est de Malmö, face à l'île danoise de Bornholm *(voir p. 110)*.

À ne pas manquer

Le centre historique, une promenade sur les traces de l'inspecteur Wallander et le Ystad Studios Visitor Center.

En famille

Le Ystad Studios Visitor Center, les plages et le musée Johanna à Skurup.

Carnet pratique p. 329

Nos adresses p. 329

Le centre historique

Commencez votre balade dans le centre historique par la place principale **Stortorget**, dominée par **Sankta Maria Kyrka★**, basilique romane construite au 13e s. et maintes fois remaniée par la suite. À l'intérieur, on remarquera en particulier le retable (1733) richement décoré et l'admirable **chaire★★** Renaissance exécutée par un artisan du nord de l'Allemagne. Le guetteur de la ville continue à souffler du cor *(lur)* tous les quarts d'heure de 21h15 à 1h du matin du haut de la tour de l'église. De même, le garde d'incendie veille toujours sur la ville endormie. Sur la place, on notera aussi l'**école latine** (Latinskolan), édifiée vers 1500, avec ses fenêtres géminées, ainsi que **Krookshuset**, édifice à colombage de la fin du 18e s. peint en jaune.

Prenez Stora Norregatan vers le nord jusqu'à Sladdergatan où se trouvent, à gauche, **Änglahus** et sa façade de 1630, et à droite, en diagonale, **Brahehus** du 15e s. Sur la droite, Sladdergatan mène à une église du 13e s., **Sankt Petrikyrkan★★**, vestige du monastère le mieux préservé de Suède.

★ **Gråbrödraklostret (Monastère franciscain)** – *✆ 0411 57 72 86 - www.ystad.se/klostret - mar.-vend. 10h-17h (hors saison 12h-17h), w.-end 12h-16h - 50 SEK (-19 ans gratuit), 80 SEK billet combiné avec le Konstmuseet.* Fondé en 1267 par des frères franciscains (qui furent expulsés en 1537 lors de la Réforme), ce beau monastère renferme d'admirables restes de fresques et des fonts baptismaux du 14e s. L'édifice abrite aujourd'hui le **Musée municipal** qui accueille une section d'histoire locale et une exposition temporaire annuelle.

Un chemin étroit, Bäckahästgränd, conduit à la plus petite place de la ville, **Tvättorget**, bordée de maisons à colombage. Dans **Stora Östergatan**, rue piétonne animée, on admirera à droite les pignons à redans de **Birgittahuset**. Au

Autour de Sankta Maria Kyrka.
Tonygers/Getty Images Plus

coin de Pilgränd se dresse **Pilgrändsgård**, la plus vieille maison à colombage de Scandinavie (v. 1480).

Continuer vers le sud jusqu'à Skt. Knuts Torg.

Musée des Beaux-Arts (Ystads Konstmuseet) – *✆ 0411 57 72 85 - www.konstmuseet.ystad.se - mar.-vend. 12h-17h, w.-end 12h-16h - 50 SEK (-16 ans gratuit), billet combiné avec le Musée municipal 80 SEK.* Inauguré en 1936 dans un bâtiment fonctionnaliste, ce musée mérite une visite pour son intéressante collection d'art suédois et danois du 20e s. et quelques œuvres du 21e s. Y figurent notamment les œuvres d'Ola et Hans Billgren, Inger Ekdahl, Leif Holmstrand, Tora Vega Holmström, Greta Sandberg, Ellen Trotzig et Gerhard Wihlborg.

☺ Au rez-de-chaussée, l'office de tourisme tient une jolie boutique d'art et d'artisanat local *(voir « Shopping » p. 329)*.

Prendre Lingsgatan à gauche puis encore à gauche dans Dammgatan.

Musée de Charlotte Berlin (Charlotte Berlins Museet) – *Dammgatan 23 - ✆ 0411 188 66 - www.ystad.se/charlotteberlinsmuseum - de fin juin à déb sept. : 11h-16h - fermé hors saison - 50 SEK (-16 ans gratuit).* Native d'Ystad, Charlotte Berlin (1841-1916) était professeure de piano et douée pour les investissements, ce qui lui permit, en 1881, d'acheter cette demeure cossue. Férue de design, elle a conçu cet intérieur bourgeois de la fin du 19e s., à la pointe de la nouveauté de l'époque (premiers téléphones, tapis en linoleum, etc.).

Sur les traces de l'inspecteur Wallander

Vous ne risquez pas de rencontrer le plus célèbre habitant de Scanie, Kurt Wallander, inspecteur principal au commissariat d'Ystad... Il n'existe en effet que dans l'imagination d'**Henning Mankell** (1948-2015), auteur à succès de douze romans policiers, vendus à plus de 30 millions d'exemplaires dans une centaine de pays. Wallander n'est pas à proprement parler un héros : solitaire, il a ses faiblesses et ses frustrations, et l'on suit son évolution psychologique et ses soucis

Ystad, ça tourne !

Si les aventures de l'inspecteur Kurt Wallander ont passionné des millions de lecteurs à travers le monde, elles ont aussi donné lieu à des adaptations audiovisuelles, tournées à Ystad et dans le reste de la Scanie. Des studios ont ainsi été ouverts en 2004 à Ystad pour le tournage de la série suédoise et de son adaptation britannique diffusée par la BBC, avec Kenneth Branagh dans le rôle-titre. Une bonne partie de la série *Bron/Broen* (*The Bridge*), mettant en scène une policière suédoise et un inspecteur danois, a également été réalisée dans ces studios ainsi qu'à Malmö.

de santé. Mais sa compétence professionnelle est sans faille et son intuition hors du commun ! Nombreux sont les fans qui se rendent à Ystad pour suivre une promenade guidée dans les pas du commissaire *(proposée notamment par le Ystad Studios Visitor Center, voir ci-après)*. À l'office de tourisme, vous trouverez une brochure très bien faite (*Ystad's best guide to Wallander)* pour vous guider sur les traces de ce flic bougon, mais tenace.
Mankell a installé son héros dans un appartement au **n° 10 de Mariagatan**, une rue rectiligne sans charme. Avec un peu d'imagination, vous aurez l'impression de voir apparaître le policier à sa fenêtre. Vous pouvez aussi aller jeter un œil à l'**hôtel Continental**, où il emmène parfois dîner sa fille Linda. Ce vaste bâtiment classique à la grande façade crème est le plus vieil hôtel de Suède (1829). À quelques minutes à pied, vous trouverez la pâtisserie préférée du limier, **Fridolfs Konditori** *(voir « Petite pause » ci-contre)*, qui propose un gâteau « Wallander » d'une belle couleur bleu turquoise.
Pour conclure ce « Wallander tour », ne manquez pas le **Ystad Studios Visitor Center★** *(Elis Nilssons väg 14 - ✆ 070 947 70 57 - www.ysvc.se - lun.-vend. 10h-16h, sam. 11h-15h - fermé dim. - 120 SEK (60 SEK 5-18 ans)*. Installés dans d'anciens locaux du ministère suédois de la Défense, ces studios sont la fierté de la Scanie *(voir encadré)*. On y apprend tout sur Henning Mankell, les adaptations de ses livres, la fabrication des films, les décors, les différents acteurs suédois et les autres productions réalisées ici. Pour les fans absolus du commissaire Wallander, les studios proposent différentes formules de visites, avec circuit guidé dans la ville, conférence et découverte des coulisses des tournages.

À proximité

CARTE P. 296-297

Musée Johanna, à Skurup (JOHANNA MUSEET) A2

À 22 km au nord-ouest d'Ystad - Sandåkra 616 - ✆ 0411 427 80 - johannamuseet.se - de mi-juin à fin août : 11h-16h ; de mai à mi-juin et sept. : w.-end 11h-16h ; avr. et oct. groupe seult sur RV - fermé hors saison - 85 SEK (6-15 ans 20 SEK).

Ce musée a été baptisé du nom de la Ford T ayant appartenu à Manfred Almkvist, un mécanicien qui possédait son propre garage et qui collectionna sa vie durant toutes sortes d'objets : motos, vélos, tracteurs, corbillard, orgues, gramophones, pompes à essence, etc. À sa mort en 1996, son fils Bengt, entrepreneur, reprit le musée privé (ouvert en 1983 à deux pas de la ferme familiale) pour mettre en valeur les collections paternelles. Dans un joyeux bric-à-brac, on y découvre une Suède du 20e s. avide de nouveautés technologiques.

Non loin de là se tient le château de Svaneholm (voir p. 310).

Carnet pratique

S'informer

Office de tourisme – *Sankt Knuts Torg (dans le bâtiment du musée des Beaux-Arts) - ✆ 0411 57 76 81 - www.visitystadosterlen.se/en.*

Arriver/partir

En train – Ligne régionale entre Simrishamn et Malmö *(ttes les h.)*. Certains trains passent par Lund.

En ferry – Depuis l'île danoise de Bornholm *(voir p. 113)*. Compter 1h15 à 2h30 de traversée. *www.bornholmslinjen.com.*

Agenda

Course Wallander – *www.friidrott.ystadsif.se.* Déb. juil. Course à pied.

Ystad Sweden Jazz Festival – *www.ystadjazz.se.* 1re sem. d'août.

SM Nordic Folk Boat – *www.folkbat.se.* 2e sem. d'août. Régate de vieux gréements.

Festival d'Åvalla – *www.ystad.se/kultur.* Mi-juin. Festival de la jeunesse avec concerts de rock et scènes ouvertes.

Nos adresses

Restauration

Premier prix

Byvägen Ystad – *Stora Östergatan 7 - ✆ 070 975 26 42 - mar.-dim. 8h-18h ; hors saison : mar.-sam. 9h-17h (jeu. 16h) - plats 85/135 SEK.* Une délicieuse boulangerie qui fait aussi café, avec de copieux et savoureux plats du jour, salades et sandwichs.

Pour se faire plaisir

JH Matbar – *Stora Östergatan 34B - ✆ 0411 108 10 - www.jhmatbar.se - mar.-dim. 17h30-1h - menus 525/735 SEK.* Les menus (4 ou 5 plats) changent au fil des saisons, en fonction des produits frais de la région. Pour goûter la nouvelle cuisine suédoise et ses saveurs étonnantes.

Petite pause

Fridolfs Konditori – *Lingsgatan 3 - ✆ 411 103 12 - 6h30-18h, w.-end 8h-17h - compter 85 SEK pour un petit déj.* Le fameux café fréquenté par l'inspecteur Wallander, héros des romans d'Henning Mankell. Idéal pour une pause *fika*, avec un café et un roulé à la canelle.

Hébergement

Budget moyen

Sekelgården Hotel – *Långgatan 18 - ✆ 0411 739 00 - www.sekelgarden.se - ♿ - 24 ch. 1 095/1 995 SEK* ☕. L'hôtel de charme par excellence porté par un environnement rustique composé d'une cour pavée, de bâtiments à colombage et d'un jardin soigné. Chaque chambre, dont la décoration emprunte au style classique, est personnalisée.

Hotell Tornväktaren – *Stora Östergatan 33 - ✆ 041 178 480 - www.tornvaktaren.se - 10 ch. 1295/1 700 SEK* ☕. Bien situé dans la rue piétonne d'Ystad, ce petit hôtel propose des chambres colorées et toutes différentes, certaines avec terrasse donnant sur la cour. Accueil charmant et petit déjeuner consistant. D'un bon rapport qualité-prix, l'établissement est souvent complet, pensez à réserver.

Shopping

Turistbyrån – La boutique de l'office de tourisme est une très bonne adresse pour s'offrir des créations d'artistes et d'artisans locaux : linge de table, céramique, etc.

Château de Kalmar

★★★

Célèbre pour son château, Kalmar a renoué avec l'histoire de sa prestigieuse cité royale, tournant la page de son passé industriel. Métamorphosée en une agréable ville verte, ponctuée de parcs et de ruelles pavées, elle recèle aussi un incroyable trésor : le vaisseau *Kronan*, sorti des eaux de la Baltique et aujourd'hui visible au musée du Comté. Une bien belle étape avant de partir s'offrir un bain de nature sur l'île préservée d'Öland *(voir p. 339)*, à laquelle Kalmar est reliée par un pont.

Se repérer

CARTE B2 (P. 296-297)

38 700 habitants

Kalmar est située sur la côte sud-est bordant la Baltique, à 400 km de Stockholm.

Organiser son temps

Comptez une demi-journée pour visiter la ville.

En famille

Le château royal, les vestiges du *Kronan* au musée du Comté, une journée à Astrid Lindgrens Värld, la réserve naturelle d'Eriksberg et le musée naval de Karlskrona.

Carnet pratique p. 337

Nos adresses p. 338

★★★ Découvrir le château

Kungsgatan 1 - ☎ 0480 45 14 90 - www.kalmarslott.se - de fin juin à fin août : 10h-18h ; reste de l'année se rens. - 110/155 SEK selon saison (enf. 35/110 SEK selon âge).

L'été, profitez des visites commentées, menées par des guides en costume d'époque.

Les enfants, entre les combats de chevaliers, les séances de tir à l'arc et les chasses au trésor, ne sauront plus où donner de la tête.

Il a fière allure, celui qui fut, cinq siècles durant, l'une des forteresses suédoises les plus puissantes du royaume, grâce à ses fortifications, et l'une des plus convoitées en raison de sa position stratégique contrôlant le détroit de Kalmar. Cette position lui valut d'être surnommée « la clé de la Suède » à l'époque où la Suède méridionale était aux mains des Danois. À l'origine, il n'y avait qu'un donjon : construit au 12e s., il faisait partie d'une ligne de défense jalonnée d'églises fortifiées et de fortifications, de l'île d'Öland à la côte. C'est le roi Gustave Vasa qui, au 16e s., fit renforcer les murailles et reconstruire le château. Par la suite, ses fils transformèrent l'intérieur pour en faire celui d'un palais Renaissance. Le château devint un symbole du pouvoir royal et l'une des résidences préférées des rois de Suède. Après le traité de Roskilde *(voir p. 315 et 316)*, le château perdit son importance stratégique au profit de Karlskrona *(voir p. 333)*.

L'édifice est encadré de quatre tours rondes surmontées de coupoles cannelées, terminées par des fleurons effilés. À l'intérieur, les appartements d'apparat richement décorés reflètent la pompe et l'éclat attribués à cette période, en particulier la chambre à coucher (1555-1562) du roi Éric, à la décoration somptueuse, ainsi que la chapelle et sa voûte en berceau du 16e s.

Château de Kalmar.
klug-photo/Getty Images Plus

★ Le centre de Kalmar

Après la visite du château, n'hésitez pas à vous promener dans le parc le long des rives avant de gagner le quartier du port.

2

Musée d'art (KONSTMUSEUM)
Stadsparken (à 5mn à pied du château) - ✆ 0480 42 62 82 - www.kalmarkonstmuseum.se - mar.-vend. 12h-17h, merc. 12h-20h, w.-end 11h-16h - fermé lun. - 50 SEK (-21 ans gratuit).
Au cœur d'un parc verdoyant, face à la forteresse royale, ce musée consacré à l'art contemporain suédois occupe un édifice cubique noir, moderne et intemporel, construit en 2008. Les salles sont dotées de larges baies vitrées donnant sur la nature. Magnifique bar-véranda et boutique richement dotée en objets design.

L'union des trois couronnes

La ville est depuis très longtemps associée à l'**union de Kalmar**, signée ici en 1397. Cette vaste union territoriale entre les royaumes de Danemark, Norvège et Suède représente un exploit remarquable à une époque où la rivalité entre les différentes dynasties et la guerre civile régnaient partout. La reine **Margrethe** de Danemark fut à la tête de cette union dont le but était de faire obstacle à l'influence grandissante de la Hanse. Difficile à maintenir en raison des conflits opposant la noblesse et le pouvoir royal, elle fut dissoute en 1523 à la suite du « bain de sang de Stockholm » et de l'accession au trône de **Gustave Vasa**. La cité fut souvent victime d'attaques et de sièges au cours de cette période trouble, mais c'est pourtant pendant la guerre de Kalmar (1611-1613) qu'elle fut le plus endommagée et, à la suite d'un incendie dévastateur en 1647, elle fut reconstruite sur le site insulaire de Kvarnholmen, éloigné du château.

Krusenstjerna

Dans Stora Dammgatan, à 200 m à l'ouest du château.

Cette maison du 19e s. entièrement meublée, dissimulée dans son jardin derrière une clôture de bois, marque l'ancien cœur de la cité (Gamla Stan), aujourd'hui noyé dans la verdure.

Le quartier du port

C'est dans ce quartier que subsistent les plus beaux vestiges des **remparts**, notamment le bastion Johannes Rex et la porte sud, dite « des Chevaliers » (Kavaljeren). Une fois cette porte franchie, la petite place **Lilla Torget**, bordée d'édifices du 17e s. et d'une section des remparts, révèle son caractère médiéval. Empruntez Västra Storgatan pour gagner **Stortorget**, où se dressent l'**hôtel de ville** (Rådhuset) du 17e s. et la **cathédrale** (Domkyran). Elle doit son style baroque italien à **Nicodemus Tessin l'Ancien**, qui fit un séjour à Rome avant de la dessiner en 1660.

★ **Musée du Comté** (LÄNSMUSEET) - *Skeppsbrogatan 51 - ✆ 0480 451 300 - www.kalmarlansmuseum.se - 10h-16h, w.-end 11h-16h - 130 SEK (-19 ans gratuit).*

Incontournable ! Installé dans un ancien moulin à vapeur, ce musée présente les découvertes archéologiques de la région, et en particulier les vestiges du **Kronan**, vaisseau amiral de la flotte royale. En 1676, ce navire de 63 m de long et de 34 m de large, doté de 120 canons, coula au cours d'une bataille au large de la côte d'Öland. Seules 42 personnes survécurent sur les 800 qui se trouvaient à bord. L'épave fut découverte en 1980, à 6 km des côtes par 26 m de fond. Si le *Vasa*, qui se trouve à Stockholm *(voir p. 216)*, est le plus célèbre navire du 17e s. et le mieux conservé, le *Kronan* a livré un ensemble considérable d'objets : 44 canons de bronze, de très belles sculptures en bois, des objets en étain, des cruches en poterie, la cloche du navire, des instruments de navigation et des objets en or.

Excursion

CARTE P. 296-297 (B1)

★ Vimmerby : le Monde d'Astrid Lindgren (ASTRID LINDGRENS VÄRLD)

À 128 km au nord de Kalmar.

✆ 0492 798 00 - www.alv.se - de fin mai à fin août : 10h-18h ; sept. : vend.-dim. 10h-17h ; oct. : se rens. - 445/305 SEK selon la saison (3-14 ans 340/230 SEK).

Fifi Brindacier fit son apparition il y a plus de 60 ans et pourtant, la petite chipie rousse imaginée par Astrid Lindgren *(voir encadré p. 219)* continue à séduire, comme en témoigne la popularité du parc à thème dédié à l'auteur par la ville où elle est née. Le **Monde d'Astrid Lindgren** met en scène les principaux décors des romans et de la série télévisée qui s'en est inspirée, à commencer par la **Villa Villekulla**, demeure de Fifi. Tout autour, les maisons qui abritent boutiques et restaurants sont celles du Vimmerby d'antan. Plus loin, c'est le monde de l'imaginaire enfantin où évoluent Fifi et ses amis... à grand renfort de spectacles et de parades. Les maisons des personnages, disséminées dans un beau parc boisé, sont réduites à un tiers de leur taille réelle et ouvertes aux enfants.

Dans la trilogie *Millénium*, l'écrivain Stieg Larsson se serait inspiré de Fifi Brindacier pour créer le personnage de Lisbeth Salander, une chipie 2.0 !

Espace Astrid Lindgren Näs - *Prästgårdsgatan 24 (à 10mn en voiture du parc) - ✆ 0492 76 94 00 - astridlindgrensnas.se - de mi-mai à fin août : 10h-18h ; reste de l'année : se rens. - 200 SEK (8-14 ans 100 SEK).* Pour compléter la visite sur un mode plus littéraire, cet espace présente la vie et la carrière de l'auteur. On y visite sa jolie maison natale. Les jardins où l'auteur a joué, enfant, ont été recréés.

Sur les rives de la Baltique

CARTE P. 296-297 (AB2)

Circuit tracé en rouge sur la carte p. 296-297 - 160 km de Kalmar à Sölvesborg. Quitter Kalmar par la E 22 en direction du sud.

★ Karlskrona B2

Stortorget - ✆ 0455 30 34 90 - www.visitkarlskrona.se.

Exemplaire d'une architecture militaire planifiée, la cité fut fondée en 1680 par **Charles XI**, pour servir de nouvelle base à la flotte suédoise, l'une des grandes puissances de l'époque. Trois siècles et demi plus tard, cette base est toujours en activité. Influencé par l'arsenal de Venise et la cité navale française de Rochefort, le plan originel, en damier, a résisté à l'épreuve du temps, ce qui a valu l'inscription d'une partie de la ville sur la liste du **Patrimoine mondial de l'Unesco**, en 1998.

Karlskrona s'étend sur une trentaine d'îles. L'archipel est accessible en bateau tout au long de l'année *(rens. à l'office de tourisme)*. En raison de sa vieille tradition maritime, Karlskrona a souvent été le port d'accueil de la course internationale Cutty Sark pour grands voiliers.

Stortorget – Commencez votre balade par cette immense place, qui donne une idée de l'importance de l'ancienne cité royale. La statue du roi Charles XI, le fondateur de la ville, se dresse au centre de l'esplanade, où s'élèvent également deux églises baroques conçues par Nicodemus Tessin le Jeune.

Église St-Frédéric (Fredrikskyrkan) – *✆ 0455 33 47 00.* Cette église (1720-1758) est agrémentée de pilastres. Son nom honore le souvenir du roi Frédéric.

Église de la Ste-Trinité (Trefaldighetskyrkan) – Cette église (1697-1749) était destinée à la communauté allemande, qui continua à l'utiliser jusqu'en 1846.

★ **Musée provincial (Blekinge Museum)** – *Borgmästaregatan 21 - ✆ 0455 30 49 60 - www.blekingemuseum.se - mar.-sam. 12h-16h - gratuit.* Le bâtiment principal du musée (beaux-arts, mobilier et artisanat) est un élégant hôtel particulier de style baroque, Grevagården, datant de 1705 et agrémenté de beaux jardins. D'autres bâtiments situés dans l'enceinte du parc sont consacrés à la sculpture sur pierre, à la construction navale et à la pêche.

Fisktorget ou **Fiskbron** – C'est ici que se dressait le vieux marché couvert et que les bateaux de pêche étaient amarrés. C'est aujourd'hui l'embarcadère des bateaux d'excursions qui font le tour de l'archipel.

Björkholmen – La première communauté d'artisans de la marine s'installa en ce lieu. Les petites maisons alignent leurs pignons le long des rues en pente raide. Les rues orientées est-ouest portent le nom de célèbres amiraux suédois, celles orientées nord-sud les noms de différents types de navires.

Église de l'Amirauté (Amiralitetskyrkan) – *✆ 0455 103 56.* Entièrement construite en bois, cette église fut le premier lieu de culte de Karlskrona lorsqu'elle fut consacrée en 1685, cinq ans après la fondation de la ville. L'église est célèbre pour son curieux tronc des pauvres qui représente Rosenbom, personnage que l'on rencontre aussi dans *Le Merveilleux Voyage de Nils Holgersson*, de Selma Lagerlöf *(voir p. 493)* : c'est Rosenbom qui cacha Nils sous son chapeau.

Pont du Roi (Kungsbron) – Autrefois, lorsqu'il était naturel d'arriver par mer, le pont du Roi était la prestigieuse porte d'accès de la cité. La statue représente Erik Dahlbergh, urbaniste qui dota la ville de ses larges places et avenues bordées d'édifices monumentaux. Le bâtiment rose était la résidence du gouverneur. Le **bastion Aurora** faisait partie des fortifications construites autour des chantiers de la marine.

★★ **Musée naval (Marinmuseum)** – *✆ 0455 359 300 - www.marinmuseum.se - mar.-dim. 10h-16h, merc. 10h-19h - gratuit.* Situé sur l'île de **Stumholmen**, ce magnifique musée naval rénové retrace l'histoire de la Marine royale suédoise, dans une muséographie moderne et soignée. Parmi les pièces de choix : une épave, visible à travers un écran panoramique dans le tunnel sous-marin, et *Hiorten*, réplique exacte d'un bateau postal de 1692. L'édifice abrite également une superbe collection de figures de proue (dans une salle dédiée tout en verre) et de maquettes de bateaux (18e-19e s.). Dans une section en plein air, le dragueur de mines *HMS Bremön* a été converti en bateau-musée. On visite aussi l'intérieur d'un **sous-marin**, le *HMS Neptun*, impressionnant survivant de la guerre froide. À côté, le *Hajen* fut le premier sous-marin suédois, construit en 1904 au moment des tensions qui divisaient la Suède et la Norvège.

Ronneby B2

À 25 km à l'ouest par la route E 22.

Västra Torggatan 1 - ✆ 0457 61 75 70 - www.ronneby.se.

Les propriétés curatives des eaux de Ronneby furent découvertes en 1705, mais il fallut attendre le 19e s. pour que la ville devienne une station thermale cosmopolite renommée, accueillant l'élite sociale d'Europe. Lorsqu'un incendie détruisit l'établissement thermal, un nouveau centre de conférences et de divertissements fut construit à sa place. Il est pourtant possible d'apprécier l'élégance et le style de la ville d'autrefois d'après les quelques édifices thermaux qui se trouvent encore dans **Brunnsparken**.

★★ **Église de la Ste-Croix (Heliga Kors Kyrka)** – *Kyrkogatan 24 - ✆ 0457 178 50 - www.svenskakyrkan.se/ronneby - lun.-jeu. 10h-12h, 13h-15h, vend. 10h-12h.* Érigée sur une hauteur au centre de la ville, l'église de la Ste-Croix est remarquablement mise en évidence. À l'édifice roman du 12e s. furent ajoutés le transept au 13e s. et la tour massive de la façade ouest au 15e s. D'intéressantes peintures des 15e et 16e s. ont été découvertes dans le chœur et le transept sud ; on remarquera la *Danse macabre* qui orne le mur du chœur sur le côté sud. Remarquez, tous deux de style baroque, le retable à trois étages datant de 1652, admirablement sculpté, et la chaire (1620), ornée de peintures et de dorures. Cette dernière est un très bel exemple de l'élégante sculpture sur bois pratiquée par les Danois sous le règne de Christian IV. Erik Olson, du groupe de Halmstad *(voir encadré p. 398)*, dessina en 1955 les deux vitraux du chœur. Une lourde porte de chêne portant des traces d'incendie et de coups de hache rappelle qu'il y eut un bain de sang à Ronneby en 1564, lorsque le roi de Suède Éric XIV s'empara de la ville.

Un charmant quartier ancien, **Bergslagen**, aux rues sinueuses, aux allées en pente raide et aux maisons pittoresques, s'étend à l'ouest de l'église. Les maisons **Mor Oliviagården** *(près des rapides - ✆ 0457 103 00)* et **Möllebackagården** *(Kyrkogatan - ✆ 0457 134 64 - de mi-juin à sept. : mar.-dim. 12h-16h)* proposent des expositions d'artisanat.

Poursuivre par la route E 22. Suivre les indications pour Åryd puis Eriksberg.

Réserve naturelle d'Eriksberg (ERIKSBERGS NATURRESERVAT) A2

Guöviksvägen 353 - ✆ 0454 56 43 00 - www.eriksberg.nu - de déb. juin à fin août : 12h-18h ; reste de l'année : se rens. - 225 SEK (4-16 ans 140 SEK).

La réserve abrite environ 800 animaux, dont des cerfs, des daims et des bisons d'Europe. La piste de découverte *(14 km)* traverse des bois d'arbres à feuilles caduques, de vastes étendues de forêts de conifères et longe un petit lac sur lequel flotte une espèce rare de **nénuphar rouge**. Les distractions qu'offre le manoir d'Eriksberg comprennent un zoo pour enfants, un musée, un hôtel, une cafétéria et une impressionnante collection de trophées de chasse tels des bois de cervidés.

Reprendre la E 22 vers l'ouest.

Karlshamn A2

Hamngatan 5 - 0454 812 03 - visitkarlshamn.se.
Pendant la guerre de Scanie (1675-1679), **Charles XI** installa, dans les régions dévastées par le conflit, des Suédois loyaux et fonda la ville de Karlshamn pour servir de base à la flotte suédoise. Le port, le plus grand en eau profonde de la côte méridionale, se révéla trop difficile à défendre et Karlshamn se développa pour devenir un important centre de commerce.

★★ **Quartier culturel (Kulturkvarter)** – *Vinkelgatan 8 - 0454 148 68 - karlshamnsmuseum.se - été : tlj sf lun. 13h-17h ; hiver : lun.-vend. 13h-16h - 50 SEK.*
Le quartier culturel est constitué d'un ensemble d'édifices historiques abritant des musées et des galeries d'art.

Le **Museum** *(entrée dans Vinkelgatan)* comprend des sections sur le folklore (art et costumes), l'industrie locale, les activités maritimes et l'art de peindre les plafonds. Une autre pièce commémore la chanteuse **Alice Tegnér** (1864-1943), connue pour ses chansons pour enfants.

Entrer dans la cour.

Dans **Stenhuset** sont exposés des buffets d'orgue, des décorations murales et des pièces en fer forgé. **Holländarhuset**, où les marchands hollandais se retrouvaient lors de leurs séjours en Suède, est aujourd'hui occupé par des logements et un atelier. Le hangar à tabac, **Tobaksladan★**, est maintenant un petit musée consacré à l'industrie locale du tabac, qui remonte au 17e s. Dans le courant du 18e s., les Suédois prirent l'habitude de priser et l'industrie du tabac devint florissante. En 1915, les 40 usines qui fonctionnaient encore furent reprises par l'entreprise jouissant du monopole d'État.

Musée des Beaux-Arts – *De l'autre côté de Vinkelgatan.* Il abrite des expositions sur l'art suédois contemporain, ainsi que de beaux spécimens de peintures murales et de splendides plafonds peints provenant de l'hôtel de ville.

Musée du Punch (Punschmuseet) – La façon de faire le punch avec l'*arak*, boisson alcoolisée distillée, soit à partir de lait de coco, soit à partir de riz et de mélasse, est expliquée dans ce musée à l'aide de l'équipement d'une distillerie du 19e s.

Skottsbergska Gården – Ce remarquable exemple de maison de marchand du 18e s. contient de beaux meubles et peintures murales.

Emprunter Prinsgatan, puis Hamngatan, et dépasser une petite marina.

★★ **Monument d'Axel Olson** – Près du port, dans Hamnparken, ce monument fut érigé à la mémoire des Suédois qui émigrèrent en Amérique. Il représente les deux principaux personnages, Kristina et Karl-Oskar, de l'œuvre magistrale de **Vilhelm Moberg** *(voir p. 337)*, *Les Émigrants*, qui furent interprétés par Liv Ullmann et Max von Sydow dans l'adaptation cinématographique (1973) de Jan Troell.

Une excellente vue de l'estuaire de Karlshamn et de la citadelle du 17e s., surveillant de son île les abords de la ville, s'offre depuis le **Café Villa Utsikten** *(voir p. 338)*.

Mörrum A2

À 10 km à l'ouest de Karlshamm par la route E 22.
Maison du Saumon (Mörrums Laxens Hus) – *0454 50 123 - www.sveaskog.se/morrum/- - de mi-mars à sept. : 9h-17h, dim. 9h-15h ; d'oct. à mi-mars. : tlj sf w.-end 9h-16h.* Ce centre d'accueil pour les pêcheurs abrite un aquarium permettant d'observer les saumons et les truites aux différentes étapes de leur développement. La région de Mörrum est célèbre depuis le 13e s. pour la pêche du saumon et, de nos jours, elle offre aux amateurs une bonne pêche du 1er avril au 30 septembre.
Les pêcheurs trouveront du matériel dans la boutique attenante. Si vous vous lancez, sachez que les saumons atteignent ici des tailles records, jusqu'à 25 kg !

★ Sölvesborg A2

12 km plus loin par la route E 22.
La plus ancienne et la plus petite ville de la province de Blekinge obtint sa charte en 1445, mais elle fut probablement fondée au 13e s. La ville a conservé un certain caractère médiéval en raison de ses rues étroites et sinueuses. En été, Sölvesborg est une station animée qui offre un choix de plages (Listershuvud) et des conditions idéales pour pratiquer la voile. La silhouette imposante de l'**église St-Nicolas**, construite en brique au 13e s., marque le centre de la ville. L'intérieur, décoré de fresques, contient un crucifix du 15e s.

★ À l'intérieur du Småland : le royaume du verre (GLASRIKET) AB1-2

Circuit tracé en vert clair sur la carte p. 296-297 - 138 km de Kalmar à Växjö.
www.glasriket.se – Informations touristiques sur les verreries.
La Suède est renommée pour son design et la fabrication du verre. Une douzaine de verreries, situées entre Nybro et Växjö, ont développé leur style propre. On peut visiter la plupart des fabriques du lundi au vendredi, de 9h à 17h. La boutique des articles déclassés offre une bonne occasion d'acheter des souvenirs et des cadeaux à prix plus doux *(tlj sf sam. : 9h-17h, dim. 14h-17h - de mi-juin à mi-août, également le sam., 10h-17h).*
De Kalmar, suivre la route 25 jusqu'à Eriksmåla puis la route 28 vers le nord-ouest.

★ Kosta B1

Les **verreries★** Kosta *(kostaboda.com)*, du nom du village qui s'édifia autour, furent fondées en 1742 – ce sont les plus anciennes verreries suédoises – par deux généraux, Koskull et Staël von Holstein, qui en composèrent le nom avec les premières lettres des leurs. La firme, qui produit aussi bien des objets d'art que de la verrerie de table de haute qualité, appartient désormais aux verreries **Orrefors Kosta Boda**, l'un des grands industriels scandinaves du secteur.
Reprendre la route 28 vers le sud jusqu'à Eriksmåla, puis suivre les panneaux.

★ Strömbergshyttan B1

À 8 km à l'ouest. Ici, les visiteurs peuvent admirer l'art très subtil de la peinture à la main sur verre dans l'atelier de Lindblom. Au-delà de la petite maison rouge de l'orfèvre, on aperçoit au loin un joli musée de la Poupée. À gauche se trouve l'**atelier du verre** (Studioglas), où l'on peut voir une exposition des pièces les plus originales que les ateliers aient produites.
Reprendre la route 25 vers l'ouest jusqu'à Växjö.

Växjö A1

Residenset, Stortorget - ✆ 0470 73 32 60 - vaxjoco.se et www.vaxjotourist.com.
Située au cœur des grands espaces boisés du Småland, Växjö fut un évêché dès le 12e s. Aujourd'hui, la ville organise une série de manifestations pour les Américains d'origine suédoise : le **« Jour du Minnesota »**.
★★ Maison des Émigrants (Utvandrarnas Hus) – *✆ 0470 70 42 00 - www.utvandrarnashus.se - juin-août : 10h-17h ; reste de l'année : mar.-vend. 10h-17h, w.-end 11h-16h - 120 SEK (-19 ans gratuit).* L'Institut des émigrants suédois, fondé en 1965, s'y installa en 1968. De vastes locaux furent construits pour accueillir les archives les plus importantes d'Europe sur l'émigration et une bibliothèque de plus de 25 000 volumes. C'est entre 1846 et 1930 qu'eut lieu le grand exode de

Verre pâle

C'était l'une des plus célèbres cristalleries au monde, l'équivalent suédois de Gallé ou de Daum : la cristallerie **Orrefors**, fierté du Småland depuis sa création en 1898, finit par fermer ses portes en 2013. Victime de la crise mondiale, l'atelier a éteint ses fourneaux. Ses souffleurs ont été mis au chômage. Ironie du sort : la marque elle-même a survécu, mais verres et autres vases sont désormais fabriqués à bas coût, en Chine ou ailleurs. Åfors, autre cristallerie réputée de la région, a également fermé à la même époque.

1 300 000 Suédois vers l'Amérique du Nord, l'Australie ou des pays d'Europe. Il concerna presque un quart de la population, dont la majorité est issue de la province rocailleuse et stérile du Småland.

Les documents et les livres des archives et de la bibliothèque, ainsi qu'une banque de données, peuvent être consultés dans la salle de lecture où le personnel est heureux d'offrir son aide. Des expositions temporaires illustrent les divers aspects de l'émigration suédoise. Dans l'une des pièces est reconstitué le bureau de **Vilhelm Moberg** (1898-1973), écrivain né dans le Småland qui raconta l'histoire de quelques-uns des premiers émigrants dans les quatre romans formant ses *Émigrants.* Une sculpture d'Axel Olson représente deux des plus célèbres personnages de ces romans, Karl-Oskar et Kristina, et la fontaine de **Carl Milles**, copie de celle de Karlshamn, rend hommage aux émigrants.

Musée du Småland - Musée suédois du Verre (Smålands Museum - Sveriges Glasmuseum) – *Södra Järnvägsgatan 2 - ✆ 0470 70 42 00 - www.kulturparken smaland.se - ♿ - juin-août : 10h-17h ; reste de l'année : mar.-vend. 10h-17h, w.-end 11h-16h - 120 SEK (-19 ans gratuit).* Les collections régionales relatent l'histoire de la région depuis l'âge de pierre, mais c'est surtout l'importante **collection de verrerie★★★**, présentée de façon chronologique et alphabétique, qui retient l'attention. Intéressante collection de monnaies et de médailles.

Cathédrale – En grande partie reconstruite de 1958 à 1960 pour lui rendre son aspect médiéval, elle est dotée de mobilier contemporain. Remarquez sur le sol de la nef la marque indiquant la sépulture de **saint Sigfrid** (mort en 1045), missionnaire envoyé par le roi d'Angleterre Ethelred II pour évangéliser les Norvégiens et les Suédois afin que s'installe la paix entre les peuples rendant possible un commerce maritime qui pourrait profiter à tout le monde.

Carnet pratique

S'informer

Office de tourisme de Kalmar – *Ölandskajen 9 (sur la marina) - ✆ 0480 41 77 00 - kalmar.com.*

Agenda

Festival de Kalmar – Déb. août. Concerts dans les rues et les parcs.

À Karlshamn

Festival baltique – En juil. Musique et animations autour du thème de la mer Baltique.

À Ronneby

Tosia Bonnadan – *www.ronneby.se.* En juil. La « Journée loufoque des paysans » est une foire populaire.

Nos adresses

Restauration

Budget moyen

Postgatan – *Postgatan 5 - ✆ 0480 40 86 90 - www.postgatan.nu - 11h30-13h30, 17h-1h - fermé sam. midi et dim. - plats 95/350 SEK.* Une cuisine néo-bistro élaborée avec des produits frais de saison, des plats vegans, de bons vins et un joli cadre. À midi, optez pour les plats du jour créatifs et abordables *(169 SEK).*

Rosenlundska Källaren – *Östra Sjögatan 3 - ✆ 0480 86 935 - www.rosenlundska.se - tlj sf lun. 17h-22h - plats 170/300 SEK.* Ce restaurant classique, à la cuisine savoureuse et à l'accueil chaleureux, occupe une maison construite en 1654-1658.

Pour se faire plaisir

Helen & Jörgens – *Larmtorget 2 - ✆ 0480 288 30 - www.kalmarkottochbar.se - 11h30-14h, 17h-20h, vend. 11h30-14h, 17h-21h, sam. 17h-21h - fermé dim. - plats 249/599 SEK.* Grand restaurant populaire à la cuisine variée d'inspiration européenne et scandinave.

À Karlshamn

Budget moyen

Café Villa Utsikten – *Utsiktsvägen 6 - ✆ 0454 103 25 - tlj sf jeu. 11h-17h - fermé automne et hiver.* C'est avec une superbe vue sur l'estuaire de Karlshamn et le ballet des bateaux que vous dégusterez des plats de bistro ou plus travaillés, dans une demeure de 1906. Une très bonne adresse pour le déjeuner. Parfait l'été avec des enfants, qui pourront gambader dans le jardin.

Petite pause

Krusenstiernska Gården – *Stora Dammgatan 11 - ✆ 0480 41 15 52 - www.krusenstiernskagarden.se - ♿ - tlj 11h-16h30.* Ce café aménagé dans un jardin paisible propose boissons et pâtisseries maison. Le lieu idéal pour lire à l'abri du tumulte urbain.

Hébergement

Premier prix

Svanen Hotel and Hostel – *Rappegatan 1 - ✆ 0480 255 60 - www.hotellsvanen.se - P - lit en dortoir 205 SEK; ch. 485/1 070 SEK - ☕ 95 SEK.* À 10mn à pied du centre, une bonne adresse à prix doux, à la fois auberge de jeunesse et hôtel. Sauna et location de vélos.

Prix moyen

Slottshotellet – *Slottsvägen 7 - ✆ 0480 882 60 - www.slottshotellet.se - P 90 SEK - 71 ch. 995/1895 SEK ☕.* Cette vieille maison charmante (1864), située près du château, est bordée d'un somptueux jardin. L'ensemble très accueillant dispose de chambres stylées et décorées à l'ancienne, mais également de chambres bon marché dans l'établissement voisin.

Frimurare Hotellet – *Larmtorget 2 - ✆ 0480 152 30 - www.frimurarehotellet.se - ♿ - 35 ch. 970/1422 SEK ☕ - ✕.* Un somptueux et imposant bâtiment (1873) abrite cet hôtel de charme richement décoré dans le style ancien et empreint d'une ambiance d'un autre temps. Sauna.

À Kosta

Pour se faire plaisir

Kosta Boda Art Hotel – *Stora Vägen 75 - ✆ 0478 348 30 - www.kostabodaarthotel.se - P ♿ - 102 ch. 2 659/4 499 SEK ☕.* Spectaculaire ! Un immense bar en cristal bleu forme le cœur de cet hôtel de luxe, tout à la gloire de la cristallerie Kosta Boda située à deux pas. Spa, piscine, sauna et restaurant élégant.

Île d'Öland ★

Accessible par un magnifique pont élancé au-dessus du détroit de Kalmar, bénéficiant d'un climat doux et de sols calcaires fertiles, l'île d'Öland déroule, sur 137 km de long et moins de 14 km de large, ses paysages agricoles pointillés de murets de pierre, de moulins et de fermes, ses landes tapissées de fleurs aux beaux jours, ses forêts de pins ou de chênes, ses côtes rocheuses et ses longues plages de sable. Une belle invitation à la randonnée, aux balades à vélo et à la baignade, qui font de l'île l'une des destinations nature préférée des Suédois, à commencer par la famille royale qui y possède sa résidence d'été, Solliden.

Moulin sur l'île d'Öland.
WaningCrescent/Getty Images Plus

Se repérer

CARTE B1-2 (P. 296-297)

26 000 habitants. L'île d'Öland est située face à Kalmar, à 30 km, accessible par le pont d'Öland (6 km).

À ne pas manquer

Les ruines du château de Borgholm, la villa Solliden et la forteresse d'Eketorp.

Organiser son temps

Comptez deux jours pour en profiter.

En famille

Les ruines du château de Borgholm, la plage de Böda Sand et Eketorp.

Carnet pratique p. 344

Nos adresses p. 344

Richesses de la terre… et de la mer

L'agriculture est depuis toujours la principale ressource d'Öland : l'île est quadrillée de murets de pierre calcaire qui s'allongent à l'infini, séparant les champs et les fermes. À ce titre, les paysages agricoles du sud de l'île, de Färjestaden à la pointe surmontée d'un phare impressionnant, ont été inscrits au Patrimoine mondial de l'Unesco en 2000. Côté mer, de nombreux pêcheurs fournissent le poisson nécessaire aux besoins locaux (le carrelet, servi frais ou fumé, est la spécialité locale), et la pêche commerciale ne fut, quant à elle, introduite qu'au 20e s. L'île vit aussi de l'extraction de calcaire et du tourisme, devenu l'une de ses principales ressources. C'est sur la côte ouest, le long de la route 136, que se concentrent les maisons de vacances et l'équipement touristique.

Vaste plateau calcaire recouvert d'une fine couche arable, l'île d'Öland présente un front uniforme et étroit, large au plus de 14 km, s'étirant sur 137 km le long de la côte sud-est de la Suède. Dans le sud, Stora Ålvaret, grande étendue de lande, est une zone d'un grand intérêt du point de vue botanique. Ce n'est donc pas un hasard si l'hélianthème d'Öland *(Ölands solvända)*, aux fleurs jaunes, est l'emblème de l'île ! Lors de sa floraison à la fin du printemps et au début de l'été, elle forme un beau tapis aux couleurs vives.
L'île est également célèbre pour ses 15 immenses forteresses de l'âge du fer qui ont, pour certaines, fait l'objet de fouilles. Ces forts circulaires servaient de refuge en cas de danger, ainsi que de cadre aux cérémonies et aux assemblées.

★★ Pont d'Öland (ÖLANDSBRON) B2

Reconnaissable à son immense dos-d'âne en fin de parcours, ce pont inauguré en 1972 enjambe le détroit de Kalmar grâce à ses 155 arches. D'une longueur de 6 072 m, il figure, comme le pont de l'Øresund (7 845 m, *voir p. 303*), parmi les plus longs ponts du monde. Le belvédère, situé à 42 m au-dessus de l'eau *(parking)*, offre une **vue panoramique** magnifique.

Vers le nord de l'île B1

Circuit de 96 km depuis le pont jusqu'à Byxelkrok par la route 136.

Vida Museum

Landsvägen Halltorp (à env. 18 km du pont) - ☎ 0485 774 40 - www.vidamuseum.com - mar.-dim. 10h-17h ; hiver : w.-end 10h-15h - 120 SEK (-16 ans, gratuit).
À mi-chemin entre le musée privé et la galerie d'art, cet espace a été créé à l'initiative de deux artistes : Bertil Vallien, un maître-verrier suédois reconnu, et son épouse Ulrica Hydman-Vallien, qui bénéficient chacun de leur salle d'exposition. Si les expositions temporaires se révèlent inégales, l'architecture du lieu, que l'on doit à l'architecte Eiberth R Flogér, est épurée et s'intègre parfaitement dans le paysage. Magnifique point de vue depuis la terrasse, café cosy et design.
Poursuivre sur la route 136 sur 11 km.

★ Borgholm

Borgholm devint chef-lieu de l'île en 1816, alors que le château éponyme était déjà en ruine.
★ **Ruines du château de Borgholm** – *☎ 0485 153 00 - www.borgholmsslott.se - ♿ - mai-août : 10h-18h ; avr. et sept. : 10h-16h (dernière entrée 1h av. fermeture) - 100 SEK*

(12-17 ans 60 SEK). Peu avant Borgholm, les vestiges de ce château jadis puissant dominent toujours la lande de leur masse imposante. Comme celui de Kalmar, il défendait le détroit et servait de poste méridional avancé de la Suède. Les vestiges du donjon primitif sont visibles dans l'angle nord-ouest de la cour intérieure. Le roi Jean III fit construire un château fort composé de quatre bâtiments autour d'une cour et d'une solide tour dans chaque angle. Cette place forte fut sérieusement endommagée durant la guerre de Kalmar (1611-1613), opposant la Suède au Danemark. Le roi Charles X Gustave chargea plus tard **Nicodemus Tessin l'Ancien** de la remanier. Il entreprit la réalisation d'un palais baroque dont les travaux furent interrompus en 1709 et qu'un incendie ruina en 1806.

Solliden – *0485 15 356 - www.sollidensslott.se - de mi-mai à fin août : 11h-18h ; 1re quinz. de sept. : 11h-16h (dern. entrée 1h av. fermeture) - 120 SEK (7-11 ans 60 SEK).* Près du château, cette villa à l'italienne fut construite entre 1903 et 1906 pour servir de résidence d'été à la famille royale. L'immense **parc** arboré, superbe, est ouvert aux beaux jours, permettantde faire le tour de la villa *(pas d'accès à l'intérieur).*

Village – La rue principale, Storgatan, conduit au port débordant d'activité. Très animées l'été, les ruelles piétonnes alentour offrent une agréable promenade.

25 km après Borgholm, quitter la route 136 et tourner à gauche vers Sandvik.

Sandvik

Sandvik est le centre de l'exploitation des carrières de calcaire.

★ **Moulin à vent (Sandviks Kvarn)** – *Stenhuggarvägen 3, à Löttorp - 0485 261 72 - www.sandvikskvarn.se - de juin à fin août : 10h-22h ; avr.-mai et de fin août à déb. sept. : 12h-20h.* Vous pourrez admirer le mécanisme d'origine en bois de cet énorme moulin de huit étages, dont les ailes ont 24 m d'envergure.

Au pied du moulin se tiennent une boulangerie, un café-restaurant et une pizzeria.

Revenir à la route principale et parcourir environ 7 km avant de tourner à droite. L'ancienne église est distante de 2 km.

Ancienne église de Källa

C'est l'unique exemple encore existant d'église médiévale fortifiée à trois étages. Le rez-de-chaussée était réservé au culte, le premier étage à l'habitation du prêtre, le deuxième étage servant d'ultime lieu de refuge.

Revenir sur la route 136. À l'église d'Högby, tourner à gauche et prendre à droite 200 m plus loin, vers Byrum.

Byrums Raukar

Un ensemble impressionnant de **roches calcaires**★ *(raukar)* se dresse au bord de la côte.

Böda Kronopark

La route 136 traverse ce parc où, sur 6 000 ha, croissent de très anciens conifères dont un grand nombre sont couverts de lierre. La splendide plage de sable de **Böda Sand**, qui décrit une courbe autour de la baie de Böda, sur la côte orientale de l'île, est le paradis des baigneurs.

Au large, l'imposante silhouette en forme de dôme de l'île de **Blå Jungfrun** (« la Vierge bleue »), qui se dresse à 86 m au-dessus du niveau de la mer, est un point de repère familier

L'île du soleil et des vents

Bien qu'il n'en subsiste que 400 sur les 2 000 qui tournaient au 19e s., les moulins à vent font partie du paysage de cette île surnommée « île du soleil et des vents ». Le moulin à pivot, qui tourne sur lui-même selon la direction du vent, est le type de moulin le plus courant sur Öland.

2

du détroit de Kalmar. Une partie de l'île est classée parc national depuis 1926, protégeant notamment ses belles roches de granit rose polies par les glaciers.
Blå Jungfrun est accessible par bateau d'Oskarshamn ou de Byxelkrok sur l'île d'Öland. En été, départ quotidien du ferry d'Oskarshamn *(www.solkustturer.se)*.

Neptuni Åkrar

À 2 km au nord de Byxelkrok.
Linné donna à ces plages de galets surélevées le nom de « champs de Neptune ». À présent, elles sont couvertes de vipérine *(Blåeld)*, plante aux fleurs abondantes.

★★ Vers le sud par la côte orientale B1-2

Circuit de 183 km de Borgholm au pont d'Öland. Quitter Borgholm par la route 136 au sud puis, après l'aérodrome, prendre à gauche vers Räpplinge et Störlinge.
Un groupe de sept moulins à vent bordent la route à **Störlinge**. Mais les plus beaux se trouvent plus au sud, à Lerkaka, où l'un d'entre eux se visite.

★★ Musée de l'Himmelsberga (HIMMELSBERGA MUSEUM) B1

À 2 km de la route - ✆ 0733 14 67 04 - olandsmuseum.se - mai : w.-end : 11h-17h ; juin-août : 11h-17h - 80 SEK (10-15 ans 40 SEK).
Ce sympathique musée de plein air reconstitue un village agricole traditionnel, où les cours de fermes étaient alignées le long de la rue principale. Sa création en 1959 est née de la volonté de sauvegarder le patrimoine rural de l'île, à une époque où l'on commençait à détruire granges et dépendances pour laisser la place aux nouveaux engins agricoles. D'authentiques bâtiments de ferme des 18e et 19e s. ont ainsi été préservés, garnis d'outils, de meubles et d'objets domestiques. Dans les jardins et pâturages alentours, vous découvrirez également des collections de plantes anciennes et des races locales de cochons, chèvres, chevaux, etc.
Un agréable café vous attend pour une pause dans l'un des bâtiments anciens.
À l'église de Långlöt, prendre une route à droite.

★★ Ismanstorp B2

À 5 km de Långlöt, puis à 500 m à pied du parking.
Édifié vers 400, ce **fort** de l'âge du fer mesure 125 m de diamètre. À l'intérieur de son rempart circulaire, haut de 3 à 4 m, on peut voir les fondations de 88 maisons. La présence de 9 portes fait supposer qu'il s'agissait d'un marché ou d'un lieu de culte.
Revenir à Långlöt et reprendre vers le sud. À Norra Möckleby, direction Färjestaden.

★★ Gråborg B2

À 1 km de la route de Färjestaden, signalé par un panneau pointant vers le nord.
Le plus grand **fort** de l'île date de 400 ou 500. Ses remparts immenses, dont la hauteur atteint 6 m et l'épaisseur 11 m, décrivent un cercle dont la circonférence est de 640 m et le diamètre de 200 m. Les ruines d'une chapelle datant de 1200 sont visibles au nord du fort. L'arche d'une porte est le seul vestige des fortifications de la fin du 13e s.
Revenir à Norra Möckleby et reprendre la route vers le sud. Peu après Gräsgård, tourner à droite vers Eketorp.

★★ Eketorp B2

✆ 0485 66 20 00 - www.eketorpsborg.se - ♿ - de mi-mai à mi-juin : 10h-16h ; de mi-juin à mi-août : 10h-17h ; de mi-août à fin août : 10h-16h - 60/100 SEK selon la saison (enf. 30/50 SEK).

Constructions de l'âge du fer à Eketorp.
Ch. Boisvieux/age fotostock

De nombreuses années de recherches archéologiques ont permis de retracer l'histoire de cette **forteresse** dont les origines dateraient de l'âge du fer (soit vers 800 av. J.-C.). On a retrouvé les traces de trois colonies successives sur une durée de mille ans, entre 300 (période des migrations) et 1300. Une grande partie du mur extérieur a été reconstruite et l'on peut visiter les maisons, les étables et les remises. Au **musée** est exposée une sélection du produit des fouilles : objets de la vie quotidienne, bijoux et armes finement ciselés.

Immédiatement après Näsby, la route longe l'ancien domaine royal d'**Ottenby**, clos par un **mur** rectiligne construit vers 1650 sur ordre du roi Charles X Gustave. Ce domaine, ancien monastère fondé au 13e s. que le roi **Gustave Vasa** s'appropria lors de la sécularisation des biens du clergé catholique, a été transformé en réserve naturelle et s'étend sur toute la largeur de l'île.

Bois d'Ottenbylund B2

Situé dans le sud-est d'Öland, ce bois de chênes et de bouleaux abrite un troupeau de daims qui fut à l'origine importé d'Angleterre par le roi Jean III. Les prairies verdoyantes et les longues plages sont peuplées d'échassiers (combattants et avocettes). D'autres espèces telles que canards et oies sauvages y font une pause lors de leurs migrations de printemps et d'automne.

L'extrémité sud de l'île est dominée par le plus haut phare de Suède, **Långe Jan**, qui atteint une hauteur de 42 m. L'ascension *(195 marches)* jusqu'au sommet est récompensée par une vue magnifique.

Retour par la côte ouest.

Entre le domaine d'Ottenby et Grönhögen, on peut voir un vaste **cimetière** parsemé de pierres runiques. Un autre cimetière situé à 3 km au nord de Degerhamn abrite une grande diversité de tombes, des alignements de pierres en forme de bateau ainsi que des menhirs, témoignant d'une longue occupation du site (de 1000 av. J.-C. à 1050 de notre ère).

Carnet pratique

S'informer

Office de tourisme – *Träffpunkt Öland 102 - Färjestaden - ☎ 0485 888 00 - www.oland.se.* Vous trouverez également une annexe de l'office de tourisme à Borgholm *(Storgatan 1).*

Agenda

Öland Spirar – *www.olandspirar.nu -* 2e sem. de mai. Festival de la nature, des jardins et de la vie rurale.

Öland Art Landscape – *www.oland.se.* 4 j. fin mai. Portes ouvertes des ateliers d'artistes.

Victoria Dagarna – *www.en.victoriadagarna.se - 1 sem. en juil.* Festivités autour de la princesse héritière, Victoria.

Nos adresses

Restauration

À Borgholm

Premier prix

Kaffetorpet – *Sollidens Slott - ☎ 0485 153 35 - www.sollidens slott.se - mai-sept. : 11h-18h - plats 110/160 SEK.* Le café de la résidence d'été royale sert des plats savoureux (soupe à la citrouille, pâtes aux champignons, etc.) et des pâtisseries maison, à déguster dans le jardin ou dans la charmante bâtisse de 1890.

Une folie

Hotell Borgholm – *Trädgårdsgatan 15-19 - ☎ 0485 770 60 - www.hotellborgholm.com - de fin juin à sept. : à partir de 18h ; hors saison : se rens. - menus 950/1850 SEK.* Christofer Johansson, le chef du restaurant de cet hôtel historique, élabore une cuisine végétale, raffinée et subtile, avec les produits et plantes de l'île. Inoubliable.

À Mörbylånga

Premier prix

Lilla Bistron – *Köpmangatan 9 - ☎ 730 33 64 60 - hte saison : 12h-21h ; hiver : fermé dim.-mar. - plats 159/169 SEK.* Délicieux et copieux hamburgers et sandwichs servis avec des frites maison, dans un décor doux, tout en bois.

À Färjestaden

Budget moyen

Eksgården – *Gårdby 149 - ☎ 070 746 06 70 - www.eksgarden.com - hte saison : 12h-21h ; automne-hiver : jeu.-sam. 17h30-21h - menus 450/500 SEK.* Cette ancienne ferme convertie en hôtel-restaurant champêtre propose de belles assiettes à base de produits de l'île.

Hébergement

À Borgholm

Premier prix

Villa Labendel – *Badhusgatan 1 - ☎ 0485 770 68 - www.villalavendel.se - P - 3 ch. 600/750 SEK - ☕ 90 SEK (dans le café attenant).* Près du port, un B & B simple et bon marché, avec salle de bain et cuisine partagées.

Activités

Randonnée/Vélo

Sillonnée de nombreux sentiers et petites routes, toute l'île se prête à la pratique de la randonnée et du vélo, notamment le sud, avec ses paysages agricoles classés à l'Unesco. L'itinéraire **Ölandsleden** permet de faire le tour complet de l'île à vélo en 367 km. Rens. sur le circuit et les loueurs auprès de l'office de tourisme, plans sur **www.naturkartan.se/en/oland**.

Île de Gotland ★★

La « perle de la Baltique » jouit d'un climat très doux, ce qui en fait l'un des lieux de villégiature préférés des Suédois. Grâce à son sol fertile et à ses conditions climatiques exceptionnelles, l'île est devenue célèbre pour ses roses, ses orchidées – Gotland recèle 36 des 46 espèces d'orchidées qui poussent en Suède – et ses riches prairies parsemées de fleurs sauvages qui s'étendent jusqu'à la mer. Celle-ci a érodé la craie et sculpté de hautes falaises, des grottes marines et, au large, de curieuses formations rocheuses connues sous le nom de « raukar ».

Cité médiévale de Visby.
Rolf_52/Getty Images Plus

Se repérer

CARTE B1 (P. 296-297) - CARTE DE L'ÎLE P. 349
60 124 habitants
L'île est située à 90 km au large de la côte est de la Suède. 176 km séparent Fårösund au nord d'Hoburgen au sud pour une largeur maximale de 56 km. L'île de Fårö n'est qu'à quelques kilomètres au nord de l'île de Gotland et accessible en ferry.

À ne pas manquer

Visby, des balades à vélo, les paysages fascinants de Fårö et la semaine médiévale au mois d'août.

Organiser son temps

Comptez deux jours minimum (en incluant 2h55 de traversée au départ d'Oskarshamn, bien relié à Visby).

En famille

Un trajet en train à vapeur à Dalhem, le parc d'attractions Kneippbyn Sommar & Vattenland, le village viking de Roma Kungsgård *(voir « Nos adresses »)*.

Carnet pratique p. 353

Nos adresses p. 354

Le riche passé de Gotland

Une plaque tournante du commerce

L'île de Gotland est habitée depuis plus de 7 000 ans, et les occupants successifs ont laissé des traces de leur passage : cimetières, tumulus, alignements de pierres en forme de bateau datant de l'âge du bronze et stèles gravées. Durant la période qui a précédé l'ère viking, l'île servit de base aux peuplades qui pénétrèrent en Europe de l'Est. Les Gotlandais étaient d'habiles marins et des négociants paisibles et, en 700 apr. J.-C. (avant la grande période viking), ils contrôlaient déjà le commerce de la Baltique et s'étaient infiltrés vers le sud jusqu'à la mer Caspienne afin de trouver de nouveaux marchés et de négocier avec Byzance. À la fin du 12e s., les marchands allemands qui commerçaient sur l'île de Gotland avaient déjà fondé une association qui fut peut-être à l'origine de la Ligue hanséatique *(voir p. 469)*. De la grande période de prospérité qui suivit (12e s.-14e s.) reste la charmante ville de Visby et les ruines de ses nombreuses églises médiévales. Un siècle plus tard, Visby était sur le déclin en tant que place commerciale, et son rôle fut désormais assumé par les villes marchandes du sud de la Baltique. L'âge d'or de Visby prenait fin et l'année 1361 marqua un tournant dans l'histoire de l'île qui fut conquise par le roi de Danemark Valdemar Atterdag et resta sous contrôle danois pratiquement sans discontinuer pendant 300 ans.

Stèles gravées et églises médiévales

Gotland possède un riche patrimoine de stèles gravées (de l'époque viking) et d'églises médiévales. Les caractéristiques les plus remarquables de ces dernières sont les tours carrées de la façade ouest, qui devinrent de plus en plus travaillées – les plus belles sont l'œuvre d'« Egypticus » *(voir encadré)* –, quelques très beaux fonts baptismaux, réalisés par des maîtres comme Byzantios, Majestatis et Sigraf, et des peintures murales.

Un précieux archipel

Parmi les petites îles proches de Gotland, il faut citer **Fårö**, paradis qui attira le cinéaste Ingmar Bergman *(voir p. 495)*, ainsi que des hommes politiques et d'autres personnalités de la vie publique. La grande étendue sablonneuse de **Gotska Sandön** est une zone militaire *(accès interdit)*, tandis que **Stora Karlsö** et **Lilla Karlsö** sont des réserves ornithologiques où vivent de mars au début du mois d'août des colonies de guillemots et de petits pingouins qui nichent dans tous les creux et les fissures des falaises abruptes.

Le mystérieux « Egypticus »

Les historiens ont identifié son style sur une vingtaine d'églises médiévales de Gotland, mais questionnent encore sa véritable identité : « Egypticus » était-il un unique tailleur de pierre ou un atelier réunissant plusieurs talents ? Une chose est sûre : Egypticus réalisa de 1330 à 1380 des œuvres d'un style particulièrement vivant, qui ravissent aujourd'hui les spécialistes. Les plus remarquables ornent les églises de Dalhem, Stånga et Hörsne.

★★ Visby

B1

Donnerska huset, Donners Plats 1 - ✆ 0498 20 17 00 - gotland.com.

Les voitures ne sont pas admises à l'intérieur des remparts en été ; il faudra laisser votre véhicule dans l'un des parkings proches des portes de la ville, Söderport, Österport ou encore Fiskarport.

Quand on la voit de la mer, la « Cité des roses et des ruines » semble sortir de l'eau en une suite d'étages superposés. La magnifique cité médiévale entourée de remparts et les grandes églises en ruine sont l'héritage du passé hanséatique de Visby. À l'époque viking, Visby était une place forte et de négoce très animée, d'où partaient les expéditions vers l'Orient. Dès le milieu du 12e s., des marchands allemands s'y étant installés, la ville joua un rôle primordial dans le commerce de la Baltique. Au 13e s., Visby comptait 8 000 habitants, dont un tiers d'Allemands. Elle devint au 14e s. un membre actif et prospère de la Ligue hanséatique *(voir p. 469)*. Au 15e s., les Danois et les Allemands s'affrontèrent pour en obtenir le contrôle et, en 1525, les troupes de Lübeck attaquèrent et brûlèrent une grande partie de la ville. Visby fait aujourd'hui partie du **Patrimoine mondial de l'Unesco**.

★★★ Remparts

Ponctués de tours et de portes, ils s'étendent sur plus de 3,4 km et comprennent une muraille côté mer et une autre côté terre. Le **mur côté mer**, haut de 5,30 m, longe la côte et date de la fin du 13e s. Il est percé de plusieurs portes et comprend une **tour aux poudres★** (Kruttornet, milieu du 12e s.), qui permettait de surveiller le vieux port, aujourd'hui transformé en parc (Almedalen).

Le **mur côté terre**, haut de 6 m et crénelé, était doté d'une galerie réservée aux archers et percé de trois portes d'accès, **Norderport** (vue sur Visby), **Österport** et **Söderport**. Il reste encore 27 des 29 tours d'origine. Au début du 14e s., les remparts furent surélevés et, un siècle plus tard, une solide forteresse, Visborg, fut construite à l'angle sud-ouest. Il ne reste presque rien de ce puissant bastion qui fut détruit par les troupes danoises en 1679.

2

★★ Cathédrale (DOMKYRKAN)

Une visite de la cathédrale donne une très bonne idée de la splendeur passée des autres églises, aujourd'hui en ruine. L'église fut fondée par les marchands allemands et devint très vite la paroisse de la communauté allemande de Visby. La basilique d'origine (1175-1225) fut agrandie et transformée en une vaste église à trois nefs de même hauteur (1230-1260). Au début du 14e s., les tours furent surélevées.

Églises médiévales en ruine

Des nombreuses églises médiévales de Visby, il ne reste que des ruines imposantes à la silhouette caractéristique. La plupart de ces sanctuaires furent construits et remaniés entre le début du 13e s. et le milieu du 14e s. Lorsque les troupes de Lübeck donnèrent l'assaut en 1525, elles détruisirent toutes les églises, à l'exception de la cathédrale qui appartenait à la communauté allemande.

Cité médiévale

Le dédale de rues datant de l'époque médiévale est inclus dans un périmètre délimité par les trois rues principales, **Strandgatan**, **Mellangatan** et **Sankt Hansgatan**, toutes parallèles à la côte et reliées par de nombreuses ruelles pavées. En raison d'un manque de place, les boutiques et entrepôts furent construits en hauteur et les maisons par-dessus les ruelles. On peut encore voir quelques-uns de ces magasins dans Strandgatan. L'**ancienne pharmacie** (Gamla Apoteket) du 13e s., située au n° 26, est la mieux conservée. **Burmeisterska Huset**, maison à colombage du 17e s., appartenait autrefois à un marchand de Lübeck.

Stora Torget

C'est sur cette place principale très vivante que le roi de Danemark Valdemar Atterdag exigea une rançon de la ville en 1361. Cet événement est devenu le thème de la populaire **Semaine médiévale** *(voir « Agenda » p. 353)*. La place est entourée de boutiques d'artisanat local. Adelsgatan est la principale rue commerçante.

★★ Musée d'Histoire de Gotland (GOTLANDS FORNSAL)

Skt Hansgatan 21 - ✆ 0498 29 27 00 - www.gotlandsmuseum.se - 11h-16h - 100/150 SEK selon saison (- 19 ans gratuit).
Ce musée abrite de belles stèles gravées (400-1100 apr. J.-C.), un magasin typique, la gracieuse Vierge d'Öja, sculpture en bois polychrome datant du 13e s. *(voir p. 352)*, ainsi que des collections d'objets du quotidien de Gotland *(consultables sur demande)*.

Jardin botanique (BOTANISKA TRÄDGÅRDEN)

visbybotan.se/en - gratuit. Le jardin fut dessiné en 1856 par la Société des amis du bain de mer, qui recommandait la baignade en mer et la culture des plantes médicinales pour combattre les maladies courantes. Aujourd'hui, le jardin possède une collection de plus de 2 000 plantes du monde entier, dont une charmante roseraie. La ruine couverte de lierre qui se trouve à l'entrée est un vestige de la tour ouest de l'église St-Olof.

La côte occidentale au nord de Visby B1

Voir carte p. 296-297 et carte de l'île p. ci-contre - 27 km par la route 149. Suivre la signalisation pour Snäck, puis Kappelshamn. Tourner à droite vers Brissund.

★ Krusmyntagården

✆ 0498 296 900 - krusmynta.se - ♿ - de déb. juil. à mi-août : 10h-20h ; de fin mai à fin juin et de mi-août à fin sept. : 10h-17h - gratuit.
Ce pittoresque **jardin** offre un grand choix de plantes médicinales *(vente sur place)* dans la pure tradition monastique.

Lummelundagrottan

Suivre les indications « Grottan ». ✆ 0498 27 30 50 - www.lummelundagrottan.se - mai et sept. : jeu.-dim. 9h-15h ; juin-août : 9h-17h - 180 SEK (enf. 100 SEK).
C'est la seule grotte contenant des concrétions calcaires qui soit ouverte au public dans les pays nordiques, ce qui explique son grand attrait.

Lickershamn

Ce village de pêcheurs est censé posséder le *rauk* (formation rocheuse) le plus haut de l'île, **Jungfrun** (la « jeune fille »), qui dépasse de 12 m le sommet de la falaise, déjà haute de 27 m.

Vers le nord et Fårö B1

55 km par la route 148.

Bro

L'**église** présente un intéressant portail datant de 1300 et des fonts baptismaux, œuvre de Sigraf.

Tingstäde

La tour de l'**église** abrite des fresques essentiellement romanes ; les fonts baptismaux datent du 12e s.

Lärbro

La belle **église** gothique est flanquée d'une tour octogonale insolite.

Au-delà de Rute, on traverse une zone militaire et les étrangers sont tenus de rester sur la route 148 jusqu'à ce qu'ils atteignent l'église de Fårö.

★★ Bungemuseet à Fårösund

Bunge Hägur 119 - www.bungemuseet.se - ✆ 0498 22 10 18 - de fin juin à mi-août : 11h-18h ; de mi-mai à fin juin : 11h-16h ; reste de l'année : se rens. - 120 SEK selon la saison (-18 ans gratuit).

Ce **musée de plein air** est situé à côté de l'église du village. Le bel ensemble de bâtiments est divisé en trois groupes : la ferme du 17e s. *(à gauche)*, celle du 18e s. *(à droite)* et celle du 19e s. plus à l'est. Voir aussi l'intéressante collection de stèles gravées.
Le ferry rejoint l'île de Fårö en 10mn.

Fårö
Le cinéaste **Ingmar Bergman** *(voir p. 495)* vécut une grande partie de sa vie sur cette île à la beauté farouche, reliée au Gotland par ferry. En repérage à Fårö en 1960 pour son long-métrage *À travers le miroir*, il y tourna en tout six films et la série télévisée culte : *Scènes de la vie conjugale*. Il aimait tellement l'île qu'il se fit construire une maison donnant sur la mer.
La côte nord-ouest de Fårö est bordée d'un nombre étonnant de **raukar** (formations rocheuses), notamment près de la crête hérissée de galets de Gamlehamn, entre Digerhuvud et le petit village de pêcheurs de Helgumannen, et à Langhammars. La côte est bordée de plages de sable, comme celle de **Sudersand** où l'on peut voir, à l'intérieur des terres, une imposante dune, Ulla Hau, haute de 15 m.

Les églises du centre B1

30 km. Quitter Visby par la route 147, puis tourner à droite vers Källunge.

★ Källunge
0498 483 001 - mai-sept. : 8h-20h ; reste de l'année : sur RV.
La nef romane et la tour ouest de l'église sont écrasées par les grandioses proportions du chœur gothique.
Suivre au sud les routes secondaires jusqu'à Hörsne (8 km).

Hörsne
Datée des 13e-14e s., l'**église** présente des portails richement décorés. Celui du sud, avec des reliefs narratifs, aurait été exécuté au 14e s. par l'atelier du fameux tailleur de pierre anonyme Egypticus *(voir encadré p. 346)*. Il est considéré comme l'un des plus intéressants de Gotland.
Suivre les routes secondaires qui conduisent à Dalhem.

★ Dalhem
0498 380 01. Avec sa tour haute de 50 m, elle compte parmi les plus grandes églises de la région. On remarquera les sculptures du portail ouest, réalisées par Egypticus *(voir encadré p. 346)*, et les **vitraux★★** du chœur.
Train à vapeur – *www.gotlandstaget.se - de fin juin à mi-août : merc., jeu. et w.-end ; juin et 2e quinz. d'août : dim. seult - se rens. pour les horaires - 130 SEK AR (3-15 ans 65 SEK).* Plusieurs locomotives et wagons datant de 1878 à 1960 sont conservés à la gare de Hesselby d'où l'on peut parcourir un court trajet en train à vapeur.

Autour de Ljugarn B1

56 km. Quitter Visby par la route 143.

Roma
L'église présente plusieurs traits caractéristiques de l'architecture de Gotland et l'on peut voir à proximité les ruines d'une abbatiale cistercienne.
Poursuivre vers Ljugarn sur la côte est.

Étranges formations rocheuses *(raukar)* le long des côtes.
fuchs-photography/Getty Images Plus

Ljugarn

La deuxième ville de Gotland est à la fois un port et une station balnéaire. La section de côte au nord de la ville est parsemée d'étranges formations rocheuses *(raukar)* comme on en voit ailleurs sur l'île.

Suivre la route 144, puis une route secondaire à gauche jusqu'à Lau.

2

Lau

L'**église**★ de taille impressionnante comprend une nef du 13e s. prolongée par un vaste chœur datant de 1300, le tout formant un ensemble harmonieux. La **croix triomphale** date du milieu du 13e s., tandis que la **peinture murale** illustrant le Jugement dernier est de 1520.

Une route secondaire conduit vers le nord jusqu'à Garda.

Garda

Datée du 11e s. et située dans son enclos médiéval percé de quatre portes à auvent, cette **église**★ *(✆ 0498 491 001 - mai-sept. : tlj ; reste de l'année : sur RV)* est célèbre pour ses peintures murales qui dénotent une forte influence byzantine.

Suivre la route 144 jusqu'à Lye.

Lye

Bien conservée, l'**église**★ est célèbre pour ses **vitraux**★★ *(✆ 0498 483 001 - mai-sept. : tlj ; reste de l'année : sur RV).*

Continuer sur la route 144.

Stånga

Ce village est renommé pour ses jeux annuels qui ont lieu en juillet ; les athlètes participent à des sports traditionnels qui rappellent les jeux des Highlands en Écosse.

Église – *✆ 0498 483 001 - mai-sept. : tlj ; reste de l'année : sur RV.* Les bas-reliefs en tuffeau insérés dans le mur près du portail sud sont censés être l'œuvre d'Egypticus *(voir encadré p. 346)*.

La côte occidentale au sud de Visby B1

110 km. Quitter Visby par Söderväg et Toftavägen pour rejoindre la route 140 en direction de Klintehamn. Suivre la signalisation pour Kneippbyn.

Kneippbyn Sommar & Vattenland

0498 29 61 50 - kneippbyn.se - juin-août : 10h-18h - fermé reste de l'année - 195/375 SEK/1 j., 295/495 SEK/2 j. (gratuit -3 ans).

Mêlant jeux aquatiques et manèges plus ou moins impressionnants, ce parc d'attractions est connu pour abriter la **villa Villekulla**, qui figura dans les films mettant en scène les aventures de **Fifi Brindacier** (Pippi Långstrump) par Astrid Lindgren. Cet endroit curieux, désordonné et accueillant, est devenu l'un des rendez-vous préférés des admirateurs de Fifi, avec le parc de Vimmerby *(voir p. 332).*

Suivre la signalisation pour Högklint.

Högklint

Du haut de la falaise, qui culmine à 48 m, s'offre une **vue★★** spectaculaire sur Visby dans le lointain.

Rejoindre la route 140 ; prendre à droite la route en direction de l'église de Gnisvärd. Un tombeau en forme de bateau est visible sur la gauche.

★ Gnisvärd

Ce hameau de pêcheurs était l'un des plus importants de la côte occidentale et l'on peut encore voir, alignées en rangs serrés, les cabanes où le poisson était autrefois fumé et les cadres sur lesquels on le mettait à sécher.

Kovik

Cet ancien hameau de pêcheurs situé sur un banc de sable abrite un **musée de la pêche**. La petite chapelle est dédiée au souvenir de ceux qui ont péri en mer.

Klintehamn

Des bateaux partent du port vers la réserve naturelle de l'île de **Stora Karlsö★** *(www.storakarlso.se)*, dont les falaises, dominées par un phare de 1887, abritent des milliers de guillemots et de petits pingouins. La lande et les prairies parsemées d'orchidées offrent par ailleurs des paysages reposants.

Gannarve

L'**alignement en forme de bateau★★**, datant de l'âge du bronze, long de 29 m et large de 5, est l'un des deux seuls qui aient été préservés.

Fröjel

Église – *0498 24 00 05 - juin-août : 8h-20h ; sept. et mai : 8h-16h.* Elle se dresse dans un site splendide au sommet de la falaise, non loin des ruines de sa tour de défense (au nord du cimetière).

Après Fröjel, prendre une route à droite vers Djauvik et Hammarudd.

La pittoresque **route côtière★★** qui se dirige vers le sud à partir de Djauvik, hameau de pêcheurs de la fin du 19e s., offre des vues splendides sur la mer et les îles Karlsö au large des côtes.

Continuer le long de la route 142 en suivant la direction de Burgsvik et tourner à gauche.

Öja

La robuste tour de l'**église★★** fut construite par Egypticus *(voir encadré p. 346)*. Le **crucifix d'Öja★★★** (13e s.) était, à l'origine, entouré d'une foule de personnages

sculptés. Sur la gauche, la Vierge est une réplique de la Vierge d'Öja, qui se trouve aujourd'hui au musée d'Histoire de Gotland à Visby *(voir p. 348).*
Revenir à la route 142 et continuer vers le sud.

Bottarvegården à Vamlingbo

✆ 0498 49 82 40 ou 072 54 97 280 (en hiver) - www.bottarve.se - mai-août : 11h-17h ; 1er-15 sept. : vend.-dim. 11h-17h - env. 40 SEK (-15 ans gratuit).
Cette ferme de 1844, caractéristique du sud de Gotland, présente un ensemble de bâtiments recouverts de mottes d'herbe, qui abritent un musée, un café et une boutique d'artisanat local (vêtements, bois, cuir, etc.). Artistes et écrivains y donnent également des conférences.
Prendre la route secondaire qui longe la côte entre Kettelviken et Hoburgen.
Le long de cette **pittoresque route★★** où se succèdent les champs cultivés traditionnels délimités par des murets de pierres sèches, les panoramas embrassent la mer étincelante et les vertes prairies égayées par des fleurs sauvages aux couleurs vives : le bouton-d'or jaune, qui fleurit en avril et mai, cède la place en juin-juillet à la vipérine, de couleur bleu foncé.

Hoburgen

Ce promontoire est célèbre pour ses formations de roches calcaires, en particulier l'étonnant **Hoburgsgubben★★**, le « Vieil Homme » de Hoburgen.

2

Carnet pratique

S'informer

gotland.com – Informations sur l'île.

Arriver/partir

En avion

Aéroport – *www.swedavia.se/visby.* Il est situé à seulement quelques kilomètres de Visby. Compter env. 100 SEK en taxi.
La compagnie **BRA** *(www.flygbra.se)* assure des liaisons avec Stockholm-Bromma (tte l'année) et Malmö (été).
SAS *(www.flysas.com)* relie Visby et Stockholm.

En ferry

Destination Gotland – *✆ 0771 22 33 00 - www.destinationgotland.se.* Liaisons régulières depuis les ports d'Oskarshamn (entre Vastervik et Kalmar, env. 3h) et Nynäshamn (à 57 km au sud de Stockholm, env. 4h).

Agenda

Festival Bergman – *www.bergmancenter.se.* Une sem. fin juin. Festivités autour du cinéaste suédois.
Jeux de Stång (Stångaspelen) – Une sem. déb. juil. Concours de jeux à l'ancienne auxquels s'adonnaient autrefois les habitants.
Festival de musique de chambre de Gotland – *www.gotlandchamber.se.* Fin juil. Des musiciens suédois et étrangers participent à ce festival qui se déroule notamment dans les ruines de l'église St-Nicolas.
Semaine médiévale – *www.medeltidsveckan.se.* Déb. août. Une semaine durant, Visby redevient une ville hanséatique, peuplée de marchands, de vaillants chevaliers, de bouffons et d'artisans en costumes d'époque.

Nos adresses

Restauration

À Visby

Budget moyen

Bakfickan – *Stora Torget 1 - ✆ 0498 27 18 07 - www.bakfickanvisby.se - 11h-22h, w.-end 12h-22h - plats 168/259 SEK.* Ce restaurant où déguster des recettes de la mer mérite le détour ! Crevettes fumées à l'aïoli, saumon accompagné d'épinards, turbot et raifort, etc.

Une folie

Lilla Bjers Gardskrogen – *Lilla Bjers 410 - ✆ 0498 65 24 40 - www.lillabjers.se - juin-sept. : 11h30-14h, dîner à partir de 17h - menu 710 SEK.* De la ferme à l'assiette ! Voici la promesse de ce restaurant bio, qui reçoit ses hôtes dans une serre, au cœur même de la ferme. Cuisine savoureuse et extra-fraîche servie sous forme de menu unique.

À Fårö

Budget moyen

Crêperie Tati – *Fårö Broskogs - ✆ 070 203 89 24 - jeu.-dim. 11h-16h ; hors saison : se rens.* Tenue par des Bretons saisonniers, cette crêperie est aussi un temple du rock, érigé à la gloire de James Dean et d'Elvis. Un drôle de mélange, qui fonctionne !

Shopping

Les **artisans** sont nombreux sur l'île. Vous trouverez des céramiques, des vêtements en laine de mouton, des objets en argent, notamment des couteaux, ou encore des sculptures en bois.

Activités

Vélo

Mythique sur l'île, depuis que l'écrivain Ulf Lundell, dans les années 1970, fit l'éloge du vélo à Gotland dans son roman *Jack*. Petites routes côtières plates, distances plutôt courtes entre les villages, et nombre élevé de loueurs, voilà qui facilite les choses !

Gotlands Cykeluthyrning – *Skeppsbron 2 - Visby - ✆ 0498 21 41 33 - gotlandscykeluthyrning.com.* Ce loueur, l'un des plus importants de Visby, loue des vélos ainsi que du matériel de camping (tentes, matelas, etc.). Il propose aussi des forfaits deux-roues, avec hébergements inclus.

Baignade

Les côtes de Gotland sont bordées de 800 km de plages. Vous trouverez aussi bien des grandes étendues de sable que des petites criques peu fréquentées.

Observation des oiseaux

Outre la réserve ornithologique de **Stora Karlsö** *(voir p. 346 et 352)*, les amateurs d'oiseaux privilégieront la **péninsule de Närsholmen**, sur la côte est de l'île (à 4 km du village de När), reconnaissable à son phare rouge et blanc. Un excellent spot pour observer les espèces migratrices : sterne arctique, bernache nonnette, grand gravelot, etc.

Spéléologie

Lummelunda Grottan – *Lummelunds Bruk - ✆ 0498 27 30 50 - lummelundagrottan.se.* Vous aurez la possibilité de partir à la découverte des grottes de Lummelunda. Comptez 180 SEK (enf. 100 SEK) pour une découverte de 45mn et 1500 SEK pour le circuit aventure de 3h.

Artisanat

Roma Kungsgård – *À Romakloster (à 18 km au sud-est de Visby par la route 143) - ✆ 070 543 33 34 / 072 350 59 87 - www.romakungsgard.se - de déb. juin à déb. sept. : 9h-17h ; hors*

Colonie de guillemots sur Stora Karlsö.
davthy/Getty Images Plus

saison : vac. scolaires seult. Ce grand espace est consacré à l'artisanat du Gotland. Les enfants pourront participer à la fabrication d'objets selon les méthodes traditionnelles, comme le verre soufflé.

Hébergement

Une quinzaine d'auberges de jeunesse sont présentes sur l'île de Gotland, notamment à Sproge, Klintenhamn, Visby, Lärbro, Bunge et Fårö.

À Visby

Budget moyen

Best Western Strand Hotel – *Strandgatan 34 - ✆ 0498 25 88 00 - www.strandhotel.se - P payant - piscine - 110 ch. 1180/3178 SEK petit-déj.* Au cœur de Visby, cet établissement créé en 1982 a d'abord été une brasserie, puis une pension familiale avant de devenir l'hôtel confortable et moderne que l'on connaît aujourd'hui.

Värdshuset Lindgården – *Strandgatan 26 - ✆ 0498 21 87 00 - www.lindgarden.com - 8 ch. 1595/2195 SEK petit-déj. - restaurant.* À quelques mètres de la mer, vous pourrez apprécier le calme de cet hôtel et profiter du restaurant qui cuisine surtout des spécialités locales.

Pour se faire plaisir

Clarion Hotel Wisby – *Strandgatan 6 - ✆ 0498 25 75 00 - www.clarionwisby.se - P payant - piscine - 212 ch. 2042/3468 SEK petit-déj. - restaurant.* Un hôtel élégant à la décoration design et apaisante qui se trouve près du port. Certains des bâtiments datant du Moyen Âge ont été bien restaurés.

À Bunge

Premier prix

Bunge Vandrarhem – *Bunge Änge 512 - Norra Fårösund (à 2 km du ferry pour Fårö) - ✆ 0498 22 14 90 - www.bungevandrarhem.com - P - 57 ch. 770/1650 SEK petit-déj.* En pleine nature, proche de Fårö au nord, cette auberge de jeunesse conviviale et chaleureuse cultive une certaine frugalité, bien dans l'esprit du Gotland et des vacances au grand air à la suédoise.

Le Bohuslän.
TT/Getty Images Plus

3

Göteborg et la côte ouest

CARTE MICHELIN NATIONAL N° 753

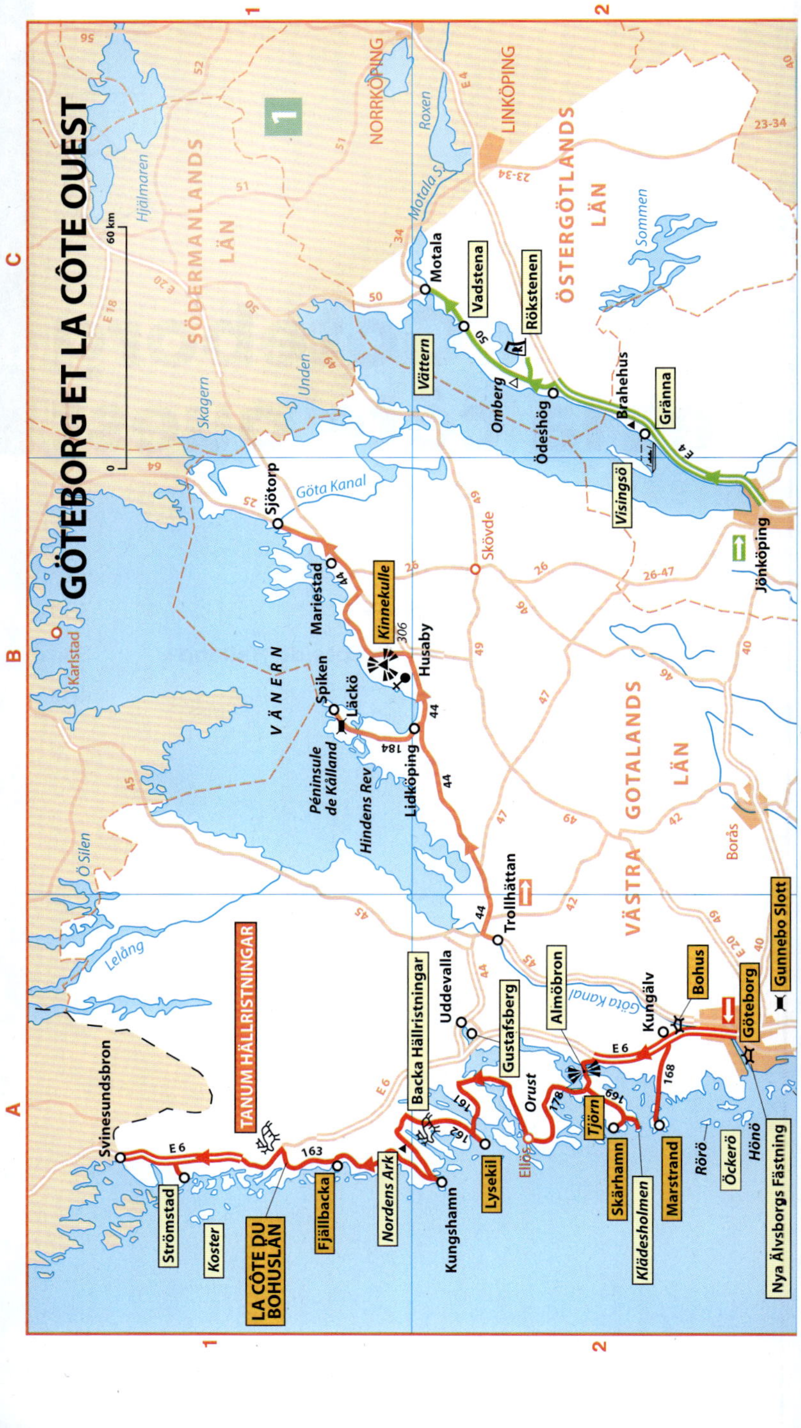
GÖTEBORG ET LA CÔTE OUEST
0
60 km
A
B
C
1
2
SÖDERMANLANDS LÄN
ÖSTERGÖTLANDS LÄN
VÄSTRA GOTALANDS LÄN
VÄNERN
Vättern
Hjälmaren
Skagern
Unden
Göta Kanal
Motala S.
Roxen
Sommen
Ö Silen
Lelång
Karlstad
NORRKÖPING
LINKÖPING
Sjötorp
Mariestad
Kinnekulle
Husaby
Spiken
Läckö
Péninsule de Kålland
Hindens Rev
Lidköping
Trollhättan
Skövde
Jönköping
Borås
Motala
Vadstena
Rökstenen
Omberg
Ödeshög
Brahehus
Gränna
Visingsö
Svinesundsbron
Strömstad
Koster
LA CÔTE DU BOHUSLÄN
TANUM HÄLLRISTNINGAR
Fjällbacka
Nordens Ark
Kungshamn
Backa Hällristningar
Lysekil
Uddevalla
Gustafsberg
Orust
Ellös
Almöbron
Tjörn
Skärhamn
Klädesholmen
Marstrand
Kungälv
Bohus
Göteborg
Gunnebo Slott
Rörö
Öckerö
Hönö
Nya Älvsborgs Fästning
E 6
E 4
E 18
E 20
306

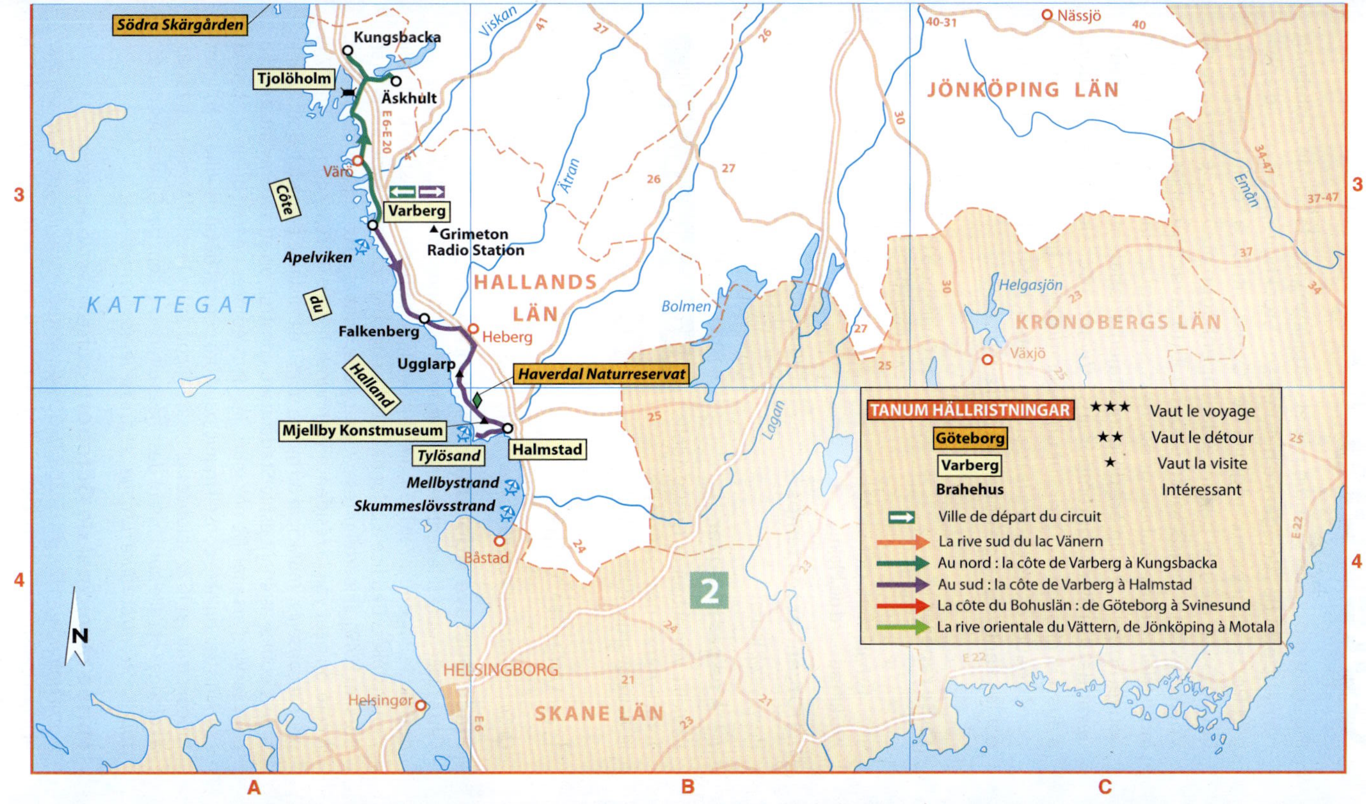
Södra Skärgården
Kungsbacka
Tjolöholm
Äskhult
E 6-E 20
Värö
Côte
du
Halland
Varberg
Grimeton
Radio Station
Apelviken
KATTEGAT
HALLANDS
LÄN
Falkenberg
Heberg
Ugglarp
Haverdal Naturreservat
Mjellby Konstmuseum
Tylösand
Halmstad
Mellbystrand
Skummeslövsstrand
Båstad
HELSINGBORG
Helsingør
SKANE LÄN
Bolmen
Lagan
Ätran
Viskan
JÖNKÖPING LÄN
Nässjö
KRONOBERGS LÄN
Helgasjön
Växjö
Emån
E 6
E 22
N
2
3
4
A
B
C
TANUM HÄLLRISTNINGAR ★★★ Vaut le voyage
Göteborg ★★ Vaut le détour
Varberg ★ Vaut la visite
Brahehus Intéressant
Ville de départ du circuit
La rive sud du lac Vänern
Au nord : la côte de Varberg à Kungsbacka
Au sud : la côte de Varberg à Halmstad
La côte du Bohuslän : de Göteborg à Svinesund
La rive orientale du Vättern, de Jönköping à Motala

Göteborg ★★

Plus grand port de Scandinavie et deuxième ville de Suède, Göteborg n'a peut-être pas l'élégance naturelle de Stockholm, mais quelle énergie! Porte d'accès aux régions de l'Ouest, située à l'embouchure du fleuve Göta, à égale distance de Copenhague et Oslo, le berceau de Volvo reste un poids lourd économique, avec sa cohorte de zones industrielles et de faubourgs ouvriers, sur lesquels la cité a su broder un nouvel horizon. Pépinière de jeunes talents, labels musicaux, créateurs de mode et artistes contemporains... Vivante et chaleureuse, Göteborg a aussi la chance d'ouvrir sur un magnifique archipel, où les hameaux de pêcheurs accrochés à la roche racontent la Suède maritime, battue par les vents du large et l'appel de l'aventure.

Se repérer

CARTE A2 (P. 358-359) - PLAN P. 362-363
587 549 habitants. Göteborg est à 275 km au nord de Malmö.

Organiser son temps

Prévoyez 2 jours.

À ne pas manquer

La vieille ville autour de Gustaf Adolfs Torg, le musée des Beaux-Arts, le vieux quartier d'Haga, le château de Gunnebo à Mölndal et une excursion dans l'archipel sud.

En famille

Le Musée maritime flottant, l'aquarium du musée de la Marine, Slottsskogen, Liseberg et Universeum ; l'archipel, une balade en tramway à l'ancienne *(voir p. 381)*.

Carnet pratique p. 376

Nos adresses p. 377

La vieille ville

PLAN P. 362-363

Circuit tracé en vert sur le plan p. 362-363.

Place Gustave Adolphe (GUSTAV ADOLFS TORG) B1-2

Cette place, qui est le centre de la ville depuis sa fondation en 1621, porta le nom de Grande Place jusqu'en 1854, date à laquelle la statue du roi Gustave II Adolphe y fut installée. L'édifice à colonnes situé sur le côté nord est l'ancienne Bourse, **Börsen** (1849), aujourd'hui réservée aux réceptions et aux banquets municipaux. À côté, on peut voir la **résidence Wenngren**, hôtel particulier construit en 1759 pour le conseiller municipal du même nom. Le troisième étage fut ajouté par la suite. L'édifice attenant est le **Stadshuset**, construit un an auparavant, en 1758, pour servir d'arsenal. De nos jours, les deux édifices ne font qu'un et abritent l'administration et le conseil municipal. Côté ouest, l'**hôtel de ville** (Rådhuset) fut construit en 1672 selon les plans de Nicodemus Tessin l'Ancien. La façade à colonnes et l'aile nord furent dessinées ultérieurement par Gunnar Asplund. *Tout à côté, en bordure du canal, se dresse le Musée municipal.*

Musée municipal de Göteborg (GÖTEBORGS STADSMUSEUM) B2

Norra Hamngatan 12 - ✆ 031 368 36 00 - www.stadsmuseum.goteborg.se - mar. et jeu. 10h-18h, merc. 10h-20h, vend.-dim. 10h-17h - fermé lun. et j. fériés - 60 SEK (-20 ans gratuit).

Les quais et le musée municipal de Göteborg.
bbsferrari/Getty Images Plus

Première raison de ne pas manquer cet intéressant musée consacré à l'histoire de Göteborg : l'imposant **édifice★★**, qui constitue à lui seul une pièce de collection. Construit entre 1750 et 1762 par la Compagnie suédoise des Indes, il servait à la fois de siège, d'entrepôt et de salle aux enchères, où transitaient le thé, la soie et la porcelaine importés notamment de Chine. Après la faillite de la Compagnie en 1809, le bâtiment fut transformé en musée en 1861. Sa pièce phare : un **bateau viking** du 10e s., bien conservé, sur lequel on distingue encore une inscription runique. Outre une belle collection d'objets vikings, les expositions présentent l'histoire de Göteborg et de sa région : intérieurs d'époque, meubles, ustensiles domestiques, costumes, objets artisanaux, porcelaine orientale, etc.
En sortant, prendre à gauche Tyggårdsgatan.

3

★ Kronhusbodarna B1

Entrée par Postgatan 6-8. Un peu au nord du musée, cette vaste cour pavée est entourée d'anciens entrepôts du 18e s. occupés par des échoppes artisanales.
Traverser le canal (belle vue sur le Musée municipal, l'église et la place Gustave Adolphe), prendre à droite Södra Hamngatan puis à gauche Magasinsgatan.

Magasinsgatan AB2

Agréable rue pavée bordée de passages couverts et de boutiques de créateurs.
Prendre à gauche Vallgatan, puis à droite dans Victoriapassagen.

Victoriapassagen B2

Un havre délicieux où se côtoient fleuristes, cafés, boutiques de mode dans un bel ensemble de brique claire, envahi de plantes et de terrasses pour se détendre.
Prendre à gauche Södra Larmgatan.

Saluhallen B2

Kungstorget - ✆ 031 13 93 26 - lun.-jeu. 9h-18h, vend. 9h-19h, sam. 9h-17h.
Construit sur la place traditionnellement dédiée au marché, le bâtiment des halles date de 1889. Sous une grande coupole maintenue par une élégante armature en

A
OSLO
B
GÖTEBORG
0
200 m
N
1
2
3
Göteborg-Utkiken
Götaälvbron
Lilla Bommens Hamn
E 45
Göteborgsoperan
Maritiman
Småland
GÖTA ÄLV
Västra Sjöfarten
Sankt Eriksgatan
Klädpressaregatan
Torggatan
Östra Hamngatan
Nils Ericsonsgatan
NORDSTAN
NORDSTADEN
Kronhusgatan
Köpmansgatan
Kronhusbodarna
Stadshuset
Börsen
Postgatan
Gustav Adolfs Torg
Göteborgs Stadsmuseum
Rådhuset
Södra Hamngatan
Norra Hamngatan
Stora Hamnkanalen
Kämpebron
Drottninggatan
Kyrkogatan
Stora Nygatan
Östra Larmgatan
Magasinsgatan
Ekelundsgatan
Västra Hamngatan
Korsgatan
Kungsgatan
Vallgatan
Victoriapassagen
Saluhallen
Stora Teatern
Södra Larmgatan
ERIKSBERG
Skeppsbron
Stora Badhusgatan
Otterhällegatan
Hvitfeldtsgatan
Hvitfeldtsplatsen
Emigrantvägen
KLIPPANS KULTURRESERVAT
SJÖFARTSMUSEET - AKVARIET
FISKHAMNEN, MASTHUGGSKYRKAN
VIKTORIAPARKEN
Raoul Wallenbergs gata
Nya allén
Parkgatan
Storgatan
Järntorgsgatan
Rosenlundsgatan
Feskekörka
Sahlgrensgatan
Rosenlundskanalen
Norra Allégatan
Järntorget
Viktoriagatan
Södra Allégatan
Vasaplatsen
Vasagatan
Haga
Östergata
Haga Nygata
Landsvägsgatan
Kaponjärgatan
Östra Skansgatan
HAGA
Husargatan
Sprängkullsgatan
Haga Kyrkogata
Karl Gustavsgatan
Erik Dahlbergsgatan
GÖTEBORGS UNIVERSITET
Frigångsgatan
Skolgatan
Pilgatan
Engelbrektsgatan
VASASTADEN
Molinsgatan
Aschebergsgatan
FOGELBERGSPARKEN
Skanstorget
SKANSEN KRONAN
Kastellgatan
Risåsgatan
Föreningsgatan
Linnégatan
Sveagatan
SLOTTSSKOGEN
BOTANISKA TRÄDGÅRDEN

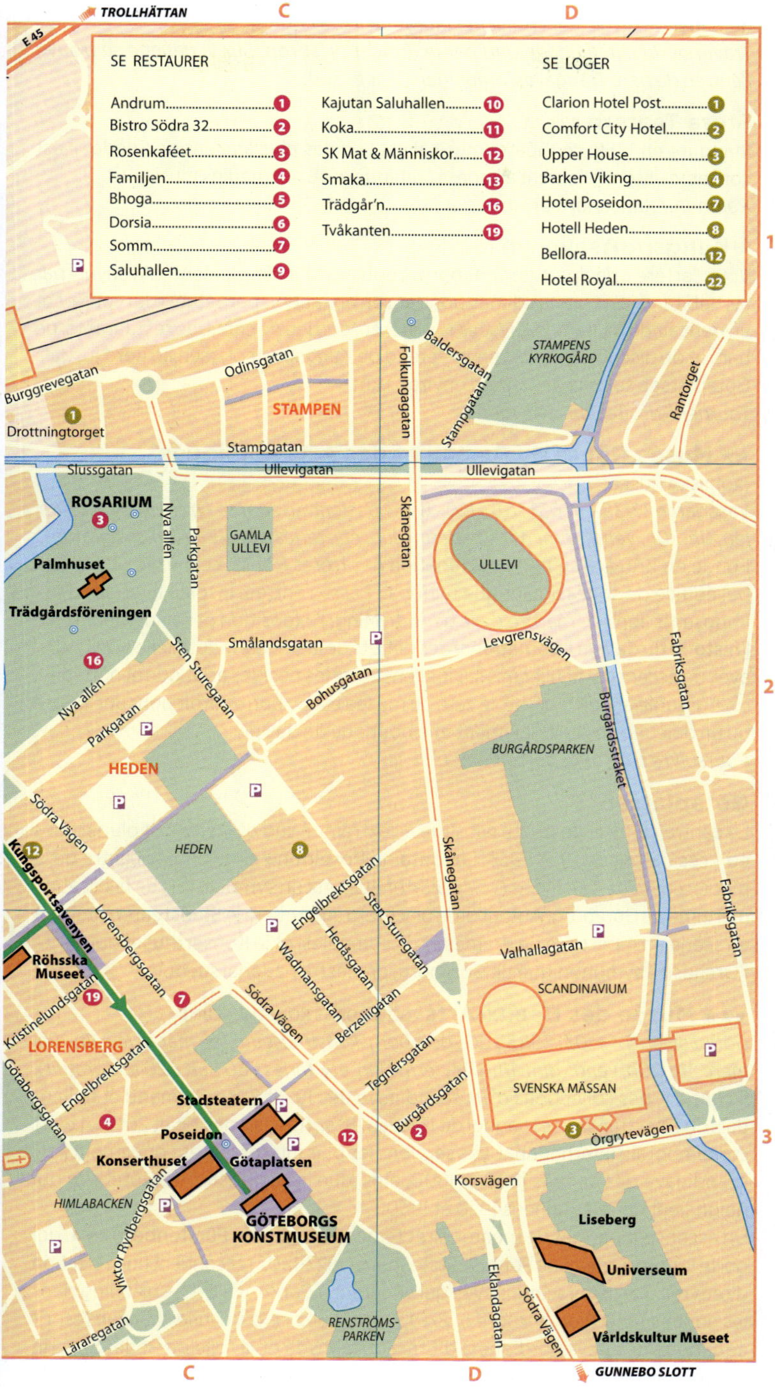
TROLLHÄTTAN
C
D
E 45
SE RESTAURER
Andrum 1
Bistro Södra 32 2
Rosenkaféet 3
Familjen 4
Bhoga 5
Dorsia 6
Somm 7
Saluhallen 9
Kajutan Saluhallen 10
Koka 11
SK Mat & Människor 12
Smaka 13
Trädgår'n 16
Tvåkanten 19
SE LOGER
Clarion Hotel Post 1
Comfort City Hotel 2
Upper House 3
Barken Viking 4
Hotel Poseidon 7
Hotell Heden 8
Bellora 12
Hotel Royal 22
1
2
3
Burggrevegatan
Drottningtorget
Odinsgatan
STAMPEN
Stampgatan
Slussgatan
Ullevigatan
Baldersgatan
Folkungagatan
Stampgatan
STAMPENS KYRKOGÅRD
Rantorget
ROSARIUM
Palmhuset
Trädgårdsföreningen
Nya allén
Parkgatan
GAMLA ULLEVI
Skånegatan
ULLEVI
Smålandsgatan
Levgrensvägen
Fabriksgatan
Sten Sturegatan
Bohusgatan
Nya allén
Parkgatan
HEDEN
BURGÅRDSPARKEN
Burgårdsstråket
Södra Vägen
HEDEN
Kungsportsavenyen
Engelbrektsgatan
Sten Sturegatan
Skånegatan
Fabriksgatan
Lorensbergsgatan
Hedåsgatan
Wadmansgatan
Valhallagatan
Röhsska Museet
Kristinelundsgatan
SCANDINAVIUM
Södra Vägen
Berzeliigatan
LORENSBERG
Engelbrektsgatan
Götabergsgatan
Tegnérsgatan
SVENSKA MÄSSAN
Burgårdsgatan
Stadsteatern
Poseidon
Örgrytevägen
Konserthuset
Götaplatsen
Korsvägen
HIMLABACKEN
GÖTEBORGS KONSTMUSEUM
Liseberg
Viktor Rydbergsgatan
Universeum
Eklandagatan
RENSTRÖMS-PARKEN
Södra Vägen
Läraregatan
Världskultur Museet
GUNNEBO SLOTT

fer, restaurants et étals de spécialités suédoises invitent à une pause à l'heure du déjeuner ou du goûter *(voir « Restauration » p. 377).*

Traverser le canal Rosenlund par le Kungsportsbron. Sur la gauche se trouve l'entrée du parc Trädgårdsföreningen (voir p. 369).

Stora Teatern B2

Inauguré en 1859, ce théâtre musical est l'un des plus anciens de Suède ; il est consacré essentiellement à l'opéra comique et aux comédies musicales.

Remonter Kungsportsavenyn.

★ Kungsportsavenyn C2-3

Voici l'artère principale de Göteborg, baptisée tout simplement « Avenyn » par les habitants. Ses vastes dimensions et son animation perpétuelle lui confèrent un petit air de « Champs-Élysées ». Arborée, bordée de cafés, de restaurants, de bars et de discothèques, Avenyn s'étend de Kungsportsplatsen au nord jusqu'à Götaplatsen sur une distance d'environ 1 km.

Tourner à droite dans Vasagatan.

★★ Musée Röhss du Design et des Arts appliqués

(RÖHSSKA MUSEET) C3

Vasagatan 37-39 - ✆ 031 36 83 150 - www.designmuseum.se - mar.-merc. 11h-18h, jeu. 11h-20h, vend.-dim. 11h-17h - fermé lun. et j. fériés - 60 SEK (-20 ans gratuit).

Fondé en 1916 à la suite d'une donation des frères Röhss, ce musée occupe un bel édifice de style romantique national. Passé l'entrée, insolite avec ses deux imposants lions de marbre de la période Ming, l'exposition permanente retrace l'**histoire du design international** des débuts de la société industrielle à nos jours, avec un accent particulier mis sur les liens entre les designs asiatique et nordique. Agréable et bon marché, le café du musée est un bon endroit pour une pause ou un déjeuner léger. Également une boutique de design.

Poursuivre sur Kungsportsavenyn.

Götaplatsen C3

Le centre culturel de la cité est situé à l'extrémité sud d'Avenyn ; la plupart des édifices datent de 1923-1935. La **fontaine Poséidon**★★ qui orne le centre de la place, œuvre de Carl Milles *(voir p. 234 et 492)*, est un symbole fort de la vocation maritime de Göteborg. Autour de la place, on remarquera le **Stadsteatern** qui met en scène un répertoire de drames et de comédies, et le **Konserthuset** qui abrite l'Orchestre symphonique de Göteborg, orchestre national suédois.

★★★ Musée des Beaux-Arts (GÖTEBORGS KONSTMUSEUM) C3

Götaplatsen 6 - ✆ 031 368 35 00 - goteborgskonstmuseum.se - mar. et jeu. 11h-18h, merc. 11h-20h, vend.-dim. 11h-17h - fermé lun. et j. fériés - 60 SEK (-20 ans gratuit).

Il contient des collections d'art scandinave des 19e et 20e s., flamand et hollandais du 17e s., italien et espagnol du 16e s. au 18e s., français des 19e et 20e s. et d'art contemporain international. Les sections les plus intéressantes concernent l'art scandinave des années 1880 et 1890, ainsi que les coloristes de Göteborg qui peignaient dans les années 1920 et 1930.

Un ascenseur permet de monter directement à la **galerie Fürstenberg**★★★, qui porte le nom du mécène Pontus Fürstenberg (1827-1902) et contient une sélection d'œuvres d'artistes scandinaves qui vécurent à Paris ou à Grez-sur-Loing dans les années 1880 *(voir encadré p. 279)* : remarquez en particulier *Näcken* (esprit aquatique des pays nordiques) d'Ernst Josephson et la toile de Peder Severin Krøyer qui met en scène une joyeuse réunion d'artistes à Skagen au Danemark, ainsi que d'intéressantes œuvres de Carl Larsson. Une salle est consacrée à la période du romantisme national (années 1890) : Richard Bergh, Nils Kreuger, Karl Nordström, le prince Eugène et Bruno Liljefors. La **salle Arosenius★★★**, de forme octogonale, est remarquable en raison des charmantes scènes humoristiques d'Ivar Arosenius (1878-1909).

Une salle expose les tableaux des **coloristes de Göteborg** dont le lyrisme s'exprime par la couleur. Très individualistes, ces artistes ne formèrent jamais de groupe vraiment homogène. Précédés par Karl Isakson (1878-1922) et Carl Kylberg (1878-1952), ils sont représentés ici par Ivan Ivarson, Inge Schiöler et Ragnar Sandberg. Les collections exposées à cet étage comprennent des œuvres de Sigrid Hjertén (1885-1948), de son mari **Isaac Grünewald** (1889-1946), de **Nils Dardel** (1888-1943) et d'**Einar Jolin** (1890-1976). Ces peintres furent des disciples de Matisse entre 1908 et 1911, et firent partie de la nouvelle génération moderniste de l'art suédois.

Le rez-de-chaussée accueille les expositions d'art contemporain, dont celles du centre Hasselblad *(www.hasselbladfoundation.org)*, dédiées à la photographie.

Göteborg maritime

PLAN P. 362-363

Lorsque les chantiers navals cessèrent leurs activités vers 1970, le port perdit beaucoup de son animation. Depuis, certains sites ont été reconvertis en ensembles résidentiels, faciles d'accès grâce aux ferries qui sillonnent le fleuve.

Göteborg-Utkiken B1

Lilla Bommen 1 (entrée par le côté nord) - ✆ 031 15 61 47 - lun.-vend. 11h-16h - 40 SEK (2-15 ans 20 SEK). Surnommé le « rouge à lèvres », ce gratte-ciel rouge et blanc est un exemple frappant de l'architecture rompant avec les traditions de la fin des années 1980. Il est l'œuvre de Ralph Erskine (1914-2005). Un ascenseur conduit au sommet (86 m), où un café offre un magnifique **panorama★★** sur la ville.

Port de Lilla Bommen (LILLA BOMMENS HAMN) B1

Ce bassin est le point de départ de diverses excursions dans les environs (Elfsborg, Vinga, Marstrand et Hisingen) et de croisières nocturnes. À quai, on peut voir l'immense quatre-mâts *Viking* (1906), qui accomplit son dernier voyage en 1948 et fut ensuite navire-école de 1957 à 1994. Transformé en hôtel *(voir « Hébergement » p. 381)*, il constitue un point de rendez-vous apprécié en été. Un port de plaisance accueille également les bateaux à l'escale.

Opéra de Göteborg (GÖTEBORGSOPERAN) B1

Christina Nilssons Gata - sv.opera.se.

Des visites guidées permettent de découvrir les coulisses, les ateliers et les salles de répétition *(60mn ; 100 SEK, 6-20 ans 50 SEK, se rens. pour les horaires).* Ses formes d'inspiration nautique s'harmonisent avec le site, au bord de l'eau. Selon les plans de l'architecte Jan Izikowitz, les visiteurs pénètrent dans l'édifice par la « proue » pour atteindre le foyer en demi-cercle dont les murs en verre offrent une vue splendide sur le port. L'auditorium ressemble à une cheminée de navire et la salle des machines au pont d'un bateau.

★ Musée maritime flottant (MARITIMAN) A1

Packhusplatsen 12 - ✆ 031 105 950 - www.maritiman.se - juin-août : 10h-18h ; reste de l'année : se rens. - 140/165 SEK selon la saison (5-15 ans 80/95 SEK).

Ce musée flottant se compose de 13 navires historiques dont le contre-torpilleur **Småland**, le sous-marin *Nordkaparen*, un bateau-phare, un bateau-pompe et des remorqueurs. La visite, interactive, rend le musée très accessible aux enfants, tout en suscitant l'intérêt des plus grands. Conçu avec des passerelles, qui permettent de passer d'un navire à l'autre, le parcours est déjà une aventure en soi. La visite du sous-marin, en particulier, laisse un souvenir très fort de ce que peut être la vie à bord. La salle des machines du cargo *Fryken* est également impressionnante.

Quartier d'Eriksberg HORS PLAN

Accès par la navette fluviale Älvsnabben n° 285 - ✆ 0771 41 43 00 - www.styrsobolaget.se - dép. tlj de Lilla Bommen et Stenpiren, ttes les 30mn à 1h - 41 SEK (7-19 ans 31 SEK).

La **navette fluviale** *Älvsnabben* relie la rive gauche de Göteborg au quartier d'Eriksberg, de plus en plus attractif depuis la rénovation de ses anciens chantiers navals. On accoste sur des quais pimpants bordés d'immeubles résidentiels. Outre la traversée de la Göta Älv, c'est ici que l'on découvre, quand il est à quai, le monumental voilier **Ostindiefararen Götheborg** *(www.gotheborg.se, en expédition vers l'Asie jusqu'à fin 2023)*. Construit à Eriksberg, dans les anciens chantiers navals de Terra Nova, il est la copie fidèle du *Götheborg*, navire de la Compagnie suédoise des Indes orientales qui s'échoua et coula avec sa cargaison de thé, porcelaine, soie et épices de Canton alors qu'il entrait dans le port de Göteborg en 1745.

Feskekörka A2

Rosenlundsvägen - www.feskekörka.se - en travaux jusqu'à nouvel ordre.

La silhouette de ce marché aux poissons de 1874, comparable à celle d'une église, lui a valu le surnom d'**« église du poisson »**.

Masthuggskyrkan HORS PLAN

Storebackegatan 15 - 10h-16h, mar. 10h-18h, jeu. 10h-14h.

L'église se dresse sur une hauteur offrant une belle vue de Göteborg. Construite de 1914 à 1919 par Sigfrid Ericson, c'est un admirable exemple d'architecture romantique nationale suédoise. Les cloches sonnèrent pour la première fois pour annoncer le début de la Première Guerre mondiale.

★ **Intérieur** – Cette église originale à trois nefs rappelle l'architecture de bois d'autrefois dans les pays nordiques. La haute nef centrale est décorée de poutres de bois. Les murs blanchis à la chaux contrastent avec l'intérieur de bois. Tous les piliers sont sculptés de façon différente et celui qui soutient la tribune sud porte le nom d'*Arbre de vie*. On remarquera le modèle réduit d'un voilier de la Compagnie des Indes prêté par le musée de la Marine.

★ Musée de la Marine - Aquarium

(SJÖFARTSMUSEET - AKVARIET) HORS PLAN

Tram 3 ou 9 jusqu'à Jaegerdorffsplatsen - Karl Johansgatan 1-3 - ✆ 031 368 35 50 - www.sjofartsmuseetakvariet.se - mar.-merc. 10h-18h, jeu. 10h-20h, vend.-dim. 10h-17h - 60 SEK (gratuit -20 ans).

Imprégné de l'odeur de pitchpin (un pin très résineux, originaire des États-Unis), ce musée illustre le commerce qu'entretenait Göteborg avec les Indes, la vie des marins et l'évolution des navires et de la navigation. Après trois ans d'intenses travaux, son **aquarium** a fait peau neuve fin 2022, avec 15 nouveaux bassins, dont l'un, immense (400 000 litres), abrite un récif corallien. Vous y trouverez également un centre d'expérimentation (Ocean Lab), un restaurant, une terrasse d'été et une boutique.

Le port de Lilla Bommen par l'architecte Ralph Erskine.
bririemoments/Getty Images Plus

À côté du musée, la **tour du Marin** (Sjömanstornet), haute de 49 m, offre une **vue**★★ splendide sur la ville *(entrée face au fleuve - accès : escalier en colimaçon de 192 marches ou ascenseur - billet commun au musée de la Marine).*

Port de pêche (FISKHAMNEN) HORS PLAN

En contrebas de Karl Johansgatan - www.gfa.se/guidade-turer - visites guidées sur réserv., se rens.

C'est à Fiskhamnen qu'ont lieu tôt le matin, les ventes de poisson aux enchères. Soyez à l'heure : la vente ne dure que 30mn !

Quartier de Klippan (KLIPPANS KULTURRESERVAT) HORS PLAN

Tram *3 ou 9 jusqu'à Jaegerdorffsplatsen, ou navette fluviale* Älvsnabben *n° 285 (voir Quartier d'Eriksberg p. 366). Choisir l'entrée donnant sur Adolf Edelsvärdsgatan.*

Ce quartier protégé était déjà un port au 17e s. ; c'est aujourd'hui un lieu de promenade idéal. Un grand nombre de bâtiments ont eu un rapport avec la Compagnie des Indes et la période de prospérité que connut la ville au 18e s. La **brasserie Carnegie** eut une importance considérable au 19e s. C'est également ici que se trouvait la **forteresse Älvsborg** construite au 14e s. qui fut remplacée par une autre forteresse au 17e s. Les offices ont toujours lieu dans la **chapelle Ste-Brigitte** qui date de 1857. Du restaurant Sjömagasinet *(voir p. 378)*, situé sur le môle, la vue embrasse cette partie du port.

La navette fluviale *Älvsnabben n° 285* assure une liaison entre Klippan et le centre de Göteborg : une façon de boucler ce circuit dans la ville maritime par une belle balade en bateau.

★ Centre d'art Röda Sten (RÖDA STEN KONSTHALL) HORS PLAN

Tram *3 ou 9 jusqu'à Vagnhallen Majorna (env. 30mn), ou navette fluviale* Älvsnabben *n° 285 (voir Quartier d'Eriksberg p. 366) - ✆ 031 12 08 16 - www.rodastenkonsthall.se - mar.-vend. 12h-17h, merc. 12h-20h, w.-end 12h-18h - expositions : 40 SEK (gratuit -25 ans et merc. 17h-20h).*

3

Göteborg cosmopolite

Une ville hollandaise…

L'agglomération d'origine fut fondée par le roi **Charles IX** à Hisingen, à l'ouest de la Göta Älv ; mais, lorsque la cité fut détruite en 1611 par les Danois et les Norvégiens, la Suède fut coupée de la mer. Pour éviter que cela ne se reproduise, le roi Gustave II Adolphe fonda en 1619 une nouvelle ville sur le site actuel, à laquelle il accorda une charte deux ans plus tard. En raison de la position stratégique du site et des difficultés que posait le sous-sol argileux, le roi engagea des ingénieurs hollandais pour construire sa nouvelle ville. La première cité présenta donc des caractéristiques indéniablement hollandaises, comme par exemple son plan tracé avec une rigueur géométrique, ses canaux, ses remparts et fortifications. Kronhuset, Skansen Kronan et Skansen Lejonet datent tous trois de cette période.
La **Compagnie suédoise des Indes orientales** fut fondée en 1731 (la Compagnie hollandaise date de 1602), offrant à la ville, à la fin du 18e s., une ère de prospérité : les marchands s'enrichirent grâce au commerce du thé, de la porcelaine, de la soie et des épices d'Orient. La pêche du hareng le long de la côte occidentale fut également très lucrative au cours de la seconde moitié du 18e s. et contribua à faire de Göteborg un centre prospère de commerce et de transports maritimes.

… Et écossaise…

Lors du blocus continental mis en place pendant les guerres napoléoniennes, Göteborg fut l'un des ports de transit des marchandises en provenance de la Grande-Bretagne et à destination des marchés européens.
De bonnes relations commerciales s'établirent entre la Grande-Bretagne et la Suède et de nombreux marchands écossais (Dickson, Chalmers et Carnegie) s'installèrent à Göteborg et devinrent les mécènes généreux des institutions culturelles et sociales de la ville. Celle-ci connut une prospérité accrue grâce à l'arrivée du chemin de fer et à la construction du Göta Kanal. Elle n'empêcha pas pour autant une émigration conséquente vers l'Amérique entre 1850 et 1870.

… Mais surtout prospère

Au début du 20e s., Göteborg devint une ville industrielle dynamique avec pour principales activités l'industrie mécanique lourde, les constructions navales et le transport maritime (Stena Line). La ville est aujourd'hui le siège de quelques-unes des plus prestigieuses entreprises suédoises telles que Volvo, les roulements à billes SKF, les appareils photos Hasselblad et Saab Ericsson Space.

Symbole de l'évolution culturelle de la ville, cette imposante friche portuaire accueille un centre pour l'art contemporain. Ses expositions temporaires sont courues, tout comme son café-restaurant à la décoration industrielle *(mar.-vend. 11h30-17h, w.-end 12h-17h).*

Pont d'Älvsborg (ÄLVSBORGSBRON) HORS PLAN
Juste à côté de Röda Sten, l'imposant pont suspendu, inauguré en 1966, relie Göteborg au faubourg d'Hisingen, où fut fondée la première ville. Long de 933 m, le pont a une portée de 417 m, et la chaussée se trouve à 45 m au-dessus du fleuve, offrant une belle **vue** sur l'entrée du port et la zone portuaire.

Gôteborg côté verdure

PLAN P. 362-363

★★ Trädgårdsföreningen C2

Entrées par Slussgatan, Nya Allén et Södra Vägen. ✆ 031 365 00 00 - goteborg.se/tradgardsforeningen - 7h-20h ; oct.-avr. : 7h-18h ; serre des palmiers : 10h-19h ; sept.-mai : 10h-16h - gratuit.
Dessiné par la Société d'horticulture en 1842, ce parc a toujours été un lieu de rendez-vous populaire. Il possède son palais de cristal avec la **serre des Palmiers★★** (Palmhuset), construite par une société écossaise en 1878 et réaménagée vers 1980.
Chaque saison a son charme particulier : la floraison des camélias a lieu en février, celle des orchidées en mars et avril, tandis que les nénuphars géants sont magnifiques en juillet. On remarquera notamment la **roseraie★★★** (Rosarium) et ses quelque 6 000 arbustes représentant 2 600 espèces différentes, dont certaines sont très rares. C'est au début du mois de juillet et à la fin du mois d'août qu'ont lieu les deux principales floraisons.
Un joli café à l'ancienne, Rosenkaféet, se cache au milieu du parc *(voir « Restauration » p. 377).*

★★ Jardin botanique (BOTANISKA TRÄDGÅRDEN) HORS PLAN

Tram *1, 7, 8 ou 13. Suivre la route 158. Carl Skottsbergs Gata 22A - ✆ 010 473 77 77 - www.botaniska.se - jardin : de 9h au coucher du soleil - serres : fermées pour rénovation jusqu'en 2026.*
Ouvert au public en 1923, il compte aujourd'hui des kilomètres de chemins sinueux, de vastes pelouses, des coins boisés, des berceaux de verdure comme le bosquet de bambous, le vallon japonais et celui des rhododendrons, ainsi que des serres et des parterres fleuris bien entretenus où se côtoient fleurs à bulbe, fleurs d'été et plantes vivaces. Les moindres recoins de la splendide **rocaille★★★**, avec ses « falaises », ses roches rugueuses, ses bassins, ses ruisseaux et ses cascades, sont occupés par 5 000 plantes venues du monde entier.
Les étiquettes vertes indiquent que les plantes sont à vendre, les marrons qu'elles ne le sont pas.

★★ Slottsskogen HORS PLAN

Tram *1 ou 6 jusqu'à Linnéplatsen. Suivre la route 158. ✆ 031 365 00 00 - www.goteborg.se/slottsskogen.*
Slottsskogen est une vaste étendue de verdure sillonnée de chemins sinueux, lieu idéal pour les promenades et les pique-niques. De petites maisons provenant de différentes régions suédoises, un vallon d'azalées en pleine floraison au mois de juin, un zoo (gratuit), un bassin aux otaries, un belvédère, des cafés et des restaurants contribuent au plaisir que l'on prend à visiter ce parc. Les enfants ne

manqueront pas **Plikta**, l'aire de jeux placée sous le signe de la mer, où les cabanes ressemblent à des sous-marins et les toboggans dégringolent d'une tour viking et d'une baleine géante !

★ **Musée d'Histoire naturelle (Naturhistoriska Museet)** – *Museivägen 10 (dans Slottsskogen) - ✆ 010 441 44 00 - www.gnm.se - tlj sf lun. 11h-17h, jeu. 11h-20h - gratuit.* Fondé en 1833, ce musée est le plus ancien de Göteborg ; ses riches collections comprennent notamment deux squelettes de baleines : un cachalot échoué sur la côte en 1988 et une jeune baleine bleue échouée en 1865.

À voir aussi

PLAN P. 362-363

★★ Liseberg D3

Tram *5 jusqu'à Korsvägen. Entrée par Örgrytevägen - ✆ 031 400 100 - www.liseberg.se - de fin avr. à fin oct., Halloween, de mi-nov. à fin déc. : se rens. pour les horaires et jours d'ouverture - 95 SEK, les attractions sont ensuite payantes.*

Le père Noël s'installe dès la mi-novembre à Liseberg. Dans sa hotte : des artisans et même une patinoire en plein air ! L'ensemble forme un marché de Noël très apprécié dans la région.

Symbole du goût des Scandinaves pour les parcs d'attractions, trois millions de visiteurs se pressent ici chaque année. Les montagnes russes, le petit train, les loopings qui font tourner la tête, le bruit, la gaieté, la musique : tout y est. Pour les amateurs de sensations fortes, deux nouvelles attractions phares ont vu le jour en 2022 : Turbo et Tempus.

À cela s'ajoutent un cadre de verdure très agréable, des parterres de fleurs, de nombreuses sculptures, des kiosques à musique, des salles de danse, des cafés, des restaurants et des théâtres... De quoi satisfaire tous les membres de la famille ! Les divertissements du « Liseberg Cirkus » sont destinés aux jeunes enfants.

Universeum D3

Tram *5 jusqu'à Korsvägen. Södra Vägen 50 - ✆ 031 335 64 00 - www.universeum.se - 10h-18h - 225 SEK (3-16 ans 175 SEK).*

Ce centre de découverte scientifique, qui s'articule autour d'une immense serre tropicale et de plusieurs aquariums, invite petits et grands à se plonger dans les secrets de la vie sur terre. Une nouvelle aile de 4 000 m², due à l'architecte suédois Gerth Wingårdh, devrait être inaugurée au printemps 2023, abritant un **planétarium** – le plus grand de Suède –, des salles sur la santé et les mathématiques.

★ Musée des Cultures du monde (VÄRLDSKULTUR MUSEET) D3

Tram *5 jusqu'à Korsvägen. Södra Vägen 54 - ✆ 010 456 12 00 - www.varldskulturmuseerna.se - tlj sf lun. 11h-17h, merc. 11h-20h - fermé 6, 23 et 24 juin, 24 et 31 déc. - gratuit.*

Héritier du musée d'Ethnographie de Suède, le musée des Cultures du monde présente ses riches collections à travers trois expositions temporaires chaque année. Son propos : rendre compte de l'évolution culturelle du monde à l'ère de la globalisation. Projections, conférences et activités pour enfants *(sam. 13h30-15h)* rendent le lieu particulièrement vivant.

Une visite guidée de 45mn est proposée aux visiteurs : présentation du musée, de l'exposition en cours et des pièces phares *(100 SEK, se rens. pour les horaires sur le site Internet).*

★ Haga A3

Tram 3, 6, 9 ou 11 jusqu'à Järntorget.

Aujourd'hui cœur branché de Göteborg, ce séduisant quartier était au 19e s. le fief ouvrier de la ville. Son charme tient aux nombreuses maisons conservées de cette époque : la pratique consistait à construire deux étages en bois sur un rez-de-chaussée en pierre afin de ne pas enfreindre la réglementation pour la prévention des incendies, qui stipulait qu'aucune maison en bois ne pouvait avoir plus de deux étages. La rue principale, **Haga Nygata**, est bordée de boutiques et de cafés.

Musée Volvo HORS PLAN

Tram 6 (direction Varmfrontsgatan) jusqu'à Eketrägatan, puis bus 32 direction Sörredsvägen (arrêt Arendal Skans) - Arendal Skans - ☎ 031 66 48 14 - www.volvomuseum.com - 10h-17h, w.-end 11h-16h - 120 SEK (7-15 ans 30 SEK).

Bien qu'excentré, ce musée ravira les fans d'automobiles, qui apprendront tout de l'histoire du célèbre constructeur suédois, à commencer par la signification de Volvo (« Je roule » en latin). De la naissance en 1927 au rachat par un groupe chinois en 2010, une centaine de voitures font vrombir l'histoire.

À proximité

CARTE P. 358-359

★-Nouvelle forteresse d'Älvsborgs (NYA ÄLVSBORGS FÄSTNING) A2

Accès par ferry en 30mn au départ de Lilla Bommen, dans le centre-ville - www.stromma.se - suspendues en 2022, les liaisons devraient reprendre en 2023, se rens.

Occupant une position stratégique sur une île commandant l'entrée du port, elle fut érigée entre 1653 et 1670 afin de protéger la ville récemment fondée des attaques danoises. En 1719, Göteborg fut de nouveau la cible des forces combinées des flottes danoise et norvégienne sous le commandement de l'amiral Peter Tordenskiøld, mais après quatre jours de siège, les assaillants durent se retirer. Au 18e s., la forteresse servit de prison. De nombreux mariages ont lieu dans la petite chapelle.

3

★★ Château de Gunnebo (GUNNEBO SLOTT) A2

Suivre la E 6-E 20 vers le sud en direction de Malmö sur 4 km environ et prendre la sortie Mölndal Ö ; tourner à gauche dans Gunnebogatan, puis encore à gauche 1,5 km plus loin dans Rådavägen, et enfin à droite dans John Halls Väg qui conduit au parking.

Christina Halls Väg - Mölndal - ☎ 031 334 16 00 - www.gunneboslott.se - visite guidée de fin juin à mi-août : 11h-16h - fermé 1er janv., 24-25 et 31 déc. - 150 SEK (-16 ans gratuit).

Voici un bijou d'architecture néoclassique de proportions modestes mais harmonieuses, érigé sur une hauteur dominant deux lacs et un paysage boisé. Un riche marchand de Göteborg, John Hall, acheta les terres de Gunnebo en 1778 et confia la construction de sa résidence d'été à l'architecte de la ville, Carl Wilhelm Carlberg. Celui-ci ne se contenta pas de faire les plans de l'édifice : il dessina également le mobilier, les poêles en faïence, les tissus d'ameublement, ainsi que les communs, les jardins et leurs terrasses mais également le parc environnant ! Le domaine de Gunnebo est donc le fruit de l'inspiration d'un seul homme et il n'est pas étonnant, lorsque l'on contemple ce petit « château de bois », de ressentir une impression de grande unité esthétique.

★ L'archipel de Göteborg

CARTE P. 358-359 (A2)

C'est le chapelet d'îles qui borde la côte de part et d'autre de l'estuaire de la Göta Älv.

★★ Archipel sud (SÖDRA SKÄRGÅRDEN)

Les voitures ne sont pas admises sur ces îles qui sont accessibles par ferry au départ de Saltholmen (prendre le tramway n° 11 jusqu'à son terminus, compter 40mn du centre-ville). Les îles sont également reliées par un service de ferry à partir d'Asperö, l'île la plus proche de Saltholmen.

Guichet de Saltholmen – *031 29 75 99 - www.styrsobolaget.se - horaires variables selon les saisons, se rens. - 115 SEK/24h (7-19 ans 85 SEK). Possibilité d'acheter le billet directement sur le bateau.*

L'été, il est facile de voguer d'une île à l'autre au gré des nombreux ferries. Hors saison, en revanche, vérifiez bien les horaires, au risque de rester bloqué sur une île faute de navette retour !

Aux beaux jours, le tout-Göteborg se donne rendez-vous sur l'archipel sud, qui double alors sa population (4 500 habitants à l'année). Il faut dire que ses îles ont de quoi séduire ! Aucune voiture (à part des voiturettes électriques), des liaisons bateau fréquentes et bon marché, et surtout, des paysages de carte postale, maisonnettes en bois coloré, petits ports et criques sablonneuses, où se baigner, randonner, pêcher, ou simplement prendre le temps de vivre, au rythme de la pêche et de l'agriculture encore très présentes.

Chaque île habitée a sa propre particularité. **Asperö**, la plus proche du continent (on l'atteint en 10mn), est prisée des amateurs de kayak. Sa voisine, **Köpstadsö**, est réputée pour son joli hameau et son armada de brouettes colorées, utilisées par les habitants pour transporter leurs courses. Habitée par des artistes, en particulier des musiciens, **Brännö** entretient une vie locale active grâce à son agriculture et ses activités maritimes. La plus fréquentée, **Styrsö**, est particulièrement appréciée pour ses infrastructures touristiques (toutes proportions gardées) et la variété des activités qu'elle propose. **Vrångö**, la plus éloignée, est connue pour ses plages de sable et la beauté de sa nature.

★ Archipel d'Öckerö

L'archipel est accessible par ferry depuis Hjuvik (à 15 km de Göteborg par les routes 159 et 155) - www.ockero.se.

Ces îles, dont une dizaine sont inhabitées, sont de véritables paradis pour les cyclistes et les amateurs de planche à voile. **Hälsö**, **Öckerö**, **Hönö** et **Fotö** sont reliées par des ponts.

Sur **Öckerö**, on remarquera l'**église★** du 15e s. aux murs blanchis à la chaux, dont l'intérieur est charmant ; non loin, on peut voir les bâtiments rouges d'un musée rural.

★ Musée de la Pêche à Hönö (Fiskemuseet) – *À l'extrémité du port - Hönö Klåva Hamn - 031 96 89 94 - www.fiskemuseet.se - tlj sf lun. 10h-16h, sam. 11h-15h - 40 SEK (7-15 ans 10 SEK).* Il retrace l'histoire et l'évolution de la pêche, le mode de vie des pêcheurs et de leurs familles dépendant entièrement de la mer.

L'île la plus septentrionale, **Rörö**, est une réserve naturelle qui offre des conditions de baignade idéales.

Le récif de **Vinga** est le point le plus occidental de l'archipel et son phare est bien connu des marins. L'île compte d'excellents endroits pour pêcher et se baigner. L'île a vu grandir **Evert Taube** (1890-1976, *voir p. 496*), l'un des poètes et des compositeurs les plus populaires de Suède.

L'archipel de Göteborg.
Natalia Ordasi/Getty Images Plus

La rive sud du lac Vänern

CARTE P. 358-359 (AB1-2)

Circuit tracé en orange sur la carte p. 358-359 - 195 km de Trollhättan à Sjötorp. Quitter Göteborg par la E 6/E 45 en direction du nord.

Le plus grand lac de Suède est bordé de plages de sables et ponctué de nombreuses îles. Les curiosités situées sur ses rives, charmantes, sont Lidköping, le château de Läckö, Mariestad et Karlstad *(voir p. 292).*

Trollhättan A2

Torgbyggnaden Drottningtorget - 520 135 09 - www.visittv.se

Traversée par la puissante **Göta Älv**, qui prend sa source dans le lac Vänern et coule jusqu'à Göteborg où elle se jette dans le Kattegat, Trollhättan est tout entière animée par son activité fluviale. Avant l'aménagement de la rivière Göta, les tumultueuses chutes de Trollhättan rendaient toute liaison fluviale impossible entre le Vänern et la côte occidentale de la Suède. Pour surmonter cet obstacle majeur, Christopher Polhem (1661-1751) dressa les plans du **Trollhätte Kanal**, dont la première écluse ne fut construite qu'en 1800.

Chutes d'eau de Trollhättan – *Suivre Centrum, puis Fall-och Slussområde jusqu'au pont Oscar - de mi-juin à mi-août à 15h ; autres dates sur www.vastsverige.com/en/falls-and-locks - gratuit.* En saison, les vannes des écluses ouvertes réveillent ces impressionnantes chutes. Du pont Oscar, la vue est spectaculaire.

Trollhättan fête ses chutes d'eau chaque 3e vendredi de juillet, avec lâchers d'eau, concerts et animations.

Olidestationen – *Åkersbergsvägen 9 - 0520 124 31 - visites guidées suspendues (se rens. à l'office de tourisme).* Cette impressionnante centrale électrique en granit, datant de 1910, est la plus ancienne centrale hydroélectrique de Suède. S'il vous reste du temps, voyez le petit **Kanalmuseet** *(Åkersbergsvägen 44, après la centrale électrique sur la gauche - 0520 52 50 98 - juil.-août : 10h-18h ; hors*

saison : se rens.) et les **écluses** modernes utilisées par 3 500 navires marchands et 65 000 bateaux de plaisance chaque année.
Quitter Trollhättan à l'est par la route 44 (suivre la direction de Lidköping à 60 km).

Lidköping B1-2

Nya stadens torg (Gamla Rådhuset) - 0510 200 20 - www.lackokinnekulle.se.
Cette charmante petite ville est située au fond d'une baie du Vänern, encadrée par la péninsule de Kålland à l'ouest et le mont Kinnekulle à l'est et traversée par une rivière, la Lidan. La cité marchande du Moyen Âge occupait la rive orientale de la Lidan jusqu'à sa destruction par un incendie. Il n'en reste que quelques maisons de bois peintes en rouge autour de Limtorget. En 1670, le chancelier Magnus Gabriel de La Gardie (issu, malgré son patronyme à consonance française, de l'une des familles suédoises les plus riches de l'époque) décida de construire une nouvelle ville sur la rive opposée. Aujourd'hui, l'ancienne place et la nouvelle sont reliées par une passerelle.
Sur **Nya Torget**, le regard est immédiatement attiré par le **pavillon de chasse** que le chancelier fit transférer de son domaine pour en faire l'hôtel de ville. L'édifice de bois peint en rouge, surmonté par la statue de la Justice, abrite aujourd'hui l'office de tourisme *(voir coordonnées ci-dessus)* et un café. La place, l'une des plus grandes d'Europe, est un lieu de rendez-vous populaire où se tient le marché.
★★ **Rörstrands Museum** – *Fabriksgatan 4 - 0510 250 80 - rorstrand-museum.se - mar.-vend. 10h-18h, sam. 10h-16h, dim. 11h-15h - 60 SEK (-26 ans gratuit).* D'un côté, les ateliers et la boutique – grand choix de services de table et d'objets décoratifs – de cette **manufacture de porcelaine**, l'une des plus anciennes de Suède, fondée en 1726. De l'autre, le **musée** et sa collection de ravissantes porcelaines.
Sortir de la ville en longeant la mer par Läckögatan et suivre la dir. « Läckö Slott ».

Péninsule de Kålland B1

La route qui conduit à Läckö serpente à travers la campagne tranquille de la péninsule de Kålland. La route franchit d'étroits chenaux avant d'atteindre les deux îles du Nord, elles-mêmes bordées de nombreux îlots. Le long de la côte ouest, un récif, **Hindens Rev**, reste de moraine (amas de blocs et de débris rocheux entraînés par le glissement d'un glacier) glaciaire, s'étend comme un doigt pointé vers le Vänern.
Château de Läckö (Läckö Slott) - *0510 48 46 60 - www.lackoslott.se - visite guidée - juin-août : 10h-18h, départ ttes les h ; reste de l'année : se rens. - 100/140 SEK*

Le canal de la Göta

C'est, toutes proportions gardées, le canal du Midi suédois : il traverse la Suède dans sa largeur de Göteborg, à l'ouest, à Stockholm, à l'est. Jusqu'à 58 000 jeunes conscrits travaillèrent de 1810 à 1832 pour construire les 190 km de voie navigable entre Mem et Sjötorp. Avec la Göta Älv, le Trollhätte Kanal, le Vänern et le Vättern *(voir p. 402)*, le canal formait une voie d'eau de 398 km de longueur. Le canal améliora considérablement les communications à l'intérieur du pays, les bateaux à vapeur transportant à la fois passagers et marchandises. Cependant, les chemins de fer firent bientôt concurrence au transport fluvial et le canal devint une voie d'eau très appréciée des touristes. S'il est possible de louer un bateau, on peut préférer la nonchalante oisiveté que procurent les croisières, ou dépenser son énergie à longer le canal à vélo en empruntant les chemins de halage.
www.gotakanal.se - voir aussi « Activités », p. 381

selon la saison (-18 ans gratuit). Murs blanchis, tours et tourelles, ce château dressé au-dessus des eaux du Vänern ne déparerait pas dans un conte de fées. Ce palais baroque fut le terrain d'expérimentation de nombreux artistes du 17e s. Connus plus tard sous le nom d'école de Läckö, ceux-ci décorèrent ensuite les églises des environs.
Revenir sur la route principale et prendre à droite vers Spiken.
Spiken – Dans ce petit hameau de pêcheurs – le seul du Vänern – le visiteur se voit proposer un choix de poissons fraîchement fumés, dont la lotte, spécialité locale.
Retourner à Lidköping (24 km), puis suivre la route 44 en direction de Mariestad et, après avoir parcouru 14 km, tourner à gauche vers Husaby.

★★ Plateau du Kinnekulle (KINNEKULLELEDEN) B1

Cette partie du circuit emprunte un itinéraire balisé qui passe devant des églises et des manoirs médiévaux avant de parvenir au sommet du plateau ovale de Kinnekulle (306 m), et d'atteindre les rives du Vänern.
Église d'Husaby – Le trait le plus caractéristique de l'église est sa massive tour de défense, flanquée de tourelles d'escaliers circulaires. Probablement construite vers 1100, la tour devait être à l'origine un donjon séparé, bien qu'il ne soit pas exclu qu'elle ait été rattachée à une église antérieure en bois. L'église actuelle en pierre, de style roman, la remplaça plus tard. Cent mètres plus loin, on peut voir la source de St-Sigfrid. Selon la légende, ce serait à cet endroit que le premier souverain à porter le titre de roi de Suède, **Olof Skötkonung**, fut baptisé en 1008 par un missionnaire anglais, saint Sigfrid.
Continuer à suivre les indications du Kinnekulleleden. Pour atteindre le sommet, tourner à droite à l'église de Medelplana et suivre la direction « Högkullen ».
Mont Kinnekulle – *Alt. 306 m.* Au sommet se trouve une tour d'observation. Outre un point d'information touristique, elle offre un **panorama★★★** spectaculaire du Vänern avec, au sud, Lidköping au fond de sa baie, en face, la péninsule de Kålland et au loin, de l'autre côté du lac, le Dalsland. À l'est, on aperçoit la plaine fertile du Västergötland et le mont Billingen en toile de fond.
Récupérer la E 20 par Holmestadvägen.

3

Mariestad B1

Mariestad est située dans un cadre attrayant sur la rive orientale du lac Vänern. C'est le point de départ idéal pour de courtes excursions sur le lac. Mariestad doit son nom à la comtesse palatine Marie, première femme du duc Charles, qui devint plus tard le roi Charles IX.
La **cathédrale** (comme à Kalmar, le nom de *domkyrkan* est trompeur car, ici aussi, l'église n'est plus une cathédrale) de style Renaissance, agrémentée d'une élégante tour flanquée de tourelles élancées, fut construite entre 1593 et 1625. On raconte que le duc Charles l'édifia afin de rivaliser avec l'église construite par Jean III à Skara et que l'architecte se serait inspiré des plans que Willem Boy avait dessinés pour Sankta Clara de Stockholm *(voir p. 211)*.
Au sud de la cathédrale, les deux rues les plus intéressantes, **Västerlånggatan** et **Kyrkogatan**, sont bordées de beaux édifices en bois construits entre les 17e et 19e s. Trois ailes de la résidence du gouverneur, Marieholm, située sur une île, abritent aujourd'hui le **Vadsbo Museum**, qui retrace l'histoire de la ville.
Continuer sur la E 20, puis la route 26 pour rejoindre Sjötorp à 21 km plus au nord.

Sjötorp B1

C'est le point de départ du **canal de la Göta** *(voir encadré et « Activités » p. 381)* pour ceux qui le suivent vers l'est et le point d'arrivée pour ceux qui viennent de la Baltique. On peut y voir fonctionner plusieurs écluses et visiter le musée du Canal.

Carnet pratique

S'informer

Office de tourisme - PLAN B2 (P. 362-363) - *Kungsportsplatsen 2 (angle Gustav Adolfs Torg) - ☏ 031 368 42 00 - www.goteborg.com.* Office très compétent, où l'on vous accueille en français.

Go City Göteborg

Comme à Stockholm, il faut désormais passer par l'application Go City pour obtenir un pass touristique d'un ou plusieurs jours qui inclut des balades en bateaux, en bus et l'entrée dans une trentaine de musées. L'obtention du pass se fait via l'application ou sur le site Internet (réductions).

Tarifs - 24h/48h/72h/5 j : 350/500/570/720 SEK (-15 ans 280/355/420/535 SEK).

www.gocity.com/gothenburg

Pass annuel (musées) - *120 SEK (-25 ans gratuit, +62 ans 100 SEK) - en vente dans les musées concernés.* Valable un an, ce billet donne accès à cinq musées de Göteborg : le Musée municipal, le musée Röhss du Design, le musée des Beaux-Arts, le musée de la Marine et le musée d'Histoire naturelle.

Arriver/partir

En avion

Göteborg Landvetter Airport - *☏ 031 94 11 00 - www.swedavia.se.* Situé à 20 km au sud-est de Göteborg, il est notamment desservi par plusieurs compagnies internationales.

Pour rejoindre le centre-ville :

Flygbussarna - *www.flygbussarna.se - 250 SEK AR (réductions sur Internet) - env. 30mn jusqu'au centre selon la circulation.* Les navettes circulent entre 4h30 et 21h (dép. ttes les 20mn). Possibilité d'acheter son billet directement à l'arrêt de bus (carte de crédit). Sinon, rendez-vous au point information de l'aéroport (ou, au retour, à la gare ferroviaire de Göteborg).

En taxi - Compter 450 SEK pour rejoindre le centre-ville.

En ferry

Stena Line - *www.stenaline.fr.* Départ à destination du Danemark et de l'Allemagne du quai Masthuggskajen ; Frederikshavn (au nord du Judland) est à 3h ; Kiel (au nord de Hambourg) est à 14h30.

En train

Liaisons régulières vers Stockholm (3h), Oslo (4h) et Copenhague (3h30). La gare est à 10mn à pied du centre-ville (B1).

Se déplacer

Transports en commun

www.vasttrafik.se - Site de la régie des transports (bus, tramway et ferry pour l'archipel) de Göteborg. Le service de tramways est particulièrement performant.

Tarifs - Comptez 35 SEK pour un ticket (26 SEK 7-19 ans), 115 SEK pour le billet valable 1 j. (zone A) et 230 SEK pour 3 j. Les billets s'achètent dans les kiosques officiels (une dizaine dans l'agglomération, liste sur le site), dans certains commerces (presse, supermarchés Ica et 7-Eleven), ou à bord des bus et tramways.

Encore plus pratique pour les détenteurs de smartphones, l'application Västtrafik To Go permet de trouver ses itinéraires et de payer directement en ligne son déplacement.

Excursions vers les îles

Archipel sud - *Voir p. 372.*

Archipel d'Öckerö - *Voir p. 372.*

En voiture

En semaine, comme à Stockholm, tout véhicule entrant et sortant du centre-ville doit s'acquitter d'une **« taxe de congestion »**. Les plaques d'immatriculation sont relevées par caméra, la taxe envoyée à domicile. Tarif : 9 à 22 SEK selon l'heure (plafond quotidien de 60 SEK selon saison). Dans le cas d'une voiture de location, voyez avec votre loueur. *Voir aussi p. 520*.

Se garer – Nombreux parkings-relais autour de la ville. Sinon compter 20 à 30 SEK/h dans les parkings municipaux du centre. Paiement par CB ou via l'application Parkering Göteborg. www.parkeringgoteborg.se

Agenda

Festival international du film de Göteborg – *goteborgfilmfestival.se.* Fin janv. Un des plus grands festivals nordiques du genre.

Midsommar – Fin juin. Les fêtes du solstice d'été *(voir p. 455 et 512)* prennent une dimension encore plus festive dans cette région, où elles sont célébrées dans plusieurs sites exceptionnels comme au château de Läckö, près de Vänern.

Festival de Göteborg – *www.kulturkalaset.goteborg.com.* Déb. août. Une semaine d'événements culturels dans toute la ville : art, concerts, théâtre, artisanat, littérature, opéra...

Way out West – *www.wayoutwest.se.* Mi-août, à Slottsskogen entre autres. Ce festival de musique réunit les têtes d'affiche du moment pendant trois jours.

Nuit de la Culture – *www.kulturnatta.goteborg.se.* En sept. ou oct. Une nuit de danse, musique et performances artistiques.

Nos adresses

Restauration

Göteborg est en plein renouveau gastronomique : plusieurs dizaines de restaurants s'ouvrent chaque année, offrant une belle palette de cuisines nordique et internationale.

Premier prix

1 **Andrum** – B1 - *Östra Hamngatan 19 - 031 13 85 04 - 11h-22h, w.-end 12h-21h - buffet 105/119 SEK.* Ce restaurant végétarien simple et populaire propose un buffet richement garni et bon marché. Une adresse centrale, bien utile – et délicieuse – quand on est pressé.

3 **Rosenkaféet** – C2 - *Slussgatan 1 - 031 80 29 70 - www.rosenkafeet.se - mai-août : 10h-18h - menu déj. (11h-14h) 134/149 SEK.* Les Suédois adorent ce café posé au vert dans les anciennes écuries 19e s. du parc Trädgårdsföreningen et on les comprend ! Buffets et plats du jour sans prétention mais savoureux, à déguster dans un décor particulièrement joli en été, au milieu des rosiers en fleurs.

9 **Saluhallen** – B2 - *Kungstorget - 031 13 93 26 - lun.-jeu. 9h-18h, vend. 9h-19h, sam. 9h-17h - fermé dim.* Les halles couvertes de Göteborg abritent une multitude de commerçants spécialisés dans les produits de bouche. Ne manquez pas le roboratif *pannbiff* (sandwich au bœuf) ou les spécialités de poisson. Vous y trouverez aussi un traiteur libanais qui prépare d'excellents falafels, un stand de produits italiens et un autre de produits orientaux. *Voir aussi Katujan ci-après.*

16 **Trädgår'n** – C2 - *Nya Allén 11 - dans le Trädgårdsföreningen, au bout du parc des roses - 031 10 20 80 - www.tradgarn.se - ouv. lors de concerts, se rens.* Cet immense bâtiment en bois attire une fidèle clientèle de

gourmets, ce qui est toujours bon signe! Sur la terrasse dressée dans le jardin, vous pourrez apprécier une excellente cuisine d'inspiration scandinave. Le vendredi et le samedi, à partir de 22h, les lieux se transforment en discothèque.

Budget moyen

10 **Kajutan Saluhallen** - B2 - *Saluhallen - Kungstorget - ✆ 031 77 40 073 - kajutansaluhallen.se - lun.-jeu. et sam. 10h-17h, vend. 10h-19h - fermé dim. - plats 165/315 SEK.* Installé auparavant dans le marché aux poissons de Feskekörka (fermé pour travaux), Kajutan a pris ses nouveaux quartiers dans les halles de Göteborg *(voir p. 361 et 377)*. Une solution bon marché pour manger d'excellents produits de la mer.

2 **Bistro Södra 32** – D3 - *Södra Vägen 32 - ✆ 031 16 11 83 - bistrosodra32.se - 16h-22h30, sam. 12h-23h, dim. 12h-22h30 - plats 189/289 SEK.* La décoration design spectaculaire, l'ambiance arty et la cuisine vraiment innovante attirent les gourmets. La table est également réputée pour ses accords mets et vins.

Pour se faire plaisir

13 **Smaka** – B3 - *Vasaplatsen 3 - ✆ 031 13 22 47 - www.smaka.se - 17h-2h, vend.-sam. 17h-3h - plats 215/325 SEK.* Un restaurant moderne et populaire. Pour découvrir l'un des péchés mignons des Suédois, goûtez aux excellentes boulettes de viande que sont les *köttbular*. Incontournables!

19 **Tvåkanten** – C3 - *Kungsportsavenyn 27 - ✆ 031 313 33 36 - www.tvakanten.se - mar.-jeu. à partir de 17h, vend. 11h30-1h, sam. 12h-1h - plats 225/345 SEK.* Une élégante brasserie du centre piétonnier dont l'intérieur en brique rouge est aménagé dans un style rustique. L'accueil prévenant est suivi d'un buffet copieux, le midi, et d'un dîner plus raffiné le soir. Une adresse très prisée des habitants de la ville.

4 **Familjen** – C3 - *Arkivgatan 7 - ✆ 31 20 79 79 - www.restaurangfamiljen.se - lun.-jeu. 17h-23h, vend.-sam. 17h-1h - menus 465/565 SEK.* Non loin du musée des Beaux-Arts, un restaurant à l'atmosphère chaleureuse, pour goûter une cuisine scandinave qui explore les richesses de la terre et de la mer. Menu 3 plats d'un bon rapport qualité-prix.

12 **SK Mat & Människor** – C3 - *Johannebergsgatan 24 - ✆ 031 81 25 80 - www.skmat.se - lun.-sam. 17h-0h - plats 215/370 SEK.* L'un des intérêts de ce restaurant étoilé réside dans sa cuisine ouverte à 360° permettant de regarder les chefs au travail. Les produits viennent des meilleurs fournisseurs et les plats sont vraiment savoureux. Une belle adresse.

7 **Somm** – C3 - *Lorensbergsgatan 8 - ✆ 31 28 28 40- www.somm.se - merc.-sam. soirs - menus 495/950 SEK.* Dans ce bistro de quartier décoré d'œuvres d'art contemporain, on savoure une cuisine moderne et de qualité, élaborée avec des produits de saison et accompagnée de bons vins. Menu dégustation 3 plats d'un bon rapport qualité-prix.

Sjömagasinet – HORS PLAN - *Adolf Edelsvärdsgatan 5 - ✆ 031 775 59 20 - www.sjomagasinet.se - 11h30-23h - plats 298/598 SEK.* Cet établissement a été bâti en 1775 par la Compagnie des Indes. Le restaurant qu'il abrite est réputé pour être l'un des meilleurs restaurants de poissons de la ville. Intérieur élégant et belle terrasse en été.

Une folie

6 **Dorsia** – B2 - *Trädgårdsgatan 6 - ✆ 031 790 10 00 - www.dorsia.se - 6h30-22h, sam. 7h30-23h, dim. 7h30-21h30 - menus 895/1 850 SEK.* Une salle à manger

sur deux niveaux, des compositions florales étonnantes, un éclairage superbe et des peintures à l'huile Belle époque fièrement accrochées aux murs, voilà ce qui vous attend ! On apprécie les poissons locaux très bien cuisinés. Belle carte des vins qui fait notamment honneur aux bourgognes.

11 **Koka** – B3 - *Viktoriagatan 12 - ✆ 031 701 79 79 - www.restaurangkoka.se - lun.-jeu. à partir de 18h, vend.-sam. 17h - fermé dim. - menus 695/995 SEK.* Un décor avec beau mobilier en bois pour ce restaurant étoilé. Choisissez 4, 5 ou 7 plats, légers et inventifs, dans le menu du jour. Ceux à base de poisson sont très appréciés. Des vins bien sélectionnés et un service impeccable complètent le tableau.

5 **Bhoga** – AB2 - *Norra Hamngatan 10 - ✆ 031 13 80 18 - www.bhoga.se - mar.-sam. à partir de 18h - menus 750/1 150 SEK.* Un restaurant chic au décor contemporain. Dans l'assiette, les ingrédients de saison triés sur le volet sont préparés de manière inventive. Il en résulte des associations de saveurs et de textures à la fois déroutantes et subtilement dosées. Les accords mets et vins sont originaux. Service charmant et attentif.

Petite pause

Boulebar Rosenlund – A2 - *Rosenlundsgatan 8 - ✆ 010-162 92 00 - www.boulebar.se - mar.-merc. 15h-23h, jeu. 15h-0h, vend. 15h-1h, sam. 10h30-1h, dim. 10h30-17h - fermé lun.* Les habitants de Göteborg seraient-ils un peu marseillais ? Ils se pressent dans ce bar à pétanque, doté de terrains intérieurs pour jouer toute l'année. Les tournées au pastis feraient - presque - oublier l'aquavit.

Café Kronhuset – B2 - *Postgatan 6-8 - ✆ 031 711 08 32 - www.cafekronhuset.se - 8h-19h, w.-end 10h-18h.* Le café participe au charme de la cour 17e s. du Kronhusbodarna *(voir « Shopping »).* Avec ses voûtes et sa cheminée, c'est l'adresse parfaite pour réchauffer l'hiver, en dégustant un thé et d'excellentes pâtisseries.

Evas Paley – B3 - *Kungsportsavenyn 39 - près du musée des Beaux-Arts - ✆ 031 16 55 70 - www.evaspaley.se - lun.-jeu. 8h-21h, vend. 8h-22h, sam. 9h-22h, dim. 9h-21h.* Immense café apprécié des locaux pour ses pâtisseries fameuses. Testez notamment les muffins géants, qui ont fait la réputation de la maison.

Da Matteo – B2 - *Södra Larmgatan 14 (dans le Victoriapassagen) - ✆ 031 380 33 10 - www.damatteo.se - 8h-19h, sam. 10h-17h, dim. 11h-17h.* Le café torréfié sur place, d'une fraîcheur absolue, garantit le meilleur expresso de la ville. Ajoutez de bons gâteaux maison... et voilà la recette du succès de cette enseigne locale ! Plusieurs autres adresses à Göteborg, notamment Magasinsgatan 17A, à deux pas.

Café Husaren – A3 - *Haga Nygata 28 - ✆ 031 13 63 78 - www.cafehusaren.se - 8h30-19h30 (vend.-dim. 19h).* Ce salon de thé rétro est un excellent spot pour une pause dans le quartier Haga. Sous les lustres à pampilles, goûtez aux brioches géantes à la cannelle. On peut aussi y picorer un plat chaud (lasagnes, tartes) ou un sandwich.

Shopping

La plus grande concentration de magasins se trouve dans Nordstan, Avenyn, Linnégatan, Haga et Vallgatan.

Artisanat et décoration

Kronhuset & Kronhusbodarna – B1 - *Kronhusgatan 1D - www.kronhusbodarna.com - 10h-17h, sam. 11h-15h - fermé dim.* Tout de brique rouge vêtu, le plus ancien

3

édifice de la ville abrite un centre d'artisanat, où l'on trouve entre autres un fabricant de montres, une manufacture de chocolats et un fabricant d'instruments de musique. Charmante terrasse ombragée pour prendre un verre *(voir « Petite pause »).*

Antikhallarna – A3 - *Västra Hamngatan 6 - ✆ 031 131 222 - www.antikhallarna.se - 7h30-18h15, sam. 8h30-17h - fermé dim.* Installé dans le vaste bâtiment néo-Renaissance d'une ancienne banque, cet important marché d'antiquaires réunit une douzaine de marchands et un agréable café.

Artilleriet – A2 - *Magasinsgatan 19 - ✆ 031 711 76 21 - www.artilleriet.se - 11h-18h, sam. 11h-16h, dim. 12h-16h.* Des meubles aux luminaires en passant par des objets plus aisés à transporter, Artilleriet est la référence à Göteborg du design suédois.

Vêtements et accessoires

Emmamalena – A2 - *Vallgatan 4 - ✆ 031 775 01 66 - emmamalena.com - 11h-18h, sam. 11h-16h - fermé dim.* Le tandem Emma Landström et Malena Ostwald trouve son inspiration dans l'univers marin et la mode fifties pour réaliser des basiques twistés par une touche actuelle. La marinière est revisitée, l'ancre devient bijou et les oiseaux marins volent sur les tissus.

Grandpa – A2 - *Vallgatan 3 - ✆ 031 711 70 08 - www.grandpa.se - 11h-18h, sam. 11h-17h, dim. 12h-16h.* Une adresse multimarque où trouver une bonne sélection de créateurs scandinaves. La boutique réunit vêtements, accessoires et design. Les créations sont plutôt orientées vers la réédition de pièces vintage.

En soirée

Got Event – D2 - *Ullevi, Skånegaten - ✆ 031 368 45 00 / ✆ 031 365 00 00 - www.gotevent.se.* Renseignements et billets pour les manifestations sportives, les concerts et les représentations théâtrales.

☺ La rue **Vasagatan** (B3-4), qui mène à l'université, regorge de cafés où se rencontrent les jeunes de Göteborg. Une étape incontournable pour commencer votre soirée.

Plus underground, le quartier de **Linné** (à l'ouest du boulevard Linnégatan, au sud de Järntorget), attire les trentenaires branchés : multitude de bars et de micro-brasseries, notamment autour de la rue **Andra Långgatan**.

Hagabion – A3 - *Linnégatan 21 - ✆ 031 42 88 10 - www.hagabion.se - café : 11h30-13h30 et à partir de 17h, vend. à partir de 17h, w.-end à partir de 12h ; cinéma : se rens. pour les séances.* Un ciné-café où il fait bon passer la soirée. Côté grand écran, la programmation est tournée vers le cinéma d'auteur, notamment des films français en VO. Côté café, le cadre bohème et la sélection musicale en font une place de choix pour siroter un verre de vin, de bière ou de cidre pression. Menu du jour végétarien.

Café Publik – HORS PLAN - *Andra Långgatan 20 - ✆ 031 14 65 20 - www.cafepublik.blogspot.se - 11h30-1h, sam. 13h-1h - fermé dim.* Une institution de la vie nocturne alternative de Göteborg. Au Café Publik, point de lumière tamisée ni de mobilier design mais plutôt une ambiance rock qui détonne dans le paysage suédois.

The Rover – HORS PLAN - *Andra Långgatan 12 - ✆ 031 775 04 90 - www.therover.se - 16h-22h, vend. 15h-22h, w.-end 14h-22h.* Un pub fréquenté par les loups de mer, où l'on est au coude-à-coude les soirs de week-end. Grand choix de bières suédoises à la pression ou en bouteille.

Excet – B3 - *Vasagatan 52 - ✆ 031 711 99 11 - www.excethuset.se - vend.-sam. 23h-5h - entrée* *payante.* Ce club situé dans une grande maison en brique jaune est plus intime et propice aux rencontres. On y passe une musique à la mode et plusieurs alcôves sont aménagées pour prendre un verre dans un cadre plus intime. Âge minimum : 23 ans.

Pustervik – A3 - *Järntorgsgatan 12 - ✆ 031 361 67 05 - www.pustervik.nu - mar.-jeu. 17h-2h, vend.-sam. 17h-3h, dim. ouv. pour concert seult.* Une scène connue pour ses concerts de musique indépendante. Le week-end, des DJ diffusent tous les genres de musique : rock, hip-hop, punk, soul, etc.

Activités

Visites

Tramway à l'ancienne – *✆ 031 19 00 27 - www.ringlinien.org - printemps et automne : sam. ; de déb. juil. à déb. août : mar.-sam. ; se rens. pour les horaires - 30 SEK (7-19 ans 20 SEK).* Du printemps à l'automne, les tramways d'autrefois de la Lisebergslinjen circulent entre la gare centrale et Liseberg. À Noël, ces rames d'époque prennent leurs quartiers dans le parc d'attractions Liseberg.

Paddan Boat – *Sur le quai qui longe le théâtre - dép. de Kungsportsplatsen - ✆ 031 60 96 70 - www.stromma.se - de déb. avr. à déb oct. : jusqu'à 2 à 3 départs/h selon la saison - 50mn - commentaires en anglais - 220 SEK (6-15 ans 110 SEK).* Le *paddan*, bateau à fond plat, offre l'occasion de découvrir de façon originale cette cité maritime, tandis qu'il glisse le long des canaux bordés d'édifices imposants et passe sous 20 ponts. La compagnie programme également des trajets plus longs, à la forteresse d'Älvsborgs, Marstrand et Hisingen.

Bus Sightseeing – *✆ 031 60 96 70 - www.stromma.se - 50mn - commentaires en français - horaires et tarifs : se rens.* Le départ se trouve devant le théâtre.

Vélo

Göteborg se parcourt facilement à vélo. Parmi les loueurs :

Styr & Ställ – *www.styrochstall.se.* Location de vélos en libre service pour circuler à Göteborg. Inscription sur le site ou sur l'application avec une carte bancaire. *20 SEK/30mn.*

Bike Tour Gothenburg & Rental – *Kungsgatan 7B – ✆ 73 502 06 12 - www.bikegothenburg.com..*

Cykelkungen – *Redbergsvägen 2 - ✆ 031 184300 - www.cykelkungen.se.*

Au départ de **Sjörtorp** *(voir p. 375)*, les pistes cyclables tracées sur les anciens chemins de halage du **canal de la Göta** offrent plusieurs possibilités d'itinéraires très agréables, de un à cinq jours, sans aucune voiture à l'horizon, mais parfois quelques moutons... Cartes, rens. et liste des loueurs auprès des offices de tourisme et sur www.gotakanal.se/en/cycling-holiday-in-sweden.

3

Hébergement

Budget moyen

4 **Barken Viking** – B1 - *Lilla Bommens Torg 10 - ✆ 031 63 58 00 - barkenviking.net - ♿ - 50 ch. 825/1500 SEK ☕.* Si le roulis ne vous gêne pas, offrez-vous une nuit à bord de cette magnifique goélette de 1907, amarrée au port de Lilla Bommen. Les chambres sont plutôt spacieuses et propres, mais les salles de bains un peu exiguës. Un bon rapport qualité-prix et une façon originale d'aborder Göteborg.

2 **Comfort City Hotel** – B2 - *Drottninggatan 63-65 - ✆ 031 304 50 40 - www.nordicchoicehotels.com - P 280 SEK/j. - ♿ - 102 ch. 1189/1489 SEK ☕ - ✕.* À quelques minutes à pied de la gare centrale, cette auberge de jeunesse nouvelle

génération occupe un immeuble moderne du centre-ville. Illuminé de lanternes façon bateau, le lobby est une réussite, tout comme les chambres, joliment fonctionnelles, toutes avec sanitaires privés. Une très bonne adresse.

Pour se faire plaisir

7 **Hotel Poseidon** – B3 - *Storgatan 33 - ✆ 031 10 05 50 - hotelposeidon.com - P payant - 50 ch. 1975/2 725 SEK* ☕. Un hôtel harmonieux aménagé dans un édifice classique de 1880. La décoration, d'inspiration bourgeoise, se fait tout en discrétion et avec élégance. L'emplacement est idéal, au carrefour des différents quartiers touristiques de Göteborg.

12 **Bellora** – C2 - *Kungsportsavenyen 6 - ✆ 031 767 34 00 - www.hotelbellora.se - P payant - 179 ch. 1886/2 895 SEK* ☕ - ✕. Bien situé sur l'artère principale de Göteborg, à deux pas de l'office de tourisme et de la vieille ville, le bâtiment sans caractère cache un intérieur chaleureux et des chambres douillettes, réchauffées par des jeux de tissus et de papiers peints. Demandez une chambre avec vue sur la fameuse « Avenyn ». Restaurant italien au rez-de-chaussée.

22 **Hotel Royal** – B2 - *Drottninggatan 67 - ✆ 031 700 11 70 - www.hotel-royal.com - P payant - 76 ch. 1 995/2 595 SEK* ☕. De belles peintures murales, des tapis anciens et des lustres contribuent au charme de l'hôtel historique de la ville (1852). Chaque chambre a son caractère et l'ensemble est d'autant plus enthousiasmant que le personnel est très disponible.

8 **Hotell Heden** – C2 - *Sten Sturegatan 1 - ✆ 031 77 38 400 - hotellheden.se - P payant - ♿ - 179 ch. à partir de 2 295 SEK* ☕ - ✕. À deux pas du parc d'attractions de Liseberg, cet hôtel occupe une grande demeure originale en bois rose. Chambres confortables et restaurant suédois de qualité. Idéal pour les séjours en famille.

1 **Clarion Hotel Post** – C1 - *Drottningtorget 10 - ✆ 031 61 90 00 - www.nordicchoicehotels.se - P 160/j. - 🏊 ♿ - 500 ch. à partir de 2 380 SEK* ☕. Ce bel hôtel occupe le bâtiment néoclassique de l'ancienne poste, daté des années 1920 et magnifiquement remis en scène. Préférez les chambres logées dans le bâtiment d'origine, aux beaux volumes. Le Spa, la piscine sur le toit, les deux restaurants (japonais et new-yorkais), ainsi que le bar lounge du rez-de-chaussée ajoutent au charme du lieu.

Une folie

3 **Upper House** – D3 - *Mässans gata 24 - Au 25e étage des Gothia Towers - ✆ 031 708 82 00 - upperhouse.se - P 225/445 SEK/j. - 🏊 ♿ - 53 ch. à partir de 3 790 SEK* ☕ - ✕. Perchées au sommet de l'une des trois Gothia Towers (qui abritent également un centre des congrès et d'autres hôtels plus abordables), les chambres design de ce luxueux hôtel surplombent la ville. En prime : la spectaculaire piscine suspendue du Spa, la salle panoramique du petit déjeuner et le restaurant gastronomique du 25e étage (dîners uniquement, réserv. indispensable) !

Le Bohuslän ★★

Déchiquetée, piquetée d'échancrures et d'îlots, de rochers et de récifs, parsemée de villages de pêcheurs, cette côte de granit rose battue par les vents a ensorcelé bien des artistes. Ils furent les premiers à succomber à la beauté sauvage et à l'aspect solitaire du Bohuslän, qui tirait jusqu'alors ses ressources de la pêche. Le tourisme a depuis détrôné le hareng, faisant de cette côte l'un des lieux de villégiatures les plus prisés de Suède.

Gravures rupestres de Tanum.
U. Gahwiler/Robert Harding Picture Library/age fotostock

Se repérer

CARTE A1-2 (P. 358-359) ET CARTE DE LA CÔTE P. 385.

Frange côtière s'étendant de la frontière norvégienne à Göteborg, le Bohuslän est traversé du nord au sud par la E 6 reliant Oslo et Malmö.

Organiser son temps

Prévoyez 2 à 3 jours selon le nombre d'îles visitées.

À ne pas manquer

L'île de Marstrand ; l'île de Tjörn et son musée de l'Aquarelle ; les gravures rupestres de Tanum.

En famille

La réserve Nordens Ark.

Carnet pratique p. 392

Nos adresses p. 392

Autour d'Uddevalla

CARTES P. 358-359 (A2) ET CI-CONTRE

Uddevalla

Södra Hamnen 2 - 0522 69 84 84 - www.uddevalla.com.
Principale ville du Bohuslän, c'est un centre commerçant et industriel (textile, papier, transformation du bois et constructions navales) moderne.

★★ **Musée du Bohuslän (Bohusläns Museum)** – *À côté de la gare routière - 0522 656 500 - www.bohuslansmuseum.se - 10h-16h, mar.-jeu. 10h-20h - gratuit.* Trois bâtiments de bois se dressent le long du quai bordant le Bäveån à son embouchure dans le Byfjorden. L'exposition retrace en photos l'histoire du Bohuslän, présente l'environnement naturel de la province et la vie, au cours des siècles, des pêcheurs, agriculteurs, ouvriers, notamment des carriers, évoquée à travers une série de tableaux.

★ Gustafsberg

À 12,5 km au sud d'Uddevalla. La route menant au charmant village de Gustasfberg, une enclave du passé, offre de magnifiques vues sur le fjord. Les maisons bien tenues, joliment décorées et richement ornées datent du milieu du 19e s., quand le village connut son apogée comme station thermale. Fermé en 1970, l'établissement thermal fut transformé en auberge de jeunesse *(voir « Hébergement » p. 393).*

★★ La côte du Bohuslän : de Göteborg à Svinesund

CARTE P. 358-359 (A1-2)

Circuit de 220 km tracé en rouge sur la carte p. 358-359 et sur la carte p. ci-contre. Quitter Göteborg en direction du nord par la E 6.
Cette côte découpée est l'une des plus enchanteresses du pays. Le circuit proposé ci-après sillonne entre les villages côtiers et les îles proches, avec le ciel et la mer en guise d'horizon. Pour le suivre, préférez la voiture aux transports en commun, dont les correspondances font perdre du temps.
La qualité des fruits de mer et des poissons est un autre attrait du Bohuslän : dans ses eaux pures et froides, leur organisme met plus de temps à se développer et leur chair est d'autant plus savoureuse.

★★ Forteresse de Bohus (BOHUS FÄSTNING)

0303 239 203 - www.bohusfastning.com - de fin juin à fin août : 10h-18h ; de mi-mai à fin juin et de fin août à mi-sept. : 10h-17h ; de mi-avr. à mi-mai et vac. Toussaint : 11h-16h ; de mi-sept. à fin oct. : w.-end 11h-16h - 120 SEK (5-17 ans 60 SEK).
Les ruines de cette puissante forteresse se dressent à la périphérie sud de Kungälv, sur une île du Nordre Älv. Construite en 1308 par le roi Håkon de Norvège, elle a donné son nom à la province. Sa position stratégique lui permit de jouer un rôle défensif primordial jusqu'au traité de Roskilde en 1658 ; la forteresse passa alors aux mains des Suédois et, ayant perdu tout intérêt stratégique, elle fut abandonnée et tomba en ruine. L'imposante tour ronde surnommée **Fars Hatt** (le « Chapeau de papa ») est la seule tour d'angle encore debout. De nos jours, des concerts et autres divertissements ont lieu dans la cour intérieure en été.

Kungälv

Détruite à plusieurs reprises, Kungälv fut reconstruite au pied de la puissante forteresse de Bohus. Avec leurs agréables édifices de bois (18e s.-19e s.) peints

LA CÔTE DU BOHUSLÄN
0 15 km
Sentier
Piste cyclable
OSLO
ARJÄNG
MELLERUD
VÄNERSBORG
VÄNERSBORG
SKÖVDE
BORÅS
VARBERG
DANEMARK
SKAGERRAK
NORVÈGE
Halden
Svinesundsbron
Kjerköya
Lommeland
Stora Le
Grönehög
Blomsholmsskeppet
★Strömstad
Skee
★Koster
Bohusleden
Ed
164
166
166
172
E6
★★★ TANUM HÄLLRISTNINGAR
Tanumshede
165
Grebbestad
163
Orekilsälven
172
★★ Fjällbacka
Hamburgsund
E6
Färgelanda
Dingle
173
Svenneby
Nordens Ark★
Bohusleden
Bovallstrand
E6
172
174
171
★Ramsvikslandet
Backa Hällristningar ★
Brastad
★ Smögen
Kungshamn
Uddevalla
161
44
162
Bokenäs
Gustafsberg★
★★ Lysekil
Nötesundsbron
Fiskebäcksill
Kungsviken
Henån
Tuvesvik
E 45
160
Gullholmen
Orust
Ellös
Bohusleden
Käringön
Skåpesundsbron
Hälleviksstrand
★★ Tjörn
Almöbron★
Götaälv
★★ Skärhamn
169
★Klädesholmen
Rönnäng
E6
★Åstol
★★ Marstrand
168
Kungälv
Bohus★★
Rörö
★★ Göteborg
★Öckerö
Hjuvik
E 20
Hönö
40

de couleur pastel, Gamla Torget, Östra Gatan et Västra Gatan forment le centre pittoresque de la ville. L'extérieur sobre et peint en blanc de l'**église de bois** érigée en 1679 cache un intérieur baroque riche en couleurs.

Suivre la route 168 sur 28 km. Les voitures ne sont pas admises sur le chapelet d'îles : laisser la voiture au parking situé à l'embarcadère du ferry (service régulier, traversée : 7mn).

★★ Île de Marstrand

L'histoire de la station estivale la plus connue du Bohuslän remonte au 13e s., quand une poignée de pêcheurs s'installèrent sur une île rocheuse du Kattegat. Le village se développa au 16e s. en un important centre de négoce de pêche du hareng. Au milieu du 19e s., Marstrand vit grandir sa renommée de station thermale et connut son apogée à la fin du siècle lorsque le roi **Oscar II** (1829-1907) lui-même en fit une ville d'eaux à la mode. Le Grand Hôtel dominant le port rappelle cette splendeur passée. Aujourd'hui, ses maisons de bois décorées avec goût, ses ruelles étroites et sinueuses résonant de l'animation des boutiques et des restaurants, et l'activité de son port de plaisance, où se balancent yachts et canots, en font une station estivale réputée. Marstrand est également le rendez-vous des plaisanciers, attirés par plusieurs compétitions internationales et d'importantes régates annuelles.

★ **Forteresse de Carlstens (Carlstens Fästning)** – *✆ 0303 611 67 - www.carlsten.se - de déb. juil. à déb. août : 10h30-18h30 (visites guidées 12h, 14h, 15h et 16h) ; juin et de déb. août à fin août : 11h-17h (visites guidées 12h, 14h et 15h) ; reste de l'année : se rens. - 100 SEK (6-15 ans 50 SEK).* La construction de cette forteresse, dont la masse couronne Marstrand, commença peu après le traité de Roskilde. En 1719, elle fut prise par les flottes danoise et norvégienne réunies sous le commandement de l'amiral Peter Tordenskiøld, qui l'utilisa ensuite comme base pour attaquer le fort de Nya Elfsborg édifié pour défendre le chenal de Göteborg. Vue splendide sur la côte et les îles voisines.

Reprendre la voiture et revenir sur la E 6 que l'on quitte juste au sud de Stenungsund pour suivre la route 160 en direction de Tjörn-Orust.

La route longe le Hakefjorden jusqu'au pont de Tjörn, l'**Almöbron**★. Une fois sur l'île, on découvre un magnifique **panorama**★★★ qui embrasse plusieurs fjords et une myriade d'îles.

Pour visiter l'île de Tjörn, prendre la route 169 à gauche en direction de Skärhamn et Rönnäng.

★★ Île de Tjörn

Les îles de Tjörn et d'Orust *(voir ci-après)* ont toutes deux, en raison de leur lumière, inspiré des peintres tels que Karl Nordström, de l'école de Varberg, Ragnar Sandberg et Ivan Ivarson, du groupe de Göteborg *(voir Musée des Beaux-Arts à Göteborg, p. 364)*. L'autre célébrité de ces îles est… le hareng ! Moins poétique ? C'est à cette pêche pourtant, que l'on doit ces côtes ponctuées de villages de pêcheurs hauts en couleur, où les hangars à bateaux peints en rouge s'alignent le long des ports, tandis qu'un dédale de ruelles serpente à travers les maisons blanches serrées les unes contre les autres. Les petites îles proches des côtes sont desservies par les ferries locaux.

★★ **Skärhamn** – La principale agglomération de l'île est aussi l'une des bases de la marine suédoise et un port de commerce dont le passé est évoqué dans son petit **musée de la Marine** (Sjöfartsmuseet), installé dans une maisonnette en bois rouge *(Postvägen 26 - ✆ 0706 163 810 / 0722 014 775 - www.deseglade.se - ouv. à la demande - gratuit).*

★★ **Musée nordique de l'Aquarelle (Nordiska Akvarellmuseet)** – *Södra hamnen 6 - ✆ 0304 60 00 80 - www.akvarellmuseet.org - été : 11h-17h ; reste de l'année : mar.-dim. 11h-16h - 70/140 SEK selon la saison (-26 ans gratuit).* Ce musée est à la fois un lieu de rencontre et de découverte des artistes nordiques et un centre de recherche et d'enseignement des techniques et des supports de l'aquarelle. Construit sur pilotis, au milieu de rochers polis par la mer, le musée s'ouvre sur l'eau qui l'entoure à travers de larges murs vitrés. La collection permanente et les expositions temporaires permettent d'apprécier les œuvres d'aquarellistes contemporains de réputation internationale. Le restaurant *(voir Vatten Restaurang & Kafé p. 392)* offre une vue splendide sur cet environnement naturel unique.

★ Île de Klädesholmen

Elle est reliée à Tjörn par un pont ; depuis le 16e s., les habitants y vivent de la pêche et les conserveries artisanales de harengs constituent encore leur principale activité.

★ Île d'Åstol

Des ferries au départ de **Rönnäng** desservent cette petite île dont les maisons blanches s'accrochent à la roche nue en se blottissant derrière le quai bordé de hangars à bateaux. Les maquereaux tout juste fumés sont une spécialité locale. La route 160 longe la côte nord de Tjörn et offre des panoramas ininterrompus sur les falaises et le rivage jusqu'au pont, le**Skåpesundsbron**. Du parking, la vue est belle.

Île d'Orust

Hauteurs boisées et terres cultivées alternent sur cette île renommée pour sa tradition de construction navale. Bien que les coques soient désormais presque toutes en plastique, un maître charpentier spécialisé dans les bateaux en bois exerce encore. **Kungsviken** et **Henån** sont les principaux centres.

Île de Gullholmen

À partir de Tuvesvik, les ferries gagnent Gullholmen, île habitée depuis le 13e s. où les maisons se serrent les unes contre les autres plus encore que partout ailleurs dans le Bohuslän.

Skepparhuset – *✆ 0304 570 70 - www.skepparhuset.se - de déb. juil. à fin août : mar.-vend. et dim. 15h30-18h - 50 SEK (-15 ans gratuit).* Près du port, on peut voir la demeure d'un capitaine datant de 1893, renfermant le mobilier et les ustensiles domestiques traditionnels, et complétée par un hangar à bateau, un musée de la pêche et un atelier de confection de voiles.

Reprendre la route sur l'île d'Orust.

À environ 3 km au-delà de Henån, l'agglomération principale de l'île d'Orust, un belvédère offre de belles **vues** sur le **pont de Nötesund** (Nötesundsbron), qui permet de rejoindre le continent.

Au croisement des routes 160 et 161, tourner à gauche en direction de Lysekil.

Bokenäs

L'**église** médiévale, dont le sol du porche est pavé, date du 12e s. L'abside arrondie et l'absence de fenêtres dans le mur nord sont des détails caractéristiques de cette époque. La tour et les peintures de l'intérieur furent ajoutées au 18e s.

Continuer en direction de l'ouest : un ferry transporte gratuitement les voitures et leurs passagers de l'autre côté du fjord Gullmar. Un peu plus loin, au carrefour, tourner à gauche et suivre la route 162 jusqu'à Lysekil.

★★ Lysekil

Havets Hus, Standvägen 9 - ✆ 0523 130 50 - www.vastsverige.com/en/lysekil.
Lysekil se développa rapidement au 18e s. grâce au succès que connut soudain la pêche du hareng. Mais elle acquit sa renommée au milieu du 19e s. en tant que ville d'eaux ; elle a conservé quelques-uns de ses établissements thermaux. La rue principale longe le port sud, où sont amarrés les bateaux de pêche qui approvisionnent les conserveries locales. Pour avoir des renseignements sur les excursions en kayak, les croisières en bateau et les safaris aux phoques, s'adresser à l'office de tourisme.

Continuer le long de Södra Hamngatan.

Havsbadsområdet – Le front de mer reflète la fréquentation que connut très tôt Lysekil en tant que station estivale : la **Curmanska Villan** rouge et jaune, de style nordique traditionnel, était la résidence d'été du docteur qui recommanda les bienfaits de la station à un grand nombre de ses patients ; les thermes richement décorés, qui datent de 1864, et la salle des fêtes à tourelles, **Societetshuset** (copie de l'édifice d'origine), sont situés dans Havsbadsparken.

Havets Hus – *À l'extrémité de Södra Hamngatan - ✆ 0523 668 161 - www.havetshus.se - ♿ - de fin juin à fin août : 9h-18h ; reste de l'année : 10h-16h - 150 SEK (5-17 ans 85 SEK).* Cette maison abrite un petit musée – annexe du Centre de recherche marine de Göteborg – consacré à la vie en milieu marin le long des côtes et dans les eaux du Gullmarsfjord.

Vikarvet – *Turistgatan 17 (suivre la signalisation) - ✆ 070 750 73 22 - www.vikarvet.se - mai et août : sam. 12h-15h ; reste de l'année : se rens. - possibilités de visite sur réserv. - 70 SEK (- 18 ans gratuit).* Musée illustrant la pêche et les carrières locales.

Prendre le chemin à gauche derrière Vikarvet, puis tourner encore à gauche en direction des quais.

Stångehuvuda – Ce promontoire de granit rose voit croître plus de 250 espèces de plantes, aussi est-il souvent inclus dans les promenades à vocation botanique et géologique. L'ancien centre de pêche du hareng (Gamlestan) était situé autour du port nord. L'église, en granit de Bohus et datant de 1901, perchée au sommet de la colline, servait de point de repère aux marins.

Fiskebäckskil – *Accès depuis Lysekil Södra Hamnen par la ligne de ferry 847 de Vasttrafik, 15mn de traversée.* De l'autre côté du fjord Gullmar, Fiskebäckskil est une localité de pêcheurs appartenant à la municipalité de Lysekil. Avec ses ruelles fleuries piquetées d'adorables maisons en bois jaunes et blanches, et son impressionnante église, elle offre une jolie escapade.

Reprendre la route 162, tourner à droite à Brastad et suivre la signalisation.

★ Gravures rupestres de Backa (BACKA HÄLLRISTNINGAR)

Elles sont situées en bordure d'une route de campagne. La première gravure importante que l'on rencontre représente, entre autres, la silhouette grandeur nature d'un homme brandissant une hache. Des cercles (disques solaires) sont représentés sur une autre gravure 600 m plus loin. Le soleil et les saisons avaient une grande importance pour les peuples du début de l'âge du bronze.

Continuer sur la route 162 en direction de la E 6, puis prendre la route 171 vers Kungshamn.

★ Nordens Ark

La réserve fait partie d'un domaine (Åby Säteri) situé près de la route 171. ✆ 0523 795 90 - www.nordensark.se - de fin juin à mi-août : 10h-18h ; reste de l'année : 10h-16h - dernière entrée 1h av. la fermeture - 260 SEK (5-17 ans 110 SEK).

Île de Smögen.
mikdam/Getty Images Plus

La réserve de l'Arche nordique a été fondée en collaboration avec le **Jersey Wildlife Conservation Trust** pour servir de refuge et de lieu de reproduction aux animaux menacés de disparition. La campagne environnante fournit aux enclos un cadre naturel splendide et les visiteurs peuvent apercevoir les animaux (renards argentés, gloutons, otaries, panthères des neiges, chevaux de Przewalski et grands-ducs) en se promenant le long des trottoirs de bois.

Continuer 100 m au-delà de l'entrée de Nordens Ark jusqu'à un petit parking.

Åby – Une autre série de **peintures rupestres** représentant des scènes de la vie guerrière orne les bateaux. Des passagers en rangs serrés y sont représentés, certains brandissant des haches et des lances, d'autres portant des coiffures traditionnelles, probablement en pleine danse rituelle.

La route 171 conduit à Smögen.

3

★ Île de Smögen

L'île est reliée à la côte par un pont. C'est un port de pêche important qui accueille les chalutiers au retour de la pêche et où la **vente des crevettes à la criée★** est une distraction quotidienne. Le quai de bois, **Smögenbryggan**, est un endroit apprécié des visiteurs ; il pointe vers le large en se faufilant à travers les bateaux de plaisance et les hangars à bateaux, aujourd'hui transformés en boutiques, cafés et restaurants, où l'on peut déguster les crevettes de Smögen toutes fraîches.

Kungshamn

De l'autre côté du détroit, cette ville à la fois station balnéaire et port de pêche côtier constitue le pendant de Smögen.

Prendre au nord la route 174 sur environ 7 km ; une route sur la gauche permet de franchir le canal de Soten et d'atteindre la réserve naturelle de Ramsvikslandet.

★ Ramsvikslandet

C'est une réserve naturelle où l'on peut également voir les affleurements de granit rose du Bohuslän balayés par les puissantes vagues du Skagerrak à l'ouest et

léchés à l'est par les eaux paisibles du canal de Soten. Tournez à gauche après le pont pour admirer l'alignement austère des falaises ou au contraire à droite pour rejoindre la plage et le terrain de camping.
Suivre la route 174 qui longe la côte et, 3 km au-delà de Bovallstrand, tourner à gauche en direction d'Hamburgsund.

Église de Svenneby

✆ 0525 640 23 - www.svennebygamlakyrka.se - sur RV uniquement. Pimpante depuis sa rénovation, cette jolie église romane date du début du 12e s. À l'intérieur, les magnifiques **peintures★★** de la voûte en bois datent de 1741. On remarquera un morceau de crucifix ainsi que d'autres sculptures rares du 13e s.
Au-delà de Hamburgsund, continuer le long de la route 163.

★★ Fjällbacka

L'histoire de ce petit port blotti sur les flancs de granit rose du Vetteberget a commencé avec le commerce du hareng, dont l'huile servait notamment à éclairer les réverbères parisiens. Homards, écrevisses, huîtres et crabes sont aujourd'hui plus souvent au menu des touristes, venus sur les traces d'**Ingrid Bergman**. De 1958 à 1982, l'actrice a passé tous ses étés à Fjällbacka. Une statue de bronze a été érigée à sa mémoire sur la place qui porte aussi son nom. Réserve-t-on le même hommage à **Camilla Läckberg**? Native du village, l'écrivain a fait de sa terre natale le cadre de ses romans policiers *(voir aussi p. 494)*. Aujourd'hui, le petit port de pêcheurs qui fleurait le hareng est devenu l'une des stations balnéaires les plus chères de Suède.
Tout le long de la côte, la terre arable alterne avec les affleurements rocheux.

Grebbestad

Cette localité est réputée pour ses homards, et surtout ses huîtres, dont elle assure 90 % de la production suédoise.
La route 163 rejoint la E 6 à Tanumshede. Rester à droite et, 400 m plus loin, tourner de nouveau à droite. La route d'accès aux gravures rupestres (Hällristningar) est indiquée à partir de l'église.

★★★ Gravures rupestres de Tanum (TANUM HÄLLRISTNINGAR)

☺ Le musée de Vitlycke *(voir ci-après)* organise des visites guidées des gravures rupestres *(de 30mn à 2h à pied; rens. et réserv.: ✆ 0705 84 58 29)*.
Ce célèbre site du début de l'âge du bronze (1500-500 av. J.-C.) fait partie du **Patrimoine mondial de l'Unesco**. Les gravures du nord de la Scandinavie représentent de façon très caractéristique des scènes de chasse, tandis que celles des régions du Sud, y compris le Bohuslän, illustrent le plus souvent des thèmes agricoles. Il est tout à fait possible qu'à l'origine les gravures aient été peintes en ocre rouge. Certaines ont été repeintes afin d'être plus faciles à repérer. Animaux et êtres humains – femme aux cheveux longs et homme représenté avec un pénis – y sont esquissés. Dans la plupart des cas, chaque silhouette forme un tableau séparé, mais il arrive que, pour composer une véritable scène, plusieurs silhouettes soient groupées.
Quatre sites ont été aménagés :
Vitlycke – *À 2 km au sud de l'église de Tanum.* Les gravures rupestres représentent divers bateaux rudimentaires, des personnages brandissant des haches et des couples amoureux. Indispensable à la bonne compréhension du site, le **musée** fournit des renseignements sur les gravures, leurs auteurs et leur mode de vie. Une ferme de l'âge du bronze donne une idée de ce qu'était la vie à cette époque, et vous

pourrez, l'été, vous y essayer au tir à l'arc *(☏ 010 441 43 10 - www.vitlyckemuseum.se - ♿ - mai-août : 10h-17h; sept.-déb. nov. et avr. : 10h-16h - gratuit).*
Aspeberget – *Continuer encore pendant 500 m; les gravures se trouvent à 100 m au-delà du parking, en bordure de route.* Parmi cette succession de gravures, le visiteur pourra distinguer plusieurs silhouettes, une rangée de taureaux robustes suivis d'un homme, peut-être le gardien du troupeau, un laboureur, un archer et un grand chariot à quatre roues tiré par deux animaux.
Litsleby – *500 m plus loin, tourner à droite (indication : « Tegneby »), puis continuer pendant 800 m pour apercevoir le parking et les gravures sur la gauche.* La silhouette de plus de 2 m de hauteur d'un homme brandissant un épieu a été gravée sur des gravures antérieures.
Fossum – *À 4 km à l'est de l'église de Tanum par la route 163 en suivant la signalisation « Hällristningar ». Le parking est à droite de la route et les gravures de l'autre côté, à peu près 10 m plus loin.* Ici, les silhouettes sont groupées en rangs serrés. On peut voir de nombreux bateaux presque identiques et des scènes de chasse.
Reprendre la E 6 vers le nord, puis prendre à droite la route 164 et suivre la signalisation pour « Skee Kyrka » pendant 2 km.

Église de Skee

Sur RV uniquement à l'office du tourisme de Strömstad (voir plus loin). L'abside et les trois portails de cette église romane, qui date d'environ 1150, sont caractéristiques de cette période. Le **chœur★** est un joyau d'architecture romane. Le retable de Lübeck date des années 1490, malgré son cadre et sa base de style baroque ajoutés en 1686. La **Vierge de Skee**, placée sur un autel à gauche, en stéatite de couleur sombre, date du 13e s. À l'origine, la statue se trouvait au-dessus du portail ouest. Les peintures du plafond datent de la restauration de 1924.
Strömstad se trouve 10 km à l'ouest de l'église de Skee.

★ Strömstad

ℹ Ångbåtskajen 1 - ☏ 0526 623 30 - www.vastsverige.com/stromstad
Cette station balnéaire bien établie appartint à la Norvège jusqu'en 1658, puis on l'encouragea à jouer le rôle de nouveau centre commerçant. Aujourd'hui, le port est animé par le va-et-vient des ferries à destination de Sandefjord en Norvège *(2h de bateau)* et la ville est un centre commerçant actif. Cependant, ce sont les crevettes et les homards frais qui ont fait sa réputation.

★ Îles Koster

ℹ kosteroarna.com et www.vastsverige.com/en/kosterhavet
Accès en ferry : Koster Marin - ☏ 0526 20 110 - www.kostermarin.se - 140 SEK AR (7-19 ans 104 SEK).
Ces îles habitées sont interdites aux voitures. Les plus occidentales de Suède, elles jouissent d'une douceur climatique particulière due au Gulf Stream qui leur permet d'avoir une végétation luxuriante et une faune variée. Entouré par le **parc national maritime de Kosterhavet**, l'archipel est très prisé des Suédois qui adorent se promener en kayak le long des côtes, s'arrêter dans les criques et observer les oiseaux.
En sortant de Strömstad par le nord, se diriger vers le croisement de la route 176 et de la E 6.
Le tumulus de **Grönehög**, qui mesure 6 m de haut et 45 à 50 m de diamètre, date d'environ 500 av. J.-C.
Reprendre la E 6 et tourner à droite.

Blomsholmsskeppet

Du parking, un chemin à gauche conduit au bateau de pierres tandis que le chemin de droite mène au cercle de pierres.

Bateau de pierres – Cet imposant alignement en forme de bateau, de 42 m de long et 9 m de large, est doté d'une pierre de 4,3 m de hauteur marquant la proue. Le bateau et les petites pierres funéraires qui l'entourent datent de l'âge du fer ou peut-être de la période des migrations (400-600), comme le **cercle de pierres**, d'un diamètre de 33 m.

Svinesundsbron

Le pont de Svinesund, arc de cercle de 420 m de long reliant la Suède et la Norvège, fut construit entre 1939 et 1942 au-dessus du détroit, puis ouvert à la circulation quatre ans plus tard.

Carnet pratique

S'informer

Voir les coordonnées des offices de tourisme au nom des localités décrites.

Agenda

Semaine des chevaliers – *www.riddarveckan.com.* Déb. juil. Une semaine de fêtes médiévales, défilés de chevaliers et tournois.

Festival international de blues d'Åmål – *www.bluesfest.net.* 2e w.-end de juillet.

Hornbore Ting – *www.hornboreting.se.* Déb. août. Marché viking à Hamburgsund.

Nos adresses

Restauration

Île de Marstrand

Pour se faire plaisir

Grand Tenan – *Rådhusgatan 2 - 0303 603 22 - grandmarstrand.se - de fin juin à fin août : 12h30-16h30, 18h-1h; reste de l'année : se rens. - plats 245/345 SEK.* Le restaurant du Grand Hôtel *(voir « Hébergement »)* offre une véritable expérience gastronomique avec une sélection de poissons et de fruits de mer préparés et cuits à la perfection, mais aussi d'excellents plats de viande.

Île de Tjörn

Pour se faire plaisir

Vatten Restaurang & Kafé – *Södra Hamnen 6 - 0304 67 00 27 - café : tlj sf lun. 11h-16h ; restaurant : mar.-vend. 11h30-14h30, w.-end 12h-15h - plats 249/269 SEK.*
Le restaurant du musée nordique de l'Aquarelle *(voir p. 387)* s'ouvre sur la mer à travers d'immenses panneaux de verre et, lorsque le temps le permet, les repas sont servis sur la terrasse : une façon très agréable de prolonger la visite.

Activités

Sur l'eau

Le choix d'**excursions en bateau** est vaste. Ceux qui préfèrent hisser eux-mêmes les voiles ou tenir la barre d'un bateau à moteur ont à leur disposition nombre de loueurs. La pêche en mer, la plongée, la pêche en eau douce et la natation sont aussi très pratiquées.

Kayak – *Gustafsberg 320 - ✆ 0705 13 10 85 - upplevelsebolaget.com.* Excursions dans les archipels au départ d'Uddevalla.

Sur terre

Les adeptes du vélo pourront se procurer auprès des offices de tourisme des cartes des pistes cyclables qui couvrent toute la côte du Bohuslän, entre Svinesund, près de la frontière norvégienne, et Göteborg.

Bohusleden – *bohusleden.se.* Long de 360 km, ce chemin de grande randonnée relie Strömstad et Lindome. Brochures et cartes dans les offices de tourisme.

Vous pouvez aussi consulter le portail touristique dédié à la randonnée dans la région : **www.westsweden.com/hiking**.

Hébergement

À Gustafsberg

Premier prix

STF Hostel Gustafsberg/ Uddevalla – *Gustafsberg 413 - ✆ 0522 152 00 - gustafsberg.se - lit en dortoir 400/450 SEK.* L'auberge de jeunesse du village s'est installée dans l'ancien établissement thermal du 19e s., face à la mer. Dortoirs rustiques, mais quel cadre !

Île de Marstrand

Budget moyen

Scandic Laholmen – *Laholmen - ✆ 0526 197 00 - www.laholmen.se - P 120 SEK/j. - ♿ - 152 ch. 1990/2 190 SEK ☕ - ✕.* Proche du centre-ville, ce grand hôtel au confort irréprochable est bâti en front de mer, à la frontière avec la Norvège. Sauna sur le toit-terrasse panoramique.

Pour se faire plaisir

Grand Hotel Marstrand – *Rådhusgatan 2 - ✆ 0303 603 22 - www.grandmarstrand.se - P payant - 23 ch. 2295/4195 SEK ☕ - ✕.* L'hôtel historique de l'âge d'or de Marstrand offre une vue superbe sur le port *(voir aussi restaurant Grand Tenan p. ci-contre).*

Îlot d'Hamneskär

Une folie

Pater Noster – *en.paternoster.se - ✆ 073 324 77 04 - juil.-août seult - 9 ch. et 1 lit à la belle étoile - à partir de 5000 SEK.* Une expérience unique ! Sur un îlot rocheux au large de Marstrand, vous dormirez dans un phare construit en 1868 par l'ingénieur Gustav von Heidenstam et participerez à des activités sur place : pêche en haute mer, cuisine de la prise du jour et d'algues marines, voile, kayak, méditation, etc. Il faut casser sa tirelire, mais vous n'oublierez pas Hamneskär !

À Fjällbacka

Budget moyen

Villa Evalotta – *Skolgatan 2 - ✆ 0525 76 50 60 - www.villaevalotta.se - 14 ch. - 1790/2890 SEK.* Entre hôtel et chambre d'hôte, les prestations de cet établissement bien situé (à 100 m du port) ne vous décevront pas. Tout est fait pour que vous vous sentiez chez vous. Pas de petit déjeuner, mais cuisine à disposition des hôtes.

Varberg ★ et la côte du Halland ★

La ville fortifiée de Varberg joua un rôle stratégique tout au long du Moyen Âge, mais elle gagna de l'importance lorsqu'elle devint l'une des places fortes de la formidable ligne de défense du Danemark. La ville s'installa sur son site actuel à la suite d'un incendie en 1666. Au 19e s., elle devint célèbre en tant que station thermale et balnéaire. Varberg a su valoriser cet héritage, car la ville est toujours un centre couru lors des week-ends prolongés et des vacances d'été. Gare aux bouchons !

Les thermes de Varberg.
Rolf_52/Getty Images Plus

Se repérer

CARTE AB3-4 (P. 358-359)

68 397 habitants

Sur la côte occidentale, à 73 km au nord de Göteborg et 144 km au sud d'Helsingborg.

À ne pas manquer

La forteresse et son musée ; un sauna dans les bains historiques de Varberg *(voir Kallbadhuset p. 400)*.

Organiser son temps

Comptez deux jours pour la côte du Halland avec une nuit à Varberg ou à Halmstad.

Nos adresses p. 400

★ Varberg et ses environs

CARTE P. 358-359 (A3)

Västra Vallgatan 39 (Brunnsparken) - ✆ 0340 868 00 - www.visitvarberg.se.

Storatorget

Le mercredi et le samedi, un marché se tient sur la **place principale** où fleurs et légumes côtoient les étals de tissus multicolores fabriqués localement. Au centre de la place, le groupe *Jeunes Gens au bain* est l'œuvre de Bror Marklund.

★ Forteresse (FÄSTNING)

Vision pleine de puissance que cette forteresse regardant la mer depuis son promontoire rocheux, cernée de sentiers paysagers. Construite vers 1280, elle fut agrandie au 14e s. et devint une véritable place forte royale sous le règne de Magnus Eriksson. L'édifice fut très endommagé pendant la lutte qui opposa le Danemark et la Suède pour la suprématie dans la Baltique, mais c'est le roi de Danemark Christian IV qui engagea **Hans Van Steenwinckel l'Ancien** pour construire un château de style Renaissance italienne muni de bastions et de remparts (1595-1617). Cet architecte hollandais se vit confier la construction d'autres forteresses le long de la ligne de défense danoise, telles Halmstad et Bohus, ainsi qu'Akershus en Norvège. Par la signature du traité de Roskilde en 1658, le château fut cédé à la Suède. Son importance stratégique perdue, il se délabra vite et servit de prison de 1848 à 1881. Il abrite désormais les collections du musée historique du Halland.

Musée historique du Halland (Hallands Kulturhistoriska Museum) – *✆ 03 40 828 30 - www.museumhalland.se - ♿ - de déb mai à fin juin : mar.-dim. 10h-16h ; de fin juin à fin août : 10h-17h ; reste de l'année : mar.-dim. 12h-16h - fermé 1er janv., 24 juin, 23-26 et 31 déc. - 100 SEK (-19 ans gratuit).* La vedette du musée est un inconnu venu du 14e s., **l'homme du marais de Bocksten★**. Une salle lui est consacrée, détaillant comment il fut retrouvé en 1936, parfaitement conservé par la tourbe, dans ses habits médiévaux, auréolé d'une couronne de cheveux roux. Autre pièce majeure : la balle qui aurait tué Charles XII en 1718 au château de Fredriksten en Norvège, même si les historiens remettent en cause son origine. Une salle est dédiée aux peintres de l'**école de Varberg** *(voir encadré)* et aux artistes verriers les plus célèbres de Suède : Ulrica Hydman-Vallien et Edvin Öhrström.

Enceinte – En face des écuries du roi Charles XII, l'ancienne prison du 19e s. a été convertie en auberge de jeunesse *(www.fastningensvandrarhem.se)*. Derrière les écuries, les quartiers des officiers sont aujourd'hui des logements privés. La porte centrale, datant de 1612, permet de pénétrer dans la cour intérieure.

Thermes de Varberg

À droite de la forteresse, le long du rivage, les thermes alimentés en eau froide s'abritent dans un remarquable bâtiment rectangulaire en bois, dressé sur pilotis

L'école de Varberg

Trois artistes, **Richard Bergh** (1858-1919), **Nils Kreuger** (1858-1930) et **Karl Nordström** (1855-1923), influencés par Gauguin et Van Gogh, travaillèrent à Varberg de 1893 à 1896. Amis depuis leurs études à l'Académie des beaux-arts de Stockholm, ils avaient séjourné à **Grez-sur-Loing**, en France, au sein d'un groupe d'artistes suédois *(voir encadré p. 279)*. Le symbolisme et le synthétisme de Gauguin déterminèrent l'orientation de leur travail à Varberg et influencèrent considérablement les membres du mouvement romantique national suédois au début du 20e s.

3

et orné de coupoles de style mauresque *(voirKallbadhuset p. 400)*. De son passé thermal, Varberg a également gardé le **Societetsparken**, qui est toujours un lieu de divertissement en été, avec sa Societetshuset, une salle des fêtes désormais utilisée comme restaurant et salle d'exposition.

À proximité

CARTE P. 358-359

Grimeton Radio Station A3

Grimeton 72 - Rolfstorp (10 km à l'est de Varberg) - ✆ 0340 67 41 90 - www.grimeton.org - juin-août : 10h-17h, reste de l'année : se rens. - 100 SEK (-18 ans gratuit).
C'est de cette station de radio historique, classée au Patrimoine mondial de l'Unesco, que furent émis en 1923 les premiers signaux de radio sans fil transatlantiques. Le site, qui témoigne d'une véritable révolution technique, a conservé son matériel de transmission et son imposant système d'antennes (six pylônes de 127 m de haut !).

★ La côte du Halland

CARTE P. 358-359

La côte du Halland qui s'étend au sud de Göteborg jusqu'à « Hallands Åsen » *(au sud-est de Båstad)*, sorte de crête qui forme une frontière naturelle entre les provinces du Halland et de Scanie, offre des paysages plats caractéristiques s'étendant à perte de vue, des baies largement ouvertes et d'immenses plages de sable.

Au nord : la côte de Varberg à Kungsbacka A3

Circuit tracé en vert foncé sur la carte p. 358-359 - 50 km le long de l'axe E 6/E 20 (compter quelques kilomètres en plus pour les détours vers le château et Äskhult). Récupérer la route E 20 vers le nord jusqu'à la sortie 58 et suivre les indications.

Apelviken

Cette plage très fréquentée est accessible à pied depuis Varberg (4 km) par un chemin qui commence juste au sud de la forteresse et suit la courbe de la baie. On passe devant l'hôtel Kurorten qui dispose d'un centre de thalassothérapie.

★ Château de Tjolöholm (TJOLÖHOLMS SLOTT)

Sur une presqu'île de Kungsbackafjorden. ✆ 0300 40 46 00 - www.tjoloholm.se - de mi-juin à déb. sept. : 11h-16h ; de déb. sept. à fin nov. : vend.-dim. 11h-15h - reste de l'année : se rens. - 150 SEK (3-14 ans 75 SEK).
Ce manoir de style Tudor comprend une grande résidence et tout ce que l'on associe d'ordinaire à un domaine anglais : un village, une chapelle, des chevaux et un pavillon de garde. L'ensemble fut construit entre 1898 et 1904. Faute de plan bien défini, le vaste intérieur semble avoir l'opulence pour principal critère, du fumoir de style mauresque au bureau lambrissé de chêne, de la salle à manger de style Jacques Ier à la chambre à coucher royale. Voir l'ingénieux système de douches et la collection de **calèches** du 19e s. Le **parc** descend en pente douce vers la rive.
Rejoindre la route E 6/E 20, sortir au croisement de Fjärås puis suivre la signalisation.

Äskhult

✆ 0300 54 21 59 (en saison) ou 0300 83 46 05 - www.askhultsby.se - de mi-juin à fin août : 11h-17h ; reste de l'année : se rens. - 50 SEK (2-15 ans 25 SEK) - café.
Ce hameau comprend quatre fermes autour d'une cour, ouvertes à la visite et qui dressent un tableau de la vie au 18e s. Au début du 19e s., 35 personnes habitaient

ici, mais entre 1890 et 1914, 25 d'entre elles émigrèrent aux États-Unis. Le village ne vit naître aucun enfant au cours du 20e s. et le dernier villageois mourut en 1964... *Rejoindre la route E 6/E 20 pour sortir à Kungsbacka (n° 59).*

Kungsbacka

Le centre de bourg est bordé de pittoresques maisons de bois aux couleurs pastel.

★ Au sud : la côte de Varberg à Halmstad AB3-4

Circuit tracé en violet sur la carte p. 358-359 - environ 68 km. Prendre la route E 20 jusqu'à la sortie 51.

Falkenberg A3

Holgersgatan 11 (descendre vers la rivière qu'il faut longer dans le sens du courant)- ✆ 0346 88 61 00 - www.visitfalkenberg.se.
Jadis célèbre pour ses céramiques et son industrie de la chaussure, cette ville a acquis une renommée encore plus grande pour la qualité de sa pêche au saumon. Il est courant de voir des pêcheurs à l'œuvre dans la rivière Ätran, en plein centre de la ville. Le pont en pierre **Tullbron★** fut construit entre 1756 et 1761.
Continuer le long de l'eau : l'église est indiquée à droite.
★★ **Église St-Laurent (Sankt Laurentii Kyrka)** – *Extrémité sud de Storgatan.* Cette église blanchie à la chaux date du 13e s. Dédiée au patron des artisans, elle fut agrémentée d'une tour vers 1780. L'intérieur est charmant, les couleurs pastel contrastant avec la voûte en bois de la nef décorée de riches peintures sur fond bleu ciel. La peinture centrale illustre le Jugement dernier. Il reste aussi des traces de peintures murales du 17e s. Les fonts baptismaux datent du 16e s. et la chaire en bois de frêne (1978) représente le Christ ressuscitant la fille de Jaïrus. Remarquez le bateau qui constitue une offrande votive.
Autour de l'église, la **vieille ville★** a conservé son charme médiéval grâce à ses maisons basses en bois, datant des 18e et 19e s., dressées dans les étroites rues pavées.
RIAN Design Museum – *Skepparesträtet 2 - ✆ 0346 886 125 - www.rian.se - ♿ - horaires variables : se rens. - 40 SEK (-19 ans gratuit).* Logé dans un ancien bâtiment à grains (1865), ce musée est dédié au design en général, plus particulièrement au design dans le Halland. Des expositions temporaires également.
Quitter Falkenberg en direction de Skrea Strand et suivre la route touristique représentée par un pictogramme en forme de fleur blanche sur fond marron.

Musée de l'Automobile et de l'Avion, à Ugglarp A3

(SVEDINOS BIL & FLYG-MUSEUM)

✆ 0346 431 87 - www.svedinos.se - juil.-août : tlj ; mai, juin et sept. : w.-end, se rens. pour les horaires - 140 SEK (5-15 ans 60 SEK).
Aisément repérable aux deux appareils qui veillent à l'entrée, il présente un grand nombre de vieilles voitures et avions et attire les amateurs de tout âge.
Continuer le long de la route côtière. 2 km avant Gullbrandstorp, au fumoir à saumon « Lingalax », suivre « Naturreservat », puis prendre à gauche à l'embranchement.

★★ Réserve naturelle d'Haverdal (HAVERDAL NATURRESERVAT) B4

Accès libre. Brochure et plan de randonnée à disposition.
Plus de la moitié de la superficie de cette réserve est occupée par des dunes mouvantes ; une bande de sable de 4 km de long sur 30 m de large, parallèle au rivage, est constituée d'une rangée de dunes stabilisées par des touffes d'herbes folles. Un chemin en pente raide conduit au sommet de la grande dune, **Stora Sandkullen** *(suivre « Dynen »)*, haute de 36 m, d'où la vue embrasse la réserve et la côte.
Sur la route touristique, le musée est indiqué à droite.

3

★ Musée d'art de Mjellby (MJELLBY KONSTMUSEUM) B4

✆ 035 137 195 - www.mjellbykonstmuseum.se - fermé jusqu'en 2024, se rens.
Cet attrayant centre artistique situé en pleine campagne fut fondé par la fille d'Erik Olson, l'un des membres du **groupe de Halmstad** *(voir encadré ci-dessous).* Elle passa elle-même dix-sept ans à Paris au sein de la communauté artistique et décida à son retour de créer un centre consacré principalement au groupe de Halmstad et à des expositions temporaires dédiées aux grands maîtres (Le Corbusier, Léger, Sonia Delaunay et les surréalistes français) qu'elle avait connus à Paris.
Continuer vers l'aéroport pour gagner Halmstad.

★ Halmstad B4

ⓘ Köpmansgatan 20 - ✆ 035 12 02 00 - www.destinationhalmstad.se.
La plus grande ville du Halland, qui se développa à partir d'une petite agglomération située à l'estuaire du fleuve Nissan, est aujourd'hui un centre industriel et un port actif.
★ **Tylösand** – *À Halmstad, le bus n° 30 dessert la plage de Tylösand (dép. ttes les 20mn d'Österskans, dans le centre-ville ; env. 40mn). Le bus n° 10 relie la plage de Tylösand à celle de Ringenäs.* Halmstad doit aussi sa renommée à ses belles plages de sable, la plus populaire étant celle de Tylösand, à 8 km au sud-ouest, appréciée par les familles.
★ **Château** – *Ne se visite pas.* Christian IV engagea en 1620 l'architecte hollandais Hans Van Steenwinckel pour la construction du château qui devait contribuer à la défense de la ville. Il sert aujourd'hui de résidence au gouverneur du comté.
Stora Torg – La splendide **fontaine**★ *Europe et le Taureau* de Carl Milles agrémente depuis 1926 la place principale. Sur le côté sud, l'**église St-Nicolas** (Sankt Nikolaikyrkan), datant du Moyen Âge, arbore de **beaux vitraux**★★★ du 20e s. riches en couleurs. Les hautes fenêtres sont l'œuvre d'**Einar Forseth** (1892-1988), qui composa l'ensemble de mosaïques dorées du Stadshuset de Stockholm *(voir p. 213)*, ainsi que le pavement de mosaïques de la cathédrale de Coventry en Grande-Bretagne. **Erik Olson** (1901-1986), peintre du groupe de Halmstad, dessina les deux fenêtres rondes plus petites. On remarquera en particulier la richesse du détail des scènes représentées.
Au n° 7 de Kyrkogatan, l'**auberge à colombage des Trois Cœurs** (Tre Hjärtan) date du 18e s. Selon la tradition, les trois cœurs couronnés auraient été offerts par le roi Christian IV – dont le propre blason comprenait un seul cœur – aux habitants de la ville en reconnaissance de leur défense de la cité durant le siège infligé par les Suédois en 1653. Les cœurs couronnés ont aujourd'hui pris place dans les armoiries de la ville.
Storgatan – La section piétonne qui s'étend de Stora Torg à Lilla Torg est ornée de sculptures, notamment le soldat **« 91 Karlsson »**, personnage comique populaire en Suède. À l'extrémité de la rue proche de Lilla Torg, on peut voir aussi la porte nord (Norre Port), de 1601, et des vestiges des remparts de la ville, Norre Katt.
Suivre le fleuve vers le nord au-delà du parc de Norre Katt.

Le groupe de Halmstad

Fondé en 1929, ce groupe d'artistes d'avant-garde, des peintres et poètes ayant subi l'influence du surréalisme et proches de Fernand Léger, fut l'un des pionniers du mouvement d'art moderne en Suède. Ses membres avaient un lieu d'exposition permanent à Halmstad, d'où leur nom. L'un des plus connus est le peintre Erik Olson (1901-1986).

Le passé danois de Halmstad

Comme toute la région environnante, Halmstad fut une possession danoise jusqu'à la signature du traité de Roskilde en 1658. La ville médiévale devint rapidement une place forte ceinte de remparts renforcés par des bastions et entourée de douves. Elle eut très tôt à assumer un rôle stratégique sur la ligne de défense danoise contre la Suède. C'est au château que le roi de Danemark **Christian IV** (1577-1648) reçut en grande pompe le roi Gustave II Adolphe pendant sept jours en 1619. La même année, un incendie ravagea la ville et, lors de la reconstruction, le roi Christian IV marqua la ville de son sceau en faisant modifier le château et la porte nord, et en dressant les plans de la vieille ville autour de Stora Torg. Lorsque le Halland passa finalement sous contrôle suédois, Halmstad perdit de son importance en tant que ville de garnison et, quand l'armée se retira définitivement au 18e s., les remparts furent rasés et les douves comblées.

Musée d'Art du Halland (Hallands Konstmuseum) – *Tollsgatan 2- ✆ 035 16 23 00 - www.hallandskonstmuseum.se - 11h-17h, merc. 11h-20h - fermé lun. - 80 SEK (-20 ans gratuit).* Rénové, l'édifice en briques rouges (1933) se prolonge désormais d'une élégante extension contemporaine (2018), qui semble se fondre dans le décor. L'exposition présente des artistes du 20e s. régionaux et nationaux, notamment GAN, Olle Bærtling et des membres du groupe de Halmstad. La visite vaut notamment pour sa collection de **tentures peintes★★** *(Bonader)*. Ces peintures populaires de style naïf, typiques de la région, mettent habituellement en scène des sujets bibliques, mais les costumes et les décors appartiennent en général aux 18e et 19e s. Ces tentures de tissu ou de papier ornaient les murs et les plafonds des maisons paysannes pendant les fêtes.

La bibliothèque sur la rivière Nissan, réalisée par Schmidt Hammer Lassen Architects à Halmstad.
J. Hennemuth/dpa-Zentralbild/age fotostock

3

Nos adresses

Restauration

À Varberg

Pour se faire plaisir

John's place – *Tångkörarvägen 4 - ✆ 0340 109 03 - www.johnsplace.nu - plats 145/410 SEK.* Au bord de la mer, ce resto-cabane créé dans les années 1970 par un Hollandais, Jan-John Bakker, est désormais un établissement réputé de Varberg. Cuisine de bistro, bonne carte des vins, ambiance cosy.

À Tylösand

Pour se faire plaisir

Salt – *Tjuvahålsvägen 9 - ✆ 035 335 01 - de mi-mai à fin août - restaurangsalt.se - plats 275/365 SEK.* Posé au bord de l'eau, ce restaurant gourmet offre un cadre très romantique pour dîner en été tout en appréciant le bruit des vagues. Bonne cuisine européenne avec quelques spécialités de poisson.

Petite pause

À Heberg

Laxbutiken – *À 8,8 km au sud-est de Falkenberg - ✆ 0346 511 10 - www.laxbutiken.se - 10h-19h.* La « boutique du saumon » décline le poisson de 30 façons différentes, dans le but de faire goûter aux visiteurs les spécialités du Halland.

À Halmstad

Espresso House – *Köpmansgatan 10 - ✆ 0765 219 123 - espressohouse.com - 9h-19h, sam. 10h-18h, dim. 12h-17h.* La carte des cafés est longue comme le bras, les pâtisseries plutôt bonnes, mais l'addition un peu salée. Une adresse pratique malgré ses airs de déjà-vu : la chaîne Espresso House est surnommée le « Starbucks de Suède ». Grande terrasse.

Shopping

À Varberg

Artisanat – En été, Västkusthyttan, l'un des entrepôts situés près du port de Varberg, reprend vie avec ses ateliers de verre soufflé, de céramique et de travail de l'argent.

À Falkenberg

Vous trouverez de nombreux commerçants dans les ruelles piétonnes à côté de la Stora Torg.

Activités

Bains à Varberg

Kallbadhuset – *Otto Torells gata 7 - ✆ 0340 173 96 - www.kallbadhuset.se - merc. 13h-20h, vend. 11h-17h, w.-end 9h-17h - 80 SEK (-15 ans 40 SEK).* Ces bains historiques – entièrement nudistes – sont séparés en deux parties : à gauche les femmes, à droite les hommes. L'expérience débute par une séance de sauna avec vue sur la mer (15-20mn), suivie d'un plongeon dans les eaux glacées, été comme hiver, du Kattegat. À tenter !

Plages

Apelviken, grande plage de sable très fréquentée, est accessible à pied *(4 km)* par un chemin qui commence juste au sud de la forteresse de Varberg et suit la courbe de la baie.

À **Falkenberg**, Skea Skrand au sud est la plage la plus fréquentée.

À l'ouest d'**Halmstad**, les plages les plus populaires sont aménagées entre Tylösand et Ringenäs, à 40mn en bus du centre-ville. Des activités nautiques, comme la planche à voile, s'y pratiquent, et des restaurants et des cafés, ainsi que quelques hôtels bordent le rivage. Au sud de la ville, les plages de Skummeslövsstrand et de Mellbystrand sont particulièrement attrayantes.

Sorties en mer

À Varberg, les visiteurs peuvent monter à bord des **bateaux de pêche** qui s'en vont chercher le poisson dans les eaux plus profondes du Kattegat. Les départs s'effectuent quotidiennement depuis le port dans le centre-ville. Vous trouverez toutes les informations et les prix à l'office de tourisme.

Observation des oiseaux à Varberg

Getteröns Naturzentrum – *Lassavägen 1 - Prendre Hamnvägen à l'ouest de la voie ferrée qui traverse une zone industrielle, puis suivre les indications à gauche - ✆ 0340 875 10 - naturumgetteron.se - site naturel : accès libre ; centre Naturum : se rens.* On a observé plus de 300 espèces d'oiseaux dans cette réserve naturelle, connue des ornithologues du monde entier. L'idéal est de rejoindre en quelques minutes de marche une des cabanes perdues dans les marais pour une immersion totale.

Hébergement

À Varberg

Budget moyen

Hotell Gästis – *Borgmästaregatan 1 - ✆ 0340 138 50 - www.hotellgastis.se - P - 66 ch. 1495/2845 SEK ☕ - ✕.* Cet hôtel insolite a été conçu par un collectionneur. Des couloirs de livres desservent les chambres, chacune décorée avec du mobilier et des objets chinés. Les styles se croisent – fauteuil club, armoire en bois, affiches du réalisme socialiste, etc. – pour apporter une touche chaleureuse à l'ensemble. Au final, la déco est très réussie dans certaines chambres, moins dans d'autres. Fasciné par le soviétisme, le propriétaire a reconstitué au sous-sol les bains que Lénine fréquentait.

À Halmstad

Budget moyen

Hotel Amadeus – *Hvitfeldtsgatan 20 - à 5mn à pied du centre - ✆ 035 16 60 00 - www.amadeus.nu - P - 65 ch. 1145/1795 SEK ☕.* Ce petit hôtel sans prétention a l'avantage d'être bien situé et correct. Il plaît aux Suédois ; réservation indispensable en été.

Hotel Mårtenson – *Storgatan 52 - ✆ 035 17 75 75 - www.hotellmartenson.se - P 120 SEK/j. - ♿ - 103 ch. 1775/2303 SEK ☕ - ✕.* Cet hôtel moderne vaut surtout pour sa localisation, au bout de la rue piétonne. Les chambres sont bien aménagées, celles donnant sur le canal disposent d'un petit balcon.

Hotel Continental – *Kungsgatan 5 - ✆ 035 14 95 00 - www.continentalsyd.se - 43 ch. 1590/2290 SEK ☕ - ✕.* Cet hôtel très bien situé propose des chambres confortables décorées dans le style ancien. L'ensemble est charmant et le petit déjeuner buffet très copieux.

Clarion Collection Hotel Norre Park – *Norra Vägen 7 - ✆ 035 21 85 55 - www.norrepark.se - P - 53 ch. 1031/1998 SEK ☕.* Cette grande demeure en brique est idéalement située face à un parc. Intérieur chaleureux, chambres impeccables et accueil souriant. Une très bonne adresse.

À Tylösand

Pour se faire plaisir

Tylösand – *Tylöhusvägen 28 - ✆ 035 305 00 - www.tylosand.se - P 🏊 ♿ - 225 ch. 1990/3590 SEK ☕ - ✕.* Situé à 10 km de la ville au bord de la plage, ce grand hôtel constitue un cadre idéal pour passer des vacances. Rien à redire des chambres. On trouve sur place un centre de soins, un sauna, un solarium, une piscine et quatre restaurants, dont un de grande qualité.

Lac Vättern ★

Réputé pour ses eaux agitées quand souffle le vent, le Vättern est le plus grand lac de Suède après le Vänern et le cinquième lac d'Europe; ses eaux claires et froides couvrent près de 2000 km² et sa profondeur maximale est de 128 m. L'autoroute E 4, qui longe la rive orientale, offre des vues remarquables sur le lac et ses alentours.

Se repérer

CARTE BC1-2 (P. 358-359)
Le lac Vättern est situé entre Göteborg et Stockholm, sur le parcours du Göta Kanal *(p. 374)* reliant les côtes occidentale et orientale de la Suède.

À ne pas manquer

Les points de vue sur le lac (Visingsö, Brahehus, Omberg) et l'église de Vadstena.

La rive orientale du Vättern, de Jönköping à Motala

CARTE P. 358-359 (BC2)

Circuit tracé en vert clair sur la carte p. 358-359 - 112 km au départ de Jönköping.

Jönköping B2

Principale ville du Småland, cette cité industrielle établie au bord du lac Vättern peut servir de ville-étape. Séparée en deux parties par un canal, on y découvre quelques rues piétonnes, le **musée des Allumettes** *(Tändsticksgränd 27 - matchmuseum.jonkoping.se - en rénovation jusqu'à l'été 2023, se rens.)* et l'**église Ste-Sophie** (Sofiakyrkan), édifice néogothique du 19e s.
De Jönköping, prendre l'autoroute E 4.

★ Gränna C2

Brahegatan 38 - 077 121 13 00 - www.granna.jkpg.com/en.
Ce charmant petit village aux rues pavées et aux maisons de bois peintes de couleurs variées est célèbre pour son **polkagris**, sucre d'orge blanc et rouge rayé, à la menthe, qui y a été inventé au 19e s. et que les confiseries locales se font un plaisir de perpétuer. Autre spécialité locale, l'aérostation, dont Gränna est devenu le principal centre en Suède, dans la lignée du savant **Salomon August Andrée** (1854-1897). Son histoire nous est contée au musée local.
Andrée Museet - *Brahegatan 38-40 - 036 10 38 90 - mai : 10h-16h; juin-août : 10h-17h; reste de l'année : mar.-vend. 10h-16h, w.-end 12h-16h - 70 SEK (7-15 ans 20 SEK).* Musée consacré à la tentative de survol du pôle Nord en ballon par **Salomon August Andrée** en 1897. Le vol se termina par un désastre et les trois aéronautes périrent en essayant de revenir à pied. Leurs corps gelés furent retrouvés avec divers objets trente-trois ans plus tard sur le Spitzberg, la plus grande île de l'archipel du Svalbard, qui appartient à la Norvège.

★ Visingsö BC2

À 25mn par ferry au départ de Gränna. Cette île attrayante vouée à l'agriculture fut un centre politique aux 12e et 13e s. De 1561 à 1680, la famille Brahe résida au **château de Visingsborg**, dont on peut voir les ruines sur la droite du port. Plus au nord, l'**église des Brahe**, commencée en 1564 par Magnus Brahe, fut achevée en 1636 par son petit-fils, Per Brahe le Jeune. Elle recèle de nombreux objets ayant

appartenu à cette illustre famille. L'**église de Kumlaby**, datant de 1135 et se composant d'une nef caractéristique de cette époque, est très belle dans sa simplicité. La terrasse offre un beau point de vue *(78 marches)*.
Parcourir 9 km au nord de Gränna sur l'autoroute E 4.

Brahehus C2

Per Brahe le Jeune fit construire cette résidence champêtre pour sa femme en 1650, avec les pierres provenant du monastère d'Alvastra. Perchée au sommet d'une falaise, elle offre de belles vues de Visingsö et des autres propriétés de la famille.
Quitter l'autoroute E 4 pour poursuivre sur la route 50 qui longe le lac.

Ruines du monastère d'Alvastra, à Ödeshög C2

Il ne reste que des pans de murs du monastère fondé par les cisterciens en 1143 près du mont Omberg *(voir ci-après)*. Cet établissement, l'un des premiers en Suède avec Herrisvad et Nydala, prospéra et devint l'un des plus riches et des plus puissants monastères cisterciens. À la dissolution des monastères, les pierres furent utilisées pour d'autres constructions.
Longer la côte vers le nord sur 10 km.

Omberg C2

Longue de 10 km, large de 3 km et haute de 263 m, cette crête montagneuse se termine par un escarpement qui tombe à pic dans le lac. De ses carrières, on extrait une pierre calcaire bleutée fréquemment utilisée en construction.
Strand – Cette maison, située dans un beau cadre sur les rives du lac Vättern, fut la demeure de l'écrivain féministe **Ellen Key** (1849-1926), qui fut l'une des premières à exiger le droit de vote pour les femmes.
Rök se situe 12 km à l'ouest d'Omberg.

★ Rökstenen C2

Cette célèbre pierre runique, proche de l'autoroute E 4, fut érigée en 900 en souvenir du fils d'un chef viking. Une inscription runique, longue et compliquée, en couvre la plus grande partie. Petite exposition à proximité (en suédois).
Reprendre la route 50 vers le nord.

3

★ Vadstena C2

ℹ *Storgatan 28 - ✆ 010 234 7370 - www.upplevvadstena.se.*
Sainte Brigitte *(voir encadré p. 404)*, patronne de la Suède, fit la renommée de cette jolie petite ville, située sur le bord du Vättern, qui devint au Moyen Âge un important lieu de pèlerinage et acquit le surnom de « Rome du Nord ». Il faut prendre le temps de flâner au cœur de la ville qui a conservé son caractère médiéval avec ses rues étroites et ses nombreux édifices charmants.
Quitter Stora Torget vers le nord par Torggatan qui débouche dans Lasarettsgatan.
★★★ **Abbatiale (Klosterkyrkan)** – *✆ 0143 298 50/52 - www.svenskakyrkan.se/vadstena - juin-août : 8h-19h, w.-end 9h-19h ; sept.-mai : 8h-16h, vend. 8h-19h, w.-end 10h-16h ; reste de l'année : se rens.* Brigitte avait décidé très tôt de fonder une abbaye pour hommes et pour femmes sur les terres familiales de Vadstena. Les travaux commencèrent vers 1360, mais l'église ne fut consacrée qu'en 1430. Construite en pierre calcaire bleutée d'Omberg, elle présente une nef prolongée par un chœur étroit, curieusement orienté vers l'ouest. L'absence de décoration excessive rappelle le style simple mais expressif de l'ordre cistercien. Les hautes fenêtres et les contreforts robustes sont les seuls ornements de la façade. L'intérieur spacieux laisse une impression de puissance. La belle voûte en étoile repose sur des piliers octogonaux en pierre calcaire. L'église est célèbre pour sa

Heliga Birgitta

Brigitte est la sainte patronne de Suède ! Issue d'une famille proche de la famille régnante de l'époque, cette femme très pieuse est née en 1303. Elle eut huit enfants, et un mariage réputé heureux, avant d'avoir la révélation lors d'un séjour au monastère d'Alvastra *(voir p. 403)*. En 1349, au cours d'une épidémie de peste noire, elle se rendit à Rome où elle demeura jusqu'à sa mort le 23 juillet 1373 (une date que le calendrier grégorien a gardée comme le jour de la sainte Brigitte), à l'exception d'un pèlerinage en Terre sainte. Femme d'une volonté exceptionnelle et d'une grande vitalité, elle établit les règles de l'ordre du St-Sauveur, plus connu sous le nom de sa fondatrice. Après sa canonisation en 1391, elle fut choisie comme sainte patronne de la Suède en 1394. L'**ordre des Brigittins et Brigittines** connut par la suite un grand essor en Scandinavie ainsi que dans d'autres pays d'Europe. Les couvents de Brigittines situés dans les pays nordiques furent dissous à la Réforme, à l'exception de Vadstena. Des persécutions commencèrent cependant en 1543 et le couvent fut finalement dissous par décret royal de nombreuses années plus tard. Les derniers religieux s'enfuirent en Allemagne ou en Pologne. Les nonnes de l'ordre des Brigittines revinrent en 1935 et un nouveau couvent fut établi en 1973. En 1992, pour la première fois depuis la Réforme, des religieuses prononcèrent leurs vœux monastiques dans l'église. L'abbatiale est aujourd'hui utilisée par l'Église suédoise. En 1999, Jean-Paul II a proclamé sainte Brigitte co-patronne de l'Europe.

collection de **sculptures** de la fin du Moyen Âge. Deux d'entre elles, situées contre les piliers à l'entrée de la nef, représentent sainte Brigitte : celle de gauche est dite « Portrait » de sainte Brigitte, tandis que celle de droite, « sainte Brigitte en extase », fut célèbre auprès des pèlerins. Le retable de Bruxelles (vers 1520) du maître-autel, qui représente l'Assomption et le Couronnement de la Vierge, est une œuvre admirable. Le **triptyque**, qui montre la sainte présentant ses révélations à deux cardinaux, fut exécuté à Lübeck en 1459, alors que le **reliquaire** (derrière le maître-autel) date de l'époque de sa canonisation en 1391. Le transfert des reliques de la sainte eut lieu en 1393, vingt ans après sa mort.

Musée – *✆ 0143 100 31 - www.klostermuseum.se - de déb. juin à fin août : 11h-17h ; de sept à déb. oct. : jeu.-dim. 11h-17h ; reste de l'année : se rens. - 80 SEK (8-17 ans 40 SEK).* On peut voir la salle du chapitre, le dortoir où est installée une petite exposition et la salle de prière de sainte Brigitte au premier étage.

Château de Vadstena (Vadstena Slott) – *✆ 0143 62 16 00 - www.vadstenaslott.com - de mai à fin juin : 12h-16h ; de fin juin à mi-août : 10h-17h ; reste de l'année : se rens. - visite guidée sam. 14h - 90 SEK (8-15 ans 70 SEK).* Par une étrange ironie, Gustave Vasa, qui fut le premier roi luthérien et l'instigateur de la dissolution des monastères, choisit le site de Vadstena pour y construire le palais Renaissance que ses fils embellirent plus tard. Les murs solides et les douves rendirent de fiers services pendant la guerre nordique de Sept Ans (1563-1570), mais, faute d'entretien, l'ensemble se délabra lentement.

Motala C2

C'est là que commence la section du Göta Kanal *(voir encadré p. 374)* située dans l'Östergötland et qu'est inhumé von Platen, concepteur du projet de construction du canal.

Pêche sur le lac Vättern.
L. Hallström/age fotostock

Paysage de Norrbotten en Laponie.
V. Frances/hemis.fr

4

Le Nord et la Laponie

CARTE MICHELIN NATIONAL N° 753

LE NORD ET LA LAPONIE
0
90 km
N
A
B
C
1
2
★★★ Vaut le voyage
★★ Vaut le détour
★ Vaut la visite
Intéressant
GAMMELSTAD
Nordingrå
Jokkmokk
Pajala
FINLANDE
NORRBOTTENS
LÄN
VESTFJORDEN
Cercle polaire arctique
Riksgränsen
Björkliden
Abiskojåkka
Abisko
Parc national d'Abisko
Mont Njulla
1169
Nikkaluokta
Kiruna
Kebnekajse
2111
Stora Sjöfallet
Saltoluokta
Sarek
Padjelanta
Kvikkjokk
Jukkasjärvi
Gällivare
Malmberget
Dundret
820
Muddus
Porjus
Jokkmokk
Vuollerim 6000
Pajala
Kengisforsen
Svanstein
Övertorneå
Niskanpää
Luppioberget
KUKKOLAFORSEN
Haparanda
TORNIO
Friluftsmuseum Hägnan
Luleå
GAMMELSTAD
Arvidsjaur
Galtisbuouda
Arjeplog
Gillesnuole
Sorsele
Hemfjäll
Norra Ammarnäs
Ammarnäs
Ammarfjället
1612
Storvindeln
Vindelfjällens N. R.
Laxfjället
Hemavan
Tärnaby
BODØ
MO I RANA
Könkämäälven
Lätäseno
Muonioälven
Lainioälven
Tärendöälven
Ängesån
Kallxälven
Tornionjoki
Ounasjoki
Kemijoki
Luleälven
Piteälven
E10
E45
E8-21
E6
E4
E75-E8
21
66
97
94
45
95
363
77
80
4

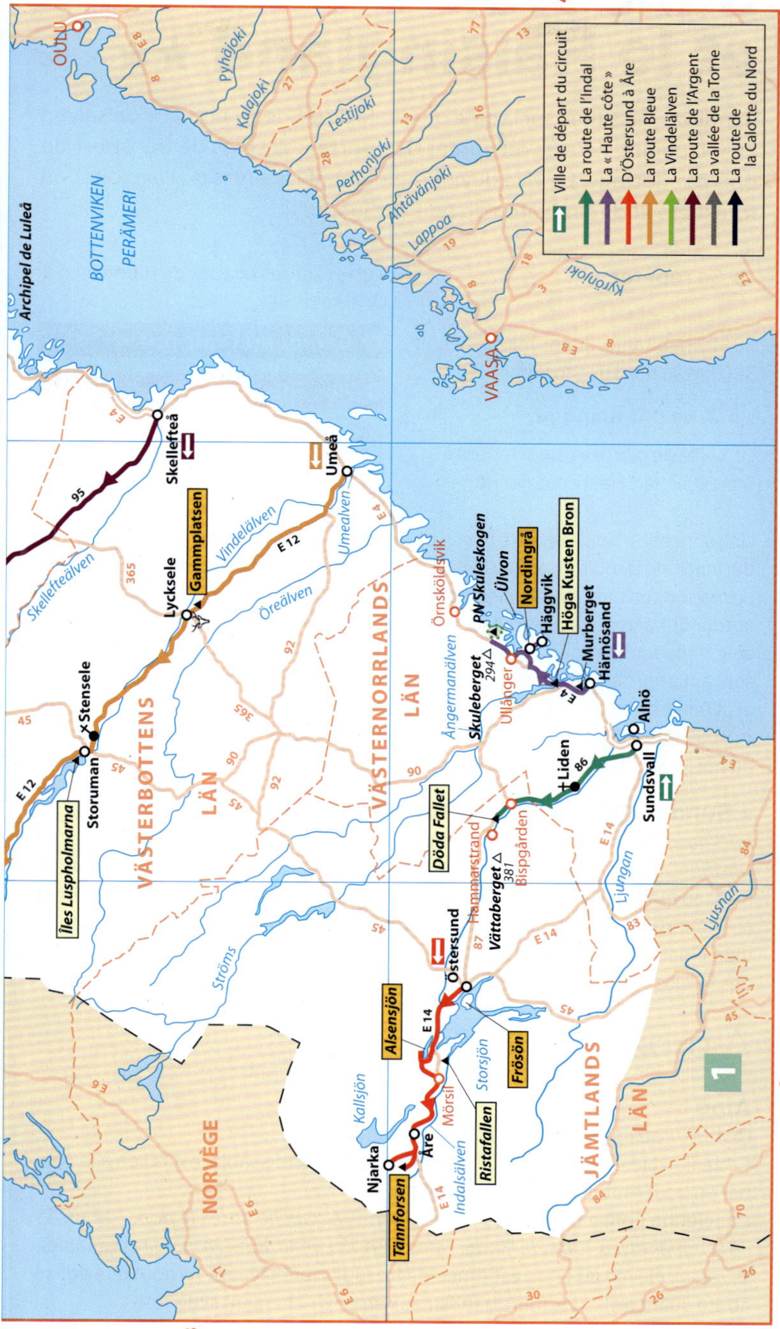
Ville de départ du circuit
La route de l'Indal
La « Haute côte »
D'Östersund à Åre
La route Bleue
La Vindelälven
La route de l'Argent
La vallée de la Torne
La route de la Calotte du Nord
BOTTENVIKEN
PERÄMERI
Archipel de Luleå
OULU
VAASA
NORVÈGE
VÄSTERBOTTENS LÄN
VÄSTERNORRLANDS LÄN
JÄMTLANDS LÄN
Skellefteå
Umeå
Lycksele
Gammplatsen
Stensele
Storuman
Îles Luspholmarna
Örnsköldsvik
PN Skuleskogen
Ulvön
Nordingrå
Häggvik
Höga Kusten Bron
Murberget
Härnösand
Ullånger
Skuleberget 294
Alnö
Sundsvall
Liden
Döda Fallet
Bispgården
Hammarstrand
Vättaberget 381
Östersund
Frösön
Alsensjön
Storsjön
Mörsil
Ristafallen
Åre
Njarka
Tännforsen
Kallsjön
Indalsälven
Skellefteälven
Vindelälven
Öreälven
Umealven
Ångermanälven
Ljungan
Ljusnan
Ströms
Pyhäjoki
Kalajoki
Lestijoki
Perhonjoki
Ähtävänjoki
Lappoa
Kyrönjoki
A
B
C
3
4
1

Sundsvall et le Hälsingland ★★

Sundsvall est située sur la côte orientale de la Suède, entre l'Indalsälven et le Ljungan, fleuves qui furent d'importantes voies de transport du bois par flottage. La ville devint rapidement le centre de l'exploitation forestière et de l'industrie du bois en Suède.

Se repérer

CARTE B4 (P. 408-409)

58 807 habitants. Sundsvall est à 380 km au nord de Stockholm.

À ne pas manquer

La « ville de pierre » (Stenstaden) à Sundsvall, la « Haute côte » (Höga Kusten) et ses falaises de Härnösand à Örnsköldsvik.

Carnet pratique p. 414

Nos adresses p. 414

Une étincelle a bouleversé le destin de Sundsvall : celle d'un bateau à vapeur, qui déclencha le terrible incendie de 1888. Traumatisés, les habitants ne voulurent plus de maisons en bois. Une **« ville de pierre »** (Stenstaden) émergea alors, organisée autour de vastes avenues cossues, qui contrastaient avec les faubourgs ouvriers et les villages alentour, toujours en bois. Storgatan, Stora Torget et Esplanaden sont ainsi bordées d'imposants hôtels particuliers inspirés des châteaux français et allemands ou des palais de la Renaissance italienne.
Au n° 13 de Storgatan, **Knaust Hotel**, qui date de la grande époque des magnats du bois, est célèbre pour son grand escalier.

★ Sundsvall Museum (Kultur Magasinet)

Packhusgatan 4 - ✆ 060 19 18 00 - sundsvall.se - 10h-19h, vend. 10h-18h, w.-end 11h-16h. Quatre entrepôts situés sur le port et datant du début du 20e s. ont été reliés au moyen de galeries vitrées qui enjambent plusieurs rues. Le **centre culturel** comprend le Sundsvall Museum (histoire locale, artisanat, art, etc.), la bibliothèque municipale, les archives du Medelpad (centre de recherche consacré à l'histoire des familles de la région), le centre culturel des Enfants et le café Skonerten.

À proximité

CARTE P. 408-409

Alnö B4

À 11 km au nord de Sundsvall par la route E 4.
Cette île volcanique, qui possède plusieurs plages de sable, est reliée à la côte par un pont routier de 1 024 m de long.
L'**ancienne église d'Alnö** *(Raholmsvägen 9, à gauche après le pont - ✆ 60 55 36 50 - mar. et jeu. 10h-12h, 13h-15h, merc. 13h-15h, vend. 10h-12h ; horaires variables, se rens.)*, élevée au 12e s., est ornée de fresques médiévales. La **nouvelle église** abrite quant à elle des fonts baptismaux en bois richement sculptés.
On peut faire une agréable promenade en voiture jusqu'au pittoresque port de pêche de **Spirkarna** situé dans le sud de l'île.

La route de l'Indal

CARTE P. 408-409 (B4)

Circuit tracé en vert foncé sur la carte p. 408-409 - 100 km de Sundsvall aux « Chutes mortes ». Prendre la route 86 en direction du nord-ouest, puis la route 87 à gauche vers Hammarstrand.

La **vallée de l'Indalsälven** est célèbre pour ses paysages. La route 86, qui longe le fleuve, permet de découvrir la beauté des prairies vallonnées, de la végétation luxuriante, des vallées aux pentes escarpées et des collines boisées. Quelques îlots prisonniers du fleuve sont aménagés pour produire de l'hydroélectricité mais... par endroits, les câbles à haute tension rayent l'horizon.

Liden

Suivre les indications « Kyrka » et « Vättaberget ».

L'**église**, construite entre 1483 et 1510, fut abandonnée pendant cinquante ans avant d'être restaurée (1911-1928). Le portail de bois (1693) est le seul vestige d'une clôture qui l'entourait. La route montant vers le sommet *(café ouvert en été)* du **Vättaberget** (381 m) offre des vues splendides sur les méandres du fleuve.

★ « Chutes mortes » (DÖDA FALLET)

Entre Bispgården et Hammarstrand. Des pontons en bois ménagent un parcours au-dessus des « Chutes mortes », rochers s'élevant à l'emplacement de ce qui constituait autrefois Storforsen, ou Grandes Chutes. Une nuit de juin 1796, le fleuve déborda pour s'engouffrer dans le lit d'un canal qu'un marchand de bois de Sundsvall, Vildhussen, avait fait creuser pour faire contourner les chutes à son bois de flottage. Quatre heures après que le fleuve eut quitté son lit, le lac Ragunda était à sec.

★★ La « Haute côte » (HÖGA KUSTEN)

CARTE P. 408-409 (B4)

Circuit tracé en violet sur la carte p. 408-409 - 150 km environ (avec les excursions autour de Nordingrå), au départ de Härnösand.

www.hogakusten.com

Classée au Patrimoine mondial de l'Unesco, avec l'**archipel de Kvarken**, la « Haute côte » s'étend de Härnösand à Örnsköldsvik, bordée d'une série de falaises impressionnantes, de baies et d'échancrures, d'îles et de récifs, de collines boisées et de larges vallées fertiles. La beauté de la région a attiré de nombreux artistes et artisans et quelques-uns de leurs studios et de leurs ateliers sont ouverts aux visiteurs.

4

Härnösand

À l'embouchure de l'Ångermanälven, Härnösand occupe en partie l'île d'Härnön.

Cathédrale – *✆ 0611 288 00 - 8h-16h, dim. 8h-13h.* Cet élégant édifice néoclassique à portique (1842 et 1846) a remplacé un sanctuaire incendié en 1721 par

Marchands de bois et magnats de l'industrie

Sundsvall était déjà au 19e s. une ville industrielle prospère possédant plusieurs scieries et les marchands, tout comme les magnats de l'industrie, étaient réputés pour leur grand train de vie. Tout au contraire, les ouvriers des scieries vivaient dans des conditions misérables. La **grève de Sundsvall** en 1879 fut le premier conflit social important que connut la Suède. Les dures représailles infligées par les autorités eurent pour conséquence la naissance d'un puissant mouvement ouvrier.

Espaces sauvages et fermes traditionnelles

Les grands espaces du Hälsingland

Bien qu'elle soit voisine de la Dalécarlie, la province du Hälsingland fait partie de la Suède du Nord, ou Norrland comme l'appellent les Suédois, qui à elle seule comprend presque la moitié du pays tout en étant très peu peuplée. Une nature à l'état vierge et de grands espaces sauvages sont les deux notions généralement associées aux régions du nord de la Suède, et le Hälsingland, avec sa grande diversité de paysages, ne fait pas exception. On y trouve de nombreux lacs et forêts, d'imposantes montagnes bleutées côté ouest et les espaces sauvages d'Orsa Finnmark à la frontière de la Dalécarlie, ainsi que deux fleuves puissants qui descendent des montagnes vers la Baltique en traversant une série de lacs. Plus riante, la frange côtière le long du golfe de Botnie offre aux visiteurs ses criques abritées, ses nombreuses îles, ses plages de sable fin et surtout ses charmants villages de pêcheurs. Et le Hälsingland possède un trésor de plus : son patrimoine culturel.

Les fermes décorées

Le Hälsingland devint au 18e s. une province prospère grâce à la **culture du lin**. Les grandes fermes, que les agriculteurs construisirent et décorèrent avec raffinement, sont les témoins de cette prospérité. Un grand nombre d'entre elles, datant du 18e et du 19e s., sont encore intactes ; certaines appartiennent toujours à des particuliers tout en étant ouvertes au public, d'autres ont été transformées en fermes du patrimoine ou en musées. Ces imposants corps de ferme étaient souvent construits sur les hauteurs, au sommet des collines ou sur les versants ensoleillés ; les terres cultivées s'étendaient en contrebas et les prairies couvraient le fond humide des vallées. Au 18e s., les grandes fermes se composaient de plusieurs bâtiments groupés autour d'une cour carrée. À partir de 1800, des jardins entourèrent la maison principale.

La **maison** elle-même avait en général un rez-de-chaussée et un étage ; ornée d'un porche travaillé et de corniches moulurées, elle reflétait le style des manoirs de l'époque. Une véranda fut parfois ajoutée vers le début du 20e s. L'intérieur comprenait une salle de séjour et de travail, pour toute la famille, ainsi qu'une ou plusieurs chambres. Les autres pièces servaient de réserve et de salles de réception les jours de fête. Les plafonds et les murs étaient décorés de motifs peints (fleurs, sarments de vigne, draperies), parfois de paysages ou de scènes animées.

Les dépendances ressemblaient à des cabanes de rondins ; granges et réserves étaient souvent construites à l'extérieur de la cour afin de les protéger d'un éventuel incendie. Les réserves avaient parfois deux étages et reposaient sur de courts poteaux.

Contrairement aux riches fermiers, ceux qui habitaient et travaillaient dans les denses forêts de l'Ouest, ainsi que les bûcherons qui abattaient les arbres et préparaient les troncs, que l'on faisait ensuite flotter sur les rivières, étaient forcés de se contenter de simples **cabanes** de rondins.

Décorées... et classées !

Sept fermes décorées du Hälsingland ont été classées au Patrimoine mondial de l'Unesco en 2012, dispersées dans un rayon d'une centaine de kilomètres.
www.regiongavleborg.se/en/Halsingegardar

les troupes russes. À l'intérieur, autel et retable de style baroque (1728) et fonts baptismaux en argent de style rococo espagnol (1777).

L'une des sculptures du parc municipal attenant est due à **Carl Milles** (1910), prolifique sculpteur suédois *(voir p. 234 et 492)*, et représente Franzén, l'évêque poète, en compagnie de deux muses, ses filles. Au sud de la cathédrale, on peut voir **Östanbäcken**, charmant quartier aux maisons de bois, un régal pour les photographes avec leurs couleurs pastel.

Murberget – *Murbergsvägen 31 (depuis le centre, parcourir 2 km vers la route E 4, puis suivre le panneau indicateur). ✆ 0611 886 00 - vnmuseum.se - musée en intérieur : tlj sf lun. 10h-16h, jeu. 10h-20h - musée en plein air : de mi-juin à mi-août : 12h-16h - fermé 1er janv., Pâques, 24, 25 et 31 déc. - gratuit.* Voici un double musée : d'un côté, les salles d'exposition classiques, consacrées à l'histoire de la ville (belle collection d'armes, armures et mobilier paysan), de l'autre, le **musée de plein air** installé dans un cadre boisé plein de charme. Ouvert uniquement l'été, il reconstitue la vie de la région à la fin du 19e s., à travers des bâtiments de fermes, de petites maisons de campagne, une ferme d'été, une église et une auberge. Des démonstrations d'artisanat et des fêtes y sont régulièrement organisées.

Quitter Härnösand par la E 4 au nord.

★ Pont de la « Haute côte » (HÖGA KUSTEN BRON)

Inauguré en 1997, ce pont suspendu de 1800 m de portée est l'un des plus longs de Suède. Il enjambe l'Angerman et surplombe le fleuve de 40 m. À l'extrémité nord du pont se dresse le complexe touristique Hornöberget : le café-restaurant et l'aire de jeux (ouverte à tous) offrent une vue magnifique.

Poursuivre par la E 4 vers Örnsköldsvik, et prendre à droite à Skog vers Nordingrå.

La péninsule de Nordingrå, située à mi-chemin, est célèbre pour ses nombreux ports de pêche colorés que l'on peut visiter à partir de Nordingrå.

★★ Nordingrå

La ville se dresse sur les bords d'un lac, qui était autrefois une échancrure de la côte, et les ruines imposantes de son église témoignent de son importance au Moyen Âge. L'**église** du 19e s. contient un beau retable du 16e s. réalisé à Bruxelles, qui avait été commandé pour l'église antérieure.

Une rangée pittoresque d'**« écuries paroissiales »** s'étend jusqu'au bord du lac. La région est connue pour ses **chapelles de pêcheurs** ; comme l'hiver trop froid empêchait d'y célébrer les offices, certaines servaient aussi d'entrepôts. Voyez celles des villages de Norrfällsviken, Bonhamn et Barsta, où la **chapelle★** a été préservée telle qu'elle était en 1666. Les deux îles d'**Ulvön** sont renommées pour la préparation d'une spécialité suédoise : le hareng de la Baltique fermenté *(surströmming)*, que l'on n'apprécie pas nécessairement d'emblée.

Häggvik

Mannaminne – *À 3 km au sud de Nordingrå. ✆ 0613 202 90 - www.mannaminne.se - de fin mai à fin juin : 12h-18h ; de fin juin à fin août : 10h-18h ; sept. : w.-end*

La côte au sud de Sundsvall

Il y a beaucoup à voir le long de cette côte très découpée aux paysages variés : des villages de pêcheurs tels que **Skärså**, **Stocka** et **Mellanfjärden**, de nombreuses îles, des églises médiévales à **Trönö** et **Enånger**, de vieux hangars à bateaux à **Hudiksvall**, la péninsule du **Hornslandet** et ses belles plages de sable fin.

4

12h-16h - 150 SEK (-18 ans gratuit). Inclassable mais bien dans l'esprit des musées de plein air populaires en Suède, cet ensemble a été aménagé par un artiste, plusieurs bâtiments abritant des petits espaces muséaux, des salles d'expositions et de concerts, un hôtel et une auberge.
Rejoindre la E 4 à Ullånger.

Skuleberget

Alt. 294 m. La silhouette de cette montagne est caractéristique et facile à repérer depuis la route E 4. L'ancienne ligne du rivage qui se trouve aujourd'hui non loin du sommet montre combien la terre s'est soulevée depuis la dernière glaciation sous l'effet de l'isostasie (état d'équilibre hydrostatique de la croûte terrestre avec le manteau situé au-dessous). Il faut compter environ 1h30 pour escalader le mont Skule par l'une des pistes prévues à cet effet, l'une étant plus difficile que l'autre. Au sommet, accessible par télésiège, un café et un magnifique **panorama** récompensent ceux qui réalisent l'ascension.
Un peu plus loin, le long de la côte, se trouve le **Skule Naturum** *(à 3 km au nord de Docksta)*, centre d'accueil du **parc national Skuleskogen** et du Skuleberget.

Carnet pratique

S'informer

Office du tourisme – *Stadshuset, sur Stora Torget - ☎ 060 65 85 00 - visitsundsvall.se.*

Arriver/partir

En avion

Aéroport de Sundsvall-Timrå – *☎ 60 658 39 00 - www.sdlairport.se.* Il se situe à 20 km de Sundsvall. Il accueille des vols directs réguliers en provenance de Stockholm, assurés par la compagnie SAS *(www.flysas.com).*

En train

Plusieurs liaisons quotidiennes depuis Stockholm (3h40) et Östersund (2h15). *www.sj.se.*

Agenda

La musique et la danse occupent une place de choix dans le Hälsingland ; il existe en effet des ensembles de violons dans presque tous les villages et un grand choix de festivals folkloriques en été.
Hälsinge Hambo – *www.halsingehambon.com.* Déb. juil. Très populaire, ce festival de danse a lieu dans la vallée inférieure de la Ljusnan accueillant 1000 danseurs, tous vêtus du costume régional.

Nos adresses

Restauration

À Sundsvall

Budget moyen

Restaurang Apa – *Storgatan 33 - ☎ 060 12 02 20 - restaurangapa.se - lun.-jeu. et dim. 16h-22h, vend.-sam. 16h-0h - plats 155/195 SEK.* Le QG des hipsters locaux. La spécialité ? Des hamburgers, avec bien sûr l'incontournable option vegan. Adossé à la même adresse, **Kung Louie** propose, quant à lui, des pizzas à pâte fine, certaines – trop – créatives (on passe pour celle aux chips). Les deux adresses partagent un vrai sens du décor et de l'air du temps.

Pour se faire plaisir

En Liten Krog – *Trädgårdsgatan 5 - ✆ 0727 12 41 41 - enlitenkrog.se - merc.-sam. 17h-0h - plats 265/325 SEK.* On fait volontiers un petit crochet – « en liten krog » –, pour profiter de la cuisine, aussi soignée que le décor, celui d'un bistro chaleureux et cosy, rétro juste comme il faut. Forte de son succès, l'équipe a ouvert une deuxième table à quelques kilomètres, en pleine campagne, au bord de l'eau, une adresse très appréciée aussi (En Liten Sjökrog).

Île d'Ulvön

Budget moyen

Ulvö Hotell – *Ulvö Hamnagata 105 - ✆ 0660 22 40 09 - www.ulvohotell.se/maten - se rens. sur les horaires - plats 175/300 SEK.* Sur l'île principale d'Ulvön, au large de la Haute côte, le restaurant de cet hôtel centenaire concocte une cuisine nordique revisitée, basée sur les saisons, les productions locales et le gibier. Vous pourrez aussi y goûter la spécialité de la région, le *surströmming*, hareng fermenté à l'odeur (très) prononcée. Belle terrasse.

Activités

Sur terre

Les régions montagneuses de l'Ouest, couvertes de denses forêts, offrent un grand choix d'activités : randonnée à pied ou à cheval, cueillette des baies sauvages et même safari aux castors !

Sentier de la Haute côte (Höga Kusten-leden) – *www.hogakusten.com/en/highcoasttrail.* Long de 128 km, cet itinéraire de randonnée traverse toute la zone de la Haute côte inscrite au Patrimoine mondial de l'Unesco, de Hornöberget jusqu'à Örnsköldsvik, dévoilant une nature majestueuse et des vues spectaculaires tout le long du littoral. Pour une étape à la journée, le sentier est divisé en 13 tronçons, de longueurs et difficultés variables. Réservée aux bons marcheurs, l'intégralité du circuit peut être réalisée en 5 à 7 jours.

Sur l'eau

Les nombreux lacs et rivières du Hälsingland se prêtent aux activités sportives comme la **natation**, le **rafting** (le long de la Ljusnan) et le **canoë**. La **pêche** se révèle un passe-temps très agréable, que ce soit dans les torrents, les lacs ou la Voxnan, une des rivières les plus propres de Suède.

La zone côtière offre la possibilité de se **baigner**, de pêcher le long de la côte ou sur une des nombreuses îles à proximité, ou encore de participer à un safari aux phoques gris. Enfin, vous trouverez un grand choix de **promenades en bateau** le long de la côte et sur plusieurs lacs.

Hébergement

À Sundsvall

Budget moyen

Scandic Sundsvall City – *Trädgårdsgatan 31 - ✆ 060 785 62 00 - www.scandichotels.com - 🅿 payant ♿ - 143 ch. 1 290/1 866 SEK ☕ - ✕.* Le confort impeccable des hôtels de la chaîne et une situation idéale.

Clarion Collection Hotel Grand – *Nybrogatan 13 - ✆ 060-64 65 60 - www.nordicchoicehotels.com - 🅿 195 SEK/j. - ♿ - 122 ch. 1650/2 700 SEK ☕ - ✕.* Ce beau bâtiment abrite des chambres élégantes et cosy, ainsi qu'un restaurant.

4

Östersund

Östersund, la seule grande ville de la région du Jämtland, occupe une position idéale sur les rives du Storsjön ou « Grand Lac » avec les montagnes d'Oviksfjällen en toile de fond. C'est un centre commerçant et culturel vivant, mais aussi le point de départ de nombreuses excursions autour du lac et dans les montagnes de l'Ouest.

Se repérer

CARTE A4 (P. 408-409)
63 985 habitants
Östersund est située à 184 km de Sundsvall et à mi-chemin entre Stockholm et Luleå.

À ne pas manquer

Jamtli Historieland, l'île de Frösön et l'ascension en téléphérique au départ d'Åre vers le sommet de l'Åreskutan.

Organiser son temps

Comptez une journée pour la visite de la ville et de l'île de Frösön et une autre journée pour l'excursion vers Åre (avec l'ascension en téléphérique).

En famille

Jamtli Historieland.

Carnet pratique p. 419

Nos adresses p. 419

Alanguie sur les bords du lac Storsjön, Östersund est une ville propice à la flânerie, avec ses rues piétonnes et ses quais ourlés de bars et de cafés, bondés au premier rayon de soleil. Pour une belle vue sur la ville, rendez-vous sur la passerelle menant à l'île de Frösön.

★★ Jamtli Historieland - Jämtlands Läns Museum

À proximité de la route E 14 dans la direction de Trondheim - ✆ 063 15 01 00 - www.jamtli.com - ♿ - de fin juin à fin août : 11h-17h ; reste de l'année : mar.-dim. 11h-17h, merc. 11h-20h30 - 120/290 SEK selon les jours et la saison (-18 ans gratuit).
Ce musée de plein air fondé en 1912 et ses bâtiments anciens dessinent un musée d'histoire vivante permettant aux visiteurs de remonter dans le temps, aux 18e et 19e s. plus précisément. Des figurants en costumes (en été), des animaux, des cultures et des jardins bien entretenus forment un environnement approprié et ajoutent une note d'authenticité. Intégré à l'ensemble, le **musée du Jämtland** abrite notamment la remarquable **tapisserie Överhogdal★★★**, tissée à l'époque viking (800-1000), qui met en scène des personnages, des cerfs, des rennes, des chiens, des chevaux à quatre et... huit pattes, des arbres, des bateaux et des maisons.

★★ Île de Frösön

CARTE P. 408-409 (A4)

À 9 km à l'ouest, en direction de l'aéroport. Accès par une passerelle ou un pont.
Cette île doit son nom à Frö (ou *Frej* en suédois, Freyr en français), dieu de la Fertilité, et fut dans des temps très reculés un lieu de sacrifice. On peut y voir de nombreux tertres funéraires, ainsi qu'une pierre runique, nommée **Frösöstenen** *(tourner à gauche après le pont, puis prendre la première route à droite et suivre le panneau « Runsten »)*, dont l'inscription raconte qu'Östman, fils de Gudfast, christianisa le Jämtland au milieu du 11e s. et fit construire le pont.

★ Maison d'été (SOMMARHAGEN)

✆ 063 143 704 - www.sommarhagen.com - de fin juin à fin août : 11h-17h - 100 SEK, audioguide en français.

Ce fut à l'origine la maison d'été du compositeur **Wilhelm Peterson-Berger** (1867-1942), avant de devenir sa résidence permanente de 1930 à sa mort. Surtout apprécié en Suède pour ses œuvres pour piano, l'artiste stipula que la maison devait être peinte en marron et non en rouge selon la tradition, afin de mieux s'harmoniser au paysage. Le salon de musique ressemble à une salle viking.

Des concerts ont lieu l'été en l'honneur du compositeur.

Église de Frösö

Suivre les indications « Frösön Kyrka ». Située dans un cadre idyllique, elle est très recherchée pour la célébration des mariages. Construite en pierre et peinte en blanc, l'église date du 12e s. ; l'intérieur présente un décor raffiné d'or et de bleu. La **tour-clocher** (1754) séparée est caractéristique du Jämtland. La pierre tombale de **Wilhelm Peterson-Berger** se trouve près du mur sud de l'église.

Tour de Frösö (FRÖSÖTORNET/ÖSTBERGETS UTSIKTSTORN)

À 3 km du pont. ✆ 063 12 81 69 - juin-août : 10h-20h ; reste de l'année : se rens. - ascenseur : env. 20 SEK (7-12 ans 5 SEK).

Le belvédère qui se dresse sur l'Östberget (468 m) offre une vue splendide sur la campagne environnante, les forêts et les lacs encerclés par les montagnes.

Vous y trouverez un café pour une pause.

★ D'Östersund à Åre

CARTE P. 408-409 (A4)

Circuit tracé en rouge sur la carte p. 408-409 - 75 km en direction du nord-ouest et de la frontière norvégienne.

La route E 14 longe la **route des Pèlerins** en de nombreux endroits. **Saint Olav** mena la vie nomade des Vikings avant de devenir roi de Norvège, et cette route correspond à l'itinéraire qu'il emprunta de Novgorod à Stiklestad en Norvège, où il mourut lors de la célèbre bataille.

Après l'église de Näskott, prendre à droite vers Nälden.

★★ Lac d'Alsen (ALSENSJÖN)

Une route secondaire passant par Alsen permet d'effectuer une charmante promenade en longeant la rive nord du lac d'Alsen, étincelant au soleil, sur lequel elle offre de belles vues. Des collines boisées, de petites maisons rouge et blanc et une église blanche complètent le paysage.

Rejoindre la E 14 à Mörsil. Après l'église d'Undersåker, suivre l'indication « Ristafallen », puis parcourir 500 m sur une route étroite.

4

Le rival de « Nessie »

Tout comme le loch Ness en Écosse, le **Storsjön**, cinquième lac de Suède par la taille, a son propre monstre, le **Storsjöodjuret** (« monstre du grand lac »). Il a été aperçu de nombreuses fois et l'équipement utilisé au 19e s. pour tenter de le capturer est exposé au Jamtli Historieland-Jämtland Läns Museum d'Östersund. Storsjöodjuret ne s'est jamais laissé prendre et ne craint plus rien puisque, selon la réglementation locale établie en 1986, il est « illégal de tuer, blesser ou capturer » toutes les espèces qui vivent dans le Storsjön. Le monstre est devenu, sous la forme d'un Ö, le symbole d'Östersund.

Chutes de Tännforsen.
A. Ekholm/mauritius images/age fotostock

Les **Ristafallen★** (chutes de Rista) n'ont jamais été captées pour la production d'énergie hydroélectrique.

Åre

La plus célèbre station de sports d'hiver de Suède, Åre, est blottie au pied du mont Åreskutan (1420 m) sur les rives du **lac d'Åre** (Åresjön). Prise d'assaut entre décembre et mai, elle a démarré sa « carrière » de station à la fin du 19e s., lancée par l'aristocratie britannique pour qui l'on construisit de grandioses hôtels et de luxueuses pensions, sur le modèle de ceux de Davos en Suisse. L'été, la station est tout aussi populaire, une base pour les amateurs de sports de montagne.

Le funiculaire reliant le centre de la ville au **téléphérique** *(1 départ ttes les 20mn, 7mn d'ascension - www.skistar.com - 9h-21h - 199 SEK (7-17 ans 158 SEK)* date des débuts de la station, en 1909. Le téléphérique emmène les visiteurs à une altitude de 1274 m. Il faut ensuite parcourir 800 m pour atteindre le sommet d'où l'on découvre un splendide **panorama★★★** qui embrasse de charmants paysages de lacs encadrés de montagnes.

L'**église** du 12e s., reconstruite en 1736, possède une surprenante statue du 14e s. de saint Olav portant un tricorne carolien. Il fut affublé de cet étrange chapeau au 18e s., après que sa couronne eut disparu.

D'Åre, on peut pousser jusqu'aux **Tännforsen★★** *(à 19 km à l'ouest, jusqu'à la rivière, puis suivre le panneau « Tännforsen » sur 8 km supplémentaires)*, chutes bouillonnantes qui tombent d'une hauteur de 38 m, ou à **Njarka** *(à 29 km à l'ouest)*, où un campement same a été reconstruit sur les rives du **lac Hägg** (Häggsjön).

Carnet pratique

S'informer

Office de tourisme – *Rådhusgatan 44 - ✆ 063 701 17 00 - visitostersund.se.*

Arriver/partir

Aéroport d'Åre-Östersund – *www.swedavia.com/ostersund.* Sur l'île de Frösön, à 11 km d'Östersund. Vols quotidiens depuis Stockholm avec les compagnies **SAS** et **BRA**.

En train – Östersund est à 2h15 de Sundsvall. Elle est également desservie en hiver par le **Train des neiges** (Snötaget) depuis Mora, en Dalécarlie *(voir p. 287)*. *www.sj.se.*

Se déplacer

En bateau

Le bateau à vapeur *S/S Thomée*, construit en 1875, assure un service régulier sur le **lac Storsjön** pendant l'été. *www.sirwinston.se/thomee.*

Agenda

Festival du Grand Lac – *www.storsjoyran.se.* Fin juil. Festival musical suédois et international.

Nos adresses

Restauration

Budget moyen

Jazzköket – *Prästgatan 44 - ✆ 063 10 15 76 - www.jazzkoket.se - lun.-mar. 11h-14h, merc.-sam. 11h-14h, 16h-21h - plats déj. 115/165 SEK, menus dîner 565/995 SEK.* Ce chaleureux restaurant, qui fait aussi salle de concerts *(merc.-sam. à partir de 17h)*, propose, le soir, des menus dégustation avec ce qui se fait de mieux dans le Jämtland. Le midi, on déjeune dans le restaurant jumeau Jazzköket Saluhall.

À Åre

Budget moyen

Buustamons Fjällgård – *Buustamon 142 - ✆ 064 75 31 75 - www.buustamonsfjallgard.se - mar.-sam. 12h-16h, 17h-23h (de mi-août à oct. vend.-sam. seult); de fin déc. à avr. : tlj 10h-15h.* Ce chalet fait la part belle aux spécialités locales et propose une cuisine rustique de montagne. Goûtez aux *schnaps* maison, fabriqués dans la distillerie.

Activités

L'un des atouts de la ville est sa proximité des **stations de ski** d'Åre et de Storlien. L'été, les pistes d'Åre se transforment en vaste **Bikepark** pour VTT et les guides proposent de nombreuses **activités de plein air** : excursions en bateau ou canoë, pêche, randonnée pédestre, à cheval, etc. *www.skistar.com.*

Hébergement

Budget moyen

Best Western Gamla Teatern – *Thoméegränd 20 - ✆ 063-51 16 00 - www.gamlateatern.se - P limité - ♿ - 64 ch. 1790/2 090 SEK ☕ - ✕.* En plein centre-ville, ce magnifique bâtiment historique en bois abrite des chambres simples et confortables. Bar et restaurant.

Aux alentours

Premier prix

Moose Garden – *Orrviken (17 km au sud-ouest d'Östersund) - ✆ 70 36 36 061 - www.moosegarden.com - 7 ch. 690/1190 SEK.* Prisée des familles, cette ferme d'élans dispose de chambres bien tenues et d'une petite maison en bois. Balades à la rencontre des élans *(100/225 SEK).*

4

Umeå

Parfois surnommée la « ville des bouleaux », Umeå accueille l'université la plus septentrionale de Suède, dotée d'un département de recherche sur la culture des régions arctiques. La ville est aussi réputée pour ses traditions théâtrales et musicales. Politiquement et culturellement progressiste, elle a été en 2014 Capitale européenne de la culture.

Se repérer

CARTE B3 (P. 408-409)
91640 habitants
Umeå est à 640 km au nord de Stockholm.

À ne pas manquer

Nordanå Kulturcentrum à Skellefteå.

Organiser son temps

Comptez une journée pour l'excursion à Skellefteå.

En famille

Le musée de plein air de Gammlia.

Carnet pratique p. ci-contre

Nos adresses p. ci-contre

Musée du Västerbotten (VÄSTERBOTTENS MUSEUM)

Helena Elisabeths väg 3 - 090 20 20 301/302 - - www.vbm.se - de fin juin à mi-août : 10h-17h, merc. 10h-20h ; reste de l'année : mar.et jeu.-vend. 10h-17h, merc. 10h-20h, w.-end 11h-17h - gratuit.

Il présente l'histoire et l'héritage culturel du Västerbotten. Différentes expositions évoquent la vie des premiers colons suédois en Laponie à la fin du 17e s., les activités saisonnières des Samis nomades, la chasse et la pêche dans le détroit de Béring, d'après des recherches faites au cours d'une expédition en 1878-1880. Le musée a aussi intégré les collections de l'**ancien musée suédois du Ski★**, exposant le ski le plus vieux du monde (3200 av. J.-C.). Un autre espace est dédié à l'histoire d'Umeå.

Musée de plein air de Gammlia (GAMMLIA FRILUFTSMUSEUM)

Au croisement de la route E 4 et de la route E 12, prendre la E 12 vers l'est et tourner à gauche sous le viaduc, puis prendre la deuxième rue à droite, Gammliavägen, en pente raide. Bus de Vasaplan dans le centre d'Umeå. Ligne 2 vers Ersboda Handelområde ou ligne 7 vers Nydalahöjd. Descendre à l'arrêt « Gammlia ».
De mi-juin à mi-août uniquement, mêmes horaires que le musée du Västerbotten.

Situé à env. 2 km du musée du Västerbotten dont il dépend désormais, Gammlia fut inauguré dans les années 1920. On remarquera la ferme et ses dépendances, la chapelle Helena Elisabeth, où de nombreux couples viennent se marier, et Sävargården, manoir provenant des forges de Sävar. Le musée s'anime en été avec la présence d'artisans, tandis que celle d'animaux – en particulier les animaux domestiques du nord de la Suède : vaches des régions montagneuses, chevaux nordiques, etc. – lui confère une touche d'authenticité. Les habitants s'y retrouvent aussi pour fêter Midsommar (la St-Jean).

Église

À l'intersection de Storgatan et d'Östra Kyrkogatan, cet édifice néogothique renferme d'intéressantes **peintures sur verre★★** du 19e s., de facture allemande. Le parc situé devant l'église présente des plantes originaires des villes jumelées avec Umeå : Petrozavodsk en Russie, Helsingør au Danemark, Vaasa en Finlande, Harstad en Norvège, Saskatoon au Canada ou encore Würzburg en Allemagne.

Trädgård i Norr

Près du fleuve, devant l'hôtel de ville. Des jardins à thème permettent de comprendre le phénomène de croissance des plantes sous les latitudes nordiques, la longueur des journées d'été compensant la brièveté de la belle saison.

Bildmuseet

Au bord de la rivière Umeälven. Bus ligne n° 1, 5, 6 ou 8, « Östra Strandgatan » - ☏ 090 786 7400 - www.bildmuseet.umu.se - merc.-dim. 12h-17h - gratuit. Relevant de l'université, ce **musée des Cultures visuelles** aborde des thèmes divers, sous l'angle de la photographie, de l'architecture ou encore du design. Expositions temporaires et transdisciplinaires.

La route Bleue au départ d'Umeå *(voir p. 431)*.

Carnet pratique

S'informer

Office de tourisme – *Rådhusesplanaden 6 A - ☏ 090 16 16 16 - visitumea.se.* L'office de tourisme propose une visite guidée de la ville *(juin-août : se rens. pour les horaires, gratuit)*.

Arriver/partir

En avion

Aéroport – *☏ 010 109 50 00 - www.swedavia.se/umea.* À 4 km du centre-ville. SAS *(www.flysas.com)* et Norwegian Airlines *(www.norwegian.com)* assurent des vols au départ de Stockholm Arlanda.

En train

Jusqu'à trois trains par jour depuis Stockholm (6h30). *www.sj.se.*

Agenda

Festival de jazz – *www.umeajazzfestival.se.* 4 j. fin oct.

Ubmejen Biejvieh – *www.sahkie.se/ubmejen-biejvieh.* En mars. Une semaine autour de la culture same.

4

Nos adresses

Restauration

Premier prix

Rost Mat och Kaffe – *Skolgatan 49 - ☏ 090 13 58 00 - rost.nu - lun.-vend. 10h-18h - plats 125/145 SEK.* Ce petit café sympathique sert une cuisine fraîche et simple, à partir de produits biologiques. Il est aussi apprécié pour la pause *fika*.

Budget moyen

Gotthards Krog – *Storgatan 46 - ☏ 090 690 33 00 - www.gotthardskrog.se - lun.-jeu. 11h-13h30, 17h-21h, vend. 11h-0h, sam. 12h-1h, dim. 16h-22h - plats 185/265 SEK.* Un lieu incontournable à Umeå, installé dans l'édifice historique de l'hôtel Stora Hotellet. Couteau suisse de la restauration : on peut y prendre un petit déjeuner, déguster une assiette à midi, dîner et boire des cocktails le soir.

Petite pause

Nya Konditoriet, NK – *Kungsgatan 57 - ✆ 090 77 14 04 - www.nyakonditoriet.se - lun.-sam. 8h30-18h, dim. 12h-17h.* Situé au-dessus de la pâtisserie, ce café historique est un repaire d'habitués.

Activités

L'office de tourisme propose de nombreuses activités sportives comme le canoë, le vélo, les randonnées à cheval ou encore le ski en hiver.

Hébergement

Budget moyen

Comfort Hotel Winn – *Skolgatan 62 - ✆ 090 71 11 00 - www.nordicchoicehotels.se - P payant - ♿ - 185 ch. 1149/1749 SEK ☕.* Situé en centre-ville, cet hôtel récent abrite, sur 12 étages, des chambres cossues, à la décoration design. L'établissement compte aussi un restaurant gastronomique, un bar *lounge* et un sauna.

Scandic Plaza – *Storgatan 40 - ✆ 090 205 63 00 - www.scandichotels.se - P 150 SEK/j. - ♿ - 196 ch. 1795/2790 SEK ☕ - ✕.* Proche de la rivière et du centre-ville, cet hôtel idéalement situé possède des chambres sobres, élégantes et bien équipées. Bar-restaurant et sauna au 14e étage, avec de belles vues sur la rivière.

Gammelstad ★★★

D'humbles maisonnettes agrippées à leur église : derrière la modestie de Gammelstad se cache un trésor patrimonial, la plus grande « ville-église » de Suède, classée au Patrimoine mondial de l'Unesco. Typiquement scandinaves, ces « villes-églises » n'étaient habitées que le week-end et lors des festivals religieux. Leur fonction : permettre aux paroissiens de dormir sur place plutôt que de rentrer dans leurs lointaines campagnes, souvent enneigées. Aujourd'hui essentiellement touristique, il arrive néanmoins que le site soit encore parfois habité lors de fêtes religieuses.

Se repérer

CARTE C2 (P. 408-409) – Gammelstad est située à 905 km au nord-est de Stockholm. La ville de **Luleå**, à 10 km au sud, rassemble la plupart des infrastructures touristiques.

Organiser son temps

Comptez une demi-journée pour visiter Gammelstad et une autre demi-journée pour une excursion en bateau vers les îles de l'archipel.

En famille

Une visite de nuit de Gammelstad, à la lanterne, et une excursion en bateau dans l'archipel de Luleå.

Carnet pratique p. 425

Nos adresses p. 426

La ville-église de Gammelstad.
Roland Magnusson/Getty Images Plus

Visiter

Bus 9 depuis Luleå.
Centre d'accueil – *Kyrktorget 1 - 0920 45 70 10 - www.visitgammelstad.se - de déb. juin à fin août : 10h-18h ; de sept. à déb. juin : lun.-vend. 12h-16h, sam. 11h-15h (et dim. 11h-15h de sept. à déc.).*
Le lieu où démarrer la visite : outre les informations pratiques, vous trouverez ici une exposition sur l'histoire (à l'étage) et des films de présentation. Également une boutique de souvenirs, bien sûr. Le centre d'accueil propose des visites guidées, jusqu'à trois fois par jour l'été. Certaines ont lieu la nuit, à la lanterne. Des audioguides sont aussi à louer sur le site *(50 SEK, env. 40mn, en anglais).*
Composé de 408 maisonnettes en bois rouge et aux fenêtres blanches serrées autour de l'église, voici la « ville-église » *(voir encadré p. 424)* la mieux conservée de Suède. Fondée au 15e s., Gammelstad a été utilisée de manière traditionnelle jusqu'aux années 1950. Si elle abrite aujourd'hui un centre d'accueil, un musée de plein air et divers lieux d'exposition, ne vous y trompez pas : la plupart des maisons appartiennent encore aux habitants de la région, et certains y résident même lors des fêtes religieuses.

Église

Le cœur et la raison d'être de Gammelstad ! Cette église richement décorée est la plus grande église médiévale du Norrland. Lors de sa consécration en 1492, elle était destinée à remplir le rôle de siège épiscopal. De style gothique scandinave tardif et construite en gros blocs de granit rouge et gris, elle arbore un pignon garni de décorations en brique. Un mur percé de plusieurs portails (celui du nord est intact) entoure le cimetière. La tour située sur la façade ouest fut ajoutée pour servir d'entrée cérémonielle face à l'autel, mais les paroissiens continuèrent à utiliser l'ancienne entrée.
Intérieur – Les fresques du chœur furent découvertes en 1909 quand on enleva la peinture à la chaux : elles sont très probablement l'œuvre d'un des élèves

Les villes-églises

À partir du 15e s., un type d'habitat unique s'est développé dans le nord de la Scandinavie : les « villes-églises » (***kyrkstäder*** en suédois). Dans cette région, la taille démesurée des paroisses, le froid et la neige étaient autant d'obstacles à l'accès aux églises pour les fidèles. Pourtant, leur présence aux messes du dimanche et aux fêtes religieuses était une obligation légale. Ils édifièrent donc des maisonnettes autour de l'église pour y passer la nuit. À Gammelstad, la « ville-église » réunissait ainsi les paroissiens de 47 villages et de 400 fermes ! Les villes-églises accueillirent également, au fil des siècles, les festivités du solstice d'été, les marchés, les foires, les mariages et les enterrements. En 1850, l'obligation de se rendre aux offices fut supprimée, mais l'habitude de se rassembler dans les villes-églises se poursuivit pendant plusieurs décennies. À partir de 1920, l'amélioration des moyens de transport ne nécessita plus d'y passer la nuit. 71 villes-églises ont été répertoriées dans le nord de la Suède. Il n'en reste que 18 aujourd'hui, dont six sont des villages sames (appelés « Lappstan »).

d'Albertus Pictor *(voir encadré p. 269)* et furent exécutées vers 1492. Le retable sculpté et doré fut réalisé à Anvers. Le crucifix triomphal est un chef-d'œuvre médiéval orné d'un évangéliste et d'un symbole à chaque extrémité de la croix. Les fonts baptismaux en grès provenant du Gotland sont antérieurs à la construction de l'église. Les stalles du chœur ont également été sculptées au Moyen Âge. Les plaques commémoratives que l'on peut voir sur les murs et la chaire somptueusement décorée et dorée, de style baroque local, sont l'œuvre d'un charpentier des environs, Nils Fluur, qui exerçait son métier au début du 18e s. L'orgue est un exemple d'artisanat moderne, réalisé par les célèbres facteurs d'orgues de la région, la société Grönlund.

Village paroissial

La rue principale, Gamla Hamngatan, relie la place située au nord de l'église et le port. Les plus belles maisons du village se trouvent dans le quartier situé au sud-ouest de l'église. Une des maisonnettes de Framlänningsvägen est ouverte au public. Les humbles logements des artisans et des ouvriers, serrés les uns contre les autres, côtoient les résidences plus spacieuses des riches citoyens.
En 1817, Gammelstad comptait également 350 écuries. L'arrivée de l'automobile entraîna leur disparition et aujourd'hui il n'en reste plus que cinq. On peut en voir trois derrière les maisonnettes, sur le côté sud de Gamla Hamngatan.

À proximité

CARTE P. 408-409

Musée de plein air Hägnan (FRILUFTSMUSEUM HÄGNAN) C2

À 2 km au nord-est de Gammelstad. Gamla Hamngatan 21 - ✆ 0920 45 30 00 - de mi-juin à mi-août 11h-17h ; reste de l'année : se rens.
Ce musée, qui abrite divers bâtiments de ferme anciens près du port d'origine de Luleå, organise en été des démonstrations des différents métiers ruraux.

Luleå C2

À 10 km au sud-est de Gammelstad.
Kulturens Hus - Skeppsbrogatan 17 - ✆ 0920 45 70 00 - visitlulea.se.
Luleå (49 123 habitants) est située au fond du golfe de Botnie, dans un cadre agréable sur les bords du fleuve Luleälven ; son centre occupe une langue de terre

Un faux départ

Luleå tire son nom d'un mot same signifiant « eaux de l'Est » (Luleju) ; c'est aujourd'hui la plus grande ville du nord de la Suède. Des marins étaient déjà installés le long de la côte au début du 14ᵉ s., mais l'agglomération se trouvait à l'intérieur des terres, sur le site de Gammelstad. Après l'enlisement progressif de son chenal navigable, la ville s'établit en 1649 sur son site actuel (Lule Nystad, « nouvelle ville de Luleå »). La nouvelle ville devint un port actif à la fin du 19ᵉ s. après la découverte de gisements de fer à Kiruna et à Malmberget, reliés par voie ferrée depuis Gällivare à Luleå en 1895.

bordée de ports de plaisance, qui s'achève par la zone de loisirs de Gültzaudden. Ce fut la première ville suédoise à posséder une galerie marchande, dans les années 1950, due à l'architecte Ralph Erskine. Siège de la compagnie minière publique LKAB, qui exploite notamment la mine de fer de Kiruna, Luleå dispose d'un port minéralier, pris par les glaces l'hiver.

Musée de la Botnie du Nord (Norrbottens museum) – *Storgatan 2 - ✆ 0920 24 35 02 - www.norrbottensmuseum.se - mar. et jeu.-vend. 10h-16h, merc. 10h-20h, w.-end 11h-16h - gratuit.* Découvrez le travail et la vie quotidienne des habitants de la région ainsi qu'une importante collection d'objets sames.

Cathédrale – *✆ 090 200 25 00 - 10h-16h (jeu. 20h).* Cette église gothique en brique rouge est la troisième à avoir été construite sur le même site ; sa **flèche** élancée de 63 m de haut est un point de repère bien connu localement. Le motif doré qui orne l'intérieur des portes de verre représente l'« Arbre de vie ».

Archipel de Luleå

CARTE P. 408-409 (C2-3)

Plusieurs compagnies assurent des excursions dans l'archipel. Un ferry régulier dessert les îles de Junkön, Kluntarna, Småskär, Hindersön, Brändöskär et Rödkallen. Billets en vente à l'office du tourisme de Luleå ou au port.

L'archipel de Luleå compte une centaine d'îles, pour la plupart inhabitées. La longue plage et le restaurant de l'île de Sandön sont les lieux de prédilection de la population locale. Les excursions en bateau partent du port sud de Luleå **(Södra Hamnen)**, à l'exception de celles vers Hindersön et les petites îles voisines, qui partent du port nord **(Norra Hamnen)**, pittoresque avec ses entrepôts de bois peints en rouge.

Carnet pratique

Arriver/partir

En avion

Aéroport de Luleå – *Flygstationsvägen 4 - ✆ 010 109 48 00 - www.swedavia.se/lulea.* À 8 km du centre-ville. SAS *(www.flysas.com)* et Norwegian Airlines *(www.norwegian.com)* assurent des liaisons quotidiennes avec Stockholm.

Agenda

Festival de musique folklorique de Gammelstad – *www.spelmansstamman.se.* Mi-juin. Il attire des musiciens des régions arctiques de tous les pays scandinaves.

Nos adresses

Restauration

À Luleå

Budget moyen

Bistron – *Norra Strandgatan 3-5 - ✆ 920 52 31 00 - www.bistron.se - déj. lun.-vend. 11h-13h, dîner lun.-jeu. 17h-22h, vend.-sam. 16h-22h30 - plats 185/395 SEK.* En bord de mer, ce vaste restaurant propose une cuisine locale et rustique : soupe de homard, steak tartare, plateau de fruits de mer, filet de renne, etc.

Hemmagastronomi – *Norra Strandgatan 1 - ✆ 920 22 00 02 - www.hemmagastronomi.se - déj. lun.-vend. 11h-13h30, dîner mar.-sam. 17h-1h - menu déj. 135 SEK, plats 195/425 SEK.* Voisin du précédent, cet établissement fait à la fois boulangerie, charcuterie et restaurant. Du plat du jour au dîner raffiné, en passant par les tapas, choisissez votre formule.

Hébergement

À Luleå

Budget moyen

Scandic Luleå – *Banvägen 3 - à 2 km du centre - ✆ 0920 27 64 00 - www.scandichotels.com - P ♿ - 273 ch. 1641/2390 SEK - ✕.* Vous pourrez vous relaxer dans la piscine couverte ou louer un vélo pour explorer le port tout proche. Chambres spacieuses et restaurant.

Best Western Hotell Savoy – *Storgatan 59 - ✆ 0920 195 00 - www.hotellsavoy.se - P payant - 76 ch. 1305/2595 SEK - ✕.* Chambres décorées avec soin et agrémentées d'une petite touche baroque. Sauna, solarium, restaurant et bibliothèque.

Elite Stadshotellet – *Storgatan 15 - ✆ 0920 27 40 00 - www.elite.se - P 190 SEK/j. - ♿ - 158 ch. 1427/2827 SEK - ✕.* Sis dans un beau bâtiment en brique rouge de 1903, cet hôtel est d'une grande élégance et offre une belle vue sur le parc de la ville et le port. Salle de gym, restaurant et bistro gastronomique.

Clarion Hotel Sens – *Skeppsbrogatan 34 - ✆ 920 45 04 50 - www.nordicchoicehotels.se - P - 228 ch. à partir de 1059 SEK - ✕.* Cet établissement de la chaîne Nordic Choice affiche une décoration soignée (photographies d'art, luminaires élégants, etc.) et dispose de nombreux services (Spa, salle de sport, bar, restaurant, salles de conférence, etc.). Une bonne adresse à Luleå, à prix raisonnable.

Activités

Luleå et sa région se prêtent à merveille aux activités de plein air : vous pourrez pratiquer la **pêche** en mer (perches, sandres et ombres), en rivière sur les côtes (saumons et truites) et à l'intérieur des terres (truites, ombres, ombles), le **canoë-kayak** sur le fleuve Luleälven ou le long des côtes. L'hiver, testez la randonnée en **motoneige** ou à **ski de fond**.

Vous trouverez de nombreuses idées d'activités et les coordonnées des prestataires aventure sur le site de l'office de tourisme : **visitlulea.se/see-do**.

Laponie suédoise ★★★

Lappland

C'est une terre dont même le nom fait rêver. La Laponie suédoise, son peuple same, ses éleveurs de rennes, son soleil de minuit, ses aurores boréales... Le Lappland suédois correspond à la région la plus septentrionale du pays. Très peu peuplé, il s'élève graduellement d'est en ouest jusqu'aux montagnes qui longent la frontière norvégienne et dont le sommet le plus haut est le Kebnekaise. La zone occupée par les Sames s'étend vers le sud jusqu'aux confins nord de la Dalécarlie.

Renne en hiver.
lightpix/Getty Images Plus

Se repérer

CARTE A2-C3 (P. 408-409) – Plusieurs routes sillonnent la Suède du Nord en diagonale, du golfe de Botnie à la frontière norvégienne en suivant le cours des rivières et des fleuves.

À ne pas manquer

La vue du sommet du Laxfjället, la réserve naturelle du massif de Vindel, Lappstaden à Arvidsjaur, le panorama du sommet du mont Galtisbuouda, le soleil de minuit du haut du mont Dundret, la route de la Calotte du Nord et le musée Ájtte, à Jokkmokk, dédié au patrimoine culturel same et à leurs terres.

En famille

Le zoo de Lycksele et la visite de la mine de fer à Kiruna.

Carnet pratique p. 446

Nos adresses p. 446

Les Sames

Ils sont environ 70 000 répartis sur le territoire de quatre pays : la Norvège, la Suède, la Finlande et la Russie. Les Sames, plus connus sous le nom (qu'ils récusent) de Lapons, sont le dernier peuple aborigène d'Europe, qui tente tant bien que mal de préserver son mode de vie, ses traditions et son identité des assauts de la modernité.

Aux origines

Selon certaines hypothèses, les Sames seraient originaires de la région du lac Onega en Russie, mais on ignore quand ils émigrèrent vers l'ouest et le nord de la Scandinavie, et si les **Komsa**, qui vivaient sur la côte norvégienne il y a environ 10 000 ans, étaient leurs ancêtres directs. Les Sames sont mentionnés pour la première fois, mais sous un nom différent, dans un livre d'histoire romaine ; on les retrouve ensuite dans les sagas d'Islande et dans diverses chroniques médiévales. Il semble qu'ils aient eu des échanges commerciaux avec plusieurs pays et qu'ils aient dû payer de lourdes taxes. Ils furent christianisés plus ou moins de force à partir du 13e s. et, au 19e s. et au début du 20e s., les États essayèrent de les contraindre à abandonner leur langue et leur mode de vie traditionnel au nom de la modernité et de l'intégration. Sans grand succès. Jusqu'au 15e s., les Sames vivaient de la pêche, de la cueillette et de la chasse, notamment du renne. Tiraillés entre les royaumes danois, suédois et russe, ils se mirent à l'élevage du renne au début du 17e s. afin de payer les impôts, prélevés entre autres en peaux de rennes. C'est alors que s'élabora le mode de vie que nous connaissons, marqué par la **transhumance** bisannuelle des troupeaux. Après avoir passé l'hiver sur les hauts plateaux du Finnmark, les troupeaux se déplacent l'été vers les prairies de la côte et des îles que les rennes gagnent parfois encore à la nage, mais plus souvent en bateau. En Suède, les rennes passent l'hiver dans les montagnes le long de la frontière norvégienne et l'été dans les plaines et les forêts. Ce mode de vie ancestral constitue la base de la **culture same**, même si moins de 10 % des Sames suédois en vivent. Contrairement à la Norvège où l'on trouve en Laponie des villes à majorité same (Kautokeino, Karasjok), les 20 000 Sames suédois sont dispersés. Stockholm est ainsi le plus gros « village » same de Suède.

La vie traditionnelle

Une minorité de Sames vit encore au sein de communautés locales (*siida* en Norvège, *sameby* en Suède), regroupant un certain nombre de familles qui s'entraident et se déplacent ensemble lors de la transhumance. Le nomadisme en tant que tel n'existe plus mais, au printemps et en automne, le temps de la **transhumance**, les éleveurs continuent de vivre sous des tentes. C'est le troupeau de **rennes** qui

La scolarisation des Sames

Les premiers missionnaires tentèrent de contraindre les enfants à aller dans des écoles sédentaires ; la première fut inaugurée à Lycksele en 1632. Puis, au début du 20e s., des écoles itinérantes furent instituées ; de nos jours, les enfants sames ont le choix entre les écoles locales traditionnelles et les écoles sames subventionnées par l'État. Luleå possède une école normale réservée aux étudiants de langue same et Jokkmokk une école de tradition populaire. L'université d'Umeå est dotée d'une chaire same.

Le *joik*, une carte d'identité

Tout Same se voit attribuer dès sa naissance par un de ses proches un *joik*, chant traditionnel qui l'accompagnera tout au long de sa vie et même au-delà, évoluant en fonction des caractéristiques physiques, du caractère ou des événements marquant la biographie de chacun. Et, plus tard, il suffit que quelqu'un entonne le *joik* consacré à tel parent disparu pour que celui-ci, l'espace d'un instant, se fasse présent dans le cercle familial...

imprime son rythme à la vie, puisque la famille suit tous ses déplacements... et l'on se doit de les surveiller de près (les rennes paient un lourd tribut à la circulation automobile). Principale ressource, le renne fournissait sa viande, sa peau et ses os, toutes choses indispensables lorsque les Sames vivaient dans une économie primitive de subsistance... Une petite agriculture saisonnière et la pêche constituaient un modeste complément. Quant aux déplacements, ils s'effectuaient à bord de traîneaux tirés par des rennes ou des chiens.
Bien que christianisés depuis des siècles, les Sames demeuraient fidèles à une religion basée sur le **chamanisme**, déjà décrite par Tacite au 1er s. de notre ère et longtemps sujette à des persécutions. Aux 17e et 18e s., l'usage du tambour fut interdit par les pasteurs luthériens qui en firent brûler des centaines. Le chaman (ou *noaidi*) était quant à lui l'intermédiaire entre les Sames et les forces de la nature, ainsi que le médecin des corps à l'aide des pommades, épices et onguents concoctés grâce au savoir ancestral.

Langue et culture

Après une longue lutte menée contre les pouvoirs centraux, les Sames ont aujourd'hui réussi à se faire reconnaître, et disposent de **parlements élus**, tant en Norvège (1989) qu'en Suède (1993), dotés de compétences en matière culturelle et économique. Ce mouvement de contestation politique s'est accompagné d'un retour à la culture traditionnelle, peu à peu abandonnée par les générations précédentes. C'est ainsi que la culture same trouve une nouvelle jeunesse, à commencer par l'usage de plus en plus fréquent de la langue, désormais enseignée dans les écoles. D'origine finno-ougrienne, la **langue same**, divisée en de multiples dialectes et porteuse de nombreuses légendes, voit naître une production littéraire dynamique.
L'**artisanat** ou **duodji** a lui aussi pris un nouvel essor, grâce au tourisme. Objets sculptés en bois, peaux de rennes, costumes traditionnels (que les Sames ne portent que dans les grandes occasions) et bijoux d'argent au dessin parfois inspiré des gravures rupestres d'Alta constituent de superbes souvenirs.
Ce renouveau s'accompagne d'un intérêt récent porté au ***joik***, chant rythmé parfois par le son d'un tambour, et qui constitue la **musique traditionnelle** same. Ces mélopées, que l'on peut entendre aujourd'hui lors de festivals – à Jokkmokk par exemple –, et que certains artistes tentent de revisiter, consistent en chants longuement modulés dans lesquels se glisse parfois un mot.
Le *joik* peut être dédié au vent, aux montagnes ou au soleil (le symbole commun de tous les Sames), mais aussi à une personne *(voir encadré ci-dessus)*.

Aujourd'hui

De nouveaux droits politiques permettent aux Sames d'envisager l'avenir avec plus d'optimisme. Ces droits se sont accompagnés d'une entrée dans la modernité,

parfaitement assumée : seuls 6 % des Sames sont aujourd'hui éleveurs de rennes, ils se déplacent en motoneige, utilisent l'hélicoptère (ou le cheval...) et suivent parfois leurs rennes grâce à des GPS accrochés à des colliers. Les autres sont médecins, instituteurs ou agriculteurs. Tous ont abandonné la tente pour des maisons en dur, et, si le tourisme constitue un plus pour l'économie, les Sames refusent de voir leur culture se figer dans un folklore passéiste.
Victimes d'ostracisme au début du 20e s., lorsque les États scandinaves menaient une politique eugéniste et qu'ils étaient considérés comme appartenant à une race inférieure destinée à disparaître, les Sames se battent aujourd'hui encore pour exister en tant que peuple. Les questions de **droit à la terre** sont sources de conflits et de procès entre éleveurs sames et agriculteurs qui leur contestent parfois l'accès à des pâturages utilisés depuis des générations en hiver, côté suédois. Plusieurs musées de Stockholm détiennent en outre des objets, voire des crânes, que les Sames, par l'intermédiaire de leur Parlement, le Sametinget, veulent rapatrier en Laponie.

La menace du changement climatique

Depuis une bonne dizaine d'années, les hivers se sont nettement détériorés. L'équation est tragiquement simple : les débuts d'hiver sont plus doux, il neige, cela fond, un coup de froid survient, ça gèle... Il se forme ainsi une voire plusieurs couches de glace qui deviennent impossibles à percer pour les rennes ainsi privés du lichen qui constitue 90 % de leur pitance hivernale. Le manque de nourriture pousse les rennes à se disperser davantage encore, ce qui augmente les risques d'accidents de la route et de conflits, soit entre éleveurs pour l'accès aux pâturages, soit avec des agriculteurs. La « police des rennes » *(Reinpoliti)* norvégienne, créée en 1949, parcourt à longueur d'année la Laponie, en scooter des neiges, en quad, en voiture ou en hélicoptère, pour prévenir les conflits liés à l'élevage de rennes et intervenir, en particulier auprès des touristes l'été, qui s'approchent parfois sans le savoir de zones préservées.
Pour les éleveurs sames, l'urgence pèse encore plus lourd : outre le climat, plusieurs industries (minière, touristique et éolienne) menacent l'existence du renne, amputant toujours plus ses zones de pâturage ou nécessitant la construction de routes et des transports routiers qui perturbent les transhumances. Des spécialistes craignent une disparition totale de l'élevage d'ici à quelques décennies.

Pressions de l'industrie minière

Les pays d'Europe du Nord, conscients de l'énorme richesse du sous-sol de la Laponie, ouvrent de plus en plus ces régions à l'exploration minière. Des compagnies du monde entier obtiennent assez facilement des permis d'explorer. Les conflits opposant ces compagnies aux populations locales, notamment sames, sont de plus en plus nombreux, et ces derniers ont le sentiment de ne pas être respectés, en dépit des déclarations d'intention des États nordiques.
À lire pour une première approche fictive mais documentée, les romans policiers d'Olivier Truc, *Le Dernier Lapon* (éd. Métailié, 2012) et *Le Détroit du loup* (éd. Métailié, 2014).

Laponia

En 1996, une partie de cette vaste région fut inscrite par l'Unesco sur la liste du **Patrimoine mondial** sous le nom de Laponia. Située à l'ouest de Gållivare et de Jokkmokk, Laponia s'étend sur 9 400 km² et englobe quatre parcs nationaux (Muddus à l'est, Stora Sjöfallet, Sarek et Padjelanta à l'ouest), ainsi que deux réserves ornithologiques (Sjaunja et Stubba). Laponia fut choisie par l'Unesco en raison de la beauté et de l'originalité de son cadre naturel et de sa richesse culturelle, car la région est habitée par les **Sames** depuis la nuit des temps (un des plus anciens sites archéologiques de la Suède du Nord est situé à Kårtejaure, à l'intérieur du parc national de Stora Sjöfallet).

Les curiosités décrites dans ce chapitre dépassent largement les limites de la Laponie. Elles ont été rassemblées d'un point de vue géographique le long de vallées et de routes en fonction de leur accessibilité.

La route Bleue (BLÅ VÄGEN)

CARTE P. 408-409 (B3-A2)

Circuit tracé en orange sur la carte p. 408-409 - 507 km le long de la route E 12 au départ d'Umeå (voir p. 420).
La route Bleue part du golfe de Botnie, remonte la vallée de l'Umeälven puis les vallées sinueuses du massif de Vindel, d'où l'on découvre de vastes panoramas, avant d'atteindre Mo i Rana sur la côte norvégienne. On progresse lentement à travers les montagnes dont les couleurs passent du bleu lilas au rose marron. Entre Lycksele et Storuman, la campagne recouverte de forêts est parsemée de nombreux lacs en forme de ruban ; le Ryfjället (1202 m), situé au nord de la route avant d'arriver à Tärnaby, est le symbole du massif de Tärna.

Lycksele B3

Lycksele, qui s'étend sur les deux rives du fleuve Umeälven, est connue familièrement sous le nom de « Lappstockholm » ; l'immense tente *(restaurant)*, qui accueille les visiteurs à leur arrivée, leur rappelle que la ville est la porte d'accès à la Laponie suédoise et à la culture same.

★★ **Zoo** – *Traverser le fleuve, tourner à droite après le pont, puis prendre la première à gauche et suivre l'indication « Djurpark ». Enfin, 1,2 km plus loin, tourner à gauche dans Brännbergsvägen. ✆ 0950 163 63 - lyckseledjurpark.se - de mi-juin à mi-août : 10h-17h ; de déb. juin à mi-juin et de mi-août à fin août : 10h-16h ; reste de l'année : se rens. - 160/220 SEK (3-17 ans 100/150 SEK).* Cet immense zoo est spécialisé dans la faune des pays nordiques. Il présente plus d'une centaine d'animaux d'une trentaine d'espèces différentes que l'on ne peut généralement apercevoir qu'à l'heure des repas en raison de l'étendue de certains enclos. Les phoques sont nourris à 12h, les bœufs musqués à 13h, les ours bruns, les loups, les renards des neiges et les lynx à 14h. Dans la partie du zoo qui leur est réservée, les enfants peuvent caresser les animaux. Un parc d'attractions se trouve aussi sur place.

★★ **Gammplatsen** – *Après le pont, longer le fleuve pendant 700 m, puis suivre l'indication « Gammplatsen ». ✆ 0950 379 45 - www.gammplatsen.com - Skogsmuseet : de fin juin à mi-août : 11h-17h ; reste de l'année : mar.-vend. et dim. 12h-16h - 50/80 SEK (- 18 ans gratuit) - café : se rens.* L'emplacement d'origine de la ville devint un musée de plein air en 1945. On peut visiter la jolie chapelle

Margaretakapellet et son clocher situés au bord du fleuve. Le **musée de la Chasse** (Jaktmuseet), à côté du parking, abrite au premier étage une belle collection de sculptures sur bois réalisées par des artistes sames. Le **musée de la Forêt** (Skogsmuseet) illustre les rudes efforts physiques qu'impliquent le travail du bûcheron et le débitage en rondins. Ruselegården est un petit café.

Storuman B3

Storuman occupe un site agréable sur le lac du même nom, au carrefour des routes E 12 et 45 avec la voie ferrée.

Kåtakyrkan – *En été.* Non loin du camping s'élève cette chapelle construite en forme de tente same traditionnelle.

Pour avoir une **vue★★** magnifique du lac Storuman et des îles Luspholmarna avec les montagnes en toile de fond, dépassez l'hôtel Toppen puis suivez l'indication « Utsikten ». Pour vous rendre sur les **îles Luspholmarna★**, tournez à droite au-delà de l'office de tourisme, puis encore à droite. La route offre des **vues** splendides sur les îles.

Église de Stensele B3

À 5 km à l'est par la route E 12. ✆ 0951 265 00 - en été.

Datant de 1886, c'est l'une des plus grandes églises de bois du nord de la Suède, pourtant nombreuses. Elle contient l'un des plus petits livres du monde : une loupe est nécessaire pour y lire le Notre Père dans sept langues différentes et des pinces fines pour en tourner les pages. L'église abrite également l'un des plus beaux exemplaires de la Bible de la reine Christine, datant de 1646.

Tärnaby A2

Ce village de montagne situé à l'extrémité nord du lac Gäutajaure est une station de ski et le point de départ idéal d'excursions à travers les grands espaces sauvages de la réserve naturelle du massif de Vindel. Il doit aussi une part de son renom au fait que le champion olympique de ski **Ingemar Stenmark** y réside. Celui-ci est, avec le joueur de tennis Björn Borg, l'un des athlètes les plus populaires de Suède.

Laxfjället – *À 4 km à l'est du pont. On peut monter à pied à partir du parking ou prendre un télésiège à partir de Fjällvindens Hus.* Le trajet en voiture jusqu'au parking de la piste de slalom de Tärnaby offre des **vues★★★** splendides.

Hemavan A2

Situé au nord-ouest de Tärnaby auquel il ressemble beaucoup, le village d'Hemavan est une station touristique au cœur d'une région montagneuse dominée par la lande.

C'est le point de départ du **Kungsleden**, chemin de grande randonnée qui se dirige vers le nord, traverse Ammarnäs et aboutit 500 km plus loin à Abisko. La section Hemavan-Ammarnäs *(75 km)*, jalonnée de refuges, traverse la réserve naturelle du massif de Vindel *(voir ci-après et p. 434)*.

Tärna Fjällpark – *À 1,5 km du village. ✆ 0954 38 023 - www.fjallbotaniska.se - se rens. pour les horaires - 30 SEK (-15 ans gratuit).* Cette étonnante tour en forme de champignon, surmontée d'un dôme doré, se dresse contre le flanc de la montagne et sert de centre d'accueil pour les touristes qui veulent visiter la réserve naturelle du **massif de Vindel** (Vindelfjällens Naturreservat, *voir p. 434*). On y obtient également les renseignements nécessaires pour se rendre à la montagne sacrée des Sames, Atoklinten. L'exposition du rez-de-chaussée est intitulée **Sinneriket** (« Empire des sens ») : la lumière, les sons et les odeurs sont utilisés pour évoquer l'environnement de la région, sa faune et sa flore. Du café situé au 10e étage, une **vue★★** remarquable embrasse la campagne environnante. Une passerelle couverte conduit de cet étage au flanc de la montagne où se trouve le **jardin botanique** le plus septentrional du monde, spécialisé dans la flore de montagne, en particulier la flore alpine. Une des espèces les plus célèbres est la nouvelle orchidée créée en 1987, qui s'appelle Brudkulla. Du jardin, il est possible de suivre plusieurs pistes, dont le premier kilomètre du Kungsleden.

La Vindelälven

CARTE P. 408-409(B2)

Circuit tracé en vert clair sur la carte p. 408-409- 91 km de Sorsele à Ammarnäs par la route 363.

Les rivières suédoises du Nord ont été pour la plupart aménagées afin de produire de l'énergie hydroélectrique. La Vindelälven est l'une des quelques grandes rivières restées à l'état naturel, essentiellement grâce à une importante campagne menée par les écologistes. Longue de près de 500 km, elle comprend de nombreuses sections de chutes et de rapides. Les sections intermédiaires, où elle coule paisiblement, sont connues sous le nom de « sel », que l'on retrouve dans de nombreuses appellations locales, car c'est au bord de ces étendues tranquilles que les premiers habitants s'installèrent.

Sorsele

Tout comme Storuman, Sorsele est un centre régional situé sur une île du cours moyen de la rivière. L'office de tourisme renseigne sur les diverses possibilités de pêcher, de faire du canoë et de descendre les rapides des environs.

Hemfjäll

À 48 km au nord-ouest de Sorsele, la route longe ce village dont le nom signifie littéralement « village avec vue » (Byn med vyn). Les panneaux routiers invitent les conducteurs à s'arrêter pour jouir du panorama. La rivière coule tumultueusement et les **rapides** sont visibles de la route à Björkheden et à Järnforsen.

★ Gillesnuole

Un chemin conduit à une ancienne **chapelle same** dissimulée parmi les arbres, sur la rive nord-ouest du lac Storvindeln. Construite dans les années 1750, elle a conservé son clocher, sa stèle, sa cabane en rondins sur pilotis et une hutte same. Elle est utilisée pendant trois week-ends au cours de l'été.

4

★ Ammarnäs

Ce village de montagne isolé, situé sur les rives du lac Gausträsk, au pied de l'Ammarfjället (1612 m), fut relié par la route à Gillesnuole à partir de 1921 seulement et à Sorsele à partir de 1939. Malgré sa faible population (une petite centaine d'habitants), composée pour moitié de Sames éleveurs de rennes, le village est aujourd'hui un centre populaire de découverte des grands espaces, en particulier la réserve naturelle du massif de Vindel. Les randonneurs ont la possibilité de prendre le raccourci qui conduit vers le sud à Hemavan et à Tärnaby en empruntant le **Kungsleden** *(voir Hemavan p. ci-contre).*

La colline aux pommes de terre (Potatisbacken) – *Tourner à droite au carrefour en T et continuer jusqu'à la fin de la route.* Cette remarquable colline ne cesse de fasciner les visiteurs. Depuis le début du 19ᵉ s., on y cultive en terrasses la pomme de terre amande, appelée ainsi à cause de sa forme. Un chemin grimpe jusqu'au sommet par le flanc nord.

Église – Cette belle chapelle same en bois construite en 1858 pour remplacer celle de Gillesnuole fut remaniée en 1912. De simples rochers font office de pierres tombales.

★ **Lappstan** – *Au sud-ouest de l'église. Se renseigner à l'office de tourisme (✆ 0952 60 000) pour la visite des maisons sames.* Transportées sur ce site en 1911, ces maisonnettes en rondins forment une petite « ville-église » *(voir encadré p. 424)*, encore utilisée par les Sames au cours de trois festivals religieux annuels.

Norra Ammarnäs

À 4 km au nord, suivre les indications « N. Ammarnäs ».

Après 2 km, admirez près du pont les bouillons formés par la rivière sur des roches plates stratifiées. Poursuivez jusqu'au village de montagne que traverse le Kungsleden. Un chemin facile conduit à une ancienne ferme de montagne surnommée Örnboet (« nid d'aigle »). Le dernier occupant quitta les lieux dans les années 1950. Les maisons donnent un aperçu de ce qu'était la vie ici au 19e s.

Réserve naturelle du massif de Vindel

(VINDELFJÄLLENS NATURRESERVAT)

Tjulträskvägen 1 (dans le même bâtiment que l'hôtel Ammarnäsgården) - ✆ 0952 601 65 - www.vindelfjallen.se/naturreservatet.

Sa superficie de 5 600 km² fait de la réserve naturelle du massif de Vindel une des plus grandes d'Europe. Sillonnée de sentiers de randonnée, appréciée des chasseurs et des pêcheurs, elle inclut de nombreux hauts sommets, des centaines de lacs, la puissante rivière Vindelälven, une flore très riche, comportant aussi bien des orchidées que des taillis et une réserve ornithologique. La faune, très variée, comprend gloutons, ours, lynx, renards argentés – symbole de la réserve – et un troupeau permanent de 25 000 rennes.

La route de l'Argent (SILVERVÄGEN) CARTE P. 408-409 (BC2-3)

Circuit tracé en bordeaux sur la carte p. 408-409 - 360 km au départ de Skellefteå jusqu'à la frontière norvégienne par la route 95.

La route de l'Argent s'étend de Skellefteå, sur les bords du golfe de Botnie, à la côte occidentale de la Norvège. Au 17e s., le minerai était extrait aux environs de Nasafjäll et transporté sur des traîneaux tirés par des rennes, puis acheminé par bateau jusqu'à la côte orientale de la Suède. L'exploitation minière cessa en 1810. La route ne fut goudronnée qu'en 1972.

Skellefteå C3

À 135 km au nord d'Umeå.

Située sur les rives de la Skellefteälven, Skellefteå est un centre actif d'industries de services qui gèrent les activités agricoles, minières et forestières de la région.

Paysage de Laponie suédoise.
R. Th. Sigurdsson/age fotostock

Nordanå Kulturcentrum – Un centre d'artisanat (Handens Hus) et une auberge (Nordanågårdens Värdshus) sont regroupés dans Nordanå Park, agrémenté de bassins et d'un terrain de jeux.

★★★ **Ville-église de Bonnstan** – *À côté du Nordanå Kulturcentrum.* Elle est, avec Gammelstad *(voir p. 422)*, l'une des mieux conservées de Suède *(voir encadré p. 424)*. Édifié autour de l'église à partir du 15e s. afin de permettre aux paroissiens des fermes et villages alentour d'assister aux offices religieux sans avoir à rentrer chez eux dans la même journée, le village paroissial a conservé 116 maisons, trois écuries et une remise. Après les incendies qui le dévastèrent en 1672 et en 1835, le village fut transféré à son emplacement actuel. Les maisons appartiennent toujours à des particuliers et Bonnstan s'anime en été lors de Midsommar (les fêtes de la St-Jean) et de la fête de la paroisse, une semaine plus tard.

Église paroissiale (Landsförsamlings Kyrka) – *Tlj sf w.-end.* De style néoclassique, blanchie à la chaux, elle se dresse sur les rives de la Skellefteälven. Elle contient de nombreuses sculptures en bois, notamment la **Vierge de Skellefteå**★, en bois de noyer, rare exemple de statue romane en bois.

Derrière l'église, une route conduit au **Lejonströmsbron**, le plus long pont de bois encore en service en Suède.

Museum – *☏ 0910 73 50 00 - www.skellefteamuseum.se - mar. 10h-19h, merc.-dim. 10h-16h.* Il comprend plusieurs sections, consacrées à l'archéologie, l'exploitation minière, la sylviculture et l'agriculture, ainsi qu'aux monnaies.

4

★ Arvidsjaur B2

Situé à un carrefour, Arvidsjaur devint très tôt un centre commercial et un lieu de rencontre sur la route de l'Argent conduisant à la mine de Nasafjäll. C'est aujourd'hui une petite ville suédoise typique.

★★ **Lappstaden** – *Borgargatan - ☏ 0960 175 00 (office de tourisme) - visites guidées (en anglais) tlj à 18h, de mi-juin à mi-août - 100 SEK.* Juste en face de l'église moderne, voici la plus ancienne et la mieux conservée des « villes-églises » sames du 17e s. où se concentraient les populations à l'occasion de festivités religieuses *(voir encadré p. 424)*. À Arvidsjaur, on distinguait trois quartiers : l'un rassemblant les huttes et leurs remises construites par les nomades sames pour y passer la nuit, le deuxième les maisons et les écuries des fermiers suédois et le troisième les maisons des commerçants. Seul subsiste le quartier same, dont les 80 huttes sont encore utilisées lors de la session parlementaire same, qui a lieu le dernier week-end d'août.

Hembygdsmuseet – *À 3 km à l'ouest par la route 951 en suivant l'indication « Hembygdsgård ». ☏ 0960 124 28 - www.hembygdarvidsjaur.se - lun.-vend.*

12h-16h, sam. 12h-14h. L'ancien presbytère centenaire abrite aujourd'hui le musée local du patrimoine.

Arjeplog B2

Cette petite ville same occupe un ensemble de promontoires et d'îles situé entre les lacs Uddjaure et Hornavan, le plus profond de Suède (226 m).

L'office de tourisme loge dans le même bâtiment que le musée de l'Argent.

★★ **Musée de l'Argent (Silvermuseet)** – *Torget - ✆ 0961 145 00 - silvermuseet.se - lun.-vend. 12h-16h, sam. 10h-14h - 80 SEK (-18 ans gratuit).* **Einar Wallquist** (1896-1985), le « docteur lapon », vint pour la première fois à Arjeplog en 1922 et, outre ses activités médicales, entreprit de collectionner aussi bien de simples objets de la vie quotidienne que des objets en argent très raffinés. Il fonda le musée en 1965 dans l'ancienne école same (1854). La boutique du musée, qui occupe l'ancienne salle de classe, vend de l'artisanat. C'est dans les pièces de l'arrière qu'habitait l'instituteur et le cabinet du Dr Wallquist est visible à travers un écran en verre. Au sous-sol sont exposés les splendides colliers, ceintures, bibelots, pichets et cuillères en argent qui ont fait la réputation du musée. Les objets les plus anciens sont norvégiens et datent du 15e s. La collection comprend également des produits de l'artisanat same, une hutte sur roulettes servant de remise (*skiedja* en same) et d'autres objets d'usage courant chez les nomades. Le **tambour magique** est particulièrement intéressant, car ce fut l'un des seuls à être conservé lorsque, au 17e s., les Sames furent baptisés de force et leurs tambours détruits par les pasteurs luthériens. Au premier étage, on peut voir des ustensiles ayant appartenu aux fermiers suédois. Ils sont dépourvus de décorations et leur simplicité contraste fortement avec la richesse ornementale des outils sames.

Église – De couleur rose et en forme de croix, elle date de 1763 et s'élève à l'emplacement d'un édifice antérieur consacré par la reine Christine en 1641.

Mont Galtisbuouda – *3 km après Arjeplog, suivre une route bitumée sur la gauche qui conduit au sommet (les 5 derniers km sont très raides).* Du sommet, on peut pleinement apprécier la beauté du système lacustre entourant Arjeplog. Par temps clair, le regard embrasse un vaste **panorama**★★★ qui s'étend sur une distance de 100 km dans toutes les directions et comprend le pic de l'Ammarfjället à l'ouest, le Pieljekaise au nord-ouest et le massif enneigé de Pårte dans le parc national de Sarek.

La vallée de la Torne (TORNEDALEN) CARTE P. 408-409 (C2)

Circuit tracé en gris sur la carte p. 408-409 - 186 km d'Haparanda à Pajala par la route 99.

La Torne (Torneälven en suédois, Tornionjoki en finnois), après avoir traversé le lac Torneträsk, reçoit la Muonioälven au sud de Pajala avant de se jeter dans le golfe de Botnie. La Muonioälven, de Treriksröset à la jonction des frontières finlandaise, suédoise et norvégienne, jusqu'à son confluent avec la Torne, puis la Torne elle-même, servent de frontière entre la Suède et la Finlande. Pendant plus de cent ans, elles furent l'un des principaux axes de flottage du bois.

Haparanda

Le traité de 1809, cédant la Finlande à la Russie, entraîna dans son sillage la division de la vallée de la Torne (de langue suédoise) en deux. Haparanda fut fondée en 1842 pour remplacer la cité marchande de Tornio, cédée aux Russes avec le

Maupertuis

La terre est-elle plate ou pointue ? C'est pour répondre à cette question, qui était à l'origine d'une véritable querelle de scientifiques, que **Pierre-Louis Moreau de Maupertuis** (1698-1759) séjourna pendant un an (1736-1737) avec les membres de son expédition dans les environs du **cercle polaire**. Les scientifiques étaient divisés en deux camps : ceux qui soutenaient la théorie du philosophe français **Descartes** selon laquelle la terre était pointue aux pôles, et ceux qui soutenaient celle du savant anglais **Newton** selon laquelle elle était au contraire aplatie aux pôles. Partisans de Newton, les membres de l'expédition de Maupertuis, qui comprenait le suédois **Anders Celsius**, construisirent un réseau triangulaire entre Tornio, sur le golfe de Botnie où ils s'installèrent, et le village de Pello, situé à une centaine de kilomètres au nord. Pour ce faire, ils durent défricher sept sommets afin que leurs repères fussent visibles de l'un à l'autre. Ce travail, entrepris en plein été nordique, fut épuisant à cause de la chaleur, des moustiques et des marécages, et les mesures ne furent terminées qu'au cours de l'hiver suivant. Une fois rentré à Paris, Maupertuis présenta le résultat concluant de ses expériences dans une publication intitulée *La Figure de la Terre*.

territoire finlandais. Un monument aux victimes de la guerre de 1808-1809 a été érigé près de la frontière finlandaise.
Haparanda la Suédoise et Tornio la Finlandaise, villes sœurs, partagent de nombreux équipements publics. Haparanda a été choisie par Ingvar Kamprad, fondateur d'Ikea, pour établir le seul magasin Ikea du Grand Nord. Les clients viennent de Norvège ou de Finlande, parfois de localités éloignées de plus de 100 km, pour y faire leurs courses.
Église – Son modernisme a été un sujet de controverse dès la consécration de l'édifice en 1967. Le sombre extérieur habillé de cuivre forme un contraste frappant avec l'intérieur clair et élégant. Le curieux clocher se dresse à l'emplacement de la première église de bois, détruite par un incendie en 1963.

★★★ Kukkolaforsen

Une rive en Suède, l'autre en Finlande, les **rapides de Kukkola** (du nom du village situé sur la frontière) composent un tableau scandinave assez idyllique, avec jetées de bois battues par les flots, cabanes de pêcheurs et moulins à eau. Tout y est, même les pêcheurs ! Depuis le Moyen Âge, ceux-ci s'installent sur les pontons – certains complètement de guingois –, pour pêcher toutes les espèces de corégones, poissons des lacs proches des salmonidés tous désignés en Suède par le terme *sik*.

Luppioberget

Une route grimpe jusqu'au sommet d'où la **vue★★★** sur la vallée de la Torne est magnifique.

★ Église d'Övertorneå

De forme polygonale, c'est l'une des églises du 18e s. les mieux préservées de Laponie. Les tympans de chaque portail de la tour-clocher sont ornés de peintures, comme l'intérieur, lui aussi richement décoré. La chaire et la barrière séparant le chœur de la nef sont remarquablement ouvragées. Parmi les nombreuses sculptures médiévales sur bois, on retiendra la charmante **Mantelmadonnan★★** qui s'ouvre comme un retable.

Niskanpää
Ici, la route franchit le **cercle polaire** *(polcirkeln)*.

Svanstein
Suivre le panneau indiquant « Konst och Konsthantverk ». L'édifice principal, Dränglängan, autrefois réservé aux ouvriers agricoles, abrite aujourd'hui des sculptures en bois de Rolf Suup *(www.dranglangan.com)*. On peut voir dans le parc un authentique **sauna traditionnel à la fumée de bois★**.

★★ Kengisforsen
Suivre l'indication « Kengis » ; les 2 derniers kilomètres ne sont pas goudronnés. La route passe devant le manoir de Kengis, datant des années 1830, seul vestige d'une fonderie autrefois prospère, et conduit à ces spectaculaires **rapides**.

Pajala
La ville est connue parce qu'y habita **Lars Levi Laestadius** (1800-1861), fondateur du mouvement évangélique, qui fit de nombreux adeptes dans le nord de la Scandinavie. Sa maison, **Laestadii Pörte**, est ouverte au public et le vieux presbytère abrite une exposition sur sa vie et son mouvement. Il passa les dernières années de son existence dans une cabane de bois toute simple. Prêchant la sobriété, il était aussi un botaniste et un savant de renom.

★★★ La route de la Calotte du Nord (NORDKALOTTVÄGEN) CARTE P. 408-409 (B1)

Circuit tracé en bleu foncé sur la carte p. 408-409 - 132 km de Kiruna à la frontière norvégienne par la route E 10.
Cette route a été inaugurée en 1993 en présence des monarques de Suède et de Norvège et du président finlandais. Le mot « calotte » se rapporte à la calotte polaire de la Norvège, de la Suède, de la Finlande et de la Russie, située au nord du cercle polaire. En 1984, une route fut tracée à travers l'un des derniers grands espaces sauvages d'Europe, de Kiruna à Narvik, en passant par Riksgränsen à la frontière norvégienne. Avant cette date, la ligne de chemin de fer construite en 1903 pour l'exportation du minerai de fer était la seule liaison par-delà la frontière. Le parcours offre des vues spectaculaires, en particulier sur les eaux bleues et étincelantes du lac Torneträsk, emprisonné par d'imposantes montagnes.

Kiruna
Lars Janssonsgatan 17 (Folkets Hus) - ✆ 0980 188 80 - www.kirunalapland.se.
La montagne métallifère, Kirunavaara, qui se dresse au centre même de la ville, est un point de repère frappant dans cette austère ville minière qui a tant contribué à la prospérité de la Suède. Kiruna héberge la plus grande mine de fer souterraine du monde, soit 90 % de la production européenne. On y extrait du minerai à 1175 m de profondeur, bientôt à 1365 m *(voir aussi encadré p. ci-contre)*.
Kiruna, qui est née du fer, est aussi en train d'en mourir : l'exploitation souterraine de la mine a provoqué des fissures qui menacent le centre-ville. Depuis quelques années et pendant une vingtaine d'années, la ville est progressivement déplacée, quartier après quartier, à 3 km à l'est : du jamais vu dans l'histoire du monde ! Les édifices historiques seront reconstruits brique par brique, les autres flambant neuf. Les habitants les plus menacés ont déjà été déplacés.
Sur réservation, il est possible d'effectuer une visite guidée d'une partie de la **mine LKAB** *(✆ 0980 188 80 - www.kirunalapland.se/aktiviteter/*

Faire fortune à Kiruna

Le fondateur – Bien que les gisements de fer de Kiruna aient été reconnus très tôt, aucune estimation de leur importance n'en avait été faite avant l'arrivée en 1890 du géologue **Hjalmar Lundbohm** (1855-1926). À la suite de ses recherches et de la découverte d'un riche filon, il entreprit le développement commercial d'une mine à ciel ouvert et devint directeur de la société anonyme Luossavaara-Kirunavaara (**LKAB**). Ami intime d'artistes et d'écrivains de premier plan – le prince Eugène de Suède, Christian Eriksson, Albert Engström, Carl Larsson notamment – et fortuné, il avait une conscience sociale très développée. Choqué par l'apparition de baraques en bois autour de Malmberget *(voir p. 443)*, il prit une part active dans l'élaboration du plan d'urbanisme de Kiruna.
La mine – Dès la fin du 19e s., l'exploitation de la mine se fit à grande échelle et, en 1903, le chemin de fer du minerai (Malmbanan) fut construit afin de relier Kiruna au port de Narvik en Norvège. Un grand filon de 4 km de long, de 100 m de large et épais de 2 000 m produit environ 200 millions de tonnes de minerai par an dans des carrières à ciel ouvert, la zone d'extraction se trouvant à près de 1 000 m de profondeur. Treize trains de 52 wagons chacun transportent 52 000 tonnes de minerai par jour.

lkabs-visitor-centre - parcours de 2-3h au départ de l'office de tourisme - âge min. 6 ans - 410 SEK, 6-15 ans 105 SEK). Cet impressionnant circuit vous mènera à 375 m de profondeur, équipé d'un casque de chantier, pour découvrir une galerie et différents équipements de ce site gigantesque. La visite inclut la projection d'un film sur la société LKAB *(voir encadré ci-dessus)* et une présentation des réaménagements de la ville liés à l'exploitation.
Kiruna est également renommée pour sa station de recherche spatiale située à Esrange *(ne se visite pas)* et pour son Institut de géophysique, où l'on étudie le phénomène des aurores boréales, de la radiation cosmique, du magnétisme de la Terre et des tremblements de terre. En outre, Kiruna est le siège du **Parlement des Sames suédois**.
La ville enfin est un centre d'excursion idéal d'où l'on peut découvrir les hautes montagnes de l'Ouest, en particulier le massif du Kebnekaise, visible du centre de Kiruna par temps clair, où le plus haut sommet de Suède culmine à 2 111 m.

4

★★★ **Aurore boréale** – L'obscurité permanente fascine toujours les étrangers attirés par la possibilité de voir les aurores boréales zébrer le ciel durant les nuits froides et claires de l'hiver, entre le mois d'octobre et le mois de février. Pendant 28 jours, entre le 9 décembre et le 5 janvier, lorsque le soleil ne paraît pas du tout au-dessus de l'horizon, il ne fait pas nécessairement entièrement nuit, mais, au contraire, si le soleil est à moins de 6° au-dessous de l'horizon, les paysages sont doucement éclairés par une sorte de crépuscule. Le manteau de neige d'un blanc étincelant contribue aussi à rendre l'obscurité moins intense.
Soleil de minuit – Quand il fait constamment jour, du début du mois de mai jusqu'au mois d'août, la période idéale pour apercevoir la totalité du globe solaire à minuit se situe entre le 28 mai et le 14 juillet ; le meilleur endroit est le sommet du Luossavaara, ancienne montagne de minerai, aujourd'hui centre de ski.
Aller jusqu'à l'extrémité de Hjalmar Lundbohmvägen.
★★ **Église** – *Finngatan 1 - ✆ 0980 67 800.* Le joyau de Kiruna : en 1909, Hjalmar Lundbohm demanda à Gustaf Wickman de « dessiner une église en forme de tente same », et c'est ce qu'il fit, aboutissant, trois ans plus tard, à cette magnifique

église en bois rouge, dont les pentes du toit sont ornées de statues de bronze doré. Séparé du bâtiment principal, le clocher à bulbe, lui aussi rouge, est renforcé de douze étais. À l'intérieur, les murs de bois sombre rappellent l'intérieur d'une tente same. L'attention du visiteur est immédiatement attirée par le **retable** réalisé par le prince Eugène et donnant au paradis l'apparence d'un paysage de Toscane. La croix au pied de laquelle prient des Sames et la sculpture en métal représentant **saint Georges et le dragon** sont encore dues à Christian Eriksson. À l'extérieur, sur le côté sud, la **tombe de Hjalmar Lundbohm** porte cette inscription de l'écrivain Albert Engström : « Pour le bien de la Nation, il exposa les trésors de la montagne et créa la cité. »

L'église doit aussi déménager en 2025-2026 dans le nouveau centre-ville de Kiruna.

Hôtel de ville (Stadshus) – *Linbanevägen 9 - ✆ 0980 700 00 - lun.-vend. 8h-17h.* Tout un symbole : « Kristallen », le nouvel hôtel de ville de Kiruna dessiné par l'agence d'architecture danoise Henning Larsen, a été inauguré en août 2018. De l'ancien hôtel de ville (1963), seuls ont été conservés la **tour en fonte**, conçue par Bror Markland, et son carillon de 23 cloches, qui se dresse sur la place voisine.

Maison de Hjalmar Lundbohm (Hjalmar Lundbohmsgården) – *Lotten Erikssons gata 34 (Luossavaara) - fermé jusqu'à nouvel ordre.* Cette maison de bois fut la demeure de Hjalmar Lundbohm *(voir encadré p. 439)*. C'est aujourd'hui un centre culturel consacré à la ville, où l'on remarquera en particulier le bureau de Lundbohm.

Samegården – *✆ 0980 170 29.* Attenant à un hôtel-restaurant du même nom, ce centre culturel et lieu de rendez-vous de la communauté same de Kiruna contient un **musée** qui organise en été une exposition d'artisanat. Les poignées de porte par Lars Sunna ont la forme d'un tambour magique.

Abisko

À 94 km au nord-ouest de Kiruna.

www.visitabisko.com.

Ce village de montagne, situé sur la rive méridionale du lac **Torneträsk**, a pour principal attrait sa situation au cœur d'une des régions les plus sauvages de Suède.

C'est le point de départ du **Kungsleden**, itinéraire de randonnée long de 500 km, qui se dirige vers le sud et aboutit au village d'Hemavan *(voir p. 432)*.

Naturum – *✆ 010 225 55 44 - www.lansstyrelsen.se - de déb. déc. à mi-fév. pour la période des aurores boréales, de déb. juin à fin sept. pour celle du soleil de minuit - se rens. pour les horaires.* Ce centre d'accueil propose des expositions sur la flore locale, la faune, la géologie et les Sames, et organise des randonnées thématiques touchant ces mêmes domaines, ainsi que des excursions sur le lac.

★★ **Abiskojåkka** – À faible distance du village, l'embouchure de cette rivière forme un canyon dont la profondeur atteint jusqu'à 20 m, avant de se jeter dans le lac Torneträsk. Le canyon met en évidence les différentes couches géologiques. On y reconnaît la dolomite d'un blanc jaunâtre connue sous le nom de marbre d'Abisko.

Aurora Sky Station – *Alt. 900 m. ✆ 010 190 2360 / 0980 402 00 - aurorasky station.se - de mi-juin à fin sept. : 9h30-16h ; de mi-juin à mi-juil. : 20h-1h30 (soleil de minuit) ; de mi-nov. à mi-mars : 21h-1h (aurores boréales) - à partir de 195 SEK - plusieurs formules dont une avec dîner au sommet (se rens.).* Un téléphérique (20mn) grimpe au sommet du mont Njullá (ou Nuolja), où une **vue** magnifique s'offre sur un célèbre point de repère, le **Lapporten** (« porte lapone »), dont la silhouette caractéristique se dresse au sud-ouest d'Abisko. Du haut du Njullá, on peut aussi contempler le **soleil de minuit** dans les meilleures conditions.

Près d'Abisko.
W. Fickert/Panther Media/age fotostock

Torneträsk – Avec ses 72 km de long pour 9 km de large seulement, ce **lac**, dont le nom signifie « forêt au bord du grand lac », est l'un des plus longs de Suède. Des excursions en bateau partent d'Abisko.

Parc national d'Abisko – Situé à l'ouest d'Abisko, c'est l'un des principaux pôles d'attraction de la région. Couvrant une superficie de 77 km^2 et inauguré en 1909, il est réputé pour la diversité de sa flore de montagne, en particulier pour les nombreuses et rares espèces d'orchidées. On peut apercevoir des lemmings (rongeurs des régions arctiques), des ours, des élans, des martres, des lynx et des gloutons.

Plus au nord, près de **Björkliden**, où la route serpente entre le mont Njullá et le lac, le visiteur apercevra des signaux lumineux. Ils sont destinés à prévenir les automobilistes des risques d'avalanche et il convient de maintenir une vitesse constante de 60 km/h lorsque les signaux ne sont pas allumés.

Björkliden – *À 10 km au nord-ouest d'Abisko - bjorkliden.com.* Cette station de sports d'hiver permet de skier dans ces grands espaces sauvages, ménageant au fil des pistes de belles vues sur le lac Torneträsk.

Rakkasjåkka – *Entre Björkliden et les signaux lumineux.* Suivre le chemin qui descend en pente raide le long de cet impétueux torrent de montagne *(jåkk)* roulant jusqu'à la rive du lac Torneträsk couverte de galets.

Riksgränsen – *riksgransen.se.* Cette station de ski située à la frontière norvégienne offre – aussi – de très bonnes possibilités de ski d'été.

Les alentours de Kiruna

CARTE P. 408-409 (B1)

★★ Jukkasjärvi

À 19 km à l'est de Kiruna.

C'est le village le plus septentrional de la vallée de la Torne, aussi a-t-il de tout temps accueilli des voyageurs venant de loin. C'est aujourd'hui une base de séjour idéale pour pratiquer en été la pêche, le canoë et la descente en radeau pneumatique des rapides de la Torne, tandis que l'hiver offre la possibilité de faire des excursions en traîneau à chiens, des safaris en motoneige, du ski de fond et du ski alpin.

Ice Hotel (Hôtel Arctique) – Le village est réputé pour son étonnant hôtel hivernal *(voir « Nos adresses » p. 447)* reconstruit chaque année avec plus de 5000 tonnes de glace. Cet igloo géant, dont l'architecture change tous les ans, abrite non seulement environ 70 chambres et suites mais aussi une galerie, un restaurant, un bar, un club de jazz, une salle d'exposition et une église (des sacs de couchage et des peaux de rennes sont fournis aux visiteurs). La température intérieure reste constante (entre -3° et -8 °C), quelle que soit la température extérieure. Vers les mois d'avril et mai, le soleil commence son travail de démolition.

Église – L'édifice de bois au bord de la rivière fut agrandi à la fin du 18e s. Sous le porche, on peut voir les inscriptions faites par divers voyageurs, dont une écrite en latin en 1681 par trois Français : « Élevés en France, nous avons visité l'Afrique, goûté l'eau sacrée du Gange, et parcouru l'Europe ; ainsi, conduits par le destin et voyageant sur terre et sur mer, nous sommes finalement parvenus ici, au pôle où finit le monde. » Le remarquable **retable★★** est un triptyque aux couleurs vives, sculpté dans du bois de teck par **Bror Hjorth** en 1958. Il montre Lars Levi Laestadius *(voir p. 438)* prononçant un sermon. Les personnages sont naïfs, mais le message est aussi clair que semble l'être le ton de celui qui prêche. Les gouttes de sang coulant du flanc et du front du Christ se transforment en fleurs rouges en tombant. Marie est auréolée par le soleil de minuit, tandis que, apothéose de l'œuvre, une femme same touchée par la grâce entre en lévitation. Un paysage hivernal et un ciel nocturne éclairé par les étoiles et les aurores boréales forment la toile de fond.

Nikkaluokta

À 70 km à l'ouest de Kiruna. Sortir de la ville par Hjalmar Lundbohmvägen.

Au cœur de trois vallées se trouve un édifice moderne qui abrite un restaurant et un office de tourisme *(nikkaluokta.com)*. Ce petit site, tenu par la famille same des Sarri, est l'une des portes qui mène au **Kebnekaise**, le plus haut sommet de Suède (2111 m), situé à 4-5h de marche vers l'ouest. Il est possible, suivant l'heure, de raccourcir le trajet en prenant un petit bateau sur 6 km.

Ladtjojaure, piste de 19 km, conduit à la **station de montagne** de Kebnekaise d'où partent les ascensions guidées du Kebnekaise et des visites guidées du centre de recherches sur les glaciers à **Tarfala**.

L'une des sections les plus populaires du chemin de grande randonnée **Kungsleden** est celle qui relie Abisko *(voir p. 440)* au sud du Kebnekaise et Nikkaluokta.

Le pays minier

CARTE P. 408-409 (B2)

Gällivare

Centralplan 4 (2e ét. de la gare) - ✆ 0970 102 20 - visitgallivare.se.

Dundret – *À 9 km au sud par la route 45 ; après avoir parcouru 5 km, suivre la signalisation « Dundret, Toppstuga ». Alt. 820 m - www.dundret.se.* Déjà, au 19e s., le mont Dundret était réputé comme étant l'un des meilleurs endroits d'où l'on pouvait observer le soleil de minuit. La **vue★★★** embrasse Malmberget au nord, le pic du Kebnekaise au nord-ouest, les parcs nationaux de Sarek et de Padjelanta à l'ouest, ainsi que la vallée du fleuve Luleälven et les montagnes de Norvège se profilant à l'horizon.

Pour atteindre la grande construction en bois située à mi-pente qui porte le nom de « Piège à ours », **Björnfällan**, il faut suivre la route 45 en direction de Gällivare jusqu'au panneau indiquant « Dundret, Björnfällan ». Construit avec du pin du nord de la Finlande vieux de quatre cents ans, cet édifice a été conçu par l'architecte finlandais Esko Lehmola. Le bâtiment fait partie d'un centre de vacances offrant diverses activités telles que le ski alpin et le ski de fond.
Lappkyrka – *Le panneau « Lappkyrka » se trouve à l'est de l'église de bois peinte en blanc ; suivre la route qui longe l'église, continuer tout droit et traverser la voie ferrée, puis tourner à droite en vue du panneau « Gamla Kyrkan ». ☏ 0970 162 60 - juin-août.* Cette petite **église** en bois toute simple surmontée d'un clocher se dresse sur les bords de la rivière Vassara avec le Dundret en toile de fond. On l'appelle « l'église d'un sou » parce qu'elle fut construite grâce à des fonds versés par la population (un sou en argent par famille, en application d'un décret du roi Frédéric, ce qui explique son second nom Friedrich). Au moment de sa construction en 1747-1754, la plupart des paroissiens étaient des Sames, d'où son surnom d'« église lapone ».
Hembygdsmuseet – *Storgatan 16- ☏ 0970 818 692 - www.gshg.se/museet - 11h-15h30, sam. 12h-14h - gratuit.* Ce musée du patrimoine régional est logé aux 2e et 3e étages de l'école en brique rouge. On y vend des produits de l'artisanat same.
Hembygdsområdet – *Prendre la direction de Jokkmokk ; juste avant la rivière Vassara, suivre l'indication « camping », puis continuer au-delà du campement sportif. ☏ 0970 166 60 - www.gshg.se/hembygdsomradet - en été, se rens. pour les horaires.* Ensemble d'édifices de la fin du 19e s. et du début du 20e s., ainsi que campement same.

Malmberget

À 5 km au nord de Gällivare en suivant Parkgatan qui devient Malmbergsleden.
Exploitation minière – Malmberget signifie littéralement « montagne de minerai » et c'est, avec Kirunavaara, la plus grande réserve de minerai de fer de Suède. Les découvertes les plus anciennes remontent au milieu du 18e s., mais l'exploitation commerciale fut retardée par les difficultés de transport et l'opposition des Sames pour qui la montagne était sacrée. L'exploitation commença effectivement au cours des années 1860 sous le contrôle de plusieurs Anglais qui financèrent également la liaison ferroviaire avec le port de Luleå, réalisée en 1888. Les mines passèrent ensuite sous le contrôle de la compagnie Luossavaara-Kirunavaara (LKAB, *voir encadré p. 439*). La population passa de 147 à 7 000 habitants en huit ans (1891-1899). À l'heure actuelle, on extrait environ quatre millions de tonnes de minerai par an d'un filon situé à 850 m de profondeur.
Mine de fer : Gruvtur LKAB – *Kullevägen 5 - ☏ 0771 760 000 - lkab.com/en/contact-us - ♿ - visite guidée suspendue jusqu'à nouvel ordre (rens. et réserv. auprès de l'office du tourisme de Gällivare - ☏ 0970 102 20).* Cette visite guidée commence par celle du musée de la Mine (Gruvmuseet), qui illustre 250 années d'exploitation et montre, avec l'aide d'un support audiovisuel, les conditions dans lesquelles l'exploitation minière se fait de nos jours. La visite comprend ensuite un trajet en bus permettant de se rendre sur divers sites d'exploitation et une descente à 815 m de profondeur pour voir le filon de minerai. Les plateaux des chariots électriques, assez larges pour porter un véhicule, peuvent transporter une charge de 120 tonnes.
Mine de cuivre : Aitik-Turen – *visite guidée (3h, à partir de 15 ans ; sur réserv. min. 2 sem. à l'avance auprès de l'office du tourisme de Gällivare - ☏ 0970 102 20).* Cette visite guidée fait découvrir une mine à ciel ouvert longue de 2,5 km, large

4

Linné en Laponie

Lors de sa visite de la Laponie en 1732, **Carl von Linné** *(voir p. 483)* n'atteignit pas Abisko et l'on doute même qu'il soit jamais parvenu à Jukkasjärvi, mais il décrivit son ascension du Vallevare près de Kvikkjokk en ces termes :
« Ici, il n'y a plus d'arbres, rien que des montagnes, toutes plus hautes les unes que les autres et couvertes de neige glacée. Il n'y a ni chemins ni pistes et aucun signe d'habitation humaine. Le vert lumineux de l'été semble avoir été banni (de la palette de la nature) et relégué dans les vallées les plus profondes. On ne voit aucun oiseau mis à part les lagopèdes des montagnes qui s'affairent autour de leurs petits dans les vallées... J'ai grimpé au plus haut point pour voir le soleil de minuit... Puis je me suis assis pour trier et décrire les plantes que j'avais ramassées » (et il en énumère trente).

de 800 m et profonde de 300 m. C'est la plus grande mine de cuivre d'Europe encore exploitée et la deuxième mine d'or de Suède avec une production de deux tonnes d'or par an.

Kåkstan – *Kilen 213 - se rens. à l'avance sur les accès et conditions de visite auprès de l'office du tourisme de Gällivare (voir p. 442).* Elle a un petit goût de ville-fantôme, cette rue, comme tout droit sortie de la fin du 19e s. Elle a été reconstituée telle qu'elle apparaissait aux débuts de la prospection minière, quand de nombreux mineurs volontaires vinrent s'entasser dans ce genre de cabanes, déplacées au fur et à mesure de l'agrandissement de la mine. Aujourd'hui, les bâtiments ont été de nouveau érigés sur leur emplacement d'origine.

Gropen (le puits) – *À l'est des cabanes de mineurs.* La mine sépare Malmberget en deux et les maisons sont déplacées au fur et à mesure que le puits bouge.

★ Jokkmokk

Stortorget 4 - ✆ 0971 22 250 - www.destinationjokkmokk.se.
La commune de Jokkmokk est la plus grande de Suède après celle de Kiruna ; elle s'étend en effet des hautes montagnes de l'Ouest jusqu'aux marais et aux anciennes forêts de pins du parc national de Muddus à l'est. Jokkmokk a toujours été un centre politique et culturel du peuple same et fut pendant très longtemps le lieu où les Sames se regroupaient en hiver ; il s'y tient aujourd'hui un célèbre marché d'hiver. Le cercle polaire, qui passe à 14 km au sud de Jokkmokk, est clairement indiqué par un panneau en trois langues : « Polarsirkelen », « Polcirkeln » et « Napapiiri ».

Storknabben – *À l'extrémité est du bourg ; à l'est d'Ájtte, prendre la route forestière étroite pour parcourir les 2 derniers kilomètres jusqu'au sommet.* C'est un belvédère idéal d'où l'on peut admirer le soleil de minuit de début juin à début juillet. Toutefois, il fait jour toute la nuit de mai à juillet ; par ailleurs, on peut y observer, en hiver, le phénomène des aurores boréales.

★★★ **Ájtte, montagne suédoise et musée same** – *Kyrkogatan 3 - ✆ 0971 170 70 - www.ajtte.com - ♿ - de mi-juin à mi-août : 10h-17h ; reste de l'année se rens. - 100 SEK (-16 ans gratuit).* Passionnant et original, ce musée est l'un des plus importants pour qui s'intéresse au patrimoine culturel des Sames et à leurs terres montagneuses, étudiées d'un point de vue écologique. Il contraste avec le musée de l'Argent à Arjeplog *(voir p. 436)*, car ici la forme des pièces et les décorations murales sont aussi importantes que les objets exposés. À l'extérieur, le visiteur peut voir des huttes sames, des réserves *(ájtte)* et découvrir la flore des

montagnes. L'exposition permanente relate l'histoire des Sames (*Sápmi* est le nom qu'ils se donnent), leurs mythes, leur religion, leurs traditions et leur élevage de rennes. D'autres sections présentent les différents aspects de leur environnement, les montagnes, les forêts et les rivières.
Tout proche, le **Jardin alpin**, ouvert uniquement l'été, est une parfaite description de la végétation alpine et de l'environnement dans les montagnes.

Les parcs nationaux

CARTE P. 408-409

Kvikkjokk B2

À 120 km à l'ouest de Jokkmokk par les routes 45 puis 805.
La route longe la rivière Lilla Luleälven et, au fur et à mesure que l'on approche de Kvikkjokk, de hautes montagnes se profilent à l'horizon.
Au-delà de ce village, terme de la route 805, s'étendent les grands espaces sauvages des **parcs nationaux de Sarek et de Padjelanta**, où règnent l'aigle royal, le lynx et le glouton.

Muddus B2

À 130 km au nord de Jokkmokk par la route 45.
Ce parc national fut créé afin de sauvegarder les anciennes forêts, les marais, les gorges et les lacs. Ours, lynx et gloutons vivent en toute liberté et à l'époque de la reproduction (du 15 mars au 31 juillet), la partie centrale du parc n'est pas accessible aux visiteurs.

Sarek B1-2

À 155 km au nord-ouest de Jokkmokk par la route 45.
Ce parc national s'étend sur une région montagneuse aux sommets pouvant atteindre 2 000 m, comptant de nombreux glaciers et éboulis de roches, ainsi que des vallées profondes. Seuls les randonneurs et les alpinistes chevronnés peuvent s'aventurer sur ses pistes.

Stora Sjöfallet B1

À 160 km au nord de Jokkmokk par la route 45 ; après Porjus, suivre la signalisation.
Le parc national des « Chutes du Grand Lac » est facilement accessible en voiture. Quand on longe le lac Stora Lulevatten, les hautes montagnes apparaissent bientôt au loin. Le grand complexe hydroélectrique, qui comprend l'immense barrage Suorva et plusieurs centrales souterraines, a transformé les rivières et les lacs allongés de la région en vastes réservoirs. Toutefois, la plus grande partie du parc, y compris les montagnes et le mont Akka, dont il fallait protéger l'environnement, a été préservée dans son état naturel.

Padjelanta B1-2

À 500 km au nord-ouest de Jokkmokk par les routes 45, 95, 77 et 6.
Padjelanta est le plus grand parc national d'Europe. Il englobe la région des hauts plateaux qui entoure les lacs Virihaure et Vastenjaure. Dès 1732, Linné reconnut son importance dans le domaine de la botanique. C'est également depuis toujours une région d'herbages naturels où paissent les troupeaux de rennes des Sames. Mieux adapté aux randonneurs inexpérimentés, il offre des itinéraires plus courts.

Carnet pratique

S'informer

www.swedishlapland.com – Site du tourisme en Laponie suédoise.

Arriver/partir

En avion

Aéroport de Kiruna – *✆ 010 109 46 00 - www.swedavia.com/kiruna.* À 10 km du centre-ville. La compagnie **SAS** *(www.flysas.com)* assure 2 ou 3 vols quotidiens depuis Stockholm-Arlanda (1h30 de vol).

Aéroport de Luleå – *Voir p. 421.* Vols plus fréquents et moins chers que pour Kiruna.

En train

VY – *www.vy.se.* De la gare centrale de Stockholm, plusieurs départs hebdomadaires pour Kiruna. Compter 16 à 18h de voyage en train de nuit. VY gère aussi plusieurs lignes de **bus** qui desservent le nord de la Suède.

Inlandsbanan – *res.inlandsbanan.se.* En été, ce train relie Gällivare à Kristinehamn ou à Mora, en Dalécarlie, via Östersund (trajet total : 2 jours, 1299 km).

En voiture

En Laponie, il faut conduire avec prudence à cause des rennes et des élans. Tout accident impliquant un renne doit être signalé aux autorités locales : les propriétaires ont droit en effet à une compensation pour tous les animaux blessés ou tués sur la route.

Agenda

Jokkmokk – *jokkmokksmarknad.se.* Chaque année a lieu le **marché d'hiver** lapon, les 1ers jeudi, vendredi et samedi de février. Ce marché, qui a fêté ses 400 ans en 2005, est l'un des plus anciens marchés du monde. La population du bourg est multipliée par dix et les chambres d'hôtel sont réservées longtemps à l'avance ! Une **foire d'automne** a lieu les derniers vendredis, samedis et dimanches du mois d'août.

Kiruna – *www.snofestivalen.com.* Le dernier week-end de janvier, le **festival de la Neige** (Snöfestival), très populaire, donne l'occasion d'admirer les résultats du concours de sculpture sur glace.

Fête nationale des Sames - Le 6 février.

Nos adresses

Restauration

À Kiruna

Pour se faire plaisir

Restaurant du Camp Ripan – *Campingvägen 5 - ✆ 0980 630 00 - www.ripan.se - jeu.-dim. 17h-21h (vend.-sam. 21h30) - plats 295/420 SEK, menu gastronomique 895 SEK.* Ce camp, point de départ de nombreuses excursions en Laponie, dispose d'un très bon restaurant. On y sert une cuisine fusion, suédoise, finnoise et same.

Une folie

Artic Gourmet Cabin – *Kaalasjärvi 1100 - ✆ 735 45 70 94 - www.arcticgourmetcabin.com/restaurant - se rens. sur les horaires - menu 895 SEK.* Probablement le plus petit restaurant de Suède, 9 m^2, ouvert au sein d'un lodge par l'ex-chef de l'Ice Hotel *(voir « Hébergement »)* et sa compagne. Menu quatre plats : renne, élan, omble et baies locales.

Activités

Plusieurs voyagistes *(voir p. 506)*, proposent des raids à ski sur la

Piste royale ou des séjours multi-activités en Laponie suédoise.

Randonnées et safaris

Randonnées en montagne – *Stortorget 4 - ✆ 0971 222 50 - www.destinationjokkmokk.se.*

Safaris aux élans, randonnées à ski de fond – *Laponia World Heritage - ✆ 0971 555 00 - laponia.nu.*

Lapplandsafari – *✆ 0952 602 90 - samiecolodge.com.* Géré par une famille same appartenant à la communauté locale d'Ammarnäs, Lapplandsafari organise des excursions et des safaris dans les montagnes, ainsi que des parties de pêche dans la Laisälv ou la descente des rapides de la Vindelälven. L'équipement nécessaire peut être acheté ou loué sur place.

Tours en traîneau à chiens – *Västra Torggatan 11 - Position Jokkmokk 67° Norr Jokkmokk - www.positionjokkmokk.se.*

Kayak

Kayak en haute montagne – *Outdoor Lapland - Skabrams industriområde - ✆ 070 260 05 37 / 070 547 97 10 - www.laponiaadventures.com.*

Motoneige

À partir de Kiruna, plusieurs compagnies organisent des safaris en motoneige. L'Ice Hotel de Jukkasjärvi *(voir ci-contre)* propose des excursions ainsi que des randonnées avec chiens de traîneaux et à ski.

Pêche

Omble et truite saumonée à Ammarnäs, brochet près de Sorsele sur la rivière Vindel.

Hébergement

À Abisko

Pour se faire plaisir

STF Abisko – *Abisco Turiststation 2 - ✆ 0980 402 00 / 010 190 23 60 - www.swedishtouristassociation.com/abisko - P ♿ - 40 ch. 2 070/2 370 SEK ☕ - ✕.* Ce village de vacances comprend une auberge de jeunesse, un ensemble de chalets, un camping, une épicerie et un centre de location d'équipement sportif.

À Kiruna

Pour se faire plaisir

Scandic Kiruna – *Stadshustorget 11 - ✆ 0980 398 600- www.scandichotels.com/kiruna - P ♿ 231 ch. 2 336/2 256 SEK. ☕ - ✕.* Le plus grand hôtel de Kiruna, dont l'architecture s'inspire du mont Kebnekaise, bénéficie d'un décor agréable, où dominent le bois, le cuivre et les matières chaudes.

À Saltoluokta

Budget moyen

Saltoluokta Mountain Station – *Gällivare - ✆ 0973-410 10 - ✆ 010 190 23 50 - www.svenskaturistforeningen.se - 33 ch. 1750/1950 SEK.* Proche des Parcs nationaux Stora Sjöfallet et Sarek, cette ancienne exploitation forestière propose un hébergement dans cinq bâtiments, dont l'intérieur en rondins daté de 1918 est resté quasiment intact. Des dortoirs 6 places aux chambres doubles, l'ensemble est confortable. Nombreuses possibilités de randonnées alentour.

À Jukkasjärvi

Une folie

Ice Hotel – *Marknadsvägen 63 - ✆ 0980 668 00 - www.icehotel.com - P ♿ - 97 ch. à partir de 3 295 SEK ☕ - ✕.* Célébrissime, le premier et le plus grand hôtel de glace du monde est évidemment éphémère et reconstruit chaque année. Si l'expérience glace et fourrure *(de déc. à avr.)* ne vous tente pas, des chambres traditionnelles sont également disponibles toute l'année.

4

Sauna en pleine nature.
ferrantraite/Getty Images Plus

COMPRENDRE LE DANEMARK ET LA SUÈDE

Danemark et Suède aujourd'hui

Réputés pour leur système social, la compétitivité de leur industrie et leur attachement à l'environnement, Danois et Suédois, bien qu'épris de modernité, ont su préserver leurs traditions, qu'il s'agisse de leur mode de vie au quotidien ou de leur folklore. S'il n'est pas exempt d'imperfections, leur modèle de société, qu'ils ont tendance à considérer comme le plus abouti du monde, demeure une référence internationale.

Union et particularismes

La coopération entre les pays nordiques est fondée sur une entière liberté d'opinion, un respect et une confiance mutuels ainsi qu'un sens de la justice. Avec l'Islande, la Norvège et la Finlande, le Danemark et la Suède forment depuis 1954 une **Union nordique** qui permet de circuler, travailler, s'établir librement sans passeport et de bénéficier des mêmes droits sociaux d'un pays à l'autre.

À l'international

Si le Danemark adhéra à l'**Otan** dès 1949, la Suède, fidèle à sa politique de neutralité et soucieuse également de ne pas compliquer la situation de la Finlande voisine, qui partageait 1300 km de frontière avec l'URSS, refusa à l'époque de faire partie de cette organisation. Secrètement, la Suède entretint toutefois des contacts soutenus avec l'Alliance atlantique pendant la guerre froide et en mai 2022, suite à l'invasion russe en Ukraine, elle a fait acte de candidature officielle à l'Otan, tout comme la Finlande.

Et l'Europe ?

Dès 1959, le Danemark et la Suède étaient devenus membres de l'AELE (Association européenne de libre-échange). Le Danemark adhéra à la CEE en 1973, pour vendre son bacon aux Européens, dit la petite histoire. Fait exceptionnel, le Groenland, territoire autonome danois, a pu quitter la CEE en 1985 pour préserver ses zones de pêche face aux chalutiers européens. La Suède a adhéré à l'Union européenne en 1995, dans un contexte de forte crise économique où l'UE avait été présentée comme le salut face au chômage et à l'austérité.

Le 28 septembre 2000, les Danois ébranlèrent l'Europe en refusant la ratification du traité de Maastricht, décidant ainsi de conserver la couronne danoise. Les Suédois ont fait de même en votant non à l'euro en 2003. Si la crise financière mondiale en 2008 a poussé de nombreux Scandinaves à voir d'un œil plus favorable une adoption de la monnaie unique, la crise de l'euro qui a suivi a convaincu les responsables danois et suédois que la question d'une éventuelle adhésion à cette monnaie était dorénavant enterrée

Éoliennes au Danemark.
BirgerNiss/Getty Images Plus

dans l'opinion pour de nombreuses années.
En juin 2022, motivés par le contexte de la guerre en Ukraine, les Danois se sont prononcés par **référendum** à 67 % pour l'intégration de leur pays à la politique de sécurité et de défense commune européenne (PSDC), revenant sur une exemption accordée depuis 1992.

À l'intérieur

Depuis la fin de la Seconde Guerre mondiale, le pouvoir des monarchies a été réduit à un rôle symbolique, tout en permettant aux femmes d'accéder au trône (le Danemark en 1952, la Suède en 1979). Jusqu'à présent, seul le Danemark a mis en pratique cette réforme, avec l'accession à la royauté de **Margrethe II** en 1972, tandis que **Charles XVI Gustave** règne aujourd'hui en Suède. Toutefois, sa fille Victoria, elle-même mère d'une petite Estelle, est amenée à lui succéder.

Des démocraties parlementaires

Le Danemark et la Suède ont adopté un système démocratique de type occidental, mais d'inspiration nordique : la **monarchie constitutionnelle héréditaire**.
Le souverain n'a aucun pouvoir politique, mais incarne l'idée de la Nation, raison pour laquelle il est respecté et aimé. Certains partis politiques prônent l'adoption de la république, sans guère consacrer d'énergie à cette question.
Le **pouvoir exécutif** est confié au gouvernement qui comprend le Premier ministre et son cabinet, choisis au sein de la majorité et responsables envers un Parlement à chambre unique élu par l'ensemble des citoyens âgés de plus de 18 ans. Les **médiateurs** jouent un rôle actif dans la protection des droits de l'individu contre tout abus de pouvoir de la part de l'Administration.
Parallèlement au gouvernement central, les régions et les conseils municipaux gèrent entre autres l'enseignement, les soins, le logement, la culture et les loisirs.
La structure administrative est bien plus légère qu'en France. Ainsi, la Suède, avec 10,3 millions d'habitants (2021), compte 290 communes et

21 comtés, tandis que le Danemark, avec ses 5,8 millions d'habitants (2021), compte 5 régions et 98 communes.

La social-démocratie face à la montée des tensions

Avec 700 000 personnes accueillies entre 2013 et 2017, la Suède a pris de plein fouet la crise migratoire européenne. Instrumentalisé par les partis d'extrême-droite, ce thème s'est imposé dans le débat politique. Fini le temps où la Scandinavie pouvait s'enorgueillir de concilier capitalisme et progrès social, pour assurer à tous ses citoyens un niveau de vie élevé. En Suède, le pacte remontait aux années 1930, quand les conflits sociaux étaient alors les plus nombreux. L'État, les syndicats et le patronat s'étaient alors mis d'accord pour jeter les bases durables du modèle suédois, garant de la paix sociale, du consensus et de la croissance dans le respect des intérêts de chacun des partenaires. Pour eux, comme pour les Danois, le modèle reposait sur la défense des **accords collectifs**. Ces accords négociés entre le patronat et les syndicats régulaient presque tout le marché du travail et la législation était quasi inexistante. Ces accords justifiaient des syndicats puissants, adeptes de la cogestion bien plus que de l'opposition au patronat. Les Scandinaves estimaient que cette flexibilité était l'une des forces de leur modèle, aussi caractérisé par un taux record de **prélèvements sociaux**, et, en contrepartie, la multiplication d'équipements collectifs et d'aides aux plus démunis.
Dans les années 1990, cependant, ce modèle n'a pas échappé au développement des idées libérales et à une vague de déréglementations, notamment dans les domaines des télécommunications ou de l'énergie. En Suède, l'État avait été réformé et rationalisé, et près d'un quart des fonctionnaires avaient ainsi perdu leur emploi, tout en bénéficiant d'aides généreuses à la reconversion.
Le fossé entre classes sociales s'était alors aggravé, au détriment de la cohésion sociale et de l'idéal d'égalité cher au cœur des Nordiques. Au Danemark, entre 2001 et 2011, et plus encore en Suède, depuis 2006, des gouvernements de centre droit sont ainsi arrivés au pouvoir en empruntant largement au discours social-démocrate et en prônant un respect du modèle scandinave traditionnel, même au prix de quelques adaptations. Plus récemment, c'est la crise migratoire européenne qui est venue s'ajouter aux tensions existantes. Minoritaires jusqu'au début des années 2000, les partis nationalistes se sont imposés dans le paysage politique des deux pays, arrivant même en deuxième position aux élections législatives suédoises de septembre 2022...

Des économies dynamiques

Le développement des technologies de pointe, de la formation spécialisée et de la recherche (les investissements de la Suède dans le domaine industriel sont parmi les plus importants du monde) a contribué à rendre les produits scandinaves plus compétitifs. Nombre d'entreprises ont investi à l'étranger, parfois en exportant leur technologie.

L'industrie papetière

Suède et **Danemark** produisent du bois de construction et de mobilier, mais également de la pâte à papier, la cellulose et divers produits chimiques. Des quantités de plus en plus grandes de papier recyclé sont utilisées dans le processus de production.

L'agriculture danoise

Au Danemark, où les terres cultivées représentent 66 % de la superficie totale (contre 7 % en Suède), 8 % seulement de la population travaillent dans l'agriculture, intensive et très mécanisée. L'industrie laitière est la principale activité avant la production de viande de porc et l'aviculture. Le beurre, le salami et le bacon danois sont exportés dans le monde entier.

L'industrie suédoise

Des multinationales suédoises très performantes se sont développées au cours du 20e s. à partir des industries de base, encore omniprésentes dans la partie septentrionale du pays (exploitant du bois, des minerais, et l'énergie hydroélectrique).

Longtemps dominée par **Volvo** jusqu'à la vente de sa partie automobile à Ford en 1999, la vie économique suédoise a été par la suite régentée par **Ericsson**, le géant des télécommunications.

La Suède est l'un des pays du monde qui compte le plus de multinationales par habitant, même si le secteur automobile a beaucoup souffert de la crise de 2008 (Volvo a été racheté par un constructeur chinois, Geely, en 2010, et Saab, après plusieurs rachats, a finalement disparu en 2016).

Énergie et ressources naturelles

Au Danemark

En 2012, le Danemark s'est donné pour objectif d'atteindre 35 % d'énergies renouvelables pour sa consommation totale d'énergie et vise 100 % en 2050. Il demeure toutefois l'un des pays rejetant le plus de gaz à effet de serre par habitant, en raison de l'exploitation du charbon et du gaz naturel. En effet, le pays bénéficie encore d'importantes ressources naturelles fossiles (gaz et pétrole), bien qu'elles soient en voie d'épuisement. Il développe les ressources d'énergie renouvelable, en grande majorité éoliennes et biomasse (déchets organiques), qui ont permis au pays, en 2019, de couvrir 75 % de sa consommation d'électricité (47 % éolien, 25 % biomasse et environ 3 % solaire). Le pays est donc sur la bonne route dans sa transition vers le 100 % d'énergie décarbonée.

En Suède

La Suède s'est elle aussi lancée dans un ambitieux projet de transition écologique, visant 65 % d'énergies renouvelables dans la consommation finale totale d'ici 2030 (56 % atteint en 2019) et 100 % d'ici 2040. Le pays s'est même engagé à interdire l'utilisation des énergies fossiles pour les transports d'ici 2030.

La sortie progressive du nucléaire, entamée par le précédent gouvernement (démantèlement de six centrales sur douze) n'est cependant plus à l'ordre du jour : la nouvelle coalition de droite, au pouvoir depuis septembre 2022, a annoncé son projet de lancer la construction de six réacteurs.

D'importants **centres miniers** (fer) subsistent autour de Kiruna *(voir p. 438)* et ces dernières années, de nombreuses compagnies, surtout étrangères, ont repris la prospection de minerais, notamment d'uranium, provoquant une mobilisation de l'opinion contre ces projets.

La société

La Scandinavie est souvent citée comme modèle dont on observe avec intérêt les évolutions. La société paraît stable, très bien organisée et plutôt confiante dans l'avenir, même si les choses, évidemment, ne sont pas si simples.

La loi de Jante

On touche là au cœur de l'âme scandinave, largement anti-élitiste. Cette loi énoncée par **Aksel Sandemose**, un écrivain norvégien d'origine danoise, dans son roman *Un fuyard croise sa trace* publié en 1933, énonce les dix règles non écrites du comportement scandinave. Le précepte de base est : « Tu ne croiras pas que tu es mieux que ton prochain. » Pas une tête ne doit dépasser, tel est le prix du consensus.

La langue

Malgré des différences régionales marquées, le danois et le suédois sont des **langues germaniques** proches l'une de l'autre, ce qui a contribué à préserver des liens étroits entre les deux pays. S'ils arrivent à se lire sans difficulté, ils se comprennent plus difficilement à l'oral et passeront souvent à l'anglais, langue qu'ils maîtrisent généralement tous très bien.

La population

Restée à l'écart des grandes invasions en raison de sa situation géographique, la Scandinavie a pu conserver pratiquement intacte l'homogénéité de sa population, jusqu'à la fin du 20e s. Dans leur grande majorité, Danois et Suédois descendent des **Vikings** *(voir p. 477)*.

L'immigration a commencé à partir des années 1960, s'est accentuée au début des années 1990 et a connu un pic lors de la crise migratoire de 2015. Si beaucoup se sont intégrés, les non-Européens connaissent de grandes difficultés à accéder au marché du travail.

Le « modèle scandinave »

Souvent présenté comme l'un des systèmes de gouvernement les plus aboutis au monde, le fameux « modèle scandinave » est une combinaison entre l'économie de marché et l'État providence. Alors que le capitalisme débridé nourrit de fortes inégalités, le « modèle scandinave » permet au contraire de les atténuer, par le recours à l'impôt, aux aides sociales et des dépenses publiques élevées. Ces dernières années, crise oblige, les limites du modèle semblent avoir été atteintes. Ceci dit, même si les réformes suédoises ont fortement réduit le secteur public et que les inégalités se sont creusées, elles restent largement inférieures à ceux des autres pays membre de l'OCDE.

De l'individualisme à la collectivité

Éduqués dans une perspective d'autonomie et d'indépendance comme dans le respect d'autrui, les Scandinaves sont très individualistes, mais leur sens civique très développé tempère leur désir de liberté totale. Cette attitude se révèle en matière de protection de l'environnement, mais aussi dans la vie quotidienne avec le respect du code de la route ou des biens collectifs. On retrouve cette dualité dans leur efficacité légendaire, ou leur ambition, canalisée par leur passion pour l'égalité.

Travail et vie familiale

Le rythme de vie est organisé de telle façon que beaucoup de Scandinaves commencent tôt leur journée afin de finir vers 16h ou 17h. Dès l'arrivée des beaux jours, ils s'arrangent pour terminer encore plus tôt, notamment le vendredi, tant le besoin de profiter du soleil est vital après un long hiver.

En outre, Danois et Suédois attachent beaucoup d'importance à leurs loisirs et à leur vie de famille. Le congé parental – masculin et féminin – a été élargi à la suite des revendications du mouvement féministe, notamment en Suède où il atteint 480 jours avec 80 % du salaire, à répartir indifféremment entre les deux parents.

L'habitat

Climat oblige, les Scandinaves apportent souvent un soin particulier à l'aménagement de leur intérieur avec souvent un grand standing, beaucoup d'espace, un confort ultramoderne et du mobilier de haute qualité pour les longues et impitoyables soirées d'automne et d'hiver. Ce sont les mêmes qui, le printemps venu, prennent d'assaut leur **cabanon** au bord des fjords, parfois dénué d'électricité voire d'eau courante, où il n'est plus grand plaisir que de retaper à coups de marteau une idylle loin des tremblements du monde. La langue danoise possède d'ailleurs un terme intraduisible en français pour exprimer cette douce chaleur du foyer et la joie d'y être avec ceux qu'on aime : le **hygge** (prononcez « **houga** »). Surfant sur l'engouement pour le design scandinave, le terme *hygge* a été beaucoup repris par les magazines, notamment de décoration. Sa version suédoise (le **« lagom »**), moins connue, fait référence au juste équilibre, ni trop, ni trop peu, dans la décoration de la maison en particulier, comme dans la vie en général.

La fierté nationale

Danois et Suédois partagent une **fierté nationale**, notamment pour leur modèle social. Fondée sur un amour ancestral de la terre, celle-ci se traduit par un attachement aux valeurs traditionnelles et par la nostalgie de la vie rurale d'autrefois, comme en attestent les multiples musées vivants et de plein air. De même, ils préservent leur patrimoine, qu'il soit architectural (« villes-églises » des Suédois, *voir p. 424*) ou immatériel (danses et chants populaires, fêtes traditionnelles).

Traditions et art de vivre

Si le Danemark et la Suède sont fortement tournés vers la modernité, ils sont aussi profondément ancrés dans leurs traditions et leurs savoir-faire artisanaux.

Artisanat

Aux 18e et 19e s., les paysans suédois décoraient l'intérieur de leurs maisons et de leurs remises en peignant sur les murs, sur le mobilier et sur les ustensiles d'usage courant des motifs polychromes à fleurs et à feuilles de vigne ou en tentant parfois de représenter des paysages ou des scènes religieuses. Ce style de décoration fut très populaire en Dalécarlie. Mais les **petits chevaux de bois de Dalécarlie**, dont la fabrication s'est perpétuée jusqu'à nous, constituent sans aucun doute la manifestation la plus connue de l'art traditionnel. Les premiers furent sculptés au 18e s. par les bûcherons qui passaient de longs mois dans les forêts : à leur retour, ils offraient à leurs enfants ces objets qui, au fil des ans, eurent de plus en plus de succès et furent décorés à partir du 19e s. de motifs floraux semblables à ceux qui ornaient murs et mobilier. Aujourd'hui, ils sont encore produits dans le village de Nüsnas *(voir p. 281)*.

Traditions populaires

Les fêtes et divertissements

Les origines des fêtes et divertissements, répandus dans toute la Scandinavie, remontent souvent aux traditions païennes, comme **Midsommar** (autour de la **Saint-Jean**), le grand rassemblement où les Suédois de toutes générations se retrouvent, qui célèbre le solstice d'été. Familles et amis se parent alors du traditionnel costume aux couleurs vives pour danser sous

Le sauna

Le sauna est une véritable institution. La forme la plus primitive était constituée par une fosse dans le sol, ce que signifie justement le mot same **sáudni**. Le terme (en Suède on emploie le mot *bastu*) désigne à la fois la pièce et le bain de vapeur. L'installation comprend le plus souvent un vestiaire, une salle d'eau et le sauna proprement dit, toujours construit en bois pour absorber l'humidité de l'air et permettre un bain de vapeur sèche. La pièce ne dispose que de quelques gradins étagés (plus on est haut, plus la température est élevée), également en bois, et d'une source de chaleur. Afin de maintenir l'humidité ambiante au niveau souhaité, on verse de temps à autre de l'eau sur un nid de pierres posées sur un poêle. Une variante consiste à mettre un peu de bière sur les pierres, qui dégagent alors une agréable odeur de levure. Sous l'action de la chaleur, les pores se dilatent et libèrent des toxines. Quand on a le sentiment d'avoir assez transpiré, on prend une douche glacée dans la salle d'eau ; l'hiver, les plus courageux se roulent dans la neige ou effectuent un plongeon dans un lac gelé. On recommence l'opération, une fois ou deux.

l'arbre de mai garni de fleurs, aux sons d'airs traditionnels. On déguste le hareng accompagné de pommes de terre à l'aneth et les premières fraises de saison. Sans oublier la boisson, qui coule à flots toute la nuit… *(Voir aussi p. 512).*

Lors des fêtes de Noël, une profusion de décorations colorées, où dominent le rouge et le vert, et des bougies illuminent les foyers. Le menu de Noël comprend du poisson, du porc et des gâteaux aux fruits secs, et c'est le Père Noël qui distribue les cadeaux !

Le folklore

La culture rurale a donné naissance à un art varié et haut en couleur qui perdure. Des **contes**, trouvant leur inspiration dans le surnaturel et transmis de génération en génération, ont de tout temps excité l'imagination des Scandinaves qui parlent encore avec affection de personnages légendaires tels que les **trolls**, ces habitants des montagnes, vieux et laids, affublés de nez énormes, que l'on ne peut voir que la nuit. Il est, dit-on, sage de ne pas provoquer leur colère ! Les **« vettar »** (esprits) sont de petits êtres malicieux qui habitent sous terre ou à l'intérieur des montagnes. Les **lutins** qui veillent sur les fermes sont des êtres aimables si on s'en occupe bien, par exemple en leur donnant une assiette de riz au lait le soir de Noël.

La gym suédoise

Pensée dès le début du 19e s. comme une gymnastique associée à des mouvements de kinésithérapie, la gym suédoise (ou *swedish fit*) a vraiment pris son essor en 1978. Un professeur de sport de Stockholm, Johan Holmsäter, modernise alors cette gym ouverte à tous, très complète et conviviale. Il pense aussi à l'associer à des musiques entraînantes, qui contribuent à passer à bon moment. Aujourd'hui, plus d'un demi-million de Suédois la pratiquent régulièrement, à travers l'association sportive « Friskis & Svettis ». Ce sport est même reconnu d'utilité publique en Suède, et remboursé par la Sécurité sociale ! Importée en France dès 1986, la gym suédoise compte désormais environ 30 000 adeptes. S'inspirant de l'exemple suédois, certaines régions en ont autorisé la prescription médicale !

Saveurs scandinaves

Longtemps considérée roborative et peu créative, la cuisine nordique est aujourd'hui en plein renouveau, sous l'impulsion de chefs talentueux et inspirés qui font la part belle aux produits naturels, locaux et de saison. Ils s'appuient sur le développement de l'agriculture durable et une demande accrue de qualité des consommateurs.

Si l'on peut encore avoir quelques mauvaises surprises (un usage parfois abusif de la mayonnaise par exemple !), on mange de mieux en mieux en Suède et au Danemark, où une révolution des palais est en cours. Depuis les années 2000, il existe désormais une excellente cuisine nordique, qui repose sur les richesses naturelles régionales – poissons et crustacés, gibier, baies et herbes sauvages, légumes, racines, mousses, etc. – et la créativité de chefs engagés pour le goût et le développement durable. Cette nouvelle cuisine s'inspire des méthodes de préparation traditionnelles (fumage, fermentation, salage, etc.) et des recettes ancestrales en les revisitant, mais sans tout bousculer. L'accent est également mis sur la lutte contre le gaspillage alimentaire et la préservation du capital santé, avec une réduction de l'usage des matières grasses par exemple. Preuve de ce renouveau et de la vitalité de la scène culinaire scandinave, le **Guide Michelin 2022** compte 28 restaurants étoilés au Danemark et 21 en Suède. Sur les deux pays, 27 établissements bénéficient d'un Bib Gourmand et 26 ont été distingués par l'étoile verte, qui récompense la gastronomie durable. Une belle invitation au tourisme gastronomique, d'autant que les deux pays multiplient ces dernières années les activités et festivals culinaires.

Danemark

La gastronomie danoise puise son histoire dans celle de la cuisine paysanne, dans une société préindustrielle où il fallait se nourrir avant tout pour affronter les tâches physiques et le froid. Les Danois mangeaient alors essentiellement des **pommes de terre**, du **pain de seigle** et de la **viande salée**. La révolution industrielle vint enrichir une partie de la population et d'autres ingrédients furent ajoutés aux assiettes, comme la viande fraîche et les légumes, mais le régime alimentaire de base changea peu. Les années 1960 et 1970 ont surtout été marquées par une industrialisation de l'alimentation. Il faut attendre les années 1980 et 1990 pour voir apparaître les premiers changements, liés aux produits exportés de Méditerranée (huile d'olive, feta, etc.). Durant cette période, beaucoup de chefs se forment à l'étranger, en France, en Italie, au Japon, aux États-Unis et reviennent avec de nouvelles idées. Emmenée par **René Redzepi**, prestigieux chef du restaurant

Produits de la mer

Le poisson et les fruits de mer constituent la base de la cuisine scandinave. Le saumon, la truite et la morue sont souvent servis pochés ou simplement grillés. Le poisson est aussi fumé ou mariné, comme l'anguille fumée, le *gravlax* (saumon mariné dans un mélange de sel, poivre, sucre et aneth haché), le hareng salé (consommé avec un verre d'aquavit) et la coquille saint-jacques marinée. De nombreuses **fumeries de poisson** sont encore visibles au Danemark du côté de Ribe et sur l'île de Bornholm, certaines toujours en activité. Les crustacés et fruits de mer les plus fréquemment consommés sont le homard, les crevettes, les huîtres *(voir p. 173)*, le crabe et les écrevisses que l'on mange en Suède en les accompagnant d'aquavit lors des festivités de fin d'été, les fameuses **kräftskivor** (Fêtes des écrevisses).

noma, ou plus récemment par **Rasmus Kofoed**, chef du *Geranium*, Copenhague s'impose depuis les années 2000 comme la capitale de la nouvelle cuisine nordique et le nombre de restaurants gastronomiques n'a cessé de croître dans le pays. Fermement engagés pour une gastronomie durable, la majorité des chefs en vue bénéficient du **label biologique** lancé par l'État danois en 2009, Økologiske Spisemærke *(www.oekologisk-spisemaerke.dk).*

Spécialités danoises

Le Danemark compte plusieurs spécialités reconnues dans le monde, telles que le **hareng mariné**, le **fromage Havarti** (au lait de vache) et les fameux **smørrebrød**, tranches de pain noir garnies de préparations qui changent selon l'envie : crevettes, bœuf rôti, oignons, cornichons, hareng, etc. Une variante locale existe sur l'île de Bornholm, connue sous le doux nom de **Soleil de Gudhjem** *(Sol over Gudhjem),* avec hareng fumé, oignon, ciboulette, radis et jaune d'œuf. À tester au moins une fois !
La cuisine danoise s'inspire aussi de celle du nord de l'Allemagne, avec des plats comme le **labskaus** (à base de viande salée, de pommes de terre et d'oignons) et le **gruau de fruits rouges** (compotée). Bien qu'il ne soit pas souvent proposé sur les cartes des restaurants, le **torsk** est considéré comme la spécialité nationale danoise : il s'agit d'un plat à base de morue accompagné de pommes de terre vapeur et d'une sauce à la moutarde.

Suède

La cuisine suédoise s'accorde souvent aux saisons et elle reste encore largement liée à la société rurale d'autrefois. Les Suédois apprécient la bonne chère et le royaume compte désormais d'excellents chefs, notamment à Stockholm et Göteborg, fers de lance du renouveau gastronomique suédois. Ces derniers travaillent de plus en plus avec de petites entreprises agroalimentaires de proximité, qu'il s'agisse de cultivateurs de légumes, de producteurs de jus de pommes, de micro-brasseries, de néo-boulangeries, de cidreries ou de fromageries artisanales.
À chaque fois, la part belle est faite aux produits naturels de qualité, en particulier les poissons, crustacés et les viandes locales comme le renne, le chevreuil, l'élan et la volaille.

Spécialités suédoises

Au panthéon de la cuisine traditionnelle suédoise, le **smörgåsbord** est le buffet servi au moment des fêtes, encore

Smørrebrød danois.
Anikona/Getty Images Plus

présent dans de nombreux hôtels de standing. On peut alors goûter aux préparations de harengs marinés ou au **saumon gravelax** *(voir encadré p. ci-contre)*. Autre classique : les **boulettes de viande aux airelles**, le **boudin noir**, sucré lui aussi, accompagné d'airelles et de lait, les galettes et le fameux **pyttipanna,** composé de dés de pommes de terre, d'oignons et de viande. Autre spécialité : la **soupe aux pois**, végétarienne ou aux lardons.

Le **biff à la Lindström** est un mélange de steak haché et de betteraves ; le **wallenbergare**, un plat préparé avec du gibier, élan ou chevreuil, abondamment chassé en automne. La viande s'accompagne régulièrement de purée de céleri et de chou blanc.

La **pomme de terre**, très longtemps l'aliment de base en Suède, est encore largement utilisée, notamment dans le **raggmunk**, galettes rissolées au beurre et servies avec du lard frit et des airelles, ou le **jansons frestelse**, gratin à la crème, aux oignons et aux anchois. Elle est également servie en salade avec de l'oseille pour accompagner saumon, cabillaud, flétan ou écrevisses.

En automne, les Suédois adorent courir la forêt pour ramasser baies et champignons, eux aussi compagnons indispensables de la cuisine locale.

Voir aussi « Restauration », p. 514.

Boissons

La **bière** est la boisson nationale : le Danemark et la Suède produisent des bières légères renommées et Copenhague connaît un boom des brasseries artisanales, mises en avant lors de la Copenhagen Beer Week au mois de mai. On ne saurait oublier l'**aquavit** (eau-de-vie), une boisson très alcoolisée. L'*akvavit* danois d'Aalborg, désormais produit en Norvège, a la réputation d'être l'un des meilleurs *(voir encadré p. 153)*. On peut également aujourd'hui goûter aux vins suédois, produits sur les îles de Gotland et d'Öland.

Paysages et nature

La Scandinavie est la partie la plus septentrionale du continent européen. C'est un vaste territoire d'environ 1 155 000 km², dont près d'un tiers est situé au nord du cercle polaire (66° 33' N). Bordée par la mer du Nord et l'Atlantique à l'ouest et par la Baltique à l'est, la péninsule scandinave s'étire sur 1 800 km, partagée entre la Norvège à l'ouest et la Suède à l'est. Au sud, le Danemark forme, entre la péninsule et le continent européen, un pont naturel prenant appui sur le Jutland.

Topographie

Les chaînes de montagnes

Plusieurs chaînes s'étirent tout le long de la frontière suédo-norvégienne pour former l'épine dorsale de la péninsule scandinave : une succession presque continue de hauts plateaux dominés par quelques sommets pouvant atteindre 2 500 m (le Kebnekaise, 2 111 m, à l'ouest de Kiruna, est le plus haut sommet suédois). Ces régions montagneuses sont couronnées d'imposants glaciers.

Le versant oriental des montagnes s'abaisse graduellement et forme une région de collines entrecoupées, du nord-ouest au sud-est, de larges vallées parallèles. Les paysages suédois sont parsemés du nord au sud de milliers de lacs, tandis que les terres arables sont essentiellement situées dans les plaines méridionales faisant face au Danemark. Le long de la côte du golfe de Botnie, qui sépare la Suède et la Finlande, sont essaimés des groupes d'îles et de récifs.

Les régions les plus septentrionales de la Scandinavie offrent des paysages arides de roches dénudées près des côtes, et de maigre végétation à l'intérieur, tandis que des forêts de bouleaux et des landes marécageuses couvrent le nord de la Suède. Ce sont ces vastes étendues que l'on connaît sous le nom de Laponie.

Le plat pays danois

Mis à part la presqu'île du Jutland, le Danemark, qui se compose de nombreuses îles, est un pays plat ou faiblement vallonné ne dépassant pas une altitude de 170 m. Les forêts y ont depuis longtemps cédé la place aux cultures ; seules les landes du Jutland occidental sont restées à l'état naturel. Des fjords profonds découpent les côtes du Jutland oriental et du Sjælland du Nord.

Le Jutland, appendice de l'Europe

Vaste péninsule rattachée au continent européen, le Jutland **(Jylland en danois)** constitue – hors Groenland – la partie la plus importante du territoire danois, au nord de la frontière allemande sur une distance de 300 km. Ses paysages sauvages, façonnés par les vents d'ouest dominants, ne ressemblent en rien à ceux des autres régions danoises. À cette différence naturelle s'ajoute l'opposition entre un Jutland occidental traditionnellement moins peuplé et un Jutland oriental économiquement plus développé.

Mont Kebnekaise (Suède).
G. Hellier/robertharding/age fotostock

Le **Jutland du Nord**, malgré l'abondance de plages et de petits villages de pêcheurs, paraît très austère du fait de ses étendues dépouillées et vit au rythme des échanges avec la Norvège et la Suède, depuis les ports de Hirtshals et de Frederiksborg. Le **Jutland du Centre**, plus ondulé, offre une grande variété de paysages, notamment dans la région des lacs, autour de Silkeborg, et s'organise autour d'Aarhus, seconde ville danoise. Enfin, le **Jutland du Sud**, dépourvu de relief et couvert de forêts, a gardé des liens étroits avec l'Allemagne depuis son occupation par la Prusse.

Géologie

Les paysages scandinaves ont été fortement modelés par la dernière **glaciation**. Pendant plusieurs milliers d'années, l'Europe du Nord fut recouverte d'un manteau de glace qui exerça une pression énorme sur la masse terrestre. Lorsque le climat de la Terre se réchauffa, la couche de glace recula vers le nord, le niveau de la mer Baltique monta et celle-ci fut reliée à l'Atlantique Nord par la dépression du centre de la Suède de même qu'à la mer Blanche au nord; la Scandinavie septentrionale forma ainsi une île. Simultanément, les sols, libérés du poids de la glace, se soulevèrent et la Baltique se retira graduellement, laissant derrière elle de grands **lacs** comme le Vänern et le Vättern en Suède. Ce n'est que bien plus tard, il y a environ 7000 ans, que la Baltique fut reliée à la mer du Nord par le détroit de l'**Øresund**.

Des paysages à couper le souffle

En Suède, les forêts de conifères sombres qui s'étendent sur d'immenses superficies confèrent aux paysages une certaine austérité. En revanche, le Danemark doit son aspect champêtre aux riches prairies et aux vallons verdoyants des îles.

Les fjords

Fjord est un mot norvégien désignant un bras de mer long et étroit qui pénètre à l'intérieur des terres.

Au Danemark, où le sol est plat, les fjords, tel l'Isefjord en Sjælland du Nord, sont larges et parsemés d'îles, leurs rives basses, souvent marécageuses et bordées de roseaux. Le long de la côte suédoise du golfe de Botnie, les fjords pénètrent à peine à l'intérieur des terres, serpentant à travers les archipels.

Les côtes

En Suède

Plages et dunes sont un des attraits de la **Scanie** (Skåne) située à l'extrême sud, dont Malmö, (deuxième port du pays) est la ville principale. Cette province compte plusieurs stations balnéaires telles Båstad, Ängelholm, Skanör et Falsterbo, très populaires en été. La **côte orientale** de la Suède est parfois mal définie, surtout aux abords de Stockholm où les eaux du lac Mälaren, parsemées d'îles, se mêlent à celles de la Baltique émaillées de récifs.

Au Danemark

La côte occidentale de la **presqu'île du Jutland**, bordée par la mer du Nord, présente de vastes lagunes fermées par d'étroits bancs de sable et des plages de sable blanc rectilignes à perte de vue.

Les îles

Face aux côtes, des milliers d'îles; la plupart petites, dénudées et proches du continent, auquel elles sont généralement reliées par des ponts et des tunnels *(voir encadré p. 464)*. Lorsque la configuration des lieux s'y prête, des villes ont été construites à cheval sur plusieurs îles, ce qui a conféré à certains sites un incontestable cachet; tel est le cas de Stockholm, à la jonction de la Baltique et du lac Mälaren.

Les îles danoises

Deux grandes îles constituent la partie centrale du territoire danois : ce sont la Fionie (Fyn) et le Sjælland. Elles sont reliées au sud par un chapelet d'îles plus petites disposées en demi-cercle; des ponts franchissent quelques-uns des étroits bras de mer qui les séparent et cette liaison partielle est complétée par un service continu de ferries. C'est sur ces îles méridionales que se trouvent les plages les plus ensoleillées, ainsi que les spectaculaires **falaises de Møn** qui dressent, le long de la côte orientale de l'île du même nom, leur mur de craie blanche coiffé d'une épaisse forêt de hêtres.

La Fionie (Fyn) – La plus petite des deux îles fut qualifiée de « jardin du Danemark » par Hans Christian Andersen *(voir p. 118)*, en raison de ses riches prairies, de ses vergers et de sa campagne vallonnée, parsemée de villages aux chaumières à colombage. D'une superficie de 3500 km², elle est reliée par un pont au Jutland à l'ouest et au Sjælland à l'est. Moins peuplée que le reste du pays et dotée de terres fertiles, la Fionie est traditionnellement tournée vers l'agriculture et l'horticulture. Les faibles distances en font un paradis pour les amateurs de cyclotourisme. Le nord de l'île, et particulièrement la presqu'île de Hindsholm, est plus austère que le sud, mieux exposé, dont la côte découpée est tournée vers un pittoresque archipel comprenant trois îles principales : **Tåsinge** et **Langeland** accessibles par des ponts, et **Ærø**, que l'on rejoint par ferry. Odense, troisième ville danoise, qui s'enorgueillit d'être la patrie de Hans Christian Andersen, est la ville la plus importante de Fionie.

Le Sjælland – Proche de la Suède au nord et relié aux îles méridionales par plusieurs ponts, le Sjælland est la plus grande des îles danoises. C'est aussi la plus peuplée, avec 2 millions d'habitants dont les trois quarts se concentrent à Copenhague. De superbes paysages, très variés, de forêts de hêtres, des lacs, des fjords profonds et de belles plages, dans un rayon de 50 km autour de la capitale, ont amené l'implantation des plus

beaux châteaux et des musées les plus prestigieux dans le nord du Sjælland. La côte orientale, au nord de Copenhague, est ainsi devenue la « Riviera danoise » et la région la plus touristique du pays. Le sud de l'île ne manque pas d'attrait pour autant. Plus agricole, la campagne paisible est parsemée de coquets villages aux maisons à colombage peintes de couleurs vives, d'anciens bourgs animés, comme Køge et Næstved, et d'églises rurales ornées de fresques médiévales.

En Suède

De la Baltique au golfe de Botnie – Située au sud-est de la côte suédoise à laquelle elle est reliée par un pont, l'île d'**Öland** est en grande partie une lande aux couleurs riches, battue par les vents et bordée de plages ensoleillées. Plus au large, l'île de **Gotland** offre sur son pourtour de belles plages de sable alternant avec d'étranges formations rocheuses connues sous le nom de *raukar*. Les rosiers, le lilas et le chèvrefeuille croissent sous son climat ensoleillé et l'on y trouve encore des espèces rares de moutons et de chevaux. Les deux îles sont habitées depuis les temps préhistoriques et Visby est la principale ville de Gotland.

Ponts et tunnels

Il était vital pour le Danemark d'établir des liaisons rapides entre les principales îles et le Jutland ; le projet le plus ambitieux qu'aient entrepris les Danois est le franchissement du Storebælt par un pont et un tunnel combinés (ce dernier réservé aux trains) qui relient ainsi le Sjælland et la Fionie. Et que dire du pont de l'Øresund *(voir p. 303)*, cet ouvrage d'art reliant Copenhague à Malmö ? Quant aux Suédois, ils ont eux aussi construit l'un des plus longs ponts du monde, entre l'île d'Öland et la côte, sur 6 072 m *(voir p. 340)*.

Lacs et voies d'eau

La Suède est coupée en deux par deux lacs immenses, derniers vestiges de la mer qui s'engouffra dans la dépression du centre du pays à la fin de la dernière glaciation. Les **lacs Vänern** et **Vättern** sont reliés par le célèbre **canal de la Göta** *(voir encadré p. 374)*, qui rejoint Göteborg à l'ouest et Norrköping à l'est (au sud de Stockholm). Le parcours d'une côte à l'autre offre des tableaux paisibles de champs cultivés, de bois et de villages anciens.

Plus au nord, des rivières au cours tourmenté, prenant naissance dans les montagnes qui séparent la Norvège et la Suède, coulent du nord-ouest vers le sud-est pour se jeter dans le golfe de Botnie. En chemin, elles s'élargissent souvent pour former de vastes plans d'eau, telle l'Umeälven qui devient le **lac Storuman**, avant de poursuivre leur cours, parfois interrompu par une chute d'eau comme celle de Storforsen, au nord-ouest de Piteå. Parmi les plus grands lacs de Suède, le **Storsjön** et le **Siljan** sont aussi les plus pittoresques.

Grands espaces sauvages

Au Danemark

En raison de sa faible superficie et de la nature de ses sols, voués en quasi-totalité à l'agriculture, le Danemark ne possède presque plus d'espaces naturels intacts. Toutefois, la région la plus préservée est la **côte occidentale du Jutland**, battue par les vents, dont certaines parties sont bordées de lagunes aux eaux calmes et de dunes mouvantes couvertes d'herbes folles. Ici le temps change rapidement et la force de la nature se manifeste sans ambiguïté lorsque, soulevée par de cinglants vents d'ouest, la mer se brise contre le rivage dans un tumulte assourdissant.

Les montagnes suédoises

Les **« Cinq Vallées »** (Fem Dalar), tel est le nom qui désigne cette zone de montagnes, de vallées et de lacs située dans la partie méridionale de la Laponie suédoise, à proximité de la frontière norvégienne, entre Ammarnäs au nord et Borgafjäll au sud. Cette région sauvage offre des paysages de marais, de montagnes dénudées, de lacs aux eaux limpides et glacées, de ravins profonds et de rivières.

Au nord du cercle polaire

Le véritable Nord commence à 66° 33' de latitude nord, ligne imaginaire connue sous le nom de **cercle polaire arctique**, qui marque un changement significatif dans les paysages, le climat et le mode de vie. On voyage pour ainsi dire à une autre échelle lorsque l'on parcourt les vastes territoires à peine peuplés de la **Laponie** (Lappland).

Contrastes arctiques

Les régions situées au nord du cercle polaire représentent environ

Aurore boréale en Laponie.
antonyspencer/Getty Images Plus

le quart de la superficie totale de la Scandinavie. Des contrastes marqués existent entre les zones côtières et l'intérieur du pays, ainsi qu'entre la Laponie suédoise et les territoires de la Norvège septentrionale.

La **Laponie suédoise** est une région montagneuse idéale pour pratiquer le ski. À l'ouest de Kiruna et de Malmberget, les plus hauts sommets culminent à plus de 2000 m. La région abrite également des lacs sauvages et des rivières impétueuses.

À l'intérieur des terres, les villes minières de Kiruna et Gällivare-Malmberget furent construites à la hâte à la fin du 19e s. en prévision d'un boom économique.

Soleil de minuit et aurores boréales

Deux des principaux attraits de la Laponie sont le **soleil de minuit** et sa contrepartie hivernale, la nuit polaire, caractéristiques des régions arctiques. Plus on se dirige vers le nord et plus la durée du jour ou de la nuit, selon la saison, est importante. De fin mai à fin juillet, le soleil ne se couche jamais et, à proximité du cap Nord, il semble s'immobiliser à minuit au-dessus de l'horizon, puis reprendre son ascension à l'aube d'une nouvelle journée. En revanche, en décembre et janvier, l'astre ne paraît jamais au-dessus de l'horizon et la longue nuit polaire cède brièvement la place à une sorte de crépuscule bleuté qu'accentue la

Attention aux élans !

D'ordinaire doux et craintifs, les quelque 200 000 élans qui peuplent les forêts suédoises peuvent se révéler de redoutables brutes au cours de l'automne : sortant de leurs forêts, ces gourmands se repaissent de pommes sauvages tombées des arbres, sans se soucier de la fermentation des fruits. Or, une fois ivre mort, l'élan devient agressif, fonce sur tout ce qui bouge et n'hésite pas à pénétrer dans les habitations...

La faune des grands espaces

Les forêts protégées abritent une grande variété d'espèces qui ont aujourd'hui presque ou totalement disparu d'autres régions du monde. Les **ours** se trouvent dans le nord de la Suède et les **loups** dans l'ouest. Les **lynx** et les **gloutons** cohabitent avec les renards, les cerfs, les castors et les lièvres. Sans oublier les espèces que l'on ne trouve que dans le Grand Nord : la plus courante est le **renne**, que l'on peut voir paître sur les vastes plateaux de la Laponie. Les **élans**, qui étaient devenus une espèce menacée, ont été sauvés par une réglementation stricte et leur nombre s'est considérablement accru ces quarante dernières années. Parmi les autres habitants des régions arctiques, il faut citer le **bœuf musqué**, le renard polaire et le lemming, petit rongeur que chasse l'imposant harfang des neiges. Quant aux habitants des mers, les **phoques** et les **morses**, tout comme les **baleines**, ne sont pas rares.

blancheur de la neige. De temps à autre, des arcs lumineux déchirent la nuit et soulignent les contours du paysage : ce phénomène atmosphérique chargé d'électricité est connu sous le nom d'**aurore boréale**.

Le souci de l'environnement

Les pays scandinaves sont confrontés aux mêmes problèmes d'environnement que les autres pays industrialisés, mais leur situation géographique les expose parfois plus. Ainsi, le trou dans la **couche d'ozone** affecte particulièrement la Scandinavie, et la mer Baltique est l'une des mers les plus polluées du monde.

Les **pluies acides**, en provenance de Russie et d'Europe de l'Est, ont également été très dévastatrices. La fumée des usines mélangée à la pluie provoque la formation d'acide sulfurique qui s'attaque aux forêts et détruit la flore et la faune des lacs et des rivières. Bien que d'ampleur mondiale, ce problème est particulièrement sensible en Scandinavie où le sol est peu calcaire et les effets nuisibles de l'acide ne peuvent être neutralisés. Pour répondre à cette menace, les Suédois ont entrepris d'ajouter de la chaux à l'eau des lacs afin de rétablir l'équilibre écologique. En effet, les Scandinaves vivent en communion avec leur environnement naturel, et l'intérêt qu'ils portent à son équilibre fait partie de leurs convictions profondes. Ils ont été les premiers à faire face avec réalisme aux dangers croissants de la pollution, et se sont attaqués au problème de manière typiquement nordique : leur politique de protection de l'environnement se fonde à la fois sur une réglementation stricte et sur la responsabilité individuelle.

Parmi les mesures adoptées, il faut citer la création de **parcs nationaux** et de **réserves naturelles**. Dans ces régions aux écosystèmes vulnérables, aucune intervention humaine n'est tolérée. La faune et la flore sont extrêmement bien protégées. Bien que la cueillette de nombreuses variétés de baies et de champignons sauvages soit très répandue, les plantes et arbres rares sont protégés depuis longtemps, et les botanistes amateurs doivent se contenter d'admirer la flore dans son cadre naturel.

La jeune génération scandinave est aujourd'hui particulièrement investie dans la lutte contre le réchauffement climatique, à l'image de la jeune activiste suédoise **Greta Thunberg**.

Histoire

Fiers de leur indépendance et de leurs traditions nationales (au point de se montrer parfois réticents face à l'idée d'une Europe unie), Danois et Suédois revendiquent avec fierté l'héritage de leurs ancêtres communs, les Vikings, et donnent aujourd'hui un exemple de tolérance et d'ouverture aux autres. Pourtant, leur histoire fut marquée, jusqu'à une époque relativement récente, par des querelles de voisinage, la Suède et le Danemark se disputant l'hégémonie dans la région.

Des origines à la christianisation

Il y a environ 10 000 ans, à la fin de la dernière glaciation, les premiers habitants de la Scandinavie s'installèrent au Danemark. Ces premiers sédentaires, qui vivaient de la chasse et de la pêche, utilisaient des outils taillés dans l'os et, plus tard, dans la pierre.

Durant le **néolithique**, l'agriculture se développa progressivement dans le sud de la Scandinavie. Certaines populations construisirent des dolmens et des allées couvertes au Danemark et dans le sud de la Suède. Le peuple dit des « **haches naviformes** » leur succéda, apportant avec lui des outils et des armes plus élaborés, et probablement sa langue indo-européenne.

Le commerce se développa pendant l'**âge du bronze**, l'ambre, les fourrures et les esclaves étant échangés contre du cuivre et de l'étain utilisés en alliage dans la composition du bronze. Les gravures rupestres témoignent de la science de la mer déjà acquise ainsi que des méthodes employées alors pour travailler la terre. À partir de 500 av. J.-C., les Scandinaves surent fabriquer le fer : ils extrayaient le minerai des marais et se servaient de la tourbe comme combustible.

Les cinq cents premières années de l'ère chrétienne furent le théâtre en Europe continentale d'importantes migrations et virent l'apparition des inscriptions runiques et de forts à but défensif. Les **Svear** s'imposèrent sur le territoire de la Suède (à laquelle ils allaient attacher leur nom).

Les Vikings

Le mot « viking » est un nom d'origine norroise (langue scandinave médiévale), mais ceux que l'on appelle aujourd'hui les Vikings se nommaient alors Hommes du Nord.

« Les Vikings » (p. 477).

Deux siècles de raids

La mise à sac en 793 du monastère de Lindisfarne, situé sur une île au nord-est de l'Angleterre, marqua le début « officiel » des expéditions vikings qui durèrent deux cents ans. À cette époque, les Vikings étaient partout en Europe du Nord. Ils massacrèrent, pillèrent et brûlèrent, mais ils conclurent aussi des accords commerciaux durables avec de nombreux pays d'Europe et

fondèrent de nouveaux royaumes. Si certains, comme celui de York et du Danelaw (territoires anglais), ne leur survécurent pas, d'autres devinrent puissants et très prospères. Ce fut le cas de la Normandie, d'où les descendants de **Rollon** (devenu en 911 duc de Normandie sous le nom de Robert Ier) repartirent à la conquête de l'Angleterre, mais aussi celui de la principauté de Novgorod, d'où les descendants de **Rurik** passèrent à Kiev, fondant ainsi l'État russe sur lequel ils régnèrent jusqu'en 1578.

- **9e-10e s.** – Les **Vikings suédois**, ou **Varègues**, entreprirent principalement leur expansion par la voie terrestre le long des côtes de la Baltique, de la Volga et du Dniepr, fondant Novgorod et Kiev. Ils échangeaient des fourrures et de l'ambre contre de l'or, de l'argent et des produits de luxe, s'assurant le monopole du trafic de la Caspienne, et tentèrent même à diverses reprises de s'emparer de Constantinople.

Les **Vikings danois**, de leur côté, firent surtout voile vers l'ouest, se dirigeant vers la Grande-Bretagne, les Shetland, les Orcades, l'Irlande, la France et l'Espagne. Ils franchirent même le détroit de Gibraltar et traversèrent la Méditerranée, rejoignant les Vikings suédois à Constantinople.

- **980 – Harald à la Dent bleue** unifia et christianisa le Danemark.
- **Vers 1000 – Olof Skötkonung**, premier roi chrétien de Suède. Le pays ne se convertit que

progressivement au cours du siècle suivant.

- **1000-1013** – Le chef danois Sven Ier conquiert la Norvège et l'Angleterre. Son fils, Knud, ou **Canut Ier le Grand**, régna sur un vaste royaume couvrant non seulement le Danemark, la Norvège et la Suède, mais aussi l'Angleterre et l'Écosse. Canut s'employa à réaliser la conversion de son puissant empire avec l'aide de l'Église d'Angleterre. Cependant, cette cohésion politique fut de courte durée et, après sa mort en 1035, les guerres intestines reprirent de plus belle entre des chefs ambitieux qui durent accepter le pouvoir grandissant de l'Église.

Dans ce climat de lutte constante pour le pouvoir, un **système féodal** s'installa progressivement au Danemark et en Suède qui devinrent des royaumes chrétiens rivaux. À la fin du 11e s., chacun était parvenu, sous la bannière du christianisme, à une unité fragile. Des évêchés furent fondés, mais, sans que la pérennité de la religion chrétienne fût remise en question, les croyances païennes demeurèrent vivaces.

L'adoption par les Vikings de la religion chrétienne coïncida avec le déclin de leur hégémonie sur les mers de l'Europe du Nord-Ouest et marqua l'arrivée de la Scandinavie sur l'échiquier européen. Si la christianisation massive des pays nordiques ne fut pas la seule cause de l'affaiblissement du pouvoir des Vikings, elle en accéléra le processus : leur esprit de conquête et leur indéniable supériorité guerrière s'écroulèrent en un temps relativement bref.

Union, Réforme et rivalités

L'Église fut le canal par lequel la culture et l'architecture de l'Europe occidentale furent acheminées vers les pays nordiques au cours des 11e et 12e s. ; cela fut particulièrement vrai au Danemark où l'Église pouvait compter sur l'appui de la puissante dynastie des **Valdemar**.

- **1165** – Fondation de Copenhague.
- **12e-13e s.** – Construction en Suède des premières églises en pierre (Uppsala et Lund).
- **1157** – Les Suédois, emmenés par le roi **Éric le Saint**, symbole du « parfait » chrétien, lancèrent une croisade d'évangélisation contre leurs voisins finlandais avec l'appui de l'évêque d'Uppsala et s'emparèrent du pays.
- **1255** – Fondation de Stockholm.
- **14e s.** – La Finlande devint suédoise (le suédois était la langue officielle, Turku, la capitale), mais la Carélie, province orientale de la Finlande, fut partagée entre la Suède et la Russie à la suite de la paix de Pähkinäsaari (1323). Cette domination de la Finlande par les Suédois devait durer jusqu'en 1809.
- **1340-1375** – Règne de **Valdemar IV** sur le Danemark, alors le plus puissant et le mieux organisé des pays scandinaves. Valdemar s'était donné l'objectif de réduire l'influence allemande dans la Baltique et de restaurer l'hégémonie danoise. En 1361, il conquit l'île suédoise de **Gotland** dont la principale ville, **Visby**, était un important

La Ligue hanséantique

Les cités marchandes de la Baltique et de la mer du Nord, ayant à leur tête la cité de Lübeck, avaient constitué une association économique, la Hanse, ou Ligue hanséatique, afin de contrôler le commerce de l'Europe du Nord. Son influence économique et politique fut à son apogée entre les 13e et 15e s. et elle devint si puissante qu'elle fut en mesure de dicter ses propres lois aux rois et aux nations.

comptoir hanséatique. Une coalition réunissant la Suède, la Hanse et le Mecklembourg se dressa contre le Danemark en représailles et Valdemar fut contraint de signer le **traité de Stralsund** en 1370. Dans celui-ci, la Ligue, qui avait alors atteint l'apogée de sa puissance, consolidait ses droits commerciaux dans la Baltique en s'assurant le contrôle de trois places fortes situées le long de la côte sud-ouest de la Suède et l'ouverture des ports danois aux marchandises de la Hanse.

● **1370** – La Ligue hanséatique acquit des droits commerciaux dans l'Øresund.

● **1375** – Mort de Valdemar IV.

Si Valdemar avait consolidé la monarchie danoise, la Suède et la Norvège, en l'absence d'un pouvoir politique fort, étaient harcelés par la Ligue hanséatique et menacés par la suprématie économique allemande. Une union entre les pays nordiques paraissait être leur seul espoir de salut, mais les Suédois craignaient la domination danoise et s'y opposaient. C'est la volonté acharnée d'une femme ambitieuse, **Margrethe Ire de Danemark** (1353-1412), qui permit la réalisation de cette union.

Fille et héritière de Valdemar IV, Margrethe épousa Håkon, roi de Norvège (1340-1380). À la mort de Valdemar, le fils de Margrethe, **Olav** (1370-1387), devint roi du Danemark, puis roi de Norvège cinq ans plus tard lorsque son père mourut à son tour. Comme Olav était trop jeune pour régner, Margrethe obtint la régence du Danemark et de la Norvège. Ce fut le début de l'union entre les deux royaumes... qui devait durer jusqu'en 1814 ! Puis Olav mourut à son tour et Margrethe devint « dame-maîtresse » (reine-régente) des deux royaumes.

Restait la Suède que gouvernait alors l'héritier d'un puissant duché allemand, **Albert de Mecklembourg**. La noblesse suédoise craignait de voir abolir ses privilèges, car l'influence allemande se faisait de plus en plus oppressante. Margrethe proposa en 1388 un marché aux nobles suédois : s'ils la reconnaissaient comme souveraine légitime de la Suède, elle garantirait leurs privilèges. Une fois l'accord conclu, elle entreprit une campagne contre Albert et le détrôna en 1389.

Régnant désormais sur chacun des trois royaumes, Margrethe, sans héritier direct, pressentit que seule l'unification totale pouvait préserver son héritage. En 1397, les Grands des trois pays acceptèrent d'être unis en un même pays et le **traité d'union** fut signé à **Kalmar**, tandis que la reine désignait son neveu, **Éric de Poméranie**, comme héritier légitime.

● **1477** – Fondation de la première université scandinave à Uppsala.

La Réforme

L'union fut prospère tant que Margrethe gouverna, mais Éric et ses successeurs eurent moins de succès et, au cours du 15e s., la noblesse suédoise tenta à diverses reprises de retrouver son indépendance, ce à quoi elle parvint en 1523 lorsque Christian II fut chassé de Suède par **Gustave Vasa** qui instaura une monarchie héréditaire. Le Danemark et la Norvège, quant à eux, restaient unis.

La **Réforme** s'implanta en Scandinavie, entre 1523 et 1536, presque sans résistance. Des prédicateurs allemands et des marchands de la Hanse avaient fait connaître les enseignements de Luther bien avant que la nouvelle religion ne fût officiellement instaurée. La Suède fut la première à se convertir; **Gustave Vasa** cherchait à assainir les finances de l'État tout en renforçant son propre pouvoir. En 1527, il fit approuver par le Riksdag réuni à Västerås la confiscation par l'État des biens de l'Église, et, en 1528, au concile d'Örebro, l'Église suédoise se sépara de Rome et adopta le

DYNASTIE VASA (1523-1654)

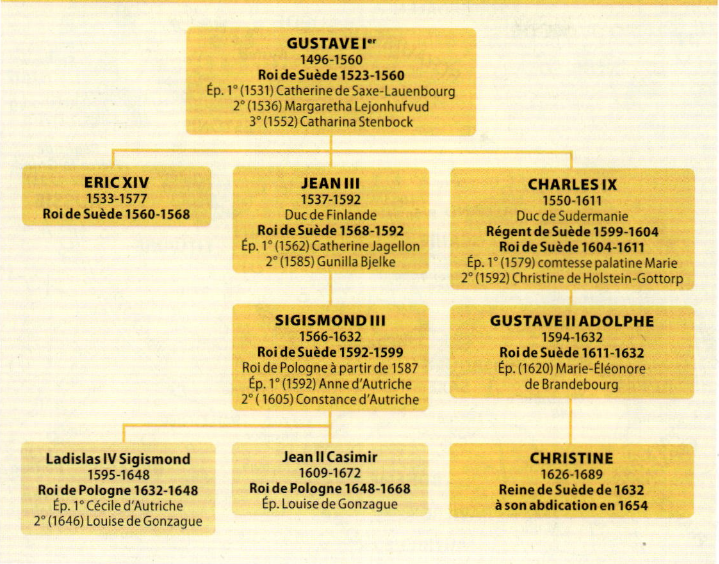

luthéranisme comme religion d'État. Au Danemark, les événements se déroulèrent de façon différente, mais le résultat fut le même. Lorsque **Christian III** succéda à son père à l'issue d'une lutte fratricide acharnée, lui aussi eut un besoin urgent d'argent pour payer ses mercenaires, mais les évêques catholiques refusèrent d'accéder à ses demandes ; le roi donna alors l'ordre de les arrêter et les contraignit à accepter le luthéranisme comme religion officielle. Les biens de l'Église furent confisqués et le roi vendit une partie de son nouveau patrimoine à la noblesse. Une tentative de résistance de la part des Norvégiens fut immédiatement réprimée et le luthéranisme contribua donc à renforcer le contrôle que les Danois exerçaient sur le pays, car la Bible et tous les écrits ecclésiastiques étaient en danois. Ainsi la Réforme consolida-t-elle le pouvoir royal dans l'ensemble des pays scandinaves qui devinrent bientôt des **monarchies absolues**.

La lutte pour l'hégémonie dans la Baltique (1534-1720)

Le 17e s. fut marqué par la lutte pour l'hégémonie dans la Baltique entre le Danemark et la Suède, dont les puissances étaient à peu près égales. Le Danemark occupait depuis très longtemps les provinces du sud de la Suède, situation intolérable pour la fierté nationale des Suédois et qui les empêchait d'accéder aux ports de la côte occidentale. D'autre part, à l'est, la Suède était menacée par la Pologne, où régnait un petit-fils de Gustave Vasa – écarté du trône suédois parce que catholique, mais rêvant de reconquérir la Couronne et de restaurer le catholicisme –, ainsi que par la Russie, qui avait des visées sur la Finlande. Cette période fut marquée par deux fortes personnalités, le roi du Danemark, **Christian IV** (passé à l'histoire sous le nom de « roi bâtisseur », *voir p. 482*), et le roi de Suède, **Gustave II Adolphe**.

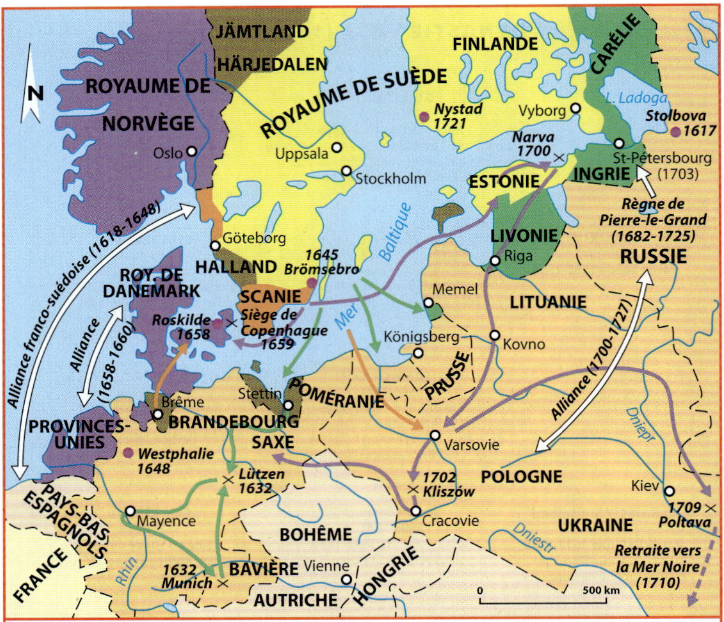

L'HÉGÉMONIE SUÉDOISE EN EUROPE DU NORD (17e s.)

- La Suède à la fin du 16e s.
- Acquisitions de Christine de Suède (1632-1654)
- Campagnes de Charles XII (1700-1718)
- Campagnes et conquêtes de Gustave II Adolphe (1611-1632)
- Campagnes et conquêtes de Charles X Gustave (1634-1660)
- Batailles
- Traités de paix

Les deux rois prirent part à la **guerre de Trente Ans**, qui fit rage sur le continent, mais où Gustave Adolphe trouva la mort (Lützen, en 1632). Lors des traités de Westphalie (1648), tandis que le Danemark, allié à l'empereur Ferdinand III, sortait économiquement affaibli du conflit, la Suède acquérait la Poméranie occidentale, le long des côtes méridionales de la Baltique ainsi que Brême et Werden sur la mer du Nord. En 1657, le roi de Suède envahit le Jutland et fit franchir la mer gelée à son armée, menaçant ainsi la capitale danoise. Le Danemark reconnut sa défaite et signa le **traité de Roskilde** (1658), qui donnait à la Suède les provinces méridionales de Halland, de Scanie et de Blekinge, ainsi que l'île de Gotland. L'empire suédois était à son apogée. Le Danemark avait perdu la suprématie dans les détroits de la Baltique et ne contrôlait plus le commerce dans cette région. En 1700, la Russie, la Pologne et le Danemark reprenaient la lutte contre la Suède où régnait **Charles XII**. Celui-ci écrasa rapidement la coalition, envahit la Pologne où il fit élire le roi Stanislas Leszczynski, mais fut vaincu à Poltava (1709) et se réfugia en Turquie, où il demeura semi-captif durant cinq ans, tandis que ses ennemis, auxquels s'étaient jointes la Prusse et la Bavière, occupaient ses territoires baltes. De ces nouvelles guerres, la Suède sortit reléguée au rang de nation secondaire, ne gardant que quelques possessions extérieures… tandis que commençait une période de neutralité et d'expansion économique pour le Danemark et la Norvège.

Vers l'actuelle Scandinavie

La Révolution française eut des incidences sur le destin des pays scandinaves. Ainsi l'abolition de l'esclavage au Danemark (1792) fut-elle adoptée dans le droit fil des idéaux de 1789. Les guerres napoléoniennes, qui ravagèrent l'Europe au début du 19e s., ne furent pas non plus sans conséquences. En 1806, le Danemark n'avait pas adhéré au Blocus continental décidé par Napoléon Ier afin de tenter d'isoler l'Angleterre. Cette neutralité affichée n'empêcha pas la flotte britannique de bombarder Copenhague en 1808. Pendant ce temps, la Suède s'était jointe à la coalition contre Napoléon. Sa défaite en 1809 entraîna la déposition du roi Charles XII et le vote d'une Constitution, toujours en vigueur aujourd'hui, établissant un régime

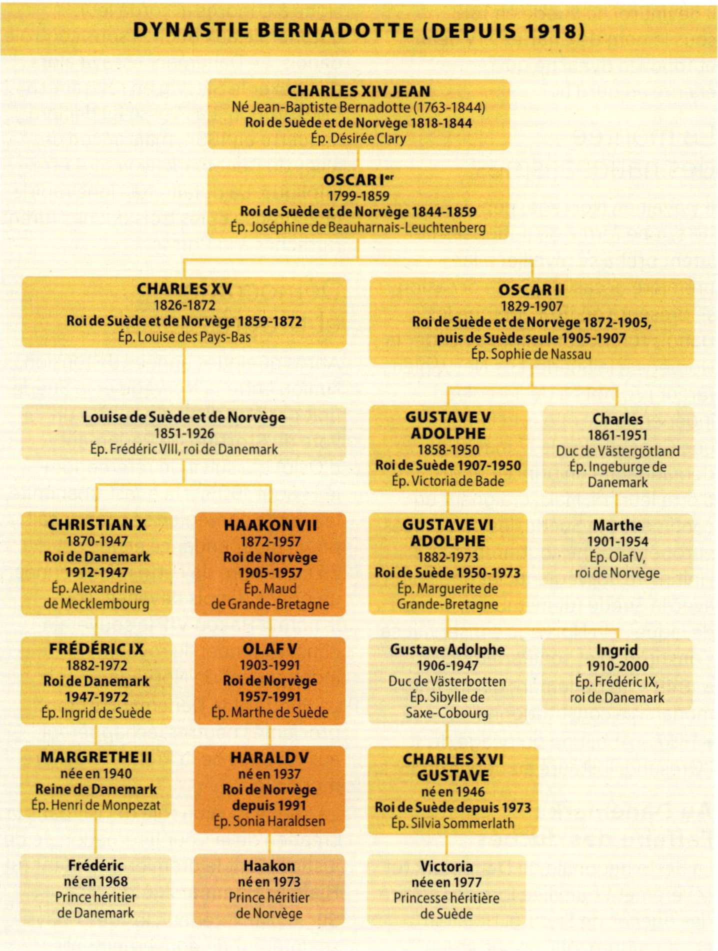

de monarchie constitutionnelle.
Ironie de l'histoire : Charles XIII, le nouveau roi, sans héritier, choisit d'adopter un maréchal d'Empire, ami et fidèle de l'Empereur, **Jean-Baptiste Bernadotte** *(voir p. 484)*. Devenu prince héritier, Bernadotte défendit dès lors sans la moindre arrière-pensée les intérêts de son nouveau pays qui rejoignit la coalition. Il conduisit ses troupes à la victoire contre Ney et contre Napoléon Ier à Leipzig... La Suède fut récompensée en 1815 : par le traité de Kiel, le Danemark était contraint de céder la Norvège à la Suède. Quant au maréchal Bernadotte, il devint roi de Suède en 1818 sous le nom de **Charles XIV Jean** et fonda la dynastie qui règne encore aujourd'hui.

La montée des nationalismes

Il y avait en Norvège, depuis le 18e s., une forme de nationalisme latent prêt à se réveiller à la première occasion. Cette occasion se présenta en 1814, lorsque les Danois furent contraints de céder la Norvège à la Suède. Les Norvégiens furent prompts à déclarer leur indépendance et à proclamer une Constitution le 17 mai 1814, demandant à un prince danois d'être leur roi. Mais, craignant un conflit avec la Suède, les puissances européennes ne soutinrent pas l'initiative norvégienne et une union avec la Suède fut instaurée, au sein de laquelle la Norvège conservait sa Constitution et son Parlement.

- **1849** – Le Danemark devint une monarchie constitutionnelle.
- **1857** – Abolition du péage de l'Øresund, instauré au début du 15e s.

Au Danemark : l'affaire des duchés

La fierté nationale du **Danemark** fut sévèrement humiliée lors de l'affaire des duchés de Slesvig, Holstein et Lauenburg, qui, appartenant au roi du Danemark, comptaient des populations mixtes danoises et allemandes. En 1815, le Holstein et le Lauenburg adhérèrent à la Confédération germanique et essayèrent de convaincre le Slesvig de les imiter. Mais l'opinion publique danoise y était défavorable.
En 1848, le soulèvement de la population allemande du Holstein donna aux Prussiens l'excuse qu'ils cherchaient pour envahir le Jutland. La Russie, l'Angleterre et la Suède intervinrent et un armistice fut signé en 1850 sans que le problème fût résolu pour autant. Après de nouveaux désaccords, un traité signé à Londres accorda leur autonomie aux duchés sous contrôle danois. Le Danemark essaya alors d'annexer le Slesvig en révisant sa Constitution. La Prusse lui déclara la guerre en 1864, mais aucun des alliés du Danemark ne voulut être impliqué. La défaite fut donc rapide et coûteuse et les trois duchés furent rattachés à la Prusse.

Démocratie et progrès social

Après quelques années de tension, l'union entre la Norvège et la Suède finit par être dissoute suite à un vote du **Storting** (le Parlement d'Oslo) qui suivit un référendum : le 13 août 1905, à la quasi-unanimité, le peuple norvégien se prononçait pour l'indépendance et, le 25 novembre de cette même année, un prince danois devenait, sous le nom d'**Håkon VII**, le souverain constitutionnel du royaume indépendant de Norvège.
La Suède et le Danemark, s'étant proclamés neutres, échappèrent aux ravages de la Première Guerre mondiale.
La Suède joua un rôle décisif dans la création de la Cour internationale de justice, dont le premier président fut **Hjalmar Hammarskjöld**.
Sur le plan intérieur, les deux pays se dotèrent de gouvernements

Statue du roi Gustave II Adolphe à Göteborg.
mojkan/Getty Images Plus

sociaux-démocrates : la Suède dès 1920 avec **Hjalmar Branting** et le Danemark en 1924 avec **Thorvald Stauning**. La stabilité de ces gouvernements permit de donner naissance peu à peu au fameux modèle scandinave de protection sociale, tandis que se développait un goût, toujours vivace, pour l'innovation et l'expérimentation dans les domaines social et économique, quels que soient les partis au pouvoir.

Les déchirements de la Seconde Guerre mondiale

En Suède

Seule la Suède réussit à préserver sa **neutralité** pendant toute la durée de la guerre, même si le gouvernement fut obligé de faire des concessions aux Allemands ; c'est ainsi que le passage des troupes allemandes vers la Norvège fut autorisé sous la pression de leur commandement. La Suède livra également du minerai de fer aux nazis et se fit payer en or d'origine douteuse, ce qui créa une grosse polémique dans les années 1990. Ces compromis furent impopulaires, bien que, parmi les officiers et les universitaires, l'opinion fut largement pro-allemande. Les Suédois changèrent de position à partir de la défaite de Stalingrad. Cependant, plusieurs actions humanitaires furent entreprises : des milliers de réfugiés en provenance d'autres pays scandinaves et des pays baltes furent accueillis sur le territoire suédois. Dans le cas de ces derniers, le gouvernement accepta toutefois de renvoyer de nombreux soldats baltes vers l'URSS, une concession qui hanta longtemps la Suède.

Au Danemark

À la veille de la guerre, les Danois signèrent un **pacte de non-agression** avec Hitler et proclamèrent une fois de plus leur neutralité. Ce fut peine perdue car, dès avril 1940, le pays fut occupé par les troupes allemandes en route pour la Norvège. Le gouvernement danois capitula après deux heures de combat et la mort de 16 soldats. Dès lors, les Danois tentèrent de gérer au mieux la situation, avec le moins de souffrances possible. Cela se traduisit en pratique par une certaine collaboration avec les Allemands, qui se maintinrent plutôt à l'écart de la population et exercèrent une occupation « douce », comparée à ce qui se pratiquait ailleurs. L'Allemagne espérait ainsi utiliser l'exemple danois d'une « coopération » entre deux gouvernements souverains à des fins de propagande. C'est dans ce contexte que les juifs ne furent pas inquiétés, car le gouvernement danois s'y opposait. Les choses changèrent à l'été 1943, lorsque le vent commença à souffler contre l'Allemagne. Les journaux clandestins se multiplièrent, l'ambassadeur du Danemark à Londres se rangea ouvertement du côté des Alliés et le Conseil danois pour la liberté, qui œuvrait dans la clandestinité, fut reconnu comme gouvernement légitime du Danemark. La répression allemande ne se fit pas attendre. Le sauvetage en 1943 de 8 500 juifs danois, qui purent fuir en bateau et être accueillis en Suède, demeure ainsi l'une des pages les plus émouvantes de l'histoire de la Seconde Guerre mondiale. Elle marque le refus du peuple danois de collaborer pleinement avec le pouvoir d'occupation nazi, et, fait tout aussi remarquable, le refus de responsables allemands en poste au Danemark d'exécuter des ordres de déportation.

Jusqu'à nos jours

En **Suède**, les alternances politiques se sont succédé sans bouleversements majeurs, à l'exception de l'assassinat, en pleine rue à Stockholm, de l'emblématique Premier ministre social-démocrate suédois, **Olof Palme**, en février 1986 a priori par Stig Engström (le doute plane encore...), un opposant aux idées de gauche du Premier ministre. Olof Palme avait placé la Suède sur la carte mondiale en militant inlassablement en faveur des pays en voie de développement. Depuis sa mort, la Suède n'a jamais retrouvé le même poids sur la scène internationale. Cette situation a été amplifiée par l'assassinat en 2003 d'Anna Lindh, ministre social-démocrate des Affaires étrangères et l'une des héritières spirituelles de Palme.

En septembre 2022, le parti d'extrême droite Les Démocrates de Suède fait un score historique aux élections législatives (20,7 % des voix), devenant le deuxième parti du pays et la première force politique de droite. Toute la campagne électorale a été dominée par des thèmes liés à la criminalité, l'immigration et le pouvoir d'achat. S'il n'entre pas directement au gouvernement, le parti pèse indéniablement sur la politique de la nouvelle coalition de droite, qui a d'ores et déjà pris des mesures pour limiter l'immigration.

Le **Danemark** s'est pour sa part retrouvé en difficulté avec l'affaire des caricatures de Mahomet publiées en 2005, au nom de la liberté d'expression, dans un quotidien danois. L'affaire avait provoqué de violentes réactions dans de nombreux pays musulmans à travers le monde. En février 2015, des attaques terroristes islamistes ont frappé la ville de Copenhague, faisant deux morts et plusieurs blessés. L'attentat a soulevé une forte émotion nationale et internationale, et mis fin à une certaine innocence danoise.

Le Danemark ne cesse de durcir sa politique migratoire. L'objectif du gouvernement social-démocrate est de réduire à zéro le nombre de demandeurs d'asile, au nom de la défense de l'État providence. Car si les Danois disent éprouver de l'empathie pour les réfugiés, une majeure partie d'entre eux craint de les voir bénéficier du modèle social que finance une lourde fiscalité.

Voir aussi « Danemark et Suède aujourd'hui », p. 450.

Les Vikings

Pendant plusieurs siècles, ils ont fait trembler l'Europe. Leurs raids violents et meurtriers remplissaient d'effroi les populations côtières d'Europe de l'Ouest et les Slaves des immenses plaines de la Russie. Et pourtant : au-delà de cet aspect « barbare » qui leur est resté attaché, ces fiers marins firent œuvre de bâtisseurs, que ce soit en Normandie, en Angleterre (et plus tard en Sicile) ou, beaucoup plus à l'est, en fondant à Kiev ce qui allait devenir l'empire des tsars.

Réplique d'une maison viking à Fyrkat (Danemark).
K. Gillham/robertharding/age fotostock

La saga viking

L'époque des Vikings, qui s'étend de 800 à 1050, marque l'entrée de la Scandinavie dans l'histoire. En l'espace de 250 ans, les Vikings ont bouleversé l'équilibre européen. Tout ce que nous connaissons d'eux provient des fouilles archéologiques fournissant des renseignements précis sur leur mode de vie, et sur des chroniques contemporaines et des sagas des 12e et 13e s., moins fiables. Les moines, qui ont rapporté dans leurs annales les actes des Vikings, avaient eux-mêmes été victimes de ces guerriers et ne peuvent pas être considérés comme objectifs. Quant aux sagas, elles ont été écrites beaucoup plus tard d'après les traditions orales des bardes qui, très souvent, adaptaient leurs contes au goût de leur auditoire. Une chose reste certaine, les Vikings ont fait une forte impression sur leurs contemporains et leur réputation de violence, de rapidité et d'audace s'est répandue comme une traînée de poudre à travers l'Europe et le monde arabe.

Les expéditions

Leur tempérament aventureux, audacieux et guerrier explique en grande partie les sanglantes campagnes systématiques auxquelles les Vikings se livrèrent, mais ces pratiques avaient aussi des mobiles économiques et démographiques. En effet, au début du 9e s., la Scandinavie connut un accroissement démographique que ne pouvait compenser l'extension des terres agricoles, rendue impossible par la nature du pays. En outre, la loi viking faisait des fils aînés les seuls héritiers : les cadets devaient donc quitter la maison familiale et aller chercher fortune ailleurs. D'autre part, les Scandinaves savaient extraire le fer des marais et fabriquer des armes redoutables. C'est aussi grâce au développement de leurs invincibles navires qu'ils purent mettre en pratique une stratégie d'expansion extrêmement efficace, fondée sur une attaque soudaine et rapide, afin de s'assurer une supériorité militaire décisive.

Les bateaux

Grands navigateurs, les Vikings avaient, dès le 9e s., mis au point des navires faciles à manœuvrer, tenant bien la mer au cours des tempêtes. Leurs navires étaient rapides, équipés d'un mât central et d'une voile carrée, ce qui permettait à l'équipage de ramer même lorsque la voile était déployée. Ils pouvaient transporter un équipage de 100 hommes et naviguer à une vitesse maximale de 12 nœuds. Même avec une charge maximale, ils n'avaient besoin que d'un mètre de tirant d'eau et pouvaient donc s'approcher de n'importe quelle côte et remonter n'importe quelle rivière, mais aussi, être tirés à terre grâce à leur légèreté... contribuant ainsi à l'origine à faire jouer la surprise. Par ailleurs, les bateaux vikings, bien que légers, étaient particulièrement résistants. Ils possédaient une quille solide et une proue incurvée devenue le symbole de la puissance des Vikings. Ceux-ci ne se contentèrent pas de traverser la mer du Nord avec leurs navires, mais ils franchirent aussi l'Atlantique pour aller jusqu'au Groenland. Grâce à leurs expéditions, les Vikings acquirent une grande expérience de la construction navale. Au fur et à mesure que leurs techniques s'amélioraient, les Vikings construisaient différents types de bateaux : des **langskip**, des navires de guerre rapides manœuvrés par un grand nombre d'hommes et des **knörr**, des navires marchands plus lents, dont l'équipage moins nombreux laissait plus de place pour la cargaison.

Fiers drakkars

La proue élevée des navires de guerre, à la courbe caractéristique, était souvent ornée d'une tête de dragon. C'est celle-ci, dite *dreki* (*drekar* au pluriel), qui a forgé le mot « drakkar » en français, utilisé pour désigner le navire même.

Les armes

L'arme favorite des Vikings était la hache qu'ils maniaient avec une grande dextérité. Venaient ensuite la longue épée plate à double tranchant, puis la lance, l'arc et les flèches et le couteau en fer à un tranchant. Pour combattre, les guerriers revêtaient une cotte de mailles en fer, un casque rond en cuir ou en fer et se protégeaient avec un bouclier en bois. Si les sagas racontent que certains Vikings, les **berserk**, étaient des combattants particulièrement féroces, qui se battaient sans armure, « comme des bêtes sauvages », on sait désormais que ces légendes sont postérieures aux invasions. Il semble donc peu probable que ces guerriers aient vraiment effrayé les populations.

La société

Bien organisés, les Vikings se révèlent avoir été des agriculteurs et des artisans habiles, doués pour le travail des métaux, comme le confirment leurs armes puissantes, mais aussi des chasseurs adroits et de brillants cavaliers. Ils cultivaient diverses céréales et pratiquaient l'élevage dans des enclos contigus à leurs longues maisons de bois regroupées en villages.

Les hommes et les femmes s'habillaient de vêtements en laine, en soie ou en lin. Les hommes portaient une épée à la ceinture et les femmes se paraient de bijoux d'argent et d'or. D'après des tombeaux récemment étudiés, les femmes de l'aristocratie pouvaient porter des armes et être des chefs de guerre.

Dans les cités vikings, l'activité reposait sur l'artisanat et le négoce. Les principales villes étaient **Birka**, sur l'île Björkö du lac Mälaren (près de Stockholm), **Kaupang** sur la côte sud de la Norvège, **Ribe** dans le Jutland occidental et, dans le Jutland méridional, **Hedeby**, alors la ville la plus importante de Scandinavie.

Une société hiérarchisée

Il y avait trois classes sociales bien distinctes. L'**aristocratie** était composée de seigneurs fonciers. Le roi était élu par les chefs de clans, mais le fait que seuls les membres de la famille du défunt roi étaient éligibles conduisit peu à peu à rendre la monarchie plus ou moins héréditaire.

Les **hommes libres**, pour la plupart guerriers et paysans, jouissaient des droits du citoyen et se réunissaient en assemblées nommées *thing* qui faisaient appliquer la loi et débattaient des problèmes locaux.

Les **esclaves**, ou *thraell*, provenaient de divers horizons : condamnés de droit commun, débiteurs insolvables, ou étrangers capturés lors des raids.

L'écriture runique

L'écriture runique correspond à une représentation phonétique, c'est-à-dire qu'à chaque signe ou **rune** correspond un son. L'ensemble des runes constitue un alphabet de 24 caractères, appelé *futhark* d'après les 6 premières lettres qui le

Les pierres runiques

Il semble que les pierres les plus imposantes (elles peuvent peser plusieurs tonnes) aient servi de mémorial pour célébrer des exploits ou des personnages ; elles portent à la fois le nom de la personne honorée, et celui de la personne qui les fit ériger. Elles peuvent aussi relater des événements, parfois d'intérêt historique : c'est le cas à Jelling, dans le Jutland méridional, où sont ainsi célébrées l'unification et la christianisation du Danemark par **Harald à la Dent bleue**. Des milliers de pierres runiques ont été retrouvées en Suède, la plupart à proximité de Stockholm. Vers la fin de l'ère viking, les pierres furent décorées d'emblèmes chrétiens, en particulier de croix, à côté des dragons et serpents mythologiques.

composent. Au 9e s., le nombre des signes fut réduit à 16.

L'écriture runique n'est pas le seul fait des peuples scandinaves ; elle a été utilisée par tous les peuples germaniques, les plus anciennes inscriptions connues datant du 2e s. Dans la plupart des pays, l'utilisation du *futhark* cessa vers le 10e s., sauf en Scandinavie où l'on continua à s'en servir pendant tout le Moyen Âge. Des gravures sur pierre, bois, métal ou os sont riches d'enseignement sur la société viking.

Du paganisme au christianisme

La société viking était **polythéiste** et nantie d'une mythologie complexe qui tentait d'expliquer la création du monde et d'en prédire la fin. La religion s'adressait à un vaste panthéon de dieux et de déesses dont une profusion de mythes et de fables, parfois très poétiques, racontaient les aventures. Plus grands que nature mais censés mener une vie semblable à celle des hommes, se battant, mangeant, buvant et même invitant à leur table des guerriers morts au combat, ces dieux étaient organisés selon une hiérarchie bien définie.

Odin était le dieu suprême, le dieu de la Guerre et des Guerriers morts au combat, mais il était également à l'origine des aspirations les plus nobles de l'homme. Aussi était-il représenté accompagné de deux corbeaux symbolisant la pensée et la mémoire, et de deux loups symbolisant l'audace et l'avidité. Toutefois, sa personnalité avait un côté sombre et dangereux, car rien ne pouvait l'arrêter dans sa poursuite de la sagesse.

Avec un grand marteau pour emblème, **Thor**, maître du Tonnerre, était aussi un dieu guerrier, protecteur des Vikings ordinaires ; ses intercessions avaient des résultats plus bénéfiques et il était plus populaire qu'Odin.

Venaient ensuite, par ordre d'importance, **Freyr** et sa sœur **Freyja**, seconde épouse d'Odin, qui incarnaient l'amour, la fertilité et les plaisirs ; il semblerait qu'ils aient été très populaires en Suède. Outre les dieux, la religion viking célébrait aussi le culte de nombreux demi-dieux et accordait un intérêt marqué à une multitude de génies malfaisants ou bénéfiques. Les pratiques religieuses pouvaient être différentes suivant les régions. Des sacrifices rituels étaient régulièrement organisés dans les temples, remplacés plus tard par des églises chrétiennes, comme ce fut le cas dans le Jutland et à Uppsala en Suède.

La conversion des Vikings au christianisme fut progressive et pratiquement achevée à la fin du 11e s. Souvent, les maraudeurs se convertissaient lors de leurs lointaines expéditions et ramenaient chez eux des missionnaires pour les aider à faire accepter la nouvelle religion. Puis les expéditions cessèrent et, par le jeu des relations commerciales, la Scandinavie devint partie intégrante de l'Europe.

Funérailles vikings

Les Vikings pensaient que les besoins des hommes après leur mort étaient les mêmes que durant leur vie. Un mort pouvait être enterré ou incinéré, mais, quel que soit le cas, on plaçait à ses côtés des présents à la hauteur de son rang social. Certains défunts étaient enterrés dans des chambres funéraires en bois, d'autres (souvent les personnages importants) dans des bateaux. Ceux-ci étaient placés dans un trou et le corps posé sur un lit dans une chambre funéraire. Le bateau était alors rempli de provisions et, selon le cas, d'armes, d'outils agricoles, de bijoux, d'ustensiles de cuisine, etc.

Pierre runique sur l'île d'Öland.
crossbrain66/Getty Images Plus

Les tombes étaient enfouies sous un tumulus ou signalées par le contour d'un navire symbolisé par des pierres alignées. On sacrifiait également des chiens et des chevaux. Dans la **tombe d'Oseberg**, on a retrouvé deux femmes, ainsi qu'un chariot et trois traîneaux, des ustensiles de cuisine, du matériel agricole et des instruments à tisser, une selle, des fragments de tapisseries et des provisions.

Le mythe

L'histoire de la civilisation viking telle qu'on la narre aujourd'hui est pour partie une création récente qui remonte à la fin du 19e s., lorsque les États scandinaves, alors en pleine période nationale-romantique, se servirent du mythe viking à des fins politiques.
En effet, en 1864, les Allemands attaquèrent le Danemark qui perdit le sud du Jutland. L'Europe du Nord était menacée. Les pays scandinaves créèrent alors le mythe du peuple frère et des Vikings scandinaves qui terrorisaient leurs voisins. Ainsi, le Viking devint l'idéal nourrissant le sentiment national. En 1910, lorsque le suffrage universel fut instauré en Suède, le Viking incarna le symbole de l'homme libre. Pendant la Seconde Guerre mondiale, il fut grimé en guerrier SS à des fins de propagande et, après la guerre, transformé en paysan se battant plus avec sa pioche qu'avec son épée pour survivre. Dans les années 1980 et 1990, alors que les discussions battaient leur plein pour une éventuelle adhésion à la Communauté européenne, les Vikings furent représentés comme marchands, précurseurs de la libre circulation des biens.

Personnalités

Que leurs noms nous soient familiers ou non, tous ces personnages ont, chacun dans son domaine, contribué à façonner l'histoire et l'image de la Scandinavie auprès du grand public.

Danois

Tycho Brahe (1546-1601) – Astronome danois qui consacra sa vie à l'étude du mouvement des planètes, à Copenhague puis à Prague, où il mourut.
Voir encadré p. 317.

Christian IV (1577-1648) – Roi du Danemark et de Norvège de 1588 à 1648, ce personnage, volontiers truculent, fut à juste titre connu comme le « *roi bâtisseur* » : outre les nombreux édifices qu'il légua à Copenhague, Christian IV a également laissé son empreinte aux châteaux de Kronborg (Elseneur), Frederiksborg (Hillerød) et Jægerspris. C'est sous son règne que des travaux furent exécutés à Bohus, Halmstad et Varberg, en territoire suédois.

Niels Bohr (1885-1962) – Physicien danois, il prit part aux premières études atomiques et obtint le prix Nobel en 1922. En 1943, il se réfugia en Amérique et travailla sur le projet de bombe atomique, malgré ses réserves sur les implications politiques d'un tel projet.

Arne Jacobsen (1902-1971) – Cet architecte et designer de Copenhague est le père du modernisme scandinave. Certaines de ses créations sont devenues des icônes du design, tels le fauteuil Aegget (œuf) et la chaise Myren (fourmi). Les éditions originales s'arrachent d'ailleurs à prix d'or.

Suédois

Olaus Petri (1493-1552) – Olof Petersson, qui latinisa son nom selon la coutume des érudits de l'époque, naquit à Örebro, étudia à Uppsala, Leipzig, puis Wittenberg où il adhéra au luthéranisme. Prédicateur à Stockholm en 1523, il fit publier en 1529 le premier manuel liturgique suédois puis une traduction du Nouveau Testament. Fait chancelier du royaume en 1531, il perdit la faveur du roi Gustave Ier en 1539, fut condamné à mort pour haute trahison puis gracié. Jusqu'à sa mort en 1552, il ne s'occupa plus que de théologie et de littérature.

La reine Christine de Suède (1626-1689) – Quand son père, Gustave II Adolphe, fut tué à Lützen, elle n'avait pas encore 6 ans. La régence fut confiée à un conseil présidé par le chancelier Oxenstierna qui s'employa à lui donner une instruction digne d'une souveraine. À 18 ans, elle connaissait une douzaine de langues, se passionnait aussi bien pour l'astronomie et la théologie que pour l'alchimie et la botanique, et entreprit une correspondance suivie avec des savants qu'elle attirait à sa cour. Quelque peu défavorisée par la nature, elle manifestait un souverain mépris pour tout ce qui était fanfreluche et n'aimait rien tant que le costume masculin, allant même jusqu'à se faire couper les cheveux en brosse ! Longtemps fiancée à son cousin Charles-Gustave de Deux-Ponts, qui lui succéda sous le nom de Charles X, elle ne se maria jamais, mais collectionna les amants. Prodiguant titres et pensions, elle dilapida une bonne partie du trésor royal et s'attira les reproches de ses sujets. En 1654, elle choisit d'abdiquer, avec des conditions financières particulièrement avantageuses... Sa vie ne fut plus alors qu'une errance à travers l'Europe. À la fin de l'année 1655, elle se convertit au catholicisme à Innsbruck, à l'étonnement général. Puis elle voyagea en Italie, où son entrée à Rome en costume d'amazone fit sensation. Elle arriva en France en 1656 : Louis XIV lui accorda de résider à Fontainebleau où elle ne manqua pas de faire scandale par son langage comme par ses mœurs dissolues, mais, surtout, en commettant l'erreur de faire poignarder Monaldeschi, son écuyer et probable amant, qu'elle soupçonnait de trahison alors qu'elle tentait de conquérir le trône de Naples. Devenue indésirable en France, elle retourna à Rome en 1658, revint en Suède en 1660 dans l'espoir d'exercer la régence, repartit en Allemagne, rêva de devenir reine de Pologne à la mort en 1668 du roi Jean-Casimir, le dernier des Vasa, et se fixa enfin à Rome, où elle s'occupa de littérature et d'œuvres d'art, tout en prenant fréquemment position en faveur de la tolérance religieuse.

Carl von Linné (1707-1778) – Aussi connu sous son nom latin *(Linnaeus)*, ce médecin et botaniste suédois, fondateur de l'Académie des sciences de Suède, voyagea à travers la Laponie et visita plusieurs pays d'Europe. Il définit les principes de la classification des plantes en donnant à chacune deux noms latins, l'un pour le genre et l'autre pour l'espèce, système toujours en vigueur, bien que modifié. Linné décrivit 7000 plantes selon cette méthode et fit, de son vivant, autorité dans le monde entier.

Axel, comte de Fersen (1755-1810) – Il est connu en France pour son amour platonique pour la reine Marie-Antoinette, qu'il tenta de soustraire aux révolutionnaires en organisant sa fuite qui se termina si mal à Varennes. On ignore souvent qu'il a participé à la guerre d'Indépendance d'Amérique sous les ordres du général de Rochambeau et que, après l'évasion manquée de la famille royale française, il est devenu maréchal de Suède. Il connut cependant une fin tragique. En effet, le prince héritier, Charles-Auguste, mourut subitement en passant en revue un régiment. Cette disparition, survenant au moment où se posait le problème de la succession au trône, provoqua une vague de soupçons à l'égard des partisans – dont faisait partie le comte – de l'ancien roi Gustave IV. Accusé d'avoir empoisonné le prince, Fersen fut lapidé par la foule le 20 juin 1810, jour des obsèques princières.

Gustave IV Adolphe (1778-1837) – Roi de Suède dès 1792 (après l'assassinat de son père) et ce jusqu'en 1809, il hésita sans cesse entre la France et la Russie et se mit à dos à la fois Napoléon et le tsar Alexandre Ier, ce qui coûta à la Suède la perte définitive de la Poméranie en 1807 et de la Finlande en 1808. Cette politique étrangère catastrophique incita le général Adlercreutz à arrêter le roi le 13 mars 1809 et à le contraindre à abdiquer au profit de son oncle, qui devint alors Charles XIII. Le roi déchu parcourut l'Europe sous le nom de comte de Gottorp, puis se fixa en Suisse. Consacrant son temps à l'écriture, il acquit le droit de bourgeoisie à Bâle sous le nom de colonel Gustavsson, qu'il conserva jusqu'à sa mort.

Alfred Nobel (1833-1896) – L'invention de la dynamite en 1867 assura à ce chimiste suédois la fortune. Il décida d'en faire bénéficier l'humanité en instituant par testament une fondation dont la tâche est d'attribuer chaque année d'importantes récompenses à des hommes et des femmes de mérite exceptionnel dans les domaines de la littérature, la physique, la chimie, la médecine et dans l'action en faveur de la paix.

Comte Folke Bernadotte (1895-1948) – Neveu du roi Gustave V Adolphe, ce diplomate suédois obtint la libération d'un grand nombre de prisonniers des camps de concentration nazis.

Dag Hammarskjöld (1905-1961) – Diplomate et homme politique suédois, secrétaire général de l'ONU de 1953 à sa mort, il obtint le prix Nobel de la paix en 1961. Il mourut dans un accident d'avion alors qu'il prenait part à une mission pour la paix au Congo.

Raoul Wallenberg (1912-1947 ?) – Ce diplomate suédois, en poste à Budapest, sauva la vie de milliers de juifs hongrois avant d'être enlevé par les Soviétiques à la fin de la Seconde Guerre mondiale et exécuté. Les conditions de sa mort et la date réelle de son décès demeurent troubles.

Pontus Hultén (1924-2006) – Stockholm et la Suède doivent beaucoup à ce philosophe et historien de l'art qui dirigea notamment le Centre Pompidou. Directeur du musée d'Art moderne de Stockholm dans les années 1960, grand collectionneur, il contribua par sa personnalité à placer Stockholm et l'art moderne suédois sur la carte culturelle mondiale.

Français en Suède

Pontus de La Gardie (1530-1585) – Né Pons Scopérier, ce fils d'un négociant de Caunes-Minervois délaissa le couvent auquel on le destinait pour s'enrôler dans les troupes du maréchal de Brissac. Il passa en 1559 au service de Frédéric II de Danemark. Fait prisonnier par les Suédois, il fut sollicité par Éric XIV pour entrer à son service. Dans la lutte qui opposait le roi à son frère Jean, duc de Finlande, il embrassa le parti de ce dernier. En 1568, Pontus parvint à s'emparer du roi et le duc de Finlande, devenu Jean III, le fit baron d'Eckholm en 1571. Il lui confia en 1576 l'ambassade extraordinaire auprès du pape qui confirmait le rétablissement du rite catholique en Suède. En 1580, après avoir épousé une fille naturelle du roi, il reçut le commandement en chef des troupes contre les Russes, reprit les territoires livoniens et conquit l'Ingrie (région de l'actuelle Russie, au bord du golfe de Finlande) dont il fut nommé gouverneur. Mais, en 1585, il périt dans le naufrage du navire qui le ramenait de Reval.

René Descartes (1596-1650) – La reine Christine *(voir p. 482)* favorisa le développement artistique, scientifique et littéraire de son pays, et attira à Stockholm de nombreux savants, en particulier hollandais et français. Parmi ces derniers, le plus célèbre est René Descartes.

En 1646, il avait tout juste 50 ans et avait fait paraître son *Discours de la méthode* neuf ans plus tôt. Depuis 1629, il résidait en Hollande où lui parvinrent les lettres d'une nouvelle admiratrice, qui souhaitait s'entretenir de philosophie avec lui. En 1648, Christine l'invita à se rendre à Stockholm, ce qu'il fit en septembre 1649. Mais il fut vite déçu : la reine se montrait indifférente et ses exigences frisaient le caprice. Si la fantaisie lui prenait à 3h du matin de débattre, elle n'hésitait pas à faire venir le philosophe, dans la neige et le froid, et elle alla même jusqu'à lui demander de composer un ballet ! Descartes, victime d'une congestion pulmonaire, mourut à Stockholm le 10 février 1650.

Jean-Baptiste Bernadotte (1763-1844) – Ce jeune Béarnais, fils du procureur auprès du sénéchal de

Pau, s'engagea dans les armées de la République comme simple soldat à 17 ans et devint général de brigade quatre ans plus tard ! Époux d'une ancienne maîtresse de Napoléon Bonaparte, la Marseillaise **Désirée Clary**, il devint ministre de la Guerre (1799), mais démissionna car il avait refusé de rallier le Premier Consul lors du coup d'État du 18 Brumaire. Napoléon ne lui en tint pas rigueur, puisque le « sergent Bellejambe » (il était ainsi surnommé en raison de sa prestance) fut nommé gouverneur de Hanovre et maréchal de France (1804), avant de recevoir le titre de prince de Pontecorvo. Brillant vainqueur des Russes lors de la campagne de Prusse de 1806, il se fit alors remarquer par sa mansuétude envers les prisonniers, parmi lesquels figuraient quelques Suédois. C'est sans doute cette attitude chevaleresque qui lui valut d'être choisi en 1810 comme héritier par le roi de Suède Charles XIII. Adopté par le souverain, converti au protestantisme, il contribua à la chute de l'Empire avant d'être couronné **roi de Suède** (et de Norvège) en 1818... Il ne parvint jamais à apprendre le suédois. Son fils unique, **Oscar Ier** (1799-1859) épousa Joséphine de Beauharnais-Leuchtenberg, petite fille de la Joséphine de Napoléon ; il est l'ancêtre direct des trois souverains régnant actuellement en Scandinavie.

Henri de Laborde de Montpezat (1934-2018) – L'actuelle reine du Danemark, **Margrethe**, descendante de Bernadotte, a épousé en 1967 ce diplomate français, né à Talence, dans une famille d'origine béarnaise. Attaché à l'ambassade de France à Londres, c'est là, dit-on, qu'il la rencontra. Le vin de Cahors que produit leur propriété du Lot coule souvent sur la table royale... Il meurt le 13 février 2018 à l'âge de 83 ans d'une infection pulmonaire au château de Fredensborg.

Une terre de sportifs

Corollaire à l'amour de la nature, l'engouement pour le sport. Il n'est donc pas surprenant que de nombreux Scandinaves soient devenus champions en ski de fond, saut à skis et course à pied, particulièrement en course de fond. Mais ils se distinguent dans bien d'autres sports : ainsi, le tennisman suédois **Björn Borg** (né en 1956) a remporté le tournoi de Wimbledon cinq fois de suite, dominant sa discipline pendant près de dix ans. Il a entraîné dans son sillage d'autres champions : **Mats Wilander**, Stefan Edberg ou, plus récemment, les Danois Frederik Nielsen et Caroline Wozniacki. Le football scandinave a aussi donné de grands joueurs : considéré comme l'un des meilleurs buteurs de l'histoire, l'attaquant suédois **Zlatan Ibrahimović** a rejoint l'AC Milan en 2020. **Per Nielsen** fait partie des grands noms du football danois actuel, ainsi que Jimmy Nielsen ou Mogens Krogh. En football féminin également, la Suède affiche un beau palmarès. Autre sport populaire dans les pays nordiques, le cyclisme a fait émerger le Danois **Bjarne Riis** (vainqueur du Tour de France en 1996) , **Michael Rasmussen** (meilleur grimpeur en 2005) et **Jonas Vingegaard** (vainqueur du Tour de France 2022, dont le départ a été donné à Copenhague). En athlétisme, la Suédoise **Kajsa Bergqvist** est détentrice du record du monde de saut en hauteur en salle avec 2,08 m, réalisé en 2006, toujours indétrôné en 2022. Sa compatriote **Carolina Klüft** s'est distinguée en remportant plusieurs championnats du monde (2003, 2005 et 2007) et le titre olympique (2004) dans l'exigeante discipline de l'heptathlon. Enfin, qu'elles soient masculines ou féminines, suédoises ou danoises, les équipes de handball comptent parmi les plus fortes au monde.

Arts et culture

Les différents styles européens qui se succédèrent du Moyen Âge à nos jours influencèrent les artistes scandinaves, particulièrement au Danemark et en Suède… Mais il est clair que ce que cherche avant tout le visiteur, c'est l'expression d'un style scandinave original. Disons-le tout de suite : il ne sera pas déçu.

Vitrine de la boutique Notre-Dame à Copenhague.
JJFarquitectos/Getty Images Plus

Architecture

Pour des raisons à la fois historiques et géographiques, c'est surtout au Danemark que les styles roman, gothique et Renaissance s'épanouirent le plus, même si la Suède a conservé de beaux exemples d'églises romanes.

La déclinaison nordique des styles européens

Les cathédrales de Ribe au Danemark et de Lund en Suède sont de magnifiques exemples d'architecture **romane**.
Le style **gothique du Nord**, où prédomine l'usage de la brique, est

bien représenté par la cathédrale de Roskilde au Danemark et par celle d'Uppsala en Suède.

La **Renaissance** hollandaise a quant à elle particulièrement laissé son empreinte sur les imposants châteaux de Frederiksborg et de Rosenborg, qui ornent la capitale danoise.

L'exubérance étincelante du style **baroque** du palais de Christiansborg à Copenhague et du Palais royal de Stockholm contraste avec le **style classique** de l'ancien opéra de Stockholm. Le style **néogothique**, très en vogue à la fin du 19e s., fut adopté pour l'hôtel de ville de Copenhague.

Les églises rurales danoises

Parmi les centaines de modestes églises de campagne qui surgirent au Danemark au cours du 12e s., beaucoup subsistent dans le sud du Sjælland, l'île de Møn, le Jutland et en Scanie, alors province danoise. Certaines sont décorées de fresques pleines de vie, témoignages du réalisme imaginatif des artistes médiévaux, tel le **Maître d'Elmelunde** qui décora plusieurs églises de l'île de Møn et inspira d'autres artistes, mais aussi de la vie quotidienne de l'époque, des structures de la société médiévale, des croyances religieuses et des tabous.

Aux origines de l'architecture de bois

Le bois a été très longtemps le matériau de base de l'architecture nordique. Le survol de la Suède suffit à comprendre pourquoi. Les vastes forêts garantissaient la production d'énormes quantités de bois de construction. En revanche, la pierre était beaucoup plus difficile à extraire du sol gelé, et donnait en outre des bâtiments durs à chauffer. L'utilisation du bois se généralisa donc dans toute la Scandinavie bien avant l'ère viking, mais les techniques à la fois complexes et remarquables, qui permirent aux constructions de bois de résister à l'usure du temps, furent mises au point par les Vikings, dont l'esprit d'innovation s'appliqua tout autant à la construction des bâtiments qu'à celle des navires.

En outre, les sculptures et peintures aussi belles que complexes qui décorent certains édifices en bois montrent la confiance que les bâtisseurs du passé avaient dans leur capacité à construire des œuvres durables avec un matériau qu'ils connaissaient parfaitement et auquel leur culture attribuait une signification spirituelle.

Une technique viking

La diversité des constructions en bois en Scandinavie est due à l'emploi de techniques qui datent du 9e s. À cette époque, les Vikings rapportèrent d'Orient la technique de construction de cabanes en rondins selon la méthode de l'assemblage à tenons et mortaises : les troncs, grossièrement dépouillés de leur écorce, étaient simplement empilés les uns sur les autres et les interstices remplis de terre et de mousse ; les extrémités des rondins étaient entaillées et assemblées par emboîtage ; il n'y avait pas de fondations et la charpente était recouverte d'écorce de bouleau maintenue en place par une couche de terre garnie d'herbe. Les **cabanes en rondins** étaient carrées ou rectangulaires et ne comportaient qu'une seule pièce à foyer central. Ce plan simple fut adopté dans toute la Scandinavie, et l'on peut encore en voir de très beaux exemples.

Toujours sur pied

Les fermes d'été des régions montagneuses ont souvent conservé l'aspect de cabanes en rondins, au toit couvert de couches de terre garnies d'herbe. Appelées *fäbodar* en Suède, on peut en voir dans la région centrale du Härjedalen. Les dépendances comprennent des greniers qui se présentent sous la forme d'un bâtiment reposant sur

des piliers de pierre ou de bois.
En Suède, les riches propriétaires habitaient généralement des **manoirs** en bois à deux étages, en réalité de vastes cabanes de rondins, posées sur des fondations surélevées, pouvant abriter 30 à 40 personnes. La pièce commune était la seule qui fût décorée, le reste de la maison étant meublé avec une extrême simplicité. Les manoirs qui ont survécu datent de la fin du 18e s.
À proximité des églises, dont les fermes étaient souvent très éloignées, les pratiquants construisaient de petites maisons où ils se reposaient avant de prendre le long chemin du retour. Des villages entiers, auxquels on donnait le nom de **kyrkstäder (« villes-églises »)**, furent ainsi édifiés, en particulier dans le Nord; certains ont été préservés, sur les bords du golfe de Botnie, entre Luleå et Umeå *(voir aussi encadré p. 424)*.
Construites au bord de l'eau, en partie sur le rocher et en partie sur pilotis, et peintes en rouge, les **cabanes de pêcheurs** forment un tableau particulièrement pittoresque sur fond austère de roche et de ciel. Les plus attrayantes se trouvent dans le Bohuslän, dans le sud-ouest de la Suède.
Même si les villes scandinaves sont antérieures au 18e s., la plupart des **quartiers de bois** qu'elles ont conservés datent de cette époque, car elles ont été souvent dévastées par le feu.

De l'art nouveau au fonctionnalisme

L'architecture franchit un pas en Scandinavie, au début du 20e s., avec l'apparition de l'**Art nouveau** ou *Jugendstil*. Dans la ville nouvelle de Kiruna en Laponie suédoise l'architecte **Gustav Wickman** (1858-1916) s'illustra en réalisant une église en forme de tente same.
Plus tard, au Danemark, un architecte fonctionnaliste, **Arne Jacobsen** (1902-1971), devint célèbre pour avoir conçu, au début des années 1940, les plans de l'austère hôtel de ville d'Aarhus, entièrement construit en béton. Son collègue suédois, **Gunnar Asplund** (1885-1940), connut également un succès international. À Stockholm, il a notamment dessiné le cimetière de Skogskyrkogården et la bibliothèque municipale.

Réussites contemporaines

Deux architectes danois se sont illustrés par des réalisations à l'étranger : **Jørn Utzon** (1918-2008), auteur de l'opéra de Sydney en Australie *(voir encadré p. 152)*, et **Otto von Spreckelsen** (1929-1987) à qui l'on doit la Grande Arche de la Défense à Paris. Il faut bien sûr citer **Bjarke Ingels** (né en 1974), fondateur de la célèbre **agence BIG** (Bjarke Ingels Group), qui a imaginé notamment la Lego House de Billund, le musée de la Marine d'Elseneur, l'usine de revalorisation des déchets et la piste de ski de Copenhill (à Copenhague) ou le récent musée des Réfugiés FLUGT dans l'ouest du pays.
On retiendra également les noms de **Henning Larsen** (1925-2013), auteur du musée de Mosgård, du centre du Design danois et de l'opéra de Copenhague, et de **Søren Robert Lund** (né en 1962), auteur de l'audacieux Arken, le musée d'Art moderne d'Ishøj (au sud de Copenhague). Quant au groupe danois Schmidt Hammer Lassen ou SHL (fondé en 1986 à Aarhus), il est connu pour le musée ARoS et la splendide bibliothèque Dokk1 à Aarhus, mais aussi pour la bibliothèque du Diamant noir, à Copenhague.

Design

En dépit d'un attachement reconnu à leurs traditions, les Scandinaves ont toujours abordé la modernité sans complexe et sans reculer devant l'expérimentation.

Ikea : meubler la classe moyenne mondiale

Le catalogue Ikea est l'un des écrits les plus diffusés du monde après la Bible ! Lorsqu'il inaugure Ikea en Russie en 2012, son fondateur suédois **Ingvar Kamprad** lance : « J'ai une mission sociale de fournir de bonnes choses aux pauvres Russes. » Cette idée de meubler à prix bas la classe moyenne dans le monde entier a toujours prévalu pour la multinationale suédoise. Accusée de plagiat à ses débuts, elle a embauché ses propres designers qui perpétuent aujourd'hui la ligne scandinave. Ikea a été l'un des précurseurs de la mondialisation. Avec près de 433 magasins et plus d'un milliard de clients par an, l'enseigne a réalisé en 2021 un chiffre d'affaires de 41,9 milliards d'euros de produits fabriqués dans leur immense majorité dans des pays où les salaires payés sont souvent très bas.

Le design dans tous ses états

Le design est apparu, au début du 20e s., en réaction aux courants artistiques immédiatement antérieurs dans ce qu'il est convenu d'appeler les arts décoratifs : le terme porte une valeur esthétique tout en sous-entendant une nouvelle approche basée sur l'abandon de la pièce unique longuement polie par l'artisan au profit d'une fabrication industrielle. Du mobilier au papier peint, des objets de la vie quotidienne aux vêtements, les designers ont, comme leurs homologues d'autres disciplines, évolué depuis un siècle : le modernisme, l'Art déco, le fonctionnalisme, le « design pop » jusqu'au minimalisme postmoderne des années 1990 auquel s'opposa un maximalisme flamboyant, autant de jalons d'une aventure dont les développements ne cessent d'étonner.

Les clés du succès

Très populaire en Suède et au Danemark (voir par exemple le musée du Design danois de Copenhague), le design s'est largement répandu, et cela notamment parce que les designers n'ont pas craint de travailler dans le monde de l'industrie ou de s'en inspirer. Émanation du pragmatisme à la scandinave, le design peut et doit être beau, mais il doit avant tout être tourné vers l'utilisateur et se faire le miroir d'une certaine conception de la vie : accès au plus grand nombre, respect de l'écologie, formes épurées. Un symbole de l'harmonie entre fonctionnalisme et esthétique reconnu mondialement.

En deux temps

L'envol international du design suédois s'est fait en deux vagues successives. Tout d'abord avec **Swedish Grace**, dans les années 1910, qui puisait son inspiration dans un classicisme simple ancré dans le 18e s. Puis avec **Swedish Modern**, qui fut lancé lors de l'Exposition de Stockholm en 1930, mais explosa lors de l'Exposition internationale de Paris en 1937. Il marqua l'émergence de la modernité, à mi-chemin entre le fonctionnalisme des années 1930 et ce qui sera le design scandinave dans les années 1950.

Alors que se développe l'État providence dans tous les recoins des sociétés nordiques en pleine transformation, ce design prend forme, s'appuyant sur la production de masse et sur de nouveaux matériaux industriels comme l'acier, le béton ou le verre. En outre, le design se doit d'être démocratique. C'est au nom de ce mot d'ordre soigneusement emballé qu'**Ikea** *(voir encadré)* va prospérer, surfant sur la vague de l'idéal social-démocrate dont les représentants seront au pouvoir de façon quasi

ininterrompue pendant 70 ans en Suède. La beauté pour tous. Dans les années 1960 et 1970, toute la société a été convertie à la solidarité. On se donnait bonne conscience en achetant à prix bas, d'où le succès d'Ikea et de H & M.
Dans les années 1980 et 1990, une nouvelle génération de designers a accompagné une plus grande ouverture au monde. Certains ont marqué de leur empreinte de nombreux restaurants stockholmois comme **Jonas Bohlin**, designer du Sturehof ou de Rolfs Kök, avec son collègue **Thomas Sandell**. En 2001, **Zandra Ahl** jette un pavé dans la mare en remettant en cause ce qu'elle appelle les « mythes » du bon goût suédois qui tournent autour des concepts de blondeur, de pureté et de minimalisme. Elle se réclame d'une tradition décorative face au dogme dominant dans la région qui veut que la forme suive la fonction. Une nouvelle génération de designers, comme les jeunes créatrices de **Front**, tente ainsi de faire glisser le design industriel vers l'art contemporain.

L'éternel retour du style gustavien

En 1771, le futur **Gustave III** *(voir p. 201)* quitte la cour de Versailles pour rejoindre la Suède, où son père vient de mourir. Le jeune monarque se montre très influencé par le style Louis XVI, lui-même influencé par les fouilles de Pompéi qui avaient alors relancé le style néoclassique en Europe.
Les Suédois, dont le goût est moins porté sur les styles baroque et rococo, ne se contentent pas de copier. Ils développent leur propre style, plus clair, plus aéré, en un mot plus simple, comme souvent pour le design scandinave. Ainsi le **style gustavien** se distingue-t-il par une sobriété qui ne perd rien en élégance : symétrie, surfaces planes, lignes droites et couleurs claires en sont les principales caractéristiques. Aujourd'hui, il est à nouveau en vogue, faisant des adeptes bien au-delà des frontières nordiques. Beaucoup de reproductions sont réalisées, comme celle du fauteuil de Gripsholm, très carré et aux accoudoirs un peu rebondis.

Peinture et sculpture

Dès le Moyen Âge, les Scandinaves firent appel, pour décorer les églises romanes et gothiques, à des artistes étrangers, principalement hollandais et allemands, que les artistes locaux imitèrent. C'est ainsi qu'au 15e s. et au début du 16e s. **Bernt Notke** et **Claus Berg** furent les initiateurs du style allemand de sculpture religieuse et eurent de nombreux disciples en Scandinavie.
L'appel aux artistes étrangers se perpétua tout au long du 17e s., qui marqua l'avènement de la Renaissance en Scandinavie, avec un siècle de retard sur le reste de l'Europe. De nombreux peintres et sculpteurs, ainsi que des architectes, furent attirés au Danemark et en Suède par le roi de Danemark, Christian IV, et par les monarques cultivés de Suède, Gustave Adolphe et sa fille Christine ; ces mécènes des arts puisèrent dans les riches réserves d'artistes européens pour embellir leurs palais et orner leurs galeries d'art. Ce n'est qu'au 18e s. que des **écoles d'art nationales** virent le jour. Au Danemark, la fondation de l'**Académie royale des arts** permit à des artistes danois de recevoir un enseignement approprié dans leur pays natal avant d'accomplir leur tour d'Europe. En Suède, le premier style vraiment original, connu sous le nom de **style gustavien**, fut particulièrement bien représenté par le sculpteur suédois **Johan Tobias Sergel** (1740-1814), auteur de la statue de Gustave III à Stockholm. Par la suite, les

Carl-Henning Pedersen

Ce peintre danois (1913-2007) membre du groupe **CoBrA** (acronyme de Copenhague, Bruxelles et Amsterdam), influencé par Chagall, Picasso et les arts populaires scandinaves, a fait don peu de temps avant sa mort de peintures et d'aquarelles au musée national des Beaux-Arts de Copenhague.

aspirations des différentes tendances romantiques nationales du 19e s. provoquèrent un épanouissement sans précédent de l'art scandinave.

L'âge d'or danois

Suite aux conséquences désastreuses de la politique danoise pendant les guerres napoléoniennes, les Danois mirent leur énergie créatrice au service de l'art et le 19e s. devint ainsi l'âge d'or de leur art. **Bertel Thorvaldsen** (1770-1844), que l'on considère en général comme le plus grand sculpteur danois, domina la première moitié du siècle. Il passa de nombreuses années à Rome où il acquit une renommée internationale en tant que remarquable représentant du néoclassicisme. À son retour au pays, il fut accueilli en héros et légua son œuvre tout entière à la Ville de Copenhague qui fit construire un musée en son honneur *(voir p. 47)*.
Son contemporain, le peintre **Christoffer Wilhelm Eckersberg** (1783-1853), au style net et élégant, par l'influence qu'il exerça sur plusieurs générations de peintres pendant ses trente-cinq années d'enseignement à l'Académie royale des arts, fut le fondateur de l'école danoise. À partir de 1850, les artistes danois se tournèrent vers le réalisme et choisirent la nature comme principale source d'inspiration. Les **« peintres de Skagen »** *(voir p. 159)*, comme Anna et Michael Ancher ou P. S. Krøyer, concentrèrent leurs recherches sur la lumière et s'attachèrent à représenter les scènes de la vie quotidienne dans une démarche qui peut évoquer celle des peintres de Barbizon.
Ils furent suivis notamment par les **« peintres fioniens »**, dont les plus célèbres furent Johannes Larsen (1867-1961) et Peter Hansen (1868-1928). Jens Ferdinand Willumsen (1863-1958), l'un des plus grands peintres scandinaves et l'un des représentants du symbolisme et de l'expressionnisme, fit partie du groupe de Pont-Aven où il travailla avec Paul Gauguin à la fin du 19e s. Pour autant, l'une des principales personnalités de l'époque s'exprime dans un style tout à fait différent : il s'agit de l'énigmatique **Vilhelm Hammershøi** (1864-1916), dont les portraits de femmes donnent une impression de solitude profonde confinant au malaise.

La peinture moderne

Au Danemark, on retiendra les noms d'**Asger Jorn** (1914-1973), fondateur du groupe **CoBrA** en réaction à la société d'après-guerre, et du peintre et sculpteur **Per Kirkeby** (1938-2018). Largement représenté dans les musées danois (à Aarhus, Ålborg comme à Louisiana), ce dernier développa dans ses grandes compositions un style très personnel et une maîtrise de la couleur comme du dessin.
En Suède, **Carl Larsson** (1853-1919) acquit une immense popularité grâce à ses interprétations très détaillées de scènes de la vie quotidienne et à ses illustrations de livres d'enfants.
En revanche, **Anders Zorn** (1860-1920), considéré souvent comme le plus grand peintre suédois des temps modernes, fut un impressionniste tardif qui peignit des paysages de sa région natale, la Dalécarlie, immortalisant sur ses toiles la culture rurale qu'il aimait tant et dont les portraits à l'eau-forte sont célèbres

pour l'énergie qu'ils dégagent *(voir aussi encadré p. 283)*. Un de ses contemporains, **Eugène Jansson** (1862-1915), récemment « redécouvert » par les critiques d'art et dont le thème préféré fut la ville de Stockholm, ne fut jamais reconnu hors de Suède de son vivant.

La sculpture au 20e s.

La Suède eut un sculpteur célèbre, **Carl Milles** (1875-1955), dont on peut voir les œuvres monumentales non seulement à Millesgården, à Stockholm *(voir encadré p. 234)*, mais aussi aux États-Unis, où il passa la dernière partie de sa vie à créer des fontaines majestueuses.
Parmi les meilleurs sculpteurs danois, on peut citer **Kai Nielsen** (1882-1924), qui développa son propre style monumental, lourdement chargé de symboles, et **Robert Jacobsen** (1912-1993), qui travailla essentiellement le métal.

Littérature

Andersen, Kierkegaard, Strindberg : ces noms, connus de tous, suffisent à démontrer la vitalité de la littérature nordique. Et pourtant, la situation géographique excentrée de cette terre comme le manque de curiosité ont longtemps laissé croire que la contribution des Scandinaves à la culture mondiale était négligeable. En effet, avant le 19e s., on pensait en général que la culture scandinave n'avait engendré aucune forme originale d'expression. Les opinions se modifièrent au début du 19e s., lorsque le mystère qui entourait la préhistoire scandinave fut en partie élucidé. On se rendit alors compte que la Scandinavie avait contribué à alimenter le creuset européen bien avant sa christianisation, et l'on commença à réaliser les influences que les Vikings avaient eues sur la civilisation occidentale.

Une littérature vivante

Les sagas, une littérature orale

L'extraordinaire vigueur avec laquelle la littérature scandinave s'épanouit a retenu l'attention du monde entier. Après le bouleversement des guerres napoléoniennes, le Danemark et la Suède éprouvèrent le besoin de réaffirmer leur identité nationale. Le regard des écrivains se tourna vers leur lointain passé et leur héritage commun, les **sagas**.
Au temps des **Vikings**, lors des festins, des *scaldes*, les bardes nordiques, avaient coutume de réciter des poèmes épiques fondés sur des événements historiques.
Les narrateurs adaptaient leurs contes afin de plaire aux chefs de clans ; c'est ainsi que les actes héroïques furent racontés à maintes reprises et sans cesse embellis.
Ces contes furent plus tard transcrits, ce qui permit de faire passer à la postérité ce glorieux héritage.
Les thèmes qui nourrissent la littérature des 19e et 20e s. montrent que les écrivains ont beaucoup lu ces sagas qui renferment l'essence même du tempérament et de la culture locale : la communion avec la nature, un sentiment latent d'angoisse et de mélancolie, l'obsession de la solitude, conférant néanmoins une certaine force, et un amour profond pour le folklore en tant que racine de l'identité scandinave.
Voici un aperçu de la littérature scandinave à travers quelques-uns de ses plus grands écrivains. Les auteurs de littérature enfantine furent les premiers à attirer l'attention du monde entier, puisque Hans Christian Andersen, Selma Lagerlöf et Astrid Lindgren sont devenus extrêmement populaires de leur vivant.

Danemark

Le 19e s. est dominé par trois personnalités très différentes. **Hans Christian Andersen** (1805-1875) fut un conteur de génie dont les

Monument à Hans Christian Andersen à Copenhague par l'artiste Henry Luckow-Nielsen .
U. Schweitzer/imageBROKER/age fotostock/© ADAGP, Paris, 2023

histoires dévoilent une imagination sans bornes et un optimisme incorrigible *(voir aussi p. 118).*
Le philosophe **Søren Kierkegaard** (1813-1855), en revanche, exprima l'angoisse de l'Homme confronté à la responsabilité *(voir encadré p. 79)*. Le théologien **Nicolai Frederik Severin Grundtvig** (1783-1872) fut le chantre de la liberté individuelle dans le domaine de l'éducation.
Karen Blixen (1885-1962) est probablement l'écrivain danois du 20e s. le plus célèbre : plusieurs de ses romans ont été portés à l'écran, en particulier *La Ferme africaine*, récit autobiographique adapté par Sydney Pollack en 1985 sous le titre *Out of Africa (voir p. 58)*.
Peter Høeg (né en 1957), auteur de *Smilla et l'Amour de la neige*, roman à suspense de grande qualité, fait partie de la nouvelle vague des écrivains danois dans laquelle il faut également ranger **Jens Christian Grøndahl** (né en 1959) dont *Bruits du cœur* révèle un inoubliable personnage féminin.
Citons également **Jörn Riel** (né en 1931), qui a ramené de ses seize ans passés au Groenland, de croustillants *Racontars arctiques* et autres récits passionnants sur la vie des Inuits. En 2010, il a reçu le grand prix de l'Académie danoise pour son œuvre.

Suède

Le dramaturge **August Strindberg** *(voir p. 211)* se distingue comme l'écrivain suédois le plus important. Son œuvre, influencée par le dramaturge norvégien Henrik Ibsen (1828-1906), révèle une analyse obsessionnelle de la psychologie de ses personnages qui fit de lui le précurseur du surréalisme avec, entre autres, *Le Songe*, publié en 1901. D'inspiration totalement différente, **Selma Lagerlöf** (1858-1940), dont Marguerite Yourcenar disait : « Parmi les femmes de grand talent ou de génie, aucune à mon sens ne se situe plus haut », devint célèbre grâce à un conte féerique, *Le Merveilleux Voyage de Nils Holgersson,* dans lequel elle décrit les merveilles de son pays natal. Elle fut la première femme qui obtint le prix Nobel de littérature, en 1909.

Au 20e s., **Pär Lagerkvist** (1891-1974) laissa une œuvre romanesque (*Le Nain*, 1944, *Barabbas*, 1950), poétique et dramatique imprégnée d'un profond pessimisme et **Stig Dagerman** (1923-1954) écrivit des romans empreints d'un réalisme cruel : l'auteur de la fameuse phrase « Notre besoin de consolation est impossible à rassasier » se suicida à l'âge de 31 ans. De son côté, le romancier **Per Olov Enquist** (1934-2020) décrivait avec lucidité le conflit entre l'individu et la société. Son roman autobiographique *Une autre vie* lui a valu en 2008 le prix August, la plus haute distinction littéraire suédoise.

Le polar scandinave

En **Suède**, Stockholm sert de cadre aux enquêtes du commissaire dépressif Martin Beck créé par **Maj Sjöwall** et **Per Wahlöö**, les inventeurs du polar scandinave dans les années 1970. De son côté, **Henning Mankell** (1948-2015) fait évoluer son commissaire Kurt Wallander dans les rues d'Ystad, petite ville du Sud *(voir p. 326)*. Habituée des hit-parades scandinaves, **Camilla Läckberg** (née en 1974), native de Fjällbacka, situe la plupart de ses enquêtes dans ce port de pêche de la côte ouest. Mais le phénomène le plus marquant est incontestablement le succès planétaire de la trilogie *Millénium* écrite par le journaliste suédois **Stieg Larsson** (1954-2004). Les aventures du reporter Mikael Blomkvist et de la hackeuse asociale Lisbeth Salander ont séduit un immense public. L'auteur s'est inspiré de plusieurs personnages d'Astrid Lindgren *(voir plus loin)*, la romancière pour enfants. Lisbeth Salander est ainsi une version postmoderne de Fifi Brindacier, exprimant une même défiance pour l'autorité et pourvue d'une même force supérieure, en l'occurrence sa capacité à décrypter n'importe quel ordinateur. Une partie de l'action se déroule à Stockholm, et l'auteur Stieg Larsson, journaliste spécialiste de l'extrême droite, décédé en novembre 2004 avant même la parution de ses romans, fait habiter les « gentils » de ses livres sur l'île de Södermalm, l'île branchée et bohème du sud de la capitale, où il habitait lui-même, tandis que les « méchants » logent à Norrmalm ou à Östermalm, le quartier huppé...
À partir de 2015, la publication d'une suite (*Millénium 4, 5 et 6*), écrite par un autre auteur suédois, **David Lagercrantz**, a provoqué de vives polémiques. Elle n'en demeure pas moins un succès de librairie.
Au **Danemark**, un auteur comme **Jussi Adler-Olsen** (né en 1950) a aussi gagné un large public avec son inspecteur désabusé, Carl Mørck.

La littérature pour la jeunesse

Ce genre a acquis très tôt ses lettres de noblesse en Scandinavie, grâce aux *Contes* d'**Andersen** et à **Selma Lagerlöf** dont *Le Merveilleux Voyage de Nils Holgersson à travers la Suède* illustré par Bertil Lybeck reste un best-seller mondial.
Après la Seconde Guerre mondiale, la littérature pour enfants se développa sous la plume d'une nouvelle génération d'écrivains ayant à leur tête **Astrid Lindgren** (1907-2002), créatrice de *Pippi Långstrump* (Fifi Brindacier), dessinée par la Danoise Ingrid Vang Nyman. Les aventures de cette petite fille pleine de vie et d'énergie permettent de tracer un tableau plein d'humour de la société suédoise *(voir aussi encadré p. 219)*.
« Livres, films, séries », p. 522.

Cinéma

La production scandinave a toujours été réduite. Les premiers réalisateurs à se faire connaître sont : le Danois **Carl Dreyer** (1889-1968), auteur de *Vampyr*, qui réalisa en France en 1928 une célèbre *Passion de Jeanne*

Stars boréales

Plusieurs acteurs et actrices scandinaves sont devenus mondialement célèbres. La mythique Suédoise **Greta Garbo** (1905-1990) surnommée « la Divine ». Née Greta Lovisa Gustafsson dans un quartier ouvrier de Stockholm, la jeune actrice partit pour Hollywood à l'âge de 20 ans. Quelques années lui suffirent pour devenir une légende et la première véritable star du 7e Art. **Ingrid Bergman** (1915-1982) n'a rien à lui envier : ses rôles dans *Voyage en Italie, Casablanca* ou *Sonate d'automne* (de Bergman) ont laissé une trace dans l'imaginaire des cinéphiles. Plusieurs autres interprètes des films d'Ingmar Bergman comme **Max von Sydow**, la Norvégienne **Liv Ullmann**, compagne du réalisateur, **Ingrid Thulin** et **Bibi Andersson** ont bâti de brillantes carrières internationales.

d'Arc, et le Suédois **Victor Sjöström** (1879-1960), dont *La Lettre écarlate* fut tournée aux États-Unis en 1926.

Le maître suédois du 7e art

Bien qu'il ait assuré des mises en scène pour l'opéra et le théâtre, c'est en tant que cinéaste qu'**Ingmar Bergman** (1918-2007) acquit une réputation mondiale. Reconnu par la critique internationale dès ses premiers films, *Un été avec Monika* (1952), *La Nuit des forains* (1953), et *Sourires d'une nuit d'été* (1955), abordant les difficultés de la vie de couple, il élargit ensuite sa réflexion à des thèmes essentiels : le Bien et le Mal, le sens de la vie. Son œuvre est alors jalonnée de chefs-d'œuvre souvent austères, dont la forme s'inspire du cinéma nordique – *Le Septième Sceau* (1956), *Les Fraises sauvages* (1957) – ou du cinéma japonais – *La Source* (1960) – et où l'interrogation métaphysique s'exerce à travers une observation clinique des personnages – *À travers le miroir* (1961), *Les Communiants* (1962) et *Le Silence* (1963). Ses créations évoluent ensuite vers une investigation analytique avec *Persona* (1966) et *L'Heure du loup* (1967), films très épurés n'excluant pas un certain esthétisme, plus appuyé dans *Cris et Chuchotements* (1973). Ses derniers films, notamment *Scènes de la vie conjugale* (1973) et *Fanny et Alexandre* (1982), revenant souvent aux thèmes abordés autrefois, témoignent de la tendresse d'un des plus grands cinéastes mondiaux, pour l'être humain.

Parmi les réalisateurs de la fin du siècle dernier, citons **Lasse Hallström** (*Ma vie de chien*, 1985), **Lisa Ohlin** (*En attendant le ténor*, 1994), **Roy Andersson** (*Chansons du deuxième étage*, 2000), **Lukas Moodysson** à l'humour parfois grinçant (*Together*, 2000, *Fucking Åmål*, 1998, qui décrit la vie d'adolescentes dans une petite ville perdue de Suède). Plus récemment se sont distingués **Tomas Alfredson** (*Morse*, 2008 ; *La Taupe*, 2011) et **Mikael Marcimain** (*Lasermannen*, 2005 ; *Call Girl*, 2012). Primé deux fois au Festival de Cannes (pour *The Square* en 2017 et *Sans filtre* en 2022), **Ruben Östlund** (né en 1974) est désormais un cinéaste qui compte, reconnu pour son regard acerbe sur les travers de notre société contemporaine.

L'essor du cinéma danois

Quelques réussites comme *Le Festin de Babette* (1985) de **Gabriel Axel** (1918-2014), d'après une nouvelle de Karen Blixen, ou *Pelle le Conquérant* (1987) de **Bille August** (né en 1948) ont révélé une série de cinéastes danois talentueux. Le plus connu est **Lars von Trier** (né en 1956) qui, après quelques films parfois provocateurs (*The Element of Crime*, 1984), connut un succès international avec *Breaking the Waves* (1996). En compagnie de **Thomas Vinterberg**, réalisateur de *Festen* (1998) et plus récemment de *Drunk* (2020), il élabore le **Dogme**, une charte du cinéaste ascétique (lumière naturelle, etc.) qui a inspiré une vraie réussite à une jeune cinéaste danoise, **Lone Scherfig**, réalisatrice en 2000 d'*Italian for Beginners*.

C'est aussi un metteur en scène danois, **Niels Arden Oplev**, qui a été choisi pour porter à l'écran le premier film de la trilogie pourtant éminemment suédoise *Millénium* (*Les Hommes qui n'aimaient pas les femmes*, 2009) ; les deux autres ont été réalisés par le Suédois Daniel Alfredson.

Séries scandinaves

Les séries télévisées scandinaves connaissent un succès mondial. Les plus anciennes – *The Killing* (2007-2012), *Borgen* (2010-), *Bron/Broen/The Bridge* (2011-2018) ou *Meurtres à Sandhamn* (2010-) – ont encore droit à des visites guidées organisées sur les lieux des intrigues *(voir par exemple, pour les fans de* Borgen, *le château de Christiansborg à Copenhague, p. 48).*

D'autres ont émergé plus récemment, et pas toujours dans le registre policier, telles les suédoises *Real Humans* (2012-2014, science-fiction), le dérangeant *Jordskott, la forêt des disparus* (2015-, policier) ou les touchants *Notre grande famille* (2017-), comédie dramatique sur une famille recomposée, et *Snabba Cash* (2021-), qui évoque les problèmes de gangs en Suède.

Les Danois ne sont pas en reste, avec *Rita* (2012-, comédie dramatique mettant en scène une professeure de collège divorcée), *Au nom du père* (2017-, drame autour d'une famille de pasteurs) ou la saga historique *1864* (2014).

« Livres, films, séries », p. 522.

Musique

En Suède

La musique devint une préoccupation officielle en Suède, lorsque le roi Gustave Vasa fonda en 1526 l'Orchestre royal, aujourd'hui orchestre de l'Opéra royal de Stockholm. Dès cette époque, des musiciens italiens et allemands furent invités à s'installer en Suède afin de stimuler la vie musicale. Si la musique suédoise n'a pas su développer son identité propre, il y eut cependant des interprètes de renommée mondiale comme les chanteuses d'opéra **Kristina Nilsson** (1843-1921) et **Jenny Lind** (1820-1887) qui firent carrière à l'étranger et entrèrent dans la légende de leur vivant. Ce fut aussi le cas d'**Evert Taube** (1890-1976), écrivain, poète et surtout chanteur de la beauté des paysages nordiques, de la mer et de l'amour. Les Suédois apprennent toujours ses chansons à l'école et les entonnent volontiers lors des fêtes nationales.

De nos jours, les sopranos **Nina Stemme** ou **Miah Persson** marchent sur leurs traces, parmi beaucoup d'autres. Quant au chef d'orchestre **Sixten Ehrling** (1918-2005), originaire de Malmö, il a mené une prestigieuse carrière internationale notamment à New York.

Au Danemark

Le compositeur danois **Carl Nielsen** (1865-1931) fut, au début de sa carrière, nourri de romantisme allemand. En tant qu'interprète (il était violoniste et chef d'orchestre), et en tant que professeur (il fut directeur du conservatoire de musique de Copenhague), il joua un rôle de premier ordre dans la vie musicale de son pays et acquit une renommée internationale grâce à sa conception novatrice de la tonalité. Parmi ses œuvres les plus célèbres, il faut citer des opéras tels que *Saül et David* et *Mascarade*.

Terre de jazz

Parmi les grands noms du jazz scandinave, il faut citer le bassiste danois **Niels-Henning Ørsted Pedersen** (1946-2005) qui joua avec Count Basie, Dexter Gordon, Dizzy Gillespie et Oscar Peterson. En Suède, le jazz est aussi une vieille tradition : le pianiste **Bengt Hallberg** (1932-2013) a joué avec Stan Getz, le saxophoniste **Lars Gullin** (1928-1976) avec Chet Baker… et le trio **EST**, conduit par le pianiste **Esbjörn Svensson** (1964-2008), a reçu le Prix européen de jazz en 2004. Chanteuse, compositrice et pianiste, **Jeanette Lindström** est reconnue en France et aux États-Unis.

La pop suédoise

Le groupe **ABBA** (Agnetha, Björn, Benny et Annifrid) devint célèbre après son succès au concours Eurovision de la chanson de 1974 avec *Waterloo*. Il occupa à plusieurs reprises le premier rang des hit-parades dans les années 1970 et 1980 grâce à des chansons telles que *Mamma Mia*, *Knowing Me Knowing You*, *Voulez-vous* ou *Super Trouper*. Considéré comme le groupe le plus populaire d'Europe après les Beatles, ABBA a conservé cette notoriété même si le groupe est séparé depuis longtemps. L'ouverture d'ABBA The Museum à Stockholm *(p. 218)* a d'ailleurs vu affluer les fans.

D'autres groupes lui emboîtèrent le pas avec succès comme le groupe de hard-rock **Europe**, qui grimpa au top des hit-parades mondiaux en 1986 avec *The Final Countdown*. Vint ensuite le groupe **Roxette**, fondé en 1986, et dont les membres, Per Gessle et Marie Fredriksson, qui ont aussi mené une carrière en solo, ont marqué les mémoires. La génération 1990 comprend **Dr Alban** (hip-hop), **Eric Gadd** (soul), ainsi que des groupes tels que **Ace of Base** et surtout **The Cardigans**, sans oublier les sœurs Söderberg (nées en 1990 et 1993) du groupe **First Aid Kit**. Phénomène suédois, les très nombreux groupes de hard rock (**The Hellacopters**, **Sabaton**, etc.) forment une scène musicale à part. Tandis que le rap suédois foisonne de talents (Yung Lean, Cherrie, Fricky, Lamix, etc.).

L'un des principaux facteurs du succès de la pop suédoise a été l'existence d'une école gratuite de musique dans presque toutes les communes. Un grand nombre des stars actuelles y ont effectué leur apprentissage. Ce système est toutefois menacé par les réductions budgétaires. Le fait que les groupes chantent en anglais a aussi fortement contribué à son succès.

Côté scène

En Suède, le **théâtre musical** est très populaire. C'est un mélange de théâtre et de cabaret, la musique étant intégrée à la représentation, puisque les musiciens, présents sur scène, sont à la fois interprètes, chanteurs et comédiens. **Oktober**, établi près de Stockholm, est l'une des troupes de théâtre musical des plus en vogue. **Copenhague** est la **capitale scandinave du jazz**, titre qu'elle tient à conserver comme le montre l'inauguration de la « maison du Jazz » destinée à renforcer le rôle primordial que jouaient jusqu'à présent les **clubs**. En outre, on y a inauguré un nouvel opéra.

Le **Ballet royal du Danemark**, installé à Copenhague, est l'une des meilleures troupes du monde et les chorégraphes danois exercent une influence majeure sur leur art. Parmi les artistes contemporains, citons **Kim Brandstrup**, qui travaille pour différentes compagnies internationales (Royal Ballet de Londres, Royal Danish Ballet, etc.), et le Suédois **Mats Ek**, dont les relectures souvent iconoclastes des grands ballets classiques font date.

Cyclistes dans le quartier de Nørrebro, à Copenhague.
B. Gardel/hemis.fr

ORGANISER SON VOYAGE

Patrimoine et culture au Danemark	
Les grands musées	Sjælland – À Copenhague et ses environs : le Musée national pour sa section sur la période viking ; le musée national des Beaux-Arts pour son panorama de l'art danois et européen depuis le 14e s. ; la glyptothèque Ny Carlsberg pour sa riche collection d'antiquités, mais aussi de Rodin et Gauguin. Aux alentours : Ordrupgård pour l'art français et danois des 19e et 20e s. ; le musée Louisiana d'Art moderne d'Humlebæk. Jutland – L'éclectique musée d'Art moderne Kunsten à Aalborg ; le musée de Skagen pour les œuvres des artistes locaux.
Les châteaux	Sjælland – À Copenhague : Amalienborg, Rosenborg, Christiansborg ; à Elseneur et alentour : Kronborg, Frederiksborg, Fredensborg ; à proximité de Roskilde : Selsø. Fionie – Gavnø, Egeskov, Nyborg. Jutland – Kolding, Sønderborg, Clausholm, Rosenholm, Voergaard.
Sur les traces des Vikings	Sjælland – À Roskilde et alentour : musée des Bateaux vikings, village viking de Frederikssund. Fionie – Musée viking de Ladby. Jutland – Site royal de Jelling, Lindholm Høje, Musée viking d'Aarhus, musée de Moesgård, forteresse de Fyrkat.
Design et architecture moderne	Copenhague – Musée du Design danois, Diamant noir, Opéra, Théâtre royal danois, Arken, BLOX. Ailleurs dans le Sjælland – Ordrupgård à Charlottenlund, musée danois de la Marine à Elseneur. Jutland – À Aarhus : musée des Beaux-Arts ARoS, Maison de la Musique, hôtel de ville, Dokk 1 et Moesgård Museum ; à Aalborg : Kunsten et Centre Utzon.
Vieilles villes, cathédrales et églises	Sjælland – À Copenhague (autour de Strøget), Dragør, Elseneur, Stege sur l'île de Møn, Roskilde, Køge, Næstved et églises rurales du Sjælland. Fionie – À Odense : cathédrale, vieille ville et Møntergården. Jutland – Cathédrale d'Aalborg, vieille ville et cathédrale d'Aarhus, Ebeltoft, cathédrale d'Haderslev, cathédrale de Ribe, Tønder.

Patrimoine et culture en Suède	
Les grands musées	À Stockholm : le musée d'Art moderne et ses collections de qualité, le Musée médiéval et sa visite historique, le Musée national, ses peintures scandinaves et françaises et ses collections de design suédois, le Musée d'Histoire et sa salle de l'Or, le musée du Vasa qui reconstitue l'épopée du navire de guerre, le Musée nordique sur la vie des pays nordiques depuis le 16e s., le musée de plein air de Skansen, incontournable, et ABBA The Museum pour les inconditionnels du groupe. En Dalécarlie : la mine de cuivre (et son musée), le musée de la Dalécarlie et ses belles collections d'art folklorique à Falun. Gotland : le musée d'Histoire et ses stèles gravées. À Göteborg : le musée des Beaux-Arts et ses œuvres des coloristes de Göteborg ; le musée Röhss du Design et des Arts appliqués, pour ses collections de meubles, affiches, textiles, céramiques et verrerie. Dans le Bohuslän : le musée nordique de l'Aquarelle et ses œuvres contemporaines. En Laponie suédoise : le Musée same de Jokkmokk et son approche de cette culture, le musée de l'Argent d'Arjeplog pour ses superbes bijoux et objets.
La Suède tendance	À Stockholm : Södermalm, le quartier branché de la capitale suédoise (boutiques, galeries, cafés, restaurants) ; à Aarhus : le quartier Latin – étudiant et bohème ; à Malmö, le quartier Västra Hamnen – écolo et branché ; à Göteborg, le centre d'art Röda Sten (dans une ancienne friche portuaire) et le musée Röhss du Design et des Arts appliqués.

Le Danemark

Capitale : København (Copenhague).

Superficie : 42 916 km² sans les îles Féroé et le Groenland qui, avec une superficie de plus de 2 millions de km², est la plus grande île du monde (si l'on excepte le continent australien). Le Danemark comprend la presqu'île du Jutland et 407 îles (dont 79 sont inhabitées) ; 60 % des terres sont cultivées.

Frontières : avec l'Allemagne et la Suède (par le pont de l'Øresund).

Latitude : 54°34' à 57°45' de latitude nord.

Population : 5 873 420 habitants (2021).

Système politique : monarchie constitutionnelle, Parlement à assemblée unique (Folketinget).

Divisions administratives : 5 *regioner* (régions) et 98 *kommuner* (municipalités).

Langue : le danois, langue germanique apparentée au suédois et au norvégien.

Religion : le luthéranisme (83 %).

Monnaie : la couronne (*krona* – abréviation kr ou DKK) divisée en 100 øre.

Taux de change : 1 € = 7,44 DKK ; 10 DKK = 1,34 € *(décembre 2022)*.

La Suède

Capitale : Stockholm.

Superficie : 447 420 km², dont 40 000 km² de lacs et de voies navigables ; les forêts couvrent 53 % de la superficie totale et 8 % des terres sont cultivées.

Frontières : avec la Norvège et la Finlande.

Latitude : 55° à 69° de latitude nord.

Population : 10 320 475 habitants (2021).

Système politique : monarchie constitutionnelle, Parlement à assemblée unique (Riksdagen).

Divisions administratives : 21 *län* (provinces) et 284 communes.

Langue officielle : le suédois ; le finnois et le sami sont parlés par une minorité, principalement dans le nord du pays.

Religion : le luthéranisme (72,9 %).

Monnaie : la couronne (*krona,* au pluriel *kronor* – abréviation kr, Skr ou SEK), divisée en 100 öre.

Taux de change : 1 € = 10,90 SEK ; 10 SEK = 0,91 € *(décembre 2022)*.

Distances Danemark (km)	Copenhague	Odense	Aarhus	Aalborg	Ribe
Copenhague	-	141	156	224	241
Odense	141	-	84	185	102
Aarhus	156	84	-	101	127
Aalborg	224	185	101	-	202
Ribe	241	102	127	202	-

Distances Suède (km)	Stockholm	Malmö	Göteborg	Sundsvall	Luleå
Stockholm	-	615	469	376	904
Malmö	615	-	270	987	1515
Göteborg	469	270	-	726	1254
Sundsvall	376	987	726	-	530
Luleå	904	1515	1254	530	-

Aller au Danemark et en Suède

En avion

Copenhague, Stockholm et Göteborg sont régulièrement reliées par les grandes compagnies. N'hésitez pas à surfer sur Internet pour bénéficier des meilleures offres ou de tarifs promotionnels. Les principaux aéroports se trouvent dans « Nos adresses », dans la partie « Découvrir » de ce guide.

Voir aussi « Transports » p. 518.

Compagnies régulières

SAS (Scandinavian Airlines System) – 01 85 14 82 03 (France); 02 643 69 00 (Belgique); 0435 47 80 06 (Suisse) - www.flysas.com. Copenhague et Stockholm au départ de Paris, Bruxelles et Genève.

Air France – 09 69 39 36 54 - www.airfrance.fr. Copenhague et Stockholm au départ de Paris.

Brussels Airlines – 01 73 23 10 71 (France); 02 723 23 62 (Belgique); 022 591 03 97 (Suisse) - www.brusselsairlines.com. Copenhague, Stockholm et Göteborg au départ de Bruxelles.

Atterrir à Copenhague peut constituer une bonne option pour ensuite gagner la Suède : les vols sont en général plus fréquents et moins chers vers la capitale danoise que vers Göteborg ou Malmö. Le pont-tunnel de l'Øresund vous permettra notamment de rallier facilement Malmö *(voir encadré p. 303)*.

Compagnies à bas coût

Norwegian – www.norwegian.com. Liaisons directes toute l'année pour Copenhague et Stockholm au départ de Paris et Nice. Au printemps et en été, vols directs de Bastia, Lyon (Stockholm uniquement) et Montpellier (Copenhague).

Ryanair – www.ryanair.com. Liaisons pour Stockholm au départ de Béziers (printemps et été) et Charleroi (Bruxelles).

EasyJet – www.easyjet.com. Liaisons pour Copenhague au départ de Paris et Genève.

Vueling – www.vueling.com. Liaisons pour Stockholm et Copenhague au départ de Paris.

Transavia – www.transavia.com. Au départ de Paris, vols pour Copenhague et Stockholm, et en hiver pour Luleå (Laponie). Quelques liaisons pour Stockholm également au départ de Lyon.

En bateau

Il n'existe pas de ligne directe de ferry entre la France et les pays scandinaves. En revanche, de nombreuses liaisons maritimes régulières partent du **Danemark** (Frederikshavn, Grenå, Helsingør, Rødby) et d'**Allemagne** (Kiel, Travemünde, Puttgarden, Rostock) à destination de la **Suède** (Göteborg, Malmö, Varberg et Trelleborg).

www.ferries.fr – Pour connaître les liaisons, les différentes compagnies et faire ses réservations.

En voiture

La Suède est reliée au Danemark par le **pont de l'Øresund**. De Paris, comptez 1230 km pour rejoindre Malmö, en passant par Liège, Cologne, Brême, Hambourg et

Copenhague, soit 13h15 de route. La traversée du pont-tunnel entre Copenhague et Malmö coûte 52 € par Internet (5 % de réduction), 55 € directement au péage *(en octobre 2022)* pour un véhicule ne dépassant pas 6 m de long. Si vous comptez faire plusieurs allers et retours entre le Danemark et la Suède, il peut être intéressant de prendre le pass annuel (BroPas à 45 €), qui divise au moins par deux le prix du passage (24 €).

Si vous louez une voiture à l'aéroport de Copenhague, les loueurs vous demanderont si vous comptez vous rendre en Suède et vous proposeront un badge de télépéage. Pratique, mais chaque passage sera facturé.

www.oresundsbron.com (en anglais).

Pour la location d'un véhicule et les conditions de circulation sur place, voir « Voiture » p. 519.

Itinéraire

Pour préparer votre itinéraire, procurez-vous les **cartes Michelin National n° 711** (Scandinavie) et **n° 753** (Suède).

L'**Atlas Michelin** des routes d'Europe permet également de choisir les meilleurs itinéraires vers les ports d'embarquement des car-ferries des côtes du Danemark et d'Allemagne.

Vous pouvez aussi consulter le site **www.viamichelin.fr** qui vous fournira les renseignements utiles au bon déroulement de votre voyage (distances, péages, temps de parcours, villes-étapes).

En train

Si vous comptez visiter la Scandinavie en train, la SNCF propose deux **pass Interrail**, vous permettant de voyager librement dans un ou plusieurs pays pendant un nombre de jours déterminé pour un tarif réduit.

Pass 1 pays : à partir de 129 € pour 3 j. de voyage à effectuer en 1 mois au Danemark et 182 € pour 3 j. de voyage à effectuer en 1 mois en Suède.

Global Pass : à partir de 194 € pour 4 j. de voyage à effectuer en 1 mois.

www.interrail.eu.

Avant de partir

Le bon moment pour partir

Climat

La Scandinavie, bien que située à la même latitude que l'Alaska, jouit d'un **climat** plus tempéré : les températures moyennes y sont de 25 °C plus élevées, grâce au Gulf Stream. Ce courant chaud empêche l'Atlantique Nord d'être bloquée par les glaces, et réchauffe les vents qui soufflent de la mer. La Suède a cependant un climat plus continental, avec des périodes de froid intense arrivant de l'est en hiver et des vagues de chaleur faisant grimper le thermomètre à 30 °C en été. Le climat de la Scandinavie du Sud est plus clément que celui des régions nordiques, la différence étant sensible surtout en hiver durant les nuits polaires. Si l'on tient compte des variations existant entre les régions, la température estivale moyenne est d'environ 18 °C et la température hivernale de -4 °C.

Longueur des jours

Du fait de sa latitude, la péninsule scandinave bénéficie d'une lumière diurne pratiquement continue en été – ce que l'on nomme le **soleil de minuit** –, mais se trouve, du cap Nord au cercle polaire, plongée dans la nuit pendant plusieurs semaines en décembre et janvier.

Qu'emporter ?

À toute période de l'année, le temps comme la température peuvent être extrêmement changeants d'un moment à l'autre de la journée. Équipez-vous en conséquence et, même en été, prévoyez petites voire grosses laines et vêtement de pluie coupe-vent. En hiver, veste polaire, sous-vêtements chauds et chaussures adaptées à la neige sont bien entendu indispensables. En été, prévoyez les pommades insectifuges pour repousser les moustiques.

Adresses utiles

Informations touristiques

Danemark

www.visitdenmark.fr – Site du tourisme au Danemark, en français.

denmark.dk – Site officiel du Danemark.

Suède

visitsweden.fr – Site du tourisme et du voyage en Suède, en français.

www.sweden.se – Site officiel de la Suède.

Associations

Institut suédois – 11 r. Payenne - 75003 Paris - ✆ 01 44 78 80 20 - paris.si.se - merc.-dim. 12h-18h - entrée libre. Expositions, films et rencontres thématiques. Il abrite le Café Suédois.

Températures moyennes °C

	Janvier	Mai	Juillet	Novembre
Copenhague	0	11	21	5
Stockholm	-3	9	16	2,5

Maison du Danemark – 142 av. des Champs-Élysées - 75008 Paris - ✆ 01 56 59 17 40 - www.maisondudanemark.dk - mar.-dim. 12h-18h - entrée libre. Expositions, conférences, spectacles, projections et concerts dans l'espace culturel (Le Bicolore). Également une belle brasserie, Flora Danica (avec jardin intérieur) et un élégant restaurant, Copenhague.

Agences de voyages spécialisées

France

66° Nord – ✆ 04 81 68 56 00 - www.66nord.com. Voyages aventure : randonnées avec guide et voyages individuels.

Comptoir des Voyages – ✆ 01 86 95 65 15 (Danemark) / 01 86 95 65 53 (Suède) - www.comptoir.fr. Séjours, week-ends, croisières, forfaits neige.

Grand Nord Grand Large – ✆ 01 40 46 05 14 - www.gngl.com. Un spécialiste des voyages polaires. Séjours et treks en Laponie suédoise avec guide autochtone.

Nord Espaces – ✆ 01 45 65 00 00 - www.nord-espaces.com. Voyagiste spécialiste des contrées nordiques depuis 1993. Circuits, croisières, voyages individuels ou sur mesure.

Nortours – ✆ 01 71 18 30 35 - www.nortours.fr. Beau choix de voyages thématiques en Laponie.

Scandinavia – ✆ 09 83 79 79 76 - www.scandinavia.fr. Sélection de séjours multi-activités à vivre en plein hiver polaire !

Belgique

Nordic Info – ✆ 052 55 52 54 - www.nordic.be/fr. Circuits en voiture, croisières et *city trip*.

Suisse

Glur Reisen – ✆ 061 205 94 94 - www.glur.ch. Croisières, séjours.

Ambassades

En France

Danemark – 77 av. Marceau - 75116 Paris - ✆ 01 44 31 21 21 - frankrig.um.dk.

Suède – 17 r. Barbet-de-Jouy - 75007 Paris - ✆ 01 44 18 88 00 - www.amb-suede.fr.

En Belgique

Danemark – 73 r. d'Arlon - 1040 Bruxelles - ✆ 02 233 09 00 - belgien.um.dk.

En Suisse

Danemark (consulat) – Oslo-Strasse 2 - 4142 Bâle - ✆ 061 315 15 90 - schweiz.um.dk.

Suède – Bundesgasse 26 - 3011 Bern - ✆ 031 328 70 00 - www.swedenabroad.se/en/embassies/switzerland-bern.

Pour les représentations diplomatiques sur place, voir « Ambassades », p. 511.

Tourisme et handicap

Le Danemark et la Suède sont très bien équipés pour les touristes handicapés : les feux de signalisation sont souvent munis de signaux sonores, les transports en commun, de nombreux hôtels, restaurants et sites touristiques, sont dotés d'accès spécifiques.

Danemark : le site Internet www.visitdenmark.fr (rubriques « Planifiez votre voyage / Vacances pour handicapés ») recense les différents aménagements et contacts à disposition des touristes à mobilité réduite.

Suède : la rubrique « Voyageurs à mobilité réduite » (dans les infos pratiques du site visitsweden.fr) répertorie les aménagements et donne des conseils pratiques pour les voyageurs handicapés.

Formalités

Les informations suivantes sont fournies à titre indicatif.
Avant le départ, renseignez-vous sur les règles sanitaires et administratives en vigueur au moment de votre voyage sur **www.diplomatie.gouv.fr**.

Documents

Pièces d'identité

Les ressortissants des pays de l'**Union européenne** et les Suisses doivent être en possession d'une carte d'identité ou d'un passeport en cours de validité; ils pourront alors séjourner au Danemark et en Suède pendant trois mois au maximum.

Permis de conduire

Les automobilistes ressortissants de l'Union européenne ou de Suisse doivent être titulaires d'un **permis de conduire national** en cours de validité, de la **carte grise** du véhicule ou d'une attestation de location, ainsi que de la **carte verte** d'assurance.
Le véhicule doit être muni d'une plaque de nationalité.
Voir aussi « Voiture », p. 519.

Douanes

La circulation de certaines marchandises et de sommes d'argent en valeur est soumise à des restrictions.
Danemark – www.skat.dk.
Suède – www.tullverket.se/en.
www.douane.gouv.fr.

Assurances

Carte européenne d'assurance maladie (CEAM)

Cette carte gratuite, valable 2 ans, garantit aux ressortissants de l'Union européenne la prise en charge des soins, dans le système public, aux mêmes conditions que les assurés du pays visité. Il faut en faire la demande auprès de sa caisse d'assurance maladie ou directement sur www.ameli.fr, deux à trois semaines avant le départ. La CEAM existe aussi en version dématérialisée sur l'application ameli.

Assurance voyage

L'assurance voyage comporte plusieurs volets : annulation (avant le départ), prise en charge des frais hospitaliers et de rapatriement (durant le séjour), vol ou perte de bagages. Afin de limiter ces éventuels frais, il est donc fortement conseillé d'en souscrire une auprès de votre tour-opérateur ou de la compagnie d'assurance de votre choix.
Si vous réglez votre voyage par carte bancaire, sachez que la plupart des banques incluent déjà dans leur contrat ce type d'assurance. Pensez donc à vérifier au préalable les garanties dont vous bénéficiez.
Pour étudier la meilleure offre, il existe différents comparateurs d'assurance, notamment insurly.fr, très intuitif et complet (comparaison de chaque assurance voyage avec les modalités de la carte bancaire), www.tourdumondiste.com, adapté aux courts et longs séjours.
Voir aussi « Santé », p. 514.

Décalage horaire

Il n'y a aucun décalage horaire avec la France, la Belgique et la Suisse. Le changement d'heure légale s'effectue aux mêmes dates.

Téléphoner

Depuis la France

Danemark : 00 + 45 + n° du correspondant sans le 0 de départ.

Suède : 00 + 46 + indicatif de la ville sans 0 + n° du correspondant.
Voir aussi « Appels nationaux », p. 516.

Téléphones portables

Depuis la mise en vigueur du *roaming (voir p. 516)*, les appels depuis votre téléphone portable au Danemark et en Suède sont inclus dans votre forfait, à de rares exceptions. Mais attention, tous ceux que vous passez depuis la France vers le Danemark et la Suède, restent payants, si vous n'avez pas un forfait qui inclut l'international. Et l'addition pouvant vite grimper, mieux vaut contacter son opérateur pour connaître les tarifs.
Voir aussi « Téléphone », p. 516.

Hébergement

Les pays scandinaves ont la réputation d'être onéreux. Il existe cependant des tarifs promotionnels, en particulier dans les chaînes d'hôtels, presque systématiquement pratiqués les week-ends (nuits du vendredi au dimanche soir) et les jours fériés, ainsi qu'en période estivale (assez brève). Sans oublier les offres sur les sites Internet des établissements.

Notre sélection

Au fil des pages de la partie « Découvrir », vous trouverez dans **« Nos adresses »** une sélection d'établissements dans et à proximité des villes ou des sites touristiques auxquels ils sont rattachés. Pour faciliter votre choix, et sans méconnaître les limites de l'exercice, nous avons classé les établissements par catégories de prix *(voir le tableau p. ci-contre)*. Le prix indiqué correspond à une chambre double en haute saison.

Hôtels

Si les tarifs des hôtels sont élevés, ils offrent en revanche un excellent standing. Le petit déjeuner, presque toujours sous forme de buffet complet, qui fait office de véritable repas, est la plupart du temps inclus dans le prix de la chambre.
En Suède, une nouvelle génération d'établissements design, à mi-chemin entre l'hôtel et l'auberge de jeunesse, est entrain de voir le jour, souvent moins onéreuse que l'hôtellerie classique.

Réservation en ligne

Danemark – www.visitdenmark.com; www.smalldanishhotels.dk.

Vacances à la ferme

Danemark – Les visiteurs ont le choix entre le logement avec petit déjeuner ou le séjour en demi-pension (minimum trois nuits, draps et serviettes non fournis).
Suède – www.farmstaysweden.com. L'éventail des séjours à la ferme est large, de la simple chambre d'hôte à la pension complète. Attention, les sanitaires collectifs sont monnaie courante. Le site qui recense les adresses est très bien fait, avec de nombreuses idées de séjours.

Bed & breakfast

La formule B & B est très répandue. Vous pouvez vous procurer la liste dans les offices de tourisme. Là aussi, sachez que les salles de bains partagées sont répandues. Les petits déjeuners y sont souvent très copieux, mais pas toujours inclus dans le prix initial de la chambre : renseignez-vous.
Danemark – Certains offices de tourisme effectuent les réservations et perçoivent directement le montant de la ou des nuitées ; en échange, vous

Nos catégories de prix	HÉBERGEMENT		RESTAURATION	
	Danemark (DKK)	**Suède** (SEK)	**Danemark** (DKK)	**Suède** (SEK)
Premier prix	jusqu'à 900 (120 €)	jusqu'à 1000 (92 €)	jusqu'à 150 (20 €)	jusqu'à 175 (16 €)
Budget moyen	900/1600 (120-215 €)	1000/2000 (92-183 €)	150/400 (20-55 €)	175/450 (16-41 €)
Pour se faire plaisir	1600/2200 (215-295 €)	2000/3000 (183-275 €)	400/700 (55-95 €)	450/650 (41-60 €)
Une folie	plus de 2200 (295 €)	plus de 3000 (275 €)	plus de 700 (95 €)	plus de 650 (60 €)

recevrez un reçu à remettre à vos hôtes.

Auberges de jeunesse et résidences familiales

Elles sont ouvertes à tous en Scandinavie. Il n'est pas indispensable d'être membre d'une association nationale, bien que l'adhésion permette de bénéficier de certaines conditions favorables.

Il est utile de réserver assez tôt dans les régions les plus touristiques situées le long de la côte, surtout dans l'archipel et près des capitales.

Danemark – www.danhostel.dk.

Suède – www.svenskaturistforeningen.se.

Camping

Le camping est très populaire dans les pays scandinaves, à tel point qu'il existe même au Danemark un musée du Camping au château d'Egeskov, près d'Odense *(voir p. 121)*, lieu unique en Europe, expliquant bien le rapport entretenu par les Scandinaves avec cette activité.

Vous trouverez donc de nombreux terrains au Danemark et en Suède. Certains campings louent aussi des chalets et proposent la location de bateaux, canoës ou bicyclettes.

Camping Key Europe – www.campingkeyeurope.com. Cette carte permet de bénéficier de réductions, d'une assurance et facilite l'enregistrement à l'arrivée dans les campings. Elle donne également droit à des réductions sur certaines compagnies de ferries.

En Suède, le **camping sauvage** est autorisé en forêt et en montagne, à plus de 150 m de toute habitation et en dehors de tout champ cultivé *(voir à ce propos les règles de l'« Allemansrätt », droit d'accès à la nature, p. 510)*. *www.camping.se.*

Sur place de A à Z

Achats

Heures d'ouverture

Quelques magasins sont ouverts 24h/24 et disposent de distributeurs de billets.

Danemark – De 9h à 17h30 du lundi au jeudi, de 9h à 19h le vendredi, et de 9h à 13h le samedi.

Suède – De 9h30 à 18h du lundi au vendredi et de 9h à 14h ou 16h le samedi. Dans les grandes villes, certains magasins ouvrent le dimanche, aux mêmes horaires que le samedi.

Achats détaxés

Suède et Danemark – Seuls les ressortissants de pays hors Union européenne peuvent bénéficier du remboursement de la TVA.

Alcool

Danemark

L'État n'a pas le monopole de la vente d'alcool et la plupart des boissons alcoolisées sont vendues dans les épiceries ou les supermarchés.

Suède

Les alcools sont vendus dans les magasins d'État, « Systembolaget » (à partir de 20 ans). Reconnaissables à leur logo vert et jaune, ces boutiques ferment à 19h en semaine et à 15h le samedi. On trouve dans les épiceries et les supermarchés des bières légères, jusqu'à 3,5° d'alcool.

Allemansrätt

Les vastes étendues faiblement peuplées du nord de la péninsule scandinave englobent les dernières régions sauvages d'Europe. Passionnés par la nature, les Scandinaves se sont obstinés à préserver ce qu'ils chérissent le plus. Leur conscience de l'environnement a entraîné un mélange de lois de protection strictes et de responsabilité individuelle.

Le « droit de chacun » *(Allemansrätt)* exprime en **Suède** et en **Norvège** le traditionnel droit d'accès public à la nature, dont vous pourrez aussi profiter sous réserve d'observer des règles spécifiques à chaque pays et à chaque zone visitée. Renseignez-vous localement. Toutefois quelques principes élémentaires sont applicables de manière générale.

Respect de la vie privée – Vous pouvez traverser les domaines privés à pied, à skis, à vélo ou à cheval tant que vous n'abîmez et ne détruisez rien sur votre passage (culture, plantation, barrière, etc.). Mais il ne vous est pas permis de traverser les jardins privés.

Bivouac – Vous pouvez planter votre tente pour un jour ou deux sur des terres non cultivées et à l'écart des habitations, mais, si vous choisissez un site proche d'une maison, il est de bon ton de demander l'autorisation au propriétaire supposé de l'emplacement.

Engins motorisés – Respectez les panneaux marqués « Ej motorfordon » (pas d'engins motorisés) ou « Enskild väg » (voie privée) réglementant l'accès de certaines routes forestières. Vous pouvez vous garer en bordure de forêt sans toutefois en obstruer l'accès ni gêner la circulation.

En hiver, les amateurs de motoneige doivent suivre les itinéraires désignés ; les voies publiques leur sont strictement interdites.

Feux de camp – Les feux de camp sont généralement prohibés y compris l'utilisation de cartouches de gaz. D'éventuelles dérogations peuvent être accordées : renseignez-vous auprès des autorités compétentes.
Baignade et navigation – Vous pouvez nager et amarrer votre bateau à l'écart des habitations et partout où ne figure pas de panneau mentionnant l'existence d'une réserve naturelle.
Les utilisateurs d'engins nautiques motorisés devront toujours être prudents à l'approche d'un rivage et respecter les limitations de vitesse.
Détritus – Emportez toujours vos déchets lorsqu'aucune poubelle publique n'est à disposition.
Cueillette – Certaines fleurs, baies et certains champignons sont des espèces protégées. Avant la cueillette, renseignez-vous.
Voir aussi « Randonnée », p. 513.

Ambassades

De France

Danemark – Kongens Nytorv 4 - DK-1050 Copenhague K - 033 67 01 00 - dk.ambafrance.org.
Suède – Kommendörsgatan 13 - SE-10247 Stockholm - 08 45 95 300 - se.ambafrance.org.

De Belgique

Danemark – Øster Allé 7 - DK-2100 Copenhague - 35 25 02 00 - www.denmark.diplomatie.belgium.be/fr.
Suède – Kungsbroplan 2, 2tr - 112 27 Stockholm - 08 534 80 200 - www.sweden.diplomatie.belgium.be/fr.

De Suisse

Danemark – Richelieus Allé 14 - DK-2900 Hellerup - 033 14 17 96 - www.eda.admin.ch/copenhagen.
Suède – Valhallavägen 64 - 114 27 Stockholm - 08 676 79 00 - www.eda.admin.ch/stockholm.

Aurores boréales

Les aurores boréales se produisent en Laponie suédoise entre début septembre et fin mars. Les meilleurs endroits pour les observer sont **Kiruna** *(p. 438)* et l'**Aurora Sky Station d'Abisko** *(p. 440)*. Deux lieux à privilégier également pour contempler le **soleil de minuit** de fin mai à fin août environ.

Banque

Devises

Voir « Monnaie/Taux de change », p. 502.

Cartes de paiement

Les principales cartes de crédit (Access, American Express, Diners, Eurocard, Visa et MasterCard) sont acceptées dans les hôtels, restaurants, agences de location de voitures et les magasins.
Beaucoup de commerçants danois, notamment les hôteliers et restaurateurs, facturent des **frais supplémentaires** (3 à 5 %) pour les paiements par carte étrangère.
En **Suède,** la carte bancaire est devenue le seul moyen de paiement, même pour de toutes petites sommes. Le pays s'est fixé comme objectif, à partir de mars 2023, de devenir le premier pays au monde sans monnaie papier. Vérifiez bien avant de partir vos plafonds de paiement par carte.
En cas de perte ou de vol, n'oubliez pas de noter les numéros verts qu'il est possible d'appeler 24h/24. Il sera nécessaire de faire une déclaration à la police qui délivrera une attestation.

Horaires des banques

Danemark – De 10h à 16h du lundi au vendredi (18h le jeudi).

Suède – De 9h à 15h (15h30 en hiver) du lundi au vendredi et jusqu'à 17h le jeudi. Dans certaines grandes villes, les banques sont ouvertes jusqu'à 17h30.

Cyclotourisme

Danemark

Avec plus de 12 000 km de voies réservées à la petite reine, ce plat pays est le paradis du vélo. Des routes cyclables nationales et régionales sillonnent tout le pays, telle la **véloroute de la mer Baltique (N8)**, un itinéraire de 820 km qui permet d'apprécier la variété des paysages danois *(balticseacycleroute.com)*.
Outre Copenhague, où presque tout le monde pédale, les zones les plus fréquentées sont la Fionie et les îles méridionales, ainsi que la côte occidentale du Jutland. La plupart des trains acceptent les deux-roues moyennant surtaxe.
Rens. sur www.visitdenmark.fr/danemark/quoi-faire/vacances-velo.

Suède

Les grandes villes comme Stockholm, Göteborg ou Uppsala se visitent facilement à vélo grâce à un réseau de pistes cyclables bien balisées. Les îles offrent également d'excellents terrains de jeu aux cyclistes : Gotland bien sûr, mais aussi Öland et son itinéraire en boucle de 367 km, l'**Ölandsleden** *(p. 344)*. D'autres circuits longue et moyenne distances sillonnent le pays, comme le **Kattegattleden** *(www.kattegattleden.se)*, première piste cyclable de Suède s'étirant sur 390 km le long de la côte ouest d'Helsinborg à Göteborg, l'**Ätradalsleden**, circuit rural de 199 km de Falkenberg à Falköping, ou encore l'**Åsnen Runt**, piste de 140 km autour du lac Åsnen.
visitsweden.fr (rubrique « À voir, à faire »), www.swedenbybike.com, www.naturkartan.se (cartes).

Électricité

Le courant alternatif 220 V prédomine dans toute la Scandinavie, avec des prises circulaires à deux broches.

Jours fériés

Voir le tableau p. ci-contre.

Danemark

Les vacances d'été courent de la fin juin à la mi-août au Danemark et de la mi-juin à la mi-août en Suède. Le week-end de Pâques, période festive en famille, est le week-end férié par excellence. Tout est fermé, notamment les commerces.
De façon générale, au Danemark, les jours fériés sont scrupuleusement respectés. Notez que les veilles de jours fériés, les établissements (musées, cafés, restaurants, boutiques) ferment plus tôt que d'habitude.

Suède

En Suède, la fête de la St-Jean, ou **Midsommar**, est la plus importante célébration de l'année. Elle se déroule fin juin, à date variable d'une année sur l'autre, car elle est calquée sur le solstice d'été, le plus long jour de l'année. Dans le calendrier grégorien, celui-ci tombe le plus souvent le 21 juin (la St-Jean), mais parfois le 20 ou le 22. Le vendredi le plus proche de cet événement sera donc LA soirée de Midsommar. Le lendemain est chômé afin que tout le monde puisse récupérer... *(voir p. 455)*.

Nature's Best

L'Association suédoise pour l'écotourisme a créé le label **Nature's Best** – « Le meilleur pour la nature et pour ses visiteurs » –, label national sous lequel se

Jours fériés

1er janvier : Danemark + Suède
6 janvier – Épiphanie : Suède
Jeudi saint : Danemark
Vend. saint, dim. et lun. de Pâques : Danemark + Suède
1er mai : Suède
4e vendredi après Pâques – Jour national de prière : Danemark
Ascension : Danemark + Suède
Lun. de Pentecôte : Danemark
5 juin – Jour de la Constitution : Danemark
6 juin – Fête nationale et du drapeau : Suède
Midsommar (fête de la St-Jean, fin juin) : Suède
Toussaint : Suède
24, 25 et 26 décembre : Danemark + Suède
31 décembre – St-Sylvestre : Suède

sont regroupés de nombreux prestataires qui s'engagent à préserver l'environnement et le mode de vie des populations locales tout en leur faisant bénéficier des retombées économiques du tourisme. Mais attention : l'engagement de l'association sous-entend une **responsabilité partagée** par les visiteurs qui se doivent de respecter tout à la fois les hommes, les animaux et l'environnement naturel. « Ne pas déranger et ne pas détruire » sont d'ailleurs les principes essentiels de l'**Allemansrätt** *(voir p. 510)*. *www.naturesbestsweden.com*.

Poste

Postnord, la société qui a résulté de la fusion des postes suédoises et danoises (2009), a fermé la quasi-totalité des bureaux de poste publics. Ils ont été remplacés par des corners situés dans des supermarchés et les stations-service, à l'amplitude horaire bien plus importante. Chaque municipalité garde cependant au moins une poste « traditionnelle ». Les boîtes aux lettres sont rouges au Danemark, jaunes en Suède.
www.postnord.se/en
www.postnord.dk/en

Randonnée

Danemark

Le pays réserve de bonnes surprises aux amateurs. Les itinéraires les plus connus sont le **Hærvejen**, qui parcourt le Jutland *(www.haervej.com)*, et l'**Øhavsstien** (ou Archipelago Trail), autour de l'archipel de la Fionie du Sud. Pour les plus sportifs, le **Vesterhavsstien** (450 km) s'étend le long de la côte ouest du Jutland, de Blåvandshuk à la pointe de Skagen et comporte des sous-itinéraires de tous les niveaux. Beau choix également de balades et randonnées dans le parc national de Thy *(p. 168)*.

Suède

Du nord au sud, les possibilités de randonnée sont innombrables. Parmi les itinéraires les plus prisés : le **Kungsleden**, la voie royale *(voir p. 432 et 442)*, et l'ascension du **Kebnekaise** *(voir p. 442)* en Laponie ; le **Sörmlandsleden** *(www.sormlandsleden.se)* ; les chemins de Saint-Olav *(www.stolavsleden.com)* ; l'**Utvandrarleden**, sentier des émigrants *(www.utvandrarleden.se)*, et le **Skåneleden**, sentier de Scanie *(www.skaneleden.se)*. Très appréciés également, le **Höga Kusten-leden**, sentier de la Haute côte *(p. 415)* et le **Roslagsleden**, au nord de Stockholm *(www.roslagen.se/en/roslagsleden)*.

Rens. sur visitsweden.fr (rubrique « À voir, à faire ») et sur www.swedishtouristassociation.com

Voir aussi l'« Allemansrätt », droit d'accès à la nature, p. 510.

Restauration

Notre sélection

Les restaurants sélectionnés dans « **Nos adresses** » sont classés par catégories de prix *(tableau p. 509)*. Le prix le plus bas correspond à un menu midi (souvent composé d'un buffet de salades en entrée et du plat du jour), tandis que le prix le plus élevé correspond à une entrée, un plat et un dessert le soir (en menu ou à la carte).

Repas

Le **petit déjeuner** est souvent un repas complet, varié, avec différentes sortes de pains, du beurre, du fromage, du concombre et des tomates, de la charcuterie ou du poisson. Les Scandinaves mangent aussi beaucoup de céréales et de fruits. Il n'est pas rare qu'ils choisissent de prendre une assiette de bouillie d'avoine, servie avec du lait et des airelles. Ils boivent du café ou du thé.

Au Danemark, le **déjeuner** se réduit souvent à un simple en-cas constitué des célèbres canapés scandinaves *(smørrebrød)*. Les Suédois déjeunent de façon plus continentale.

Le **dîner**, principal repas, est pris tôt (dès 18h), surtout en hiver. Il comprend un plat de viande ou de poisson, des légumes et un dessert.

Voir aussi « Saveurs scandinaves », p. 457.

Fika

Synomyme de l'art de vivre à la suédoise, la pause fika se déroule en fin de matinée et/ou dans l'après-midi, autour d'un café ou d'un thé, d'un petit pain à la cannelle ou de mini sandwichs, que l'on prend entre amis ou en famille, et même dans les entreprises, où des *fikarum* sont aménagées. Plus qu'une simple pause, le fika est une véritable philosophie où domine la notion de *lagom*, la recherche d'un équilibre personnel par la pondération.

Santé

Urgences – ✆ 112 (pour les 2 pays).

Suède – Hors urgences vitales, pour des renseignements médicaux, il faut appeler le 1177.

Danemark – Si vous séjournez dans la région de Copenhague, vous devrez contacter le 1813 pour les urgences médicales.

Les **pharmacies** *(apotek)* ont les mêmes heures d'ouverture que les magasins *(voir p. 510)*. Les grandes villes ont souvent une pharmacie ouverte 24h/24. Au Danemark, les pharmacies peuvent prescrire certains médicaments. En Suède, les pharmacies appartiennent en majorité à des chaînes (*Apotek*, *Kronans Apotek*, *Apotek Hjärtat* et *Lloyds Apotek)*.

Souvenirs

Danemark

Vous y trouverez des produits réputés : **porcelaine** délicate (Royal Copenhagen, Rosenthal), **verrerie** (Holmegaard), argenterie et joaillerie (Georg Jensen, Hans Hansen), **bijoux d'ambre** et, bien entendu, les **jeux de construction** des marques Lego et Duplo.

Si vous êtes séduit par le **design**, le Danemark compte de nombreuses boutiques spécialisées. Sinon, les rayons « maison » des grands magasins, comme Illum ou Magasin du Nord, Bodum, présents dans toutes villes de quelque importance, ont une sélection qui force l'admiration – vaisselle, linge de maison, accessoires, mobilier.

Enfin, les **boutiques des musées** constituent d'excellentes sources de cadeaux pratiques à rapporter (les personnes qui font la sélection ont visiblement eu en tête le nouvel impératif des voyageurs : la valise cabine !), souvent avec une touche design qui fait mouche.

Suède

Les grandes manufactures verrières, comme Kosta Boda, et les **verreries** du Royaume du verre (Glasriket) de la région du Småland déclinent cette matière en mille et une formes originales. On trouve aussi de la **porcelaine** (Rörstrand), des articles de table, des **bijoux**, notamment dans le domaine de l'artisanat d'art et de l'orfèvrerie-joaillerie, de la céramique, sans oublier le fameux cheval de Dalécarlie *(voir p. 455)*. Le **design** suédois est connu pour ses formes épurées, ses couleurs naturelles et son côté fonctionnel.

Produits de bouche

Des anguilles fumées, des conserves de harengs sont proposées ainsi que toutes sortes d'œufs de poisson, roses, rouges ou noirs, dénommés « caviar » : il ne s'agit pas d'esturgeon mais de « truite arctique », de saumon ou de lump, voire de cabillaud... ce qui ne l'empêche pas d'être délicieux.

Les supermarchés vendent de la viande de **renne** ou d'**élan** fumée ou séchée, parfois sous forme de charcuterie, d'autres fois présentée comme des bonbons. Enfin, si vous aimez les **baies polaires**, le conditionnement en confiture facilite le transport.

Bien que la distillerie historique ait déménagé en Norvège, Aalborg reste la capitale danoise de l'**aquavit**, cette eau-de-vie caractérisée par une certaine rudesse et élaborée par distillation à partir de grains de seigle ou de pommes de terre. On la vend parfois aromatisée au cumin, aux épices, à la fleur de sureau, au fenouil ou aux baies de genièvre.

Les bonbons à base de **réglisse** sont aussi très populaires dans les deux pays : certains sont salés (à tenter au moins une fois), d'autres plus en phase avec les goûts des Européens du Sud.

Le rayon bonbons du moindre supermarché est très élaboré. Les Scandinaves ont l'hiver gourmand !

Artisanat same

Corne, bois, cuir et textiles sont les matériaux traditionnels travaillés par les Sames, et les objets artisanaux sont généralement sculptés de manière complexe ou décorés de symboles et dessins sames. Les bandes tissées qui ornent les costumes de ces artisans sont vivement colorées des teintes traditionnelles associées aux Sames, à savoir le rouge, le bleu, le jaune et le vert. L'étiquette **Duodji** atteste que l'article a vraiment été fabriqué par un artisan same.

Spa et sauna

Niché sur les rives d'un lac, posé en bord de mer, blotti dans la vallée d'une montagne, le Spa suédois, ou **bain nordique**, permet de communier avec la nature : il s'agit d'un bain à remous (aussi appelé jacuzzi), souvent chauffé au bois. Été comme hiver, on s'y plonge dans une eau très chaude, en profitant du paysage alentour.

À ne pas confondre avec une autre pratique très populaire en Suède (beaucoup moins au Danemark) : le **sauna**, une petite pièce en bois où prendre un bain de chaleur sèche (70 à 100 °C). Il est d'usage de rester 15 à 20mn dans le sauna puis de se plonger dans l'eau froide, voire se rouler dans la neige, avant de laisser le corps se reposer.

De nombreux saunas sont naturistes, avec des sections hommes et femmes séparées, et d'autres mixtes. Renseignez-vous bien avant si la nudité vous gêne.

Voir aussi encadré p. 456.

Sports d'hiver

Danemark

L'hiver, les Danois patinent sur la glace si elle est suffisamment épaisse (entre 13 et 18 cm). Question primordiale : « glace sûre ? » *(sikker is ?).*

Suède

La Suède est LA grande nation des sports d'hiver, qui a donné des champions comme Ingemar Stenmark. Le pays possède une centaine de stations de **ski alpin**, dont les plus connues sont Åre (Jämtland-Härjedalen), Sälen (Dalécarlie) et Hemavan Tärnaby (Västerbotten). Le **ski de fond** se pratique également sur une bonne partie du territoire *(www.skidspår.se)*, de même que la r**andonnée en patins à glace** sur les lacs gelés (régions de Stockholm et d'Östersund notamment). De fin décembre à début mai, la Laponie est le terrain de prédilection pour la **randonnée en traîneau**.

Sports nautiques

Danemark – Avec 7300 km de plages et de littoral, la baignade est idéale le long de la Riviera danoise et sur toute la côte du Sjælland. La côte nord-ouest du Jutland, bien ventée, est propice au **windsurf**, notamment à Klitmøller. Les petites îles du sud de la Fionie sont parfaites pour la **plaisance** et le **kayak**. Les nombreuses marinas permettent d'y louer des bateaux l'été. La **pêche** se pratique en mer, dans les lacs, fjords et cours d'eau (licence obligatoire).

Suède – Ponctués de nombreux ports et marinas, les 12000 km du littoral suédois (îles incluses) offrent un cadre de choix à la navigation de **plaisance**, particulièrement développée dans l'archipel de Stockholm, autour des îles de Gotland et d'Öland ainsi que sur la côte ouest. La saison du nautisme est courte : de juillet à septembre. Les balades en **kayak** ou en canoë sont aussi très prisées, en rivière, sur les lacs (région de Luleå en Laponie notamment) et le long des côtes et archipels (Göteborg et Bohuslän).

Tabac

Il est interdit de fumer dans les lieux publics. L'achat de cigarettes est interdit aux moins de 18 ans. Particularité : les Suédois consomment du *snus*, une poudre de tabac humide que l'on place derrière la lèvre supérieure pour une durée variant de quelques minutes à plusieurs heures. Interdit dans le reste de l'Union européenne, le *snus* est un produit très fort en nicotine. La pratique est loin de s'éteindre : un Suédois sur cinq serait consommateur régulier, alors qu'ils sont en revanche le peuple le moins fumeur d'Europe (6 % selon une étude de 2021).

Téléphone

Appels nationaux

Composez le numéro du correspondant, avec le **0 initial** pour la **Suède**.

Appels internationaux

Composez le 00 + l'indicatif du pays (33 France, 32 Belgique, 41 Suisse) + le numéro du correspondant (sans le 0 initial).

Téléphones portables

Si vous voulez utiliser votre portable sur place, sachez que depuis l'entrée en vigueur de la loi européenne sur le *roaming* (itinérance en français) l'utilisation de votre forfait téléphonique à l'étranger est autorisée sans surcoût, dans les pays membres de l'Union européenne. Cela concerne les appels, mais aussi les SMS, les MMS et même Internet (dans une certaine mesure pour ce dernier, voir ci-après). Ces services (« accès depuis l'étranger » ou « communiquer depuis l'étranger ») sont normalement gratuits et activés par défaut. Mais mieux vaut contacter votre opérateur avant le

départ pour s'en assurer et éviter les mauvaises surprises.

Quelques restrictions : les forfaits bloqués ne bénéficient pas de ce service. Concernant Internet, certains opérateurs n'autorisent qu'en partie l'utilisation du forfait en itinérance. Préférez de toute façon le WiFi, disponible partout.

Transports

Avion

Les compagnies aériennes assurant les dessertes intérieures proposent des tarifs intéressants valables pour toute la Scandinavie en combinaison avec un vol international. Une fois dans le pays, sachez que SAS propose une quinzaine de vols intérieurs, pratique si vous envisagez de visiter le nord de la Suède ou les deux pays. En haute saison, compter 150 € par personne pour un vol AR Copenhague-Stockholm (env. 50mn).

Compagnies les plus fréquentes :

Scandinavian Airlines System (SAS) – www.flysas.fr.

Braathens Regional Aviation (BRA) – www.flygbra.se.

Danish Air Transport (DAT) – dat.dk.

Norwegian – www.norwegian.com.

Ferry

Les ferries font partie du mode de vie scandinave dans les détroits et les bras de mer, les mers, le long des côtes, autour des îles, sur les lacs intérieurs et les cours d'eau.

www.ferries.fr.

Train

Les réseaux de chemins de fer sont bien développés dans les pays scandinaves.

www.raileurope.com.

Danemark – Très pratique pour circuler dans le pays, le train dessert aussi les grandes îles. Comptez 1h30 de Copenhague à Odense, 3h pour Aarhus, 4h pour Aalborg.

www.dsb.dk.

Suède – Le réseau national ferroviaire (SJ) assure un service efficace dans tout le pays, notamment grâce au train à grande vitesse X2000 d'un grand confort (wagons-lits, voitures familiales, aires de jeux, Internet et wagons-cinéma). Comptez 3h de Stockholm à Göteborg, 4h30 pour Malmö et Kalmar, 5h pour Copenhague.

www.sj.se.

De Stockholm à Kiruna, en Laponie, comptez 16h à 18h en train de nuit avec la compagnie VY *(www.vy.se).*

Inlandsbanan

Cette ligne ferroviaire de 1300 km relie Kristinehamn, dans le centre de la Suède (près du lac Vänern), à Gällivare, dans le nord du pays. Elle traverse certaines des régions les plus retirées et les mieux préservées de la Laponie suédoise sur son trajet Östersund-Arvidsjaur. Dans des voitures confortables datant des années 1930, les voyageurs découvrent, à un rythme reposant, la beauté des paysages au long d'un tour organisé (différentes formules proposées, notamment au départ de Mora, en Dalécarlie) ou selon le programme choisi (carte valable 14 j. sur la ligne).

res.inlandsbanan.se/en.

Autocar

Danemark – Le réseau de bus est bien développé et les trajets sont souvent plus rapides qu'en train, grâce à des connexions plus directes et à un nombre d'arrêts plus limité. Un Copenhague-Billund (la patrie de Lego) prend ainsi 4h.

www.flixbus.dk;
www.rejseplanen.dk.

Suède – Un excellent service d'autocars rapides dessert les grandes villes du Sud et le centre du pays, ainsi que Stockholm et les villes côtières du Nord.

www.flixbus.se.

	Autoroutes	Routes à 4 voies	Routes à 2 voies	Agglomérations
Danemark	110 à 130 km/h	80 km/h	80 km/h	40 à 50 km/h
Suède	110/120 km/h	70 à 100 km/h	70 à 90 km/h	30 à 50 km/h

Voiture

Le réseau routier est étendu et bien entretenu, les autoroutes sont **sans péage** (à l'exception des ponts, payants). Les véhicules roulent à droite et, en général, la priorité est à droite. Les routes sont numérotées, sauf les petites routes locales. Les numéros précédés d'un E signalent les itinéraires européens.

Feux de route

En dehors des agglomérations, tous les véhicules doivent avoir leurs feux de croisement allumés, de jour comme de nuit. Sur les véhicules scandinaves (ceux de location compris), les feux s'allument automatiquement au démarrage.

Alcool au volant

Les lois scandinaves sur l'alcool au volant sont strictement appliquées et de lourdes sanctions (amendes, suppression du permis, emprisonnement) sont prises contre les automobilistes qui ont consommé de l'alcool.

Taux d'alcool maximal

Danemark : 0,05 % ; Suède : 0,02 %

Enfants

Siège adapté obligatoire pour les enfants mesurant moins de 1,35 m.

État des routes en hiver

De novembre à mai, les routes sont souvent bloquées par la neige.

Danemark – Les pneus neige ne sont pas obligatoires en hiver. Les pneus à clous sont autorisés du 1er octobre au 30 avril.

Suède – Les pneus à clous ou les pneus neige (avec des chaînes dans le coffre) sont obligatoires du 1er novembre (15 octobre dans le Grand Nord : Nordland, Troms et Finnmark) au 1er lundi après Pâques.

Pannes

Des véhicules de dépannage circulent sur les grandes routes. Des postes téléphoniques pour les appels urgents sont implantés le long des routes de montagne.

Signalisation routière

À quelques exceptions près, elle est identique à celle en usage dans le reste de l'Europe.

Attention aux élans et aux rennes qui tendent à traverser les routes au crépuscule. Plusieurs milliers d'accidents sont recensés chaque année. Une collision avec un élan de 600 kg peut avoir de graves conséquences. Tout accident doit être alors déclaré à la police locale. Des panneaux spéciaux signalent les zones dangereuses.

Location de voitures

Avis – www.avis.com.

Budget – www.budget.com.

Europcar – www.europcar.com.

Hertz – www.hertz.com.

Si vous comptez visiter les deux pays, sachez que la location est moins onéreuse en Suède qu'au Danemark, où le coût de la vie est globalement plus élevé. Mieux vaut par exemple louer votre véhicule à Malmö plutôt qu'à Copenhague.

Attention, en Suède, les véhicules immatriculés dans le pays ou à l'étranger sont soumis à des **péages routiers** lors de leur entrée dans Stockholm et Göteborg, ainsi que lors des traversées des viaducs à Motala et Sundsvall. Ne vous étonnez pas de l'absence de guichet « physique » : les plaques d'immatriculation sont flashées,

les factures envoyées à leurs propriétaires sous un mois. Dans le cas d'une voiture de location, vérifiez avec le loueur si ces péages (aussi appelés **« taxes de congestion »**, *voir p. 237*) sont compris dans les tarifs de location.
Les péages de Stockholm et Göteborg sont en service du lundi au vendredi de 6h à 18h29. À Göteborg, il vous en coûtera de 9 à 22 SEK selon l'heure et le quartier (plus c'est central, plus c'est cher), avec un maximum journalier de 60 SEK. À Stockholm, comptez 11 à 45 SEK selon l'heure, le quartier et la saison, avec un maximum journalier de 105/135 SEK selon la saison.

L'accès est gratuit le week-end, les jours fériés, la veille des jours fériés, ainsi qu'au mois de juillet. Pour ce qui est des viaducs de Sundsvall et de Motala, le péage est payant 24h/24 (5 à 20 SEK selon le véhicule et le lieu).
www.transportstyrelsen.se/en/road
Pour la traversée du pont de l'Øresund, voir « Aller au Danemark et en Suède », p. 503.

Cartes routières Michelin

Carte National Suède n° 753
Carte National Danemark n° 749.

Agenda

Voici une sélection des principales manifestations. Consultez aussi la rubrique « Agenda » dans la partie « Découvrir » de ce guide.

Janvier

Göteborg, Suède – Festival international du film. www.goteborgfilmfestival.se.

Février

Laponie, Suède (le 6) – Fête nationale des Sames.
Tønder, Danemark – Festival de l'huître de la mer des Wadden. Également à Rømø en octobre. www.danmarksoestersfestival.dk.
Stockholm, Suède – Festival du design. www.stockholmdesignweek.com.

Mars

Malmö, Suède – Festival international du film jeunesse. www.buff.se.

Avril

Suède (le 30) – Nuit de Walpurgis (ou Valborg) avec feux de joie pour célébrer le retour du printemps. Très animée à Uppsala.

Mai

Copenhague, Danemark – Copenhagen Beer Week. Pour célébrer le renouveau de la bière danoise. www.cphbw.dk.
Copenhague, Danemark – Fin mai-déb. juin. Distortion. Grandes soirées musicales dans les rues et bars de la ville. www.cphdistortion.dk.

Juin

Stockholm, Suède – Marathon de Stockholm (près de 20 000 participants). www.stockholmmarathon.se.
Suède – Midsommar, veille de la St-Jean, célébrée un peu partout dans le pays, en dressant des mâts

de fleurs, avec musique, danse, feux de joie, etc.

Juin-juillet

Roskilde, Danemark – Festival de rock de 4 jours. www.roskilde-festival.dk.
Haparanda, Suède – Festival de jazz et de blues. www.kalottjazzblues.net.
Skagen, Danemark – Festival folklorique. skagenfestival.dk.

Juillet

Copenhague, Danemark – Festival de jazz. www.jazz.dk.
Aarhus, Danemark – Festival international de jazz. www.jazzfest.dk.

Juillet-août

Vadstena, Suède – Festival d'opéra. www.vadstena-akademien.org.
Stockholm, Suède – Pride Week. www.stockholmpride.org.

Juillet-octobre

Drottningholm, Suède – Saison d'opéra au Théâtre royal. www.dtm.se.

Août

Copenhague, Danemark – Kulturhavn, festival culturel autour des canaux et les quais d'Islands Brygge. www.kulturhavn.dk
Göteborg, Suède – Festival culturel de Göteborg. www.kulturkalaset.goteborg.com.
Malmö, Suède – Festival de Malmö (théâtre, art et gastronomie). www.malmofestivalen.se.
Visby, Suède – Semaine médiévale sur l'île de Gotland. www.medeltidsveckan.se.
Stockholm, Suède – Festival culturel de Stockholm (concerts, marchés, activités culturelles multiples) : la captale suédoise fête la fin de l'été.kulturfestivalen.stockholm.se.
Odense, Danemark – Hans Andersen Festival. Fin août. Festivités autour de l'écrivain. www.hcafestivals.com.
Aarhus, Danemark – Fin août-début septembre, le festival d'Aarhus attire les foules et anime la ville. www.aarhusfestuge.dk.
Stockholm, Suède – Fin août-déb. sept. The Baltic Sea Festival. Musique classique. www.berwaldhallen.se.

Septembre-octobre

Bornholm, Danemark – Bornholm Craft Weeks. Les artisans de l'île célébrés durant 6 semaines. makersisland.bornholm.dk.

Octobre

Stockholm, Suède – Festival de jazz. www.stockholmjazz.com.
Umeå, Suède – Festival de jazz. www.umeajazzfestival.se.

Novembre

Stockholm, Suède – Festival international du film de Stockholm. Sous-titrage en anglais. www.stockholmfilmfestival.se.

Décembre

Danemark et **Suède** – Nombreux marchés de Noël. Ceux des parcs d'attractions de Tivoli (Copenhague), Liseberg (Göteborg) et du musée de Skansen (Stockholm) sont très prisés.
Stockholm, Suède (le 10) – Cérémonie des prix Nobel.
Danemark et **Suède** (le 13) – Fête de la Ste-Lucie avec de nombreuses processions.

Livres, films, séries

Livres

Récits et romans

Danemark

ANDERSEN NEXØ Martin, **Pelle le Conquérant** (1906). Pour fuir la misère, Lasse débarque sur l'île danoise de Bornholm, accompagné de Pelle, son petit garçon.

BLIXEN Karen, **La Ferme africaine** (1937). Afrique, Danemark, amour, désillusions... Un grand roman autobiographique.

ENQUIST Per Olov, **Le Médecin personnel du roi** (1999). Au royaume du Danemark en 1770, les relations entre le roi Christian VII, à demi-fou, et son médecin.

GRØNDAHL Jens Christian, **Quelle n'est pas ma joie** (2016). Une intrigue amoureuse à Copenhague, dans les quartiers de Nyhavn et Stroget.

HØEG Peter, **Smilla et l'amour de la neige** (1992). Une quête de vérité sur la mort d'un enfant groenlandais à Copenhague.

JEPSEN Erling, **Sincères condoléances** (2006). Dans le Jutland, les retrouvailles forcées et grinçantes d'un fils et sa mère.

LEINE Kim, **Les Prophètes du fjord de l'Éternité** (2012). Après avoir étudié la théologie à Copenhague, un jeune prêtre nouvellement ordonné débarque au Groenland, en 1787, pour convertir les populations autochtones.

Suède

DELERM Philippe, **Sundborn ou les jours de lumière** (1996). Une évocation par petites touches de la vie de l'artiste Carl Larsson, installé à Sundborn en Dalécarlie.

JONASSON Jonas, **Le Vieux qui ne voulait pas fêter son anniversaire** (2009). Un road-trip déjanté à travers la campagne suédoise en compagnie de personnages loufoques.

MOBERG Vilhelm, **La Saga des émigrants** (1949-1959). Au 19e s., des paysans du Småland poussés à émigrer en Amérique. 4 volumes.

STRINDBERG August - **Mademoiselle Julie** (1888). Un huis clos théâtral entre Julie, fille d'un comte suédois, et Jean, son serviteur, dans une demeure patricienne de la campagne suédoise, la nuit de la Saint-Jean.

Polars

ADLER-OLSEN Jussi, **L'Effet papillon** (2012). La cinquième enquête de l'inspecteur Carl Mørck du département V à Copenhague, spécialisé dans les « cold case ».

EDWARDSON Åke, **Danse avec l'ange** (1997). À Göteborg, le commissaire Erik Winter enquête dans sa ville natale sur le meurtre de deux jeunes anglais.

LÄCKBERG Camilla, **Sans passer par la case départ** (2021). La romancière situe l'action de ce huis clos noir à Skurusundet, détroit huppé de l'archipel de Stockholm.

LARSSON Stieg, **Millénium** *(*2005-2007). Publiée après la mort de son auteur, cette célèbre trilogie policière au rythme affolant se déroule à Stockholm et dans son archipel. Une suite (tomes 4 à 6), controversée, a été écrite par David Lagercrantz.

MANKELL Henning, **Une Main encombrante** (2013). Onzième enquête de l'inspecteur Kurt Wallander, qui prend sa retraite.

TRUC Olivier, **Les Chiens de Pasvik** (2021). Quatrième enquête de la police des rennes, aux confins de la Laponie.

SVEISTRUP Søren, **Octobre** (2018). À Copenhague, la police découvre le cadavre d'une femme amputée d'une main et, à côté, un bonhomme créé avec des marrons.

Littérature jeunesse

ANDERSEN Hans Christian, **La Petite Fille aux allumettes** (1845). L'un des 156 contes du célèbre écrivain danois, l'un des plus tristes aussi, dans un Copenhague froid et inhumain.

LAGERLÖF Selma, **Le Merveilleux voyage de Nils Holgersson à travers la Suède** (1906). Les aventures extraordinaires de Nils, confronté aux légendes suédoises.

LINDGREN Astrid, **Fifi Brindacier** (1945). La célèbre héroïne de romans pour enfants.

MAZETTI Katarina, **Les Cousins Karlsson** (2013). Cette série raconte les aventures de quatre cousins sur une petite île suédoise.

Films

Cinéastes danois

AUGUST Bille, **Un Homme chanceux** (*Lykke-Per*, 2018). À la fin du 19e s., un jeune homme ambitieux quitte la maison familiale du Jutland pour étudier à Copenhague.

BOE Christoffer – **Les Saveurs du succès** (2021). À Copenhague, un couple de cuisiniers prêts à tout pour décrocher une étoile Michelin.

SIELING Charlotte, **Margrete : Queen of the North** (2021). La vie de la seule régente à avoir gouverné les trois royaumes (Danemark, Norvège et Suède), à travers l'union de Kalmar.

VINTERBERG Thomas, **Drunk** (2020). Le réalisateur de *Festen* filme la descente en enfer de quatre enseignants, grisés par l'alcool.

Cinéastes suédois

ARDEN OPLEV Niels, **Millénium** (2009). L'adaptation réussie de ce phénomène littéraire.

BERGMAN Ingmar, **Persona** (1966). L'un des six films tournés sur l'île de Fårö par Bergman.

BERGSTRÖM Helena, **Danse avec les queens** (2021). Une jeune femme d'une île de l'archipel du Bohuslän aspire à devenir danseuse.

MOODYSSON Lukas, **We are the Best!** (2013). En 1982, à Stockholm, trois adolescentes montent un groupe de hard rock.

ÖSTLUND Ruben, **The Square** (2017). Critique acerbe de l'art contemporain à travers la vie d'un conservateur d'un musée installé dans le Palais royal de Stockholm.

Séries

Borgen, une femme au pouvoir (2010-2013). La cheffe du Parti centriste, Birgitte Nyborg, devenue Première ministre, est confrontée aux réalités du pouvoir politique. En 2022, la série est relancée avec **Borgen, le pouvoir et la gloire** : Birgitte Nyborg, désormais ministre des Affaires étrangères, voit sa carrière compromise lors d'un conflit pétrolier au Groenland.

Bron/Broen/The Bridge (2011-2018). Un policier danois et une inspectrice suédoise enquêtent sur un corps retrouvé découpé en deux à la frontière, sur le pont de l'Øresund.

Meurtres à Sandhamn (2010-). L'inspecteur Thomas Andreasson résout des affaires sur l'île suédoise de Sandhamn, dans un décor balnéaire idyllique.

Notre grande famille (2017-). À Stockholm, une comédie dramatique sur les familles recomposées.

Snabba Cash (2021-). Une mère célibataire se bat pour sortir de son quartier pauvre de Stockholm, gangrené par le trafic de drogue.

The Killing (2007-2012). Haletante série policière danoise d'un réalisme soigné.

Voir aussi « Arts et culture », p. 492-496.

Lexique danois

La prononciation

æ : ë (comme dans grève)
ø : eu (comme dans feu)
å : ô (comme dans pauvre)
u : ou (comme dans clou)
y : u (comme dans vu)

Vocabulaire usuel

Bonjour .... Goddag/Hej
Au revoir .... Farvel/Hej-hej
Pardon/Excusez-moi .... Undskyld
S'il vous plaît .... Vær så venlig
Merci .... Tak
Oui/Non .... Ja/Nej
Parlez-vous français ? .... Taler du fransk ?
Combien ça coûte ? .... Hvad koster det ?
Où est ? .... Hvor ligger ?
Droite/Gauche .... Højre/Venstre
Entrée/Sortie .... Indgang/Udgang
Ouvert/Fermé .... Åben/Lukket
Prix/Gratuit .... Pris/Gratis
Toilettes .... Toilet
Femmes/Dames .... Kvinder/Damer
Hommes/Messieurs .... Mænd/Herrer
Poste/Timbre .... Posthus/frimærke

En ville

Banque .... Bank
Château .... Slot
Église .... Kirke
Exposition .... Udstilling
Île .... Ø
Jardin/Parc .... Have/Park
Maison/Bâtiment .... Hus/Bygning
Musée .... Museum
Office de tourisme .... Turistbureau
Place .... Plads
Pont .... Bro
Quai .... Perron
Rue .... Gave/Vej
Tour .... Tårn

Au restaurant

Déjeuner .... Frokost
Petit déjeuner .... Morgenmad
Dîner .... Middag
Addition .... Regning
Menu .... Spisekort
Végétarien .... Vegetarisk
Bière .... Øl
Café .... Kaffe
Dessert .... Dessert
Eau .... Vand
Fromage .... Ost
Fruit .... Frugt
Légumes .... Grøntsager
Œuf .... Æg
Pain .... Brød
Poisson .... Fisk
Saucisse .... Pølse
Thé .... Te
Viande .... Kød
Vin .... Vin

À l'hôtel

Réservation .... Reservation
Chambre .... Værelse
Simple/double .... Enkelt/dobbelt
Salle de bain .... Badeværelse

Transports

Aller simple/Aller retour .... Enkelt/Tur-retur
Arrêt de bus .... Bustopppested
Bagage .... Bagage
Bus .... Bus
Gare .... Banegård
Métro .... Metro
Train .... Tog
Vélo .... Cykel

Chiffres et nombres

0 .... Nul
1 .... En/Et
2 .... To
3 .... Tre
4 .... Fire
5 .... Fem
6 .... Seks
7 .... Syv
8 .... Otte
9 .... Ni
10 .... Ti
100 .... Hundrede
1000 .... Tusind

Lexique suédois

La prononciation

å : comme pauvre
ä : comme laine
ö : comme feu
u : comme lutte
o : comme fou

Vocabulaire usuel

Bonjour ... Hej
le matin ... God morgon
dans la journée ... Goddag
Au revoir ... Hej då
Pardon ... Förlåt
S'il vous plaît ... Var så god
Excusez-moi ... Ursäkta-mig
Parlez-vous français ? ... Pratar ni franska ?
Merci ... Tack
Oui/Non ... Ja/Nej
Combien ça coûte ? ... Hur mycket kostar det ?
Aujourd'hui ... Idag
Demain ... I morgon
Hier ... I går
Matin ... Morgon
Soir ... Kväll, afton
À droite/À gauche ... Till höger/Till vänster
Toilettes ... Toalett
Femmes/Dames ... Kvinnor/Damer
Hommes/Messieurs ... Män/Herrar

En ville

Arrêt de bus ... Hållplats
Banque ... Bank
Chambre ... Rum
Château ... Slott
Église ... Kyrka
Entrée/Sortie ... Ingång/Utgång
Hôtel ... Hotell
Hôpital ... Sjukhus
Île ... Ö
Jardin/Parc ... Trädgård/Park
Maison, bâtiment ... Hus
Métro ... Tunnelbana
Office de tourisme ... Turistbyrå
Ouvert/Fermé ... Öppen, ôppet/Stängt
Pharmacie ... Apotek
Place ... Torg
Pont ... Bro
Quai ... Kaj
Rue ... Gata
Tour ... Torn

Au restaurant

Déjeuner ... Lunch
Petit déjeuner ... Frukost
Dîner ... Middag
L'addition SVP ... Notan, tack
Bière ... Öl
Café ... Kaffe
Dessert ... Efterrätt
Eau ... Vatten
Fromage ... Ost
Fruit ... Fruckt
Légumes ... Grönsaker
Œuf ... Ägg
Pain ... Bröd
Poisson ... Fisk
Saucisse ... Korv
Thé ... Te
Végétarien ... Vegatarisk
Viande ... Kött
Vin ... Vin

Chiffres et nombres

0 ... Noll
1 ... En, ett
2 ... Två
3 ... Tre
4 ... Fyra
5 ... Fem
6 ... Sex
7 ... Sju
8 ... Åtta
9 ... Nio
10 ... Tio
100 ... Hundra
1000 ... Tusen

Pour faciliter la recherche, les lettres Å (Aa), Ä, Æ, Ø et Ö sont classées par ordre alphabétique, et non pas en fin de liste comme le voudrait l'ordre alphabétique scandinave. Les lettres DK et S indiquent si les curiosités se trouvent au Danemark ou en Suède.

A

B

G

K

L

T

U

V

W-Z

Carte générale

Premier rabat de couverture

Cartes de régions

Danemark

Suède

Cartes de circuits

Suède

Cartes thématiques

Plans de ville

Danemark

Suède

Plan des transports

LÉGENDE DES CARTES ET PLANS

Curiosités et repères

- Itinéraire décrit, départ de la visite
- Église
- Mosquée
- Synagogue
- Temple
- Temple : bouddhique - hindou
- Bâtiment
- Monastère - Phare
- Fontaine
- Point de vue
- Château - Ruine ou site archéologique
- Barrage - Grotte
- Monument mégalithique
- Tour génoise - Moulin
- Temple - Vestiges gréco-romains
- Autre lieu d'intérêt, sommet
- Distillerie
- Palais, villa, habitation
- Cimetière : chrétien - musulman - israélite
- Oliveraie - Orangeraie
- Mangrove
- Auberge de jeunesse
- Gravure rupestre
- Pierre runique
- Église en bois
- Église en bois debout
- Parc ou réserve national
- Bastide

Sports et loisirs

- Piscine : de plein air - couverte
- Plage - Stade
- Port de plaisance - Voile
- Plongée - Surf
- Refuge - Promenade à pied
- Randonnée équestre
- Golf - Base de loisirs
- Parc d'attractions
- Parc animalier, zoo
- Parc floral, arboretum
- Parc ornithologique réserve d'oiseaux
- Planche à voile, kitesurf
- Pêche en mer ou sportive
- Canyoning, rafting
- Aire de camping - Auberge
- Arènes
- Base de loisirs, base nautique ou canoë-kayak
- Canoë-kayak
- Promenade en bateau

Informations pratiques

- Information touristique
- Parking - Parking - relais
- Gare : ferroviaire - routière
- Voie ferrée
- Ligne de tramway
- Départ de fiacre
- Métro - RER - Tramway
- Station de métro (Calgary, ...) (Montréal)
- Téléphérique, télécabine
- Funiculaire, voie à crémaillère
- Chemin de fer touristique
- Transport de voitures et passagers
- Transport de passagers
- File d'attente
- Observatoire
- Station-service - Magasin
- Poste - Téléphone
- Internet
- Hôtel de ville
- Banque, bureau de change
- Palais de justice - Police
- Gendarmerie
- Théâtre - Musée
- Université
- Musée de plein air
- Hôpital
- Marché couvert
- Aéroport
- Parador, Pousada (Établissement hôtelier géré par l'État)
- A Chambre d'agriculture
- D Conseil provincial
- G Gouvernement du district, Délégation du Gouvernement Police cantonale
- L Gouvernement provincial (Landhaus)
- Chef-lieu de province
- Station thermale
- Source thermale

Axes routiers, voirie

- Autoroute ou assimilée
- Échangeur : complet - partiel
- Route
- Rue piétonne
- Escalier - Sentier, piste

Topographie, limites

- Volcan actif - Récif corallien
- Marais - Désert
- Frontière - Parc naturel

Comprendre les symboles utilisés dans le guide

LES ÉTOILES

★★★ **Vaut le voyage** ★★ **Vaut le détour** ★ **Vaut la visite**

HÔTELS ET RESTAURANTS

9 ch.	Nombre de chambres		Wi-Fi
7,5 €	Prix du petit-déjeuner en sus		Piscine
50 €	Prix de la chambre double, petit-déjeuner compris	CC	Paiement par cartes de crédit
bc	Menu boisson comprise		Carte de crédit non acceptée
	Air conditionné dans les chambres	P	Parking réservé à la clientèle
	Restaurant dans l'hôtel	Tram	Station de tramway la plus proche
	Établissement servant de l'alcool (à l'étranger)	M	Station de métro la plus proche

SYMBOLES DANS LE TEXTE

	À faire en famille		Organisme de tourisme
	Pour approfondir		Astuce, conseil
	Promenade à pied		Adresse coup de cœur
	Randonnée à vélo	A2 B	Repère sur le plan
	Facilité d'accès pour les personnes à mobilité réduite		Tourisme écoresponsable

Note au lecteur

Michelin a apporté le plus grand soin à la rédaction de ce guide et à sa vérification. Toutefois, les informations pratiques (formalités administratives, prix, adresses, numéros de téléphone, adresses Internet, etc.) doivent être considérées comme des indications du fait de l'évolution constante de ces données.
Il n'est pas totalement exclu que certaines d'entre elles ne soient plus, à la date de parution du guide, tout à fait exactes ou exhaustives. N'hésitez pas à nous signaler toute omission ou inexactitude que vous pourriez constater, ainsi qu'à nous faire part de vos avis et suggestions sur les adresses contenues dans ce guide.
Avant d'entamer toute démarche, formalités administratives ou douanières notamment, vous êtes invité à vous renseigner auprès des organismes officiels. Ces informations ne sauraient, de ce fait, engager notre responsabilité.

Collection sous la direction de Philippe Orain

Responsable d'édition et rédactrice en chef du guide : Lucie Fontaine

Édition : Julie Subtil

Rédaction : Mélanie Cornière, Antoine Dreyfus, Guylaine Idoux, Ilan Klipper, Elisabeth Morris, Pierre Plantier, Jérôme Saglio, Julie Subtil, Olivier Truc

Ont contribué à ce guide : Aura-Ionela Mardari, Steluța Anghel et Costina-Ionela Lungu (**Cartographie**), Véronique Aissani, Carole Diascorn (**Couverture**), Marion Capera, Marie Simonet (**Iconographie**), Andra-Florentina Ostafi (**Données objectives**), Bogdan Gheorghiu, Cristian Catona, Hervé Dubois, Pascal Grougon, (**Prépresse**), Dominique Auclair (**Pilotage**)

Remerciements : Visit Danemark, Visit Sweden

Plans et cartes : © MICHELIN 2022

Conception graphique
Christelle Le Déan, Sandro Borel, Justeciel (maquette intérieure)
Véronique Aissani, Marie-Pierre Renier (couverture)

Régie publicitaire et partenariats
contact.clients@editions.michelin.com
Le contenu des pages de publicité insérées dans ce guide n'engage que la responsabilité des annonceurs.

Contacts
Vous souhaitez nous contacter ?
Rendez-vous dans la rubrique contact de notre site internet :
editions.michelin.com

Parution 2023

MICHELIN Éditions
Société par actions simplifiée au capital de 487 500 EUR
57 rue Gaston Tessier – 75019 Paris (France)
R.C.S. Paris 882 639 354

Dépôt légal : 03-2023 – ISSN 0293-9436
Imprimeur : Chirat, St-Just-la-Pendue
Imprimé en France : 02-2023

Sur du papier issu de forêts bien gérées